大学问

始于问而终于明

守望学术的视界

HISTORY OF WESTERN EPISTEMOLOGY

A Critical Study of Phenomenology

西方认识论史

一项与现象学相关的批评性研究

何涛 著

广西师范大学出版社
·桂林·

本书是国家社会科学基金项目《现象学认识论研究》（项目编号：18BZX099）最终成果

西方认识论史
XIFANG RENSHILUN SHI

图书在版编目（CIP）数据

西方认识论史：一项与现象学相关的批评性研究 / 何涛著. -- 桂林：广西师范大学出版社，2024.12.
ISBN 978-7-5598-4151-3

Ⅰ. B017-091

中国国家版本馆 CIP 数据核字第 20242JQ260 号

广西师范大学出版社出版发行

（广西桂林市五里店路 9 号　邮政编码：541004）
　网址：http://www.bbtpress.com
出版人：黄轩庄
全国新华书店经销
深圳市精彩印联合印务有限公司印刷
（深圳市光明新区光明街道白花社区精雅科技园　邮政编码：518107）
开本：880 mm ×1 240 mm　1/32
印张：20.75　　　字数：538 千
2024 年 12 月第 1 版　　2024 年 12 月第 1 次印刷
定价：128.00 元

如发现印装质量问题，影响阅读，请与出版社发行部门联系调换。

彻底的深思也即批判，
它有澄清根本的作用。

——胡塞尔

作者简介

何涛，1983年生，甘肃白银人，哲学博士，暨南大学马克思主义学院副教授，毕业于华中科技大学、西北师范大学，主要研究认识论、现象学。著有《哲思之门：从已知把握未知的可能性》《现象学入门：胡塞尔的认识批判》《马克思主义认识论新探：现象学的尝试》。

目录

前言 001

第一部分　对胡塞尔之前认识论的回溯

第一章　古希腊哲学中的认识论 003
第一节　从毕泰戈拉到芝诺 004
　　一　毕泰戈拉学派 004
　　二　赫拉克利特论感觉 006
　　三　巴门尼德论存在 008
　　四　芝诺的几则论说 010
　　五　阿那克萨戈拉的异类相知 013
第二节　高尔吉亚与普罗泰戈拉 016
　　一　高尔吉亚论语言 016
　　二　著名的怀疑论命题 018
　　三　普罗泰戈拉的强论证和弱论证 019
　　四　人是万物的尺度 020

第三节　苏格拉底和柏拉图　024
　　一　苏格拉底论定义　027
　　二　学习就是回忆　028
　　三　柏拉图的相论　030
　　四　蜡版说和鸟笼说　031
第四节　亚里士多德　035
　　一　知识的确定性　035
　　二　知识的产生过程　036
　　三　四种认识能力　038
　　四　科学的分类　040
　　五　知识的目标　044
　　六　亚里士多德与胡塞尔　046
第五节　伊壁鸠鲁学派　049
　　一　语言哲学　050
　　二　标准论　051
第六节　斯多亚学派　056
　　一　知识的标准论　057
　　二　思维和思维的对象　060
　　三　完全的和不完全的表达　061
　　四　表象、幻象、观念的获得方式等　063
第七节　皮浪学派　065
　　一　悬搁判断　066
　　二　十式、五式、二式　067
　　三　标准论、表象和现象、谓词等　068
第二章　中古后期神哲学中的认识论　073
第一节　克莱门　073

	一　科学及与其相关的五种知识	073
	二　真理观、诗性真理	076
	三　对哲学的态度	077
第二节　奥利金		080
	一　智慧的三个层次	081
	二　灵魂的不同表达	083
第三节　德尔图良		086
	一　偶像与理念	086
	二　感性的强度、对哲学的批评	090
	三　灵魂的含义	092
第四节　拉克唐修		094
	一　智慧的含义	094
	二　对哲学的批评	097
第五节　阿塔那修与维克多里		102
	一　阿塔那修的灵魂论	102
	二　维克多里的存在论	104
	三　维克多里的灵魂论	108
第六节　卡帕多西亚三杰		110
	一　巴西尔论思维、真理、语言、生命状态	110
	二　纳西盎的格列高利论哲学、领会、秩序、智慧等	113
	三　尼撒的格列高利论真理、灵魂	117
	四　心灵之城假设	119
	五　心灵演奏说	120
第三章　中世纪哲学中的认识论		**123**
第一节　奥古斯丁		123
	一　光照论、语词、符号	124

二 真理与谬误	126
三 心灵的二功能和灵魂的七等级	127
四 意识的构造功能	129
五 记忆、直觉、意愿	130
六 事物的四个样子、智慧与知识的区别	134
七 教学中烦闷的心理原因	135
八 时间意识的分析	137

第二节 普卢克洛 142
    一 数学的本质 143
    二 普遍逻辑（logoi） 146
    三 感受（nóēsis）的六个层次 148
    四 流形（πλῆθος） 150
    五 知识的五个层次 154
    六 永恒尺度和时间尺度 155

第三节 波爱修 157
    一 物理学、数学、神学的区别 157
    二 认识能力的分类 158
    三 "存在"（esse）作为"纯形式" 161

第四节 狄奥尼修斯 163
    一 感觉、表象、超验之物的构造 164
    二 因果关系 165
    三 词义的力量 167
    四 好人应维护真理 169
    五 真理观 170
    六 否定神学 171

第五节 马克西姆 172

一	热情是联结知识与生活的必然要素	173
二	对人性的理解	175
三	灵魂的三种运动	176
四	感受与想象力	178
五	心灵的五种沉思类型	179
六	时间与永恒的关系	182
七	流形概念	183
八	单子论	185
九	情绪的类型	186

第六节 爱留根纳 189
一	两种区分自然的方式	190
二	内感觉与外感觉	193
三	灵魂的三种普遍运动	196
四	概念的实体化	198
五	表象的实体化	201
六	认识能力是如何产生的	206
七	"无知才是智慧"	208

第七节 安瑟伦 211
一	表达事物的三种方式	211
二	真理性的七个类型	214
三	两种必然性	220
四	意愿作为工具	223
五	时空、感觉、四谓词等	228

第八节 圣维克多的雨果 230
| 一 | 智慧是生命最高的医术 | 231 |
| 二 | 知识的分类 | 234 |

三　治学的要素　　　　　　　　　　　　240
第九节　波纳文图拉　　　　　　　　　　　　246
　　　一　光照论：认识的四个来源　　　　　246
　　　二　科学知识的分类　　　　　　　　　251
　　　三　心灵的六种能力　　　　　　　　　255
　　　四　对亚里士多德的思想态度　　　　　257
　　　五　认识动力学方面的思想　　　　　　259
第十节　阿奎那　　　　　　　　　　　　　　263
　　　一　双重真理论　　　　　　　　　　　264
　　　二　内感觉及其中的"确定性"　　　　270
　　　三　直觉的主动与被动　　　　　　　　274
　　　四　抽象活动的发生方式　　　　　　　278
第十一节　奥卡姆　　　　　　　　　　　　　283
　　　一　对作为命题部件的词项的划分　　　283
　　　二　助范畴词　　　　　　　　　　　　287
　　　三　对符号的理解　　　　　　　　　　290
　　　四　知识的四种含义　　　　　　　　　293
　　　五　直观认识与抽象认识　　　　　　　296
第十二节　认识论史的思想筛选原则　　　　　298
　　　一　主题选择　　　　　　　　　　　　298
　　　二　筛选原则　　　　　　　　　　　　301
　　　三　认识论史的价值　　　　　　　　　303
　　　四　从认识论看神学的解释方式　　　　305

第四章　近代以来的认识论　　　　　　　　　308
　第一节　达·芬奇　　　　　　　　　　　　309
　　　一　透视学思想　　　　　　　　　　　309

二　物体的轮廓是不存在的　316

　　三　经验是最初的老师　319

第二节　约翰·洛克　322

　　一　认识的起源　322

　　二　认识的确定性　327

　　三　人类知识的范围　330

第三节　莱布尼茨　335

　　一　单子论意义上的认识论　335

　　二　记忆、统觉　340

　　三　单子论的还原与现象学的还原　344

　　四　科学知识的分类　346

第四节　波尔查诺　349

　　一　《知识学》的主要内容　350

　　二　观念的起源与概念的发生　353

　　三　简单观念和复杂观念　356

　　四　内在直观的困难　358

　　五　观念的同一性是怎么回事　360

　　六　观念的强度　364

　　七　判断的强度（信念）　366

　　八　判断的发生及其基本类型　368

　　九　时间与空间的本质　371

第五节　亥姆霍兹　374

　　一　对问题的深度追问将导向认识论　375

　　二　空间意识是神经纤维的记号　377

　　三　无意识推理　381

　　四　感知、直觉、知觉　385

五　算术是建立在纯粹心理事实上的方法　　　388
  　六　从亥姆霍兹看胡塞尔的心理主义批评　　　393
  　七　附论　　　396
 第六节　小结　　　397
  　一　梳理认识论历史的必要性　　　397
  　二　认识论的四个阶段　　　399

第二部分　胡塞尔的认识论

第五章　意识结构研究　　　405
 第一节　时间意识　　　406
  　一　现象学时间与时间意识　　　406
  　二　时间意识的方法论意义　　　409
 第二节　背景意识　　　410
  　一　意识晕　　　410
  　二　前景意识　　　420
  　三　基础意识　　　421
 第三节　纯粹意识的结构　　　425
  　一　反思行为　　　425
  　二　意识体验的三重视野　　　434
  　三　从邻域来定义意识中的"当下"　　　436
  　四　体验与纯粹自我的关系　　　438
  　五　意向性结构　　　443
 第四节　Noesis 与 Noema 结构　　　448
  　一　Noesis 使意识得以成为意识　　　449
  　二　Noesis 层级与 Noema 层级的平行关系　　　454

三　Noema 的诸层级　　　　　　　　　　　　459

　　　四　Noesis 和 Noema 结构的理论价值　　462

第六章　范畴研究　　　　　　　　　　　　　　472

　第一节　范畴的含义及类型　　　　　　　　　473

　　　一　范畴的含义　　　　　　　　　　　　473

　　　二　逻辑范畴的基本类型　　　　　　　　475

　　　三　初始范畴　　　　　　　　　　　　　478

　　　四　对本质领域范畴的本体论划分　　　　479

　第二节　两个基本范畴　　　　　　　　　　　483

　　　一　Sein、Dasein　　　　　　　　　　　　483

　　　二　观念的自发性　　　　　　　　　　　484

　第三节　精密范畴　　　　　　　　　　　　　489

　　　一　数量观念的心理发生　　　　　　　　489

　　　二　几何学的起源　　　　　　　　　　　496

第七章　逻辑研究　　　　　　　　　　　　　　504

　第一节　逻辑学的基本特征　　　　　　　　　505

　　　一　语言的三个特征　　　　　　　　　　505

　　　二　逻辑的三个特征　　　　　　　　　　506

　　　三　逻辑的双重含义　　　　　　　　　　508

　第二节　逻辑学的性质　　　　　　　　　　　510

　　　一　先天性　　　　　　　　　　　　　　511

　　　二　形式特性　　　　　　　　　　　　　511

　　　三　双面向　　　　　　　　　　　　　　513

　第三节　逻辑学的功能　　　　　　　　　　　515

　　　一　规范功能　　　　　　　　　　　　　515

　　　二　实践功能　　　　　　　　　　　　　517

		三 伦理功能	519
	第四节	逻辑研究应具有的普遍性意义	522
		一 思想的统一性的内在起源	522
		二 科学思想的统一性和科学研究的两个面向	523
		三 实证科学的统一性	524
		四 统一性作为现象学的主观科学的处理对象	527

第八章 科学分类与其他问题 531
第一节 本质科学与事实科学 531
第二节 形式本体论 537
第三节 其他问题 541
  一 胡塞尔在致马赫信中的后续解释 541
  二 胡塞尔对阿芬那留斯的误解 546
  三 狄尔泰对历史主义批判的回应 551
  四 斯图普夫对胡塞尔现象学概念的批评 554

结 语 559
  一 胡塞尔的思想贡献 559
  二 胡塞尔现象学与《瑜伽师地论》互释的可能性 566
  三 同一性的意识发生假设 568
  四 认识论科学与意识研究 576
  五 认识论历史的主要问题 578

参考文献 581
主题索引 592
人名索引 618
后　记 625

图表目录

图表 1	亚里士多德：科学的形成过程	037
图表 2	基于直觉的知识分类	039
图表 3	亚里士多德的科学分类	042
图表 4	亚里士多德科学分类的内在原则	043
图表 5	对亚里士多德科学分类的修正	043
图表 6	奥古斯丁时间意识－思想工作机制	140
图表 7	马克西姆情绪分类表	187
图表 8	安瑟伦的正义理念	220
图表 9	圣维克多的雨果的数学分类谱	237
图表 10	圣维克多的雨果的科学分类谱	239
图表 11	圣维克多的雨果论治学的要素	242
图表 12	卡西奥多鲁科学分类表	247
图表 13	波纳文图拉：认识的四个来源	248
图表 14	波纳文图拉知识分类表	253
图表 15	波纳文图拉：认识的发生过程	260
图表 16	认识论科学的系统	262

图表 17	尺寸透视	313
图表 18	单子的谱系	339
图表 19	认识的还原类型	346
图表 20	莱布尼茨对科学知识的分类	347
图表 21	波尔查诺：概念发生图	353
图表 22	波尔查诺：概念发生图（译）	354
图表 23	波尔查诺：观念发生的历程	354
图表 24	概念的四位一体，思维的四位一体	355
图表 25	观念强度、判断强度与信念的三位一体	367
图表 26	波尔查诺：判断的分类	370
图表 27	缪勒：神经特殊能说	378
图表 28	亥姆霍兹的观念发生图式	387
图表 29	方法与目的	415
图表 30	Noesis 的规定方向	451
图表 31	胡塞尔：Noesis 因素的生成关系	453
图表 32	胡塞尔：Noesis 与 Noema 的平行关系	456
图表 33	诸 Noesis 所对应的 Noema	459
图表 34	胡塞尔：Noema 层级	461
图表 35	Noesis 与 Noema 的对应关系	468
图表 36	胡塞尔对逻辑范畴的分类	475
图表 37	胡塞尔以本体论思路对本质领域范畴的双重划分	479
图表 38	数量时间空间秩序"四位一体"	496
图表 39	逻辑学的功能之间的决定关系	521
图表 40	实证科学的理论形成过程	525
图表 41	通往先验现象学的道路	526
图表 42	胡塞尔的科学分类	533

图表 43	形式本体论的奠基层次	539
图表 44	阿芬那留斯的统觉分类	550
图表 45	规范的类型	574
图表 46	规范的生成关系	575
图表 47	同一性的基本类型	575
图表 48	认识论的主要问题	578

TABLE OF CONTENTS

FOREWORD   001

PART I   BACKTRACE EPISTEMOLOGY BEFORE HUSSERL

CHAPTER I   EPISTEMOLOGY IN ANCIENT GREEK PHILOSOPHY 003

§1. From Pythagoras to Zeno of Elea   004
   a. School of Pythagoras   004
   b. Heraclitus on Senses   006
   c. Parmenides on Being   008
   d. Some Discourses of Zeno   010
   e. Anaxagoras: Mutual Knowing in Heterogeneous Species 013

§2. Gorgias and Protagoras 016
    a. Gorgias on Language 016
    b. Famous Skeptical Proposition 018
    c. Protagoras: Strong and Weak Arguments 019
    d. Man is the Measurement of Universe 020
§3. Socrates and Plato 024
    a. Socratic Definition 027
    b. Learning is Remembering 028
    c. Plato's Theory of Eídos 030
    d. Wax Block Hypothesis, Birdcage Hypothesis 031
§4. Aristotle 035
    a. The Certainty of Knowledge 035
    b. The Process of Generating Knowledge 036
    c. Four Cognitive Abilities 038
    d. Science Classification 040
    e. The Goals of Knowledge 044
    f. Aristotle and Husserl 046
§5. Epicureanism 049
    a. Philosophy of Language 050
    b. Kanonikon 051
§6. Stoicism 056
    a. Kanonikon of Knowledge 057
    b. Thoughts and Thought Objects 060
    c. Complete and Incomplete Expressions 061
    d. Representations, Illusions, the Ways of Obtaining Ideas, etc. 063
§7. Pyrrhonism 065

a. Epoch of Judgment 066

b. Ten Formulae, Five Formulae, Two Formulae 067

c. Kanonikon, Representations and Phenomena, Predicates, etc. 068

CHAPTER II   EPISTEMOLOGY IN THEOLOGY OF LATE MIDDLE ANCIENT TIMES 073

§1. Clemens Alexandrinus 073

    a. Science and Its Five Related Knowledge 073

    b. View of Truth, Poetic Truth 076

    c. Attitudes Towards Philosophy 077

§2. Origen 080

    a. Three Levels of Wisdom 081

    b. Different Expressions of the Soul 083

§3. Tertullian 086

    a. Eidolon and Eidos 086

    b. Intensity of Sensibility, Criticism of Philosophy 090

    c. The Meaning of Soul 092

§4. Lactantius 094

    a. The Meaning of Wisdom 094

    b. Criticism of Philosophy 097

§5. Athanasius and Marius Victorinus 102

    a. Athanasius' Theory of the Soul 102

    b. Victorinus's Ontology 104

    c. Victorinus's Theory of the Soul 108

§6. Three Distinguished Person of Cappadocia 110

a. Basil on Thinking, Truth, Language, and the State of Life 110

b. Gregory of Nyssa on Philosophy, Intelligence, Order, Wisdom, etc. 113

c. Gregory of Nyssa on Truth and the Soul 117

d. City of Mind Hypothesis 119

e. Mind Playing Hypothesis 120

CHAPTER III   EPISTEMOLOGY IN MEDIEVAL PHILOSOPHY   123

§1. Augustine 123

a. Illuminationismus, Verbum, Symbols 124

b. Truth and False 126

c. The Second Function of the Mind and the Seven Degrees of the Soul 127

d. The Constructural Function of Consciousness 129

e. Memory, Intuition, Will 130

f. Four Forms of Things, the Difference Between Wisdom and Knowledge 134

g. Psychological Causes for Boredom in Teaching 135

h. Analysis of Time Consciousness 137

§2. Proclus 142

a. Nature of Mathematics 143

b. Logoi 146

c. Six Levels of nóēsis 148

d. Manifold ($\pi\lambda\hat{\eta}\theta o\varsigma$) 150

e. Five Levels of Knowledge 154

f. The Scale of Eternity and the Scale of Time 155

§3. Boethius 157
    a. Differences Between Physics, Mathematics, and Theology 157
    b. Classification of Cognitive Abilities 158
    c. "beings" (esse) as "Pure Forms" 161

§4. Dionysius 163
    a. Sensation, Representation, Construction of Transcendental Things 164
    b. Causation 165
    c. The Power of Word Meaning 167
    d. Good People Should Uphold the Truth 169
    e. View of Truth 170
    f. Negative Theology 171

§5. Maximus the Confessor 172
    a. Passion is an Inevitable Element Connecting Knowledge and Life 173
    b. Understanding of Human Nature 175
    c. Three Movements of the Soul 176
    d. Feelings and Imagination 178
    e. Five Types of Contemplation of the Mind 179
    f. The Relationship Between Time and Eternity 182
    g. Manifold Concept 183
    h. Monadology 185
    i. Types of Emotional 186

§6. Eriugena 189
    a. Two Ways of Distinguishing the Nature 190
    b. Inner Sense and External Sense 193
    c. Three Universal Movements of the Soul 196
    d. Materialization of Concepts 198

e. Materialization of Representation	201
f. How the Cognitive Abilities Generated	206
g. "Ignorance is Wisdom"	208
§7. Anselm	211
a. Three Ways to Express Things	211
b. Seven Types of Truth	214
c. Two Types of Necessity	220
d. Willing as a Tool	223
e. Time-Space, Sense, Four Predicates, etc.	228
§8. Hugo de S. Victore	230
a. Wisdom is the Highest Medical Skill in Life	231
b. Classification of Knowledge	234
c. Elements of Legendi	240
§9. Bonaventure	246
a. Illuminationismus: Four Sources of Knowledge	246
b. Classification of Scientific Knowledge	251
c. Six Faculties of the Mind	255
d. Attitude Towards Aristotle	257
e. Thoughts in Cognitive Dynamics	259
§10. Aquinas	263
a. Double Truth Theory	264
b. Inner Sense and the Certainty Therein	270
c. Activeness and Passivity of the Intellect	274
d. The Way Abstract Activities are Generated	278
§11. Occamus	283
a. Division of Terms as Parts of Propositions	283

b. Syncategorematic Terms 287

c. Understanding Symbols 290

d. Four Meanings of Knowledge 293

e. Intuitive Knowledge and Abstract Knowledge 296

§12. Principles for Selecting the Thoughts in the History of
Epistemology 298

a. Topic Selection 298

b. Selecting Principles 301

c. The Value of Epistemological History 303

d. Understanding Theological Explanations Methods From
Epistemology 305

CHAPTER IV EPISTEMOLOGY SINCE MODERN TIMES 308

§1. Leonardo da Vinci 309

a. Perspective Theory 309

b. The Outline of an Object does not Exist 316

c. Experience is the First Teacher 319

§2. John Locke 322

a. The Origin of Cognition 322

b. Certainty of Knowledge 327

c. The Scope of Human Knowledge 330

§3. Leibniz 335

a. Epistemology in the Sense of Monadology 335

b. Memory, Apperception 340

c. Monadological Reduction and Phenomenological Reduction 344

 d. Classification of Scientific Knowledge   346

§4. Bolzano   349

 a. The Main Contents of Wissenschaftslehre   350

 b. The Origin of Ideas and the Occurrence of Concept   353

 c. Simple Ideas and Complex Ideas   356

 d. The Difficulties of the Inner Intuition   358

 e. What is the Identity of Ideas   360

 f. Strength of Ideas   364

 g. Strength of Judgment (belief)   366

 h. The Occurrence of Judgment and Its Basic Types   368

 i. The Nature of Time and Space   371

§5. Helmholtz   374

 a. In-depth Questioning of the Problem Will Lead to Epistemology   375

 b. Spatial Awareness is the Signature of Nerve Fibers   377

 c. Unconscious Reasoning   381

 d. Perzeption, Anschauung, Wahrnehmung   385

 e. Arithmetic is a Method Based on Purely Psychological Facts   388

 f. On Husserl's Critique of Psychologism Through Helmholtz's Thoughts   393

 g. Additional Remarks   396

§6. Concluding Remarks of Part I   397

 a. The Necessity of Sorting out the Epistemological History   397

 b. Four Stages of Epistemology   399

PART II HUSSERL'S EPISTEMOLOGY

CHAPTER V STUDY OF CONSCIOUSNESS STRUCTURE 405

§1. Time Consciousness 406
   a. Phenomenological Time and Time Consciousness 406
   b. Methodological Significance of Time Consciousness 409
§2. Background Consciousness 410
   a. Consciousness Hofe 410
   b. Prospect Consciousness 420
   c. Substrat Consciousness 421
§3. The Structure of Pure Consciousness 425
   a. Reflective Behavior 425
   b. Triple Vision of Consciousness Experience 434
   c. Defining the "Now" of Consciousness From the Neighborhood 436
   d. The Relationship Between Experiencing and Pure Ich 438
   e. Structure of Intentionality 443
§4. Noesis and Noema Structure 448
   a. Noesis enables consciousness to Become Consciousness 449
   b. Parallel Relationship Between Noesis Level and Noema Level 454
   c. Many Levels of Noema 459
   d. Theoretical Value of Noesis and Noema Structures 462

CHAPTER VI CATEGORY STUDIES 472

§1. The Meaning and Types of Categories 473
   a. The Meaning of Categories 473

b. Basic Types of Logical Categories 475
c. Initial Category 478
d. Ontological Division of the Categories of Essential Domain 479
§2. Two Basic Categories 483
a. Sein, Dasein 483
b. The Spontaneity of Ideas 484
§3. Exact Category 489
a. Psychogenesis of Quantity Concept 489
b. Origins of Geometry 496

CHAPTER VII LOGIC STUDIES 504

§1. Basic Characteristics of Logic 505
a. Three Characteristics of Language 505
b. Three Characteristics of Logic 506
c. Double Meaning of Logic 508
§2. Properties of Logic 510
a. Property of a priori 511
b. Formal Properties 511
c. Two-sides 513
§3. Functions of Logic 515
a. Norm Function 515
b. Practice Function 517
c. Ethical Function 519
§4. The Universal Significance That Logical Research Should Have 522
a. The Inner Origin of the Unity of Thoughts 522
b. The Unity of Scientific Thoughts and the Two Aspects of Scientific Research 523

c. The Unity of Positive Science 524

d. Unity as the Object of the Subjective Science of Phenomenology 527

CHAPTER VIII SCIENTIFIC CLASSIFICATION AND OTHER ISSUES 531

§1. Essential Science and Factual Science 531

§2. Formal Ontology 537

§3. Other questions 541

   a. Husserl's Subsequent Explanation in His Letter to Mach 541

   b. Husserl's Misunderstanding of Avenarius 546

   c. Dilthey's Response to the Criticism of Historicism 551

   d. Stumpf's Criticism of Husserl's Concept Phenomenology 554

CLOSING WORDS 559

   a. Husserl's Ideological Contributions 559

   b. Possibility of Mutual Interpretation Between Husserl's Phenomenological and "Yogācārabhūmi śāstra" 566

   c. Hypothesis of the Occurrence of Identity in Consciousness 568

   d. Epistemological Sciences and Consciousness Studies 576

   e. Major Issues in the History of Epistemology 578

REFERENCE 581

SUBJECT INDEX 592

NAME INDEX 618

POSTSCRIPT 625

CHART CATALOG

Chart 1   Aristotle: The Formation Process of Science   037
Chart 2   Classification of Knowledge Based on Intuition   039
Chart 3   Aristotle's Classification of Science   042
Chart 4   Inherent Principles of Aristotle's Classification of Science   043
Chart 5   Revision of Aristotle's Classification of Science   043
Chart 6   Augustine's Mechanism of Time Consciousness-Thinking   140
Chart 7   Maxim's Classification of Emotions   187
Chart 8   Anselm's Idea of Justice   220
Chart 9   Hugo de St. Victore 's Classification of Mathematics   237
Chart 10   Hugo de St. Victore 's Classification of Science   239
Chart 11   Hugo de St. Victore on the Elements of Legendi   242
Chart 12   Cassiodorus's Classification of Science   247
Chart 13   Bonaventura: Four Sources of Knowledge   248

Chart 14	Bonaventura's Classification of Knowledge	253
Chart 15	Bonaventura: The process of Recognition	260
Chart 16	System of Epistemological Science	262
Chart 17	Size Perspectiva	313
Chart 18	Monade Genealogy	339
Chart 19	Types of the Reduction of Recognition	346
Chart 20	Leibniz's Classification of Scientific Knowledge	347
Chart 21	Bolzano: Concept Generation	353
Chart 22	Bolzano: Concept Generation (Trans.)	354
Chart 23	Bolzano: The Process of Idea Generation	354
Chart 24	Concept's Quaternity, Thinking's Quaternity	355
Chart 25	The Trinity of Concept Strength, Judgment Strength and Belief	367
Chart 26	Bolzano: Classification of Judgments	370
Chart 27	Muller: Specific Neuropathy Energies	378
Chart 28	Helmholtz's Schema of Idea Generation	387
Chart 29	Method and Purpose	415
Chart 30	The Prescribed Direction of Noesis	451
Chart 31	Husserl: Generative Relations of Noetic Moment	453
Chart 32	Husserl: Parallel Relationship Between Noesis and Noema	456
Chart 33	Noema Corresponding to Various Noesis	459
Chart 34	Husserl: Noema's Levels	461
Chart 35	Correspondence Between Noesis and Noema	468
Chart 36	Husserl's Classification of Logical Categories	475
Chart 37	Husserl's Dual Division of Categories in the Essential Domain with Ontology	479

Chart 38	Quaternity of Quantity, Time, Space and Order	496
Chart 39	Determining Relationship Between Functions of Logic	521
Chart 40	The Formation Process of Positive Scientific Theory	525
Chart 41	The Road to Transcendental Phenomenology	526
Chart 42	Husserl's Classification of Science	533
Chart 43	The Foundation Level of Formal Ontology	539
Chart 44	Avenarius' Classification of Apperception	550
Chart 45	Types of Normative	574
Chart 46	Generation Relationship of Normative	575
Chart 47	Basic Types of Identity	575
Chart 48	Main Issues in Epistemology	578

前　言

本书是我申请的国家哲学社会科学基金项目"现象学认识论研究"最终成果中的部分内容。项目成果的一些内容已先行付梓，剩下的现以"西方认识论史"为题出版。

在对许多认识论主题进行研究之后，在尝试进一步深入把握胡塞尔认识论思想时，我希望回顾一下认识论的整个历史。可是，已有哲学史研究中对认识论史虽时有涉及，也有零星的断代史，但都无法令我满意，尤其是中古后期和中世纪的认识论思想研究较为缺乏，因此，我尝试梳理了胡塞尔之前的认识论史。这些工作形成的是本书第一部分的内容。在这部分内容中，呈现了西方哲学史上约四十位哲学家的认识论思想。其中，近代以来的认识论思想涉及得较少。有的读者可能对此感到诧异。这不是因为我有意忽略笛卡尔、贝克莱、休谟、康德的认识论思想，而是因为在我之前的研究著作中已经梳理了他们的认识论思想，之所以对洛克的认识论思想重新做了梳理，是因为我想重新表达自己对它的一些理解。在本书第二部分内容中，我主要论述了胡塞尔的认识论思想。

此外，作为一项认识论历史的研究，还需要阐明一下认识论的定义，我将认识论视为对认识活动的哲学研究或科学研究，这在我先前的著作《马克思主义认识论新探》第一章已专门论述，此不赘言。

本书的书名，虽经反复斟酌，但没有找到更合适的，所以仍然保持了起初的选择。正副标题指出的是本书的主要内容、总的思想态度和论述中用来做比较的思想内容。只要书中内容有助于您的思考，请读者们对标题的适配性就不要太纠结。我的设想是，辑录自认为有价值或新意的思想，表达自己对相关问题的看法，而非提供一部完整无遗的教科书。后一种工作对我而言很有难度，超出了我的能力范围。作为西方认识论史，本书的布局不是按此题专门设计的，而是由一开始的研究动机和写作顺序决定的。由于本书所涉及的研究一开始是为现象学认识论而作，历史梳理只是准备工作，所以读者才会看到本书在历史梳理中经常提及胡塞尔的思想。此外，本书的写作是按历史顺序逐次展开的，基于此恰好也形成了从毕泰戈拉到胡塞尔的认识论史。因此，也没有再去精心划分章节，仍按起初的设想分为两部分。希望这不要使素来内心严谨的读者过于恼火，也希望读者有一段愉快的思想之旅。

没有认识论的历史，就不会有认识论的科学。科学研究虽要以主题化的方式进行，但问题的思想历史是其必要的参照。如果没有历史知识，则可能会将旧观点和旧错误当作新见解，也很难估计新的理论工作的价值所在。我尝试做了一些梳理历史的工作，以满足可能会有的理论需要。本书虽为一部研究型著作，但还是奔着一般著作的向度去书写和修改的，很多内容有所发散，同一内容的批评和阐述往往也分散在不同的章节中，可能更适合素无目的打发闲暇的读者，不适宜想学习理论和掌握思想的人直接使用。此外，我还希望突破知识的专业界限，与更多的人一同探讨心灵宇宙的玄奥。

第一部分

对胡塞尔之前认识论的回溯

第一章

古希腊哲学中的认识论

认识论思想是人类在探索世界的历史过程中逐步形成的。哲学史家们通常认为近代以来哲学转向了认识论，但实质上认识论并不是从笛卡尔才开始的，它在哲学史上有着更为古老的源头。科学活动中理论问题或哲学问题的解决，虽然鲜明地体现为个人的直接努力，如个人的触动和愿景会使得一些问题成为时代思想中的主题并吸引人们对其探索，但科学问题或哲学问题的形成却是一个历史性的过程。认识论的问题也是如此。包括胡塞尔在内，近代以来诸多哲学家的认识论思想凝聚的仍然是历史性的问题。认识论研究不仅体现在柏拉图和亚里士多德的著作中，也体现在芝诺等古希腊哲学家所思考的问题中。在中古后期和中世纪这两段历史时期的神学著作中，认识论对信仰体系一直起着解释说明的作用。近代以来的诸多哲学家和心理学家，都有很多认识论思想。除此之外，对数学和物理学有杰出贡献的波尔查诺、亥姆霍兹的著作中，对艺术和科学工作有杰出贡献的达·芬奇的手稿中，也有深刻的认识论思想。从这一章开始，依次对这些历史阶段的认识论思想进行基本的梳理，以作为深入理解胡塞尔认识论思想的准备。

第一节 从毕泰戈拉到芝诺

就古代希腊的哲学而言，能够掌握的原典资料较少，除柏拉图、亚里士多德等有较为完整的著作外，很多哲学家的观点都是在古代研究和留世著作的引述中看到的，虽然这些论述不一定真实反映相关哲学家的观点，但透过这些论述仍然可以看到古人所思考的认识论问题。晚近的研究对这部分认识论问题也做了非常多的阐释，虽然意见上各不相同，但透过这些研究，我们也可以把握到古希腊认识论思想的旨趣。

一 毕泰戈拉学派

毕泰戈拉学派的创始人是古希腊哲学家和数学家毕泰戈拉（Pythagoras，B580–B490）。其名字通常也译为毕达哥拉斯。根据亚里士多德的记述，毕泰戈拉学派讨论过十组对立的范畴，分别是：有限与无限、奇与偶、一与多、左与右、雄与雌、静与动、直与曲、光与暗、善与恶、正方与长方。[1]这些范畴实则是用来标记和认识事物的经验形式或意识中的形式。对这些经验形式的探讨存在许多争议，但其至少表明古人很早就留意到对认识事物的工具予以专门探讨的必要性，也表明了认识论问题起源悠久。虽然这些经验形式借助外在的自然事物得以被人们理解，但最终只能在观念中去把握，而不能只将其作为外在事实的表现形式去把握其本质，从这一点来看，现象学的意识研究是有利于消除这些争议的。这些范畴在今人看来相当熟悉和

---

[1] 参见策勒《古希腊哲学史》第一卷上，聂敏里、詹文杰等译，北京：人民出版社，2020年，第264页。

普通，但人类为什么从对立的范畴开始认识事物，仍然是一个未被充分理解的哲学问题。

通过后世学者的引述，我们还可以看到毕泰戈拉有对灵魂的认识能力的论述。如他认为，理性的灵魂之所以能够认识万物，是因为它是由所有的事物组成的，否则它就不能理解所有事物，相似的东西之间是相互包含的。[1]这个思想所回答的是认识为什么得以可能的问题。实质上，对这个问题的回答本身就意味着已经有人提出了这个认识论问题。如果从胡塞尔在《现象学的观念》中所思考的问题来看，其就是主体如何能够切中客体的问题。如果从莱布尼茨的思想来看，其就是"前定和谐"所要回答的问题之一。如果从康德的思想来看，其就是先天综合判断所想解决的问题。可见，这个问题是后世诸多哲学家都曾有所思考的问题。

毕泰戈拉学派认为，人死后灵魂可以继续存在。由于在其学派思想中没有区分精神和物质，所以在他们的观念中，灵魂看起来更像是物质性的，是一种和谐，具有乐曲中的谐音一样的特性。此外，在很多著作中都记载了他们的关于数是万物本原的思想。[2]只凭借有限的引述，我们很难充分理解这些思想，但结合古代人的思想背景来看，毕泰戈拉学派将灵魂视为自然事物进行讨论，这种立场与其他思想家是一致的。虽然灵魂问题后来逐渐演变为精神和主体性问题，但在其思想源头上，灵魂自然与物质自然同属于自然事物。这说明它们之间具有本质上的统一性或一致性，其中并不明显地存在近代哲学中主体和客体的二分模式。如果从万物与灵魂相似的观点来看，灵魂在根本

---

[1] Hugo de S. Victore. *The Didascalicon of Hugh of Saint Victor: A Medieval Guide to the Arts*. Translation, Introduction and Notes by Jerome Taylor, New York/London: Columbia University Press, 1961, p. 46.

[2] 参见汪子嵩等《希腊哲学史》第一卷，北京：人民出版社，2014年，第219—230页。

上就具有认识事物的能力，而无需再去考虑主体如何达到对客体的认识的问题。他们用"数"理解世界万物的做法，对后世的思想影响一直存在，不仅在自然科学、音乐中我们可以看到这些影响，在中世纪的神学家那里，也有关于数就是灵魂的观点。这实质上就是以更为精密的方式来获得对事物的精确性认识的思想主张。后世科学的发展方向，就是走向精密化的方向。

二 赫拉克利特论感觉

在赫拉克利特（Heraclitus，B544–B483）的哲学思想中，有关于人的感性认识和理性认识的论述。赫拉克利特强调人的感觉经验的重要性。

他认为视觉比其他感觉精确，因为它能够将对象鲜明地区分出来。按照传统的故事记载，诗人荷马因为没有视觉，所以猜不中孩子的谜语，苦恼而死。赫拉克利特也看到理解能力或对感性材料的组织能力在认识过程中的重要性，他说："如果没有理解，即使他们听见了，也像聋子一样。关于他们有谚语为证：虽在场却不在场。"[1] 按照古代哲人的论述和我们自己的认知体验，视觉的重要性是不言而喻的，近代物理学、生理学、心理学的诸多研究进展都与视觉研究紧密相关。视觉研究在哲学领域中常遭忽视，在物理学领域却极受重视。在后世的科学研究中，视觉研究与物理学中的光学紧密联系，如牛顿曾著有《光学》（1704），讨论了光的折射定律和颜色等问题，后来，威廉·波特菲尔德、J.普利斯特利、托马斯·扬、亥姆霍兹等众多科学家都有很多关于视觉研究的建树，甚至诗人歌德也参与了关于颜色

---

[1] 汪子嵩等：《希腊哲学史》第一卷，2014年，第411—413页。

的讨论，他著有1400多页的《色觉学说》。[1] 直至今日，视觉研究仍然是认知科学的核心课题。心理学家们大多认为视觉在知识的建构过程中优于其他感官，这是就科学知识的建立过程而言的。通常讨论的这些视觉都属于外在视觉，即外感知，由这方面的讨论形成的学问是物理学，而胡塞尔虽然也曾讨论过外在视觉，但借此讨论的主要是内在的"视觉"，即对意识中的感知活动的自我反思，这种研究属于哲学的心理学。

赫拉克利特认为，对于真理性知识的获得而言，感觉是不可靠的，只有理性才是标准，这与德谟克利特和恩培多克勒的看法是一样的。[2] 按照引述文献所呈现的观点来看，他所说的真理性的知识，就是具有统一性的知识，也是与感官所获得的散乱认识相对应的知识。真理自古以来的含义不仅是正确的认识，还暗含着它是人们行为的准则，由此可以理解赫拉克利特为什么会认为人们应该遵循共同的认识而生活。但生活中的实际情况并非如此，对此，赫拉克利特说，"虽然逻各斯是共同的，但大多数人还是按他们自己私自的理解那样生活着"[3]。他还认为，"对于清醒的人说，cosmos（有秩序的宇宙）是统一的、共同的；如果睡着了，每个人就回到他自己的世界"[4]。如果我们将这里的逻各斯（logos）理解为一种统一的话语，将cosmos理解为一种统一的秩序或规则，那么，赫拉克利特的说法所表明的是：在实际的生活中，人们并不遵循统一的秩序的引导，而是按照各自的理解进行生活，虽然话语和规则都是大家承认的，但在行为上却并不一定遵守这些话语和规则。由此可见，使人们受到统一的理性原则的支

---

[1] 参见波林《实验心理学史》，高觉敷译，北京：商务印书馆，1981年，第111—121页。
[2] 参见汪子嵩等《希腊哲学史》第一卷，2014年，第414页。
[3] 汪子嵩等：《希腊哲学史》第一卷，2014年，第415页。
[4] 汪子嵩等：《希腊哲学史》第一卷，2014年，第416页。

配而生活，是一个很早的哲学问题，不是在胡塞尔《哲学作为严格的科学》中才有的想法。直至目前它仍然是一个未能解决的难题。学者们认为，赫拉克利特是最早提出认识论问题的哲学家，并认为他影响了巴门尼德关于真理与意见的思考。[1] 如果从前面关于毕泰戈拉的分析来看，他可能不是最早提出认识论问题的哲学家，只能说在那个时代哲学家们早已认识到了认识论问题。

三 巴门尼德论存在

在赫拉克利特之后，在认识论的历史上具有重要影响的哲学家就是巴门尼德（Parmenides of Elea，B515–B450？）。巴门尼德认为，哲学的任务是要寻求更高一级的真理，唯一真实的就是不变的存在。从这个思想主题出发，巴门尼德思考了存在与非存在、真理和意见、思想和感觉等相对立的范畴，并倡导获得真理或认识要用逻辑论证的方法。[2] 在存在与非存在的对立中，巴门尼德认为，我们的认识应该从存在开始，而不应该从非存在开始，从存在出发，是通向真理的道路，而从非存在出发，则是不可思议的认识之路（"存在是不存在的，非存在必然存在"[3]）。

简洁的语言像缺少说明的公式一样难以获得确切的理解。如果我们将存在理解为可感现实，真理必然基于此，而非基于看不见的设定；如果存在的含义被延伸了，被理解为永恒的要素，那么，真理因自身具有永恒特性而必然依赖于不变的存在，而不能依赖于流变的现象。从后一种假设来看，恰好印证了赫拉克利特所说的感觉是不可靠的观点。但当他说"非存在必然存在"时，这里的"存在"已经有了

---

[1] 参见汪子嵩等《希腊哲学史》第一卷，2014年，第419页。
[2] 参见汪子嵩等《希腊哲学史》第一卷，2014年，第498—499页。
[3] 汪子嵩等：《希腊哲学史》第一卷，2014年，第502页。

"观念中的不变者"这一含义，而非单指可感觉的现实了。一旦思想的语句涉及了对观念中的普遍形式的规定，就无法像理解可感现实的抽象概念那样去获得理解，因为其中的普遍形式是一种普遍化的运用而非单纯的抽象形式。

巴门尼德关于"一"和不变的存在的说法受到了亚里士多德的批评。亚里士多德说："因为没有一个疯子会从他的感觉出发认定火与冰是一，只有在好的和出于习惯显得是好的事物之间，有些人才由于疯痴看不出什么差异。"[1]我认为亚里士多德这样的批评，更重要的是强调经验观察中必然存在的差异性，再者而言，秩序自身的存在本身就意味着统一性，如果基于统一的秩序预设去理解，"存在"就成为具有统一性的东西了。也可以说，不变的存在就是一种统一性，因为它可以被普遍化地运用。综合来看，亚里士多德批评的是缺乏直接有效的经验说明的那种统一性，强调了事物的差异性。由于巴门尼德的"存在"可以有不同的所指，所以，基于个人的理解对其思想予以批评就在所难免了。对于巴门尼德残篇中这一部分内容的理解，向来争议较多，对此，读者可以进一步阅读希腊哲学史方面目前最为完备的研究《希腊哲学史》(汪子嵩、范明生、陈村富、姚介厚、章雪富著)中的内容以了解相关争论的原委。

学者们根据不同的理解背景进行不同的编排和整理，返回头再从语言上去考证，这本身就只是辅助的方法，而不是必然会获得透彻认识的方法。实质上，预先的理解决定了我们对巴门尼德的理解，这是不可避免的，而对表达或语法的考察，只是为了印证、修正、修改、否定我们预先的看法，而不是直接确定其意义。那些修辞化的表达，

---

[1] 亚里士多德：《论生成和消灭》，徐开来译，见《亚里士多德全集》中译本第2卷，苗力田主编，北京：人民出版社，2016年，第427—428页，325a20—24。

往往突破了语法规范,却又能较好地传诉认识,它的魅力就在于它的歧义性。但时隔久远后,我们看到的就只是歧义性了。而预先的理解,一方面来自我们的经验或认识的积累,另一方面来自我们对世界或某一部分事物的整体筹划,这些整体的筹划可以是不同层次或不同要求层面的,没有后者,我们就难以形成系统化的认识。但这恰恰使我们的理解首先趋向自身而非趋向事情本身。

从巴门尼德对于哲学任务的理解来看,哲学工作意味着它本身是对认识的一种推进工作。这就把哲学作为一项永远存在的课题来看待了,因为人们的认识是没有尽头的,所以它不会有所终结。但人们是否可以直接思考那个不变的存在,以此得到最终的哲学化的认识,对此我是持否定态度的。这是因为那个最终的不变的存在是人们在思想中设定出来的,是思维能力对它的一种普遍化运用,这个被设定出来的东西我们无法对其予以进一步的观察和思考,而只能回顾它是如何产生的,所以就无法确定关于它的认识是否就是最终的认识,因为"确定性"最初就是一种由感觉而来的认识,而感觉却是可以变化的。但是,如果我们稍微改变一下理解的程度,将不变的存在作为经验中总是不变的东西来理解,那么,真理性的认识必须依赖于这样的不变的东西。这样的理解使得巴门尼德残篇中的思想可以获得一种较为清晰化的理解。这样一来,那个最终的不变的存在,实则就成为巴门尼德所说的非存在了,即认知中出现的缺失。如果对其进行经验性的理解,获得的就是不可思议的认识,即在事实生活中无法验证的认识。不可思议的认识,就是胡塞尔所批评的含混的或不清晰的认识,在胡塞尔看来,这种认识的缺陷在于无法对事物有效地形成决断。

四 芝诺的几则论说

在巴门尼德之后,著名的哲学家、数学家爱利亚的芝诺(Zeno

of Elea，B490—B425，属于爱利亚学派）的思想中，包含着较为深刻的认识论方面的思考。爱利亚的芝诺留下的著作是从他人的引述中辑录的。在亚里士多德《物理学》的注释中，有三则芝诺的论述，这三则论述以假言命令的方式讨论了两个论证，第一个论证是："如果事物是多，它们必定是1）无限小；2）无限大。"第二个论证是："如果事物是多，它们必定在数量上是1）有限的；2）无限的。"[1]

对于这两个论证，人们有不同的解释。我认为，从认识论的角度看，如果将理解的方式与对事物的理解混为一谈，则肯定会导致悖论或不同的解释。就理解方式而言，小与大、有限与无限不取决于事物实际上的大小或有限与否，而是取决于理解方式中的对立的范畴，一些基本的范畴之间不具有相互进行意义对换以形成有效解释的可能性，如多与少对应，无法用大和小来解释，也无法用有限和无限进行解释，因为这三组概念是理解事物时形成的不同的规定性尺度。此外，将对立的范畴作为对同一个事物的解释，明眼人一看就是矛盾的表达，作为哲学家和数学家的芝诺不至于犯这种错误，所以，这种表达本身要表明的不是一种直接明白的认识，而是一种旨在能够引起人们惊异和争论的修辞。如果我们对这种修辞进行命名的话，可以称之为"卖错"，即把一个明显错误的命题抛给别人，目的是引起深入的思考。多与少相对，因此，对于事物的多，既可以是大，也可以是小，既可以是无限，也可以是有限，因为这两组范畴都不构成与"多"的对立。如果这样来看，它们也不构成与"少"的对立。因此，芝诺的这两个论证都是可以成立的。

在爱利亚的芝诺的残篇中，人们较为熟悉的是亚里士多德记载的芝诺关于运动的四个论说：运动不存在论、阿喀琉斯追龟辩、飞矢不

---

[1] 参见汪子嵩等《希腊哲学史》第一卷，2014年，第581—582页。

动说、物体相对运动说。亚里士多德在《物理学》中记述了芝诺的这四个论说：第一个论证是说，"运动不存在，因为一个运动的物体在达到目的地以前必须先达到全路程的一半"；第二个论证是说，"最快的永远赶不上最慢的，因为追赶者必须首先跑到被追赶者起跑的出发点，因此最慢者必然永远领先"；第三个论证是说，"如果某物处于和他自己的量度相等的空间里，它就是静止的，而运动着的物体在每一瞬间（都占据这样一个空间），因此，飞矢不动"；第四个论证是说，"每排由大小相等、数目相同的物体组成，各以相同速度按相反方向通过跑道，其中一排从终点开始排到中间，另一排从中间排到起点，他［芝诺］认为，这里包含一个结论：一半时间等于一倍时间"。[1]

对这四个论说，同样有着不同的解释。亚里士多德认为这些解释全都是不合适的。后来的学者也莫衷一是。对爱利亚的芝诺这四个悖论的研究如今仍然在持续。因此，我们很难从前人的这些研究中获得一致的看法。

但如果我们从整体上来观察这四个论说，则会发现它们都是关于运动的，都是在否定人们对运动的日常化理解。如果我们结合前面芝诺的两则悖论来看，悖论的目的在于唤醒人们的思考，而不在于直接传诉真理。在人们日常的理解中，运动就是快、慢、位置变化的体现，人们没有设法去获得对其更为精密的理解。而在芝诺的思考中，他试图对运动做更细致的理解。

在这一思路下，我们可以得到的理解是，第一个论说旨在以不断二分的方式理解运动，从而得出运动不存在的论证。这不是在说运动不存在，而是说运动首先是一种认识中的存在，由此，它不能被首先

---

[1] 汪子嵩等：《希腊哲学史》第一卷，2014年，第591、595、599、601—602页。

断定为实际性的存在,当以另一种方式理解时,这种实际的运动无法再度被体现出来,因此,运动是不存在的。第二个论说,在我看来,则旨在否认那种含混地认为运动是连续的观点,因为这种观点只能获得关于运动的性质方面的一些认识,而无法获得关于运动的精密化的认识。在精密化的认识中,不同的运动速度之间是难以被公度的,因此,即使在比赛过程中存在后者超过前者的情形,但实质上却难以有二者同时处于与终点等距的同一位置的情形。第三个论说,意在表明运动是静止的连续,从对运动的细致化理解来看,所有运动的东西只能被转化为静止而予以进一步理解,通过转化为静止的连续后,运动的速度就可以被表示出来,所以说运动是静止的连续。第四个论说,在我看来,则在于揭示两个做匀速相对运动的物体的相对速度与其各自在静止的参照物前的实际速度之间存在比例关系,速度可以相加或相减,但时间并不能通过加减获得延长或减少,相对于静止的事物而言,它身上是不存在时间的,否则就会得出一半的时间等于一倍的时间的荒谬的认识。因此,芝诺的"时间"所说明的是速度关系,而非时间问题。自古以来,数学家一直朝精密的认识努力。芝诺作为数学家,他的论说和悖论是建立在更高的认识要求或更高的认识精度之上的。在更高的认识精度上,已有的认识要么是不充分的,要么可能就是错的,如果只是与成形的且自己认可的认识相比较,则要么是悖论,要么就是谬论了。

五 阿那克萨戈拉的异类相知

爱利亚的芝诺之后,哲学家阿那克萨戈拉(Anaxagoras,B510–B428)认为异类相知,如用热认知冷,用咸认知淡,用苦认知甜。[1]

---

[1] 参见汪子嵩等《希腊哲学史》第一卷,2014年,第781页。

这说明古代哲人很早就开始思考人的认知方式，认为人的认识是通过对比或对立的方式以及比较事物的性状差异来完成的。阿那克萨戈拉还分析了视觉认识的发生过程，他认为："视觉是由入射光线在瞳孔中造成的映像。然而，一个物体不能反映在和它同色的镜子里，只能反映在异色的镜子里。极大多数的动物有着和它在白天所见颜色不同的眼睛，但某些动物有和夜色不同的眼睛，所以这些动物在夜间的视力好。"[1]后来，公元三世纪的哲学家普罗提诺也表达了相似的观点，强调了光线是形成视觉的关键要素。关于光线如何形成视觉的分析，在达·芬奇手稿中有较为完备的呈现。除视觉外，阿那克萨戈拉还分析了嗅觉、听觉的形成过程。

与很多古希腊哲学家一样，阿那克萨戈拉的思想，我们也是通过亚里士多德及其弟子著作中的论述获知的，以上他的这些思想记载于亚里士多德的学生塞奥弗拉斯特的《论感觉》一书中。阿那克萨戈拉将人的认识分为感性认识和理性认识，感性认识无法像理性认识那样，完成更为复杂的认识和获得真理，它是理性认识的准备，那些不可见的东西，只能通过理性去认识。如他认为：我们感官的认识能力是有限的，所以我们不能判断真理；食物中便已经含有血液、神经、骨骼等人体的原始成分，但它只能被理性认识，而无法用感官认识；他认为感性是通向理性认识的必要步骤，并且说"可见的东西是不可见的东西的一种显示"。[2]从这些论述还可以看出，从感性认识到理性认识，就是通过可见的东西认识不可见的东西的过程。

从这些观点可以看出，阿那克萨戈拉从差异或对立的角度解释了认识的发生机制，也通过日常观察到的现象，对感觉的形成过程进行

---

[1] 汪子嵩等：《希腊哲学史》第一卷，2014年，第782页。
[2] 参见汪子嵩等《希腊哲学史》第一卷，2014年，第783—784页。

推敲。这两种做法在今天仍然是思想家和科学家思考或解决问题的方法，差别在于今人相对于古人而言可凭借的知识库较为丰富而已。

根据第欧根尼·拉尔修的记述，阿那克萨戈拉说："先是万物聚合在一起，然后努斯来安排它们有序。"[1]研究者们据此认为，这一观点是将努斯（nous，心、心灵）作为本体而使之成为理性的精神实体，这使得努斯与种子（spermaia）一起成为二元论倾向哲学的两根平行支柱。但以此解释哲学的发展趋向并不是必要的。阿那克萨戈拉的说法中，根本的问题在于如何去理解世界的秩序为什么会存在。世界被设定为有秩序以后，人们才可能获得对其秩序的认识。认识一经产生，就已经表明了秩序的存在，但如何将关于秩序的这种认识很好地表述出来，却是一个难题，所以对它们的理解最好只是寻找其中的合理意义，而不宜过度解释。这里的努斯，可能只是秩序在精神上的化身，使秩序得以实在化而已。借助这一化身，就可以回答为什么世界会具有统一性的问题。古人的认识是从多元论开始逐渐简化的过程，这可以从古代的多神论的简化过程看出来。人们对不可理解的一组现象规定一个本原，这是较为常见的思考方式。阿那克萨戈拉的这一思想与二元论还是有根本差异的，二元论作为近代哲学的产物，根本上是为了给理性认识的自足性寻找一种本体上的解释，而阿那克萨戈拉的思想旨在给出的是对世界秩序的解释，前者是一个认识论问题，而后者是一个自然哲学问题。再者，古希腊哲学中的自然既包含物质自然，也包含精神自然，很难说这就是二元论。

---

[1] 汪子嵩等：《希腊哲学史》第一卷，2014年，第766页。

第二节　高尔吉亚与普罗泰戈拉

以上这些认识论方面的思想，本质上仍然属于自然哲学，如果从近代哲学主体和客体二分的角度来看，这些研究主要是立足于客观领域，将认识活动作为自然客体进行思考和研究。当修辞学、语言学、论辩术在古代大希腊（Magna Graecia）地区成为盛行的学问时，在认识论方面的思考才逐渐集中于对主观领域内的思维形式、语言或思维的功能方面的研究。

一　高尔吉亚论语言

高尔吉亚（Gorgias，B483–B375）关于修辞学的著作没有保留下来，人们往往是根据已有的文献记载来陈述高尔吉亚思想的，常用的文献有柏拉图的《高尔吉亚篇》和塞克斯都·恩披里柯的《反数学家》。此外，我们通过高尔吉亚保留下来的修辞学范文之一《海伦颂》（该文由陈村富译辑在《希腊哲学史》第二卷中）可以看到他对语言和心灵状态之间会具有的一些必然关系的认识。这些认识可以帮助我们深入理解认识论工作的意义。

在《海伦颂》中，高尔吉亚有这些关于语言的思想论述："语言是一种强大的力量，它以微小到不可见的方式达到最神奇的效果。它能驱散恐惧，消除悲伤，创造快乐，增进怜悯。所有诗歌都是有韵律的语言，它能使听众恐惧得发抖，感动得流泪，或是沉浸在哀思里；总之，语言能感动灵魂，使它将别人生活中遭到的幸运和不幸在自己身上产生同样的感情。""如果每个人都能记住过去、知道现在、预见将来，那么语言的力量就不会那么大了；但是实际上人们并不能记住过去、知道现在、预见未来,所以欺骗就容易了。"〔前文脱落〕因此受语言的诱惑犹如受暴力的劫持,海伦是身不由己地同意了别人所说所做的事。""语言对于灵魂状况的力量可以和药物对于身体状况的作用相比。正如药物作用于身体内不同的体液既可以治病也可以致死一样,语言也是如此,不同的话能使人悲伤、快乐或者恐惧,有害的劝说还能迷惑或麻醉灵魂。""碰到恐怖景象的人往往吓得魂不附体,许多人由于过度的疲劳、可怕的灾难和不可救药的疯狂而遭受不幸时,铭刻在人们心上的印象是无法磨灭的。"[1]

从原文来看,这些论述整体上立足于语言对心灵状态(以及受其支配的行为)会具有必然性影响这一认识立场,认为海伦的背叛行为受到了人们不恰当的指责。

从高尔吉亚的这些认识来看,古人早已知道语言对心灵基质以及受其支配的行为会存在必然性的影响,由此,通过语言上的处理和排布,利用语言的传导机制,就可以影响他人的情感和行为。正因为语言拥有可以作用于过去、现在和未来的三重时间维度,弥补了人们记忆和判断力的不足,所以,人们会习惯性地依赖于语言,用语言记载自己的认识和思考。特别是语言中必然包含未来的意义,人们需要依赖于语言以确定自己的一些行动,久而久之,语言对人的行为在一定程度上就具有了支配性。因此,在行为或思考中或多或少受制于自己的语言或别人的语言也就不足为怪了。这也可以使我们想到,对于人与人之间的行为关系,不应只是从行为的后果来思考它伦理学方面的意义,更应看到认识活动的形成对其所产生的必然影响,也就是从心理学或认识论方面思考人的外在行为的形成机制。

从《海伦颂》可以看出古希腊时期哲学家对于语言的影响力的

---

[1] 转引自汪子嵩等《希腊哲学史》第二卷,北京:人民出版社,2014年,第103—105页。

思考是相当深入的。而且，相关的一些思考已经体现在当时的律法中，如雅典时期对于有影响力的人物所罗列的重要罪名之一就是蛊惑青年。

二 著名的怀疑论命题

怀疑论是认识论研究的主题之一。关于怀疑论，高尔吉亚有三个著名的命题："第一，无物存在；第二，即使存在某物，人们也不可能把握；第三，即使把握了，人们也无法加以表述，告诉别人。"[1]

对于递进式命题，如果以最后一个为主，则高尔吉亚这三个呈现递进关系的命题表达的含义是：如果细致地去思考，表述对事物的认识其实是很难的。

对于具有递进关系的论断，我认为，应该重点去关注其最后的一个论断所要表达的意思，前两句很有可能是以夸张的说法引起人们的注意和争论，或者只是为第三个命题做铺垫。对于高尔吉亚这三个具有递进关系的命题，按照其思路，我们还可以不断推演下去："第四，如果可以表述，也无法真正理解；第五，即使真正理解，也不能被更多的人理解；第六，即使能被更多人理解，也没有实际的用处。"总之，下一个命题对上一个命题是部分意义上的否定。

对于这种命题，如果要去看它所实质表述的观点，应以最后一个为主来推测其用意，也可以将其视为反证的论述方法来对待。如果能找到其要驳斥的问题，则就可以确定其相对明确的含义。如果找不到问题之所在，对它的理解就多种多样了。如弗里曼（Kathleen Freeman, 1897-1959）就认为这篇著作可能仅仅是一篇修辞习作，以此证明作者本人可以写出任何风格的著作，格思里（W. K. C.

---

[1] 转引自汪子嵩等《希腊哲学史》第二卷，2014年，第221页。

Guthrie，1906—1981）认为高尔吉亚写的是讽刺性作品，旨在以幽默讽刺破坏论敌的严肃性，用严肃性破坏对方的幽默性。[1]

如果将这三个论题作为修辞来理解，则需要去思考它的表达会引起什么样的效果。其比较明显的效果是可以用来否定对方观点的有效性。修辞的首要目的不在于表达真理，而在于引起感触和思考。如果我们去挖掘其中的认识论方面的意义，在我看来，这种递进的论述方式，既作为修辞，也作为一种思考问题的方式，那就是对一个认识不断进行递进式的否定，以看其最终会转到何种认识上去，最终不能再度否定的认识，就是所需要的认识结果。

三　普罗泰戈拉的强论证和弱论证

普罗泰戈拉（Protagoras，B490—B410）认为，"任何命题都有两个相反的论断，论辩的目的和主要技艺就是如何使弱的论证变为强有力的论证"。在第欧根尼·拉尔修、亚里士多德、柏拉图、塞涅卡的著述中都可见到对普罗泰戈拉这一思想的引述。[2]

在这一思想中，相反论断可以从对立和相异的方面分别去理解，弱论证变为强论证，意味着通过某种手段使人们对某一个认识结果信念增强并相信它。这就是论辩术。论辩术可以在实用或外化的方面被研究，可以从意识活动发生的内在层面被研究。但这两方面是相辅相成的，如果没有对外在的技术化的论辩术的认识和理解，我们也很难以直观自身思维活动的方式获得与论证紧密相关的内在信念变化的认识。这是认识论研究的课题之一。从生理的角度而言，信念的强度可以通过注意的时间、刺激重复的次数、刺激物的能量效果等要素进行

---

[1] 参见汪子嵩等《希腊哲学史》第二卷，2014年，第230页。
[2] 参见汪子嵩等《希腊哲学史》第二卷，2014年，第120—121页。

计量。从论证的角度而言，每一次的证明都会增加注意的时间，增加心智建立反应的次数，由此就会起到增强信念的作用。

四 人是万物的尺度

在塞克斯都·恩披里柯（Sextus Empiricus）和柏拉图的著作中，记载了普罗泰戈拉"人是万物的尺度"的观点。陈村富根据希腊文原文比对了不同译文，将表达这一观点的原文译为："人是万物的尺度（权衡者），是存在者如何存在的尺度，也是非存在者如何非存在的尺度。"[1] 对于这一观点，柏拉图和亚里士多德是从感觉论的角度去解读的，认为自身的感觉是存在物存在与否的判定者。确切地说，感觉的某些产物，其中的固定可重复的那些结果，是建立认识的基础或尺度。塞克斯都·恩披里柯认为这一思想旨在表明的是对真假的区分。这三人的看法各有可取之处。但人作为万物的尺度或权衡者，这一说法还涉及了人认识和改造世界的方法问题，主观上的认识思路和做法对于认识客观的自然世界这一过程而言，有着必然的而又不可或缺的作用，尤其是在认识过程中，理论精确性的提高和理论目标的拔高，都取决于主观领域的规定、设计、谋划和权衡，所以，普罗泰戈拉这一思想，阐明的是人认识世界的基本方式。

自然世界及自然客体先于认识的个体而存在，但个体的认识方式、所采取的比对模型，先于与之相关的认识而存在。从具体认识环节的相继发生情形来看，普罗泰戈拉的观点恰恰体现了这一点。甚至我们不需要过多的关键词，仅仅看到人、尺度、万物这三个词时，根据对我们自己的认识过程的外在反思和内在反思，就能自然地想到这一点，这三者中每一个出现的变量自然会带来认识的不同变化。由此

---

[1] 汪子嵩等：《希腊哲学史》第二卷，2014年，第211页。

而言，对逻辑及其相关构造物的探查仅仅是关于"尺度"这个变量可能存在的变化和可能性的研究。从这一点而言，胡塞尔的认识论研究主要考察的是这个环节的东西。相应地，人的变化自然也会引发认识上的变化，如进化论的认识论观点认为，人之所以产生科学化的认识，是因为人类逐渐进化出了适合这种认识的功能，或者说具有相应的生物适应性。自不必说，万物的变化更是决定了具体的知识成就是否具有真正的效应。

　　认识从个体开始，虽然受到群体所表现出来的共同规律或特征的影响，但这不应否认个体认识方式所具有的独特性。"人"这个术语在这个命题中既指个体的人，也指复数意义上的人，它们同时被用于对这一命题的理解时并不产生矛盾，反而可以使我们获得较彻底的认识。就认识方式和认识结果而言，个体认识与群体认识是相互影响或塑造的关系，而不是说群体在认识功能上的一般性先于个体认识能力的特殊性。虽然这种一般性是存在的，人们甚至可以沿用胡塞尔所说的移情作用去解释人们在认识上所具有的根本统一性，即基于最基本的功能的一致性或基本的意识视野的一致性以说明认识中的一致性，但这种基本的一致性只能对科学知识的统一性形成一种信念的说明，而非严密的说明，这是因为统一性的科学知识与这个基础之间相距太远，人们还无法从这个基本的要素出发环环相扣地构建起某一科学知识在群体中的发生过程。但是，如果从塑造的角度来理解统一性的人类认识的构建途径是怎样的这个问题，就相对简单了。简言之，人在历史中形成的认识通过塑造的方式而传承并取得进展，每一代的认识中都蕴含着旧有的成就或认识形式。由此而言，人在历史的传承中成为认识万物的尺度。从对科学认识的形成途径的这种理解来看，人成为具有历史性的人类，科学共同体实质上是一个历史共同体。因此，在这个命题中，"人"在单数和复数上被理解都是可以的。由此也可以看到人的历史性。如果我们只是从个体的人所具有的认识功能上的基本的共通性来理解的话，认识的历史性的东西就可以不存在了，但这在解释上虽然可以成立，在根本上却是行不通的。在历史性中，人的个性融化为历史的共性。基于此，个体的认识就不单是主观性，而且也具有客观性的可能。

如果只是从感觉论来看待这一命题，则只会看到其主观性的方面，这就会导致对普罗泰戈拉这一思想的否定。但如果更为全面地去思考这一命题，并从历史性的角度去思考，这种简单的否定就不存在了。由此可见，已有的一些批评，目的可能不在于揭示这一思想所蕴含的认识上的可能性，而在于以批评别人的方式，进一步建立对自己的思想的信念。以绝对的理念否定任何现存的认识都是可以的，但这并不能直接推进科学化的认识。

有研究者认为，这一命题曾遭到苏格拉底、柏拉图、亚里士多德的批评。但实则不是这样的，至少在亚里士多德那里并非如此。亚里士多德在《形而上学》中，对"尺度"进行过一系列的探讨。他认为，"一"是事物的尺度，"每一事物的尺度都是一，如在长度中，在宽度中，在高度中，在重量中，在速度中"[1]。亚里士多德实则是充分肯定了这一思想并进一步予以其细致的理解。

如果只是从个体出发理解"人"这个概念，而不是从"人类"出发理解"人"这个概念，那么，普罗泰戈拉的这一命题显然是片面的，但如果既从个体的角度，又从"人类"的角度理解这个命题，那么，这个命题并没有什么问题。人是万物的尺度，首先表明的是一个认识论的问题，其次才是其他方面的思想。认识有个体发生向群体传

---

[1] 亚里士多德：《形而上学》，苗力田译，见《亚里士多德全集》第7卷，苗力田主编，北京：人民出版社，1990年，第222页，1052b27–29。

递和塑造的成分，也有作为共同的人类个体而言都可以一望即知的成分，前者使知识的传播或教育成为可能，后者是认识得以交流的基础。如果不是为了那些离奇的想法，则这一命题所蕴含的基本观点是没有问题的。人要获得对事物的认识，除了基于基本的感官接受性，还得对事物进行区别、标记，并进一步利用形式和符号（或概念）表达认识，如康德认为，人基于空间和时间这样的感性的纯形式来认识对象。这些都是人认识事物的尺度。

此外，普罗泰戈拉留下来的一个残篇，讲的观点是神不能被认识和感知。按照后来人的记载，由于这一立场，他被放逐，著作被雅典人烧掉了。[1]

根据柏拉图、第欧根尼·拉尔修等人的间接记载，在古希腊时代，著名的智者还有普罗迪柯、希庇亚、安提丰等人。其中，普罗迪柯研究了措辞技艺，他在区分词义方面有专门研究，创立了词义区分的方法，柏拉图在《斐德罗篇》中将此称为辩证法。[2]其余一些智者，多以辩论、政论、修辞见长，有的还在城邦事务中担任重要角色，他们讨论过正义、民主、语言的功用、自然科学、数学等问题。智者们不仅有探讨万物起源的自然哲学，也有很多对人和社会的讨论，这意味着哲学的主题已经向主观领域延伸，而主观领域正是认识论的工作领域。智者时代在古希腊哲学史中的地位是不能忽视的，对此，古希腊哲学研究著名学者策勒（Eduard Gottlob Zeller，1814–1908）这样评价道："智者所属时代的骚动使许多混浊和肮脏浮出表面，但希腊心灵必须穿越这一骚动才能获得苏格拉底式的纯净智慧；正如没有'启蒙阶段'德国就不会出现康德一样，没有智者希腊就不会出现苏

---

[1] 参见汪子嵩等《希腊哲学史》第二卷，北京：人民出版社，2014年，第155—162页。
[2] 参见汪子嵩等《希腊哲学史》第二卷，2014年，第64—65、117—119页。

格拉底和苏格拉底哲学。"[1]策勒的评价带有明显的黑格尔式的哲学史观，但从科学的历程来看，这一说法的思想基础是成立的。

第三节　苏格拉底和柏拉图

苏格拉底（Socrates，B470–B399）的思想主要是在柏拉图对话篇中以对话者身份被表述的，之前所述的毕泰戈拉、普罗泰戈拉和高尔吉亚的观点，有一部分也是在柏拉图对话篇中体现的，此外，色诺芬（Xenophon，B440–B355）、阿里斯托芬（Aristophanes，B446–B385）、亚里士多德也记载过他的一些言行。[2]

苏格拉底述而不作，影响了很多人，但在古代的这些文本中，究竟哪些是苏格拉底的思想，是有争议的。在策勒的研究中，对于如何确定色诺芬、柏拉图等人的记述中哪些是苏格拉底的思想这一问题进行了较为详细的讨论。[3]

策勒的研究告诉我们，从哲学史家布鲁克（Johann Jakob Brucker，1696–1770）时代起，色诺芬的著作逐步被视为记述苏格拉底哲学的权威，但施莱尔马赫（Friedrich Schleiermacher，1768–1834）提出异议，认为色诺芬本人不是哲学家，他的记载不足以呈现苏格拉底的重要而丰富的思想，因此，应该从哲学家柏拉图的著述中去看苏格拉底的思想。策勒肯定了施莱尔马赫的这一说法，但他还认为亚里士多德描述的有关苏格拉底学说的说法也是确定苏格拉底思想的外在

---

[1] 策勒：《古希腊哲学史》第一卷下，余友辉译，北京：人民出版社，2020年，第766页。
[2] 参见汪子嵩等《希腊哲学史》第二卷，2014年，第281页。
[3] 参见策勒《古希腊哲学史》第二卷，吕纯山译，北京：人民出版社，2020年，第69—81页。

证据。这些观点都始于这样一个方法前提：根据苏格拉底在历史上的真实形象，在各种著述中寻找苏格拉底的思想。策勒甄别苏格拉底思想的思路可以总结如下：

1）色诺芬笔下的苏格拉底思想只是缺乏思想的深层源泉，但描述还是确实的。就这一点而言，他与柏拉图一样，都是历史真相的记录者。但色诺芬的描述与历史上构建起来的苏格拉底的思想形象在本质上是不一样的。因此，策勒认为，应该根据色诺芬、柏拉图、亚里士多德各自的陈述，来描述苏格拉底，如果能够从这些资料中构建对苏格拉底思想形象的认识的和谐画面，那么色诺芬将被证明是正确的。

2）在柏拉图那里，苏格拉底是一位专业的思想家，对知识的各个分支都在行。但在色诺芬的笔下，苏格拉底是一位头脑简单而优秀的人，虔敬且具有基本常识，"与其说是一名哲学家，不如说他是一名德性的教师和年轻人的指导者"。在柏拉图的笔下，苏格拉底的人格与他最深沉的哲学探求是联系在一起的，亚里士多德以及后来的斯多亚学派和新柏拉图主义者都把苏格拉底看作一个新时代的奠基人，并把他们自己独有的体系都追溯到由他发起的运动之上。策勒认为，这是一个谜团。

3）对于这个谜团，策勒是以这样的方式解开的，即在文本的细微之处寻找苏格拉底话语中表现德性与知识探求之间必然关系的论述。这些关键的论述在《申辩篇》和色诺芬的《回忆录》中恰好都存在。在《申辩篇》中，苏格拉底认为，对知识的热爱是他活动的原始动机。色诺芬的《回忆录》证实了这一点，"他从不拒绝与同伴一起思考任何所谈到的事物"。这些记录足以证明，苏格拉底不仅是一位德性的宣讲者，而且是一位哲学家，他不仅追求没有道德目的的知识，也追求在实践中可能只服务于无道德目的的知识。作为哲学家的苏格拉底，不可能只是寻求服务于德性的知识，而肯定是有着相对独立的求知冲动且热爱求知，因此，他会认真独立地研究哲学问题与方法，成为一名知识的改革者。

4）继而策勒认为，如果不是对知识进行改革，如果不是有着独立的求知冲动和对知识的单纯热爱，苏格拉底就不可能对伦理学本身施加深刻的变革性影响。对他而言，伦理学不是去坚持恢复道德生活的诸多事实，而是在于认识到道德信念的科学基础是道德重建的必要条件，知识不仅促进行动，还领导并控制它，如果没有为一种对知识的独立的热爱所激励，他就不会为人类寻求一种实践价值。

5）策勒的这些认识意味着，如果只是普通的伦理学，恢复过去的道德生活事实就够了，但若要追求人类普遍的实践价值，就需要对纯粹的求知活动的热爱或进行哲学家的探索。由此，策勒断定苏格拉底哲学的主要内容为：一是对什么是真知识的思考和探索，这是从德尔菲的神那里得到的启示，这涉及了概念的定义问题；二是将所有的道德要求都指向正确的知识，不仅要知道做什么，而且要知道为什么这样做。通过对概念知识的要求，苏格拉底不仅摆脱了通行的表象方式，也摆脱了以前的所有哲学，他要求在认识过程中从各个方面进行彻底的观察，对认识予以辩证法的检测，对认识的基础进行方法论的、有意识的考察，不符合这些条件的知识，就应该拒绝。在苏格拉底看来，没有德性就无法想象知识，没有知识也无法想象德性。对于德性的这样的思考，就不得不从自然的研究转向并集中于对心灵的研究。与之相关地，真理并不是无条件地给予的，必须通过自己的思想活动才能找到，每个人必须去寻找自己的信念，所以，任何过去的意见都要重新进行考察。所以，策勒在他的研究中将苏格拉底的哲学思想总结为两个方面：一个是哲学方法，即获得真理的方法；一个是伦理学。

策勒的分析主要立足于知识与德性的关系。这一点也是他基于色诺芬的记述而形成的。但他的一些理由也不完全成立，比如说色诺芬不是哲学家，所以无法真实地记述苏格拉底的思想。这意味着哲学必须是专业的。这个假设在那时并不存在。再者，哲学家也不见得就能准确记述和理解哲学家的思想，因为有很多哲学思想是独特的，哲学家带着先入之见去理解时，也可能是断章取义的。反而是大众的眼光更能体现哲学的时代任务。以下根据哲学史传统，仍将苏格拉底与柏拉图的认识论思想分开论述。

一　苏格拉底论定义

苏格拉底对定义、知识的确定性都有一些论述。他的对话中讨论什么是勇敢、正义、美德，也就是在讨论这些抽象概念的定义。在定义中，他探求的不是一类事物表面的共同性和相似性，而是一类事物的本质特性，也就是说，定义就是寻找本质。[1]定义是描述事物和建立理论的开端，它关系到论述的严格性和确定性。苏格拉底将定义视为确定事物本质的过程，这种定义方式与亚里士多德的"种加属差"的定义方式代表的是不同方向的知识追求。它们之间的主要差别在于，后者是基于对事物进行系统性的描述和分类而形成的定义方式，而前者是需要基于理念或形象的确定性而形成的定义方式。对定义的思考主要体现的是苏格拉底对理念化知识的确定性的思考。

与赫拉克利特一样，苏格拉底认为，只有人的理性才能掌握知识，也只有确定的知识才能使人懂得真理，能够辨别正确和错误，由此，他反对高尔吉亚仅仅追求使人相信的那种论辩术的知识。[2]对理

---

[1] 参见汪子嵩等《希腊哲学史》第二卷，2014年，第336—337页。
[2] 参见汪子嵩等《希腊哲学史》第二卷，2014年，第326页。

性的研究和肯定，最终所要解决的仍然是知识的确定性问题。在柏拉图对话篇中，苏格拉底有很多伦理学方面的讨论，这些思想旨在服务于城邦秩序的建构；还有语言、修辞等方面的思想。这些问题可以归结为两个方面，一个是认识的确定性，另一个是基于认识的确定性而形成的伦理知识的确定性。这也即胡塞尔在《哲学作为严格的科学》一文开篇所指出的哲学的两个历史任务。

二 学习就是回忆

在柏拉图对话篇所呈现的丰富思想中，苏格拉底关于学习与回忆、真意见和知识的讨论是与认识论研究联系最为紧密的。

在《美诺篇》中，学习就是回忆的观点，是以这样的方式论证的。1）从灵魂不朽这一前提出发，推论出灵魂已经知道世界上一切事物的知识。继而，就有理由认为，灵魂能够回想起已经知道的关于美德和其他事物的知识。这之中潜在的预设是，能知道就意味着能够回想起来。2）当人们能够回想起某一件东西时，就自然地会认为他能够发现别的东西，因此，问题不在于他能否发现别的东西，而在于他是否有足够的勇气去寻求这些认识。在这个过程中，能够回想起某一件东西，就叫作学习，学习也意味着寻求发现，因此，学习与寻求就是回忆。或者说，学习就是回想，只要有勇气去寻求，就会相信他能够发现所有别的东西或认识。[1] 在这个过程中，从对一物的认知迁移到对他物的认知，意味着回想作用使之得以可能。也就是说，回想是理解其他事物的基本的心智功能。因此，学习过程就可以被理解为调动和发挥这种心智功能的过程。关于美德的知识已经位于灵魂之中，如果从灵魂的自然属性来看，则最基本的美德是包含在自然性中

---

[1] 参见汪子嵩等《希腊哲学史》第二卷，2014年，第569—570页。

的，或者说它是诸种自然性中的一种，如人的恻隐之心。

在《美诺篇》中，记载了苏格拉底引导童奴画出一个面积为原有正方形两倍的正方形的例子。[1]柏拉图记载的这个例子在于说明，不是苏格拉底教会了童奴这一知识，而是他引导童奴以回忆的方式获得了这样的知识。当然，几何学的基本知识在掌握以后，看似简单，但与人的一些初级认识相比，实则是经过了较为繁复的环节才构建起来的，因此，这些知识需要通过引导学生与初级的认识建立联系，然后才能在学生的认知中逐步建立起来。

进一步理解灵魂回忆说，并不是说灵魂中包含着所有知识，而是说，即使灵魂中包含知识，也并不包含几何作图这样的较为具体的知识，只是包含一些基本的认知或认知功能，通过这些基本的认知及认知功能，可以构建起任何复杂的认知。因而，灵魂的这种基本状态与功能也使得所有的知识学习过程得以可能。进一步而言，这些思想在于回答人们的知识、信息的交流和认同为何得以可能的问题。《美诺篇》中的这些思想，也被称为苏格拉底的灵魂回忆说。

在灵魂回忆说中，就"灵魂已经在这个世界或别的世界知道一切事物的知识"这一观点而言，它是在回答我们为什么能够认识事物这一问题，即胡塞尔"主体如何切中客体"这个问题中所预设的问题。认识得以可能的理由，在《美诺篇》中总结起来有两点：一是因为灵魂不朽，可以重生，所以它已经在这个世界或那个世界获得了一切事物的知识；二是整个自然是同类的，所以想起一个东西时便能发现别的一切东西。设定了整个自然是同类的，也即意味着这个世界存在相同的秩序或规律。在我看来，知识的回忆说的可取之处在于强调人的

---

[1] 参见柏拉图《美诺篇》，《柏拉图全集》上（增订版），王晓朝译，北京：人民出版社，2018年，第473页。

意识世界是知识的来源之一。在对话篇的语境中，它是在反驳知识只能通过教授而获得的思想立场，这意味着它强调返回到主观世界中去寻求知识确定性的原则是一致的，这也是胡塞尔所强调的研究方向。此外，知识可从灵魂先天中回忆而出，也说明德性可基于此而通过特定的引导被唤醒。

三 柏拉图的相论

从认识论上而言，柏拉图的"相"论意在对知识的根据予以彻底的说明。《美诺篇》中说："真意见和知识都是真的正确的，它们的区别在于：知识是在我们心上已经固定下来了的，而真意见却是没有固定下来的，如果不将它紧紧缚住便随时都可能跑掉。"[1]在这个过程中，使真意见得以固定为知识，意味着以因果推理形成必然结论，待确认的知识通过因果推理而成为信念中可以确定的知识。这种因果性也意味着知识是可重复获取的。

但是，对推理中的原因不断进行回溯，最终的那个依据或原因是什么呢？在柏拉图看来，这个根据最终就是共同的或普遍的"相"（eídos/είδος）。[2]如果我们把"相"理解为认识活动中的形式、类型，那么，柏拉图的真理观即意味着真理是基于普遍的认识形式而形成的。

以往的哲学史研究中，"相"论（理念论）是柏拉图的代表性思想，这是因为"相"在灵魂学说的背景下，作为不朽的东西，能够解释超越个体的普遍性知识得以存在的根基。柏拉图区分了两种不同的存在，一种是"相"，一种是和它们同名的具体事物。两者之间有五

---

[1] 汪子嵩等：《希腊哲学史》第二卷，2014年，第581页。
[2] 参见汪子嵩等《希腊哲学史》第二卷，2014年，第582页。

个方面的区别:"第一,'相'是单一的、同一的,不是组合成的;而具体事物是组合或混合成的,不是单一的、同一的。(78D–E)第二,'相'是不变的,具体事物是经常变化的。(78C)第三,'相'是看不见的,不能感觉到而只能由思想掌握的,具体事物是看得见的,可以感觉到的。(79A)第四,'相'是纯粹的,具体事物是不纯粹的。第五,'相'是永恒的,不朽的,具体事物不是永恒的,是要毁灭的。"[1]范明生在《希腊哲学史》柏拉图部分的研究中,比较了柏拉图的"相"论和巴门尼德的存在的五个特征,认为柏拉图的这一观点是从巴门尼德的存在论哲学发展出来的。[2]但我们从先验哲学的立场来看,柏拉图的"相"论是在主观世界的认识中试图以这种方式给出超越主观世界的具有普遍性的认识的根据,也即对知识的共同根据的讨论。这也是古今真理论或认识论都试图回答的问题。现象学研究能否很好地回应这一问题,决定着现象学究竟在何种程度上推进了认识论研究。关于相论的研究非常多,但对事物的样态和秩序赋予观念化的理解是其根本,在这个意义上,相论也就成为后世神学论证所借用的思想资源。

四 蜡版说和鸟笼说

柏拉图将记忆或知识比作蜡版或鸟笼,以此解释我们人类知识在脑海中的贮藏形式。前者我们称之为蜡版说,后者我们称之为鸟笼说。

蜡版说的主要内容是这样的:"让我们想象心里有一块蜡,在这个人心中的和在那个人心中的蜡可能有大有小,有的纯粹些有的不

---

[1] 汪子嵩等:《希腊哲学史》第二卷,2014年,第598页。
[2] 参见汪子嵩等《希腊哲学史》第二卷,2014年,第599页。

纯粹些,在有些人那里硬一点,另一些人那里软一点,有些人则软硬适宜(191C–D)";希望看到、听到或意识到的东西在心中保留下来时,就相当于印在蜡上,由此我们就可以记起它或知道它,"而那些已经擦去的或是没有好好印在上面的,我们便忘记不知道了(190E–191E)"。[1]信息在大脑中是如何贮藏的,这个课题不仅是现象学研究的难题,也是当今神经认知科学家们希望解决的问题,柏拉图的解释给了我们一个好的思路,对记忆之物理形式的构想,有助于这个问题的科学研究。

鸟笼说实则与蜡版说相似。鸟笼说认为:"知识也是这样一种东西,你可以得到它而并不拥有它,像一个人捉到了一些鸟,将它们养在笼子里,并不直接掌握在手上","需要的时候可以从笼子里任选一只抓在手上",鸟笼中贮藏着许多鸟,"有的是一小群一小群的,有的是单独的,它们在笼子里到处飞翔","当人是孩子的时候,这个笼子是空的,后来他得到知识,将它们一片一片地关在笼子里,这就是发现或学到了知识",于是,就产生了两种知识的取得方式,一是从外界去猎取笼子中没有的鸟装进笼子,一是在使用的时候将鸟从笼子中再取出来。(196D–199A)[2]这一假说不仅解释了知识的获取方式,也解释了知识的贮藏和加工方式,还附带解释了知识的提取方式是怎么一回事。这是思考和研究知识的形成过程的一种整体设想。

策勒虽然认为苏格拉底和柏拉图的思想应有所区别,但实质上还是认为二者的思想是一个统一体,他说,"柏拉图哲学一方面是苏格拉底哲学的补充,另一方面也是它的扩展和推进","柏拉图关于哲学问题和原则的看法完全建立在苏格拉底教导的基础之上",但是,

---

[1] 参见汪子嵩等《希腊哲学史》第二卷,2014年,第792页。
[2] 参见汪子嵩等《希腊哲学史》第二卷,2014年,第795—796页。

"在苏格拉底那里只是一般准则的东西在柏拉图那里被发展成了思想体系，在苏格拉底那里只是知识论原理的东西在柏拉图那里被表达为形而上学思想"。[1]策勒的这个看法对于我们理解二者的哲学思想甚至其他哲学家之间的思想都具有启示意义，启示之处在于哲学史的传承往往是对前人思想的发展和变革，我们可以说，笛卡尔、胡塞尔都是在哲学史中试图做出变革的人，胡塞尔的纯粹现象学思想和将哲学严格科学化的思想，是把数学分析的做法和魏尔施特拉斯科学理念发展到哲学领域中的结果。

在认识论问题的研究中，区分他们之间的思想差异并不是解决问题的关键所在，认识的可能性、知识的确定性及认识如何产生的问题，是二者共同的主题。胡塞尔在《笛卡尔式的沉思》及《第一哲学》中，也将二者视为一个思想整体。从二者的思想主题来看，他们的认识论思想主要是从其对德性的思考和对社会秩序的思考中延伸出来的，整体上虽有独立性，但主要是为德性生活和理性生活服务，从而为构建一个有秩序的甚或有战斗力的城邦而服务，这是他们的认识动力所在。可以说，认识论只是这些思考的副产品。这些思考对于在将来构建精密的认识论科学而言是有益的尝试，一些基本的原则，我们可以在这里找到。

当我们从认识论历史去看待柏拉图时，我们会发现，他的著作中蕴含的认识论思想相当丰富，绝非我们所罗列的这一小部分。他在自己的著作中提出了很多问题，相对于其同时代及前后的许多传世著作而言，他的作品中有很多独创性的思想，这也是他被视为古代最伟大的哲学家的缘由。捷克布拉格查理大学教授、新柏拉图主义研究者

---

[1] 参见策勒《古希腊哲学史》第三卷，詹文杰译，北京：人民出版社，2020年，第105页。

拉德克·克拉普（Radek Chlup，1972– ）认为，不仅是因为柏拉图思想的独创性，还因为他拒绝将自己的概念编成一个明确的教条化的体系，提供的是思想的动力而不是现成的答案，他的追随者们能够从截然不同的角度去发展他的哲学方法，同时，他的追随者们的哲学相互之间也存在很多冲突。[1] 从拉德克·克拉普的这一认识来看，胡塞尔在《第一哲学》中推崇柏拉图而略抑亚里士多德也就在情理之中了。胡塞尔曾充满激情地认为，柏拉图是一切真正科学之父，他的思想具有高度的严肃性，他有着一些纯粹的理念，拥有一种严格哲学的基本思想。[2] 综合学者们的这些观点来看，柏拉图的思想在后世的发展中会产生不同的走向：柏拉图对理念的追寻不仅引导其学生追求更为根本的认识，在科学探索中寻求唯一确定的东西，也引领人们看到认识深处存在的不可穷尽的神秘，从而走向对冥冥之中的决定者的思考；柏拉图对问题的深入剖析揭露了世间一些知识的漏洞和局限性，这会导致一种更好的形而上学动机，但他无结论的对话往往也将一些人引向怀疑主义。这就使得他的思想在历史中总是能够找到爱好者，除非人们都不追求思想和智慧。

从柏拉图著作的整体风貌来看，他看到了确定性中的不确定性，也看到了不确定性中的确定性，因此，他的思想始终表现为自我推进式的。这些著作所呈现的丰富思想充分说明：柏拉图热爱智慧，勤于书写思考的过程。对柏拉图认识论较为详细的研究可参见詹文杰《柏拉图知识论研究》（2020年）一书。

---

[1] Radek Chlup. *Proclus: An Introduction*. Cambridge University Press, 2012, p.9.
[2] 参见胡塞尔《第一哲学》上卷，王炳文译，北京：商务印书馆，2006年，第42—47页。

第四节　亚里士多德

包括策勒在内的很多哲学史研究者，都把亚里士多德哲学视为柏拉图哲学的继续。亚里士多德的思想中有鲜明的认识论主题，认识论问题在他这里承担的任务也与之前的哲学家有所不同，为科学服务的意图更为明显。他认为科学探索的任务在于解释信息和现象，知识是追求普遍者的；他讨论了认识的发生过程；他将科学知识分为思辨的、实践的、创制的三类；他还考察了形成认识的部件即一些最基本的概念的含义。

一　知识的确定性

亚里士多德认为，科学的探索是从不确定的东西开始，进入确定的领域中去，它必须能够解释信息和现象；不能轻视任何一个微小的事物，其可能隐藏着无尽的知识；科学的证明不仅包括必然的事物，也包括常见的事物；不能在每项研究中都要求获得同样程度的精确性，这是因为精确性取决于研究对象的本质，如果有人在所有研究中都要求同样的逻辑严密性，那么他在哲学上就是粗鲁的。[1] 这些观点表明亚里士多德看到了确定性、精密性等知识目标，而且认为这些目标在认识中会有程度上的不同；也看到了知识的一般性功能，这种功能即在于解释信息和现象；还看到了认识的无限性，任何事物都是认识的对象，它们身上蕴藏着不可计数的知识。

对知识的这些整体上的认识有助于排除认识过程中无效要素的干

---

[1] 参见策勒《古希腊哲学史》第四卷，曹青云译，北京：人民出版社，2020年，第121—122页。

扰，并使认识的建构获得更为一致的规范性。从目标上而言，认识活动自身提出自身的发展要求，如更有效的确定性、更高的精度、更严密的体系；从功能上而言，认识的任务之一在于解释现象，同时，它意味着可以用它去实现人的愿望和需求；从对象上而言，可以对对象进行分类，这样就形成了关于不同门类的对象的各门科学，或形成了同一对象的不同门类的科学。在这些方面，确定性是最为基本的认识要素。在这三部分中，与第一部分相关的是关于认识活动自身的研究，即认识论研究；与第二部分相关的是自然哲学和灵魂哲学（灵魂论）的研究；与第三部分相关的是科学分类研究。基于这些区别性认识及其延伸出来的意义，人们可以更为明确地确立自己的知识工作目标，并理解不同目标所涉及的效用和类型上的具体转换关系。从这三个分类来看，胡塞尔的现象学思想中涉及第一部分的内容较多。

根据策勒的研究，亚里士多德将辩证法与科学观察方法结合了起来，认为哲学家的任务就是通过对相关观点的准确定义来发现解决困难的方法。策勒认为，在哲学方法上，亚里士多德是一位柏拉图主义者，因为他沿用了苏格拉底－柏拉图的辩证法并发展了苏格拉底的归纳法，创造了三段论和相关的逻辑学说来完善它。但策勒的这些断言不是完全合适的，因为哲学思维中的诸多方法都是人类最为基本的思维方法，它实则是人类思考问题时普遍运用的方法，这些方法虽然在个别的哲学家那里被明确意识到和被记载，但不能完全作为其个人在方法上的发明，确切地说，这些方法经过亚里士多德的工作后以较为明确的形式得以在世上广为流传和被反复研究。

二 知识的产生过程

亚里士多德论述了知识的产生过程。认识是从感知开始的，因为感知间接地与普遍者相通，"在感知过程中，一些可感的属性以及相关的存在于个体实体中的普遍者被分辨出来，在一般表象的记忆的帮助下，感知进一步发展为经验"，"许多经验被聚积为一般原则，以及技艺和科学，最后，我们得到最普遍的原则"。[1] 这是策勒根据《论灵魂》《后分析篇》总结的要义，汪子嵩在《希腊哲学史》第三卷中也有相同的论述。[2] 在这里，经验指在不同的感知中不断重复出现的会被心灵确定和保存下来的东西。这实则是解释了一般性的表象的形成过程，即从个别性的表象到一般性的表象的形成过程，我们可以将其简单归结为这样一个过程：

感知 → 表象[个别表象] → 经验[一般表象] → 技艺或科学[一般表象间的关系]

图表1 亚里士多德：科学的形成过程

关于科学形成过程的这一论述，在后世的认识论研究中，只是说法上有所不同，主要环节都是一样的。在胡塞尔的现象学中，实际上处理的是前三个环节中的问题。我们可以把亚里士多德对认识形成过程的这一论述看作基本范式，并进一步简化为"表象—表象间的关系"这一结构，这就成为布伦塔诺认识论思想中认识的基本结构，即每一认识都可以分解为表象与表象间的关系，以对应其所要表达的对象与对象间的关系。

对认识的形成过程所涉及的诸多要素的关联性论述，就是认识论思想，凭借对这些要素的把握，我们就可以将思想历史中所涉及的认识论思考甄别出来。而事实上，要将过去的认识论思想进行历史梳理

---

[1] 参见策勒《古希腊哲学史》第四卷，2020年，第144—145页。
[2] 参见汪子嵩等《希腊哲学史》第三卷，北京：人民出版社，2014年，第313页。

还需要考虑它们对当今研究的意义。从感知、表象到经验及科学的形成，这一结构虽然支撑了亚里士多德到布伦塔诺这一漫长的认识论历史，但未能够使认识论成为一门科学，有关它的基本结构、研究对象与研究方法的论述仍然是混乱的。

三　四种认识能力

在《尼各马可伦理学》中，亚里士多德认为，形成认识的能力有多种，分别是科学知识（episteme）、努斯（nous）、哲学智慧（sophia）、实践智慧（phronesis）。这四种能力执行的任务各不相同：[1]

"科学知识实为一种分析理性能力的表现，它依据基本前提，在经验的基础上，运用逻辑分析与推理，形成证明知识，获得对普遍、必然的本质与原因的精确知识。

"努斯直观地洞察事物的普遍性定义与公理，它们本身不是证明的知识，却是科学知识的首要原理和终极根据。

"哲学智慧能获得'最为精致完美的知识形式'，因为有哲学智慧的人'不仅知道从首要原理推出的知识，而且也拥有关于首要原理的真理。所以哲学智慧必定是努斯与科学知识能力的结合'，这才使科学知识臻于完善。（1141a16-20）

"实践智慧不同于科学理性（科学知识），也非直观地洞悉首要原理的努斯，因为它的对象不直接是普遍的类，而是同人的活动相关的特殊事实、个别事物，如个体人的行为、政治活动，菲迪亚斯的雕塑那样的艺术作品。它们不是科学理性和努斯的对象，而是一种特殊的'知觉'的对象，这种'知觉'不是相应于某一感官而狭隘的知

---

[1] 汪子嵩等：《希腊哲学史》第三卷，2014年，第315页。

觉，而是人们察觉一个三角形那样的知觉。（1141a23–30）"

这四种认识能力的划分，谈不上是合理的。前三者实质上无法截然分开，因为直觉、基于直觉的推理、完美的形式这三者无法截然分开，借助直觉的推理离不开直觉，完美的形式也离不开直觉上的确定。从亚里士多德的思想来看，他将直觉知识作为基础，哲学知识作为目标，科学知识作为二者之间的连接，这样就分别形成了对应于三段认识过程的知识及能力。这个认识假定了不同阶段的认识能力是不一样的。这个假定用于外感官及由其形成的认识是成立的，如没有视觉能力，就不能形成基于视觉印象的知识，但用于内在的认识形成过程时，就不一定成立了。

但通过对亚里士多德的这种划分思想的分析，我们可以看到，直觉的知识具有的是直接性。在我们权且认可科学与哲学之间的划分时，科学与哲学的知识都是直接性的知识，它们的每一个环节都需要直接的确认，而实践的知识唯有在结果上是可以直接确认的，在其具体的环节并不是能够直接确认的。比如某味药对疾病的作用，能确定时就意味着已经可以确定结果，有结果时就意味着对疗效有确定。因此，知识可以分为两类，一类是所有环节都需要直觉性地确认的，另一类是只有结果需要在直觉上确认的。如图：

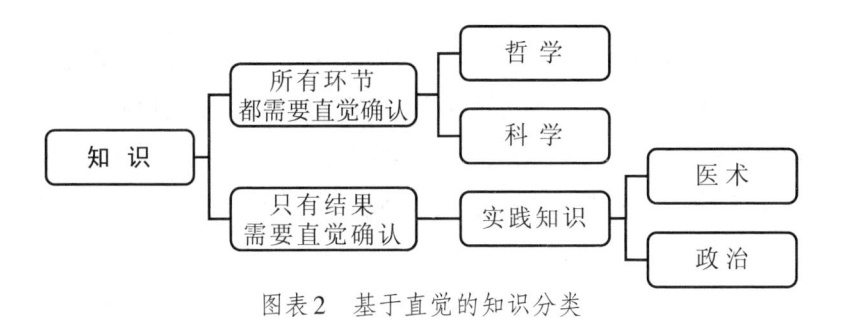

图表2　基于直觉的知识分类

形成知识的能力，实际意味的就是形成知识的动力，而形成知识的动力，也意味着认识所要实现的目标的存在。结合亚里士多德的相关论述，我们可以获得的理解是，不同的认识能力意味着不同的认识目标。在认识过程中，认识的目的、动力、能力意味的是同一回事的不同方面，某一认识作为一个整体，有着不同方面的表现。这也就意味着，不同的认识能力所实现的认识目标是不一样的，如技术能力或实践智慧在于满足实际的需求，科学能力在于获得对事物的认知，努斯在于获得直观性的认识，哲学能力则在于实现完美的认识形式。由此一来，在认识论研究中，如果我们要考虑认识的动力学问题，就可以转变到目的上来考察。这些目的要么是精神需求，要么是物质需求。与动力学对应的，就是认识的静力学研究，即认识的结构和形式等，如对于规范、逻辑、知识类型的研究，就属于静力学的范围，它们都是由能力所形成的具体成就。胡塞尔现象学更多的工作则集中于科学知识的起源，是对知识的最基本的规定性或规范的探索，动力学问题在其中虽有所涉及，但没有获得主题化的讨论。动力学的问题在历史上只获得过较少的关注，也曾被含混地处理，它的重要性不言而喻，如果没有动力学的思考，就难以预判认识的发展方向。

四　科学的分类

在《形而上学》中，亚里士多德将科学分为思辨科学、实践科学、创制科学三类。所谓思辨科学，指的是探求事物的最初本原和原因的科学，它要获知的是事物背后的依据甚或全部依据，在诸科学中占主导地位。[1]思辨科学只是认识事物，并不扰动事物，所以它的工

---

[1] 参见亚里士多德《形而上学》，苗力田译，见《亚里士多德全集》中译本第7卷，苗力田主编，北京：中国人民大学出版社，2016年，第30—31页，982a1–b11。

作方式是观察和理解。按照亚里士多德的论述，思辨科学主要包括物理学、数学、神学三种。[1]然而，观察和理解也影响人的社会行为的形成，如果再从"运动"这一属性的归属来看，运动的本原是包含在事物本身之中的，是事物内部动力作用的结果，人并不能改变这些"运动"，实践科学所探讨的运动的本原也是包含在人之中的，是人内部动力作用的结果，它讨论的是人的行为所形成的现象的规律，因此，研究事物动力问题的思辨科学是实践科学的基础。亚里士多德说，在实践科学中，"运动不在实践事物中，而更多地在实践者中"。从思辨科学过渡到实践科学，中间增添了人的行为这一要素，因此，实践科学就是伦理的或政治的这类科学。如果说思辨科学所探讨的事物的运动本原（动力）在事物自身之中，那么，运动本原不在事物之中的科学，就是实践科学或创制科学。对此，亚里士多德这样说："在创制的科学那里，运动的本原在创制者中，而不是在被创制的事物中。"[2]创制科学，则是建筑、艺术、修辞学等，它意味着要增加那些自然世界中原本没有的东西。亚里士多德对科学的具体分类见图表3：

---

[1] 参见亚里士多德《形而上学》，苗力田译，见《亚里士多德全集》中译本第7卷，2016年，第254页，1064b1–5。

[2] 参见亚里士多德《形而上学》，苗力田译，见《亚里士多德全集》中译本第7卷，2016年，第253页，1064a13–17。

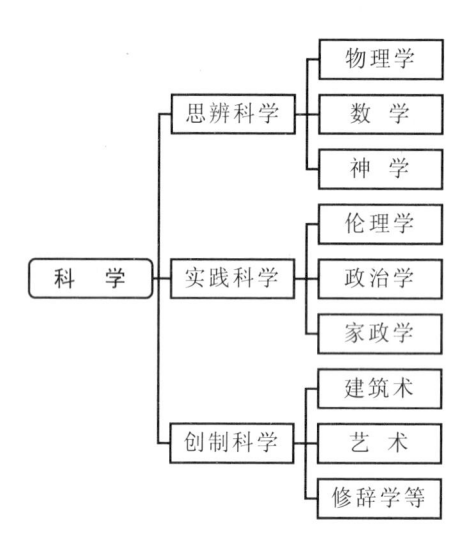

```
                  ┌─ 物理学
        ┌─ 思辨科学 ─┼─ 数 学
        │         └─ 神 学
        │         ┌─ 伦理学
科 学 ──┼─ 实践科学 ─┼─ 政治学
        │         └─ 家政学
        │         ┌─ 建筑术
        └─ 创制科学 ─┼─ 艺 术
                  └─ 修辞学等
```

图表3　亚里士多德的科学分类

由此可见，亚里士多德的科学分类是从动力因和形式因出发的。从动力因的角度考虑，动力不在事物中的，是创制科学；动力在事物中的，是思辨科学；动力在实践者中而不在事物中的，是实践科学。从形式因的角度考虑，运动在事物之中的，属于思辨科学；运动不在实践事物中的，属于实践科学；运动不在事物中的，就是创制科学。换言之，事物中既有动力又有运动形式的科学是思辨科学，事物中只有运动形式而无动力的是实践科学，事物中既无动力也无运动形式的就是创制科学。从事物与动力和运动的关系可以理解亚里士多德的科学分类思想，反过来，从人与动力和运动的关系也可以获得同样的理解：动力和运动都不在人之中的，是思辨科学；动力和运动都在人之中的，是创制科学；只有动力存在于人之中的，是实践科学。（见图表4）

```
科 学 ──┬── 事物中既有动力又有运动 ── 思辨科学 ── 动力和运动都不在人之中
        ├── 事物中只有运动而无动力 ── 实践科学 ── 只有动力存在于人之中
        └── 事物中既无动力也无运动 ── 创制科学 ── 动力和运动都在人之中
```

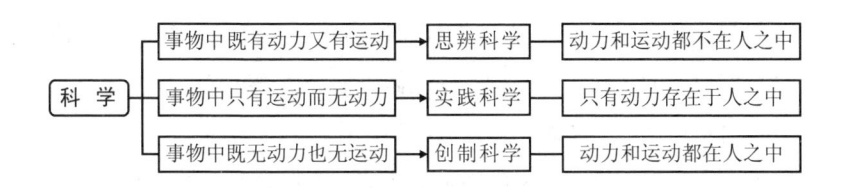

图表4　亚里士多德科学分类的内在原则

从这些认识来看，思辨科学因为研究动力和形式而成为其他科学的基础。如果我们进一步思考，则会发现亚里士多德的科学分类思想不是完全合适的，这是因为当思辨科学成为实践科学和创制科学的基础时，这三者之间不是并列关系，后两者实质上位于与思辨科学不同的另一科学的亚层级，应该属于行动的科学。基于此，与行动科学对应的就是静观的科学，而静观的科学不仅应包含亚里士多德所说的思辨科学，也应该包括后来的实验科学。（如图表5）

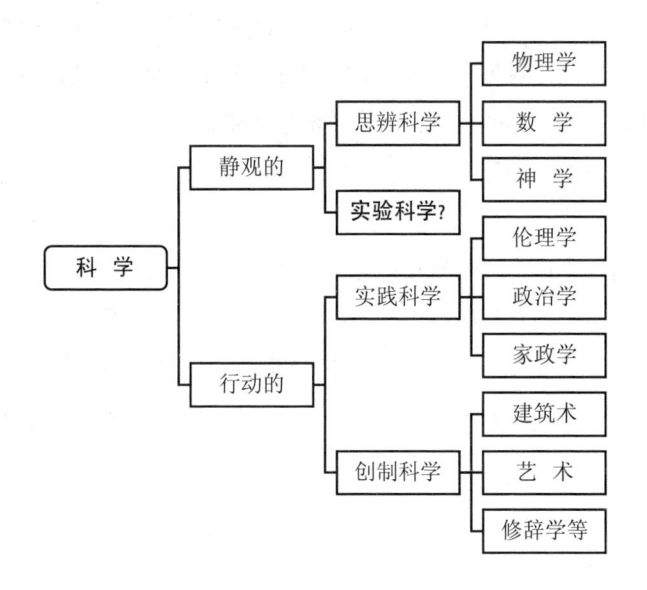

```
科 学 ──┬── 静观的 ──┬── 思辨科学 ──┬── 物理学
        │              │                ├── 数　学
        │              │                └── 神　学
        │              └── 实验科学?
        └── 行动的 ──┬── 实践科学 ──┬── 伦理学
                      │                ├── 政治学
                      │                └── 家政学
                      └── 创制科学 ──┬── 建筑术
                                      ├── 艺　术
                                      └── 修辞学等
```

图表5　对亚里士多德科学分类的修正

对科学进行分类的工作，是认识论研究的重要任务之一。康德在《自然科学的形而上学基础》中也做了划分。这些都是我们研究知识分类时可借鉴的重要思想。这方面的论述还有很多。本书后面还会论述卡西奥多鲁、维克多里的雨果、波纳文图拉等人关于知识分类的思想。

五 知识的目标

亚里士多德认为知识是关于类型的知识。亚里士多德说："一切知识都是关于某种存在或种的，并对之进行考察，而不是关于单纯的或作为存在的存在，也不对它是什么作出说明，而是由此出发，或者使它在感觉上更加明显，或者把是什么当作一个假设，这样或者较为必然地或者较为概略地证明他们所研究的种中固有的属性。"[1] 这段论述中的"种"指的是"同一形式下事物的连续生成"，或者是"存在所源出的最初运动者"，种的第三个含义指载体或质料，如平面是平面图形的载体或种，立体是立体图形的载体或种，种就是不同的图形之所以存在差异的载体，由于质就是其差异的显示，所以，质是载体，也是质料，由此，定义中用到的质这一成分，实质上就是定义中用到的种。[2]

在这些论述中，既然知识是关于"种"的，那么，由"种"的这三个含义出发，知识所要达到的目标就有三个：一是揭示或描述事物发生的原因，构造一个变化发生的要素链；二是找到事物发生的源头；三是对事物的差异（载体、质）或质料的认识。但是亚里士多德

---

[1] 亚里士多德：《形而上学》，苗力田译，见《亚里士多德全集》中译本第7卷，2016年，第145页，1025b10–14。

[2] 参见亚里士多德《形而上学》，苗力田译，见《亚里士多德全集》中译本第7卷，2016年，第141页，1024a30–1024b10。

自己所论述的知识所要形成的认识目标是两个方面：一是建立对事物的清晰的表象认识，即"使它在感觉上更加明显"；二是建立关于事物的根本上的假设（"是什么"），以解释和证明事物身上总是存在的属性，或者事物所表现出来的具有规律性的现象（固有属性）。这两个目标与前面三个目标并不冲突，因为前面所说的那三个认识目标是揭示事物固有属性这一认识目标的展开。

亚里士多德认为知识并不是关于绝对实在的，而是关于某种普遍性的认识，这种普遍性的东西是一种概念上的存在，而不是像具体事物那样的具体实在。按照策勒的论述，亚里士多德"相信科学并非与个体相关，而是与普遍者相关，即便当它最接近个体事物时，它的对象也始终是一般概念，而非个体事物"[1]。策勒认为，这一看法是亚里士多德体系中的一个矛盾，这个矛盾之所以形成是因为亚里士多德并不知道"自然实体领域中个体是优先的，而在精神世界中普遍者是优先的"[2]这一认识原则。但是，在亚里士多德那里，可能还没有关于精神世界的实在性的观念，他所说的普遍性也不一定是指精神世界中的概念。对于灵魂的论述，亚里士多德也是将其视为自然哲学的一部分，因而，在他的思想中，也就不存在精神世界的优先性问题。当亚里士多德将知识的对象视为一般概念时，意味着这种知识随着个体的变化而发生变化。因为当个体变化时，对其所形成的关于"它是什么"的假设相应发生了变化，因而对其固有属性的解释也就相应发生了变化。由此，亚里士多德所主张的思想，恰恰是现代科学中基本的知识立场。因此，在对于知识的理解中，当他认为关于普遍者的知识只是与个体事物处于接近关系而非等同关系时，亚里士多德并不需要

---

[1] 策勒：《古希腊哲学史》第四卷，2020年，第225页。
[2] 策勒：《古希腊哲学史》第四卷，2020年，第225页。

设定精神世界,以及设定精神世界中普遍者的优先性,这种设定在这样的思想原则中是无作用的。此外,认识在其结果上体现为一种普遍性时,这种普遍性既是认识的产物,也是认识所要追求的东西,从这个意义上而言,科学与普遍性相关,它是用所谓的普遍性去关涉个体,获得对个体的规律的描述。

六 亚里士多德与胡塞尔

相比亚里士多德,胡塞尔对柏拉图–苏格拉底哲学更为看重,认为后者导向的是对意识的内在研究。但是,这并不能说明亚里士多德在对问题的研究中没有意识到胡塞尔现象学中所讨论的问题,如内在的直观、认识的内在起源等。如果我们仔细推敲亚里士多德对种、差异、质、载体等概念的认识,以及在《形而上学》第五卷中对本原、原因、元素、必然、一、存在、相同、对立、在先和在后、量、相关或关系、完满、界限、由于什么、安排、具有、状况、品质、属性或承受、短缺、有着、出于、部分、整体、损害、虚假、偶性等概念的解释和说明,可以想到的是,如果他没有胡塞尔现象学所说的内在的直观,他不可能对这些概念有如此深刻和准确的认识。因此,胡塞尔认为亚里士多德没有看到认识的内在起源的观点,是站不住脚的。在亚里士多德的时代,对认识之起源的意识内在的考察根本不是当时的任务之关键,因为他的主要任务在于借助已有语言环境中的词语,将其变为术语,以准确地表达能让人们容易明白的认识。我们完全可以认为,正是在内在的直观中,亚里士多德看到了这些源自不同的用语环境中的概念之间的相通性。胡塞尔在《逻辑学与认识论导论》中对于否定、统一性、同一性等纯粹的意识客体的论述,所做的是和亚里士多德同样的工作,只是在说法上重新构造了一遍。实质上,去切中词语的含义是人们交流过程中的天性使然。在理解活动或表述活动中，对于很多概念或用词，我们每个人都做过这样的工作，与哲学家的差别只在于描述的严谨性程度不同罢了，否则，我们就不可能对事物或别人的认识形成真正的理解。在这一点上，与普通人相比，作为哲学家的胡塞尔的工作在于设法用一套术语或说辞把它更好地描述出来。但实质上，我们在用一套术语描述和解释另一套术语的所指时，又潜在地面临着重新解释和描述的问题，由此我们就需要借助最基本的内在的直观获得一种规定性。

亚里士多德对范畴和谓词的讨论，实则是认识论的重要工作。亚里士多德在《范畴篇》中讨论了本体、数量、性质、关系、时间、位置、状况、属有、动作、承受十个范畴和对立、在先、同时、运动、所有五个范畴，在《论题篇》中讨论了种、特性、偶性、定义四个谓词，这些分析，恰恰是认识论的研究工作。[1]因为当命题作为认识的典型形式出现时，这些范畴恰好是构成命题的基本部件，命题形成后，才能进一步推理，所以，在逻辑形成之前的这些工作，恰好是认识论的工作。在以往的研究中，认识论一直未得到彻底的研究，它的目标和任务、研究对象、工作方法、基本功能没有得到根本的澄清。截至今日，认识论的地位一直没有真正确立起来。因此，在没有对人类知识的整体建立理解框架之前，研究命题的部件如何构成的这些工作，有时候被直接当作哲学，有时候被当作形而上学（因为亚里士多德在《形而上学》中讨论了这些部件），有时候被当作逻辑学，有时候被当作"工具论"，有人说它是语义分析。名称的混乱意味着认识论从来没有成为一门专门的科学，而只是在哲学家们为了进一步解释自己的学说时被想到。胡塞尔起初所做的逻辑研究及后来的现象学研

---

[1] 参见汪子嵩等《希腊哲学史》第三卷，2014年，第130、141、178页；同参见亚里士多德《范畴篇》，秦典华译，《论题篇》，徐开来译，见《亚里士多德全集》中译本第1卷，苗力田主编，北京：中国人民大学出版社，2016年，第5、33—46、356页。

究,实则就是对逻辑部件的研究,或对其在意识形成过程中如何产生的研究。这门研究被胡塞尔以"纯粹现象学"命名,而这实则是胡塞尔想开启一种新的研究认识论的方式。与亚里士多德不同的是,胡塞尔是从内在意识的角度去描述命题部件的构成的,而亚里士多德是从外在经验方面去论述这些部件或范畴的。我们由此并不能认为亚里士多德没有意识到胡塞尔的这些问题。《范畴篇》和《论题篇》中的这些基本概念,在《形而上学》第五卷中也被专门论述了,但实则在该书中,我们能找到的对基本概念的论述还有很多,这些实则都是形成命题的部件,也即在论述问题时顺便讨论认识的形成部件是怎么一回事。这些论述表面上大多是以经验性认识说明和解释的,但实质上同时包含着亚里士多德对问题的内在的直观性方面的认识,这是因为在精密细致的思考工作中,如果没有内在意识中的直观性认识,外在的认识就会变得混乱,问题也无法真正获得澄清。如在讨论实体的含义时,亚里士多德说:"量并不是实体,只有这些属性最初从属的那个东西才是实体。倘若把长度、宽度、高度统统拿掉,我们就会看到什么也不剩了。"[1] 这段话中的"看",已经不是一般外感知中的看,而是内感知中的看,因为"看到什么也不剩"必须是内感知中的呈现。因此,在研究现象学和现象学认识论的过程中,亚里士多德对于范畴的解释和论述,有助于我们从另一个角度较为深入准确地把握现象学认识论的任务、研究对象、工作方法。

亚里士多德的论著中包含着许多对认识论研究有益的话题,他丰富的思想对我们今天的各种研究仍然产生着影响。其作品体现了古代人的思考方式和思想任务,数学家也能在其著作中找到自己所需的历

---

[1] 参见亚里士多德《形而上学》,苗力田译,见《亚里士多德全集》中译本第7卷,2016年,第155页,1029a17—1029a20。

史思想资源。对其著作的分类一直存在争议。我认为，应该从"认识论-自然哲学""工具论-目的论"这样的基本的认识构架来理解其著作的思想门类，依此，逻辑、修辞就属于工具论，而范畴分析则属于认识论，伦理学则既可以置于自然哲学之下（自然包括灵魂自然和物质自然），也可以置于目的论之下，能够归于前两者的最好归于前两者，不针对实体性对象（神除外）的则归于工具论和目的论，或按亚里士多德的科学分类思想予以理解。

第五节　伊壁鸠鲁学派

伊壁鸠鲁（Epicurus，B341–B270）的哲学思想饱受争议却影响不绝，虽然他在古代受到很多学派的批评，但当今的物理学家仍从他的自然哲学思想中汲取营养。饱受争议说明他深入思考了一些具有普遍性的问题。他的传世作品很少，人们可以在一夜之间读完他现存的残篇。被认为能够体现伊壁鸠鲁哲学思想的著述主要有三种：一是他的书信、遗嘱、格言集；二是伊壁鸠鲁学派的一些著作，研究者认为这些著作较为忠实地反映了伊壁鸠鲁的思想，如卢克莱修、第欧根尼·拉尔修的著作，奥依诺安达的第欧根尼铭文；三是留存下来的古代著作中引用的伊壁鸠鲁或其流派的思想。[1] 已有研究认为伊壁鸠鲁的弟子们都是在忠实传达他的思想而较少发表自己的见解,所以其学派成员所表述的思想就被视为伊壁鸠鲁的思想,但这一推断无法完全被证实,因此在哲学史中都以伊壁鸠鲁学派为主题论述他们的思想。我在这里虽以伊壁鸠鲁学派为题,但对于其认识论思想的考察主要是依据其遗存下来的《致希罗多德的信》,这封信在第欧根尼·拉尔修的《名哲言行录》中完整辑录了。拉尔修在该书中一共辑录了伊壁鸠鲁的三封信,并说这三封信包含了伊壁鸠鲁的主要哲学思想。

一　语言哲学

伊壁鸠鲁关于语言的思想实则是对认识论问题的思考。伊壁鸠鲁认为:"事物的名称最初并非出于人为的安排设计,而是由于不同的居住地点会产生不同的民族,而不同的民族对事物有着自身独特的感受和表象,人会本能地根据自己对事物的感受和表象而发出相应的气息。后来,通过商定,每个民族都设计出了自己独特的语言,以便使相互间的交流更加通畅而简洁。有些事物是无法直接观察到的,那些已经认识了它们的人于是引入了一些新的术语,其中一些是不得不发

---

[1] 参见汪子嵩等《希腊哲学史》第四卷上,北京:人民出版社,2014年,第86—92页。中文版最为全面的资料是由包利民、章雪富主编的"两希文明哲学经典译丛"中的《自然与快乐——伊壁鸠鲁的哲学》一书,其上编部分包括伊壁鸠鲁留存下来的书信、遗嘱、基本要道、梵蒂冈馆藏格言集、第欧根尼·拉尔修记录的伊壁鸠鲁及其学派传人关于贤人的论述,晚近考古发现的奥依诺安达的第欧根尼铭文残篇,下编是被认为忠实地反映了伊壁鸠鲁思想的卢克莱修的著作《万物本性论》,由包利民、刘学鹏、王玮玮翻译,2004年中国社会科学出版社第1版,2018年第2版。同时,伊壁鸠鲁的主要思想被摘录在第欧根尼·拉尔修的《名哲言行录》最后一卷中,这部重要的著作在国内主要有两个译本:2003年吉林人民出版社出版的由马永翔、赵玉兰、祝和俊、张志华依据英译本翻译的《名哲言行录》;2010年广西师范大学出版社出版的由徐开来、溥林依据古希腊文翻译的《名哲言行录》。

出的声音，一些则是依照最普遍的原因通过推理而选择出来的。"[1]

在这段话中，伊壁鸠鲁指出了词语在形成过程中具有的自然属性，一方面，声音或语词的产生必然摆脱不了自然的特性；另一方面，交流中的语言的形成不单有其自然方面的原因，还有理性基于这些自然方面的因素进行选择的原因，抽象的术语就是这样产生的。这一认识是对语言约定论的纠正或补充。这种看法在伊壁鸠鲁时代或许不具有新意，因为古代哲人往往对这一问题有切身体会，但在思想背后的东西被人们遗忘的今天有必要再度强调。关于语言的起源问题，在当前多被视为语言学问题或语言哲学的问题予以研究，但实则语言的产生从"认识论-物理学"这一分类模型来看，恰好是认识论问题。语音问题可以划到物理学去研究。这实则也是认识论问题延伸出来的物理学研究。而对声音符号与事物如何结合起来的研究，以及对这些结合的原因的研究，对于抽象的术语如何产生的研究，则可以成为认识论研究的工作。这样的研究主要是通过不断进行直观、构造、推演、验证的循环方式予以进行，在推进到物理层面后，可以与物理学研究结合起来，从而获得其实在性层面的解释。

二　标准论

伊壁鸠鲁对认识论问题的思考是与其对自然哲学的思考结合在一起的，这体现在其《致希罗多德的信》中。其认识论思想，在已有的研究中，被称为标准论，被认为主要讨论了感觉、观念、意见、真理

---

[1] 伊壁鸠鲁：《致希罗多德信》，见第欧根尼·拉尔修《名哲言行录》，徐开来、溥林译，桂林：广西师范大学出版社，2010年，第516页。

标准等几个问题。[1]

伊壁鸠鲁阐明了讨论问题所需的规则。在他看来，首要的规则就是在论述或讨论问题时，词语要有明确的意义，否则会陷入无穷的解释而致使问题无法清晰地被确定。术语的基本意义必须是清楚明白且无需进一步解释的，是判别各种探究、问题和猜想的基准。对此，伊壁鸠鲁在致希罗多德的信中说："希罗多德啊，首先必须把握词语的意义，以便能够用它们来判断各种猜想、探究和问题，这样我们就可以避免让一切都成为不确定的东西而进行没完没了的解释，也可以避免使用无意义的语词。如果我们要拿出某样东西作为判别各种探究、问题和猜想的标准，那每个术语的基本意义就必须是清楚明白的，且无需进一步的解释。"[2]

继而要遵循的规则，就是进一步从概念回溯到感觉或直接印象，以感知或感受作为讨论问题和理解问题的基础。伊壁鸠鲁没有论述从感觉形成概念的过程，但他对感觉有一些基本的认识。就感觉而言，从伊壁鸠鲁的行文来看，他有意区分了心灵的感觉和来自感官（其他标准）的感觉，他说："其次，必须将感觉作为对一切事物进行考察研究的基础，直接诉诸当下的把握，无论是来自心灵方面还是来自其他标准的；同样，还要诉诸当下的情感。通过它们，我们就可以去判

---

[1] 策勒的《古希腊哲学史》和汪子嵩等的《希腊哲学史》（第四卷第一编"伊壁鸠鲁学派"由包利民撰写）都是按照这样的思路梳理伊壁鸠鲁的认识论思想的。后者以"判断和推理、感性"和"前把握观念"为题研究了伊壁鸠鲁的认识论问题。但如果以第欧根尼在《名哲言行录》中辑录的伊壁鸠鲁《致希罗多德信》为主要参考文献，那么，其批评者塞克斯都和西塞罗转述的思想不能很好地体现伊壁鸠鲁的认识论思想，而是将伊壁鸠鲁的认识论方面的看法推向了极端而便于展开批评。（相关内容参见策勒《古希腊哲学史》第五卷，余友辉、何博超译，北京：人民出版社，2020年，第242—247页；汪子嵩等：《希腊哲学史》第四卷上，2014年，第130—156页。）

[2] 参见伊壁鸠鲁《致希罗多德信》，见第欧根尼·拉尔修《名哲言行录》，2010年，第503页。

断那些可以为感知所证实的事物和那些处在感知之外的事物。"[1]在这里，感觉就意味着当下的把握。这种当下的把握，不仅有心灵方面的，还有来自其他标准的。如果我们将心灵方面的把握理解为心灵自身的运动形成的，这就相当于构造认识的形式或形成概念的活动了。这种活动以内感知的方式被把握，那么与之相应地，来自其他标准的感觉就意味着以外感知的方式被把握。

如果我们以内直观和外直观来划分，则可以看到伊壁鸠鲁是意识到了内直观的存在及其作用的，因为如果没有对思维活动的内在直观以及基于这些直观的心灵构造，就不会形成概念，因而也就不会形成认识。虽然我们没有见到伊壁鸠鲁时代有这样的分析，但这些问题在那个时代的哲人中很有可能是不言自明的基本事实。由此来看，现象学思想中的一些基本问题，在古代哲人那里都可能是存在的，只是古代哲人并没有将其作为主题化的问题予以思考。伊壁鸠鲁将认识论问题与自然哲学问题结合在一起论述并非个例。很多大哲学家在对自然世界提出理解或新的理解之前，都要陈述自己的认识论思想，如伽利略、莱布尼茨、笛卡尔等。这一做法在近代以来的诸多新学问提出之前都存在，可见，认识论方面的思考是新观点新思想的准备工作。

在将术语的基本含义和感觉依次作为讨论问题的基准后，进一步的基准，也即说感觉所依赖的东西，就是自然世界中的物体、虚空的存在，它们的存在是已为感觉所证实了的。如此一来，就从认识论的思考过渡到了对自然事物的思考。进一步经过环环相扣的思考，伊壁鸠鲁认为，物体是由不可再分的微粒（原子）构成的。基于对原子的诸种性能的思考，伊壁鸠鲁又回到了对认识论问题的物理学（自然哲

---

[1] 伊壁鸠鲁：《致希罗多德信》，见第欧根尼·拉尔修《名哲言行录》，2010年，第503—504页。

学）思考，认为感觉就是从物体流射出来的粒子触动人的感官形成的感觉印象，触动人的感官形成视觉、听觉、嗅觉，这些清楚明白的感觉就是我们讨论问题时的依据。或者说，物体内部的原子振动所流射出来的影像进入人的眼睛和心灵后，形成心灵中的表象。因此，心灵把握到的表象都是物体本身的形状或性质，或者是影像留下的痕迹，影像的产生即意味着知觉的同时发生。基于这些认识，与物体相一致的影像或心灵所把握的表象就是我们讨论问题时的依据。基于这样的依据就可以判断什么是真假，什么是对错。意见就是心灵自身基于表象的某种运动，如果意见被证伪或发生矛盾，就意味着假和错的产生，如果得到了证实或没有出现矛盾，就意味着真。这就是讨论问题的基准。[1]综合而言，无论是将术语的基本含义作为讨论问题的基准，还是将感觉和与之相关的影像或表象作为检验思考的基准，都意味着各种感知或感受是检验思考和讨论的基准，认识需要回溯到感知或感受才能获得检验。对错最终都要经历感知或感受才能证伪或证实。

在伊壁鸠鲁的这些论述中，认识论问题都是自然哲学的课题。古代希腊哲学思想中的自然，既包括物质自然，也包括灵魂自然，所以，认识论问题在古代和近代之前并没有作为独立的课题而形成专门的学问，都是在对自然世界进行思考时延伸出来的课题。一些研究者按照第欧根尼·拉尔修对伊壁鸠鲁哲学思想的三种划分，将其认识论思想（准则学）与自然哲学分开对待，但实则灵魂自然与物质自然的讨论在伊壁鸠鲁那里是紧密结合在一起的。在《致希罗多德信》中，伊壁鸠鲁关于认识论问题的思考，从把握术语的基本含义谈起，继而论述了感觉、表象、影像、感知对于把握基本要义的重要性。它们是

---

[1] 参见伊壁鸠鲁《致希罗多德信》，见第欧根尼·拉尔修《名哲言行录》，2010年，第505—508页。

把握基本要义的根据或基准。接下来，根据感觉进行推理，证明感知之外的事物是存在的。宇宙自身并不能消失为无。如果万物消失为无，那么宇宙就不会存在了。宇宙由物体和虚空构成，感知的存在确证了物体的存在，物体的存在确证了虚空的存在。伊壁鸠鲁进一步又从物体出发，论述了物体最终是由原子构成的。作为始基的原子是不可分的，物体身上的原子流射出来又形成了影像和表象。这样，就形成了一个理论上的闭环。在这个闭环中，从认识论问题前进到物理学问题，又从物理学问题返回到认识论问题。按照我的预想，以认识活动的发生发展为研究对象的认识论研究，既可以从哲学思辨的角度去研究，也可以从物理学的角度去研究，且这两者最终是可以结合在一起的。哲学的认识论和物理学的认识论彼此之间是相互促动的。这一想法在伊壁鸠鲁这里早已体现了。

伊壁鸠鲁的认识论思想在后世哲学家的思想中也有体现，如休谟认为认识唯有还原到印象才意味着真正获得理解，胡塞尔则强调要悬搁已有的认识，在意识中去直观认识的发生过程。

伊壁鸠鲁的这些思考在古代哲人那里可能并不新鲜，但保留下来的这些思想，体现了伊壁鸠鲁基于对整个世界的统一思考来处理认识论问题的做法，是哲学思考的典范，也应是认识论研究的整体思路的典范。与今日像自然科学那般追逐细节问题的哲学研究的做法相比，我更倾向于伊壁鸠鲁的整体思路，这是因为哲学研究以及认识论研究，首先要在整体的方面进行筹划，分析总体的研究目标和方向，建立整体上的理论要求，对研究对象做出根本性确定，然后，细节研究才可能最终获得统一性。哲学研究是要获得统一性的，这种统一性是要在研究的开端就尝试进行奠定的，认识论研究也是如此，否则，哲学研究甚或哲学的认识论研究与一般经验的形成相比就没有什么特别的了，仿佛在一般经验中选取一些作为对世界或研究对象的整体解释就可以了。表面上当今的自然科学着重于对细节问题的研究，但实质上对自然科学的哲学奠基工作经历了漫长的历史时期，它的整体的研究思路、目标、对象经过数代人的努力已经很好地确立起来了，其基本的要义已经很好地包含在了成形的理论中。认识论问题和哲学问题的研究不能只学习其表面，而应该首先在整体上处理自己的研究对象和问题，确立自己的理论要求和基本的工作思路。这并不意味着这样的研究一开始不研究细节，不研究细节是没法开始的，而是要在细节的思考中时时去检验或重构整体的思路、目标和做法。在这之中，哲学史上的思考可以帮助或引领我们前进。

第六节　斯多亚学派

斯多亚学派（Stoicism）的创始人是基提翁的芝诺（Zeno of Citium，B333/332–B262/261），门徒众多。[1]其学派主张学习哲学的目的在于成为有德性的人。学派最重要、最独立的原理都从属于伦理学领域，其认为科学知识是实现道德生活的手段，哲学分为逻辑学、自然科学、伦理学三个主要部门。[2]这个学派中，芝诺及克律西珀斯（Chrysipppus）只有残篇留世，有完整著作传世的塞涅卡（Seneca，B4–D65）、爱比克泰德（Epictetus，55–135）、马可·奥勒留（M. Aurelius，121–180）都是罗马时代的人。斯多亚学派的认识论（知识理论）思想内容细致而丰富。策勒根据普鲁塔克、西塞罗、塞克斯

---

[1] 这个芝诺与前文提及的爱利亚的芝诺不是同一人，按照第欧根尼·拉尔修的记载有八个名叫芝诺的贤哲。参见第欧根尼·拉尔修《名哲言行录》，徐开来、溥林译，桂林：广西师范大学出版社，2010年，第321页。

[2] 参见策勒《古希腊哲学史》第五卷，余友辉、徐博超译，北京：人民出版社，2020年，第39—41、46页。

都·恩披里柯、第欧根尼·拉尔修著作中的引述和介绍，对其认识论思想进行了整理。

一　知识的标准论

斯多亚学派认为知识的标准需要到观念的形式中去寻找，这意味着：究竟是何种类型的观念给我们提供了可信赖的知识？学派中的波埃索斯（Boethus of Sidon）认为标准有理性、表象（perception）、欲望、知识等，也有人说是正确的逻各斯（ὀρθὸς λόγος）。该学派在关于知识的标准的讨论中，涉及了很多认识论的概念，如表象、灵魂、感觉、观念等，对其相互之间的关系有很多细致的论述，但综合起来看，表象和观念是他们所讨论的知识的标准。

这里对相关的一些观点作简要罗列。表象（φαντασίαι）在原初意义上都可以被解释为某种客体（φανταστὸν）作用于灵魂的结果。灵魂像一块白板，它通过经验，接受从外部而来的确定性质。芝诺认为表象是灵魂中产生的一种印象（τύπωσις），克利安塞斯（Cleanthes）从字面上把灵魂中的印象类比于"印章在蜡块上留下的印记"。克律西珀斯把表象定义为客体在灵魂中产生的变化（ἑτεροίωσις），或更确切地解释为在灵魂的主导部分产生的变化，而且他还把陈述和心灵活动也当作客体。感觉是所有表象的唯一来源，灵魂是空白的纸，感觉是书写的手。感觉印象形成表象，表象产生记忆，重复的记忆产生经验，来自经验的结论形成观念。结论要么是来自表象间的比较，要么是它们的现实连接或彼此的相似、接触、转换。观念的产生方式有自发的和人为的两种。自发的如προλήψεις（预备观念）或κοιναιἔννοιαι（自然观念）这样的首要观念，它们是真理的标准。这是所有人都能从经验中获得的观念。善恶观念也是这样产生的。方法就是人为的东西，以人为的方式产生的观念就是知识。知识是固定的和不变的观念体系。科学的知识必须借助逻辑的方法获得，但知识最终要与首要观念相一致，要与自然相一致。"孤立的观念没有真假，只有观念联合形成的判断才有真假。"判断是思想功能的产物。表象自身不是知识的来源，与感觉合作的理智活动是知识形成的开始。这也即意味着知识开始于思想与其对象的关系。事物只能通过与其相似的东西得以认识，宇宙的理性只能为人的理性所认识。理智得以形成认识的素材只有两种：一是表象，二是基于表象的普遍观念。虽然心灵的理智活动在形成知识时受限于它的这两种素材，但它仍可以从表象上升到善和神的观念，这样的观念不是由感觉直接提供的。只有物质对象才具有实在性（reality），真实属于一般观念，思想和观念都没有实在性。对观念的思考比印象的纯粹呈现具有更大的确定性。芝诺认为，感觉就像张开的手掌，而判断能力的作用就是同意，它就像收拢的手，观念就像拳头，知识就像一只手牢牢抓住另一只手，感觉、观念、知识之间是程度上的不同，一个逐渐上升为另一个。真实的表象就是真正呈现了现实对象的表象，它的实在性依赖于表象吸引我们注意的力量的强度。表象自身不带有确信或同意（συγκατάθεσις），判断能力指向表象时才有同意。同意的能力寓于我们自身之中，某些表象能够强制我们对它们给予同意，让我们认为它们是可能的和真实的，让我们认为它们是与事物的实际本性相一致的。这样的表象就在我们心中产生了牢靠的确信，这种确信的表象被称为"无法否认的表象"（irresistible perceptions），它就是真理的标准。[1]

可以说，后世及近代认识论思想中的主要议题在这里都被论及了，如：印象、表象的形成，白板说，思想是否具有实在性，普遍观

---

[1] 参见策勒《古希腊哲学史》第五卷，2020年，第52—61页。

念、最高观念的形成，什么是确信和同意等。在这些认识论思想中，知识的形成过程无一不是从感觉到表象再到知识的过程，只是表述时的用词略有不同。其中，现象学对意识中的确定性观念的发生过程的思考，在这里实质上也被探讨了；其所说的自发观念的形成，实质上就是意识中的被给予性问题；人为观念的产生，实则也就是逻辑的产生；克律西珀斯把陈述和心灵活动当作客体，这就意味着将认识、认识活动、人的意识作为研究的对象。可以说，胡塞尔现象学讨论的诸多问题，在这里都出现了。布伦塔诺认为判断就是拒绝或接受。[1]这实质上就是斯多亚学派所论述的"同意"这一心理意识是什么的问题。布伦塔诺所论述的判断的强度问题，实质上就是斯多亚学派讨论的表象的实在性问题。布伦塔诺认为判断是我们实际所遇到的"确信的程度"，判断是有强度的，由于判断基于表象，所以判断的强度关联着表象的强度。[2]斯多亚学派认为实在性就是吸引我们注意的力量的强度，这样的思考，实则是在以物理的方式揭示我们意识中的实在性究竟意味着什么，这已经是与今天的自然科学相类似的思考了。

---

[1] 布伦塔诺：《从经验立场出发的心理学》，郝亿春译，北京：商务印书馆，2017年，第236页。

[2] 布伦塔诺：《从经验立场出发的心理学》，2017年，第161页。

二 思维和思维的对象

斯多亚学派区分了思维（νόημα）与思维的对象。[1]通过策勒的研究我们可以看到，在斯多亚学派的观点中，知识是在思维与对象发生关系时才产生的，他们认为思维是灵魂中的物质性变化，针对对象或客体而言时，才叫作知识。再者，从意识和言辞的区分来看，思维和言辞是同一个东西的不同体现，同一个逻各斯（λόγος）保持在心里就是思维，表达出来就是言辞，前一个相当于内心的语言，后一个是表达的语言。[2]这可以表明，现象学对内在意识的探查工作，在古

---

[1] 综合相关理解来看，nóēma和nóēsis更合适的含义应该是现代汉语的"意识"和"感受"，而英文consciousness和其德语同义词Bewußtsein则应该翻译为"思维"或"思想"，因为其词根sci-或wuss-本就表示的是认识，因此，生成词不适合再去指初级的那些意识，它的含义范围实则比nóēma或nóēsis狭窄一些。但我的意思并不是说当初翻译错了，而是现代白话文在二十世纪前叶的社会混乱中产生，承担白话流传任务的报纸杂志对术语没有规范化使用。目前白话文中的"思维"一词实则可以更好地指认古代汉语形成的"意识"这一词语的真正含义。在将consciousness翻译为"意识"时，重在于"识"这个字，但后来这个词的意思被扩大到了"意"上面，所以，后来的"意识"一词在应用中包含的范围其实是很大的。而"思维"（思考）这个词的意义没有被扩大，它其实可以表示consciousness的觉察和知觉的含义，而这个含义正是当今使用的"思维"的意思。以前的错误理解和用法在我们没有碰到nóēsis和nóēma时，不存在什么影响，但是当我们碰到nóēma时，由于nóēma的含义更广，大于consciousness和Bewußtsein，所以翻译为"思维"显得含义较窄，翻译为"思想"则体现不出人的"思维"及"思维能力"，所以就会有翻译为观念、思想、意向相关项、诺艾玛、所意（与能意相对）等情形，实则是已有的词语被占用使得后来术语的译名无处安放的缘故。目前由于"意识"这个译名已众所周知，难以在人们的脑海中调换，所以没有硬性重译的必要，而较为省事的办法就是在理解上补充一下，在理解"意识"及对应的consciousness和Bewußtsein时，应在窄化的含义上去理解，即理解为思维，在理解nóēma及对应的译名"思维"时，应该在扩展的意义上去理解，应该理解为含义较为广阔的"意识"。这样一来，理解的问题就解决了。基于这些理由，noetics由于没有现成的中文译名，人们对其意义尚不清楚，倒可以直接译为"意识学"，即以"借子还孙"的方式恢复其应有含义。这样做既可以和古代的灵魂研究对接，也可以同时在汉语层面上成为epistemology的同义词。这样，人们看到"意识学"时也可以把握到其认识论含义。这两个词语在历史文本中的用法不尽统一，因此，当后来胡塞尔要用其形成自己关于意识的Noema理论时，并不容易获得人们的理解。

[2] 参见策勒《古希腊哲学史》第五卷，2020年，第50页。

代哲学家那里早已被注意到了。只是古人思考的问题重心可能不在于去充分揭示内在思维在产生认识时的实际样态是怎么样的，或者说，即使有相关的论述，但由于长期以来没有什么作用，难以引起人们的注意，故而散佚了。νόημα（nóēma）这个概念也是胡塞尔讨论和使用的重要术语，有学者认为它和νόησις（nóēsis）的含义是相对的，但实质上这二者之间并不构成对立，而是构成连续。nóēsis只是表示思维活动或理解力而已，人们通过思维活动或理解力而形成对事物的认识和看法。我们意识到思维活动（nóēsis），就意味着由其所产生的思想（nóēma）的存在；我们意识到思想的存在，就意味着它是借由思维活动而产生的结果。当我们把νόησις（nóēsis）理解为执行具体认知活动的理解行为时，νόημα（nóēma）就是人的悟性或人所具有的思想。当我们用"感受"这个词来理解这两个希腊语时，感受行为这种理解力就是νόησις（nóēsis），感受的结果就是νόημα（nóēma），但都可以被称为感受。在不同的语境中应该以相互关联的方式给它们分配含义，在独立出现时则都可以指思想或感受。胡塞尔在《逻辑学与认识论导论》中所说的noetics是nóēma的同根词，它指的是以思维为研究对象的思维学，它实则是认识论的另一种说法，这个词也是一些学者曾使用的术语。noetics的词根是希腊文的νοῦς（nous/灵魂），与这个词根相关的还有鲍姆嘉通（A. G. Baumgarten）所使用的gnoseologia这个词，它实则是认识论的另一说法，我们可以将其理解为心灵学。从灵魂（nous）到思维（nóēma），实质上意味着认识论研究的基本问题逐步明晰化和具体化了。（普卢克洛认为nóēsis有六个类型，在后文"普卢克洛"小节中再进一步探讨这个问题。）

三 完全的和不完全的表达

斯多亚学派将形式逻辑视为辩证法之下的分支，它是对表达

(λεκτόν）的研究。对于什么是表达，其学派认为，表达指向的是对思维内容的理解。这也即意味着，思维中的内容因获得了逻辑形式而成为被理解的内容，因获得了逻辑形式而得以被表达、成为被表达的内容，由此可见，表达、理解、逻辑形式是同一回事情的不同体现。什么是思维呢？其学派认为，思维自身是独特的东西，它既不同于它所指称的外在客体，也不同于它用来表达的声音，不同于产生思维的心灵的能力，它是灵魂中的物质性变化。[1]如果结合斯多亚学派将思维视为内在的逻各斯这一观点来看，对表达的研究实质上就是对内在的逻各斯的研究，也就是今天所说的对于逻辑的研究。因此，研究思维就是研究逻辑，就是研究表达和理解。从斯多亚学派将思维视为物质性的东西这一点而言，可以看出古代哲学家认为思维世界统一于物质的基本规律，这样就可以解释人与人之间的认识为什么能够最终得以理解这个问题，因为它们各自都受一种统一的物质规律的支配。

斯多亚学派将表达区分为不完全的表达和完全的表达，以此就把语法、范畴与命题、推理、辩驳谬误统一了起来。语法和范畴是不完全的表达，命题、推理、辩驳谬误属于完全的表达。[2]命题指的是非真即假的东西，是自身就被完整加以陈述的东西，分为简单命题和复合命题。简单命题就是由一个意义明确的命题构成的命题，又分为否定的、否认的、缺乏性的、直言的、确定的、不确定的。复合命题有假言命题、推论命题、联言命题、选言命题、因果命题、递增的比较命题、递减的比较命题。推论还有遮蔽式推论、隐匿式推论、谷堆式

---

[1] 参见策勒《古希腊哲学史》第五卷，2020年，第62页。
[2] 在策勒的研究中，斯多亚学派所说的命题被称为判断，他将判断分为简单判断和复合判断，简单判断就是纯粹无条件的判断，主要由肯定判断（καταφατικὸν）和否定判断（ἀποφατικὸν）断言的是确定性，复合判断有假言（συνημμένον）、推断（παρασυνημμένον）、联言（συμπεπλεγμένον）、选言（παραδιεζευγμένον）、类比、因果（αἰτιῶδες）等几种形式。（参见策勒《古希腊哲学史》第五卷，2020年，第63—72页。）

推论、有角式推论和无人式推论等。[1]策勒认为斯多亚学派对逻辑学没有什么实质的贡献。[2]我们在这里列举这些分类，意在考察古代哲人的思考理路，以从历史中再度确认哪些问题是认识论应该研究的问题。

四　表象、幻象、观念的获得方式等

通过第欧根尼·拉尔修在《名哲言行录》中的记述，我们还可以看到斯多亚学派更多关于认识论的智慧和思想。芝诺认为，那些尽力避免语法错误的人的华美言辞并不比粗糙的言辞好，好的演说家应当让听众专注于聆听演讲内容而无暇做笔记。[3]这意味着交流本身的效果并不取决于语法和言辞，好的思想应充分调动人们的理解。

斯多亚学派认为，表象和幻想是有区别的，表象是心灵的印记，而幻想是思维的想象，如睡梦中发生的东西；表象可以分为理性的和非理性的，理性的表象就是概念，非理性的表象没有名称；通过感知产生了白、黑这样的认识，通过理性则获得了如诸神存在这样的由证明而来的结论。所有的观念都是以直接的接触、相似、类比、变换、复合、对当、缺失这些方式获得的：通过直接的接触，产生了当下的感知；通过相似，产生了当下的东西的观念；通过类比，既可以扩展性地产生一些观念，也可以缩减性地产生一些观念，如地球的中心这一观念是人们通过类比从对一些较小的球体的认识中产生出来的；通过变化，产生出眼睛常在胸前这样的观念；通过复合，产生出人首马身这样的观念；通过对当，产生出死亡这样的观念；通过缺失，产生

---

[1] 参见第欧根尼·拉尔修《名哲言行录》，2010年，第332—338页。
[2] 参见策勒《古希腊哲学史》第五卷，2020年，第78页。
[3] 参见第欧根尼·拉尔修《名哲言行录》，2010年，第314—315页。

出没有手的人的观念。[1]

此外，通过第欧根尼·拉尔修在《名哲言行录》中所记录的芝诺的著作篇名来看，芝诺的《论视觉》《论符号》《论整体》《共相》这几篇应该与认识论问题有关。克律西珀斯的大部分篇目，则都是逻辑学的。这说明，古代哲学家关于认识论的思考，散佚的比较多。

在有著作传世的其他几位斯多亚学派的哲学家中，爱比克泰德认为，理性（Logos）是各种表象（φαντασία，appearance）构成的系统，因此它能够认识它自身，智慧就是认知自身及其反面的能力，哲学家的重要任务就是检验和认清表象。[2]他认为表象有四种表现形式："第一，事物实际如此而且也如此表现；第二，事物实际并非如此而且也并非如此表现；第三，事物实际如此却并非如此表现；第四，事物实际并非如此却如此表现。"[3]可见，爱比克泰德这里所说的表象，一方面指的是感官所形成的印象（impression），另一方面指的是基于这些印象而形成的表象（presentation），所以，他所说的表象（φαντασία）就有了这四种表现形式。

马可·奥勒留说："对进入想象的事物永远都要给予界定和描述，以便能完全清楚地看出它赤裸裸的真相是怎样的，然后自己思考它的名称，思考组成它和还原化解成的那些事物的名称。"[4]此外，他还区分了两种不同的真理，物质因和原因因，[5]认为理性能力之间可以相互激发。[6]马可·奥勒留著作中的思想更多是实践领域的，与认识论相关的思考很少。但在策勒的论述中，有个观点对我们思考认识论研

---

[1] 参见第欧根尼·拉尔修《名哲言行录》，2010年，第325—327页。
[2] 参见《爱比克泰德论说文集》，王文华译，北京：商务印书馆，2009年，第110页。
[3]《爱比克泰德论说文集》，2009年，第136—137页。
[4] 马可·奥勒留：《沉思录》，王焕生译，上海：上海三联书店，2010年，第28页。
[5] 参见马可·奥勒留《沉思录》，2010年，第98页。
[6] 参见马可·奥勒留《沉思录》，2010年，第61页。

究的整体意义有所启示，策勒说："在我们这位哲学家（马克·奥勒留）看来，斯多亚体系的理论部分有三个观点是至关重要的。第一，万物皆流，一切存在都会衰败，生灭循环，没有任何个体能持久，但一切都会在时间进程中回归；第二，永不停止的转化，甚至包括各个元素；第三，变化甚至导致宇宙也走向自己未来的解体。"[1]这意味着，世界自身的永远变化决定了我们无法获得永恒的认识，而只能随着经验的拓展不断扩展自己的认识，去追随世界的变化。

第七节　皮浪学派

通常人们把皮浪学派的学说称为怀疑主义。怀疑主义是认识论研究的重要对象，哲学史上，怀疑论的挑战是哲学进步的阶梯。科学拒绝不理解的迷信，所以它自然也离不开怀疑。在皮浪学说中，怀疑主义是与独断论相对而言的。[2]按其学派的说法，怀疑主义的宗旨是："作为人类的热爱者，希望尽其所能地通过论证来医治独断论者的自负与鲁莽。"[3]它并不怀疑日常经验，它所怀疑的是超出这一认识的论断的实在性。[4]其学派思想也被称为皮浪主义，根据其学说的内容，也被称为犹疑主义、存疑主义、探究主义。[5]

---

[1] 策勒：《古希腊哲学史》第六卷，石敏敏译，北京：人民出版社，2020年，第190—191页。

[2] 参见策勒《古希腊哲学史》第五卷，余友辉、徐博超译，北京：人民出版社，2020年，第297页。

[3] 塞克斯都·恩披里柯：《皮浪学说概要》，崔延强译注，北京：商务印书馆，2019年，第260—261页。

[4] 参见汪子嵩等《希腊哲学史》第四卷下，北京：人民出版社，2014年，第729页。

[5] 参见第欧根尼·拉尔修《名哲言行录》，徐开来、溥林译，桂林：广西师范大学出版社，2010年，第469页。

一　悬搁判断

皮浪学派的开创者是埃利斯的皮浪（Pyrrho of Elis，B360–B270），其学派的建立早于斯多亚学派和伊壁鸠鲁学派，但其思想通过他的学生弗利乌斯的蒂蒙（Timon of Philius，B320–B230）才为人所知。[1]蒂蒙说，幸福生活的人需要考虑三件事情：事物的本性是什么，我们对它应该采取什么样的态度，以及这样的态度会带给我们什么样的结果。对此，他的回答是：我们无法获知事物的本性，因为我们看到的只是事物的呈现，由此而形成的意见完全是主观的，所以我们的论断形式是"在我看来，那是如此"，因此，悬搁（ἐποχὴ/epochè）判断是对待事物的唯一正确的态度。基于这种态度，人就可以达到恬淡寡欲的状态。[2]这样，怀疑主义通过回答这三个问题获得了对幸福的认识："人会受到意见和偏见的扰乱，迷失于激情的追求。只有悬置一切判断的怀疑主义者才能绝对平静地看待事物，不受激情和欲望的骚乱。"[3]获得幸福的逻辑过程是这样的：首先，以心灵宁静为目的，其次，以结束独断为达到心灵宁静的最佳途径，再者，以不可知论作为结束独断的理由。[4]其中的悬搁这个概念，是胡塞尔现象学的重要术语，用来表示对前人的判断暂且不予断定的做法，进行自己的探查后才可能予以断定。胡塞尔与皮浪学派在认识倾向方面的区别是，胡塞尔要永远地认识下去，而怀疑主义则选择中止以追求心灵的宁静。

---

[1] 参见策勒《古希腊哲学史》第五卷，2020年，第300页。新学园派也属于怀疑主义流派。柏拉图去世七十年后，他创立的学园派就变成了怀疑主义的大本营，并一直持续到罗马时代。(参见汪子嵩等《希腊哲学史》第四卷下，2014年，第732—733页。)

[2] 参见策勒《古希腊哲学史》第五卷，2020年，第301—303页；同参见策勒《古希腊哲学史纲》，翁绍军译，济南：山东人民出版社，2007年，第259—260页。

[3] 参见策勒《古希腊哲学史》第五卷，2020年，第303页。

[4] 参见汪子嵩等《希腊哲学史》第四卷下，2014年，第755页。

二 十式、五式、二式

皮浪学说中所说的"十式",实质上讲的是获得准确认识的影响因素;"五式"实质上指论证的五种困境;"二式"是指直接认识的不可能和间接认识的不可能。十式分别是:[1]

"一、对于快乐与痛苦、有害与有益的感受,动物之间存在着差异,由此就可以推出,面对同样的事物,不同的动物所获得的表象是不同的";

"二、人的天性和体质是有差异的";

"三、诸感官的表象方式有差异";

"四、身体的内在状况有差异,并存在着普泛的变化,例如:健康、疾病、睡眠、清醒、高兴、忧伤、年轻、年老、勇敢、害怕、欠缺、充足、憎恨、喜爱、热、冷,以及呼吸的顺畅和不顺畅";

"五、在习俗、法律、对神话的信仰、民族风尚、持守的学说之间存在着差异";

"六、由于事物都是混杂、结合在一起的,因此,没有任何东西是根据其自身而单独显现,而总是同空气、光线、湿气、固体、热、冷、运动、蒸发以及其他种种力量结合在一起";

"七、距离、位置、地点以及处在地点中的事物有差异,由此,被认为很大的东西有时却显得很小,方的东西却显得是圆的,平的东西却显得凸起,直的东西却显得是弯的,无颜色的东西却显得色影斑斓";

"八、事物在量上有差异,如热或冷、快或慢、无色影或色彩斑斓等";

"九、事物发生的频率有差异,有的一直持续,有的很奇特,有

---

[1] 第欧根尼·拉尔修:《名哲言行录》,2010年,第473—476页。

的很罕见，例如，地震不会让那些时常遇到地震的人吃惊，而太阳因被天天看见也显得不足为奇"；

"十、事物处在关系中，因而具有相对性。如轻与重、强与弱、大与小、上与下"。

十式也被简写为：动物的不同；人的不同；感官结构的不同；环境条件的不同；教育、法律、习俗的不同；位置、间隔、处所的不同；媒介物的不同；对象数量与构造的不同；发生的多寡；相对性。[1]如果我们把认识的形成视为因素或要素的组合，那么，这十个方面影响的是因素或要素的确定性，因而也就影响人们获得的认识的准确性。

五式分别是："由不同意见而来的分歧、无穷倒退、由对他物的关系而产生的相对性、独断的假设和循环论证。"[2]这五式与前面的十式是相互关联的，十式都是意见分歧、相对性、独断假设的展开，基于十式，推理论证过程中的认识的确定性也是无法充分确定的。

三　标准论、表象和现象、谓词等

从约生活在公元二至三世纪的塞克斯都·恩披里柯的存世著作来看，怀疑主义讨论的大部分问题都是认识论问题。除前面所述的问题外，还有真理的标准、表象和现象、怀疑论者的短语。

真理的标准指的是我们形成认识的方式和根据：一般标准指所有用来理解事物的尺度，视觉等天生的感官也被称为标准；特殊标准是指所有用来理解事物的技艺性的尺度，如尺子和罗盘；最特殊的标准是指理解各种不明白的东西的技艺性尺度，它是逻辑尺度和独断论者判定真理的那些尺度，逻辑标准就是独断论者运用的标准。如前所

---

[1] 参见汪子嵩等《希腊哲学史》第四卷下，2014年，第765—766页。
[2] 第欧根尼·拉尔修：《名哲言行录》，2010年，第476页。

述，怀疑论是专门针对独断论而出现的，所以，其对逻辑标准的批判最终是为了驳斥独断论。其用来批判独断论的主要观点是：人由于自身的多样和不一致而争论不休、感官和心灵二者循环论证、表象与外在事物相分离，这三个因素致使人所使用的逻辑的标准也不是确定的，由此，独断论者的认识并不能真正成立。[1]

在塞克斯都那里，标准还有两个主要的含义：第一个是关于生活行为的标准，即"我们做这些和不做那些所诉诸的东西"；第二个是现象，这是"我们说这些存在而那些不存在，这些为真而那些为假所诉诸的东西"。第二个标准也即真理的标准，基于这个标准，塞克斯都认为独断论者的真理观是站不住脚的，如独断论者将自己的真理诉诸感觉和心智，但感觉和心智既无法自身把握自身，也无法相互确认，更不可能认识肉体，因此，通过它们之间的相互确立以确定真理的标准是不可能的事情。此外，即使诉诸心灵也不能建立独断论者所说的真理的标准，因为心灵在以整体把握自己时无法把握自己的部分，在以部分把握自己时无法把握自己的整体。[2]塞克斯都的用意非常有针对性，他只是批评那些哲学家或独断论者的思想，认为其在认识的根基上并不见得就是可靠的，并没有否定生活行为准则和现象这两个标准，可见他并不是那种否定一切的极端的怀疑主义。这些批评更重要的意义在于反驳敌手，批评其思想的合法性，论战的特质比较明显。

皮浪学派对于现象和表象的含义及其相互之间关系的论述，对于

---

[1] 参见塞克斯都·恩披里柯《皮浪学说概要》，2019年，第85—104页。此外，怀疑主义的标准有两种含义：一种是用来提供有关存在或不存在的可信性的标准，即真理的标准；另一种是指行动的标准，即生活准则，它有四个方面："一方面在于自然的引导；一方面在于感受的压迫；一方面在于法律和习俗的传承；一方面在于技艺的教化。"（同上，第12—13页）

[2] 参见塞克斯都·恩披里柯《反逻辑学家》，崔延强译注，北京：商务印书馆，2023年，第11、77—92页。

我们透彻理解后世的表象论而言，是重要的思想资源。就二者而言，现象（phainomanon）是基于感受印象、自觉或不自觉地引导我们给予认同的东西，在质疑时，我们质疑的不是现象本身，而是对现象的解释，如在品尝蜂蜜时，质疑的是蜂蜜究竟是不是甜的；现象系于被动的和非自愿的感受，所以它不受质疑，在内涵上也可称之为表象（phantasia）。[1]关于现象，皮浪学派的代表人物蒂蒙还说："现象所到之处，无不具有各种力量。"[2]学派中比蒂蒙更早一些的人物，约生活在公元一世纪的埃涅希德谟斯（Aenesidemus）说，因为矛盾的存在，皮浪没有独断地确定任何认识，而是追随现象，对于怀疑论者，现象就是标准。[3]这些论述在基本的观点上都是一致的，即现象是认识的基础和标准。

皮浪学派讨论了一些短语，这些短语实则是表述中常用的谓词，是构成我们的最基本的一些命题和判断的部件。这些讨论是对怀疑论者的态度（diathesis）和心灵感受的分析，也即说，是对最为基本的意识中的判断的描述和分析。如："不可说"，当我们用"说"表示肯定时，"不可说"是"说"的缺失或离场，其中既包含肯定也包含否定，当说"不可说"的时候，我们既不说肯定什么，也不说否定什么，所以，它表达的是我们的一种感受，"或许""可能""大概"这些短语意在表明的就是这样一种"不可说"的感受。"确定"（horizō）一词是对非显明之物的赞同做出的表达；"不确定性"（aorista）是心灵的一种感受，是对非显明之物既不肯定也不否定；当怀疑论者说"一切都是不可确定的"时，他实际上用"是"替代了"对他似乎是"。"我理解不了"和"我不理解"同是对个人内在的感

---

[1] 参见塞克斯都·恩披里柯《皮浪学说概要》，2019年，第11—12页。
[2] 第欧根尼·拉尔修：《名哲言行录》，2010年，第483页。
[3] 参见第欧根尼·拉尔修《名哲言行录》，2010年，第483页。

受状态的解释，也是对当下研究的非显明之物避免肯定和否定。[1]

表达论说者态度的诸心灵感受，即现象学讨论的意识构造的谓词。胡塞尔在其现象学中讨论了"明证性""洞见""否定""不确定性""同一性""特殊性""普遍性"等这些概念，目的是描述意识认识活动中这些基本的概念或谓词究竟意味着什么，从而揭示具体的认识形成过程。从皮浪学说中关于"短语"的这些讨论来看，他们实质上在进行的是同样的工作，只不过皮浪学说基于这些论述去批判独断论，而胡塞尔则在于揭示知识的形成过程。后者主动进行的是认识论研究，而前者则是去批判独断论，追求心灵的宁静。

此外，皮浪学派中对空间（场所）和时间的论述远远超出我们的预料，达到了前所未有的认识深度。其学说认为，空间是通过具体的物体而被思考的，且由于物体本身的存在是令人疑惑的事情，所以，空间的真实性的论证也是令人疑惑的。皮浪学说综述了之前哲学家对于时间的认识，最终认为不能对时间给予确切的肯定。如果将时间分为过去、现在、将来，以现在度量过去，它就会和过去相契合，因而也就是过去，如果度量将来，它就是将来，这会形成矛盾。时间并非某物中存在的，也不是在他者中生成的，也不是在时间自身中生成的，也不是非生成的，所以它不是存在的东西。[2]按照当今自然科学的认识，空间和时间不能作为单纯的物理存在而被度量。在皮浪学说中也有和康德关于时间的二律背反的论述同样的论述。

通过对古希腊怀疑主义学说的研究我们可以看到，皮浪学说中对独断论的诸多批判，实质上是建立在对认识的发生过程的细致理解之上的。尽管怀疑主义从表面上看是在对抗独断论，在价值选择上追求

---

[1] 参见塞克斯都·恩披里柯《皮浪学说概要》，2019年，第54—61页。
[2] 参见塞克斯都·恩披里柯《皮浪学说概要》，2019年，第204—218页。

心灵宁静，但其实质的学说理论及大量的论证过程都是认识论研究。因此，怀疑论是认识论的内容之一。

在胡塞尔现象学中，悬搁已有判断的做法，本身就意味着对其持一种怀疑的态度，只不过胡塞尔的目标是去重新认识以获得更具确定性的认识，并且要不断地认识下去，与之不同的是，皮浪学派在反驳过程完成后，消除了进一步的认识需求，选择追求心灵的宁静。皮浪学说之所以批评独断论，实则也是因为对人的认识提出了更高的要求，发现了独断论中不充分和不清晰的地方，这也是追求认识的彻底性态度的体现。因此，将皮浪学说理解为不可知论不完全合适。这种含有深入思考根据的怀疑并不像那种断然拒绝的怀疑一样容易做出，其学派对认识论进行探索只是为了投入对心灵宁静的追求。这些认识论问题在当时没有多少现实意义。在当时的历史条件下，人们很少需要这样的知识，所以，即使这些知识有更为丰富和深刻的思考，也难以被人们重视和流传下来。但通过仅有的这些思想记述，我们可以推断古人在这方面有非常深入的思考。相比而言，胡塞尔的现象学，也是在追求认识的彻底性和确定性。对认识的彻底性和确定性的进一步追求，本身就意味着对已有的知识要保持怀疑的态度。在对诸自然科学理论的充分理解和进一步探讨过程中，人们也需要对其进行质疑，质疑之后，再去重新认识以获得对已有理论的理解。可以说，怀疑主义是认识论和科学发展不可或缺的一环。认识论研究具有双重的功能，一则可以推进我们的认识和研究以服务于我们的知识目标和价值选择，二则可以否定或质疑那些尚不彻底的认识，避免重蹈覆辙。

在古希腊的这些思想中，我们看到了很多现象学认识论中的问题，这有助于我们从更为周全的角度论述和思考现象学的认识论问题。

第二章

中古后期神哲学中的认识论

第一节 克莱门

克莱门(Clemens Alexandrinus,150–215)是著名的教父哲学家,有人认为他出生于雅典,也有人认为他出生于北非的亚历山大城。他将新约思想与古希腊哲学家的思想结合起来,以引导人们追随基督的信仰。其在世时就已声名远扬,被认为是最有学问和最富有智慧的人,其著作中引证了许多今已不见的古代典籍。在其存世著作中,《杂记》(*Stromata*)较多地涉及了认识论问题。

一 科学及与其相关的五种知识

克莱门说:"科学(ἐπιστήμη/epistēmē)是一种知识技艺,知识由此产生,其对事实的把握无可争辩。浅薄的知识经不起推敲,似是而非。我们在自身能力之内以理性推翻或确立事实。与科学密切相关的有经验(ἐμπειρία/empeiría)、理论(εἴδησις/eídēsis)、理解(σύνεσις/sýnesis)、感受(νόησις/nóēsis)和直觉(γνῶσις/gnōsis)。

理论是类型化的普遍知识。经验是理解性的知识，其注重每一事物的可能性。感受就是感受的知识。理解是可能有的关系的知识，或对可能有的关系的确认，或是在实践或理论知识领域内识断可能有的关系的能力，就是将单个要素或整体要素归之于一个确定的东西。直觉是存在（ὄντος/óntos）的知识，或根据现象形成的知识。真理（ἀλήθειά/alētheia）就是真实的知识，获得真理的技艺是真正的知识。科学是由推理构成的，并且不能为别的理性形式所推翻。[在这一点上，它一向与直觉有关。]当我们不予作为时，要么是无能为力，要么是无心于此，或两者兼而有之。"[1]

这段话是我们理解古希腊哲学家们相关的认识论术语的重要参考，因为克莱门是公元二世纪的哲学家，他对古代哲学概念的把握在年代上比较靠前。如 νόησις（nóēsis/感受）这个词，在后来的现象学文本研究中被解释为意向活动，由于这个解释已经脱离本义，所以不容易使人看到现象学问题与古代哲学问题的关联，也看不到这样的哲学问题与人们相应的这种认识活动之间的关联。如果只是理解为意向活动，则意味着胡塞尔所说的意向活动与这个词之间只是一种同义转换，这个词并没有很好地执行进一步解释的功能。也有研究称之为"能意"，这种理解与前面的理解并无多少差别，表达的效果也是一样的。如果从"感受"的角度来理解，则胡塞尔所说的 nóēsis 的两个层次理解起来就相对简单了，第一个是色觉、触觉、快感这样的层

---

[1] *Clemens Alexandrinus. Zweiter Band: Stromata*, Buch I–VI. GCS. Hrsg. von Otto Stählin; Neu Hrsg. von Ludwig Früchtel; Auflage mit Nachträgen von Ursula Treu. Berlin: Akademie-Verlag, 1985, S. 152f. 这段译文主要参考了 *ANF02*（Philip Schaff. *ANF02. The Fathers of the Second Century Hermas, Tatian, Athenagoras, Theophilus, and Clement of Alexandria [Entire]*.Grand Rapids, MI: Christian Classics Ethereal Library, 2004）中的英译，同时还参考了弗古森（John Ferguson）的英译本（Clement of Alexandria. *Stromateis*. Books 1–3. Trans., John Ferguson.Washington, D.C.:The Catholic University of America Press. 2005, p. 209），原文为希腊文。

次，第二个是对这些感觉之物赋予意义的层次。对此，第一个层次就是普通的感受层次，它可以对应于"色、声、香、味、触"这样的感觉和感受，这是 nóēsis 的基础层次或基本方面，基于这个层次，形成的是"意"的层次，这即第二个层次。在这两个层次中，每一个层次的感受都有其所对应的具体对象。人们通过自己的感受就可以很轻松地理解胡塞尔所说的 nóēsis 是什么，以及胡塞尔所要通过它来呈现的现象学的意义立场、分析方式。同样，人们也往往结合神秘主义的语境而将 γνῶσις（gnōsis/直觉）这个词理解为"灵知"，实质上它本来的含义并不复杂，指的就是直觉性的知识，只是人们并不能用合适的理论去描述这种认识的发生过程。后来，鲍姆嘉通所使用的 gnoseologia 这个词所讲的就是关于直觉方面的认识论问题的研究。对这一术语的理解和重新审查，不仅可以使我们获得对现象学的真切理解，也可以把古代认识论与现象学认识论思想以及佛学认识论思想贯通起来。

克莱门认为，科学（τηχναι/tēchnai）使直觉的材料成为真理的准备，它提供的是通向真理的理智技艺，音乐学习以分辨和声教学，算术表明的是数字、它们的互反和一般性质之间的关系，几何学认识的是实体和非物质的延伸，天文学通过它的相互和谐上升到对造物者的知识。[1]克莱门的这些观点和看法，旨在告诉人们如何通过它们来理解圣言，如其所认为的，真理以不依赖于圣经的方式从圣经中得出，并通过对文本的耐心的逻辑检验来被发现。这显然意味着这些科学是通向神圣真理的途径。这些观点中也包含着古代哲学家对于科学（τηχναι/tēchnai）的最一般化的理解，由此，我们也就可以把科学理解为思想上的技术性工作，即可以在原则、方法或工作方式上去理解

---

[1] Eric Osborn, *Clement of Alexandria*. New York: Cambridge University Press, 2005. p. 203.

科学。

克莱门认为，哲学参与了更精细的真正的感知，参与了感受的形成，参与了辩证法，辩证法与感受对象关联，它是从感受对象发展而来的；聪颖之智（φρόνησις/phrónēsis）有多种形式，当它用于第一因时，被称为感受（νόησις），当它通过论证推理来证实时，就是知识、智慧（σοφία/sophía）、科学（τηχναι/tēchnai/技术）。[1]如果我们从今人的科学含义去理解，克莱门讲了两种科学，一种是前面所说的ἐπιστήμη（epistēmē/科学），一种是这里所讲的τηχναι（tēchnai/技术）。这些观点虽然也是为认识神学的深奥教义服务的，但对于哲学、辩证法的理解，以及相关的一些希腊哲学概念的理解来说，也是切近的思想资源。熟悉他的这些著作和认识，有助于我们准确理解古希腊哲学的概念。

二 真理观、诗性真理

克莱门就理解真理的方式、真理的性质、获得真理的途径、真理的来源等做了论说。就理解真理的方式而言，克莱门认为，新约的真理是很少人能够理解的奥秘，甚至没人理解，否则他们就不会将荣耀之主钉在十字架上，除了随着上帝世界的到来和福音的宣讲揭开谜团，只有直觉的东西才可以理解圣言中那些弯弯绕绕的道理（στροφὰς λόγων）。就真理的性质而言，克莱门说，应该区分寻求真理的逻辑和作为诡辩工具的逻辑，后者在意的只是与神性相似的其他事情，它是人类的智慧，且反复无常。就获得真理的途径而言，克莱门认为，认识论（gnostics）应该掌握诸多科学的丰富知识，全力以赴去发现真理，几何学、音乐、语法、哲学都应该用来捍卫信仰免受

---

[1] Eric Osborn, *Clement of Alexandria*. 2005. pp. 199–200.

攻击。[1]就真理的来源而言，克莱门说，真正的真理只能从主那里获得。[2]就这些观点而言，克莱门的认识论是将信仰视为第一位的，因为唯有信仰才是确定的东西，而普通的认识则是不断变化的。克莱门的这些认识也是此后神学认识论的基本思想。

克莱门认为，可以用诗歌来证明真理，诗人使真理展现在舞台上。而他这里所说的真理的展现，则是指在一些诗歌中表现出的东西，意味着诗人已经隐约认识到了上帝。[3]在对生活的情感和认识的理解感到困惑之时，如果这种困惑的排解过程是以诗的形式呈现的，那么，这样的诗歌中自然就包含着对于终极主宰或终极问题的思索，所以，将诗歌视为真理的见证当然也就是合理的事情了。诗性的引导因此也和宗教的驯化一样对人的行为具有塑造作用。

三 对哲学的态度

在克莱门的《杂记》的第八卷中记载了一些认识论思想。这一卷内容是由克莱门的笔记构成的。这些笔记要么来自克莱门的讲座和书面资料，要么是后来的抄写员从克莱门那里摘录的。笔记中含有这样一些哲学方面的观点：哲学探索应该通向真理，怀疑性的争论满足于无结论的争论，只有晚近的哲学家才喜欢争论；如果我们用逻辑去寻求、考察、追问和澄清，我们就会获得文本的意义，如果不如此，就无法获得；出于对真理的热爱和对永远的宁静的追求，我们的追问也必须以富有成效的方式指向共同的想法或观念；只有定义明确，论证

---

[1] Andrew C. Itter, *Esoteric Teaching in the Stromateis of Clement of Alexandria*. Leiden/Boston: Koninklijke Brill NV, 2009. pp. 80–83.

[2] Eric Osborn, *Clement of Alexandria*. 2005. p. 198.

[3] 参见克莱门《劝勉希腊人》，王来法译，北京：生活·读书·新知三联书店，2002年，第96—100页。

才能进行；对判断的怀疑性的悬念不可能是孤立出现的，因为如果没有什么是确定的，那么我们就不能确定"没有什么是确定的"；原因有四种，原始的、充分的、协同的、必要的，现象都有原因，不可能脱离结果来理解原因。[1]这些思考是克莱门澄清很多问题时所使用的哲学思想资源。

克莱门的这些认识论思想整体上吸收的是古希腊的哲学思想，它们主要是为神学论证服务的。在他的著作中，最终的真理来自上帝，哲学或认识论实则是为之服务的工具。因此对他来说，哲学就像一道甜点，对于吃饭来说并不是必不可少的，这意味着哲学只是吸引和引导人们进入神学的方式。这也意味着哲学是末，神学是本。因此，克莱门认为，哲学并不能使神学的真理变得强大，不仅如此，对希腊哲学应该有所防备，因为哲学的真理都是有局限性的，它们都是片面的。但他也没有认为应该将希腊哲学全盘丢弃，对他来说，古希腊哲学思想也通向神学的真理，对此，克莱门说："希腊哲学与犹太预言是站在同一个水平线上的，两者都是基督到来的开路者。希腊哲学有神圣知识的倒影，所以它不可能从黑暗荒谬的源头而来。"[2]这个思想在后世的释经学中影响颇深。

在《劝勉希腊人》第五卷中，克莱门认为，希腊哲学家关于万物本原的思想，实则是来自波斯人。因为阿塔克塞西斯（Artaxerxes，B465-425）最先在巴比伦、所萨、厄克巴塔那（Ecbatana）建立了阿芙洛狄特（Aphrodite）的神像，并把这种崇拜强加给波斯人、大夏人、大马士革人、萨尔底斯人，因此，得让哲学家们承认波斯人、扫罗马提亚人、马吉人是他们的老师。他们是从前者身上学到了崇拜

---

[1] Eric Osborn, *Clement of Alexandria*. 2005. pp. 206–207.
[2] 克莱门：《劝勉希腊人》，2002年，第8页（中译本导言，杨克勤）。

"本原"的无神论学说，如认为水、火、气、土、充实、虚空、"影像"等为世界的本原，亚里士多德认为宇宙的灵魂是神，这就等于搬起石头砸自己的脚。[1]按照克莱门的说法，哲学本身也是徒劳无益地从物质当中形成神的概念。在他看来，对"本原"的这种崇拜，虽然说是为了摆脱偶像崇拜的错误，但陷入了另一种错误。[2]对于偶像崇拜，克莱门认为，偶像是没有生命的，向它们献祭是没有用处的，偶像是用物质造出的与人相似的神像，而人们却在践踏真理，对这些物件表示虚情假意的虔敬。[3]

综合克莱门的这些批评来看，哲学虽然试图摆脱偶像崇拜而寻找更好的出路，但并没有找到最好的出路。由克莱门对哲学的这些理解来看，作为对世界本原的思考，这样的哲学思想实则仍然是在追问世界的决定者是什么，它的目的仍然在于寻找统一的世界秩序。克莱门的这些论述也表明古希腊哲学的产生并不是凭空而来的，其也有先在文化的影响。相对而言，在其他一些民族的史诗中（如苗族史诗《亚鲁王》），最早的先民则没有这种强烈的对秩序的思考和追问，我们可以见到的是对部族自身历史的回忆，对归宿的理解。此外，基于对人类的这些认识活动的考察，我们可以发现：在人类的认识发展过程中，某些群体产生了对世界秩序的思考和相关追问，这并不是一种必然的现象，而是基于某些文化或生活影响而逐渐形成的，这并不代表大多数人有这样的追问和思考。这样的现象在今天仍然可以得到验证，追问世界的秩序实则是少数人的事情，对生命归宿的思考则比较常见。究其进一步的缘由，是复杂多变而又冲突无止境的社会现状使人们不约而同地寻找更高层次的统一性。

---

[1] 参见克莱门《劝勉希腊人》，2002年，第82页。
[2] 参见克莱门《劝勉希腊人》，2002年，第80—81页。
[3] 参见克莱门《劝勉希腊人》，2002年，第60页。

克莱门基本上奠定了后来用哲学或逻辑思想解释神学教义的基本方式，这即利用人类知识系统所存在的必然缺陷对照完满、完善的东西，让人们从世俗或日常的认识、哲学或科学的认识走向对完满或完善的认识，或摒弃已有的一些认识，去直接认识最为完满的东西。整体上，这样的思路并非进行论证，而是在进行一种引导。我们在后来的很多基督教哲学家的解释中可以看到这样的思路。抛开其利用哲学解释神学的做法和目的不论，可以发现，在这些思想中包含着古代哲学家对认识论的一些基本概念和哲学概念的通俗易懂的理解。根据这些简要的梳理以及克莱门出现的历史时期和在思想史中的历史地位来看，他的著作是我们理解古希腊哲学思想的一座桥梁。

第二节 奥利金

奥利金（Origen，185–251）出生于北非的亚历山大城（Alexandria），从青年时期开始就认真学习基督教的教理，同时也认真学习哲学，曾在新柏拉图主义哲学家阿莫尼乌·萨卡斯（Ammonius Saccas，171–242）门下学习五年。他与潘代努斯（Pantaenus）、克莱门一样，都有异教哲学的背景，他们把希腊哲学带入基督教，以圣经为基础调和基督教与哲学、信仰与知识。奥利金使基督教神学永远留下了新柏拉图主义的烙印。[1]

奥利金吸收希腊思想以阐释基督教信仰。他的释经原则是，当一句话的文字意义在逻辑上讲不通、有违事实或有损上帝时，它的意义应该被解释为隐喻。因为上帝不包含物质或做物质运动，因此圣经中

---

[1] 参见奥利金《论首要原理》，石敏敏译，香港：道风书社，2002年，第XXV页（中译本导言，王晓朝）。

上帝的手、脸、声音等只是隐喻。物质变化是不完善的，不完善的东西恰好意味着完善的东西的存在，这个完善的东西就是与物质相对立的精神性的东西，因此，上帝是精神。[1]这样的解释意味着将终极规则与现实世界完全对立了起来，一切现实中可以解释的，就用在现实世界中获得的道理去解释，如果不能，则用终极世界的真理去解释。这样就可以始终获得一致性的解释。

一 智慧的三个层次

在《驳塞尔修斯》第三卷中，奥利金谈论"智慧"比较多。奥利金将智慧理解为三个层次，处于首要位置的是智慧的恩赐，其次是智慧的话语，最后是最低的智慧层次，即信心。他认为，希腊哲学中关于世界本原的看法，即"把物质的、有形的事物看作世界的根基，认为所有的终极实在都是有形体的，否认有超越于它们的东西存在"，这样的认识体系，最终都必归于虚无，使人愚拙。[2]奥利金的这些理解，对于我们理解什么是智慧很有裨益。受过哲学专业训练的人都知道哲学是"爱智慧"，但很少去思考什么是智慧，这就使得哲学这个术语的含义显得不确定。透过奥利金关于智慧的理解，我们可以看到从物质层面解释世界终极秩序的存在面临着困难，这种立场会导致虚无主义。

奥利金还认为，智慧是"关于圣事和人事以及解释它们起因的知识"，世上唯有确定的实在才是源于智慧的知识和真理。[3]在这一理解中，奥利金将智慧理解为真实的知识，以与虚妄的知识相对立，这

---

[1] 参见赵敦华《基督教哲学1500年》，北京：人民出版社，2005年，第99页。

[2] 参见奥利金《驳塞尔修斯》，石敏敏译，北京：生活·读书·新知三联书店，2013年，第179—180页。

[3] 参见奥利金《驳塞尔修斯》，2013年，第197页。

种真实的知识在根本上就是基于最高的上帝的知识。奥利金基于对教义的理解，还认为神圣逻各斯、智慧、真理、公义是同样的东西。[1] 这即基于最终的秩序、价值层面来理解什么是智慧。而通常，当我们仅仅将智慧理解为某种智巧时，这就等于忽略了价值层面的东西，如果忽略了价值层面的东西，智巧带来的就是社会秩序的复杂和混乱。在克莱门、奥利金的理解中，这种最终的价值层面的东西，根基在于上帝，若要体现在人的认识中，则需要通过直觉性的认识（γνῶσις/灵知）建立起来。这里需要补充的是，无知（ignorance）并不意味着什么也不知道，而是意味着缺乏这种灵知性的东西或直觉性的确实的认识。基于这些认识，我们应该看到，认识论也需要思考价值这样一种认识的产生和确立过程。

既然智慧的获得需要直觉性的认识，那么对上帝的认识也必然是这样。因此，奥利金认为，通过普通的感觉或知觉是无法把握上帝的，像塞尔维修以感觉上的不存在来否认上帝存在的观点是站不住脚的。奥利金认为这种否认方式与斯多亚学派奉行的思想是一致的，其把感觉或感性的东西，视为理解和认识的基础，但这种方式只能获得普通的认识，不能获得灵知性的认识。奥利金将普通的感觉或知觉称为"肉眼"，肉眼看不到的，或肉眼（感官）关闭以后，则很多东西就无法获得理解。而理解上帝需要用的是"心眼"，对于超越感官的那些知识，需要"心眼"才能看到。[2] 这种划分也就为人世的最高价值的存在给出了一个认识发生方面的解释。"心眼"和"肉眼"代表着两种不同的能力，这两种不同的能力所能认识到的对象是有本质的差别的。但科学化的语言是基于"肉眼"（或感官基础）的认识表达

---

[1] 参见奥利金《驳塞尔修斯》，2013年，第294页。
[2] 参见奥利金《驳塞尔修斯》，2013年，第475—486页。

和理解，因此，也就无法去准确描述这两种不同的认识对象之间的差异。如果从这些论述来看，奥利金的智慧意味着两个方面：一是指不同层次的认识能力；二是指最高的价值层面。

二 灵魂的不同表达

在奥利金《论首要原理》一书第二卷中，记载了当时关于灵魂（νοῦς/ψυχῆς）的一些字义上的论述，这对于我们理解这一古代认识论的重要概念很有助益。奥利金说："一切生物中都有灵魂，甚至包括那些生活在水中的生物，这一点我想没有人会怀疑，因为所有人一般都会这样认为的。"奥利金认为灵魂这个词翻译成拉丁语的anima不是非常贴切，它就是指"可感觉、能活动的实体"，绝大多数生命存在物，甚至包括那些水中的生物和空中的鸟类，都被囊括在这个定义中，这个定义"几乎表达了一切，还表明灵魂是良善的"。[1] 就灵魂一词的翻译和使用而言，奥利金还说，灵魂（νοῦς）有不同的称谓，在希腊文中也被称为ψυχὴ（psyche），对应的拉丁文翻译是anima，在福音书中也称为animae（心），有的则称为spiritus（灵）；它与悟性的关系是，"当悟性[mens]在威严中堕落，它就变成或被称为灵魂，若是它能够修复、改正自己，仍然可以返回到从前那种悟性状态"；当福音书要表明忧愁的存在时，就以"心"这个词来表达，如"我现在心里忧愁"，"然而，他交托在父之手的，却不是他的心，乃是他的灵，当他说肉体是虚弱的时候，他并不是说心愿意，乃是说灵愿意"，"心是某种介于虚弱的肉体与自主的灵之间的中介"。[2]

---

[1] 参见奥利金《论首要原理》，2002年，第121—122页。
[2] 参见奥利金《论首要原理》，2002年，第127—128页。对应的古希腊语、拉丁语拼写形式在该中译本中没有列出，此处根据Wissenmaftlime Bumgesellmaft出版社1976年出版的奥利金著作的拉丁语–德语对照版补录。

通过奥利金对于灵魂（voûs）的这些理解和论述可以看到，灵魂有不同的层次：有超越于肉体的普遍的层次，这样的灵魂可以摆脱肉体而存在，当它置入肉体时，肉体便获得了生命；灵（spiritus）的层次，与肉体相对的自主的层次，灵魂是自主的，肉体则是不自主的；心（animae）的层次，介于虚弱的肉体和自主的灵之间的层次。灵魂上升，就到达了悟性（mens）的层次，这个层次，也即灵性或灵知的层次。在普通的灵魂层次，是无法理解神性的存在的，无法理解这种超越的东西，而在悟性的层次，才能够理解这种神圣的东西。[1]

在《论首要原理》的德译本中，奥利金所使用的悟性（mente）这个词被译为Vernunft，在德语中具有同等含义的另一个词就是"Intelligenz"，德语译者Herwig Görgemanns和Heinrich Karpp在译注中明确表明了这一点。[2]根据这些理解我们可以明白，在一些中译本中，将源自拉丁语intelligentia的intelligence译为理智或理性，实质上指的就是Vernunft、mente这样一种层次的理性，它不同于德语中Ration这样的理性。Vernunft这样的理性，从其对应的拉丁文而言，不是基于感性经验的那种理性（Ration），而是一种直觉上的、具有灵知的理性，它具有直接获得终极认识的特性。intelligence在一些英译本中又被用来翻译γνῶσις（直觉、灵智）这个希腊文单词。由此可以看出，在克莱门和奥利金的理解中，γνῶσις和mente含义是相当的，它们也相当于拉丁文的intelligentia和德语的Vernunft，都是指最高的认识能力，只有这种认识能力才能认识到唯一的神的存在。这

---

[1] 参见奥利金《论首要原理》，2002年，第124页。

[2] Origenes. *De principiis/Vier Bücher von den Prinzipien*. Herausgegeben, übersetzt, mit kritischen und erläuternden Anmerkungen versehen von Herwig Görgemanns und Heinrich Karpp. Darmstadt: Wissensmaftlime Bumgesellsmaft, 1976, S.387.

种最高的存在，意味着的是，现实世界最终服从于一个统一的秩序和要求。这种认识能力在很多哲学家的著作中都论述过。在康德的哲学中，Vernunft 意味着一切已有认识的裁决者。在胡塞尔晚年的思想中，他表明，哲学就是彻头彻尾的理性主义（Rationalismus），这个理性主义的理性包含两个方面，首要的是能够自身阐明自身的理性（Ratio），基于此，才能真正阐明尚处于认识的黑暗之中的理性（Vernunft）究竟是什么。[1] 在 Ratio 这样的理性中，具有代表性的就是自然科学的理性，它是一种精神外部的理性，在形态上体现为因果关系，而 Vernunft 这样的理性，是精神内部的理性，它不能再被要求区分为理论理性、实践理性、审美理性等，它通过对自身的理解，确定人的存在是一种目的的存在。[2] 胡塞尔的这些认识意味着，他也试图在现象学意义上去探寻这种能够认识最高存在的灵智（γνῶσις/mente）究竟是什么。当然这种考察不是像神学家那样运用希腊哲学的已有知识去论证，而是要在意识中考察它的发生情形，考察精神深处的最终追求的产生过程。这也就意味着，只有这种原本处于神秘主义认识和宗教中的观念以清晰可描述的方式呈现出来，它才能对人们形成一种统一的明晰化的精神塑造，并使之获得更为有效的传承。这样来看，胡塞尔的哲学探索活动仍然是运行在哲学史和思想史中的，他并不是完全脱离哲学问题的历史而开创了一门学问。就其所理解的哲学的最终目标而言，他要摆脱的是那种处于无限性和相对性之中的认识，在这个意义上，他对认识或哲学的最终目标的理解与中世纪的神学家是一致的。透过克莱门、奥利金的这些思想有助于我们更为透彻地理解胡塞尔现象学所讨论的一些问题，有助于我们理解胡塞尔使

---

[1] 参见胡塞尔《欧洲科学的危机与超越论的现象学》，王炳文译，北京：商务印书馆，2009年，第334—335页。

[2] 参见胡塞尔《欧洲科学的危机与超越论的现象学》，2009年，第337—338页。

用的一些古代概念与他的现象学概念之间的意义承接关系。

第三节 德尔图良

德尔图良（Tertullian，155–240）是基督教文坛奇才和杰出教父，来自罗马非洲行省的迦太基。与之前的宗教哲学家一样，德尔图良神学思想中的认识论也是为了透彻地解释其宗教理念。

一 偶像与理念

德尔图良认为，偶像崇拜中包含着各种罪恶。他对偶像及其崇拜行为的理解、解释、批评，也是我们理解"理念"（eídos）"观念"（idea）等认识论术语的一条途径。

什么是偶像呢？在《论偶像崇拜》一文中，德尔图良说："希腊语的Eidŏs意为形象，eidōlŏn是由此发展而来的小词，正如我们语言的发展过程一样。任何形象及其小词所代表的东西，都应称为偶像。"[1]小词指相较于词根而言它的含义变小了。按照德尔图良的解释，形象及其小词所代表的东西都是偶像，这也就意味着偶像是形象及形象的变体，因而也就是说，偶像并不是事物本身或存在者本身。相应地，偶像崇拜就是指对各种偶像的侍奉和崇拜的行为。[2]因此，从根本上而言，偶像崇拜者所崇拜的是虚幻的东西。由于崇拜的是虚幻的东西，所以就会招致欺骗和罪恶。这种欺骗首先是对崇拜者自己的欺骗。关于偶像崇拜的罪恶，德尔图良有这些论述："人类的重要罪恶，世界的最大罪名，招致审判的整个罪状，就是偶像崇拜"；偶

---

[1] 德尔图良：《护教篇》，涂世华译，北京：商务印书馆，2017年，第120页。
[2] 参见德尔图良《护教篇》，2017年，第120页。

像崇拜者的行为与杀人犯一样，只不过他杀害的不是别人或敌人，而是他自己；侍奉偶像（伪神）的人就是伪造真理的人，因此偶像崇拜实质上也是一种欺诈；偶像崇拜行为中有对世俗的贪欲，有放肆和醉酒；崇拜者不认识正义，因而行为上就导致不义；偶像崇拜中也包含着空虚，因为它的整个体系都是空虚的，其中也有欺骗，因为它的全部内容都是假的。[1]不仅如此，贪恋也被视为偶像崇拜，作为地位象征和权力标志的衣着也是偶像崇拜，在语言上，以神之名去尊崇偶像的人，就犯了偶像崇拜罪。[2]

从德尔图良这些论述及相关论述来看，他对偶像及崇拜行为的批判实则是对虚假的认识观念的批判。这种观念实质上夹杂的是个人的欲望和贪婪，也包含着认识上的含糊和混乱。因而，价值观念也随波逐流。因此，受这种行为影响后，人往往会产生很多不义之举。这些行为不仅出现在日常的生活事务中，也体现在贸易行为中。德尔图良的这些论述，主要是为了让人们信仰唯一的造物主，摒弃多神崇拜，且将崇拜行为的后果视为罪恶的。但从这些论述也可以看出，认识行为对社会生活的影响到处存在，其中，虚假的认识是导致罪恶和隐藏罪恶的重要因素。由此而言，伦理世界的一些行为冲突和矛盾可以在认识的形成层面获得解释。

在柏拉图的哲学中也谈论 εἶδος（eidŏs），对于这个词，我们往往是从"理念"的层面去理解的，但实质上它的本义就是形象、形、相，并不是一开始就是我们所理解的那种"理念"，它只是在作为哲学术语时才被人们特定地理解为"理念"。这个意义上的"理念"已经在人们的解读中逐渐变得神秘，似是超脱一切的存在。但特定的含

---

[1] 参见德尔图良《护教篇》，2017年，第116—117页。
[2] 参见德尔图良《护教篇》，2017年，第134、149、153页。

义，也是从其本义上发展而来的。德尔图良的用法很好地体现了它的本义。在英文中，idea 为 εἶδος 的阴性形式 ἰδέα 的拉丁转写，它的含义已经窄化了，被理解为观念或某种构想。在胡塞尔的术语用法中，相应的词有 Idee（观念／理念）、Ideal（理想）。Idee 这个词常受到误解，且希腊语的 εἶδος 这个概念尚未被滥用，因此，胡塞尔为了将"本质"（Wesen）概念与康德的"理念"（Idee）概念区分开来，选择以古希腊语意义上的 εἶδος 来表示他对"本质"的理解。这样一来，胡塞尔关于埃多斯（εἶδος）的现象学论述，实则就是对传统的哲学术语中的"本质"的现象学研究。从古希腊语的含义来讲，胡塞尔的这一用法所意味的，就是将哲学中通常所理解的已经具有神秘色彩的"本质"这一术语理解为"形象"或"相"，由此，这一抽象的含义在人的意识体验中就成为可以把握到的或直观到的东西。如果从现象学还原这一方法所要达到的目的而言，当本质的东西被还原为直观的东西时，就获得了直接性的理解。

我们可以进一步获得这样的理解，如果 eidŏs（εἶδος）所表示的东西（"相"）在人的认识活动中没有获得直接的把握，即没有被人们直观到，那么，就会形成对人们的欺骗，甚至对偶像的制造者也会形成欺骗。欺骗的结果就是罪恶的滋生。这种不可真正理解的偶像，使人们把本不正确的当作正确的，由此形成了不合适的行为。

拓展而言，对他人认识的理解也是这样的。尤其当我们在理解事物的本质时，或在理解他人或前人关于事物的认识或理论时，也呈现相同的情形。本质的东西将一个个体与另一个个体区分开来，无论是观念的个体还是自然世界的个体，都被转化为本质上的区分，形成对个体的区分后，进一步才能形成关于个体的认识，继而才能构架更高层级的认识，因此对"本质"的理解先于其他认识。而以外感官和内感官为起点的人类的认识，实则就是从直观的东西开始的，无论这种直观是眼睛看到的，还是耳朵听到的，还是触觉的、嗅觉的，都是一种直观，这种直观和意识对自身活动的"直观"（这种"直观"实则是一种回忆，或再确认，或综合）结合起来，就确立了客体或对象物的单一的或诸多的表象形式或形象，其中，这些形象中与其他个体截然不同的东西就被作为它的本质确定了下来，成为与其他个体相对而言的本质。因此，一个个体的所与之相关的个体发生变化时，它的本质在认识中也就相应地发生调整，以更好地或更为准确地呈现个体之间的关系，或呈现事物之间的关系。由此，本质就有单一个体之间的本质，也有随种类变化而更迭的本质。它们都是以直观中某种可以确定的形象（或形式）形成对个体或事物的区别。基于对本质的这种层面的理解，如果我们对他人认识中所说的事物的本质没有获得直观层面的理解，那么也就不能真正理解别人的理论。这是因为当我们无法获得对他人认识中的事物的本质的直观理解时，就不能在理解中确定别人的认识所真正指涉的对象。对前人理论的理解亦是如此。换言之，如果我们对某一理论的认识不能够还原到建立其所依据的最初的可直观到的形象，那么，就不能获得对其彻底的理解，因此，也就容易受到理论的误导。从胡塞尔将"本质"理解为古希腊语的 εἶδος 这一做法而言，现象学还原本身就意味着一种审慎的认识态度，而不是迷信态度。审慎这个词从汉语字面上而言本身就包含了再度判断及"在心中真正地去看"这两个含义，这恰好暗合了现象学还原后所必须的做法。人类的许多知识基于感官层面的形象，这些形象及形象之间的相似或牵连会影响由此构造的认识在理解上的不一致，因此，这就需要以一种审慎的态度去构造和理解知识。如德尔图良所言："只要小心就安全，只要全神贯注就可靠。"[1] 审慎的态度包含着对认识的

---

[1] 德尔图良:《护教篇》，2017年，第159页。

还原，还原意味着要重新在自己的认识中对本质进行确认。

二 感性的强度、对哲学的批评

德尔图良对感性强度的认识是体现在其对娱乐活动的批评中的。德尔图良认为，戏剧娱乐活动是一种世俗的罪恶，对此伪装无知会让人陷入罪恶，世俗娱乐使人继续参与它，这就延续了伪装无知的时间，诱使良知扮演不诚实的角色。[1]这是古代哲人对感官刺激的强度强于理性知识的论述。感官刺激更为鲜活，且给人的体验是多方面的，所以它会使人沉溺其中，也会因此受到诱惑而做出违背良心的事情。也就是说，它的强度要远大于理性知识的强度，因此会形成强烈的刺激，从而成瘾。在这个过程中，感官刺激的强度压制了理性认知，较大的强度会形成较长时间的影响，因而人就会继续伪装无知，且压制理性认知，使其服从或服务于感官欲望，这样就形成了"良知"的堕落，诱使它扮演不诚实的角色。如果我们需要更为彻底地理解世间伦理行为的冲突，也就需要回到对这些伦理行为的发生过程的考察。通过对其发生过程的细致考察，就可以对其进行不同程度的节制，以使之适配于整体的社会行为关系。从认知方面去考虑伦理问题，一直是哲学家们思考伦理问题的基本途径。胡塞尔的严格科学的哲学理想所想解决的问题之一，就是使人的行为处在一种纯粹理性（Vernunft）的支配下成为可能。我们可以在布伦塔诺的心理学著作中看到对心理强度的分析，这对于我们思考行为的发生是一个很好的角度。

德尔图良为了维护基督教的信仰，对充满论辩的诸哲学流派的方法和观点是持批评和排斥态度的。德尔图良认为，哲学是智慧的材

---

[1] 参见德尔图良《护教篇》，2017年，第161页。

料，是对大自然的仓促解释，是上帝的安排，看似智慧，实则"愚拙"；异端是由哲学发起的，在马西昂派、斯多亚学派那里，都有各自的"上帝"；亚里士多德发明的辩证法"是一个建立起来然后再摧毁的本领，一个在其自身命题之中就含糊闪避的本领，其推测太牵强附会，其论点太毛糙，滋生的争辩太多——甚至使它本身尴尬难堪，把说的一切再收回来，实际上解决不了什么问题"；"哲学只是糟蹋真理，由于多样化的相互矛盾的派别，哲学自己又分成多种形式的异端学说"；拥有信仰的基督徒不渴望别的信条，不需要哲学那样的离奇古怪的辩论。[1]异端对基督教的批评往往是在圣经中选用只言片语，然后胡乱拼凑、组织的结果；异端的讨论所涉及的诉求根本不在于经文，也不是为了让人变得坚强，带来的只是不确定性。[2]

神学家贬抑哲学，是因为哲学是从不同的角度出发去讨论问题的，因而它必然充满争论，往往无法形成统一的看法，多种多样的见解的背后是怀疑的精神，而基督神学强调的则是终极的统一的东西，但这种终极统一的东西按照以往的讨论方法是难以证实和理解的，它以信仰为先，因此，这两者之间的冲突不可避免。但后来基督教在发展的过程中，却使用了亚里士多德的思想观点来论证，这是需要另外思考的问题。德尔图良的批评并非全无道理，哲学的争论的确难以从根本上消除，反而是越来越多。对此，基督教是以将其视为"异端"的方式处理的，就此，的确在历史上达到了其目的。但认识论研究肯定是不能用这样的方法去处理了。纷繁复杂的观点起源于不同环境或自然条件下的人群中，人们如何获得彼此之间理解和认识的一致性，以及基于何种缘由彼此之间的认识可以建立一致性，这也

---

[1] 参见《德尔图良著作三种》，刘英凯、刘路易译，上海：三联书店，2013年，第10—12页。

[2] 参见《德尔图良著作三种》，2013年，第22—23页。

是现象学思考的问题。对于这个问题，胡塞尔是以设定的先验自我（transzendentales Ego）去解决的，通过作为主体的"自我"所具有的共同的意识视野来解释一致性认识的存在。

三 灵魂的含义

就灵魂（anima）问题的理解而言，德尔图良认为哲学家的解释是矛盾的、不纯粹的。在德尔图良看来，哲学中对灵魂的争论纷繁复杂，对其是否不朽、本质、形式、功能、状态、归宿等的讨论无法统一，甚至是截然对立的；哲学家讨论灵魂问题时所依据的是人的诡辩学说，就像"兑了水的酒"，他们的认识是细枝末节的讨论而不是真理。[1]在德尔图良的论述中，也呈现了古希腊哲学家所说的"灵魂"一词的基本含义："灵魂肯定同情身体，在身体青肿、受创、疼痛的时候分担身体的恐惧；而身体也与灵魂一道承受痛苦，（每当灵魂受到焦虑、困顿、爱的影响时）在它的同伴还保持力量时，身体却失去活力，脸红和苍白证明了灵魂的可耻和恐惧。"[2]在这个意义上，灵魂意味着它是感觉和情感的受体。

德尔图良说，灵魂，或者说被希腊人称为"努斯"（voῦς）的悟性（mens），不都是理智（intellegimus），而是"心"（animae）所固有的。[3]"努斯"在德尔图良及之前的教父哲学中，都意味着希腊语的ψυχή（psyche），这在前面的论述中我们早已看到，而这句话中所说的"悟性"也被译为"心灵"，它的拉丁文用词是mens，意为"灵性"或"悟性"，也被理解为intellegimus（灵知），而灵知则意味着

---

[1] 参见德尔图良《论灵魂和身体的复活》，王晓朝译，香港：道风书社，2001年，第5—7页。

[2] 参见德尔图良《论灵魂和身体的复活》，2001年，第10页。

[3] 参见德尔图良《论灵魂和身体的复活》，2001年，第23页。

是直觉的、更高的、更真的认识。根据德尔图良的论述，希腊哲学家多认为灵魂依靠悟性而行动，依靠悟性获得知识，有的认为灵魂和悟性是分离的，有的认为二者是同一的。而在德尔图良看来，悟性与灵魂相结合，并不是由于它们在本质上有什么区别，而是把悟性看作灵魂的天然功能。德尔图良认为：灵魂由神的气息而生，是不朽的，有形体的，有形式的，简单的实体，自有智慧，自我发展，自由选择，受制于偶然，借由多样的个体（ingenia）、理性（rationalem）、主宰者、神谕，从同一个源头流出。[1]

通过德尔图良的这些观点，我们看到他对灵魂（anima）、悟性（mens）的理解与克莱门和奥利金大致相同，但也有一些差异。如奥利金认为悟性是高于灵魂的层次，悟性堕落成为灵魂，灵魂上升成为悟性。这些不同的用法和理解意味着，当时的哲人试图对源自不同思想背景的概念予以系统解释。现在来看这固然存在很多混乱，但由于认识论研究不是其时代的任务，且为了思想交流必须以各种办法对接彼此使用的概念，所以，这些混乱的存在也就再正常不过了。这都不是有什么坏影响的过错。但我们今日的认识论研究，则需要去寻找这些混乱的一般性意义。从这些交融性的思想论述中可以看到，古人的认识实质上一直有两套系统：一套是所设定的世界固有的或可能的系统；另一套是基于人的感官体验所形成的经验系统。设定的系统就是每个人心中各自构想的系统，当遇到他人的认识时，你需要与自己心中构想的系统进行比较才能确定其最终意义，而不是简单地与自己的

---

[1] 参见德尔图良《论灵魂和身体的复活》，2001年，第46页。这段话的拉丁原文为："Definimus animam dei flatu natam, immortalem, corporalem, effigiatam, substantia simplicem, de suo sapientem, uarie procedentem, liberam arbitrii, accidentis obnoxiam, per ingenia mutabilem, rationalem, dominatricem, diuinatricem, ex una redundantem."（"De Anima." *The Complete Works of Tertullian*, United Kingdom: Delphi Classics, 2018.）

经验系统相比较，对其只是进行词语之间的对接。后一种做法只能确定常见的意义。如果与心中构想的系统进行比较，具有相同认识取向的个体就可以在各自不断上升的认识目标的引领下逐渐取得认识上的一致。这种一致性认识的获得过程与基于共同的感官经验而获得一致性认识的过程是不同的，它是建构方向上的一致性导致的一致性，是首先确立共同的目标（或方向）后才能确立的一致性，而后者是基本经验在起源上的一致性所形成的一致性。前者可以形成最终的统一性，但后者只能实现具体的同一性和基于这种有限的同一性的统一性。就胡塞尔试图以先验自我来解决认识的一致性问题而言，这显然是从起源和基础上来解释这种一致性，并将之"神秘化"为具有莱布尼茨单子性质的自我（Ego）。但胡塞尔也有将哲学建构为严格科学的理想，并不是单纯的基础论者。可以说，这些卓越的哲学家和思想家在分析问题时心中都有两套系统，用来接收前人的思想和建构自己的思想。

第四节　拉克唐修

拉克唐修（Lactantius，250–325）是尼西亚会议前最后一位拉丁护教士。在其所著《神圣原理》中，他对真理、哲学、智慧这些概念有所论述，这些论述对于我们深入细致地理解认识论相关问题有所助益。拉克唐修的认识论思想集中体现在其对哲学家的批评性论述中。

一　智慧的含义

对于什么是真正的智慧，拉克唐修认为，智慧是美德与知识的结合。他的论述是这样的：知识是最高的快乐（summum bonum），这只是把某种特点赋予人，而人获取知识都是为了别的目的，而非知识本身，技艺（artes）或为谋生，或为愉悦（uoluptatem），或为荣耀，因此，知识本身并不是最大的快乐；所有开始运用某种技艺知识的人都会显得快乐，学会了制造毒药的人与学会了医术的人都会感到快乐，这说明知识对于从善避恶来说不是充分条件，还要加上美德；然而，"许多哲学家尽管讨论了善与恶的性质，但出于本能的推动，他们以一种与他们的学说不同的方式生活着，因为他们缺乏美德。而美德与知识的结合就是智慧"。[1]

在哲学史上，对智慧的讨论相对较少，柏拉图认为智慧使人得以完善，维柯认为智慧是一种功能，它主宰我们获得科学和技艺的过程。从拉克唐修的论述来看，他所说的智慧使我们从善避恶，相应地，知识或技艺实则是从善避恶的工具。也就是说，知识或技艺必须服从于一种更为统一的或更高的目的。这种目的，从其形成过程而言，是先于很多知识经验建立起来的，它不是必然地从人的认识中推论出来的，而是靠直觉的方式把握到的，但对于形成秩序的统一性目的而言，却是完全合适和可用的。

拉克唐修认为，智慧只能通过耳朵而不是眼睛来获得，因为眼睛与世界都是物体，所以世界是不能由眼睛来思考的，能够思考世界的是人的心灵（mentem），眼睛只是执行肉体的职能，我们的出生不是为了能够看到被造的东西，而是为了能够思考被我们的心灵看到

---

[1] 参见拉克唐修《神圣原理》，王晓朝译，香港：道风书社，2005年，第170—171页。拉克唐修认为，美德是一种快乐（bonum/善），而不是愉悦，快乐是从美德中产生的（《神圣原理》，第177页）；美德的职司在于蔑视愉悦、财富、统治、荣誉，它更加精致和卓越地影响其他事物，不会与现存的快乐相对抗，而是追求更伟大、更真实的东西（第178页）；美德本身是灵魂和肉体都具有的，涉及肉体的美德常被称为刚毅，而实则刚毅也是灵魂的美德，刚毅就是通过斗争获得胜利（第178—179页）；美德从知识中产生，然后，再从美德中产生最高的快乐[summum bonum]（第182页）。

的创造万物的造物主本身。[1]之所以持这样的观点,是因为拉克唐修的论述中还贯穿着这样的思路,即他认为人之所以区别于其他的动物,在于人身上应具备与其他动物不同的东西,否则,它就与其他动物无异,只是拥有为了生存或延续种族而世代延续的天然的快乐(bonum)。对于人而言,这种快乐是肉体的快乐,也是动物的快乐,人应当拥有的是心灵的快乐,而人的最高的快乐,就在于认识到造物主的存在,认识到关于造物主的知识。[2]简言之,人唯有通过心灵才能获得智慧,智慧意味着最高的快乐,意味着对造物主的认识。这样的智慧并不是后世所理解的作为一种思维功能的智慧。

心灵(mens)这个词在拉丁文中与ratio、intelligentia包含相同的意思,可以指人的灵性、智力、悟司、悟性、精神、思想、意识、心灵态度、意向、胆量、意志等。在这里的论述中,它所指的是能够认识到造物主存在的官能或悟司,而这也是人区别于其他动物的根本所在。拉丁文的ratio所对应的理性在德语中分化为Ratio和Vernunft两个层面,因此,mens作为一种最高的认识能力而言,它所指的就是德语中的Vernunft(理性)。就理性(ratio)与智慧(sapientia)的关系而言,拉克唐修认为,理性在人身上就叫作智慧,这是人与其他动物的区别,只有人拥有为了理解神圣事物而设的智慧。[3]

拉克唐修还认为,智慧高于可知论和不可知论。拉克唐修说,人是有知和无知的混合体,拥有一种与无知相伴的知识,自然哲学家通过论证只是捍卫了部分知识,而不是所有知识;相应地,反对自然哲学家的那些人,以那些难以理解的主题似乎消除了全部知识,认为一切都是不可知的,实质上他们只是消除了部分知识,而不是全部。换

---

[1] 拉克唐修:《神圣原理》,2005年,第173页。
[2] 拉克唐修:《神圣原理》,2005年,第167—169页。
[3] 参见拉克唐修《神圣原理》,2005年,第175页。

句话说,"如果无物可知,那么'无物可知'这个事实必然可知,但如果知道无物可知,那么'无物可知'这个命题一定是一个虚假的命题",因此,完全的不可知论者的观点是自相矛盾的。立足于这些论述,拉克唐修认为,智慧的表现就是既不认为自己可以知道一切,也不认为自己一无所知。[1]可见,拉克唐修对极端怀疑论持否定态度。

拉克唐修对智慧的这一理解,也使我们看到,智慧不是有所偏袒地去看待事物,而是要尽可能得到周全的结论。由于理性体现在人身上就叫作智慧,所以,一个有智慧的人,他的认识不是非此即彼的,而是始终伴随着对立的知识。但我认为,这种伴随着对立的知识的情形,也是有条件的,当人们从局部认识出发想要达到更为广泛的认识时,由于他并不能穷尽这样的认识所囊括的事物,其认识结论就必然带有不成立的可能,这就显得他的认识伴随着对立的知识,但当人们的认识仅仅停留在可以穷尽的局部时,他的认识不存在对立的认识。确切地说,认识伴随着对立的认识,是已有认识在扩展过程中出现的情形,它是相对于认识的扩展过程而言的,甚至,它也是相对于认识的缩小过程而言的。

二 对哲学的批评

拉克唐修对哲学的批评与其对智慧的理解是相关的。拉克唐修认为,哲学家通过反思(cogitando)和争辩并不能获得关于真理的知识和学问。之所以这样说,是因为反思和争辩仅仅是一种工匠般的技艺,而技艺并不真正通向智慧,也不会获得真理。对此,拉克唐修说,虽然哲学是爱智慧,但"献身于智慧的人显然还不是智慧的,他要献身的是使他可以变得智慧的学科",然而这门学科与其他技艺性

---

[1] 参见拉克唐修《神圣原理》,2005年,第163—164页。

的学科实则一样，获得相应的技艺后，他实则成为一名工匠。再者而言，如果哲学是探索智慧，那么它本身就不是智慧，因为去探索是一回事，探索的对象是另一回事。[1]

拉克唐修的批评是合适的。他抓住了人们在认识习惯中所忽视的东西。在这种习惯中，真理或真知是通过思辨或论证的方式获得的，这是一些人未经怀疑就已接受的前提。但实则真理的获得并不是由于论证或思辨。虽然一些真理是通过思辨或推论的方式获得的，但最初的或最基本的那些真理，并不是这样得来的，而是直接得到的，对于这样的真理而言，论证或思辨等方式与其说是获得真理，不如说是确认已有真理的存在。这种观点，在后来的数学家哥德尔（Kurt Godel, 1906-1978）的思想中被体现了出来，哥德尔认为真理并不是通过证明而获得的，真理与其证明过程之间实则有着不可逾越的鸿沟。换句话说，通过证明获得的是对已有真理的确信，如果不能被证明，对其的信念则随之消失。相似的这种观点在胡塞尔的《纯粹现象学通论》中也有体现。

为什么人们会习惯于认为真理是可以通过证明获得的？这实质上是知识传播过程或教学活动给人们带来的错觉。当教学中经常通过推理和证明传授知识时，人们把这种技艺性工作误认为是获得真理的方式，但实际上它是求证的方式，或是再度增加确信的心理强度的方式。

拉克唐修认为，智慧的特征是知道，而不是无知，哲学家所说的很多东西都是不确定的，这就说明哲学家并不是智慧的拥有者，因

---

[1] 参见拉克唐修《神圣原理》，2005年，第157页。此处还参照了拉丁文本 Lactantius. *Divinarvm Institvtionvm Libri Septem FASC. 2 Libri III et IV.* Edidervnt Eberhard Heck et Antonie Wlosok, Berlin: Walter de Gruyter, 2007, p. 203.

而，不要去相信哲学家的那些言辞。[1]如上文所述，拉克唐修对哲学家的批评还在于他认为哲学家并不必然是智慧的拥有者，因为热爱智慧的人并不见得就有智慧，他只是在从事探索智慧的工作而已，而这种探索工作，实则也是一种工匠的劳动，并不见得就比别的工作高明多少。因此，人们不应该把哲学家的言论奉为金科玉律。如果从护教的目的出发，表面上看似拉克唐修认为哲学家的观点并不具有智慧，因此不值得人们去相信，而实则是他认识到了哲学家对于基督教的批评和攻击并不具有必然的合理性。换言之，通过发现其观点的不合理性而证明其论断的无效性。但是，纷繁交织的哲学观点及探索智慧的活动所获得的认识，虽不能证明就是智慧，但也不能证明它不是智慧，对其认识结果的确证是另外一回事情。所以，我们不能被拉克唐修带有檄文性质的论述误导，认为哲学家一定没有智慧，也不能认为哲学家一定有智慧而去完全否认拉克唐修的论述。看起来荒谬的论述，它也不是完全荒谬的，它们都是基于合理的认识而形成的不同演化。当然，拉克唐修推翻的不是智慧，而只是人们对哲学家的迷信。当拉克唐修把哲学工作理解为技艺或工匠的工作时，由于技艺并不导出智慧，哲学家的探索活动就与智慧无关了，更确切地说，这种技艺化的劳作并不会必然地产生智慧，而不是完全无法产生智慧。

拉克唐修认为，哲学的知识不具有确定性，也不是生活所必需的知识。拉克唐修认为：哲学似乎由两件事组成，知识（scientia）与推测（opinatione），仅此而已，然而，哲学中只有推测，因为科学（知识）缺失后，推测就成了全部；哲学中的意见往往是对立的，无法使人们看到其中一致的东西；整个哲学的理性（ratio）都包含在道德哲学中，因为在整个哲学中，自然哲学中只有乐趣（oblectatio），而道

---

[1] 参见拉克唐修《神圣原理》，2005年，第162页。

德哲学中还有功用（utilitas）。[1]除了自然哲学和伦理学，拉克唐修认为哲学还有第三个部分，叫作逻辑学，它包括辩证法和所有言说的方法，但神圣的知识不需要逻辑学，因为智慧之席不在于言论而在于心，在于事实，在于正确的生活方式，与自然哲学一样，逻辑学对神学而言也是不必要的。[2]

这些论断是拉克唐修基于对哲学家的批评而做出的，因为哲学家不可避免地带有质疑的思想风格给基督教信仰的传播带来了严重影响，他明确表示他的目的在于"揭露哲学的空洞和虚假，消除一切谬误，让真理显明和放光"[3]。我们不能只看到拉克唐修批评中的护教性质，也应该看到其对哲学的划分中所包含的知识分类学思想。拉克唐修实质上是将哲学的工作分为两种：一种是寻找确定性知识的工作，一种是无法确实的推测工作。在拉丁文中，scientia（科学）这个词的意思就是知识、学术、才学。根据文德尔班的研究，哲学的明确含义就是科学（scientia），这与拉克唐修的看法是一致的。但是，这种确定性的知识并不容易获得，因此，在当时的历史状况下，拉克唐修认为哲学中只剩下推测而并没有科学（知识）。由于哲学成为推测性的知识，彼此之间观点相互对立、看法莫衷一是就成为再正常不过的现象。就此，拉克唐修说："哲学中没有任何东西是人们一致赞同的。"[4]拉克唐修对道德哲学最为推崇，一是因为它包含了整个哲学的理性（ratio），即不仅包含了自然哲学的理性，也包含了道德哲学的理性；二是因为它还有实在的功用，不像自然哲学那样只有探索的

---

[1] 参见拉克唐修《神圣原理》，2005年，第165页。此处还参照了拉丁文本Lactantius, *Divinarvm InstitvtionvmLibri Septem.FASC. 2 Libri III et IV*. 2007, p. 206; 216，相较中译术语有改动。

[2] 参见拉克唐修《神圣原理》，2005年，第183页。

[3] 参见拉克唐修《神圣原理》，2005年，第156页。

[4] 拉克唐修：《神圣原理》，2005年，第188页。

乐趣。从拉克唐修对 ratio（理性）这个词的用法来看，在拉丁文中它实质上包含双重的含义，一个是追求精确知识的理性，一个是目的论意义上的理性，前者就是自然哲学中的理性，而后者则是道德哲学（moralem philosophiae）中的理性。理性（ratio）在德语中分化为 Ratio 和 Vernuft，而在中文中并没有分化，因此，这在理解相应的哲学概念时往往容易混淆。通过这些研究我们可以看出，胡塞尔对相应的这两个概念的理解和使用与他们是一致的，在康德的哲学中也是这样的。道德哲学相较于自然哲学而言具有实在的功用，这在自然哲学（physica）的古代阶段的确如此，这是因为关于万物起源的学说，在当时并不能满足社会的很多需求，所以与古人生活伦常相关的道德思想更为受众。

拉克唐修对于古希腊哲学家不仅多有批判，还有许多讽刺，认为他们的学问要么含糊不清、充满矛盾，要么不够纯粹，或者对现实生活没有什么益处，且有很多误导人的地方，违背伦常。在他看来，只有美德和公义才是永恒的东西。[1]站在完满的角度来看，这些学问的确不能满足世人的需要，充满着很多未能很好解决的问题，这对于那种盲目崇拜古代哲学的思想倾向具有一定的纠正作用，也使我们看到各种知识实则都有或多或少的负面影响。但拉克唐修的目的更多地在于为神学辩护。他对古希腊哲学家的批判与其他教父哲学家一样，虽带有明显的特定目的，但主要是为了更周全地看待问题。这种思想倾向及做法的合理性，对认识论研究是一个挑战，这意味着认识论需要给出一个对哲学和宗教而言都更为一般性的解释才能澄清其中的问题。

在拉克唐修及之前的教父哲学家的著述中，我们多会见到对哲学

---

[1] 参见拉克唐修《神圣原理》，2005年，第270页。

的批评和排斥，这种倾向在后来的奥古斯丁那里才发生转变。从那时起，哲学不再是被排斥的对象，而是为神学服务的工具，特别是亚里士多德的思想受到神学家的重视。直至阿奎那时代，神学家用哲学阐释信仰和教义的做法仍然常见。

第五节　阿塔那修与维克多里

拉克唐修之后，在阿塔那修（Athanasius，295–373）和维克多里（Marius Victorinus，300–363）的著作中也可以看到一些认识论思想。这两位都以三一神论而著称。阿塔那修生于北非，是东正教的理论奠基者，"教会四博士"之一，他对于灵魂的论述是我们理解古人这方面观念的一个很好的参照。维克多里对于"存在""灵魂""理智"的理解是我们理解这些观念的分化历史的思想素材。

一　阿塔那修的灵魂论

阿塔那修认为，灵魂（soul/ψυχὴν）是有理性的（rational/λογικὴν），或者说人是有理性的，由此，人区别于非理性（ἄλογα）动物，理性是灵魂的能力，也是人的能力。这一能力表现在两个方面：一是"唯有人能够思想在他之外的事物，能够推演没有实际发生的事情"，能反思、决断、选择更好的可能性；二是感官只负责感知对象，而理智（reason/νοῦς）是感官的判官，负责分辨、收集、指出哪个东西是最好的，哪个是有害的。就此，阿塔那修比喻说，如果人的身体是一把竖琴，各个感官就是琴弦，那么，理智或灵魂就是演奏家，它既在指挥手如何演奏，也在分辨演奏效果。他认为，当身体躺在地上的时候，人常常想象并沉思天上的事物，人的梦、根据梦所做的预测，这两个现象都在表明人的理性是存在的。阿塔那修也认为，灵魂推动身体活动，但它自己的活动是自发的，并不受别的东西的推动；灵魂因为自己的力量，常常保持清醒，它超越身体的天然力量；灵魂之所以可以思考永恒的事物，因为它自身就是不朽的。[1]

在关于灵魂的论述中，阿塔那修反对二元论。他认为世界只有一个造物主，不存在恶这样一种独立的实体，恶不是本原上的所造，而是人的灵魂造出了恶，人的灵魂忘却神而崇拜偶像，沉迷于地上之物，把它们造为诸神，由此坠入了一种虚幻而迷信的绝望深渊，沉迷享受而忘记良善之事，最终成恶。[2]

这些观点可以表明，在对灵魂的论述中所要解决的问题就是其在认识论方面的问题，即相关认识如何形成、为什么能够形成的问题。当人们设想肯定有高于感官的主宰的东西支配着人的认识行为时，如果这些认识行为直接迁越到了最高的层级，就和神、永恒这样的东西联系在了一起。如果抛开这些迁越来看，这些思想所体现的认识思路其实再正常不过了。这样的认识中也呈现了自古以来的认识论难题，即在认识上获得事物的合理秩序的能力究竟是怎么一回事情，能够摆脱一切现存的感官体验而获得超越于此的认识的能力究竟是怎么一回事情。这个问题在古人那里的表述粗看起来是荒谬的，实则是我们没有透过他们的语言看到其中的实质性问题。在古人那里，作为这样一种认识上的能力，似乎有点儿被神秘化了，并被进一步真正地神秘化了。对永恒事物的思考，在我看来，是人的意识对不定状态的表达，

---

[1] 参见阿塔那修《论道成肉身》，石敏敏译，北京：生活·读书·新知三联书店，2009年，第49—52页。括号中的古希腊文和英文根据希英对照版增补，Athanasius. *Contra Gentes and De Incarnatione*. Edited and translated by Robert W. Thomson, London: Oxford University Press, 1971, p.85.

[2] 参见阿塔那修《论道成肉身》，2009年，第16—19页。

它无法被将来的事物填充，也不可能验证其是否会获得真正的填充。这种意识中的形式，可以理解为对意识的认识动力的表达。它或许以物理存在的方式先在于人的具体的认识活动，只是我们对这种物理活动的发生并不了解而已，因此，这种先在的动力性的机能，就被我们神秘化了。作为伴随对象的认识而出现的心灵的能力，以往的很多研究将这种能力实体化了，因此，如果再结合其相对于现存经验事物的超越特性来看，它自然就成为不朽的。在这一点上，这种认识实则是心物二元论认识在古代的表现形式，二者的内核是一样的，只是心物二元论或主客二分的哲学没有主动导向神学中的上帝，而阿塔那修及其他哲学家的灵魂学说则导向了上帝而已。冈察雷斯在他的研究著作中说，阿塔那修的神学与奥利金的十分接近，但在方法上截然不同，阿塔那修的旨趣主要表现在实践和宗教方面，而非思辨或学术方面，他总是力图从各个教义问题中寻求其宗教意义。[1]相应地，在阿塔那修的著述中，我们能找到的认识论方面的思想也是相对较少的。

二　维克多里的存在论

维克多里是罗马语法学家、修辞学家、新柏拉图主义者。他出生在北非，后永久居住在罗马，是亚里士多德《范畴篇》和《解释篇》的拉丁文译者，约在五十五岁高龄时从异教徒转变为基督徒，著名的圣经译者哲罗姆（Hieronymus，340–420）是他的修辞学弟子。

维克多里论述了上帝和存在之间的关系，这些论述是我们更为透彻地理解"存在"与"行为"之间关系的思想基础。他认为，"上帝"已经是"逻各斯"（Logos）了，这即说，神圣的"存在"（Esse）

---

[1] 参见冈察雷斯《基督教思想史》第一卷，陈泽民、孙汉书等译，南京：译林出版社，2008年，第277页。

已经是"灵觉者"（Agere，生命和知识）了。"行动"（To Act）表明"存在"（To Be），在静止状态下，这两者是相等的；在运动状态下，"行动"即"逻各斯"，为使众生出现，涌现了"行动"。[1]维克多里还解释说："'存在'代表的是超越的不确定的潜能，'灵觉者'代表的是驱动的和外化的运动。'存在者'（Existent）是行为，'先在者'（Preexistent）是纯粹的'存在'（Esse）。作为'灵觉者'而言，'逻各斯'就是上帝的创造力，先在于上帝之中的所有的驱动。就逻各斯在上帝中而言，'上帝'自身是未造的'逻各斯'。在行动中，逻各斯就是'生命'和'知识'。"[2]

这些观点的字面意思很好理解，但为什么"存在"能够代表超越的潜能呢？"灵觉者"为什么代表运动呢？

这里先尝试回答第一个问题。"存在"作为表达，表达的是我们经验可以接触到的状态，无论是以何种方式被经验到，我们都会说它是存在的。上帝同样如此，上帝是作为心灵中被经验到的神圣的东西而存在的。我们心灵自身的思考中有上升和下降的模型，通过上升模型，我们从初级经验层层上升，自然就认识到了最高的或神圣的存在，且这个存在是我们在心灵经验中总是可以触及的。当把世间经验之所以发生的原因推移到最高的时，世间的一切经验就成为最高原因所生成的东西，也就成为它的表现形式和以各种方式存在的可能性状态。这时候，这里的"存在"既包含了最高的存在，也包含了世间诸种不同的存在，所以，它就代表了超越的不确定的潜能。说其是超越

---

[1] Mary T. Clark, "Introduction to Theological Treatises on The Trinity." Marius Victorinus. *Theological Treatises on The Trinity*. (The Fathers of the Church, a new translation; 69) Trans. Mary T. Clark, Washington, D.C.: The Catholic University of America Press, 2001, p.21.

[2] Mary T. Clark, "Introduction to Theological Treatises on The Trinity." Marius Victorinus. *Theological Treatises on The Trinity*. 2001, p.22.

的潜能，是因为它意味着世间的存在都是最高的存在的可能形式，说其是不确定的潜能，是因为世间的这些形式有不同的样态。

后一个问题更好理解一些，Logos已经被视为上帝的创造力的体现，它被视为秩序、逻辑和语言，而秩序和逻辑本身也意味着运动的存在，因为如果没有运动，也就无需秩序和逻辑，也就不会存在创造力。而秩序、逻辑、语言这些，本身又是借助生命和知识而体现出来的，所以，拥有生命和知识的灵觉者的存在本身也就表明了秩序、逻辑等的存在，也就表明了运动的存在。

"行动"已经表明了"存在"，这犹如亚里士多德所认为的，当我们在认识一个事物时，就已经说明它存在，即认识行为本身就表明了认识对象的存在。"存在"在认识论方面的理解和实体方面的理解理应有本质的不同。就认识行为而言，它的对象必然是存在的，只是这种"存在"是一种可以广泛运用的表达，如果这种表达所指的"东西"（意义）被认为是可以实体化的，就可能推论出最高的主宰。而事实上，在以往的诸多思想中，人们关于它的"讨论"，就是在以各种方式对它进行实体化的理解。意识的构成物如果被理解为自然世界中的实体，则有些认识是无法在意识领域直接确认的；如果被理解为整个世界的根据或最终的实体，那这种认识除了在认识中可以还原出来，根本无法获得经验性的证明。通过对这种普遍的东西进行次序上的说明，再加之以具体的现象和对现象关系的理解，如灵魂所呈现的种种现象、现象更替关系中的动力化理解等，就可以说明世间事物及基本秩序的形成过程。

维克多里认为，"生命和知性与'存在'是同质的，即说，与灵魂的'存在'是同质的。这两个是一种运动。第一种力就是生命。形式得以存在就是生命。运动的第一种力定义的是无限的'存在'。而第二种力就是信念自身。因为被定义的东西也是由知性所把握的，而不是由生命产生的，只要是存在的（subsistent）知识，它自身就不是作为物质而存在的，所以，它自身是从生命物质中引出来的"[1]。

维克多里认为，"存在"（to be）、"生存"（to live）、"理解"（to understand）这三者都是生存着的和智性的存在物，是同一个东西，都包含在"存在"中，就像实体（substance）和实存（subsisting）是一个东西一样。[2]

在我看来，维克多里这两个论述的基本思路是一样的："知性"必然是基于"生存"和"存在"的，同样，"存在"也是被"知性"把握到的"存在"，由于"知性"及其对"存在"的理解无法脱离生命而存在，这之中的任何一个的出现，都意味着其余两者也是同时呈现的。这也就意味着人在理解自身的过程中将这些必要的要素视为一体的，彼此之间是不可或缺的，或是将其理解为在不同层次呈现的。我们还可以看到的是，维克多里并不将知性或人的认识视为生命般的存在，生命力所定义的是一种无限的存在，信念并不是从生命中产生，而是从生命物质中引出来的。知性所获得的存在的（subsistent）知识，并不必然具有永恒的意义。存在的（subsistent）知识意味着知性的存在，这就意味着从"存在的"（subsistent）可以把握到"知性""生存"和"存在"（to be）三者。能够统一这三者或更多的东西的，就是"存在"（to be）。但作为意识中的"存在"（to be）而言，

---

[1] Marius Victorinus. *Theological Treatises on The Trinity*. 2001, p.143. 这里需要说明的是，"信念"（notio）在英译中的原文是notion，根据英译本的注释，notio的含义包括观念（idea）、概念（notion）、形象（image）。understanding在这里翻译为知性。同质的（homoousia）与相似质的（homoiousia）相对立。与此相关的"本质同一论"（homoousians）指神的三个位格本质上是一样的，而不是相似的，这是阿塔那修及后来的纳西盎的格列高利的主张，还有"本质相似论"（homoiousians）、"阿里乌主义的相似论"（Arian Homoian）、"非相似论"（Anhomoians）。（参见陈廷忠《〈神学讲演录〉中译本导言》，纳西盎的格列高利：《神学讲演录》，石敏敏译，北京：生活·读书·新知三联书店，2009年，第1页。）

[2] Marius Victorinus. *Theological Treatises on The Trinity*. 2001, pp.226–227.

它首先是一个心灵形式或意识的形式。由此，这种统一性实则是意识中所把握到的统一性。由于它涉及了永恒的意义，它的问题不在于对错，而在于无法证明，即理论上而言无法在现实的经验世界中获得证明。

三 维克多里的灵魂论

维克多里说："灵魂（soul）是作为生命的形象被创造的。但灵魂有它自己的理智（nous），理智来源于努斯（Nous），是智性生命的力量。但理智不是努斯，当它朝向努斯时，它就是努斯。就此而言，朝向就是一体。但是，如果它向下倾斜，离开努斯，它将自身和自己的理智引向下面，那么，它仅仅就变成了直觉（intellect），不再同时是理解（theintelligible）和直觉。但是，如果它保持不变，它就是天上的万物之母，就是光，但不是真实的光。但拥有理智就是光。的确，如果朝向下面的事物，自由地存在，它就变成一种赋予生命的力量，使世界和世界上的东西都活了起来，甚至使石头得以成为石头；它与它的理智一起变成这种力量。实际上，由于灵魂是logos但不是Logos，由于它位于灵（Spirits）、理性和质料（hulē）之间，当以它的理智转向这两者时，它要么就成为神性，要么在理解中成为具体的。"[1]

简言之，维克多里在这段论述中所讲的灵魂（Nous），是由其自身所拥有的理智（nous）的运动被我们看到的或创造出来的形象。

在前面的论述中，我们可以看到，奥利金关于悟性（mens）的论述与维克多里对理智（nous）的论述是有相同之处的，即都有上升和下降的演化。上升与下降、等同与相异，是人的最为基本的思维方

---

[1] Marius Victorinus. *Theological Treatises on The Trinity*. 2001, p.189.

式。奥利金认为，悟性在威严中堕落时，就蜕变为普通的灵魂，当它上升时，就又成为悟性。只是奥利金所说的悟性处于较高的层次，维克多里所说的理智（nous）处于较高的位置，其他方面没有什么实质上的不同。维克多里的这些认识蕴含的不仅是认识的转化，还有自在于宇宙中的一种认识能力的转化，同时也意味着宇宙自身的演化过程。简要而言，在这些演化或转化过程中包含着两方面的东西：一方面是事物运动或成形的力；另一方面是与此相配套的认识上的能力。前者构成的是关于宇宙的秩序的解释，后者构成的是对使这种解释得以出现的认识能力的解释。由此也可以进一步看出，这里的论述隐藏着一种自然哲学方面的诉求，在自然哲学的诉求无法获得充分的说明，或无法被充分地理解时，需要的就是认识论上的进一步解释。只是这些解释在古代无法获得认识论上的进一步说明，所以，被不断地重新解释，也被神秘化了。从古至今，人们对超越认识能力与认识边界的东西都标记以"神秘"或赋予相关特性，这在做法上没有什么实质的不同，区别在于不同的人对待这种标记物的态度。

　　同样，阿塔那修在批评"恶"的二元论思想时也将"恶"视为灵魂的堕落。由此可见，上升和下降的运动方式是古代哲学家的基本解释模型之一，通过这种运动化的解释，很多观念之间的关系得以连接起来。从意识的发生层面来看，这是在执行一种综合化的功能。

　　尼西亚公会议（Councils of Nicaea, 325）之前的教父哲学家的论述中所蕴含的认识论思想就考察到这里。其中，阿塔那修是参加了这一会议的，已有史料中没有记载维克多里是否参加这一会议，但他们都反对阿里乌主义，思想有很多一致之处。

第六节　卡帕多西亚三杰

卡帕多西亚三杰是三位主教和神学家的统称，他们来自同一个地方卡帕多西亚（Cappadocia），包括巴西尔（Basilius Magnus，330–381）和尼撒的格列高利（Gregory of Nyssa，335–395）兄弟二人，还有他们共同的学友纳西盎的格列高利（Gregory of Nazianzus，329–391）。他们三人为尼西亚信经的取胜而紧密合作，故学者认为他们的三一论教义应该是三人的共同观点。[1]但在这里，其精密的神学思想不是我们考察的重点，他们的论述中包含的认识论思想才是我们考察的重点。他们的思想中有很多后世哲学思想的影子。

一　巴西尔论思维、真理、语言、生命状态

在巴西尔的释经学中，有很多认识论思想。就思维活动的目的性而言，巴西尔说："心灵若是看到自己的推论毫无目标，就会因迷失自我而晕眩"，"凡成就的事，没有一件没有目的，没有一件是偶然发生"。[2]巴西尔认为美德在人身上是天生存在的，他说："各种美德也天生存在于我们心里，灵魂与它们关系紧密，这不是教育使然而是自然本身使然。"[3]就真理而言，巴西尔所认为的真理指的是真理本身，是对自然或事物的永久恒定的认识，他说："我所说的话只能看作真理的记号和影子，而不能作为真理本身。其实，要在作为记号

---

[1] 参见冈察雷斯《基督教思想史》第一卷，陈泽民、孙汉书等译，南京：译林出版社，2008年，第286页。

[2] 巴西尔：《创世六日》，石敏敏译，北京：生活·读书·新知三联书店，2010年，第12、56页。

[3] 巴西尔：《创世六日》，2010年，第99页。

的事物与记号所表征的对象之间完全一一对应是不可能的。"[1]他所说的真理也指唯一真理或永恒真理，他说："真理始终是一个难以捕获的目标，因而我们必须搜寻每个角落，寻找它的每个痕迹。"[2]在知识的学习或手艺的习得过程中，巴西尔认为："如果人轻看最初的基本原则，以为它们微不足道，无关紧要，那么他永远不可能获得完全的智慧。"[3]巴西尔认为，语言上的差别并不能说明思想上的差别。因此在驳斥异端解释圣经的观点时，巴西尔认为，通过特定的语言分析不能说明圣父和圣子之间存在质的不同，而异端学说则试图通过"本于他"（by whom）、"藉着他"（through which）等术语的区分使用，来说明圣父与圣子之间存在质的差别。[4]巴西尔认为，生命有三种状态，与此相应地，心灵有三种运作，分别为恶的、善的、中性的。如果说我们的行为方式是恶的，那么，我们的心灵活动也是恶的，比如偷盗、拜偶像、诽谤、纷争、恼怒、骚乱、虚荣。心灵的活动也可以说是中性的，既没有什么可指责的，也没有什么可赞美的，这时候的心灵，就像机器一样，既不倾向于美德，又不倾向于邪恶。心灵的活动也可以是神圣而又良善的，它倾向于美德。[5]

巴西尔认为，论证的作用是有限的。就超越性的事物而言，巴西尔认为论证是无力的，他说："在超越一切知识的事上，论证的理解不如信仰有力，信仰教导我们位格上有别、本质上同一。由于我们讨论的包括圣三一体中共同的东西和有别的东西，所以我们要把共同的东西理解为本质，把各具特色的记号理解为位格。"[6]同样的观点巴西

---

[1] 巴西尔:《创世六日》，2010年，第231—232页。
[2] 巴西尔:《创世六日》，2010年，第112页。
[3] 巴西尔:《创世六日》，2010年，第112页。
[4] 参见巴西尔《创世六日》，2010年，第113—138页。
[5] 参见巴西尔《创世六日》，2010年，第245页。
[6] 巴西尔:《创世六日》，2010年，第233页。

尔还以其他方式表达过,他说:"如果我们凭自己的理智判断一切,并断言凡不能为我们所理解的皆为不可能之事,那么信仰就没有了,希望的报赏也没有了。"[1]既然论证无法获得对这种超越性事物的真正认识,永恒的真理也就难以获得,那么,如何获得真理就成为一个问题。在这一问题上,巴西尔在致他人的书信中实则是有理解的,他说:"心灵的运作也是妙不可言,在它永久的活动中,它不断对非存在的事物形成影像,似乎它们是存在的,又不断地直通真理。"[2]

巴西尔驳斥异端、解经布道的文字所流露的认识论思想,大多是用于解释教义或圣经的,也不是对意识本身的运行状况的精细化描述。但正因为他的认识论思想并非专门的认识论研究,所以,他的这些思考实则流露出的是古代学人的思考活动的自然状态,这是我们在专门的认识论研究著作中难以把握到的。在后世的认识论研究中,由于刻意地对认识活动的诸要素存在一种目标化的把握倾向,很多对我们理解认识活动而言有益的要素可能被忽略掉了,或者说,更为丰富的要素被遗忘了。如果我们不具备经过严密实验验证的现代天文学知识,只是基于古代人的天文学知识,那么,我们基于肉眼经验能够推断出来的肯定是和巴西尔一样的地心说,而不是日心说。这可以说明人的认识受限于历史经验水平。巴西尔的论说主要是神学上的,核心的真理已经是确定好的,如良善、正直、圣洁、永恒、智慧、至高无上等,所以,他的任何说法始终都是瞄准已确定好的真理而进行的。这就要求在理解他的思想时,首先不是去推演他的逻辑,而是要去追逐他的信念。这种论证方式,在宗教解释中是最为普遍的。也如巴西尔自己所认为的,以论证的方式是难以捕获超越性的真理的。但逻辑

---

[1] 转引自冈察雷斯《基督教思想史》第一卷,2008年,第289页。
[2] 巴西尔:《创世六日》,2010年,第245页。

上的论证并非没有意义。且不论巴西尔的论述是否符合经验世界的逻辑论证，其在论述中所表现的渊博学识，就足以使他的听众对他所论说的教义产生信奉。简言之，渊博的知识如海水浸染灵魂，崇高的教义自然内化于心。由此可以发现，思维活动本身所表现出来的朝向智慧和知识的这种天然的倾向性，是人们建立信念的有效方式之一。

二 纳西盎的格列高利论哲学、领会、秩序、智慧等

我们在擅长修辞的纳西盎的格列高利的神学讲演辞中可以窥见一些认识论思想。

格列高利认为人的自身理解对于获得确真的信念而言是根本的，这样才意味着他获得了真正的理解，如果只是接受了别人的言辞，反而会影响他的判断，并使其在意志方面变得软弱。格列高利说，硬是把观点灌输给别人，超过了人们的理解能力，就会损害他们，"由于他们不能真正理解论点，这样的讨论不仅不能使他们获得力量，反而会变得更加软弱"。[1]

在格列高利看来，哲学是一种世俗的学问，在他的理解中哲学就是柏拉图、亚里士多德那些人的学问，或确切地说，他所说的哲学就是希腊的或雅典的哲学。格列高利引用古代哲学家的思想，要么是对其进行批判，要么是引用立场一致的观点为神学思想辩护，驳斥异端。在他看来，哲学的思考对也好，错也好，都不会产生根本的影响，他说："从哲学上谈论世界或诸世界；谈论质料、灵魂、理性所赋之本性是善是恶，谈论复活、审判、报应、基督的受难，在这些题目上击中靶子绝不会无益，而偏离了也没有什么危险。"[2] 可见，格列

---

[1] 纳西盎的格列高利：《神学讲演录》，石敏敏译，北京：生活·读书·新知三联书店，2009年，第16—17页。

[2] 纳西盎的格列高利：《神学讲演录》，2009年，第23页。

高利是完全贬低哲学的，贬低哲学家的思想和其作用。

格列高利赞同柏拉图关于神难以界定的观点，他的理由是不能领会的东西就无法描述清楚，因此就很难界定神，他说："凡是可领会的，也可能用语言表达清楚，即使不能非常清楚，人们只要没有完全丧失听力，或者理解力不是完全迟钝，至少可以有不完全的描述。"[1]这也就是说，认识或领会是准确表述的前提。如果某个表述者对事物根本没有领会或认识，则无论他采取何种表达和说法，我们都无法知晓他的意思，因为他根本就没有相应的认识。

格列高利认为，事物的重要性并不取决于它是否容易获得，但人们所犯的错误就是把那些不重要的事物当作重要的事物来对待。这是因为人们习惯于把花费时间较久的事物当作重要的，错把人的求索的困难程度和事物本身的重要性混为一谈。对此，格列高利说："就我们所达到的层次来说，我们是以渺小的尺度去衡量难以理解的事物，也许原因之一是为了防止我们因为太容易获得，所以也太轻易扔掉所拥有的东西。人们对费尽九牛二虎之力获得的事物，总是紧紧抓住，至于轻而易举获得的东西，则随意地扔掉，因为可以轻易复得。"[2]格列高利是从事物本来的属性和在世界中的位置来谈论重要性的，而不是从人自身的感受出发的，这样一来，对事物的整体秩序的认识就会少一些混乱。

格列高利认为神和偶像是人根据自己的认识需求而创造出来的，由于无法把握到第一因的存在，于是人们就转向了较为容易寻求到的偶像，这实则是人们利用自己的次级的一些愿望或希望造就出来的，以此反过来去获得对事物的理解，认为它们是宇宙秩序的引导者

---

[1] 纳西盎的格列高利：《神学讲演录》，2009年，第27页。
[2] 纳西盎的格列高利：《神学讲演录》，2009年，第34页。

或它们支配了宇宙或人世的秩序。他说，每一个具有理性的人心中都渴望第一因，但心灵没有勇气，所以无法把握它，逐渐地，这种渴望慢慢变淡，于是开始尝试第二条道路，或去注意可见之物，从中造出神，或借着可见之物的美和秩序获得那不可见之物，因此，人们发明了不同的神，这些神是按照自己的希望造出来的，自然事物、先祖、美貌、情欲、力量等，都被造出了相应的神，被偶像化，以用来崇拜。[1]与此理解相关的是，格列高利认为，人们对神的追求体现的是人心中对秩序的追求。他说："最古老的三种神观是无神论、多神论以及一神论。前两者是赫拉斯的子孙嘲笑的对象，并且可能一直如此。因为无神就意味着无秩序，而多神统治容易引起宗派分立，因为也趋向于无秩序，容易变得混乱。可见这两者都倾向于同一件事，即无序。而这必然导致消解，无序就是通向消解的第一步。"[2]格列高利说："我们唯一无法回避的法庭是我们内心深处的法庭。如果我们要走正路，我们必须单独考虑它。"[3]这意味着每个人内心深处都在追寻的第一因，也是我们判别行为正确的依据。联想到康德的思想，在纯粹理性的法庭中所依据的东西是三个：意志自由、灵魂不朽、上帝永存。而这三个东西，最终都可以归结到上帝这个第一因。可见，康德的学说有深深的神学印记。

格列高利认为智慧是人的属性之一，并不是人的必然属性。他说："智慧与愚蠢本身是不同的，但是它们都是人的属性，而人是同一个人；它们并不表示本质上的不同，只表示外在的区别。"[4]也就是

---

[1] 参见纳西盎的格列高利：《神学讲演录》，2009年，第35—37页。

[2] 参见纳西盎的格列高利：《神学讲演录》，2009年，第55页。

[3] Gregory of Nazianzus. "Orations 36." In Gregory of Nazianzus, *Select Orations*.(The Fathers of the Church, a new translation; 107) Translated by Martha Vinson, Washington, D.C.: The Catholic University of America Press, 2003, p.227.

[4] 纳西盎的格列高利：《神学讲演录》，2009年，第63页。

说，凡是在某一个事物身上可以对立存在的东西，都不是这个事物的本质。而就对事物的认识而言，首先或最重要的，是要把握到其本质，否则，相关的认识就无法贯通起来。

格列高利还有其他一些认识论思想值得我们深入思考。他说，真理"本性上是一，不是多（因为真理是一，虚假是多）"[1]。这即意味着真理是朝向唯一的解释的，而不是寻求散乱无序的解释。即使在今天的物理学世界中，物理学家仍然在寻求对世界的最为统一的解释。格列高利认为"形象的本性就是原型的复制，与原型同一名称"，只是形象的意义更丰富，"形象是对活的原型的静止再现"[2]。这个观点我们可以用来理解类事物为什么会被视为一类事物，因为其原型一致而形象不同，原型为什么是活的，因为它可以被复制。也就是说，"活的"即意味着"可以被复制的"。在这个意义上，生命结构和自然结构在数性上就成为可以被度量的。

格列高利认为，"共同的本性有一种唯有在思想里才能领会的统一性，个体则因时空和能力的不同彼此相差悬殊。我们不只是复合的存在物，还是对立的存在物，既与他人对立，也与自己对立"[3]。胡塞尔认为统一性是意识活动中的构造物，这和格列高利表达的是同样的看法。事物的本性是根据事物的表象而在意识中构造的一种形式，被投射出去以表示事物的本性。从格列高利的这些说法来看，人的认识能力因环境和个体原因而有差异。从这一点来看，世俗的规则必然会因认识的差异而有很多不同。再者，统一性不仅意味着个体之间存在差异，也意味着个体之间存在对立，生命的变化和事物的变化也意味着自己与自己之间的差异和对立。这种将对立的思维方式延伸到自我

---

[1] 纳西盎的格列高利：《神学讲演录》，2009年，第94页。
[2] 纳西盎的格列高利：《神学讲演录》，2009年，第94页。
[3] 纳西盎的格列高利：《神学讲演录》，2009年，第108页。

本身的做法，对于从更为综合的层面思考人的境况而言，能够抑制那些偏执的思想。

三 尼撒的格列高利论真理、灵魂

尼撒的格列高利认为，真理就是"不要对存有（being）产生错误的理解。谬误是在领会非存有（nonbeing）时所产生的一种印象，似乎那并不存在的东西实际上是存在的。而真理则是对真实存有的确定领会。所以，凡是长期平静地专注于更高的哲学问题的人，必能完全领会什么是真实的存有，那就是在自己的本性中拥有存在的事物，也知道什么是非存有，那就是只拥有表面上的存在，没有自我存在性的事物"[1]。这是格列高利基于神学的立场对真理的理解。但实质上，通过这样的理解，我们可以窥见这里的真理意味着的是那在意识中总是可以获得确定性的东西，或者说，就是那些意识中永远可以获得确定性的形式。换言之，意识自身的发生机制（本性）总是可以产生它。从这样的理解可以看出，格列高利认为真理是趋向唯一性的，或反过来说是具有排他性的。在这一点上，胡塞尔的认识是不一样的，他认为人类的知识是需要不断去认识、不断去达到的。这也是精密科学和自然科学的一般理念。这就意味着胡塞尔避开了真理是否具有唯一性的问题。但这个问题在更广的认识视野中实质上是不能回避的，如果不想停留在伦理规范的习俗阶段，且对伦理规范的精密研究感到厌倦，那么，就需要从根本上回应唯一性问题。格列高利的真理观简要来说就是：真理是对存在的东西的真实领会，谬误则将不存在的东西领会为存在的。

---

[1] 尼撒的格列高利：《摩西的生平》，石敏敏译，北京：生活·读书·新知三联书店，2010年，第36页。

格列高利延续了柏拉图对灵魂的划分方式，他说，世俗的知识（柏拉图哲学）"把灵魂分成理性的、欲望的、激情的三个部分，同时也告诉我们，这几部分中，激情部分和欲望部分放在下层，分别在两边支撑灵魂的理性部分，同时，理性部分与这两部分相结合，以便使它们保持团结，让自己也从这两部分获得支持，即通过激情部分接受勇敢方面的训练，通过欲望部分得到提高，从而在良善上有分"[1]。在格列高利这样的理解中，理性的作用实则是调节欲望产生的矛盾和激情产生的矛盾。在这个意义上，理性意味着对不同的行为进行规制和调节，无论这种行为是认识行为，还是社会行为，都意味着有一种更高的调节机制存在。通过这种调节机制，调节前者产生的是不同类型的逻辑化的认识，调节后者产生的是不同的个体行为习惯和社会行为规范。

在关于什么是智慧的看法上，格列高利认为人所选择的不偏不倚的正道，就是智慧、美德，他说："智慧持守精明和单纯的中间状态。"[2] 这是一种道德上的理解，之前的柏拉图和拉克唐修，都将智慧视为一种高级的认识能力。当然，这两种看法之间并没有冲突，因为如果将行为的目标视为至善，那么，人的智慧最终就是追求至善，在这个意义上，智慧也是人的美德。格列高利甚至还明确地说，为了获得美德，就必须朝向特定的目标，而每个人的不同行为都指向不同的目标，他说："我所说的'目标'是指一切行为所指向的目的，比如，耕作的目标是享有它的果实，建房的目标是居住，商业的目标是获取财富，奋力比赛的目标是赢得奖赏。"[3] 从这一论述可以看出，在古代思想家的理解中，目的是行为的终点，离开了目的也就无所谓行

---

[1] 尼撒的格列高利：《摩西的生平》，2010年，第56页。
[2] 尼撒的格列高利：《摩西的生平》，2010年，第116页。
[3] 尼撒的格列高利：《摩西的生平》，2010年，第123页。

为，目的因此也成为对人的行为的本质上的陈述。由于目的是预先确定的，所以，对行为的认识总是要紧扣着对目的的认识。这两者应该是密不可分的一组范畴，谈到一者必然意味着另一者的存在。这一认识无论是对于建构认识论，还是建构其他的科学，都是至关重要的。因为人的任何认识都意味着是某种认识行为，而某种认识行为必然对应着要达到某一认识目的，也因此，认识行为自身的规律不是自然规律，而首先是朝向某一目的的"规律"。胡塞尔在他的研究中也曾表明，他的研究的目的就是摆脱认识中的含混性和不清晰性的折磨。

四 心灵之城假设

在尼撒的格列高利《论人的造成》这篇著作中，有许多关于心灵、理智和灵魂的论述。格列高利认为，心灵是人的内在的官能，但它不像人的其他器官一样是一个具体的器官。它的作用千变万化，本性始终不变，但它的本性是不可见的，我们无法认识，它不似具体的感觉功能，与具体的听觉、触觉等感觉相比，各种感觉是各司其职，而心灵出现在每一种感觉功能中，因而它是处于这些功能之外的功能。[1] 由此可见，心灵是对人是各种不同的认识能力和感知能力的一个统一的解释，是被构想出来的一种官能。

格列高利构想了人的感知、记忆和思维活动究竟是怎样构成的问题，这个构想我们在这里被称为"心灵之城"假设。他认为，心灵就像一个恢宏的大城市，接纳从四面八方来的信息，里面有市场、住宅、街巷、戏院等，各个入口借助各种感官连绵不绝地涌入各种信息，心灵对每一个来者都进行分辨、考察，分门别类地将其编入相应

---

[1] 参见尼撒的格列高利《论灵魂和复活》，石敏敏译，北京：中国社会科学出版社，2017年，第14、21、23—24页。

的知识部门。对同一事物的味觉、知觉、触觉等不同感受，通过不同的城门（感觉器官）进入心灵之城，然后聚到一起，彼此亲近，或又分开。[1]

格列高利的这个假设给我们开启了思考心灵认识活动的一个思路。如果从格列高利这个假设出发，则也可以得到与格列高利相反的观点，各种认识的归类并不是心灵自身操作和支配的结果，而恰恰是涌入心灵城市的各种信息相互之间自我寻找、自我联系、自我归类的结果。信息具有自我支配和结伴的功能，这是我想坚持的观点。

五 心灵演奏说

基于心灵之城的假设，格列高利还提出了"心灵演奏"说。他认为，心灵是人身体的统治本原（ruling principle），是灵魂的官能，它显现为一种支配力，但不是像心脏运动那样的支配力（ruling principle），而是显现为一种理智上的支配力。虽然说身体的情欲、器质性变化会影响人的理智活动，但这并不能说明心灵这种无形的东西会受到这些东西或变化的影响。人的理智能力并不局限于某一器官，而是体现为各器官之间的一种综合运作。人的身体就像一架乐器，而心灵是乐师，用它的理智活动和本性弹奏乐器。而坏掉的那些部位就无法被正常演奏。当人处于睡眠状态时，感觉器官就像松弛的琴弦，无法演奏音乐，因而也就不能形成认识。清醒时由感官和理性作用所获得的部分东西借助记忆留在灵魂里，形成的就是梦，梦中的表象由于缺乏理性的作用而显得荒诞无意义。[2]换句话说，形成认识和支配身体行为的部件，分开来讲，就是各种器官、各种感觉，合起

---

[1] 参见尼撒的格列高利《论灵魂和复活》，2017年，第22页。
[2] 参见尼撒的格列高利《论灵魂和复活》，2017年，第24—31页。

来讲就是心灵、理智活动、理智能力、本性等，这几样都不是位于某一具体的器官之中，而是对心灵的综合能力的指称。这个假说在之前的阿塔那修的论述中也可以看到。

格列高利还对人的认识的形成提出了一种动力学的解释。他认为，人的思想和运动是在神经组织的作用下形成的，人的身体好比一个机械装置，神经的一松一紧产生了思想和其他关节的运动。[1]这个认识或许对于我们今天的神经认知科学研究有所帮助。在生理层面的认知功能的产生过程中，必然存在某种功能性装置，引发人的基本认识机制的发生、重复、接续、转移、迁跃、伴生、插入、祛除、中断等。

通读卡帕多西亚三杰的著作，整体上有这样的感受：巴西尔的著作知识渊博，使人能够时时在其著作中看到他关于世界的丰富知识和智慧；纳西盎的格列高利的著作则以修辞见长，使人能够体会到其无时无刻都不会不存在的饱满的激情；尼撒的格列高利的著作包含着丰富的思想，在其中我们时时可以看到对事物精细深刻的理解。他们思想的共同之处在于用目的性引领一切思考，这样，各自在说法上就可以形成一个统一的认识系统。认识的统一性究竟以何种方式获得，这是值得讨论的问题。如果不预先设定认识的目标，我们还能否获得认识的统一性？这个问题清楚与否，关涉到整个认知体系的建构方式和结构。尽管他们三者对于智慧、美德的理解略有差异，但这并不影响其思想之间的相互解释。他们关于真理的思考是一致的，都把它视为唯一的东西，因为他们都把真理看得高于一切。他们对于偶像的批判与之前的教父哲学家们是一致的。相比而言，尼撒的格列高利的"心灵之城"假说、"心灵演奏"说，对理解人的整个思维运作方式很有

---

[1] 参见尼撒的格列高利《论灵魂和复活》，2017年，第75页。

启发。他们对统一性、唯一性的思考,对理解胡塞尔现象学思想不无助益。在他们的思想著作中,我们可以找到后世流行的很多思想的踪影,有的在用词上有鲜明影响,有的则在说理方式上完全一致。

第三章

中世纪哲学中的认识论

第一节　奥古斯丁

奥古斯丁（Saint Augustine，354–430）出生于北非的塔加斯特（今属阿尔及利亚），公元395年开始担任希波（Hippo，今阿尔及利亚安娜巴城附近）主教直至生命终了，才华出众，是教父哲学的集大成者。他是一位从自身生存体验和神学教义出发去思考哲学与神学问题的基督教哲学家。著名作家加里·威尔斯（Garry Wills，1934– ）这样来赞美他的才华说："存放于奥古斯丁记忆中的诗句似乎取之不尽，当从他口中诵出时才获得长度，奔涌不断则为长诗，寥寥数节即为短诗。"[1]他曾受教于安波罗修（Sanctus Ambrosius，340–397），在著作中也曾明确地尊其为师，但也有人否认这一师徒关系。

---

[1] 加里·威尔斯：《圣奥古斯丁》，刘靖译，北京：生活·读书·新知三联书店，2019年，第146页。

一 光照论、语词、符号

奥古斯丁早年所写的《论教师》是一部包含很多认识论思想的著作。奥古斯丁认为，我们说话的目的一是让别人知道我们想什么，二是教导别人。按照奥古斯丁的理解，说话以及说话时所使用的语词，或者说声音符号，是传达这些信息的媒介。但还存在其他的传达信息的符号，如手势、眼神、动作、图示等。符号的作用仅仅在于形成表达，并不传授知识，最多起到激发学生探求的作用。

基于这种理解，奥古斯丁几乎表达了与苏格拉底的精神助产术一样的思想，他认为教师所做的只不过是引出真理，而知识只有在学生心里经过一个内在过程之后才有可能获得，简言之，"真理内在于心灵深处，不可能从外部传授"。[1]可见，苏格拉底与奥古斯丁都认为知识的获得基于内在的意识发生，对知识的深入理解就是要回归到内在的发生，即进行还原。这样来看，现象学还原表达的是精神助产术的另外一层意思。

奥古斯丁关于真理本身就内在于人心中的看法也被称为"光照论"（illuminationismus）。其进一步的意思意味着知识不是通过学习获得的，而是直接源于事物，人们相互之间传递论断，这些论断经过自我确证后才能成为知识，比如，我们也可以从别人错误的说法中看到他想表达的正确的意思，就是因为论断是自我确证的。[2]与光照论相对应的是迷想论（illusionismus）。抛开光照论被赋予的神秘的神学面纱，就可以看到光照论论述的是认识的自发机制。每个个体都有天生的认识机制，借助其中共同的认识机制，人们得以相互交流和理解

---

[1] 参见《论秩序：奥古斯丁早期作品选》，石敏敏译，北京：中国社会科学出版社，2017年，第142页。

[2] 参见Peter King:《〈驳学园派〉导论》，见奥古斯丁《论灵魂的伟大》，石敏敏、汪聂才译，北京：中国社会科学出版社，2019年，第11—13页。

彼此的观点。胡塞尔在其晚期著作中将这种机制归结为莱布尼茨式的意识单子（Ego），我认为这种理解太含糊了。相比而言，光照论过于神秘，胡塞尔的单子论过于含糊。

从目的上理解语言是奥古斯丁一贯的做法。这显然是神学的方式。但实质上，不从目的去理解行为，就无法形成统一的认识。因此，语言作为优化思考和实现交流目的的行为，最合适的理解方式当然是从目的上理解。由此，为了更好更有效的目的，语言逐渐变异和发展以适应它的目的。

奥古斯丁对语词（verbum）做了很多分析。他认为语词只是符号的符号，无论它是言说的还是书写的符号，当它有特定的指向时，它就可以被视为符号了；符号与符号之间的差异表示的是事物之间的区分；语词和名称（nomen）是同义语，一个名称就是一个语词，可以表示一个特定的事物，如河流。[1]

奥古斯丁认为，语词（verbum）和名称（nomen）的差别在于语词表示的是物理特征，名称表示的是心理特征。我们可以将前者理解为物理上可表示的和度量的声音、颜色、形状、手势等这样的物理标记，将后者理解为认识过程中心理上的意义指向。[2]按照奥古斯丁这样的认识，人类认识系统的发展就可以被理解为两个方面：一个是物理标记系统的发展，一个是心理指向的发展。从前者来看，这些物理标记指向了更多的事物状态和变化，或者说它可以更为精准地标记出人们对事物的认识，由此，更多的知识得以准确记录和传承；否则，即使心灵的发现再多，如果没有好的标记系统，如果没有标记系统的发展，也不可能有知识的繁荣发展。

---

[1] 参见《论秩序：奥古斯丁早期作品选》，2017年，第143、150—157页。
[2] 参见《论秩序：奥古斯丁早期作品选》，2017年，第143、166—170页。

奥古斯丁认为，语词的价值在于传达知识，但它的价值没有知识本身那么重要。什么是知识呢？奥古斯丁认为知识是关于普遍性的，可以分为两种：一种是感觉知识，靠感知活动而获得；另一种是直觉知识，是沉思的结果。[1]知识的普遍性，这实则是就其努力方向而言的，因为具有更广阔解释效力的知识才会为人们带来更多益处。

二　真理与谬误

奥古斯丁认为，真理是无关情欲的纯粹认识。真理是通过纯粹直觉而获得的，它不像感性经验那样通过肉眼的观察就可以获得，如果人们致力于情欲，迷恋于感官事物所形成的虚假形象，那么，由此产生的就是各种意见和谬误。[2]简言之，意见与人的情欲相关，真理与情欲无关，谬误是基于虚假的事物形象而形成的。这里的纯粹直觉，指的是最高的认识能力，也就是克莱门所说的γνῶσις（gnōsis/直觉）这样的认识能力。因此，奥古斯丁所说的真理也指最高的真理。这样的真理就是上帝。奥古斯丁认为，与真理相比，灵魂常常犯错，而真理则不会，灵魂依赖于真理，而真理则是独立存在的。[3]按照这个观点来看，人类个体必然因灵魂（自身经验）的局限性而难以获得真理，因而也就常常与错误相随，由此在行为上也就难免犯错了。

奥古斯丁认为，虽然无知是人陷入谬误的唯一原因，但无知并不一定会陷入谬误，如走错路却意外躲过了劫匪，唯有一个人以不知为知、以假当真，才是真正的谬误。[4]换言之，谬误在本质上意味着一

---

[1] 参见《论秩序：奥古斯丁早期作品选》，2017年，第143—144页。
[2] 参见《论秩序：奥古斯丁早期作品选》，2017年，第206—207页。
[3] 参见奥古斯丁《时间、恶与自由意志》，石敏敏译，北京：中国社会科学出版社，2020年，第19页。
[4] 参见奥古斯丁《论信望爱手册》，许一新译，北京：生活·读书·新知三联书店，2009年，第38页。

个人不坚守真理，或缺乏对真理的真正信念，他不认可世界上有真理存在，所以，才会以不知为知，真假颠倒。

奥古斯丁进一步认为，谬误是恶的第一根源，无知与贪欲是恶的第二根源。如此一来，再结合圣经中关于亚当的原罪说，人便都成了罪恶之身。这样，奥古斯丁借助认识上的推论，就完成了人类皆有罪的论证。这个论证的不当之处不在于其推理过程，而在于后续产生的如何脱罪的问题，或者说向谁脱罪才是真正的脱罪，这个后续的问题被一些人利用了。人在世界中凭经验而行动时，因其认知有限难免犯错，这是不可避免的，否则人类就不需要道德的驯化和教育的引导，但这不应该成为阻碍人心灵解脱和追求幸福的精神枷锁。人只有在彼此的关系处于较强的连接中时才会因自己的无知而影响他人，如果一个人离群索居，他的无知并不构成对他人的坏的影响，至多是不产生正面影响罢了。

三　心灵的二功能和灵魂的七等级

奥古斯丁认为，心灵（mens/mind）就是能够意识到自身存在的那个支配肉体的东西，且我们通过身体的运动可以获知别人那里也会有的东西。不仅人类如此，动物也能够知道它的同类和人类是活着的，也能够通过天然的能力或通过我们的身体运动而直接感知到我们的灵魂。由此，我们不仅可以通过自己的心灵而知晓别人的心灵，还可以相信我们所不认识的任一心灵。此外，因为我们都有同样的灵魂（soul），所以，我们还能够通过思考自己的心灵而知道心灵是什么。[1]由此可见，奥古斯丁所说的心灵有两个功能，它不仅可以支配身体的

---

[1] 参见奥古斯丁《论三位一体》，周伟驰译，北京：商务印书馆，2018年，第242—243页。

行为，而且能够感知自身的存在。

当奥古斯丁将支配能力视为心灵的能力之一时，它是以另外一种方式表达了古希腊哲学中"灵魂"（voûs）这个术语的激情和欲望这两个含义，也表达了拉丁语"精神"（spiritus）这个词的生命动力这一含义。

就心灵的认知功能而言，奥古斯丁认为，心灵通过双重的方式收集概念，一是通过身体感官形成关于事物的概念，二是通过心灵自身形成非事物的概念。[1]就形成概念的方式而言，胡塞尔所表达的恰好是同样的意思。胡塞尔认为认识中有两种概念，一种是事物的概念，另一种是意识自身给予的概念，两者之间形成关联，即形成了关于事物的认识。

奥古斯丁把事物进入意识也理解为事物进入心灵，说明意识在这里占据了心灵的部分含义。由此，我们就可以知晓，在西方哲学史中，为什么如贝克莱所说的那样，心灵、精神、意识、自我这四者的含义是相通的。从奥古斯丁对心灵的理解来看，意识是对心灵功能的进一步解释，动物和人的心灵都可以感知自身的存在，也就意味着它是有意识的。在拉克唐修那里，心灵（mens）的功能之一是思维，而精神（spiritus）则是对拉丁文"灵魂"（anima）的另一称谓。古希腊文表示灵魂的不仅有voûs，还有ψυχή（psyche），voûs的三种含义之一就是心灵（mens）。自我（ego）是近代哲学中流行起来的概念，它被用来指意识的本体。从历史上的这些说法和用法来看，前述四者之间的含义自然是相通的。由此可见，胡塞尔所从事的意识研究，实则是古代灵魂研究和心灵研究的继续。

---

[1] St. Augustine. *The Trinity*. (The Fathers of the Church, a new translation; 45) Trans., Stephen McKenna. Washington, D.C.: The Catholic University of America Press, 2002,pp.273-274.中译请参见奥古斯丁《论三位一体》，2018年，第261页。

奥古斯丁将灵魂分为七个等级，分别是：给予生命，感觉与欲望，记忆与训练，净化与美德，和谐与宁静，进入沉思，在沉思中确信。[1]这七个层次的划分，从最低层次的生命需求到最高层次的精神追求，几乎涵盖了生命的主要活动，中间相隔的是感觉、知识、德性等。这一划分对于确定人生的意义是必要的思想参照。如果我们相信人生的历程中可以划分出大致的层次，那么，相应地就应该标示出不同层次之间的需求，也应该从整体的角度来看人生究竟应该划分为几个层次较为合适。在我看来，划分为四个层次或许更好：生命需求，感觉与欢乐，求知，心灵的解脱。

四　意识的构造功能

奥古斯丁早已认识到人的意识的构造功能，目标是意识在行为之先就已经构造出来的形式。人首先在意识中对自己喜欢的东西已经有了一些构造的形式，同样，人对于自己渴望认识的东西也是如此。这些构造起来的形式，激发人去追求和探索。因此，至于人们所喜欢的，都是与意识中已有的构造形式相似的东西。[2]

由此也可以认识到的是，认识必然也在事先有一个相似或相关的构造形式，否则我们就无法知道何为正确、何为错误。无论是人的意愿，还是我们的认识所要达到的目标，在意识中都有具体的形态或形式。根据奥古斯丁简要的解释，这些都是在已知的东西中构造的。

这两种构造多被视为不同的东西，但结合奥古斯丁的论述来看，喜欢的事物和渴望的认识二者之间是一回事情。意识中的念想都是一种形式的构造，当其对应于具体事物时，我们将其称为意愿、欲望、

---

[1] 参见奥古斯丁《论灵魂的伟大》，2019年，第246—250页。
[2] 参见奥古斯丁《论三位一体》，2018年，第285—286页。

需求等,当其用于认识的形态时,我们则可以将其称为认识的目标、模型、形式等。当认识符合事先的认识目标(形式)时,我们的理解得以完成。

胡塞尔也讨论构造问题,特别是意识的构造及事物的构造。如果我们没有找到奥古斯丁前的相似观点,那么,我们几乎可以毫不拒绝地说:胡塞尔的构造理论本身就是一种奥古斯丁主义。但二者之间是有差别的。差别在于它们的理论任务是不一样的,胡塞尔要解决的是认识论问题,奥古斯丁以此要解决的是心灵中"义"是如何发生的问题。在理解问题的方式上,奥古斯丁通过对意识活动的自我描述而剖析"义"在心灵中是如何发生的问题,胡塞尔的意识分析秉持的其实是同样的方式。但意识活动本身的发生过程是否意味着描述它就可以获得其一般规律呢?对此我是有疑虑的。在我看来,意识活动作为一种行为方式,它总是依赖于它的操作对象而体现出来,它自身的特征除最基本的与其对象的联系性、自由地或按照自己的规定行事之外,没有其他根本特征,因为离开了它的对象,它就显得不完整了,所以,离开它的对象的一般的行为特征,不应被称为它的本质规律。至于它与其对象的联系性、自由地或按照自己的规定行事的特性,这是所有事物中都存在的,因而也就不能视为它的本质规律。因此,在我看来,意识行为不可作为脱离对象的单一实体而独立存在,由此,现象学的意识活动研究也不是物理学的客观规律研究,科学领域所留给它的最基本的任务应在于更细致、精准地去澄清问题。

五 记忆、直觉、意愿

奥古斯丁认为,记忆、直觉(understanding/intellect)、意愿这三样东西不是三个心灵而是一个心灵,因为记忆和直觉蕴含着人的意愿,意愿包含了人的全部理解和记忆,未直觉到的东西就没有意愿,没有意愿就不会记住。[1]或者说，记忆意味的是过去，直觉意味的是现在，意愿意味的是将来，它们意味着的是同一回事，当朝向不同的时间向度后，就被区分为不同的东西。在很多论述中，大多将这三种心灵功能分开论述，这样做肯定是不合适的。布伦塔诺将人的表象视为判断和意欲的基础，这多多少少可以看作对很多孤立、片面的观点的纠正。在我看来，这三者是人们从不同的角度对心灵的某种功能的认识，基于遗忘我们获得了对记忆的认识，基于无知感我们体会到了直觉，基于厌弃我们体会到了意欲，这三种东西无法截然分开。由此我们可以认识到，心灵的认识功能必须获得整体上的把握，而绝对不可能通过将零散化的认识拼接起来而获得。不仅心灵是一个整体，心灵与其认识对象也是一个整体。由此，我们可以把它与外在的自然事物联系起来去认识。我们的认识论工作一开始关注的是人类如何认识对象的问题，或人的认识活动究竟是如何发生的问题，在这个过程中，离开认识对象而独立考察认识活动注定是徒劳的工作。认识和认识的对象是一体的。

在奥古斯丁看来，不仅记忆、直觉、意愿三者是统一体，事物的形式、事物的视觉形象、观看事物时的注意行为，这三者也是一个统一体。[2]很多认识论研究对这三部分多是分离开论述的。但这种分析并没有为我们带来更好的认识。这三者之间本就是一个整体的认识活动，分离之后，它的整体功能是无法理解的。之所以存在这种理解方式，是因为人们把分析自然事物的方法移置到了意识活动研究中。在对自然事物的研究中，我们把自然事物设想为一架自身构造完美的精密机器，所以我们将其部件拆分开来探查，研究出各部分之间的关

---

[1] 参见奥古斯丁《论三位一体》，2018年，第302—303页。

[2] 参见奥古斯丁《论三位一体》，2018年，第313页。

系,然后就可以架构出对整个事物的功能的理解。但如果我们不能确定意识活动在本质上与自然事物具有同样的客体性质,那么,分析自然事物的这种方法就不能用于对意识活动的分析。在我看来,意识作为我们探查的一个被设定的整体对象,依附于自然事物而存在,它的本质与自然事物是不一样的,因此,分析自然事物的很多方法是不能直接移植过来的。奥古斯丁的这一认识有助于人们从这种生搬硬套的方法移置中跳出来。尽管古代的哲学家将灵魂设定为人的行为的本体,后来也将心灵视为人的行为的支配者,但在现在的分析中,我们不能对意识活动做本体化的分析,尤其是在哲学分析工作中。因为意识的现象是通过自然实体表现出来的,所以它不能被再度视为本体,否则,就出现了双本体。意识(包括意志)是人们为了解释与此相关的认识现象形成的一个虚构的功能统一体,这是我对它的一个基本看法。如何去分析意识活动?我认为可行的方式有两种:一是分析它在自然事物身上的种种认识表现,来把握其整体的功能特征;二是借助意识自身的回忆功能描述意识活动的发生过程,意识中的可重复的意识现象意味着的才是我们人类可用的意识的规律性的东西。第二种方式在我看来就是胡塞尔的工作方式,在部分意义上也是奥古斯丁的意识工作方式。第一种早已被用于自然科学的研究中。但这两种方法是一个整体,它们之间是相互衔接或嵌套在一起的。

基于对记忆、直觉、意愿的三一神学论证,奥古斯丁认为意志将记忆和内在视觉耦合起来,进入一个统一体后就形成了思想(cogitation),思想实质上就是这三者的聚合(coagitation)。奥古斯丁对内在视觉进行了明确的描述,他认为对记忆中的事物,我们只能以内在的视觉进行观察,但在注意力的作用下,记忆中的事物与通过内在视觉把握到的事物的形象是两个东西而不是一个东西,通过注意力的调配,我们可以在意识中转向不同的事物。在内在视觉活动中,如果注意力只是指向内在形象而无其他时，我们心中的真实与现实中的真实景象就没有差别了，幻境和梦境就是这样的情形，此刻的感官由于没有了注意力而实质上处于歇息状态。[1]

奥古斯丁在谈论意识活动中的意志时，实则是在谈论注意力，由此我们可以认为，注意力就是意志，或者说是意志的体现。他也明确认为意志在于维系感官与物体、记忆与感觉、思想与记忆之间的联系。[2]

在我的理解中，注意力也正是在这几者之间发挥这样的联系作用的，所以注意力就是意志。当我们说意志是自由的时，所表达的其实是注意力的自由，因此，这样的自由并不意味着意志可以随意支配一切，而是它可以被任何东西引导。这样的自由实则就是没有任何自由，因为意志自身无法表明自己是自己的支配者，这时候，意志的自由表明的是它可以跨越所有的障碍而出现，并不是那种有支配能力的自由。奥古斯丁对内视觉的论述恰好也说明他在对内在的心理活动的自我省察方面有着非常丰富的体会，这是我们学习像胡塞尔那样展开意识分析的重要的思想参照。在内在视觉的论述中，记忆中的事物包含着更丰富的信息，内在视觉把握到的仅是作为事物形象的部分信息，由此来看，这种意义上的记忆正像是佛学认识论中所说的阿赖耶识一样，相当于一个更为丰富的意识内的信息场。在这些思想中，奥古斯丁其实还给我们描述了认识中确定性的产生过程，这即当注意力不再移向其他东西而只注意某些内在的形象时，真实感就出现了。真实也即确定性。由此而言，真实就是注意力的停顿。注意力停留在哪里，哪里就产生了真实感，无论它是外在的事物形象还是内在的事物

---

[1] 参见奥古斯丁《论三位一体》，2018年，第315页。
[2] 参见奥古斯丁《论三位一体》，2018年，第329页。

形象，甚至是某个心理的产物，当注意力停留在其上时，它就是真实的。因而我们就可以理解梦境为什么在梦中会显得是真实的，那是因为在注意力作用下内在视觉能够停留于心内的事物形象之上。

六 事物的四个样子、智慧与知识的区别

奥古斯丁认为事物有四个样子（form/species），第一个是物体的样子，第二个是物体在感官中的样子，第三个是出现在记忆中的样子，第四个样子是内视觉在观察记忆中的样子时产生的。后面的三个样子依次基于前者而产生。在从感官形成记忆的过程中，存在着两个视像，一个是感觉的，一个是思维的，注意力在这两者之间自由切换，转向感觉物时，形成的是感觉视像，回转到记忆中时，形成的是思维的视像。[1]按照奥古斯丁的这个认识，那么，对于同一个事物，相应地就会形成四个层次的认识。这四个层次的认识所代表的认识的充分性和逼真性是不一样的。第一个是所有的认识的基础，第二个是当下即可观察到的认识，第三个是贮存于记忆中的印象或认识，第四个则是逻辑的或更为复杂的认识。很少见后世的哲学家有这样的划分。这种划分中蕴含着很多值得思考的问题，如为什么逻辑需要在记忆的知识中形成，为什么物体在记忆中存留下的印象比我们所设想的要丰富得多，为什么注意力能够自由切换，注意力是如何完成切换的，等等。

奥古斯丁认为，智慧是对永恒之物的认识，而知识（scientia）是对尘世之物的理性认识。[2]这里所说的知识，指的是经过一定的规则处理的精确的科学知识，它具有明晰化的特征，而这也是胡塞尔所

---

[1] St. Augustine. *The Trinity*. (The Fathers of the Church, a new translation; 45) 2002, pp.337–338. 中译请参见奥古斯丁《论三位一体》，2018年，第330—331页。

[2] 参见奥古斯丁《论三位一体》，2018年，第361页。

努力的哲学方向。与此相应地，胡塞尔反对含混的智慧。奥古斯丁认为，求知就是渴望去寻找，或者说去发现，当求知的心找到想要的东西时，这颗心就不再游荡。与爱之心相比，求知心寻找的是未知之物，而爱之心却是以已知事物为对象的。[1] 如果从这个根本意义上来理解求知活动，则我们的很多迷惑都可以被解开。人们所喜爱的东西和所求知的东西之间的差异在于：一个是实有，一个是非实有。求知的东西是我们发现出来的，它是人的功能作用后的体现，或者说知识是我们心灵生产出来的，而已有的东西则是自然造设的体现。心灵的这两种不同方向的运动，维持着心灵的恒常状态。

以上很多认识论思想都出自奥古斯丁的著作《论三位一体》，这些思想也鲜明地带有"三一化"的理解方式。这种方式并不是神学所独享的。当我们因陷入琐碎的概念比较而感到无绪和混乱时，用这种方式或许会有利于我们找到简洁、统一的认识。不同的人的认识来自不同的文化、地域、语言环境，因此，有很多含义接近但又有差异的术语，很可能表达的是同一个事物，只是各个术语在表达上侧重的特征是不一样的，术语本身所在的系统不一样，如果我们抛开这些差异，或许会发现其可能完全是在讨论同一回事情。

七 教学中烦闷的心理原因

奥古斯丁对教学中烦闷情绪的反思和总结，是理解希望和失望概念的重要的思想素材。作为教义的讲解者，奥古斯丁思考了讲授过程中产生烦闷的六个原因：一是理解的快乐来自内心在静谧中获得认识上的领悟，当不能将这种领悟到的东西付诸语言表达时就会烦闷；二

---

[1] St. Augustine. *The Trinity*. (The Fathers of the Church, a new translation; 45) 2002, p.288. 中译请参见奥古斯丁《论三位一体》，2018年，第277页。

是对于听众是否领会自己的讲解充满了不确定感而烦闷；三是不确定用词是否足以示意；四是不确定听众是否领会了自己的表达；五是自己早已烂熟于心的内容不一定对自己有提高；六是不再因反复讲述初级问题而感到乐趣。总之，因达不到所希望的教导的效果而心生烦闷，深感懊悔。[1]

理解问题和讲授知识的过程中为什么会产生烦闷的情绪，这个问题我们很少去思考，奥古斯丁先于我们做出了自己的思考，这些思考不仅对于我们思考这样的烦闷情绪的产生有重要的参照意义，反过来对于我们分析求知的喜悦也具有重要的参照意义。在其前后，我们很少见到对这一现象的心理成因的分析。在对这个问题的回答中，恰恰是奥古斯丁所擅长的描述内心体验的做法给我们留下了有益的思想经验，由此我们也很容易想到胡塞尔及布伦塔诺对内在心理过程的描述正是奥古斯丁经常运用的方式。如果没有对内心活动的准确描述，我们也就不能形成对心理现象的准确分析。在这个意义上，将描述心理学追溯至奥古斯丁是不无道理的。正是为了获得内心的亲证，才促使他形成了对内心认识或变化状态予以反复描述的做法。由于心生烦闷，教导自然难有吸引力。奥古斯丁比喻道："生在郁闷之贫瘠土壤中的植物，花朵自难繁茂。"[2]

通过这些描述可以看到，教学中心灵的希望屡屡落空，是心生烦闷的原因。因此，烦闷的本质是失望。如此而言，抑郁症不过是失望堆积的结果。

---

[1] 参见奥古斯丁《论信望爱手册》，2009年，第139—140页。
[2] 奥古斯丁：《论信望爱手册》，2009年，第140页。

八 时间意识的分析

奥古斯丁认为,时间意识是人脑的工作机制。在关于时间意识的分析中,奥古斯丁认为过去、现在、将来这三个时间概念是通过注意力的分配而形成的,它表示的是人的思想工作的三个阶段:期望、注意、记忆。这三者的关系是,所期望的东西通过注意而进入记忆。只要注意在持续,将来通过注意走向过去,即将来的东西通过注意而成为记忆中的过去。将来尚未到来,所谓将来时间长,只是意味着对将来的长期等待;过去已不存在,所谓过去时间长,只是意味着对过去的长期回忆。按照奥古斯丁的这一分析,所谓过去、现在、将来这三个时间概念,只不过是人的思想工作机制的另一种体现而已。

奥古斯丁以歌曲的演唱过程为例来分析时间意识:"我要唱一支我所娴熟的歌曲,在开始前,我的期望集中于整个歌曲;开始唱后,凡我从期望抛进过去的,记忆都加以接受,因此我的活动向两面展开:对已经唱出的来讲是属于记忆,对未唱的来讲是属于期望;当前则有我的注意力,通过注意把将来引入过去。这活动越在进行,则期望越是缩短,记忆越是延长,直至活动完毕,期望结束,全部转入记忆之中。整个歌曲是如此,每一阕、每一音也都如此;这支歌曲可能是一部戏曲的一部分,则全部戏曲亦然如此;人们的活动不过是人生的一部分,那末对整个人生也是如此;人生不过是人类整个历史的一部分,则整个人类史又何尝不如此。"[1]

奥古斯丁通过对时间意识的分析,一则表达的是时间意识是人脑的工作机制,二则表达了更广泛的意义,即整个人类生活都是从希望走向过去,因为这是由人所共有的思想工作机制所决定的。基于这些理解,奥古斯丁认为,过去人们关于时间的那些问题,即那些用来诘

---

[1] 奥古斯丁:《忏悔录》,周士良译,北京:商务印书馆,2015年,第273页。

难他的问题,是无聊的。

胡塞尔在他的时间意识讲座中也提到了奥古斯丁《忏悔录》(confessions/testimony)中的这一分析。但胡塞尔认为他要解决的任务是客观时间与主观的时间意识之间的关系问题,即客观时间是如何在主观的时间意识中构造出来的。[1]这个问题奥古斯丁已有一些思考,他认为主观上的时间是通过客观事物而体现出来的,他说:"但我敢自信地说,我知道如果没有过去的事物,则没有过去的时间;没有来到的事物,也没有将来的时间,并且如果什么也不存在,则也没有现在的时间。"[2]在胡塞尔的看法中,意识中的时间属于体验本身,无法被客观时间度量,它是将体验进行统一化的形式。[3]我们在奥古斯丁的思想中也可以看到这一点,所期望的东西通过注意而进入记忆,这个观点体现的正是统一了意识体验的时间机制。

奥古斯丁关于时间的这些认识,人们对它的理解深浅不同。《圣奥古斯丁》的作者,著名的传记作者加里·威尔斯总结为:"时间是未来向着过去穿梭而行,在移动中穿过不可计量之点。"[4]根据威尔斯的记述,奥古斯丁对于时间的这些理解令哲学家们失望,因为他们没有从奥古斯丁的这些理解中找到自己想要的答案。哲学家们可能没有注意到奥古斯丁解决问题的这种工作方式的意义所在。我认为胡塞尔基本的工作方式,即对心理经验的分析和描述方式,很大程度上是奥古斯丁式的。可以说,后世描述心理学的工作方式都是奥古斯丁式的,或者说只能是奥古斯丁式的。以这种方式描述自己内心活动而形成的文字记载,是后世研究的宝贵材料。罗素(Bertrand Russell,

---

[1] 参见胡塞尔《内时间意识现象学》,倪梁康译,北京:商务印书馆,2017年,第38页。
[2] 奥古斯丁:《忏悔录》,2015年,第258页。
[3] 参见胡塞尔《纯粹现象学通论》,李幼蒸译,北京:人民出版社,2014年,第153页。
[4] 加里·威尔斯:《圣奥古斯丁》,2019年,第147页。

1872—1970）甚至轻率地认为："圣奥古斯丁，用主观时间替代了历史时间和物理时间并止步于此，这种过度的主观臆想植根于他浸淫其中的罪恶感。"[1]就奥古斯丁把时间意识理解为人的一种思想工作机制来看，罗素的看法显然是轻率了。当哲学家们对奥古斯丁的时间分析感到失望时，我方才醒悟，是时候应该对这些哲学家们感到失望了。幸好，胡塞尔并没有让我过于失望。奥古斯丁对时间意识的神学解释只是一个延伸，并不影响他的分析的严谨性，人们若因反感其宗教要素而批评他的这些理解，那就舍本逐末了。

在我看来，客观时间无非事物之秩序的表达，这种外在秩序也会在意识中获得表达，这两者实则是一回事情，人们可以根据认识的精度要求提高时间表达的精度，用更为精确和细致的方式去度量时间，如粒子运动轨道及其波函数。内在的时间感知和外在的时间（事物秩序）是可以相互纠正的，它们之间的关系取决于二者在生成过程中的适配性，而不是全然的和必然的决定关系，注意力作用于时间意识的强度和密度增加，会使人感觉度日如年，但可以通过外在的物理时间纠正这种认识上的偏差。主观时间并不生成客观时间，它们都是对同一种时间的不同表达，前者是意识的表达，后者是物质的表达。它们之间也可以相互进行表达，一是在物理学工作中，二是在不同特征的音程关系所构成的旋律中。由于在奥古斯丁关于时间的论述中没有找到自己的答案而批评或误解这些观点的做法是一种失望心态的表达，我们内心不能潜在地指望前人回答后人的问题，前人这些有益于思考的问题和材料就已经让我感到满足。在我看来，奥古斯丁的观点是清楚的，时间意识是思想工作的一种机制。（见图表6）基于这种工作机制，意识中是可以构想出一种普遍的存在的。

---

[1] 转引自加里·威尔斯《圣奥古斯丁》，2019年，第148页。

人的思想工作机制	期望	预言未来的功能	导致行动的意志	将来
	注意	觉察当下的功能	表达现实的智力	现在
	回忆	回忆过去的功能	建立认知的记忆	过去

图表6　奥古斯丁时间意识-思想工作机制

奥古斯丁还有很多思想具有启发意义。奥古斯丁认为，凡是存在的事物，都具有某种形式，具有某种形式就意味着具有尺度（modus）。[1]这表明存在是从形式意义上确立的，而我们所有的认识，都是从形式上建立起来的，无论是符号、语词、图形、数量，还是颜色、声音和质地，都是形式上的东西，正是通过这些形式的东西，我们建立起了复杂的知识体系。按照这样的理解，"我认识"就意味着我认识的是存在的东西，也即意味着我认识的是事物的形式，而那个事物被看作该形式的一个维系。奥古斯丁认为，哲学与美学（philocalia）是相似的，哲学是指对智慧的爱，美学是指对美或善的爱，但美学不知道自己的起源，只有哲学知道它；什么是真正的智慧，奥古斯丁认为就是美本身，但美被欲望困扰，故而处身卑微，哲学作为她的姐妹自由飞翔，也很少将它释放。[2]哲学与美学的并立，意味着哲学在这里是就求知而言的，美则是就欲望或价值而言的。奥古斯丁也曾认为，美就是智慧；绝望或自负妨碍真理的获得；智慧者知道什么是智慧，声称无知并不是智慧；若没有智慧，就不会有对智

---

[1] 参见奥古斯丁《八十三个问题》，见奥古斯丁《时间、恶与自由意志》，2020年，第21页。

[2] 参见奥古斯丁《驳学园派》，见奥古斯丁《论灵魂的伟大》，2019年，第48页。

慧的追求；凡能够理解的，必然是才能赞同的。[1]奥古斯丁认为，"所有的思想果实都是与他人共同采撷得来的"；知识的发展离不开思想的碰撞，友谊也不过是寻求真理的工具；在教学时，他认为应该努力以弟兄、父母之爱去对待自己的学生，与他们同心合一，以至于在他们学习的时候自己也可以受到启发，正如在照顾病人时把自己也设想为病人，以体会病人需要怎样的照顾；人的思想工作机制（记忆–时间机制）具有预言未来、觉察当下、回忆过去三个功能，分别动态地存在于灵魂的三种能力之中，即存在于导致行动的意志、表达现实的智力、建立认知的记忆中；恶不可能独立存在，它必须以某种善为"载体"。[2]

与其前辈相同，奥古斯丁善于从对自身的心灵经验的反思出发以思考认识论和形而上学问题。他的认识论整体上是神学认识论。这种认识论的特征是论证一种世界的统一性和统一秩序的存在，将不同的认识向这方面引导，通过寻找其逻辑谬误、指出与事实不符合之处、推论其效用的不满意等方式，对相反的认识予以驳斥。与胡塞尔一样，他们都有丰富庞杂的描写自己心灵体验的著作，即使有人完全否认他们作品中的观点，但仅就这些丰富的心灵经验的描写而言，他们的作品也具有不可替代的史料价值。胡塞尔曾深入阅读过奥古斯丁的作品。在其作品中，当行至思维深处时，他数次引用了奥古斯丁的作品，足见奥古斯丁对其影响之深。

---

[1] 参见奥古斯丁《驳学园派》，见奥古斯丁《论灵魂的伟大》，2019年，第49、79、88、102页。

[2] 参见加里·威尔斯《圣奥古斯丁》，2019年，第57、93、121—122、157、183页。

第二节　普卢克洛

普卢克洛（Proclus，412—485）是希腊哲学家、数学家、博学家，勤奋、自律、禁欲、终生未婚，著述颇丰。他是当时欧几里得几何学专家，更是晚期新柏拉图主义的代表人物。作为柏拉图思想的继承者，他提出了新柏拉图主义的完整体系，并认为一切知识都可以数学化。国内著名学者、古希腊思想研究专家章雪富教授认为，新柏拉图主义在当时有两个发展趋势：一是把柏拉图和柏拉图主义哲学系统化为纯柏拉图主义思想体系，普卢克洛是其代表；二是以亚里士多德哲学为主要结合对象形成了亚里士多德化的柏拉图主义，辛普里丘（Simplicius，490-560）是其代表。[1]作为新柏拉图主义者，他的许多著作都是以诠释柏拉图作品为题的。他还著有《神学要义》。尽管其阐述了很多柏拉图的著作，但其思想的归宿是神学。他对后世基督教神学影响颇深，从狄奥尼修斯、马克西姆、爱留根纳的著作中我们可以看到，他的实体化的直觉学说对这些神学思想家有鲜明影响。

普卢克洛认为，普遍性不是来自感官对象，而是来自灵魂中的普遍逻辑（logoi），这个普遍逻辑管理着事物在我们身上反映出来的感觉性质。[2]这也意味着在我们以感官和思维认识事物之先，已经存在一种普遍性的东西，这种东西就是某种普遍性的原则或秩序，这种东西投射到事物身上后，我们就形成了对事物的认识。因此，他的这一认识立场也被称为"投射说"。投射说贯穿了他的众多思考和阐释。

---

[1] 参见章雪富《〈柏拉图的神学〉中译本序》，见普卢克洛《柏拉图的神学》，石敏敏译，北京：中国社会科学出版社，2018年，第1页。

[2] Radek Chlup. *Proclus: An Introduction*. Cambridge University Press, 2012, p.151.

如他对数学、普遍逻辑（logoi）、感受（nóēsis）、流形、知识类型等的思考和解释，都是基于"投射说"的思想内核而进行的。

一　数学的本质

普卢克洛认为，数学是推理思维的典型，它的对象在本质上是游移不定的，就其认识方式而言，它以分解的方式模拟不可分割的事物，以其多样的形式模拟存在物的统一形式，因此，这种知识属于"裂解型知识"（διάνοια/diánoia）。这种知识与"纯一型知识"（νόησις/nóēsis）是相对立的。后者指以一种无差别的和不可分割的方式理解事物的知识。裂解型知识是低于纯一型知识的知识层次。数学形式是构成灵魂本性的理性原则之一，也就是说，它本身就是从灵魂的本性中来的。但是，这种知识它无法直接理解这些原理，比如我们要理解圆的性质，只能通过各种证明和定理来理解它，无法直接理解它。若要形成认识，它必须借助灵魂的投射行为，将最高意义中的形式投射到想象力（phantasia/imagination）中，然后通过形式化的活动，将普遍逻辑（logoi）转化为拥有组成部分、可分的外延和形体的印制图形后，才能完成认识过程。[1]

普卢克洛所说的数学知识，主要指算术和几何。今天数学的种类已发展到两百种左右，且随时间的推移不断增加，它寻求对事物状态及变化的更为精密、准确、简洁、美妙的形式表达。这些知识远不是普卢克洛的说法所涵盖的。这些知识根据不同的认识对象、认识需求、认识精度而被设计出来，用来描述事物的状态、变化。数学发展和这些知识的使用情况恰好印证了普卢克洛的观点。这些知识不仅通过裂解的方式描述和认识事物，也试图形成更为统一的解释，而且，

---

[1] Radek Chlup. *Proclus: An Introduction*. 2012, p.153.

这样的数学知识是渗透在所有的科学门类中的，只是知识的样式不一样而已。普卢克洛说数学的对象在本质上是游移不定的，这恰恰也正是今天的数学所体现出来的实情。今天的数学，是运用在所有科学中的知识，它的确不存在被类型化的专门对象，如果存在着统一的对象，那就是形式。但数学所使用的形式，都是在解决新问题时创造出来的。普卢克洛认为数学以分解的方式模拟统一的事物，并以多样的形式模拟统一的形式，这也是后世数学的实情。

胡塞尔也曾将数学视为唯一科学的形式，倾向于将数学理解为公理化的学问。[1]就现象学和数学的关系而言，胡塞尔将它们都理解为纯粹的科学，即无前提的、不掺杂已有经验的科学。在对哲学的理解中，胡塞尔认为哲学和数学的工作任务是不一样的，数学的任务是建构理论，而哲学的任务是探寻理论的本质。胡塞尔对数学的看法是不一致的。胡塞尔有时用数学在过去的工作对象来看待数学，有时则是从数学知识的形态去看待数学，如公理化，有时是从数学的某些工作目标去看待数学，如数学旨在建构理论。

相比而言，普卢克洛则是从数学的基本工作方式来界定数学的。这在我看来是更为可取的理解数学的方式。因为就基本的认识方式而言，不同的思想工作方式决定着它所达到的目标是不一样的，这就像不同尺度的测量工具所达到的测量精度是不一样的。而数学之所以不断发展，能够运用于所有科学，正是由于它一直秉持着这种最基本的工作方式，即在裂解中寻求对事物的更好的描述，并始终努力形成对事物的统一性描述。

就胡塞尔对数学的理解来看，他实则是在文化体系的意义上来理解数学的。但他似乎并不清楚这一点。这就使得他对数学的理解不能

---

[1] 参见胡塞尔《逻辑研究》，倪梁康译，北京：商务印书馆，2015年，第252页。

获得统一。如果从一种文化体系来理解数学，如数学家怀尔德（R. L. Wilder，1896—1982）所主张的那样，那么，胡塞尔对数学的这些理解就可以获得统一了。因为这样一来，在理解中就可以不论其工作方式，而只问其成就或成果的形态了。且文化形态往往掺杂了工作者自己的多种理解和喜好在内，这就更适合那些散乱的观点。从文化角度来理解哲学，也是一种思路。从文化体系来理解科学，文化体系是工作者利用具体的知识点构成的，因而也就不存在学科之间相互奠基的问题，只存在具体的知识点之间的关联和相似问题。如果从这一点来看，现象学为科学奠基的思想，就不是一个必然需要的构想。

此外，数学与哲学的分化也并非如胡塞尔所说的那样，一个是建构理论，另一个是进行本质分析。因为几乎所有的基本的数学问题的分析都包含本质分析，如果不能确定本质，通过符号界定事物的时候，就会产生歧义性，那么整个数学的描述系统就塌陷了，因而也就不能成为精密严格的知识。只是数学家认为这些东西必须是预先要想办法确定的自明的东西，在确定后多不再强调它们。在我看来，数学与哲学的区别在于工作对象、理论目标不同，二者之间不应存在思维方式的差异。人可以利用一切思维方式去实现自己的认识目标，只是哲学家的目标多在于基础，数学家的目标在于精密，二者并没有截然的差别，在面对同一问题时，既可以获得数学方面的理解，也可以获得哲学方面的理解，这些理解是嵌套在一起的。某种思维方式是某些认知结果实现后被确立起来的，而非独立的存在物，它与其潜在的结果一起构成了方法。最基本的思维方式可以分为两种：一种是诗性的，另一种是数性的。只贪恋于方法，恐怕不是学问的根本，方法只是学问的结果之一而已。人们也不可能通过研究方法的方法而解决问题。

虽然说裂解的认识方式是数学的基本工作方式，但只有裂解的方式,并不能形成今天的数学。这种理解方式在所有知识中都可以找到。数学之所以在严密性上胜过其他学科,首先是它在对事物的理解过程中尽可能地去消除歧义性,使其语言始终能够真正对应它所描述的对象。无论这种对象是自然对象,还是以形式自身作为对象,它都要努力做到这一点。并不是说数学就是严密的知识,而是说严密的知识被称为数学。而哲学知识,恰恰是充满歧义性的,这一特点则与哲学家自身的描述习惯有关,也与其所描述的对象之间所存在的相似性有关。在意欲解释更多的事物时,概念就带有了歧义性,而数学却始终针对具体的对象进行精密的描述,无论是作为对象的形式自身,还是具体的事物,首先都不是普遍的。哲学家所用的概念相对较少,即使其著作浩如烟海,能够澄清的问题也相当有限,数学的表达虽然精密,但它的公式数量早已超过千万,人类暂不可能只执一端,忽略对方的价值和贡献。结合普卢克洛对数学的基本理解,我们可以更容易看清这些问题。

二 普遍逻辑(logoi)

普卢克洛将普遍逻辑 logoi(λόγοι)理解为最高的理性原则,它是我们形成知识的根本。这个词在古希腊文中是 logos(λόγος)的复数形式,可以用来指语言、与诗相对应的散文。这个词是很多神学思想家的用词,且在理解上略有差别,如马克西姆将其理解为人渴望知道的意义或最高意义,而普卢克洛认为,logoi 是最高的理性原则,它是不可分割、不可扩展的。在认识过程中,logoi 需要可理解的实体作为它的承载者,或者说实体就是这个理性原则的载体,它也是可感事物的空间性和直觉世界所特有的观念形式的统一体。形成认识的过程也需要想象力的参与,在想象力的作用下,实体被作为 logoi 的载体。通过这个载体,理性原则具有了大小、体积和广度。同时,这个载体将不可分割的东西装载为可分割的，将不可扩展的事物装载为可扩展的，将不动的东西装载为可动的。在进行具体的认识时，人在内心中想象着事物的运动和变化，将它们进行拆解与组合，然后形成认识，但当它凝视这一切认识活动时，这些东西全部都融为一体，合而为一。[1] 简言之，logoi 是最高的理性原则和最高的认识能力。

在这一思考中，普卢克洛为每一具体的认识形式都设定了一个统一的来源，这个来源就是作为 logos 的复数形式的 logoi，通过这个设定，所有知识的统一性问题就获得了解决。但同时，这个理解也可以用来理解神性的统一性。这样就实现了从认识论思想向神学的迁移。

人的认识在天生的倾向上，都尽可能地追求一种统一性，科学知识更是鲜明地体现了这种倾向。为什么会存在这种倾向，很多神学家对此的潜在解释与普卢克洛上面的解释是一样的。但在我看来，这是由人在这个历史阶段的类型化的认识方式所决定的。通过类型化的认识方式，就可以用少量的语言来描述更多的事物，即抽象化、公式化、模型化。对这种认识倾向及结果的扩展，就形成了更具统一性的认识。这种统一性的认识只不过是企图囊括越来越多的认识对象，甚至所有的认识对象而已。而神学家绕过了这一解释，直接将其理解为神圣原则下溢的结果。这在当代人看来是成问题的。但古人没有去解释这些做法背后的潜在的认识论上的合理性，并不代表其背后不存在相应的规律。当代人或许会怀疑这种做法在现实生活中的效用，但在古代人的观点中，我们会看到各种神谕、谶言在人们心中并没有受到强烈的怀疑，这不是因为神谕本身就一定蕴含着必然发生的事情，而是在一些人潜在的认识中，话语本身就是秩序的体现，所以，流传的种种说法才能够得到重视并产生或多或少、或好或坏的影响。甚至，

---

[1] Radek Chlup. *Proclus: An Introduction*. 2012, p.154.

我们在今天的生活中可以看到一些人仍把话语潜在地视为一种秩序。认识的任务，无非就是寻找秩序。由于话语是秩序，人们就会去理解别人的话语。这是人们会主动去理解别人语言的心理上的根本动因。由此来看，普卢克洛关于logoi的论述，体现的不仅是如何解释人的认识是如何发生并为什么具有合理性的问题，也是对话语就是秩序的潜在假设。

三 感受（nóēsis）的六个层次

普卢克洛对于nóēsis的理解也秉持了知识的"投射说"。我们在前文论述斯多亚学派和克莱门思想时将这个词译为"感受"，其在胡塞尔现象学中通常被译为"意向行为"，在这里我理解和翻译为意义更宽泛的"感受"。

普卢克洛认为，感受（nóēsis）是一种关于存在（Being）的真正的直觉知识，而意识活动中游移不定的自我反思只是这样一种知识的模糊的图像，人无法通过自我反思来把握真正的存在，也不可能通过数学来把握到真正的存在，真正的存在只能通过感受（nóēsis）和理（logos）而一起把握。普卢克洛的这些解释实质上是在讲他所说的最高层次的感受（nóēsis），它是一种认识能力。但这个词在古希腊语中还有普通的感受的含义，由此而见，显然是普卢克洛对这个普通的术语做了某种提升以用来阐释更高的具有神学性的意义。在普卢克洛的理解中，感受（nóēsis）分为六个类型：[1]

1）包含在存在中的可领悟的感受（nóēsis）；
2）包含在直觉（intellect）中的可领悟的感受；
3）在连接两个末端的生命层次上的"既可领悟又可直觉的"

---

[1] Radek Chlup. *Proclus: An Introduction*. 2012, p.159.

(intelligible-intellective)感受；

4）部分直觉通过灵魂参与的感受；

5）理性灵魂的游移的感受；

6）在"被动的"或"想象的"直觉角色中，包含在想象力（phantasia）中的想象的感受。

在这六个类型中，第五、六这两个最低层次的感受仅仅是隐喻上的，想象是依赖于形体的非理性知识的类型，无法抵达真实的存在，因为它不具备理解所有事物的能力，它只是部分直觉的智性活动。前三个层次分别是存在、直觉和生命的层次。如此一来，感受的这六个层次实际上就存在一个由高到低的生成顺序，即从存在开始，依次经过直觉、既可领悟又可直觉的、部分直觉、游移的反思，再到被动的想象中的感受，这实质上就是普遍逻辑（logoi）逐层向下投射而形成人的各种不同层次的认识活动的过程。从这一点来看，这一思想是对柏拉图的灵魂回忆说的进一步细化。

在这种神学认识论中，认识的形成过程主要体现为自上而下式的。而在胡塞尔的认识论中，认识的形成过程是自下而上的。从普卢克洛对感受的六个层次的划分来看，这种神学的认识论旨在表明的是最高的知识如何垂溢到不同的层次中。然而，当胡塞尔把一门关于意识的学问用noetics这样一门科学来标记时，所要表明的是他要从事一种基于自己的现象学立场的新的认识论研究。二者的区别在于前者的潜在目的是为神学奠基，后者的明确目的是为科学奠基。

普卢克洛对logos的理解是嵌套在这六个层次的认识中的。普卢克洛认为，出现在人之中的直觉实质上是理（logos）的一种类型，它是有理解力的理性（noerós logos），是四处游移的推理的集合。也就是说，直觉作为认识能力只是logos的一种表现形式。这样的理解潜在地包含了这样的认识：作为其中的部分的存在意味着其整体的

logos 的存在。这样的直觉是如何把握到永恒的存在的呢？对此，普卢克洛说："事实上，每当灵魂远离多姿多彩的、不确定的想象、意见和认识，上升到它自己的无分性（partlessness）时，由于它已植根于部分直觉中，且在上升中把自己的活动与那个直觉的感受（nóēsis）连接起来，它就连同那个直觉一起智慧地抓住了永恒的存在。"[1]

四 流形（πλῆθος）

普卢克洛认为，每一个流形（πλῆθος/manifold/多重）都是统一体的一部分。对此他是这样证明的，如果每一个流形不是统一体的一部分，那么它自身作为流形也就有了很多的分形，而每一个分形将会导致更多的分形，这样下去，事物就由一种无限多的东西组成，但事物不可能由无限的无限组成，所以，流形（多重）必然是统一体的一部分。[2]

普卢克洛的这一认识是我们充分把握数学和哲学中的流形概念的基础。流形的古希腊文 πλῆθος 来自动词 πίμπλημι，后者的意思是充满（力气）、斟满（酒），πλῆθος 作为与之相关的名词形式，它的意思有：大多数人、一大堆、群众政体、体积、广度、长度等。在这些含义中，如果除去对具体的事物的所指，分属于数学方面所指的就是体积、广度、长度等。

通常在数学（或几何学）用词中，流形（manifold）是用来对数学家所认识到的各种不同的空间形态及其数学关系进行描述时的尾词，如辛流形（symplectic manifold）、泊松流形（poisson manifold）、

---

[1] Radek Chlup. *Proclus: An Introduction*. 2012, p.160.

[2] Proclus. *The Elements of Theology: A Revised Text = Proklu Diadochu Stoicheiōsis Theologikē*. Translation, Introduction and Commentary by E. R. Dodds, 2. ed., repr. Oxford: Clarendon Press, 1963, p. 3.

惯性流形（inertial manifold）、不变流形（invariant manifold）等。

由于物理学家有着不同的认识要求，他们从各自的认识角度和要求出发所形成的对事物形态的认识是不一样的，因此也就产生了不同的流形。再者，对事物的某种形态的描述，同时也意味着对事物其他形态描述的存在。它们是不同的观察视角和观察方式结合所形成的，从不同的层次来理解就呈现为不同的流形。因此，事物不是具有单一的流形，而是有多个流形。结合普卢克洛的说法来看，这也就意味着流形是统一体的一部分。一种物理学的流形代表着对事物形态的一种理解和描述，但同时这个词意味着这种流形是整体形态中的一种，相应地，事物应有不同的流形。简言之，物理学中，流形是"在一定的约束条件下某个物理量的所有可能的状态构成的集合"[1]。但我认为，流形首先是将事物用可重复的关系进行描述的一种方式或理解方式。

普卢克洛认为，"每一个秩序都从单子开始，随之扩展成一个与之相似的流形，而且，流形在任何秩序中都可以被带回到某一单个的单子"[2]。这个理解与上文引述的物理学家的理解在实质上是一样的。从这个角度来理解，流形意味着是从最基本的要素发展出来的，由此通过还原仍然可以回到最为基本的要素。也就是说，每一流形自身不仅内蕴着产生它的起点，也是统一体的一部分。因此，我们通过流形所认识到的不仅有作为其整体的统一性的东西，还有生成它的源头。事物在其基本的构成要素之间存在一种可以描述出来的演化关系，在数量上也存在这种演化关系，这也使得流形这一概念被现代诸多科学

---

[1] 梅加强：《流形与几何初步》，北京：科学出版社，2013年，第 ii 页。黎曼（B. Riemann, 1826—1866）用这个概念来描述那些满足一定约束条件的变量所能取到的值构成的集合。现代几何学是以流形为研究对象的，流形被视为一种特殊的拓扑空间，是欧式空间中的曲线、曲面的"推广"。

[2] Proclus. *The Elements of Theology: A Revised Text = Proklu Diadochu Stoicheiōsis Theologikē*. 1963, p. 25.

和哲学研究借用，用来表达自己对可能存在的演化关系的理解，如不同层次的认识之间可能存在着演化关系。但这些用法与几何学家的不同之处在于，几何学家是首先获得了对事物某一方面或趋向上的确定关系后，然后再将其确立为某一种流形，而不是说将其确定为某一种流形后再去寻找其数量上的关系。

从实质而言，现代数学中的流形不是一个实体概念，而是一种关系概念。无法通过首先确定关系是什么的方式以预先获得对事物的关系性认识。尽管现代几何学以流形为研究对象，但几何学家是在研究具体的流形问题（如曲率）或发现事物中可能存在的某种流形。

从普卢克洛的话来看，流形是秩序中的流形，这也就意味着流形是事物的某种秩序，或某种关系。而作为事物的关系，都是认识的产物。按照胡塞尔的说法，就是意识构造的产物。从普卢克洛的认识来看，流形意味着开端和整体，也意味着秩序，它是在开端和整体之间的内在的秩序形式。从理解的层次来看，流形首先应被视为从演布的角度理解事物的方式，然后才被视为事物身上存在的具体关系或秩序。当现在的几何学家说流形是现代几何学的研究对象时，其表达的真正意思是流形的东西是现代几何学研究的对象，或者说他们研究的是某一类已经被数学家发现的流形的性质或特征，但不代表这种流形是一种实体意义上的认识对象，它仅是在特征上表明某些形式之间的特定连续关系。在现代数学这两百年内所取得的空前成就中，数学的知识无疑是无法替代的成就，它对事物的描述越来越精密和准确，这使得人们对其信赖有加，但并不能就此在哲学研究中将其所探讨的形式上的概念实体化，即将数学上的表达作为事情本身来理解。在数学研究中，形而上学的某些成就可以参考，但它的很多做法则是不可取的，因为数学的语言是消除了歧义性的，它在文字上的描述是基于相关的某一理论的所有表述和表示而言的，对歧义性的消除是用这些表述、表示以及数学家的工作体会作保证的，绝非我们字面上获得的那些理解，而形而上学的语言则大多是歧义性的，否则它也就没有概括力。

就流形作为数学术语而言，现代汉语的翻译更多的是与黎曼的流形概念一致，即用来描述那些满足一定约束条件的变量所能取到的值构成的集合。就作为哲学术语而言，人们多是从多重性或复合性来理解它的，这从康德那里就可以看出来，现代哲学研究也多从此义。但二者含义在本质上是不冲突的。

就胡塞尔的立场而论，胡塞尔认为流形论是从形式算术发展而来的，形式算术是从数和量的学说中产生的，将这些知识成就当作客体进行反思并形成的扩展出来的学问就是流形论（Mannigfaltigkeitslehre），它在形式上包含了所有可能的演绎系统，形式算术只是其中的一种。[1] 按照与此类似的理论工作目标，胡塞尔力图通过对有关可能的理论形式进行一种反思，形成对于所有理论的像数学那样的流形化的解释。这样一门科学在他看来将是更为全面的科学，具有填补科学最为基础的理论空白的价值。[2] 换句话说，胡塞尔在《逻辑研究》第一卷末所设想的学术目标是建立一门科学的科学、理论的理论，然后从整体上一次性解决所有科学理论的基础问题。简要来看，他试图从对意识工作机制的最基本的探查出发，形成描述，然后再建立所有科学理论之间的演绎关系。这个目标不可谓不宏大，不可谓不高远，以至于超出了以往一切数学家和哲学家的理论抱负。这似乎也正是普卢克洛对流形的解释中所蕴含的意思，流形意味着一种从单子到整体、从末到始的贯通。但胡塞尔的设想所存在的

---

[1] 参见胡塞尔《逻辑研究》，2015年，第200页。
[2] 参见胡塞尔《逻辑研究》，2015年，第246页。

根本矛盾在于，无论是流形，还是理论，都是基于已有的认识对象而产生的，它们本身不是实体，它们是在认识对象的过程中形成的工具，也是进一步用于认识对象的工具，脱离了认识对象而对工具进行改造和深度加工，以期达到对事物的认识，这似乎是难以办到的事情。

与现代数学和哲学不同的是，普卢克洛的这个概念既有实体的含义，也有形式的含义，在实体和形式两方面都被表达。

五　知识的五个层次

普卢克将知识分为五个层次：[1]

1）意见知识。它指在没有掌握原因的情况下把握事实真相的知识。这个知识在柏拉图和亚里士多德那里也被称为意见（doxa）。

2）因果知识。它从假设的原则出发，知道原因且就一切情况得出必然结论的知识。算术和几何就是这样的知识，它们根据必然的前提得出结论，这类知识优先于纯粹基于意见的知识。

3）科学知识。它经过所有形式向"唯一"和无前提的本原上升，使一成为多，也使多成为一。苏格拉底将这种知识定义为数学科学的拱顶石。每一门科学都从这门知识中汲取知识，因为这门知识将许多事物的不同原理与万物的唯一原理连接了起来。这个原理体现在所有的存在中，在几何学中它是点，在算术中它是单位，在其他科学中它是最简单者。

4）直觉知识。它与科学不一样，不再使用分析、综合、划分、证明等方法，而是使用简单的直觉进行默想或沉思，这种知识就像直接被看到了一样，有些人将此称为直觉（Intellect）。它既将自己视为

---

[1] Proclus. *On Providence*. Trans. Carlos Steel. London: Duckworth, 2007, pp. 54–55.

思维，又将形式视为自身中的存在，因此，它具有这样的功能：它既知道自己在思考，也知道自己在思考什么，也知道自己是什么。

5）超直觉知识。这种知识超越直觉，与直觉知识相比，它既不知道自己，也不知道自己的"唯一"所指向的东西。普卢克洛以比喻的方式说："它喜欢安静，对处于它之下的思想闭上眼睛，在内在的静寂中无声沉默。"

普卢克洛对于知识的五个层次的划分，是从必然性的角度和统一性的层次来逐次划分的，其中，具有最高必然性和最高统一性的知识，就是超直觉知识，它是所有知识的本原。这显然是一种神学上的论证。可以说，普卢克洛是古代思想家中将哲学神学化的最重要的人物。如我们在其《柏拉图的神学》中所看到的那样，他通过分析柏拉图的思想，试图用柏拉图的语言组织出一套神学思想。在他对柏拉图其他作品的解读中，这种做法也是最为明显的。而且，其在《神学要义》中，也是把柏拉图和亚里士多德的思想衍向神学。他始终在尝试用哲学家的语言讲述神学的奥义。

六　永恒尺度和时间尺度

普卢克洛还给出了人类认识事物的两个最基本的尺度。普卢克洛认为，衡量事物的尺度有两个，一个是永恒的事物，一个是时间中的事物。每一个永恒都是永恒事物的尺度，每一个时间都是时间中的事物的尺度，这两个尺度是衡量事物的生命和运动的唯一尺度。[1]这两个尺度是非此即彼的。永恒尺度最终通向的是神或上帝。这两者都是永恒的称呼，不仅如此，它也代表一切事物的最单一的不存在生灭变

---

[1] Proclus. *The Elements of Theology: A Revised Text = Proklu Diadochu Stoicheiōsis Theologikē*. 1963, p. 53.

化的要素，也代表整体和统一。时间尺度就是变化的尺度。或者说，时间本身就是用来描述变化的，所有事物的变化都呈现为时间中的变化，所以，所有事物都不是永恒的。相对应的，永恒的事物是没有变化的，也不是用时间来描述的。在这个意义上来理解，永恒不是时间上的永恒，而是不能用时间来度量的意思。因此，它是超时间的。永恒的事物就像所说的虚空那样，是所有变化的对立面。

普卢克洛的认识论思想与其神学思想几乎完全融合在一起，这就使得他的认识论思想总是带有浓浓的神学色彩。拉德克·克拉普甚至认为，新柏拉图主义是一种宗教现象，而不只是一种哲学现象，且它超越了哲学与宗教之间的传统区别。这意味着它不仅寻求精神理念在哲学层面的表达，也寻求其在宗教层面的表达，同时结合两种不同的方式来阐释人类的精神理念。[1] 在其他神学思想家那里，我们还可以看到，在某些程度上，其认识论思想是可以从其神学思想中分离出来的。但在普卢克洛的思想中，这种分离是很难做到的，因为它的这些思想多从设定开始，即首先设定了神、永恒、最高的统一性、最高的意义作为一切认识的源头，然后在论证的过程中，通过否定相异的看法来证明自己所奉行的思想，这就使得他的思想更像是一种辩护，而非知识的发现。但是，他的一些思想在别处也很少见到，如对数学的理解、对纯一型知识与裂解型知识的认识、对nóēsis的分类等。对人类知识的整体发生过程的思考，在现代学问中几乎看不到了，但幸运的是，在古代思想中我们看到了对这一问题的这种原初的、整体性的思考。

---

[1] Radek Chlup. *Proclus: An Introduction*. 2012, p.7.

第三节 波爱修

波爱修（A. M. Severinus Boethius，480–524）是中世纪早期罗马执政官、历史学家和哲学家，是将古希腊语经典翻译成拉丁语的核心人物、经院哲学运动的先驱，代表性的作品有《哲学的慰藉》和五篇神学论文。

一 物理学、数学、神学的区别

波爱修对物理学、数学、神学的本质论述是我们研究知识分类学不可忽视的思想素材。在他看来，物理学研究的是与物体的形态及其物质组成相关的运动，它不是抽象的，也不可以独立存在，使用的是一些推理式的概念。数学不研究运动，研究的是物体的形态，但因为形态与物质相关联，所以数学研究不可以独立于物体而存在，数学不是抽象的，运用的是一些有理论依据的概念。神学不研究运动，但它却是抽象的和可独立的，之所以如此，是因为上帝不依赖于物质和运动而存在，没有物质形态，自成本质（essentia），在神学中我们运用的是智慧的概念，所认可的是纯粹的形态，是存在本身。[1] 简言之，物理学研究的是具体的运动，数学研究的是具体的形态，神学研究的是抽象的形态或纯形态。前两者因其局限性而无法获知存在本身。

这些解释最终是为了证明上帝的独立性，且由于其不是具体事物，也就不能以数学和物理学的方式去思考。这实质上是以哲学知识的局限性为上帝的神秘性做论证。神秘本身在人的心里意味的是超越

---

[1] 参见波爱修斯《神学论文集哲学的慰藉》，荣震华译，北京：商务印书馆，2016年，第14—15页。

的力量和最高的秩序，它是人的认识的界限，这恰好可以表示一种超越性的存在。然而在世俗社会中，塑造神秘的目的在于转身将自己视为这种力量和秩序的代言人。

当波爱修说数学不是抽象的时，指的是数学的形态或形式是可以具体化的，而相反地，神是没有具体形态的。数学与物理学都依赖于具体的物体而存在，因而无法独立存在。抽象在这里与具体相对立，而非指对物体形式的提取。从物理学、数学、神学三者的区别来看，越具有独立性的东西越普遍，因此，数学较物理学更为普遍，而造物主或神是最为普遍的。

波爱修对数学有不少研究，如他认为数是造物主创造万物的基本原则，从数中产生水火气土四种基本元素；数自身不是由其他元素组成的，它始终保持不变；他研究了数的分类、奇数、偶数等不同类型的数的性质，研究了数的比例；研究了几何、天文、音乐，并将这些学问都统一到数学之中。[1] 波爱修把音乐归于数学，这对于我们全面理解音乐是一个提示。对音乐这门天生技能的研究，或许是我们破解认识的发生过程的一个重要的途径。

二　认识能力的分类

在《哲学的慰藉》第五卷中，波爱修为了论证上帝的天意并不意味着人们的祈求毫无意义这个问题，将人的认识能力分为感觉（sense）、想象（imagination）、理性（reason）三种。人的认识能力的局限性意味着它无法把握天意，它的祈求和认识都是天意中已知的，所以它不会对天意产生影响。

天意意味着一切事情的秩序都是由上帝注定的，因而也就意味着

---

[1] 参见胡龙彪《拉丁教父波爱修斯》，北京：商务印书馆，2006年，第145—156页。

人自己的意图对未来不起任何作用，因此他没有必要再去期望和祈求什么，因而也就没有必要向上帝表达自己的愿望和祈求。[1]这就形成了一个悖论，如果天意已定，人就无需祈求；如果人能有所祈求，那天意就未定。

对此，波爱修经过迂回曲折的论述后认为这两者并不构成矛盾。他说，人的认识不是依靠事情本身的本性和力量而达成的，而是凭人的能力而形成，这意味着它无法超脱事情本身，也不可能改变事情本身，只能形成部分认识和改变。这些能力有视觉、触觉，以及感性、想象、理性。不同的认识能力所使用的方法是不一样的，视觉需要站得远些，凭视线来感知，触觉则要接触才能感知到物体的大小和形状，感性注视的是物体实实在在的外形，想象则完全脱离形体去辨认事物，理性则从包含它的种属或类属去对事物予以普遍的考察。但是，除此之外，还有高于人的这三种认识能力的灵性（直觉），它超出整个世界的范围，用明察秋毫的心灵的眼光去注视单纯形态本身，它是唯独属于神性的事物。由此他认为，感性、想象、理性、灵性这四种能力是由低到高的处于不同层次的理解力，低一层次的理解力达不到高一层次的理解力，高一层次的理解力包括了低一层次的理解力。[2]

这也就意味着，人的理性认识能力不能充分认识到神性的直觉所能够认识到的事情，因而它不可能真正知道天意。依据波爱修的认识，这样一种直觉是上帝的至高的心灵所具有的，它形成的是不受任何约束的至高无上的知识，人的理性只有提升到这样的高度，才会确切无误地预见不一定会发生的事情，而这对于至高无上的心灵而言，

---

[1] 参见波爱修斯《神学论文集 哲学的慰藉》，2016年，第201页。
[2] 参见波爱修斯《神学论文集 哲学的慰藉》，2016年，第205页。

则是直接性的知识。[1] 就此而言，理性靠种属关系去推断，而天意则是直接形成的，无法被理性的方式认识到，所以，理性无法形成不受约束的至高无上的知识。

虽然说人的理性无法认识造物主所能够认识的东西，但波爱修认为，人们凭借自己的理性可以认识到造物主是永恒的。这种永恒囊括所有的一切，超越了时间与空间，所以它可以认识一切东西，相比而言，人因其有限性而无法知晓一切。再者，造物主是不变的，而其余的各种事物则堕落为变动，由直接亲临一切退化为未来与过去之无限历程，而永恒的造物主永远可以亲临一切，可以无限地亲临任何瞬息万变的时间。所以，造物主是永恒存在的，而世界是延续性地存在的。因此，人的判断是根据其判断的固有本性而去把握判断对象的，而造物主则无需判断，因为其对一切都是亲临的，其知识是直接的。所以，造物主可以获知人的一切想法，而人则不能。[2] 根据这些论述，我们可以看到波爱修论证的核心要点：人凭自己的理性所看到的这个悖论其实是不存在的，因为人的理性并不能把握天意。

波爱修的这些认识包含很多疏漏，但在这里呈现波爱修的这些看法，一则是为了考察认识论思想在神学中的运用情形，二则是探寻认识在不同的情形下产生变异的原因。对于造物主的任何质疑，进行反驳的方式无非两种：如果能够用已有的知识论证清楚，则进行论证；如果无法论证清楚，则通过一系列的论证给出人的认识的局限性，然后再以此论证人无法获得关于造物主的真正认识，从而达到回应质疑的目的。波爱修显然是两种方法都使用了。波爱修的认识中，被设想

---

[1] 参见波爱修斯《神学论文集哲学的慰藉》，2016年，第209页。有的英译本也把波爱修所说的直觉（intellect/灵性）翻译为intuitive intelligence，意为直观的智性。如果从汉语层面去翻译或理解的话，我认为"灵性"在这里也是较好的用词。

[2] 参见波爱修斯《神学论文集哲学的慰藉》，2016年，第210—213页。

出来的更高的东西，本身就意味着对其下的东西的否定。这是由这一设定本身所规定的。因此，这种论证本质上是一种循环论证。因此，为了掩盖疏漏，这种类型的论证在逻辑上往往是模糊和跳跃的。这些论证虽然显得极其复杂和细腻，但实质上最终都是要引出人凭自己的理性无法理解造物主的观点，并以此教化人们"去恶从善，拥抱德性，谦卑地从地上向你那至高无上的君王祈祷"[1]。

三 "存在"（esse）作为"纯形式"

经院哲学中讨论的"存在"（esse）问题是一个认识论问题。波爱修把"存在"（esse）解释为"纯形式"，如果把它也作为事物，那么，它是单纯事物，它区别于某个东西这样的具体存在，具体存在是一个复合事物。[2]后来，阿奎那认为"存在"（esse）的意义来自动词"是"（est），"是"首先表示事物在感知过程中的现实性，这也意味着"是"的纯粹意义为"在行动"，因而才表现出动词形态。[3]

对于这些思想，我尝试给出以下看法：

第一，作为认识，皆体现为形式化的，因而，"是"也就可以作为形式而理解。当其作为构成认识的基本要素时，它就是纯形式。纯形式就是指没有掺杂任何其他形式的形式，它可以不依赖于其他形式而存在。这种纯形式是一种规定，即意味着其他的形式都需要添加它才能够存在，而它不需要添加别的任何东西就可以独立存在。当然，对于这种规定，我们也不能认为就只能这样规定，而是要知道这种规定是为了突出它的重要性，是为了将其作为一个独立的对象进行考察

---

[1] 波爱修斯：《神学论文集哲学的慰藉》，2016年，第215页。
[2] 参见段德智《中世纪哲学研究》，北京：人民出版社，2014年，第36页。
[3] 参见段德智《中世纪哲学研究》，2014年，第32页。另参见赵敦华《基督教哲学1500年》，北京：人民出版社，2005年，第375页。

的思维之举，而并非意味着世间真的存在不依赖于别的东西的东西，以及构成认识的要素都必须这样被规定后才能够建立起一套又一套的知识系统。

第二，现实性在这个过程中实则是对已发生的感知活动的表述，它的现实性让渡给事物的现实性，使得事物在认识中也具有了现实性。感知过程中所分离出来的第一个"现实性"是思维活动对感知样态本身的标记，所分离出来的第二个"现实性"是用这个标记所指的事物的现实性。这两个现实性在思维过程中并没有先后之分，但在标记时产生了先后的分别。在这里我们并不能将此简单理解为存在即感知，这样就忽视了感知发生的其他物理基础，而只是将感知作为认识发生的单方面的条件。当感知样态本身的现实性无法标记于具体事物时，它就产生了虚幻的意识，而这个虚幻不是感知样态本身的现实性变为虚幻的，而是没有找到对应物而标记了一个"虚幻"。

第三，在反复的感知中我们基于"现实性"进一步产生了"事物是实存的"（subsistere）认识，由对"事物的实存"进一步产生"其是实体"（substantia）的认识，由"实体"再度返回到存在（esse），这样就形成了一个闭环。这实质上是在感知之后对一系列的感知及思维过程的逐次分离、规定而已。基于"是"（est）和"存在"（esse），实存的事物也就成为具体的"存在者"（ens），因此，作为存在者，它就包含了三个方面的东西：作为其存在的基础的"存在"（esse）；感知到其存在的感知活动，即这种感知活动的现实性；其自身。在这个闭环中，现实性是形式上的，其余的都是处于形式之下的支撑性的东西。因此，这些我们理解为形式之下的东西，就可以被标示为不同的东西，而且它们之间是可以相互理解的，如实存（subsistentia）、实体（substantia）、本质（essentia）、事物（res）。它们在理解中并无必然的发生次序，因此，不同的理论系统根据自己的理论需要对其构造了不同的生成关系。但作为一般的理解而言，我们需要给其各自寻找一个对应或对立的词才便于理解它们的意义，如虚幻、属性、现象、功能。当阿奎那认为存在先于本质的时候，这实质上已经假定了时间的先后可以用来解释存在与本质之间的关系。但在我看来，用时间关系解释生成关系或分离关系，只是一种解释，并不能刻画被解释的东西的必然秩序。如果对表述过程进行反思，"是"或"存在"都是在反思中确认的事物之间的关系，考虑到一些古代语言中没有系词，修辞表达中也时常没有系词的情形，就更可以证明它是在强调或再度确认，它是诗的语言过渡到世俗语言时出现的东西。这个词在神学著作中时常被讨论，早已带有鲜明的神学印迹。

第四节　狄奥尼修斯

《神秘神学》一书的作者狄奥尼修斯（Dionysius）是一位身份遭到质疑的人，但此无损于其著作的影响力。参照 Jos. Stiglmayr 在 *The Catholic Encyclopedia* 中词条 "Dionysius the Pseudo-Areopagite" 的综述，15世纪后，狄奥尼修斯的身份在文学界遭到质疑，但神学家并没有同样否认他的真实性。[1] 按照严格的说法，并不是说狄奥尼修斯这人不存在，而是说存在一个"（伪）亚略巴古的狄奥尼修斯"[Dionysius the (pseudo-) Areopagite]。狄奥尼修斯对后世哲学及基督教神哲学影响颇深，如阿奎那著作中援引他著作的引文有1702条。[2]

---

[1] *The Catholic Encyclopedia: An International Work of Reference on the Constitution, Doctrine, Discipline, and History of the Catholic Church*. Edited by Charles G. Herbermann. New York: Catholic Way Publishing, 2014.

[2] 参见董尚文《阿奎那语言哲学研究》，北京：人民出版社，2015年，第122页。

此外，还有大阿尔伯特（Albertus Magnus，1200–1280）、埃克哈特（M. J. Eckhart，1260–1327）、马里翁（J. L. Marion）等。[1]由于对亚略巴古的狄奥尼修斯的质疑主要是在文艺复兴以后反神学和宗教权威的背景下出现的，且质疑者也无法确定《神秘神学》一书作者的真实身份，因此，我们也无需追随质疑者的观点。之所以放在本节进行论述，是因为后一节的马克西姆是其作品的注释者，这样放置或许会使我们体会到二者思想之间的某些联系，如狄奥尼修斯所说的二重性和单一性，或许与马克西姆的流形论有联系。

一　感觉、表象、超验之物的构造

狄奥尼修斯认为，感觉不能把握也不能感知心灵的事物，表象与形状不包含单纯的和无形的东西，有形者不能触及无形体的东西，由此而言，超出意识的东西不能以存在之物来理解。[2]这些论述一则指出了人固有的普通认识能力的界限，同时也设定了超出这一认识能力的东西的存在，即那些无法被感知或触及的东西，实则是心灵中独有的东西。当论及表象不包括单纯的东西时，也就意味着，表象即使从其最初级的层次来看，也是复合的东西。如果根据这里对表象的理解进一步来看，胡塞尔现象学所论述的问题，实则是属于表象世界的问题，无论这种表象是意识自身都有的表象，还是对外在事物的表象，它们都只有在被表象后才能够被认识、被研究。狄奥尼修斯所说的表象、形状，不是布伦塔诺和胡塞尔所说的包含了心灵构造物的表象，而仅仅指感觉意义上的表象，所说的心灵也不是指意识，而是指更高

---

[1] 参见陈佐人《〈神秘神学〉中译本导言》，见（伪）狄奥尼修斯《神秘神学》，包利民译，北京：商务印书馆，2012年，第 vi 页；Paul Rorem. *Pseudo-Dionysius: A Commentary on the Texts and an Introduction to Their Influence*. New York: Oxford University Press, 1993, p. 222.

[2] 参见（伪）狄奥尼修斯《神秘神学》，2012年，第2页。

的东西，即神性意义上的心灵。这种心灵可以认识到一种神性的东西，如最终的统一性、世界的终极秩序和决定者等，它是与造物主相像的东西。

如果认为表象并不是最为单纯的东西，那么，最为单纯的东西在这个意义上绝非可以感知或可以直观到的，而只能是基于这种较为复杂的东西而被心灵推演出来的东西。那种最为单纯的东西自身的性质就是最具有统一性的规律，人的心灵由此就可以进一步推想到一种统一性的存在，如自然哲学设想的统一性，甚至推想出一种超越这种统一性的最终的存在，如神学中的最终的统一性。在《论圣名》中，狄奥尼修斯认为，神是一切存在物的原因，当人们在赞颂一切存在物的原因时，便从这原因所导致的结果方面构造了神的众多的名字。按照狄奥尼修斯的列述，这些名字有好几十个，如善、美、智慧、众神之神、万物之主、至圣、永恒、存在、永世的原因、生命的泉源等。[1] 简言之，作为最终之根据和原因的神的名字，是人们根据自己的认识构造出来的。因此，祂既是无名的，也具有一切存在者的名字。心灵可以把握神性的存在，并由此确定人可以认识到上帝的存在，这样的思想我们在之前的神学家那里都会看到，在这一点上，他们的认识完全相同。

二　因果关系

狄奥尼修斯认为，结果之中并不包含原因，原因处于超出结果的领域之中。如悲伤的事情是令我们悲伤的原因，但悲伤的事情本身并不具有我们所体会到的悲伤情感。[2] 这意味着，就单个的事物而言，

---

[1] 参见（伪）狄奥尼修斯《神秘神学》，2012年，第7—11页。
[2] 参见（伪）狄奥尼修斯《神秘神学》，2012年，第18页。

结果不在原因之中，原因也不在结果之中，它们之间是通过一系列的环节而相互连接在一起构成因果链条的。如此一来，不同的因果链条即意味着事物的形成有多种原因，或多个原因是同一结果的不同原因，或这些原因处于因果链条的不同位置。

胡塞尔认为，客观事物的因果性意味着不同的客观实在之间的依赖关系，而纯粹意识中的关系却不受因果性的制约，即不存在不同的心理要素之间的依赖关系，因果关系本质上属于主观的意识世界，然后才被归属为物理世界，在前者向后者的转移中产生了一种尚未探明的神秘性。[1] 相较狄奥尼修斯的观点，胡塞尔区分了客观事物之间的因果性和意识中不具有必然依赖关系的那种非因果关系的"因果性"，而古代思想家实质上是把意识活动中的这种非依赖性糅合在客观事物中一起表述的，这就使其理论表面上看起来有点儿自相矛盾，因而显得有点儿深邃。

在我看来，胡塞尔过于强调因果关系的主观性而忽视了这种关系本身起源于客观世界的事实，主观世界只是结合自己的方式表达了客观世界的因果关系，当它抽离掉所有的具体的客观现象之后，按照理性的推断，它自然也就剩下了纯粹的因果形式。但试想，如果某人没有看到客观世界中的现象之间的因果关联，那么，他没有必要也不可能形成关于客观世界的因果关系的认识，也无法为这种关联进一步赋予必然性这一意义。主观世界或意识世界中的因果关系作为一种纯形式，只是认识自身逐步纯化后获得的一般形式，它自身的意义需要依赖于外在事物才能构建起来和获得解释，其自身无法独立存在，也没有独立存在的必然性和意义，因为这种纯形式本身不是实体物，又因

---

[1] 参见胡塞尔《纯粹现象学通论》，李幼蒸译，北京：商务印书馆，2014年，第96—97页。

为它本身是意识在认识工作中生成的工具，所以它的性质和特征不能用来解释与它相关的任何事物。认识自身的工具，如形式逻辑及其类似物、各种标记等，其本身的性质与世界的性质之间是不能形成解释关系的，使用这些工具形成的是关于世界的表达。

胡塞尔对因果关系的这种理解恰恰是休谟式的，他实质上否认掉了客观世界中的因果性。与之不同的是，神学思想中并没有否认掉客观世界的因果性，而只是将最终的原因归结于造物主而已。就后来的神学家阿奎那的思想而言，他甚至同时承认世俗真理与神性真理的存在。狄奥尼修斯之所以否认这种由感觉经验得来的因果性，目的在于说明凭感觉经验无法认识到造物主的存在，祂是更高领域的原因，只能用神性的心灵去把握。按照狄奥尼修斯的说法，一切父子身份都是圣父和圣子的最高源泉赐予我们的，后者是前者的真正原因，前者只是后者的相像而已。因此，经验认识中的因果关系，即结果存在于原因之中，并不能获得自身满意的解释，这也就说明它们之间的关系只能是预先存在的，而非自己决定的。[1] 简言之，神学家认为"秩序本身"不在因果事物之中。因果关系只是秩序的体现，或与秩序相像的东西。

三 词义的力量

狄奥尼修斯认为，对词句的理解应注重于词义的力量，而不是只寻求字面上的相互解释。他所说的"词义的力量"，指通过对事物本身的理解获得行为上的指引。简言之，认识的目的在于引领行为。如果不用认识来引领行为，对表达认识的词句的研究就是空洞的。

对于这类空洞的研究，狄奥尼修斯批评道："他们不想了解具体

---

[1] 参见（伪）狄奥尼修斯《神秘神学》，2012年，第17—18页。

词句的意义是什么,也不想知道如何用同等的但更为有效的词句来表达同一个意思。这种人关心的是无意义的字母和句行、音节与词组,他们实际上并不理解这些东西,并没用他们灵魂中的思考部分对之进行考察,他们只不过是在其嘴巴和耳朵里造成了一些空洞的声响。用'两倍的二'来解释'四',用'直线'解释'径直的线',用'祖国'解释'母邦',以及所有这类在意义完全一样的词之间搞交换,是极为错误的。"[1]

这些荒谬的做法在今日仍不断上演。意义是在整体中呈现的,事物是在邻域(neighborhood)中定义的。思想的解释应着力于引起人们对事物的真切认识,思想的价值在于满足人的需求。从思想的解释方式和其价值属性来看,断章取义,重复表达,都不是真正的研究,更不可能以此形成合理的行为。

狄奥尼修斯认为,字母、音节、词语、书面语等都是属于感觉层面的东西,它们在表达中的作用在于帮助建立清晰的理解,要获得对事物的深入理解时,就不能只是停留在这些感觉层面的东西之上,而是要把握到心灵中可以看到的确定不变的东西。就是说,一则要珍视这些清楚的字词,二则要珍视那心灵清楚地看见的东西。[2]

心灵清楚看到的东西,可以是心灵中总会形成的确定的事物关系或认识,也可以是由此扩展出来的整个世界中存在的必然秩序。后者在神学中意味着造物主或上帝的存在,它也被理解为"至善至美者"。在狄奥尼修斯看来,对经义的理解最为重要的是看到"至善至美者",而不是停留于字词,当通过已存在的和正在生成的事物看到其来源"至善至美者"时,万物就会渴求、欲望和热爱祂,纷纷行动

---

[1](伪)狄奥尼修斯:《神秘神学》,2012年,第35页。
[2]参见(伪)狄奥尼修斯《神秘神学》,2012年,第36页。

起来，向祂回归。从这个论述来看，狄奥尼修斯所说的词义的力量，最终指的是推动人回归的力量。

四 好人应维护真理

狄奥尼修斯认为好人应该维护真理。狄奥尼修斯对"好人"的理解，与其认识的目的是引领人的行为这样的思想是完全一致的。他说："在我看来，好人满足于认识，并尽其所能宣布真理本身的真实情况。"[1]这样一来，狄奥尼修斯就将人的向善本性与追求真理、维护真理结合了起来。这样的结合意在表明的是，认识是向善的工具和桥梁，认识的作用就是规范和统一行为，通向至善。由此，认识自身就包含了向善。换言之，追求德性就是要追求真理。埃克哈特的说法也表述了相似的道理："知识胜于爱，但两者皆具胜于独有其一，知识本身携带着爱。"[2]

由此而言，认识论的工作最终被统一在伦理学之下。胡塞尔也曾表达了这样的哲学目标。他强调了哲学的两个任务：一是满足最高的理论需求，即说使得认识越来越精密，越来越有效；二是完成伦理的或宗教的任务，使人们的生活行为受到一种纯粹理性的规范的引导或支配，即人们通常所说的知行合一。[3]这两个任务结合起来就是：追求真理与追求德性是相统一的。

但这里面对的问题是：人们如何会心甘情愿地受制于一种理性认识的引导而放弃自己的一些欲望？宗教多数是以各种教化实现这一目的。君王的政令对人们的思想行为也影响颇深，以至于人们都意识不

---

[1] （伪）狄奥尼修斯：《神秘神学》，2012年，第223页。

[2] Paul Rorem. *Pseudo-Dionysius: A Commentary on the Texts and an Introduction to Their Influence*. 1993, p. 224.

[3] 参见胡塞尔《哲学作为严格的科学》，倪梁康译，北京：商务印书馆，2007年，第1页。

到所经受的影响，因为有些影响已内化于心了。社会生活方式本身是德性和认知的双重结合。要打造好的社会生活方式，最好是在德性生活中朝向真理，在真理的追求中朝向德性。按照狄奥尼修斯的意思来说，好人应该追求真理并维护真理。

五 真理观

狄奥尼修斯认为，只要真理被确立起来，就是对荒谬的最好的驳斥，错误的东西就会不攻自破。他说："一旦任何事情的本性被真理规范显明并被毫无缺陷地建立起来，任何其他的东西、任何甚至有着真理外表的东西都会被斥为异于实在、与实在不相像，被斥为虚假的而非真实的"；"当一个论证由于它自己的真实性而被恰当地建立起来，当它在所有别人的反驳中都坚定站稳、无法被反驳时，一切不是与它完全和谐的东西就会由于真理的直接的、牢不可破的呈现而被自动推翻"。[1]这也潜在地表明人的天性在于追求真理，这恰恰也是向善的体现。由于这种天性的存在，谎言和荒谬会不攻自破。

人自身追求真理拒绝荒谬的这种认识趋向为什么会存在？这是值得研究的认识论问题。这个问题在神学中是以天赋说来解释的，在当代研究中很少再被关注了，但它却无时无刻不影响着人们的生活行为。

狄奥尼修斯所说的真理，如果不计其神学层面的内容，指的是表达了事物本性的规范，它是在认识中按照真实性原则建立起来的，它经得住反驳，使得谬误不攻自破。

---

[1]（伪）狄奥尼修斯：《神秘神学》，2012年，第223、224页。

六 否定神学

在狄奥尼修斯的论述中，真理中那个最终无可辩驳的东西，就是神或上帝，因为所有的关于现实的认知都指向未知，这是不可辩驳的，认识到了这样的无知，就会明白上帝的存在。狄奥尼修斯说："完全肯定的全然无知就是认识到了那超越一切所知的祂。"[1]

在他看来，在论证方法上，抵达神的方法有肯定方法和否定方法两种：肯定方法是从最高的范畴开始自上而下到具体事物，将越来越多的概念包含、统一起来；否定方法是从具体的事物和认识出发通过不断否定的方式，由下而上地达到对超越的本质的理解，祂不具有一切受造物的性质。[2] 对于以否定方式认识上帝的过程，他也比喻为在石头上凿掉不想要的部分以逐渐完成雕像的过程。但与雕刻师获得雕像不同的是，雕刻师获得的是具体的形象，而他将获得的是隐藏的形象。[3]

雕刻家的比喻或许会带来歧义，获得隐秘形象的说法是他的真意。"隐秘"也就意味着其真实形象是现实世界中无法把握和描述的，它是对一切现存的事物和认识的否定。在这个意义上，将狄奥尼修斯的否定神学（apophatic theology）理解为"不定神学"或许更为合适，因为"否定神学"这个词虽然意味着的是对关于神的具体认识的否定，但最终所表明的是，神并非人所认识到的那种特定之物，而是相对此而言不定的。因为是不定的，所以祂是普遍的。持续的否定之后，最终获得的都是未知的东西，它因为未知而普遍，而已知的东西

---

[1] Paul Rorem. *Pseudo-Dionysius: A Commentary on the Texts and an Introduction to Their Influence*. 1993, p. 8. 中文本见（伪）狄奥尼修斯《神秘神学》，2012年，第219页。

[2] 参见溥林《中世纪的信仰与理解：波纳文图拉神哲学导论》，香港：道风书社，2006年，第81—82页。

[3] 参见（伪）狄奥尼修斯《神秘神学》，2012年，第99页。

都有种种局限性。

此外,狄奥尼修斯还有很多思想值得我们深入思考。如万物向善:万物作为存在而言都是善的,万物由于自由地趋向至善而是善的。世界最终由单一性者构成:"二重性者不可能是产生之源,所有二重性者均源于单一性者。"善来源于一个普遍的原因,这即意味着善必须服从世界的统一性。人优越于其他的物种是因为他的理性能力:"从本性上说,人便是坚定正直的领导人和统治者;甚至与非理性动物相比,人在感知觉能力上的本领也最差,但是人还是用其理性之高超力量统治万物,因为人有着从理性的理解力中来的控制能力,有灵性的本然自由与独立。"人通过提升感性形象的认识可以达到对越来越高的神圣者的领悟(玄观)。神秘的事物只能以象征的方式获得理解,从可见者通向不可见者,公开、显明的东西以哲学的方式获得理解,并援用证明的方法。[1]

狄奥尼修斯的思想整体上融贯通透,质疑它虽然可以博得眼球,但这毕竟不是裁决真理的主要理由。真理不取决于从谁的口中说出。在狄奥尼修斯的意义上,真理是对事物本性的倾诉,通过一定的接引方式而被人们认识到。

第五节 马克西姆

马克西姆(Maximus the Confessor, 580–662)是拜占庭的神学家,狄奥尼修斯著作的注释者,其注释也使得狄奥尼修斯的著作逐渐获得了正统神学的地位。有学者认为马克西姆的思想极具原创性,认为他

---

[1] 参见(伪)狄奥尼修斯《神秘神学》,2012年,第42–43、45、51、144、244页。

以一种深刻而引人注目的方式将不同的事物集中于思想之中。[1]他的作品有《爱的世纪》(*Centuries on Love*)、《神学世纪》(*Centuries on Theology*)、《上帝之子的道成肉身》(*Incarnate Dispensation of the Son of God*)、《困惑之书》(*Ambigua*)等。在其《困惑之书》中有很多认识论思想，我们在其中不仅可以看到关于认识能力的分析，也可以看到莱布尼茨单子论的思想源头，以及对人的情绪类型的理解。

一　热情是联结知识与生活的必然要素

马克西姆对热情的论述在于回答如何获得认识和生活行为二者之间的一致性的问题。马克西姆认为，认识若要真正发挥它的功用，必须借助于热情(passion)，热情是联结知识与生活不可或缺的东西，正如关于火的思想不会温暖人的身体，没有爱的信仰知识也不会发光。一个人如果没有了生活的热情，即使他拥有渊博的知识，也会像泥潭里的猪一样沉迷肉体的情欲，因为如果对神圣的事物缺乏热情，那么他们虽然通过灵魂的短暂净化获得了知识，但最终还是重蹈覆辙。一些有学识的人为什么会这样？马克西姆认为，因为人们通常所掌握的真理是不确定的。这样一来，他的知识就缺少一种真正的维系，行为和信念要么忽左，要么忽右，永远处于变化和犹疑之中，因此，只有崇尚神圣的东西，才能解决这种世俗真理的不确定性所带来的问题。对此，马克西姆说："因为在这个世界上，真理存在于影子和推测中，这就是需要神圣之爱的神圣热情的原因，这种神圣热情将直觉(intellect)与心灵沉思联系起来，并说服它更喜欢非物质的东西而不是物质的东西，喜欢可直觉的(intelligible)和神圣的东西而

---

[1] Andrew Louth, *Maximus the Confessor*. London: Routledge, 1996, p.19.

不是感官所理解的东西。"[1]

马克西姆在这里虽然给出的是神学的解释，但这个问题本身却是一个普遍的问题，很少有人去讲明认识转化为行动的具体原因。个人所掌握的经验知识、理性知识，包括科学知识在内，总是在一定的条件下成立的，由于这些知识的建立都立足于一个认识上的前提，而这个前提相对于整个世界而言，实则是预设的，所以，绝大多数的知识无法完全确证，也无法完全证伪。这就形成了这样一个问题：如果不依自己的认识而行动，那么就永远不可能达到预定的目的；如果依自己的目的而行动，由于知识自身的不确定特性，达到目的就不是必然的了，甚至很多时候在起步阶段就遭遇阻隔。在面对不确定性时如何能够坚持目标、持续行动，这是需要解决的问题。对此，马克西姆告诉人们，要对心中的信念保持一种积极的热情。由于这种坚持和努力，个体通过认识的不断获取和调整就可能实现预期的目标。但这种热情不是普通的热情，而是对神圣或最终秩序的热情，因为恒久的热情才会有源源不断的动力。

人如果理解和明白了只有在持续的对问题的热情之中才能获得解决问题的方法，且在已有的坚持中已初尝了这种做法带来的美好体验，那么，他自然就会在新问题探索中保持这样的热情。如果我们明白了这种塑造自我行为的原理，那么，在教育过程中就可能通过干预机制获得好的教育效果。如果要坚持人世间的最高理想，那么，势必就要有完全的热情。

马克西姆说，冷漠是危险的，热情是有益的。马克西姆还明确地认为：爱是一切善的目的；因为爱，人们更喜欢真理；爱包容一切。[2]

---

[1] Andrew Louth, *Maximus the Confessor*.1996, p.40.

[2] Andrew Louth, *Maximus the Confessor*.1996, p.83;89.

在这些论述中，没有爱心和没有热情是等义的，没有爱心就是没有热情，没有热情也就表明没有爱心。冷漠与热情看起来是伦理学的专门问题，但伦理学一般是从其效果上来谈论的，所以，这种谈论是不彻底的，而唯有从认识发生的角度去思考它，才能变得相对彻底。这样一来，冷漠与热情就成为一个彻底的认识论问题。当这个问题诉诸认识论的讨论时，无非立足于两个方面：一是澄清其含混性，方法要么是批判，要么是重新描述；二是考察其发生过程，即对其生成过程进行谱系研究。

二 对人性的理解

马克西姆对人性的理解有多个层次。他以人的直觉能力（intellectual capacity）、理性能力（rational capacity）来理解人的构成。

在马克西姆对人性的理解中，比较有价值的思想是他从意志角度对人性的理解。在马克西姆看来，意志根植于理性（rationality）的本性之中，它与理性的本性相一致，它是一种本性的渴望和力量，是自我管理自我的自我决定运动，而人的独特之处在于自我决定（autexousios kinêsis）。当人们对事物感到困惑之时，他们就会对其进行思考和认识，在这个过程中，意志是一直参与其中的，它可以被称为选择（opinion）、意向（intention）、倾向（inclination/gnômê）。倾向作为意志的一种方式，是我们表达天生的意愿的仅有的一种方式。[1] 总之，意志是对心灵诸多选择、决定、渴望的一种本体化的再表达。

人是以爱来爱的生物，既有动物性层次，也有非动物性层次，而

---

[1] Andrew Louth, *Maximus the Confessor*.1996,pp.58–59.

不是只用简单化了的意志来定义人类。就我所见的许多研究而言，人们对意志的理解多是泛化的，意志自由更是被人们不加思考地接受。一些人可能比较熟悉康德的意志自由思想，如康德认为意志自由是道德前提，这是为道德给出的解释，而不是对意志自由的解释。意志作为愿望的自由仅仅是对多种选择的另一种表达，但意志作为世界的产物，其本身并不是自由的，完全的意志自由是上帝的别称。它本身不能被作为实体来理解。既然不能作为实体，也就只能给出区别性特征而无法认识其根本性质。它贯穿于我们认识活动的始终，并且总是可以在任一认识中被找到，是心灵的一种整体表现。

在胡塞尔的认识论研究中，他将意识的意向性作为一种根本的意识形式，即一种初阶的意识形式，将意志（Wille/意愿）区分为肯定的或否定的，如此一来，这样的意志作为一种选择就成为一种高阶的意识形式。这两个层次之间是有差别的，第一个层次为第二个层次奠基。但如果比照马克西姆将意向和选择都理解为意志的思想，胡塞尔的这种区分实则是不完全成立的，二者之间并不具有这样一种层次上的差别。在认识过程中，意识的整体建构方式只有一种，那就是寻找秩序或次序，但它自身中的观念只是具有相互转化的关系。

三 灵魂的三种运动

相较之前的哲学家而言，马克西姆尝试对灵魂的运动方式进行划分。马克西姆说："灵魂有三种运动：心灵运动，推理运动，感官运动。它们是统一在一起的。心灵运动是一种简单而无法解释的运动，依这种运动，灵魂以一种不可知的方式接近上帝，以一种与任何存在事物无关的超越方式去认识祂；推理运动是根据未知事物确定原因的运动，依此，灵魂自然地运动，将它的认识力量运用于那些事物所有的自然推理之上，这些事物只有根据原因才为人所知，这种运动是形式上的；感官运动是一种复合运动，依此，灵魂受外部事物的影响，如受可见事物的影响，灵魂为自身获得了意指事物的一些印象。"[1]

马克西姆的这一认识在后来阿奎那的思想中体现得非常鲜明。在阿奎那的思想中，他确认了三种理智德性：直觉（intellectus）、科学（scientia）和智慧（sapientia），直觉把握初级原理，科学由初级原理导出真理，智慧把握最高原因（神）。阿奎那的这一理解恰好对应的是马克西姆所理解的灵魂的三种运动。

在我看来，历来的哲学家都是从认识结果出发来划分灵魂或认识能力的，这实质上假定了不同的认识结果是由不同的认识能力导致的。这种假定或许是基于这样一种较为简单的认知而形成的，比如味道和声音是由味觉能力和听觉能力形成的，所以，人们很容易认为不同的认识结果都是由不同的认识能力所决定的。但实质上，味道与味觉能力之间的这种对应能否推及对人的整个认识能力的区分还是成问题的。从能力而言，诸多认识都是多种认识能力作用的结果，味觉中不仅有味觉，还有触觉，美味则有时还需要视觉的助伴，除味觉能力之外，意识自身的转换功能使得味觉所形成的味道成为一种观念化的认识。关于认识的这些过程，早在公元五世纪的佛学经典《瑜伽师地论》中已有较为完备细致的论述。认识活动作为一种自始至终都在寻找事物之关联性的运动，本身是无法以这种方式被区分的。认识作为一种综合性的运动，要么在寻找关联，要么在寻找一种更为广泛的联系，即统一性。在这个意义上，它占据的是各种素材，而不是以不同的能力去执行不同的认识任务。认识能力实则是对求知活动的一种动力学解释。

由此而言，马克西姆和阿奎那只是试图以这种分析方式帮助人们

---

[1] Andrew Louth, *Maximus the Confessor*.1996, p.97.

在心目中建立对神的确信。但这种划分方式本身并不是合理的。同样，胡塞尔对空间意识和时间意识的分析，对于感知和想象的研究，仍然是对于素材的感知分析，这种分析的最终结果是一种对心灵的自由体验的描述过程，并不能形成关于复杂的认识的真正规律，但这种工作对于意识研究而言却具有不可或缺的意义，因为它形成的是一种心灵经验的历史记录。

四 感受与想象力

马克西姆认为，能够获得感受（feeling）的能力就是想象力（imagination），对于知道其自身和我们以及他们的居住地的生物而言，想象力是它的器官，它以此就能接收到它所想象的东西。[1]这里实质上涉及了感觉与感受之间的区分问题。对外在事物的感觉与不完全依赖于外在事物的感受之间理应是有差别的，但这种差别的理论研究意义究竟有多大，还是一个值得探讨的问题。

这二者之间的区分在后世的一些研究中似乎被视为有必要的，但在我看来这种区分并不能增进我们对意识的认识过程的分析，反而会增添许多混乱。在我看来，就意识这一功能体而言，它更多地执行的是一种综合化的认识活动，只有通过综合化的认识活动，意识才有可能把握事物的样态及变化。当我们认识到这一点时，那种区分出来的认识如果不能重新有机地整合起来，那么，它对于解释这种综合化的认识活动就是无效的。正如齿轮上的某个规格标记并不能真正解释齿轮在机器运行时所承担的机械功能。因此，感觉与感受之间的区分如果无助于对认识活动的整体分析，那么这种区分就是没必要的。在我看来，在认识活动中，人们在接收感觉的同时又进行着感受，或者说

---

[1] Andrew Louth, *Maximus the Confessor*.1996, p.98.

执行着某种想象，以此，才能进一步形成认识。即使我们专门研究人的感觉器官的感觉，如通过一系列的实验来证明人的距离感、触觉感受的最小面积等，目的都是形成对人的综合性认识活动的解释，而不是单纯地解释一个现象。这样来看，我们对具体感觉的分析所形成的解释是有助于认识活动的整体研究的。但是，如果我们只是笼统地讨论感觉与感受之间的关系，那么，这种分析思路只能带来诸多含混的分析，如果再去相信这些分析，那就是极其有害的事情。

胡塞尔的想象（Phantasie）概念在其自己的用法中有别于对现实的感知，相对于感官的感知而言，它是一种表象的再造行为，再进一步的分析中，想象行为与设定行为相对立，也就是说想象相对单纯一些，而设定又添加了一些意识要素。从这些观点来看，胡塞尔试图从最基本的感觉出发建立一条认识的形成线索，这是值得肯定的工作思路。但实质上，从马克西姆的观点来看，想象就是获得有别于感觉的感受，也即建立更多的感觉之间的联系。在想象中，有效用的感觉关系（表象关系）被作为认识，无效用的感觉关系就只是想象了。

马克西姆将想象理解为感受的观点对于我们理解认识论中的想象力这一问题和胡塞尔现象学中的相关问题是有帮助的。但马克西姆将想象力理解为一种能力或思维器官的看法，在我看来则是不合适的。这样做就等于在理解思路中将想象力实体化了。想象力被实体化以后，想象力的性质就可以用来解释更多的关于想象的现象。但关于想象的现象是无穷的，所以这种理解思路显然是无法胜任与此相关的解释任务的。避免简单地将认识论研究的认识对象实体化，是认识论基本的工作原则之一。

五　心灵的五种沉思类型

马克西姆认为心灵的沉思有五种类型：存在（to being）、运动

(movement)、差异(difference)、混合(mixture)和位置(position),通过这五种沉思,可以获得我们渴望知道的意义(logoi[1])。通过存在这一沉思,我们追寻万物源头,寻找事物的原因;通过运动,我们看到每一个事物的存在以及事物在形式上的相同之处,并理解世界中存在着一种秩序;差异表明的是判断,通过差异确定的是事物的自然身份;存在者的混合象征的是我们的倾向(inclination);位置是根据倾向选择的标记工具(character)的老师。如果将运动与位置结合起来,将差异和混合结合起来,那么,所有事物的本质由此就被概括为三种:存在、运动和差异。[2] 马克西姆的这些理解的目的在于通过这些沉思方式领悟到神的存在,但抛开这些神秘的面纱,我们看到的是认识事物的五种基本方式。

这种对问题的思考习惯在当前越来越少了,人们多倾向于对已有的结论略作发展而形成自己的观点,却不愿意对世界进行一种根本的沉思或默想(contemplation),这就导致现代世界在理论领域内很难形成新的观点,因为人们对最为根本的问题通常是漠不关心的,反正有现成的知识可以解决人生的很多需求。心灵的沉思类型规定的是认识的基本形态。基本形态决定的是认识的发展方向。认识中的局限性,恰恰也是由这种基本形态导致的。

对运动的理解,本身就意味着以秩序的存在为前提,只要论及这五种沉思方式的其他四种,都意味着存在。没有差异,事物自身的身份就无法确立起来,因而也就不能形成对事物与事物之间的关系的认识,也就不会存在事物之间的结合。如安波罗修说:"差异性产生多

---

[1] logoi这个词在马克西姆的用法中也指最高归属,理解为"最高意义"比较合适。
[2] Andrew Louth, *Maximus the Confessor*.1996,pp.109–111.

样性。"[1]这也说明差异自身就是多样性的体现。没有事物的多样，也就无需认识事物之间的关系。简单来说，说其存在，就是在意识中获得了确认。差异表明的是形态关系，而运动是更复杂的形态关系。

认识的存在本身就意味着运动、差异、混合、位置、秩序等的存在。因此，马克西姆对这五种方式的论述即对形成认识的基本要素的理解，也是基于对认识的这种理解而形成的对整个世界的理解。基于这样的理解来看，整个世界与人的认识是可以取得一致的，即沉思的确定性支撑了认识的确定性及一致性。这实质上就是在回答人的认识与其认识对象的一致性问题。这个问题在胡塞尔那里就是"认识如何能够切中客体"的问题。对此，胡塞尔的解决方式是，对于已经发生的认识，在意识活动中重新去考察它的发生过程，然后再逐级地重新建立关于对象的认识。如果考察的是已有的哲学家的认识，那就要进行认识批判，如果考察的是自己的认识，那就要进行自我审查，或反思，即对已有的认识过程进行迭代。胡塞尔的做法是近现代科学的经典做法，有助于获得更为精细的认识。马克西姆的这些思考也是不可或缺的，它提供了更多的思想经验样本，如果这些分析经历了时间后仍然被确定为合适的，那么，就有利于后人聚焦探索的目标、有效收缩探索的范围。人类知识作为一种历史性的构成，离不开所有成员的共同试错和尝试，更离不开彼此经验的交流与借鉴，在绵延的知识历史中，任何一个微小的科学发现都是以数千年的经验尝试和整理为其前提的，只是很少有人留意那些失败的例子和念头。

---

[1] 安波罗修：《论基督教的信仰》，杨凌峰译，罗宇芳校，北京：生活·读书·新知三联书店，2010年，第191页。

六 时间与永恒的关系

时间和永恒的关系问题涉及的是认识中规律的效用范围的问题。从马克西姆的论述来看，他对于时间和永恒的理解，也是基于心灵沉思类型做出的。

马克西姆以运动界定了时间和永恒。他说："当运动停止时，时间就是永恒，当以运动测量时，永恒就是时间，因此，可以定义永恒是剥夺了运动的时间，时间是以运动测度的永恒。"[1]简言之，永恒没有运动这一属性。可见，马克西姆对永恒这个概念做出了清晰的界定。在诸多思想论述中，人们要么对永恒抱有期望，要么对永恒予以否定，很少做出定义。

马克西姆界定永恒并不是为了说明世间事物的永恒性，他恰恰是不认可这一点的。马克西姆认为，事物正是因为有了生成和变化，所以才不是永恒的，才是会腐坏的。他说："普通的东西因变为特殊的东西而腐坏，特殊的东西因还原为普遍的东西而腐坏。总之，一切因其他事物而产生的东西都会腐坏。"[2]这一论述虽然也是在证明造物主的永恒性，但也的确说明了世界上的一切事物都因其变化而不是永久的。也就是说，变化证明的恰恰不是无限性，而是一种有限性，因为如果事物没有限度或规定，我们也就无法认识它，我们认识事物时也就是在规定和限度中去认识它，且认识的存在，说明的是变化的存在，变化恰恰表明的是有限性。这是不可逾越的真理。那种无限性只是我们心中趋向的无限的可能和变化，所以，我们所谈论的无限性是我们所说的可能性的一个变种，是时间或空间上延展后的变化的可能性，而非不变性。

---

[1] Andrew Louth, *Maximus the Confessor*.1996, p.128.

[2] Andrew Louth, *Maximus the Confessor*.1996, p.132.

马克西姆认为，一切事物不仅不具有永恒性，反而恰恰都是有限的。他认为宇宙中的任何事物都是有限的，因为数量和存在方式本身体现的就是有限性。他说："宇宙中所有存在者的存在都不可能是无限的，所有这些事物就全部数量而言都是有限的，这限制了其存在的逻各斯和存在方式，就宇宙的存在而言也不是无限的。宇宙中的任何实体都是受限的，因为根据他们的逻各斯，他们之间通过数量和存在相互限制。"[1] 马克西姆总的意思是说，如果没有限度，也就不会有事物的存在和运动，也就不会有质量、关系、时间，任何有形的东西都不是无限的。这也是潜在地强调一个观点，因为世界的有限性，我们才能够获得对于世界的认识，同时，也意味着认识本身是有限度的，通过运动、质量、关系等获得认识，始终都是一种有限的认识。在以有限度的这些东西表现无限时，它其实指的是一种趋向。

七 流形概念

流形是数学和哲学中的重要概念。马克西姆基于事物之间的关系来理解"流形"（manifold）这个概念。他说："流形是智力与他们所感知的事物之间的关系，也是感官与他们所经验的事物之间的关系。"[2] 在马克西姆看来，无论将整个世界做何种划分，其各部分之间都是必然联合在一起的。具有现实性的整个自然可以分为可理解的和可感知的，有永恒的存在，也有暂时的存在，有的受智力支配，有的受感觉和知觉力量的支配，但一种不可分割的力量使得彼此分开的每一部分都自然地联结在一起。也就是说，整个世界具有一种不可抗拒的统一性和关联性，于此，感官与事物之间的联结也是必然存在的。

---

[1] Andrew Louth, *Maximus the Confessor*.1996, p.137.
[2] Andrew Louth, *Maximus the Confessor*.1996, p.121.

流形实质上表达的是基于这种普遍联结的事物之间的关系，因而它在认识中也就成为必然存在的东西。

在这个意义上，流形表面上看起来是事物的空间关系，或者说事物与事物之间的关系，但实质上而言，流形是在智力活动或在意识的认识活动中所形成的关于事物的特定的且具有连续性的空间关系，它是智力或感觉中的关系，因此在对同一事物的理解中，基于不同的认识方式所形成的就是不同的流形。就此而言，流形不能被简单地理解为有限的种类，如拓扑流形、微分流形等，而应该被理解为人类建立的可度量和描述的任意的具有特定的连续性的关系。胡塞尔多次使用过流形这个概念，他试图用流形概念来描述纯粹意识的诸多关系。如他在为科学奠基的意义上将理论的理论称为纯粹流形论。在这样一个构想中，他试图组织"各种可能理论的本质类型"并研究"这些本质类型相互之间存在的规律性"，这等于要形成科学的科学、规律的规律。[1]

在我看来，这种理解方式等于把"流形"实体化了，即把一种看待世界的最为根本的方式实体化了。这种做法只能导致这一理论工作的无绪与失败。即使我们假设所有的认识都是基于最基本的纯粹流形构成的，我们也无法以此推演出人类的诸多认识，因为最基本的这些模型之间的组合变化是无法穷尽的，其效应也不包含在自身中，而是包含在事物的关系及它们与事物的关系中。对意识的流形的理解，在我看来只可能是这样的：意识在认识活动中可以滑向任意对象，可以试图建立任意的具有特定连续性的关系，只要这种关系投射到事物上时每次都能够描述事物的状态和变化，那么它作为对这个事物的认识就被暂时保留了下来。因此，关系的任意性是意识流形的最基本特

---

[1] 参见胡塞尔《逻辑研究》，倪梁康译，北京：商务印书馆，2015年，第248页。

征。认识到这一点，并不是说就可以帮助我们获得对事物的进一步认识，而只是在表明意识活动拥有可以去表现事物的关系的无限敞开的权能，且这种权能至多使我们建立一种探索的态度，尝试用流形的思路去进行规律的发现工作，而不是说我们获得了一种一劳永逸的方法，因为它只是基本的方法，而对人类有用的方法和认识都是具体化了的。

从数学（几何学）流形的认识思路出发去尝试理解认识论意义上的意识分析工作无疑是可取的，但它并不能直接形成具体的成就，科学的基础还在于发现。如果我们从"关系"这一角度去思考永恒与暂时，则永恒意味的是不变的关系，暂时意味的是可变的关系，相应地，流形则是指可任意形成的关系。

八 单子论

单子论思考的是世界整体在根源上是如何构成的问题。在马克西姆的思想中，我们可以看到莱布尼茨单子论思想的源头。马克西姆说："每个二元体（dyad）都是由数确立的，每个单子（monad）作为组成它的部分也是这样，所以，单子的结合消除了无限制性"；"只有单子才是真正不动的，因为它不是数，既不是可数的，也不是被数的，因为单子既不是部分也不是整体和关系，且[只有单子]才适合被称为没有开始的，因为没有任何东西先于它、从它开始，当运动时，单子获得存在，且适合被称为无限，因为它是每一个数和所有可数或不可数的事物的原因，甚至超越任何关系、任何部分、整体，以及合适、真实、首先、独立、简单等所有的这一切，因为单子是原初的和最初的存在。"[1]

---

[1] Andrew Louth, *Maximus the Confessor*.1996, pp.139–140.

在马克西姆看来，无限是不可理解的，即无法以现存事物的性质获得理解，在无限中一切意义都消失了。对照莱布尼茨的单子论思想来看，其很大程度上就马克西姆单子论思想的展开。莱布尼茨扩展了单子的性质探讨，如不可分性、相互之间的传导性，把单子视为世界的一种最基本的构成，物质表现和感觉表现是单子的不同形式的表达，它们本身在单子身上是统一的。

九 情绪的类型

采用何种尺度划分事物，关系到对事物进一步的整体认识，划分的尺度不一，造成的只能是认识的混乱。从马克西姆对人的情绪类型的划分中，我们可以看到尺度的确立是进一步细致区分和认识事物的核心工作，如果不如此，就无法对人的情绪展开有序的分析。

马克西姆在《困惑之书》中，对人的情绪类型进行了划分，在此总结和引述如下：服从理性的事物分为渴望的和激怒的两种，渴望的部分又分为快乐和悲伤，达到其目的的渴望产生快乐，未达目的的产生悲伤。渴望又可以分为渴望、快乐、恐惧和悲伤。善可以是真实的，也可以只是被认为是善的，一种被期待的善就成为渴望，在当下就是快乐，一种被预期的恶被称为恐惧，当下的恐惧被称为悲伤。悲伤可以分为痛苦、抑郁、妒忌和怜悯四种。痛苦会导致人无言以对，因为它把理性拖到深处；抑郁会压抑并在不想要的情况下引起烦恼；嫉妒是对别人的好东西的悲伤；怜悯是对他人邪恶的悲痛。[1] "恐惧又分为六种：惊慌、羞愧、耻辱、惊愕、恐慌和焦虑。惊慌是对即将发生的行动的恐惧，羞耻是对预期的责备的恐惧，耻辱是因为做了不光彩的事情而感到丢脸，惊愕是对某种巨大形象的恐惧，恐慌是对剥

---

[1] Andrew Louth, *Maximus the Confessor*,1996, p.146.

夺人理智的可怕谣言的恐惧,焦虑即害怕跌倒,害怕失败。因为当一个人害怕时,他就会在失败的控制中挣扎。也有人称之为胆怯。"激怒分为三种:愤怒、愤恨和怨恨。愤怒是被激发的力量,又被称为生气和报复。生气是对造成悲伤的他人的反应;报复是悲伤的人对造成悲伤的他人的惩罚;愤恨是褪劲的煽动性力量;怨恨是等待报复时机的煽动性力量。[1]（如图表7）

```
                        ┌─ 自然的部分
          ┌─ 不服从理性的 ┤
          │             └─ 滋养的部分
          │                            ┌─ 生气:对造成悲伤的他人的反应
          │             ┌─ 愤怒:被激发的力量 ┤
          │             │              └─ 报复:对造成悲伤的他人的惩罚
          │    ┌─ 激怒 ─┼─ 愤恨:褪劲的煽动性力量
          │    │        └─ 怨恨:等待报复时机的煽动性力量
灵魂的激情 ┤    │
          │    │                  ┌─ 渴望:被期待的善
          │    │        ┌─ 关于善的 ┤
          │    │        │         └─ 快乐:当下的善
          └─ 服从理性的 ┤
               │        │         ┌─ 痛苦:无言以对
               │        │         ├─ 抑郁:不想要的烦恼
               │  渴望  │  ┌─ 悲伤:当下的恶
               │        │  │      ├─ 嫉妒:对别人有好东西的悲伤
               │        │  │      └─ 怜悯:对他人邪恶的悲痛
               │        └─ 关于恶的 ┤
               │           │      ┌─ 惊慌:对即将发生的行动的恐惧
               │           │      ├─ 羞愧:对预期的责备的恐惧
               │           │      ├─ 耻辱:因做了不光彩的事感到丢脸
               │           └─ 恐惧:被预期的恶 ┤
                                  ├─ 惊愕:对某种巨大形象的恐惧
                                  ├─ 恐慌:对剥夺人理智的可怕谣言的恐惧
                                  └─ 焦虑(胆怯):害怕跌倒、害怕失败
```

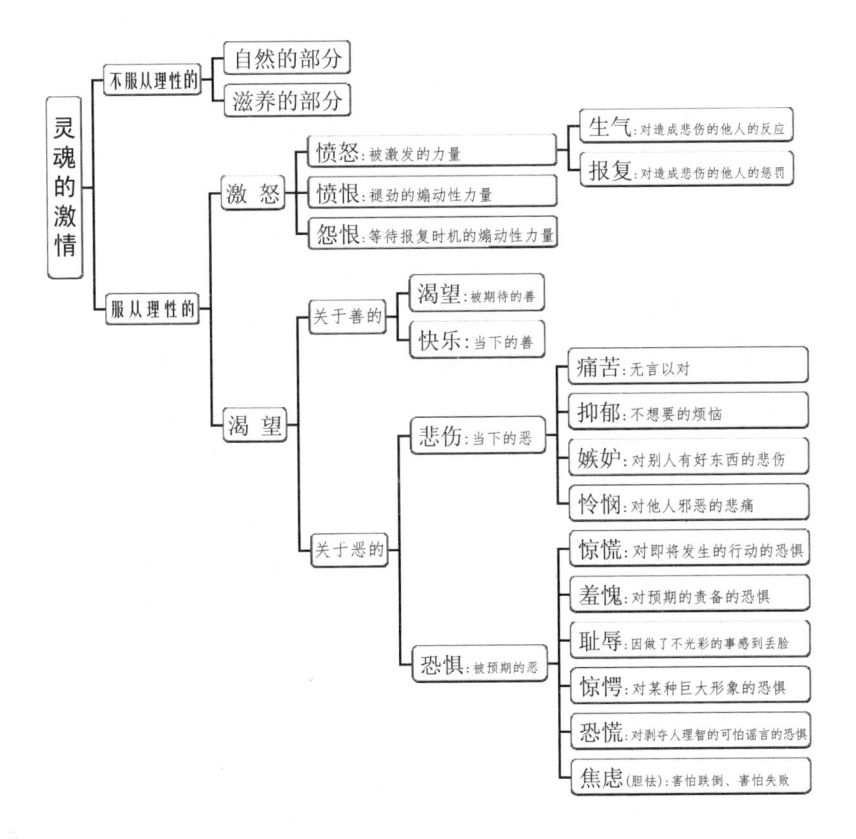

图表7 马克西姆情绪分类表

---

[1] Andrew Louth, *Maximus the Confessor*.1996, p.147.

在这一划分中，马克西姆采用的尺度有预期与当下、善与恶、实现与未实现、对他人的与对自我的、煽动性力量等。马克西姆认为，神圣的指引最终能消除那些不好的情绪所产生的影响。

马克西姆对情绪类型的划分，是我们理解越来越多的社会心理问题之所以发生的理论基础。如痛苦意味着无言以对，抑郁意味着对烦恼的拒绝，如果我们增加表达的通道，减少令烦恼发生的事情，则不少心理疾病自然就会减少。报复和生气原本是同样的心理类型，它们都属于被激发的心理类型，由此来看，鼓励和激励，在为人注入精神力量的同时，也会转化为生气和报复，成为社会中的灾难现象的原因。然而，很多科学知识并不是在平和的心态中被创造的，而是被激发的精神力量创造的，由此，如果我们用本体论的思路去叙述，则知识在其根本源头上是有一种精神之恶的，我们可以简称为"知识之恶"。通过马克西姆的分类表我们还可以发现，人们在渴望中形成的善的类型，远少于在渴望中形成的恶的类型。由此可以推想到的是，渴望的增加意味着恶的增加。善的类型个个相似，恶的类型个个不同。由马克西姆的分类表我们还可以获知，罪恶并不产生于非理性的部分，而恰恰是产生于人的理性部分。在服从于理性的部分，我们看不到爱意，只有当下的快乐和美好的期待，除此之外是愤怒、愤恨、怨恨、生气、报复、悲伤、恐惧、痛苦、抑郁、怜悯、嫉妒、羞愧、耻辱、惊慌、惊愕、焦虑、恐慌。可以说，这样的理性不是为了人们的爱，而是对心理需求的计算。由此也可以推想到的是，认识论的回答是整体上回答社会问题的基础。

在马克西姆的《困惑之书》中，还有很多思想值得我们讨论。他说："知识是人类理解善恶的源泉。"[1]这即说善恶的分辨是基于人们

---

[1] Andrew Louth, *Maximus the Confessor*.1996, p.127.

的认识，这也就意味着一切伦理学的问题都需要最终在认识论上获得解答。在前世教父哲学家的神学辩护中，对神学的很多异议也是基于认识论的理解而进行驳斥的。马克西姆认为，感觉和感觉的结果是不可分割的，两者无法直接区分开来。他说："本质上而言，感觉是包含在通过感觉所感知到的东西中，由感觉所感知到的东西，借由被理解为感觉物而包含在感觉中。"[1]这也就意味着对于感觉的理解始终是与感觉到的东西结合在一起的，剥离了认识对象的认识论研究是很难进行下去的。此外，马克西姆还认为，思想可以仅通过理性到达上帝，而无需进行任何禁欲斗争或实践。[2]这一观点与后世的一些神学主张显然是不同的，他显然是立足于心灵的认识看待信仰问题的。

马克西姆的这些思想中包含着很多现象学研究中需要处理的认识论问题，两者之间并不是没有直接关联。现象学注重的是对意识活动的分析和描述，注重的是对每一认识的意识发生过程的描述，而古代的思想家则重在呈现意识的内在的直观性认识的结果。如果没有前人的这些认识，那现象学的悬搁就没必要存在，因为悬搁就是对前人的认识结论的悬搁，悬搁之后在意识中重新去考察。通过对这些认识的还原，我们可以更清晰地看到它们的真实含义和形成它们的意识进程。

第六节　爱留根纳

爱留根纳（Johannes Scotus Eriugena，810–877）于爱尔兰出生并接受教育，后移居法国，是亚略巴古的狄奥尼修斯著作的拉丁文

---

[1] Andrew Louth, *Maximus the Confessor*.1996, pp.131–132.
[2] Andrew Louth, *Maximus the Confessor*.1996, p.91.

译者，其思想受尼撒的格列高利、狄奥尼修斯和马克西姆的影响比较深。他被称为辩证法大师，被视为黑格尔—马克思主义辩证法的先驱。[1]他的代表作是《论自然的区分》(*Periphyseon/De Divisione Naturae*)。在这部作品中，爱留根纳出色地论证了神性、人性和宇宙的整体统一性。我们在这部作品中可以看到很多认识论思想，尤其是该著的第四卷中，讨论了人的各种认识能力。

一　两种区分自然的方式

对自然的区分涉及的是认识论中的标准问题。标准基于区分而形成。更确切地说，标准与区分意味的是同一回事。爱留根纳对自然的区分方式有两种，一是以存在与不存在为规定做最基本的区分，二是以主动和被动为尺度将自然（φύσις/Natura）区分为四种。

第一种区分是从感知的结果的状态出发形成的。爱留根纳说："尽我才智所常常思考，甚至更为细致地研究的问题是，所有能被心灵把握和不能把握的事物，基本上首先分为存在的和不存在的。这里所说的所有事物，如果用一般术语表达，在希腊文中是φύσις，在拉丁文中是Natura。"[2]

根据事物是创造的还是被创造的特性，自然又被区分为四种：第一是创造而不被创造，第二是被创造而又能创造，第三是被创造而不能创造，第四是不能创造也不能被创造。这实质上是以"主动"和"被动"的结合情况及先后顺序，组合出了四种结果。根据这种推演，

---

[1] Dermot Moran. "The Reception of Eriugena in Modernity: A Critical Appraisal of Eriugena's Dialectical Philosophy of Infinite Nature." *A Companion to John Scottus Eriugena*. (Brill's Companions to the Christian Tradition, Vol. 86) Edited by Christopher M. Bellitto. Leiden/Boston: Koninklijke Brill NV, 2020, p.427.

[2] Johannes Scotus Erivgena. *Periphyseon* (*Division of Nature*).Translatedby I.P. Sheldon-Williams, Revised by John J. O'Meara. Montréal: Bellarmin/Washington: Dumbarton Oaks, 1987, p.25.

形成了四个不同的层次，分别对应四种事物：第一种是上帝，第二种是第一因，第三种是物质实在，第四种是作为万物回归之终结的上帝。

这四个方面的讨论分布在对话《论自然的区分》第一、二、三、五各卷中。这部五卷本对话录的第一卷讨论了上帝，第二卷讨论了上帝创造万物的过程以及第一因，第三卷讨论了物质实在，第四卷讨论了人类前进和回归的中心，第五卷讨论了所有创造物应回归的神圣原则。[1]

以往将爱留根纳对自然的划分称为理性的划分，这种理性的划分，实质上就是人以特定的认识尺度对事物所做的排列组合。这实则是所有理性设计和规划的基本做法，即从现成的确定无疑的准则出发进行推演。推演的方式要么是排列组合，要么是递进关系，或加上空间、时间等可以扩展的要素，推断事物的变化。又因为理性所选用的这些形式本身就取之于自然之中，在这种情况下，如果自然世界本身的规律在局部可以得到表现，或局部是其整体的分形，或局部是自然世界本身的分形，那么，这些形式的组合变化在一定程度上理所当然可以对自然世界给出合理的解释和预言。相比而言，胡塞尔对事物的区分主要延续的是古希腊传统。在《纯粹现象学通论》中，他将世界区分为自然与精神两种，这实质上没有完全摆脱主客二分的方式，这就导致胡塞尔的整个现象学都呈现为主体追赶客体的方式。在我看来，整个世界应该从统一性中去理解，以更为精确的理解要素去理解统一性中的循环、生成关系，包括自然的生成关系和认识的生成关系，而过去的主客二元的划分存在两种最终的导向：要么导向不可知

---

[1] Elena M. Lloyd-Sidle. "A Thematic Introduction to and Outline of the Periphyseon for the Alumnus." *A Companion to John Scottus Eriugena*. 2020, p.114.

论或坏的怀疑论；要么导向神学的解释，未知事物成为塑造现实世界规则的神秘力量。招至这两种导向的根本原因不是过去的思想有错误，而是现代人借用旧时哲人解决过去问题的方式来试图解决现代的问题时，由于慵懒于沉思之事，没有基于现实社会的矛盾而再度从根本上思考问题。过去的人只是在设法解决过去的问题而已。

爱留根纳对存在与不存在的解释，实质上体现了最为基本的区分事物的思维方式，这种区分是以感觉和直觉为基础的。爱留根纳认为存在就是感觉和直觉可以认识和理解的事物，不存在就是超出直觉的存在，它们表现为不存在。不存在的东西只有通过上帝、质料、以上帝为根据的理由和本质（essentia）才能正确理解。由此，他在后续关于上帝的解释中将上帝解释为超越者，如超视、超永恒、超真理、超智慧、超本质、超善等。这也说明，一切认识中的解释都是以感觉为起点的，无论多么复杂和神秘的划分，都是从感觉层面开始的。对于将自然分为存在和不存在的解释方式，爱留根纳一共给出了五种：[1]

第一种是从感觉和直觉来理解存在与不存在；

第二种是从事物的高低层级来理解的，对低级的肯定就是对高级的否定，反之亦然，每一层级的事物相对于自身就是存在，当其不允许被低一级的看到时，就是不存在；

第三种理解是，事物处于时间、地点、一定的质料和形式中，用语言表述就是存在，反之则不存在；

第四种理解方式是用来分析有形体的生灭变化的事物的，事物依靠直觉能理解就是存在，相反，需通过谱系、质料会引起的变化而推断出来的东西，就是实际上不存在的东西；

---

[1] Johannes Scotus Erivgena. *Periphyseon* (*Division of Nature*). 1987, pp.26–29.

第五种是以本性是否缺失来理解的。本性缺失就是不存在，本性还在就是存在，如人舍弃了其本性，就不存在了，恢复了良善的本性，便又存在了。

这五种方式中，第一、三、四种是从理解能力上界定的，第二种是从等级上来界定的，不同等级之间存在兼容和否定，第五种是从本质上来界定的。在我看来，根本的区分方式，如果从周全的考虑出发，应该是两种，一是现象层面的区分，一是本质层面的区分，在这两个区分中，基于现象的区分推断出了本质的区分，等级的区分是本质上的区分的延伸。但爱留根纳此处的目的在于阐释神道而非认识论，这之中蕴含的认识论思想只是他分析问题的工具而已。

二　内感觉与外感觉

爱留根纳对内外感觉的区分是我们审视哲学史上这一问题的思想参照。在洛克以来至布伦塔诺这一历史时期的认识论历史中，对内外感觉的区分较为常见，但大多没有给出明晰的区分标准，而爱留根纳给出了明晰的区分标准，这个区分标准不是通常所认为的身体的内外，而是感觉是否稳固长存。这即从时间尺度上对感觉做出内与外的区分。

爱留根纳主要讨论了内感觉。爱留根纳认为内感觉（sense）与直觉（intellect）和理性（reason）具有共同的本质。在爱留根纳的看法中，当他说心灵由直觉、理性、感觉这三种能力构成时，感觉指的是内感觉而不是外感觉。爱留根纳明确地认为，这三者都是内在的，而不是外在的。内在的感觉在爱留根纳看来是稳固长存的，与直觉和理性共存，而外在的感觉则不是这样的。对此，爱留根纳说："就感觉而言，我指的是内在的而不是外在的。因为它是内在的，所以它与直觉和理性是有共同本质的；当它是外在的时，尽管它看起来更多地属于灵魂而不是身体，但它并不构成灵魂的本质，如希腊人所言，它是灵魂和身体的一种联结。当身体消亡、生命逝去时它就完全消失了。如果它还在灵魂中且属于实体，那么灵魂在没有身体的时候就仍可以运用它，但实际上，没有身体它就无法运作，也不会这样做，于是，人们就会得出这样的结论：当它灭亡时，它不会留在身体中，当它停止控制身体时，它也不会继续与灵魂在一起。"[1]

爱留根纳援引奥古斯丁对于感觉的理解来证明这一看法并非自己独有的。内感觉与外感觉的区分在后世的阿奎那的著作中也可以见到。[2]但如果我们不是从神学的解释出发，而是从认识论研究的科学立场出发，则这种划分的合法性是成问题的。

这种不合理性在后世一直存留着。在布伦塔诺的现象学思想中，内观察（inner Boebachtung）是不存在的，因为布伦塔诺认为人无法在心理活动进行的同时对其进行观察，所以他选择用内感知（inner Wahrnehung）这个词来表达对心理活动的感知，即"在回忆中对之前的心理状态进行观察"；而外观察指的是对外在的物理对象的观察。[3]这里所说的内感知，实质上就属于爱留根纳所说的内感觉。在《逻辑研究》中，胡塞尔继承了布伦塔诺的这一说法，但并没有对此予以质疑和觉得有何不妥。但是，后来基于这一划分的研究一直没有取得什么实质性的进展，这不得不使我们怀疑这种划分的合理性。在我看来，后世哲学思想中对内感觉和外感觉予以区分的做法并非必要的，因为外在的感觉与内在的感觉之间的区分是以感觉对象的类型为标准的，而不是直接对内外两种感觉能力做出的区分。实质上，人们

---

[1] Johannes Scotus Erivgena. *Periphyseon (Division of Nature)*. 1987, p.172.

[2] 参见段德智《中世纪哲学研究》，北京：人民出版社，2014年，第119页。

[3] 参见布伦塔诺《从经验立场出发的心理学》，郝亿春译，北京：商务印书馆，2017年，第43页。

在心理上无法对内感觉和外感觉做出区分，它们只能从生理上被区分。这就导致了一种明显的谬误，即将实现不同结果的或许是不可分割的方式分为截然不同的两种，就像是认为厨师切黄瓜的刀具和切萝卜的刀具不是同一把刀具一样。但这种谬误与爱留根纳没有多大关系，爱留根纳的内感觉与布伦塔诺和胡塞尔的内感知是不一样，后二者仅仅将其用来指对心理现象的知觉，有别于想象（Phantasie），含义相对狭窄，而爱留根纳的内感觉恰好指的是想象和与想象类似的东西，他援引了希腊文的 διάνοια（diánoia/想象/意义/意图）来解释内感觉。这个含义大于前面讨论过的马克西姆的感受（feeling）这一概念，但本质上是一样的。这个含义也大于布伦塔诺和胡塞尔的内感知概念，但后者如此区分的目的主要是为纯粹的心理描述的可行性做理论准备。

爱留根纳对内感觉与直觉和理性的同一性解释，使我们再度在认识论研究中看到了心灵作为统一性存在的必要性。基于这种统一性立场，对心灵或认识论的研究应注重统一性，而不是让分解出来的各种认识能力各说各话，彼此之间无法有效地衔接起来，那样就背离了研究认识活动的初衷。认识论作为对认识活动的哲学研究，理应获得的是对认识活动的统一性解释。

相应地，内感觉和外感觉之间的区分应该重新得到说明，这种区分在研究中应该有限度地使用。在我看来，从时间上看，内外感觉是相继发生的，彼此之间具有支撑或引导作用，对外物的观察可以获得意识内的表达（表象），但意识内部形成的进一步构想的表象，不一定能在外物身上体现出来。这可以当作对某一认识过程中相继发生的两个现象的区别。意识内部的想象和意图，自然是可以作为内感觉而言的，内外的区分是发生次序的不同。对于某一认识过程而言，要么内感觉在先，要么外感觉在先。不能把生理上的内感觉（刺痛）与外感觉（对外物的观察）当作构成内感觉与外感觉的划分依据。这二者如果要做划分，那么，实质上都属于外感觉或外观察，只是前者形成的是触觉结果，后者形成的是视觉结果。实质上，感觉序列产生后，存在的是意识发生的先后问题，而不是内外问题，以内在和外在做出区分，并不能有利于清晰、合理地解释认识活动的发生过程。基于外物的观察之后，意识中形成的不仅有表象，还有基于表象的想象，即表象与表象之间的排列组合，而判断则是获得进一步确认的想象而已，无法在现实中确认的就成为幻想，留待确认的就仍叫作想象。于此，梦经过醒来的确认后，就被追认为梦，它是意识自发的幻相，有别于主动的想象。致使二者形成的触发物是不一样的。确认过程就是去寻找构想中应有的表象，这个寻找过程可以凭借记忆在内部完成，也可以在外物身上重新观察以获得结果。

当然，爱留根纳对内感觉的解释是为了说明心灵的三位一体，以最终引向对上帝的解释，而不是像我们这样是为了对认识活动做更为细致的研究。但他的理解恰恰使我们以一种更为全面的方式去理解内感觉。这个概念大于后来的内感知、想象概念。他所说的外感觉就是身体感知，或者说是生物体的感知。这在诸多生物体上都有不同程度的发生。爱留根纳将其明确地定义为感官所接收到的外在事物的形象。内感觉恰恰是一种心灵的认识能力。它与直觉和理性在本质上一样的，但它是不同的认识能力。基于爱留根纳的这种理解，我们将内感觉理解为内在的表象及其变化者（想象）之后，就可以形成对人的整个认识过程的理解，并将过去的那些源自不同理解路径的认识论概念贯通起来。

三 灵魂的三种普遍运动

爱留根纳关于灵魂的三种运动方式的理解，是对认识发生过程的一种解释。在爱留根纳的解释中,心灵的三种能力,直觉、理性和内感觉,也就是灵魂的三种普遍的运动:直觉运动、理性运动、感觉运动。

这三种运动各自执行的任务是不一样的。直觉运动超越了灵魂的本性,通过这种运动,灵魂围绕着未知的上帝运动,但不能形成对上帝的认识。理性运动处于灵魂的本性之内,通过它的科学操作,获得的是对形成万物的自然原因的认识,这种原因只为人所知。感觉运动是一种组合的运动。在此组合运动中,灵魂首先通过外在感觉接受事物的形象。事物的形象共有五重,这是由灵魂运作的五种感官决定的。接收形象后,整理出秩序,再通过它们找到它所想象的原因。在这个过程中,灵魂通过将外在于它的东西与确定的符号对接起来,并重新在其自身中构形,形成可见事物的原因。[1]

从这些论述来看,感觉运动形成的认识就是我们通常所说的经验性认识,笼统地说,这样的认识是通过整理事物的形象而形成的。

爱留根纳进一步认为,在感觉运动中,存在两个形象(phantasies),第一种形象首先产生于感觉器官中的可感本性,它被相应地称为印象(image),在感觉中表达。第二种形象是从这个印象中产生的。当第二种形象从第一种形象中形成时,第一种形象就被称为外感觉。第一种形象依附于身体,第二种形象依附于灵魂。第一种形象无法自我感知,第二种形象不仅可以感知自身,也可以感知第一种形象。接下来,当感觉运动放弃所有可感事物的形象,并去清晰地理解那摆脱了具体印象的原因和其自身素朴性中的原因时,就越过了理性运动而进入了第一种运动,从而形成关于造物的追问。[2]这样,

---

[1] Johannes Scotus Erivgena. *Periphyseon (Division of Nature)*. 1987, pp.176–177.

[2] Johannes Scotus Erivgena. *Periphyseon (Division of Nature)*. 1987, p.177.

爱留根纳基于心灵三种运动的解释帮助人们建立了对造物主的认识。

爱留根纳的这两种形象实质上对应的就是休谟在认识论研究中所讲的印象与观念。可以说，胡塞尔现象学中关于意识的大量分析，都是在处理爱留根纳所说的这两种形象在意识中的发生问题。在这里我们需要注意到的是，爱留根纳强调印象产生于感觉器官的"可感本性"，这一说法意味着事物的印象是主观上的反映和表达。这样一来，感官的不同就决定了印象的不同，同一感官能力的差异以及感受方式的变化也就决定了对同一事物形成的印象的"精度""密度"等是不同的。这也可以解释为什么在绘画训练中，教师非常注重对学生眼力（观察力）的训练。

四　概念的实体化

认识是思维活动的结果或内心构造的结果，这是稍加体会就可认识到事实。与奥古斯丁及后世诸多哲学家一样，爱留根纳也持这样的观点。但与很多哲学家不同的是，爱留根纳还认为，构造的基本概念都是实体。由此，认识自身也就有了实在的基础。但人这个实体无法理解为什么会存在两种实体，因为他受制于自然实体这一被造的实体，当它试图理解自然实体是被造的时，就不知不觉进入了对造物主的认知。实体说有助于理解不同认识的合法性基础，但神学家主要以其来理解造物主。

爱留根纳认为，人在对可感事物的认识中所形成的种类、数量、质量等都是以某种方式在意识中创造的。他说："我的身体感官所抵达的可感物的种类、数量和质量是以某种方式在我身上创造的；因为当我将它们的形象印刻在我的记忆中时，当我通过区分和比较在自己内心中处理它们时，以及原原本本地将它们聚集成一种统一体时，我注意到外在事物的确定知识是在我内心中被建造的。"[1]爱留根纳的这一理解与奥古斯丁是一致的，他也援引了奥古斯丁的说法以证明这一理解并非自己独有。

爱留根纳还认为，实体概念是人创造和拥有的。同样，人不仅可以将所有可理解和可感知事物的概念称为那可理解和可感知事物的实体，也可以将差异、属性、偶然性视为差异、属性、偶然性本身，即其自身的实体。比如，质量、数量、形式、大小、平衡、条件、行为、倾向、地点、时间等一切与形体结合在一起的东西，都是实体。[2]由此，人在概念操作中形成的这些表达，就可以真正反映对事物的认识。如爱留根纳所言："根植于人类天性中的知识的东西拥有其认识他们自身的实体。"[3]

这些概念所指的东西，是认识的基本材料，当对其实体化后，胡塞尔所说的"认识的主体如何切中客体"的问题实质上就不存在了。在我看来，当质量、数量等这些东西被实体化后，这就等于说人利用这样的实体所建构的形体必然在世界中会存在相对应的东西，因为一者本身和另一者在根本上是相互呈现的关系，建构的东西本身是生成的，而非凭空建构的。基于此来理解，真理问题就成为两种实体如何对应的问题。一种是自然的实体。一种是人为建构的实体。当真理找不到自己对应的实体时，就不能被称为真理而只能被称为构想。当真理找到了自己的实体，就被称为真理。当真理不能对应某一实体时，它相对于这一实体而言就被称为谬误，而不是说它必然就是谬误。由此也可以进一步说，有着不同认识能力的物种在感知世界后形成的实体是不一样的，但它们都可以真正反映对世界的认识；认识能力具有

---

[1] Johannes Scotus Erivgena. *Periphyseon (Division of Nature)*. 1987, p.409.

[2] Johannes Scotus Erivgena. *Periphyseon (Division of Nature)*. 1987, pp.414–415.

[3] Johannes Scotus Erivgena. *Periphyseon (Division of Nature)*. 1987, p.420.

差异性的不同个体，在头脑中建立的实体是不一样的；人在受到不同的训练或受到不同的发展变化的影响后，建立的实体也是不一样的。因此，他们对自然世界的反映和表达形式也就是不一样的。但他们都可以真实地反映对世界的认识，其差别只是在于真实性的层次不同，在于认识的细致程度、形态和角度不同。将感知结果实体化，并从研究实体的思路去研究人的认识活动的发生和变化，也是我们认识论研究的一个好思路，这也恰恰是以现代自然科学的理念和方式研究认识活动的思路。

爱留根纳也是从自然实体和人为建构的实体这两个方面来理解人这个实体的：一方面是人作为可领悟到的原因中受造的实体，另一方面是在这样的受造结果中生成的实体。我们也可以将此称为"双重实体说"。爱留根纳说："一方面，人的实体被认为是在可领悟的（intelligible）原因中受造的；另一方面，它被认为是在结果中生成的。就前者而言，人的实体没有变化；就后者而言，它会有变化。由于前者简单，不涉及任何偶然性，人的实体让渡了所有理性（reason）和智慧（intelligence）；就后者而言，它接受了数量和质量的一种组合，以及其他任何与之相关的可理解的东西，从而，它变得可以被头脑理解。因此，同一事物可以被认为是双重的，因为有两种看待它的方式。但无论在结果还是原因中，以及无论它是被赋予偶然性还是保持其纯粹的简单性，它处处都保持着它的不可理解性（incomprehensibility）。无论如何，它都不受制于受造的感觉或直觉，甚至关于它自身是什么的知识。"[1]基于这些理解，爱留根纳把关于实体的理解与上帝这一创造者联系了起来，形成了对世界统一性的解释，又回答了人的认识为什么具有多样性和局限性的问题。多样性体

---

[1] Johannes Scotus Erivgena. *Periphyseon (Division of Nature)*. 1987, p. 417.

现为：人根据自己创造的实体，如质量、数量、时空等的组合，来形成对事物的认识。局限性体现在：人的这些创造却最终受制于其自身是被造的这一原因，而作为这种原因的造物主又是人所不能理解的超实体的东西。

这一本身极富智慧的关于实体的思想，是爱留根纳神学论证的重要工具。但当我们剥离这层隐秘神奥的面纱后，就可以看到其中隐藏的关于人的认识与世界之间为什么具有同一性的论证。爱留根纳认为人的实体不涉及偶然性且让渡了所有的理性和智慧，这也说明理性和智慧是关于可能性的，当二者形成"理解"时，"理解"也就意味着是对"可能性"的理解。因此可以看出，人的认识是在"可能性"中运行的。

五 表象的实体化

不仅形式、数量、质量、时空等这些东西是人所造的实体，内在于人自身之中，自然世界的一切事物，在爱留根纳看来都是以实体的方式存在于人自身中的。他说："我们被告知要相信和理解每一个可见的和不可见的受造物都是人独立创造的，这样并非没有道理的。没有任何受造的实体不被理解为存在于人自身中的，在本性中发现的种类、差异、属性、本性的偶然性，要么没有不是天生在人之中的，要么没有他不能认识的，而且，他自身拥有的关于事物的知识超出他所知道的事物那么多，就像超出了构成他的本性一样。因为每一个理性的本性（rational nature）都比非理性（irrational）的和感性的本性更受喜爱，因为它更接近上帝。因此也可以正确地理解，内在于人性中的知识的东西，在对事物自身的认识中拥有它们的实体。在哪里它们自身被更好地认识，在那里它们就必然享有更真实的存在。此外，如果事物自身更真实地存在于它们的概念中而不是它们自身中，并且它们的概念是自然地呈现给人类的，那么，它们在人类中就是普遍创造的，这在一定时候无疑会以万物向人的回归被证实。"[1]这里所说的回归，蕴含着的实则是在认识方面的回归，也是万物作为精神实体的回归，而不是说万物自身作为自然实体转变为自然实体意义上的人。根据这样的理解，由万物向人回归，再由人向上帝回归后，关于整个世界的统一性秩序就可以被这样建立起来。它即自上而下的秩序建构过程，也是自下而上的秩序建构过程及理解过程。而形成这个思想的关键环节，就是将认识中所存在的一切要素都实体化。在这种实体化的思想中，潜在贯彻的是一种将必然性从人造的思维实体转化到自然实体中的认识工作思路。在这个过程中，这两种实体被视为具有同一性的实体。这样，人对于自然事物和整个世界的理解也就具有了必然性。从这样的认识思路的目的而言，这样的理解方式中潜在地包含着的逻辑是：有了必然性就有了合法性，有了合法性就有了合法的行为律条，然后就有理由让人们去遵从这样的律条。因此，这实则是从认识论方面对人类世界的行为律条的合法性做出的说明。人们都是在设法用类似的方式证明自己的合法性，以怀疑论的方式证明敌对方的无效性或不合法性。

在布伦塔诺和胡塞尔的理解中，外在事物是以表象的方式内在于意识中的。就此而言，这一说法在古代思想家爱留根纳那里，相当于以实体的方式内在于人自身中。他们对认识过程的这一基本理解实则是一致的。但各自的理论目的和说法是不一样的。

布伦塔诺希望通过对于意识内在的种种表象的描述，构建一套描述的科学，然后这种科学就可以很好地服务于推理的科学或理解的科学。包括伦理学在内，都是这样一门描述的科学所服务的对象。他把

---

[1] Johannes Scotus Erivgena. *Periphyseon* (*Division of Nature*). 1987, p.420.

这门科学称为经验心理学。

胡塞尔把表象视为客体化行为,即意识活动对其认识对象在意识中的构造行为。这个基本的含义在本质上与布伦塔诺及先前哲学家的理解是一样的。但胡塞尔区分了不同的表象行为。这些表象行为要么是以对象的类型做出区分的,如世界表象、图像表象;要么是以认识能力做出区分的,如回忆表象、直观表象;要么是以抽象的范畴做出区分的,如普遍表象、单纯表象。这些区分对于标记不同的认识行为所形成的表象是有一定的理论作用的。但这对于表象的认识并没有多少意义。因为当表象作为行为来理解时,它的意义是通过其执行的目的而得到体现的。表象行为与其所呈现出的表象并不一致,而只是与其目的处于统一体中。以往的哲学家大多混淆了这一点。

爱留根纳将外在事物理解为心灵创造的实体,这实则就是将外在事物的表象作为心灵内的实体,他的这一理论的目的在于说明万物向上帝回归的必然性。因为世界一切事物都受造于上帝,且受到第一因的支配,因此向上帝的回归是其必然。而这个"必然"经由人这个被造的实体得以实现。在这个过程中,因为人的理性在上帝那里共享最真实的存在,所以万物以概念的存在方式作为人所造的实体也就共享了最真实的存在,由此,就可以通过认识向人回归,继而向上帝回归,即向在自然的区分中所区别出来的第四类事物回归,祂就是"不能创造也不能被创造"的作为万物回归之终结的上帝。爱留根纳对这一回归历程有一系列的论述。[1]对此,从人类认识的发生和发展变化历程来看,这一回归实则是沿着认识发生发展道路的回归,他所描述的历程,实则也是认识的自然形成、理智形成和最终追求的历程。

为了证明外在事物是以实体的方式存在于人的意识中,爱留根纳以几何图形来说明自己的这一理解的合理性。爱留根纳说:"如果有些人觉得这些事情太深奥或完全不可思议,如果他不熟悉所有被称为学问(liberal)的自然技艺(natural arts),那他要么保持沉默,要么学会不要轻率地讨论他不理解的东西:倘若他学会了,他会清楚地看到(提供给他这类才能的一个例子)几何图形不是天然存在于它们自身中,而是存在于它们所属的技艺的'理性'(reasons)中。因为在物质对象中,身体感官所看到的三角形是一种存在于心灵中的事物的感性图像;并且,这个三角形的实体将会在获得指示的心灵中被他理解,并通过合理的判断来确定三角形或本身是图形的三角形哪个更好。如果我没有弄错,那么,他会发现这个图形是一个真实的图

---

[1] 回归上帝的过程共有八阶七程,前五阶在自然之内,对应受造物的五倍数,后三个在自然之外,对应造物主的三倍数。人经过七段历程后进入第八阶复活。这在爱留根纳《论自然的区分》最后的问答中有清楚的说明:"他们走过的路,本身可以分为七个历程。第一程是将尘世的身体转化为生命运动。第二程是将生命运动转化为感觉。第三程是将感觉转化为理性。第四程是理性进入心灵,这是每一个理性(rational)受造物的终点,然后是我们本性部分的五重统一。其中,身体、生命运动、感觉、理性和心灵不再是五个,而是一个。在每一个中,较低的本性都被吸收到较高的本性中,这不是为了失去它的存在,而是为了成为具有更高本性的存在。接下来将有三个上升历程:第一个上升是心灵转化为关于上帝之后出现的万物的知识;第二个上升是将知识转化为智慧,即对真理最内在的沉思,受造物要尽可能地这样去做;第三个上升,也是最后的历程,完全净化的灵魂超自然地融入上帝本身,他们进入隐藏万物之因的不可理解和不可接近的'光'的黑暗中。然后,黑夜将像白昼一样发光,也意味着,上帝最为隐秘的神奥将以我们无法描述的方式向蒙福和启蒙的理智揭示出来。然后,将到达由数字8构成的超自然立方体的完美坚固性,诗篇第六篇标题说到它:"大卫的八度诗篇"。正是出于这个原因,主的复活发生在第八天,当这个生命经过由七个时代所神秘指示的七段旅程时,当人性如我们所言将通过其上升到第八阶时,从世界末日开始的蒙福生命回归其本原(Principle)。" Johannes Scotus Erivgena. *Periphyseon* (*Division of Nature*). 1987, pp.712–713.

形，当然，却是一个假的三角形，而存在于技艺中的三角形是图形的原因，是真正的三角形。再者，我说的不是那想象的三角形，它产生于心灵，通过记忆进入感官，通过感官进入的可感知的图形，也不是通过身体感官从可感知的图形返回并植入记忆中的三角形，而是那个在技艺本身中永远不变的真正的三角形，在那个三角形中，线和角并存，没有一处是角、一处是中间，没有一处是末端、一处是点，没有一处是由点到边的空间，没有一处是由点到角的空间，没有一处是线的起点和被交会的线包围的角；但所有这些都是一个，且在几何学家的头脑中是同一个概念，整体在部分中被理解，部分在整体中被理解，在直觉自身中得以统一，因为直觉是它所理解的所有事物的实体因，几何体的图形由此进入个体的东西中。"[1]

按照这一理解，包含在直觉中的直觉可以理解一切事物。但这种实体不是自然实体，而是一种无形的实体。包括性质、数量在内，都是以这种无形的方式存在于灵魂、心灵或直觉之中。爱留根纳的这一思想与柏拉图的"相论"是相似的，即在感性现实与作为理解对象的现实之间做出了明确区分，且把"相"（eídos）理解为形成认识的根本，如铜壶之所以是壶，是因为它拥有壶的"相"。由此可以窥见他的思想的确有柏拉图的印记。学者们通过研究也发现，在中世纪用拉丁文写作的思想家中，爱留根纳对希腊新柏拉图主义的关注是最多的。[2]

由于爱留根纳认为，人们必须知道到每一事物身上都存在实体（oὐσία/essential/substance/Ess ence）、潜能（δύναμις/potency/potential/virtus/Power）、行为（ἐνέπγεια/actus/operatio/act/Operation）

---

[1] Johannes Scotus Erivgena. *Periphyseon (Division of Nature)*. 1987, pp.421–422.

[2] Michael Harrington. "Eriugena and the Neoplatonic Tradition." *A Companion to John Scottus Eriugena*. 2020, p.64.

三个本体论成分的动态关联，Giulio d'Onofrio甚至认为，爱留根纳的认识论思想源于柏拉图的本体论。[1]

这些关于认识论的神学论述并非就是神学的，它只不过是以神学的语气来讲明认识的自发性（必然存在的生物种类上的信息反馈机制）是怎么一回事情。

六 认识能力是如何产生的

从爱留根纳的论述中可以看到，认识能力是由灵魂的运动产生的。

爱留根纳认为，灵魂（soul）是一个整体，它通过感官接受可感事物的形象，并将这些东西以整体的方式进行整理。它自身是最为简单的，而不是多样的，说它是多样性的，是就其功能和运动的多样性而言的。[2]由爱留根纳的这一认识我们可以理解到的含义是：灵魂代表的是认识的整体性，它是多样和单一的统一，而不只是意味着将多样性统一在单一性中。多样性是由灵魂的运动所形成的，所以，只能通过多样性来理解单一性，这时候，单一性就被我们认为是对多样性的统一了。事物在实质上被预设为单一，在运动上被视为多样，这是所有理解活动的必然结构。由此可见，认识中的统一性并不是什么神秘的东西，而是将多样性（不同的东西）与单一性（某一个东西）联系了起来。这种联系要么是与某一个具体的东西相联系，如我们用门来指代房子，要么是与事物的理念相联系，如我们用房子的理念来指代房子。当用房子的理念来指代房子时，这个理念在具体化的过程中就有了多种选择，既可以是门，也可以是窗户、床铺、房子的形状、

---

[1] Giulio d'Onofrio. "The Speculative System of John Scottus Eriugena and the Tradition of Vera Philosophia." *A Companion to John Scottus Eriugena*. 2020, p.226.

[2] Johannes Scotus Erivgena. *Periphyseon* (*Division of Nature*). 1987, pp.436–437.

结构等。

灵魂的运动所产生的就是不同的认识能力:"灵魂的运动,以灵魂为基础,也被称作'数-灵魂'(soul-numbers),她有不同的名称。当她专注于沉思她的造物主的活动、超越她自身并超越对所有受造物的理解时,她被称为灵性(直觉)、心灵或精神;当她以可称为她本性的第二活动来研究自然的原因时,她被称为理性;当她发现它们,区分并定义它们时,她被称为内感觉;当她通过她的身体器官接收可感的形象时,她被称为外感觉(不是因外感觉本身就是灵魂的本质,而是因灵魂正是通过它才感知到可感觉的形式和种类;因为简单心灵的本性与多种多样的身体器官有巨大差异);当她通过给身体提供营养来调控身体时,她被称为生命活动。"[1]基于此,爱留根纳认为,灵魂给生命提供营养并支配着所有的生命活动,因此理性在生命力量中也就有三个变体:第一个是在无需感觉的情况下提供营养;第二个是提供营养和感觉,但没有理性的运作;第三个是完美的和明智的,它渗透到每一种力量中,驻扎在其中,但游荡在理性之上。

对于什么是生命运动,爱留根纳还有一些解释,这些解释是我们理解智慧生命的思想参照。爱留根纳说:"生命运动是身体和灵魂之间的一种联系或联结。通过生命运动,它们彼此依附,通过它,身体借由灵魂形成,被赋予生命,在清醒和睡眠时由灵魂掌管,就是说,灵魂无论关注身体活动,还是离开感官,好像遗忘了身体似的,在自身之内休息,都在掌握身体。即使在秘密和不可言喻的沉默中它也不会停止掌管身体,为身体的所有部分提供食物以滋养和保全身体。但是,当身体和灵魂彼此分离时,生命活动就结束了。因为当它没有运动时,它就不能生存,也就是说,除非它能运动,它才存在,因为它

---

[1] Johannes Scotus Erivgena. *Periphyseon* (*Division of Nature*). 1987, p.437.

无非精神支配身体的运动。但在死亡时，运动和被运动都结束了，所以其中的运动完全消失了。"[1] 从今天生命科学和脑科学的研究成果来看，生命无时无刻不在运动之中，大脑也无时无刻不在运动之中，这在古人那里已经得到了基本的认识。

对灵魂的这些理解和解释，是我们理解西方哲学史中灵魂学说发展历程的思想资源，由此，就可以在古代的灵魂学说和现代的认识论之间形成一条思想理解的路径。

七 "无知才是智慧"

为了说明上帝的不可知性，爱留根纳提出了"无知才是真正的智慧"的论断。爱留根纳认为，通过上帝所造的东西，人们推断出了上帝的存在，但人们无法理解祂，因为祂是超本质的，所以，人类对其不能拥有任何本质性的概念。当人们只知道祂存在而不知道祂是什么时，人头脑中的神性形象就会最为清楚地被辨别出来。因此，认识到自己对其无知才是真正的智慧。爱留根纳说："对于那些研究上帝和人类的人而言，更值得深思的是，相比于知识，人的头脑更以无知为荣，因为对祂是什么的无知比知道祂是什么更值得称赞，正如对上帝的否定比对祂的本性的肯定更符合对其本性的赞美，不知道比知道祂的本性更有智慧。"[2] 简言之，认识到对上帝的无知是最有智慧的认识。

爱留根纳在这里以无知为智慧进行论证的目的，是使人们看到自身的渺小，从而建立对神的崇拜。这种做法实则是利用人们认识世界的过程中所产生的心理上的无力感来实现使人倒向对神的精神依赖的

---

[1] Johannes Scotus Erivgena. *Periphyseon* (*Division of Nature*). 1987, p.441.

[2] Johannes Scotus Erivgena. *Periphyseon* (*Division of Nature*). 1987, pp.417–418.

目的。其初衷并不能说是全然无意义的。它也意味着首先获得确信后再去教化才会有效果。

此外，爱留根纳有很多思想和认识是值得我们思考的。他认为：[1]

算术是关于数字的科学；

真正的理性以普遍和多元的方式存在于"原因"之中，而不是存在于活动和操作之中，它不是许多东西的一种集合，而是从奇异性（singularity）中产生的，它是数的原因，也是数的实体，它自身是稳定的，作为多样性倾注到所有事物中且永远存在于其中；

单子（Monad）就是统一性，是所有数的开始、中继和结束，是所有项的整体、部分和每个数量；

力量（force）是单子中永恒不变的实质性美德，能力（power）是内在的可能性；

运算（operation）是一种心智运动；

形象（phantasies）要么是从记忆中获得的，要么是灵魂赋予的，要么是通过外感官从身体外部获得的；

在事物自身理解自身的地方，对自己的认识和自己是合一的，这两者是同一回事，但在理解的事物和理解者之间，感知和感觉先于理解对象。

人有两种接受知识的方式，一种是以一般的和隐秘的原因接受知识，另一种是以特殊的和公开的结果接受知识；

拥有纯粹理解力的人是在他的理解中被创造出来的，比如当我理解你所理解的东西时，我就形成了你的理解力，并且，以一种无法描

---

[1] Johannes Scotus Erivgena. *Periphyseon (Division of Nature)*. 1987, pp. 274; 279–281; 423; 428; 530–531; 557–558; 653; 673.

述的方式,我在你的里面被创造了出来;

拉丁文和希腊文中的 essence、natura、essentia、φύσις（phýsis）、οὐσία（ousía）这几个词是可以通用的,由于 φύσις 来自动词 φύομαι（phýomai）,意为"我出生"（I am born）,οὐσία 来自动词 εἰμί（eimí）,意为"我是"（I am）,二者在根本上是同源的。当受造者在它的理性（reasons）中持存,它就是 οὐσία,预先所造的一些物质,就是 φύσις,希腊语中这两者的用法没有差别,所以拉丁语中 essentia 与 natura 的用法也是同样的,essence 和 οὐσία 也是可以相互替换的;可感知的事物的本质（essence）,就是奥古斯丁所说的本性（nature）,因为它是超出一切时空变化的神圣智慧不可改变地创造的,所以它永远存在。但时间和空间中产生的自然（nature）注定要灭亡,向其开始的地方回归,这也正是希腊文 τέλος（télos/决定、终结、最后、走向、目标）所表示的含义。这个词在希腊文中,既是"开始"的意思,也是"结束"的意思,这个词的含义预示了这一回归;

谨慎观察,最好不要轻率地在两个不同权威观点之间做出判断,因为你很难偏爱其中一个和轻视另一个,这会引起巨大而直接的争议;

时间和地点是不可分割的（在这一点上他赞同马克西姆和尼撒的格列高利的观点）,每一时间中的事物都是地点中的事物,每一地点中的事物都是时间中的事物,运动同时在空间和地点中发生,时间与地点属于宇宙这个整体,是世界的两个基本组成部分,它会随着世界的消亡而一同消亡,地点不是一个可定义的概念,它永恒地存在于心灵之中,在空间意义上,它是身体的数量的延伸。时间和地点是世界的两个最基本的存在,没有它们,其他事物就不能存在,这正是希腊语中的 ὢν ἄνευ（ōn áney/没有存在）表达的含义;

就人的思维活动的基本过程而言,灵性的人类正是通过内心的沉思而进入他所要判断的事物的原因之中，他不是根据对可感知的事物的外在观察来进行判断，而是根据内心的原则、事物展开的不可变的秩序、万物合一的原初形式来进行思考的，所有的事物都将向原始原因回归；

真理的存在使人蒙福，真理的缺席使人悲惨。

这些思想也代表了古代哲学家在自然哲学和认识论方面的一些基本观点。神学家的这些认识都是基于内心的反思而形成的。随着时间的推移，从较早的克莱门开始一直到爱留根纳，神学的认识论思想不断发展和增多。

第七节　安瑟伦

安瑟伦（Anselm，1033-1109）出生于意大利，是中世纪著名的神学辩护士，也被视为经院哲学的开创者，他的代表性著作有《独白》《宣讲》《天主为何降生成人》等。安瑟伦的著作有很多采用对话的方式进行写作，他有三篇哲学对话，分别是《论真理》《论选择的自由》《论恶魔的坠落》。他通过理性来解释神学信仰的合理性的做法，也被视为用科学方法理解信仰的典范。[1]以理性来解释神学信仰，这说明其解释中必然有很多认识论思想，比如在其作品《论和谐》（De Concordia）中就可以看到。

一　表达事物的三种方式

表达方式是传递信息的方式，简单的方式传达简单的认识，复杂

---

[1] 参见《安瑟伦著作选》，涂世华译，北京：宗教文化出版社，2006年，"总论"第2页。

的方式传达复杂的认识，因传递出来的符号总是可以通过方向的指明或更复杂的指示将人引向对象或物体，所以，基于此人利用自身的思维能力相应地构建起来的认识就可以理解信息中传达的意思。安瑟伦认为，事物的形式是事物的表达方式。对事物的表达有三种方式，第一种是以可感知的标记来表达事物，如人的姓名；第二种是用内心思考中的标记来表达事物，如对某一姓名的怀想，默默地在心中想起这个人的姓名；第三种是用事物在内心中的形象或事物的本质去表达事物，如人是理性的、有死的动物。其中，内心中的形象是想象的产物，而事物的本质则是理性觉察的结果。在这三种表达方式中，前两种因人、因族而异，第三种是本性上的，所以它对所有人都是共同的。本质和形象与事物越是一致，它就越具有真理性。[1]简言之，表达事物的形式的类型有外在的符号形式、心里的符号形式、体现事物本质的形式这三种。第三种表达方式是从何处产生的呢？安瑟伦说，这种表达方式在具体事物存在之前就已经存在于最高实体之中，是最高实体用来创造具体事物的。

安瑟伦的这些说法也在表明，第三种表达方式是其他表达方式的基础。因为如果没有本质认识的一致性和形象的一致性，那么内心即使存在对事物的怀想，也不会形成认识，更不可能用外在的符号来标记事物了。正是因为内心中存在可以反复确认的形象，某个事物才被确立为某个事物。正是因为内心中洞察到了事物的本质，我们才能够形成对事物的分类，然后，才能得出概念以指称一类事物，形成的认识才能是某一类事物的认识。

内心中形成的事物的本质形象，我们可以理解为事物的本质在人

---

[1] 参见安瑟伦《独白》，见《信仰寻求理解：安瑟伦著作选》，溥林译，北京：中国人民大学出版社，2005年，第39页。

心里的直接的表达。如此一来，安瑟伦通过神学化的论证，就避免了对本质的表达和形象的表达为什么会具有真理性这一问题的不完善的经验式论证。在经验论证中，对事物的真理性认识是不断归纳总结的，这样的真理都是暂时性的，所以，经验主义立场发生动摇后就会陷入怀疑主义或虚无主义，这势必会影响信仰和信念的持续。而神学化的论证实质上是将经验性认识中的"真理要素"直接规定为在最高实体中存在，从而使这一要素自身既具有经验性认识中可以直观验证的真理性，同时也具有了根基上的合法性，从而也就实现了对经验性认识的最终合法性的论证。按照安瑟伦的解释，本质在人心里的表达之所以存在，因为它本身就是最高实体中的，是在创造时留在人心里面的。因此，它的合法性是不言而喻的，形象和本质作为内心的语言，本身就是最高的实体。[1]

安瑟伦对表达方式的论述是为了引出对神学上的最高实体的诸种性质的论述。但除去其神学上的思想要素，安瑟伦的这一论述带给我们的有益思想是：形象是事物的表达形式，本质是类事物的表达形式。在之前的神学家，如爱留根纳那里，事物实质上存在双重的表达。这两种表达是等效的：一种是感觉方面的表达，即我们所说的各种可感的形象或形式之类的表达；另一种是物质的表达。或者说，这两种表达是同一回事。因而，对事物的认识与事物的物质性方面的表现自身就是一致的。这也是莱布尼茨在其《单子论》中所借用的主要观点。只是爱留根纳将这些形式方面的东西实体化了，而莱布尼茨还强调了感觉化的一面，但这二者的思想实质是一样的，即将形式与形式所指的对象同质化了。既然同质化了，形式与其对象、特性与其实体、感觉与其可感物之间在根源上就是一回事了。由此也可见，即使

---

[1] 参见安瑟伦《独白》，见《信仰寻求理解：安瑟伦著作选》，2005年，第43页。

备受人们称颂的莱布尼茨的《单子论》,其中的主要思想也并非莱布尼茨个人的独见,我们还有什么理由罔顾思想的历史就来谈论某些哲学家的观点是一种创见和思想呢?尽管前人的这些解释无法满足今天人们精密化的理论需求,但就其时代和效用而言,在当时,或在特定的认识需求中,这种论证在人所能及的理解范围内,已然能够满足人们的精神需求了。

二 真理性的七个类型

哲学著作中时常会看到哲学家谈论真理,但神学著作中对真理的讨论更多一些。古希腊哲学中,哲学家谈及真理较少,多是在谈论知识的标准问题。在中世纪之后,哲学家对真理的讨论略有增多,但与神学家相比较少。可见,在过去的哲学史中,真理问题是常见的神学问题,而非主要的哲学问题。

安瑟伦一共区分了七个类型的真理性(truth)[1],分别是陈述的真理性、意见的真理性、意愿的真理性、非自然行为的和自然行为的真理性、感觉的真理性、存在的事物的真理性、最高的真理性。

第一类,陈述的真理性。安瑟伦首先表明,当一个陈述在表达事实时,它就是真实的(true)。对此,他说:"在什么情况下陈述是真实的?无论是肯定还是否定,当它表达的是事实时。因为当我说,

---

[1] 在这里将英译本中的 truth 理解为"真理"和"真理性",当其可以指具体的真理时译作"真理",当其指真理的一般性时译作"真理性",相应的 true 则按一般译法译为"真实的"。后面的 will 这个词作名词时,译为"意愿",通常在胡塞尔的中译本中也是这样翻译的,这没有什么特殊的含义,与译为"意志"是一样的含义,这两个中文词的根本含义是一样的,只是在现代汉语的发展过程中,受语境影响,"意志"这个词的情感色彩较浓一些,即表达了较强的心理强度,"意愿"普通一些,作为术语使用时,不刻意表达较强的心理强度。在叔本华著作的不同翻译中,有"意志"和"意欲"两种译法。在下文中作动词时,有时作"希望"理解,有时作"渴望"理解,有时作"想要"理解。

即使当它否认什么时，它还是在陈述某事，因为那是它陈述事实的方式。"但我们都知道的是，事实不等于表达的真理性，事实只是表达具有真理性的原因。通过追问陈述本身是什么，并不能认识到什么是真理（truth），如对陈述进行定义，根本不决定什么是真理，否则，所有的陈述都将成为真理。那什么是真理性呢？安瑟伦认为，当一个陈述表达的是"原原本本的东西"时，这个陈述中就包含真理，这个陈述就是真实的。换言之，当一个陈述表明了它理应表明的东西时，它就是正确的。正确的也就是真实的，正确性也就是真理性。因此，当一个陈述在表达某个事物不是什么的时候，如果那是它理应要表达的，那么，它也是真理。进一步而言，当表达是什么的陈述和表达不是什么的陈述都是真理时，那么，真理就不再取决于"是什么"和"不是什么"，即不再取决于获得意味这个目的，而是取决于它获得的意味的权能（power）。陈述所具有的正确性和真理性是一回事，获得权能去意谓什么，是另一回事。每一个陈述都具有意谓的权能，但不一定具有真理性。如"人是动物"没有权能来指"人不是石头"这样的表达，同样，后者也不能用来表达前者。[1]这两种陈述在具体的语境下都可以成立，都可以用来表达真理性的东西。如将人与自然事物相区别时，"人是动物"表达了真理性，但当在精神或灵魂的意义上理解人时，这个表达就不再具有真理性，人就变成了具有理智的动物。同样，"人不是石头"，不具备石头那样的功能，相比而言柔弱易损、不耐寒热，需多加保护，在这个意义上，这个表达具有真理性，但当我们在谈论人的物质成分时，这个表达又不具有真理性。"意谓的权能"指的就是"这样表达是合适的"，也是"应当这样表

---

[1] St. Anselm. "On Truth." *Basic Writings*. Edited and translatedby Thomas Williams, Indianapolis/Cambridge: Hackett, 2007, pp. 119–122.

达"的意思。因为"正确性"还不是对什么是真理的完善的回答,所以安瑟伦进一步用权能去进行解释。我们最终可以获得的理解是,在安瑟伦这里,陈述的真理性指的是对陈述的正确使用,陈述要合乎认识的目标及其论说系统。

第二类,意见的真理性。安瑟伦说:"无论我们通过理性思考还是其他方式思考,当事情如我们思考的那样时,我们也将想法称为真实的,反之则称为虚假的。"想法有真实与虚假之别,也就是说意见有真理和虚假之别,因此,不是所有的意见都有真理性,只有那些合乎事情的想法,即思想,才具有真理性。安瑟伦认为,这同样是因"权能"(理应这样的结果)赋予思想正确性和纯正性(rectitude),所以思想才具有了真理性。这里的权能已不是指意谓的权能,而是指思考的权能。安瑟伦说:"根据我们在陈述的情形中发现的有说服力的推理,没有什么比想法的纯正性更应该被称为真理。事情的是与否赋予我们思考的权能,是为了让我们能够思考是什么、不是什么。因此,如果某个人思考的'是什么'是存在的,那么他就是正在思考他理应思考的东西,所以他的想法是正确的。继而,如果一个思想是真实的和正确的是因为我们认为它'是什么'和'不是什么'是存在的,那么,它的真理性非它的纯正性莫属。"[1]在这里,纯正性就是"理应那样"的意思。"理应那样"就意味着真理性。因此,纯正性在这里仍然表达的是"权能"的意思。思考在这里表达的是相对于陈述而言的不同层次的认识关系,因此,思考的权能意味着可以获得更为抽象的认识。在这种真理性的理解中,意见具有了真理性时,我们称之为思想,思想是由思考的权能所赋予的,即某种认识在思考中就是这样。

---

[1] St. Anselm. "On Truth." *Basic Writings*. 2007, p. 123.

第三类，意愿的真理性。意愿意味着行为的选择。安瑟伦说："现在，当真理自身说恶'没有坚持真理'时，意愿中也有真理。因为那意味着在意愿中他拥有真理，只是后来放弃了它。"简言之，意愿的真理性取决于是否坚持真理。安瑟伦认为，一个人选择坚持真理，是他应该做的事，而放弃真理就会导致罪恶，他说："如果他总是想他应该做的事，他将永远不会犯罪；犯罪是因为他放弃了真理。"因此，安瑟伦认为意愿的真理仍然是以纯正性作为判断标准的。他说："真理非纯正性莫属。因为如果他处于纯正性和真理中，他期望他应该做的，即他为此获得了一个愿望，并且，当他希望他不应该做的时，他就放弃了纯正性和真理，在这种情况下，我们就不能将真理理解为纯正性以外的任何事情，因为纯正性和真理在其意愿中不是别的，正是他应该做的。"[1]简言之，意愿的真理性即是否坚持真理。

第四类，自然行为的真理性和非自然行为的真理性。安瑟伦先讨论了非自然行为的真理性，即人的行为的真理性，与此相对应的就是自然行为的真理性，如火的燃烧的真理性。安瑟伦认为，如果作恶和求真是对立的，求真就是行善，那么，行善和作恶就是相反的。恶的事情是不应该的，那么，行善就是做应该做的事，就是正确地行事，而正确地行事就是践履真理，所以，行为纯正就是行为的真理。[2]自然行为的真理性（如火的燃烧）履行的就是真理，因为它从使它存在者那里接受了这种权能，它应该如此。

第五类，感觉的真理性。安瑟伦说："存在身体感觉上的真理，不总是如此，因为它们有时会欺骗我们。因为有时候，当我透过玻璃观察时，我的视觉会欺骗我，因为有时它会告诉身体，我透过玻璃看

---

[1] St. Anselm. "On Truth." *Basic Writings*. 2007, pp. 123–124.
[2] St. Anselm. "On Truth." *Basic Writings*. 2007, p. 124.

到的颜色与玻璃的颜色是一样的,事实上它们是不同的颜色。另一方面,有时候它会使我认为玻璃上有与事物一样的颜色,然而它却没有。在很多情况下,视觉和其他感觉都有欺骗性。"[1]对此,安瑟伦进一步认为,这个真假并不是感觉上的,而是观念上的,因为欺骗自己的不是外在的感觉,而是内在的感觉。如一个孩子害怕某个可怖的雕塑,这并不是他的视觉引起的,因为同样的视觉对成年人来说并不可怖,引起孩子恐惧的是孩子的内在感觉。人的感官只是向人汇报了它应当汇报的东西,所以,它并没有错,而是在履行真理。安瑟伦这些论述包含的进一步的意思是:只有在观念中应该呈现的感觉才具有真理性,而视觉的欺骗致使在观念中没有呈现应该呈现的东西,所以,这时候,内在的感觉不具有真理性,而相对于内在的感觉而言,外在的感觉永远被视为真实的,相应地也是具有真理性的。

第六类,存在的事物的真理性。安瑟伦认为,一切事物,因为它是至高真理性中的存在,所以它们是真实的,它们中存在真理性,它们的样子,就是它们应该那样的样子,这就是其纯正性的体现,也是其真理性的体现。[2]

第七类,最高的真理是其他真理的原因,是无始无终的。这在安瑟伦看来,就是所有真理成为真理的最终基础。

简言之,真理性就是纯正性。[3]

关于真理的这七种类型的论述,涉及的核心问题分别是:

1)陈述合乎理论认识目标及理论系统;

2)意见合乎思考或推理;

3)意愿上是否坚持真理;

---

[1] St. Anselm. "On Truth." *Basic Writings*. 2007, p. 126.
[2] St. Anselm. "On Truth." *Basic Writings*. 2007, pp. 128–129.
[3] St. Anselm. "On Truth." *Basic Writings*. 2007, p. 143.

4）行为上是否遵从真理；

5）观念是否对应了现实；

6）事物自身固有的真理性；

7）无始无终的最高的真理性。

在这七类真理中，第一、二、五类是对认识的真理性的讨论；第三类是对意愿的真理性的讨论，安瑟伦认为意愿支配着感觉器官的认识和身体的行动；第四类是对行为的真理性的讨论；第六、七类是对最高因或最高真理的讨论，也就是对纯正性本身的再讨论。如果按相互之间的决定次序对这七种类型的真理进行排序，那么，从高到低依次是：

1）最高的真理性；

2）事物的真理；

3）意愿的真理；

4）感觉的真理；

5）陈述的真理；

6）意见的真理；

7）行为的真理。

在这七类真理中，贯穿着纯正性。

此外，基于对真理的认识，安瑟伦还论述了对正义的理解。他认为，任何理应做的事情都是正确的和正义的，正义就是纯正性。[1] 而且，当正义作为正义而言时，它不只是纯正的，它还是意愿中的选择。安瑟伦认为，纯正性存在于理性的本性（rational nature）中，在人身上，分别体现在意愿、认识、行为三个方面，但它只有在三个方面都有体现时，才能被称为正义。因此，在安瑟伦的理解中，正义是

---

[1] St. Anselm. "On Truth." *Basic Writings*. 2007, p. 135.

意愿、认识、行为之间的一体化的关系。（如图表8）

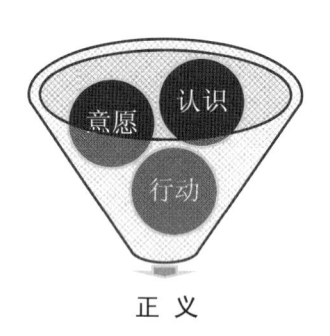

图表8　安瑟伦的正义理念

由此而言，合理的关于正义的裁断，应该依次考虑意愿、认识、行为三方面的因素，这恰好也对应于人的行为得以依次展开的目的、认识、行动三个环节。继而我们可以认识到的是，因为目的总是先于认识和行动，无论是理论目的还是行动目标，都先于它的认识和行动而存在，所以，正义只有在目的中才能获得统一。我们也可以这样来理解，意愿触发了认识，认识的强化触发了行动，行动实现了意愿的满足。

三　两种必然性

在解释自由选择与上帝的预知之间的不相容问题的过程中，安瑟伦论述了两种必然性的存在。

不相融问题是这样一个问题：既然上帝预知了一切，那一切就都是预定的，一切事物也就都处于一种必然中，那么，人还有自由选择的必要吗？或者说，自由选择的存在与上帝的预知是相矛盾的。

对于这个问题，安瑟伦从三个方面进行了回答。[1] 1）上帝预知了所有的事，不仅预知了事情的必然性，也预知了一些事情的不必然性。不必然性就是自由。也就是说，上帝预知了人的自由选择。由于上帝的预知是未来事物的必然的基础，自由选择不会与上帝的预知不相融。2）上帝将预见某事仅来自意志，祂预知意志将不受任何其他事情的支配或约束，祂预知意志所做的事情是自由完成的。因此，自由选择与上帝的预知是相融的。3）意愿所致使的必然性并不是一种先行的必然性，而是后续的必然性，它的必然性是意志选择之后的必然性，或者说是它本身的不必然性，上帝已根据理性生物的自由意志预知了这种后续的必然性。因此，意志自由或自由选择与上帝的预知之间不存在不相融性。通过这三个论述，安瑟伦认为上帝的预知与自由选择之间是和谐的。

在对两种必然性的论述中，安瑟伦一方面以此论证了预知、预定、恩典与意志的自由选择之间是和谐的，另一方面也论证了罪与意愿的关系。

安瑟伦认为，有两种必然性：一种是先行的必然性（antecedent necessity）；另一种是后续的必然性（subsequent necessity）。先行的必然性是指"它将来必然存在"是它存在的原因，而后续的必然性是指"它将来是什么"是它将必然存在的原因。如"明天会日出"，它既包含着未来这一时间的必然性，也包含着未来这一时间中"日出"这一事实的必然性。后续的必然性如"明天会背叛"，它只包含未来这一时间的必然，至于是否背叛，就不是确定的事情了，它取决于人的意愿或选择。如果选择在第二天背叛，这种事情的必然性就属于后起的必然性，即它是受意愿影响的。意愿根据第二天发生的事情的利

---

[1] St. Anselm. "De Concordia." *Basic Writings*. 2007, pp. 361–364.

弊来权衡是否选择背叛，这时候，背叛是做出选择的原因，也是自身将会存在的原因。[1]

先行的必然性是上帝的预知的体现。因为预知就意味着对未来的预知，未来的意思就是必然性，所以预知的存在已经表明了一种先行的必然性的存在。这种先在的必然性决定了后续的必然性，因而也就不会与之不相融。后续的必然性是意愿的选择所体现出的必然性，所以，自由选择与上帝的预知是相融的。

后续的必然性就是意志选择或意愿。既然意愿意味着一种后续的必然性，如果意愿所选择做的事导致了罪恶，那么，意愿也就会很容易被理解为所做的事是否产生罪恶的源头。但由于先行必然性的存在，安瑟伦认为意愿本身（意志）并没有罪恶，意愿能做到的是避免罪恶的发生。

关于罪与意愿的关系，可以从安瑟伦的这些观点中看到。

安瑟伦说，上帝的意志不会使人因任何必然性而受制于或不受制于意志，由此而言，人的意志是自由的。由于人的意志由上帝的意志所决定，它选择做任何事情都是出于上帝所决定的那个必然。因此，它所做的选择必然发生。这表明，人的选择本身是被支配的，因此，罪本身不是意愿所具有的。

安瑟伦认为自由意志（free will）有三个性质：1）自由意志能够不随心所欲；2）自由意志无法不随心所欲；3）自由意志必然随心所欲。进一步解释就是：1）在它意愿之前，它就能够不意愿；2）一旦意愿，就无法不意愿；3）它不可能同时意愿和不意愿同一件事。从第一个性质来看，由于自由意志在意愿之前能够不意愿，所以意志可以避免后续事情的发生。从第二个性质来看，由于意愿本身是被决定

---

[1] St. Anselm. "De Concordia." *Basic Writings*. 2007, p. 364.

的，人的意志自身从根本上而言就没有罪责。从第三个性质来看，罪是由后续的必然性决定的，即未来的事情自身决定了未来的事情自身的后果，他能做的是选择做或不做。[1]由此我们可以获得的理解是，因为那事本身有罪，所以，当一个人选择做那事时，就会犯罪，如果他选择不，就能够避免罪的发生。

简言之，意愿、意愿本身和意志都不是罪的源头，罪是选择的结果。在安瑟伦这样的分析中，罪和意愿是分离开的，即"犯"和"罪"是分离的。

需要说明的是，安瑟伦这里的论证所要证明的是上帝的存在、其真理的统一性和无矛盾性。人的选择或意志本身就是天意的体现，天意已经预料到了它所有的选择，所以人的意愿或选择不会超出天意。因此，意志自由（如选择不相信上帝存在）不是质疑上帝存在的理由。就是说，低层次的东西无法决定和影响最高等级的存在，前者是被创造和派生的，因此，个人的意愿或意志并不具有真正的决定性。但我们也应该看到这些思想的其他意义，即我们应该抛弃那种将意愿视为罪恶源头的想法。因为在意愿这个"源头"上消除罪恶将会导致的是"诛心"术。如果我们按照安瑟伦的分析思路，将罪与意愿分开来思考，就不会片面地认为只考虑意愿层面就能够解决罪的发生问题。

四　意愿作为工具

上述对于两个必然性的论述中，意愿代表的是一种后续的必然性。在进一步的分析中，安瑟伦主要是在"工具"的意义上来理解意愿的。

---

[1] St. Anselm. "De Concordia." *Basic Writings*. 2007, pp. 364–365.

安瑟伦认为，意愿有三种意义：酿成意愿的工具、工具的作用、工具的用途。酿成意愿的工具就是我们灵魂的力量。我们使用这种力量形成了意愿，这就像使用理性能力进行推理、使用视觉能力进行观察一样。因此可以说，意愿的工具也就是意愿能力。它是与理性能力、感觉能力有别的一种心灵能力。通常说意愿时，就是指意愿能力或形成愿望的工具。这个工具的作用就是渴望某事或某物。当一个东西进入心灵中时，这个工具就会直接地或在适当的时候去渴望它。即使一个人没有想到他想要的某个东西时，意愿也会调动自己的工具去使他以这种方式渴望东西。这个工具的用途体现在很多方面，如希望健康、希望睡觉。即使一个人没有想到健康，但当健康进入心灵时，他就会希望健康。即使一个人没有想到睡觉，但当睡眠进入心灵，他就会在适当的时候希望睡觉。但它从来不会在任何时候希望生病，也绝不会希望失眠。当我们想到自己想要的东西时，我们就会使用这个工具。如在一个正直的人身上，即使在他睡着的时候，他也用这个工具去希望正义。当他想到正义的时候，也就是在希望正义。[1]

将意愿理解为一种心灵能力或一种工具时，这就等于把我们对意愿的认识进一步明确化了，这与人们基于具体的事物来谈论意愿的做法是不一样的。建立这样一个立足点后，我们才能进一步对意愿这样的心理活动进行分析和认识。即使这一前提和假定是不合适的，甚至是错误的，那也是有意义的。因为通过这个明晰化的界定，我们就可以将相关的心理活动按照这种理解整理出来。如按照安瑟伦的理解，从用途方面进行整理，就可以初步获得对人的意愿能力的一般特征的细致理解。如果我们认为将意愿视为工具是错误的，那么我们就可以反过来将其视为目的。然而，目的不能作为能力来谈论，它与能力是

---

[1] St. Anselm. "De Concordia." *Basic Writings*. 2007, p. 388.

本质上对立的设定。因此，相对于目的而言，将其视为工具就是合适的。如果意愿作为工具不完全合适，那么我们就在工具这个设定范围内进行区分和比较，如将其与推理工具、感觉工具进行区分，以获得对它的进一步界定和认识，并尝试解释日常中被我们称为意愿的那些具体的例子。如果将意愿视为意识中的能力，那么，它是否有别于我们的回忆和想象，还是与那种心理本身存在的关联表象的能力是一回事情，还是我们只是根据这种能力的工作对象而误将意愿与回忆和想象区别了开来？在我看来这种情况是完全存在的。因为"能力"本身是个谜团，它是我们通过其作用的效果而构想出来的东西，它是形成结果的前提之一，所以它也是一种预先存在于结果的"原因"。因此，人们往往根据心理作用形成的不同结果而认为我们存在不同的心理能力。安瑟伦是如此思考意愿问题的。在传统的哲学化的心理探索中都是如此，其中形成的争论是这种思想工作方式必然导致的结果。因为这种思想工作方式所解释出来的"神秘原因"都是人们根据不同经验进行"猜测"的结果，因此，形成不同能力之间的争论就在所难免了。但当我们基于安瑟伦的理解将意愿理解为心理能力或心灵工具时，伴随着对于工具的理解，我们就可以将更多的关于意愿的情形进行整理，在整理的过程中，有可能发现对意愿的更好的理解，或者发现这就是对意愿最好的理解。

安瑟伦还认为，意愿这个工具有两种倾向：一是渴望利益的倾向，二是渴望正义的倾向。对此，安瑟伦进一步解释说，不管一个人想要什么，他要么是寻求利益，要么是为了正义，即使他是错误的时候也是这样，因为他渴望它们时，会把一切东西与自身联系起来。安瑟伦说："凭借对利益的热爱，一个人总希望幸福和快乐，由于热爱正义，他总是渴望正义和正直。正直即公正。当前的人们都是为了利益而渴望某些东西，例如，当他希望耕种土地或工作时，那是因为他希望借此他能保护生命和健康，那是因为他认为这是有利的。但他也会为寻求正义而渴望某些东西，例如，当他想要学习时，那是因为这样会使他懂得如何正确地生活，即正直地生活。"[1]

这两种倾向，一者是就个人利益而言的，另一者是就社会生活而言的。这也说明利益问题是一个个人问题，正义问题是一个社会问题。在意愿的这两种倾向中，渴望利益与意愿是不可分割地在一起的，他所渴望的东西与他自身是两个东西，而对于渴望正义的人而言，正义与他自身是不可分割的。在后者中，正义成为一种精神产物或价值原则。而实质上，利益就个人而论时就被称为利益，就群体而论时就被称为正义，一个只存在一个人的世界根本不存在什么正义，而只有利益。我们这样的一种理解，或许会被一些利用正义获得丰厚利益的人视为庸俗化的见解，这显然是一种拒绝，而不是一种理解。如果问题被高贵化，导向的就是神秘化，而神秘化不一定是没有解，而是不希望有解。没有解就意味着拒绝解决现存问题，而只倾向于维持现状。

安瑟伦在讨论意愿时讨论了正义，在讨论自由时也讨论了正义。在前面的论述中我们也看到，安瑟伦认为在意愿、认识和行为三方面都体现出来纯正性时，我们才称之为真正的正义，因此，除了认识和行动（行为），意愿的纯正性（如其应该所做的）就是关于正义的重要问题。安瑟伦说："任何正义，无论大小，都是为其自己的追求而保存下来的意愿的纯正性。"[2]这就意味着，如果其选择了保护意愿的纯正性，即选择做其应该做的事，那么，它就是正义的。从中我们可以看出，当以纯正性去理解正义时，正义的现实性基础被抽走了，剩

---

[1] St. Anselm. "De Concordia." *Basic Writings*. 2007, pp. 389–390.
[2] St. Anselm. "De Concordia." *Basic Writings*. 2007, p. 369.

下了一个观念化的空壳,当这个空壳无法被进一步解释的时候,它就成为一个神秘的东西。

安瑟伦认为,自由(freedom)就是为寻求纯正性本身而保护意愿纯正性的权能。因此,基于保存纯正性的目的来理解,自由也就成了为意愿的纯正性而保持意愿纯正的力量。安瑟伦还认为,意愿有选择的自由,甚至有选择不自由的自由。这仍然是在权能的意义上来理解自由的。如果将意愿的纯正性视为目的,自由就被理解为手段或工具。因此,它与意愿在本质上是有相同之处的,即都是作为工具而出现的。在这个意义上,选择做什么和不做什么,就是自由。

安瑟伦还把意愿活动进一步明确地理解为触发我们认识活动和操作活动的因素。安瑟伦认为,意愿作为一种工具,它的运动会自发地带动我们使用其他的工具,如带动我们使用身体内的感知工具视觉、触觉、味觉等,带动我们使用身体外的工具铅笔、斧子等,这些工具的作用恰恰也都是由意愿这种工具的作用能力所实现的。[1]

意愿作为工具,是服务于纯正性这一目的的,必然性所涉及的是认识问题,自由涉及的是基于认识而产生的行为选择问题。这样一来,意愿、认识和选择就都在正义或纯正性之下统一了起来。相对于目的而言,自由作为行为选择,承担的也是工具性的功能。它不是目的本身。相对于纯正性而言,当认识也是为了获得这种纯正性时,即如其应该获得认识那样获得认识时,那么,纯正性就是目的,认识就是实现这一目的的工具。从这个意义上而言,意愿是"必然性"的原因,也就是"形成的认识"的原因。因此,意愿既可以以自身运动调动认识工具为自己服务,如使用身体感官,也可以调动肢体行为为自己服务,如使用外在于身体的工具笔和斧子等。那这之中的纯正性是

---

[1] St. Anselm. "De Concordia." *Basic Writings*. 2007, p. 390.

什么呢？当作"应该那样"来理解时，其实强调的是一种统一的秩序。安瑟伦说："正确的秩序要求我们先相信信仰的深奥，然后再进行逻辑的讨论。"[1]通过这些论述来看，意愿是服务于更高统一性的工具。这样一来，认识论的思考就成了神学的一种解释工具。

安瑟伦也从希望、赞同、让步、许可四个方面理解意愿。[2]但相关的这些论述只有残篇，与前述关于意愿的论述相比，也是不系统的。

安瑟伦所说的意愿，实质上是对各种选择行为的一种抽象，当各种选择行为被视为基于一种心理实体而存在时，它就成为一种心理上的能力，相对于特定的目的"纯正性"而言时，它就成为一种工具。总体来看，意愿（意志）意味着选择，选择与自由是同一回事情，二者的区别在于选择可以表达主体性的选择，而自由表达的是意志的一种状态或性质。自由意志这样的表达是为了突出意志（意愿）的根本性质，并不具有超出意志的含义。最高的意愿可以称为天意。但这些都不应是既定的看法，因为他对于意愿的讨论主要是为了解决凡人之意与天意之间的矛盾，从而帮助人们相信上帝的存在，维护教义的统一性和合法性。但其中的一些思想我们完全可以用于对现实问题的分析，如人们错误地将意愿理解为罪恶的原因，导致了不合理的社会现象的存在，然而人们却很少剖析自己的这个理解。

五 时空、感觉、四谓词等

安瑟伦认为，受时间和空间规律所限制的东西，就是不能超越时空的东西，因此，不包含在时空中的东西，必然不受时间和空间的限

---

[1] St. Anselm. "Why God Became Man." *The Major Works*. Edited with an Introduction and Notes by Brian Davies and Gillian Evans, Oxford University Press, 1998, p. 266.

[2] St. Anselm. "Philosophical Fragments." *The Major Works*. 1998, pp. 475–476.

制。[1]根据这个思想来理解，时空是一种限制。作为一种限制，无论其本身如何扩展，它始终还是一种限制性存在。由此可见，有史以来人对时间和空间的理解之所以不断改变，其实也就是人们调整了对整个可见宇宙的限制方式，对时间和空间有了不同理解的缘故。

安瑟伦认为，感觉仅仅是一种认识能力，或者是为认识服务的，凡是感觉，都是以特定的感觉能力去认识，如通过视觉能力获得对颜色的认识，通过味觉能力获得对味道的认识，某种感觉必然意味着某种感觉能力的存在。[2]这一认识是将感觉的结果与其能力统一起来进行理解的。结果与能力是基于不同的理解而形成的对感觉活动的两方面的认识，它们不是截然分开的。而这在很多思想中被分开来探查，所以制造了很多悖论。从能力上去理解和从结果上去理解，是对感觉活动的不同的理解角度，两种理解方式不能被混合。

安瑟伦还有其他一些学者的思想对我们而言也很有启发性。安瑟伦认为，力量就是存在，不存在的东西就没有力量；"无论你事先设定什么，我都不会不满意，只要你回到我的问题上来"；"有教则善有恶无，无教则恶有善无"；"存在"是指没有否定而表达的一切，"不存在"是指通过否定而表达的一切。我们通常用四种方式言说"某物"（something）：一是"通过名称说出来的，在头脑中构想出来的，在现实中存在的，比如一块石头或一根木头"；二是有名称却在现实中不存在的事物，它是心灵的概念，如chimera（神话中吐火的怪物，它前部是狮子，后部是龙，中间是山羊）；三是仅有名字，但没有生活中的对应物，如"不公正""虚无"，这类不是头脑中的概念，它们是以否定方式构成的一种理解，不能构成专门的意指；四

---

[1] 参见安瑟伦《独白》，见《信仰寻求理解：安瑟伦著作选》，2005年，第73页。
[2] 参见安瑟伦《宣讲》，见《信仰寻求理解：安瑟伦著作选》，2005年，第212页。

是没有自己的名字、没有任何概念、没有任何存在的东西，如"非存在"（non-being）。在"某物"的这四种谓词中，只有第一种是指实际的"某物"，其他三种都是"准某物"（quasi-something）。[1]安瑟伦这里所说的"准某物"，指的就是心灵中的观念性的构造。安瑟伦还认为，在人性中，除了意愿，没有任何罪恶。[2]

安瑟伦的这些认识论思想，徘徊于意识的细微之处，论证精密而细致，揭示了很多人们容易忽视的认识要素。需要耐心地推敲和理解。

第八节　圣维克多的雨果

圣维克多的雨果（Hugo de S. Victore，1096–1141）生于德国的萨克森（Sachsen），后在巴黎学习神学，是维克多学派的代表性人物，也是神秘神学的主要作家。他的传世著作非常之多，代表性的有《论基督教信仰的奥义》（De Sacramentis Christianae Fidei）、《教者通识：论伏案之学》（Eruditionis Didascalicae: De Studio Legendi）、《论天阶体系》（Hierarchiam Celestem Commentaria）。他生活在一个遵循奥古斯丁统治的社区，所以受奥古斯丁主义的影响比较深，阅读和写作被他视为一个学科难以区分的两部分。此外，他受波爱修的思想影响也比较深。他对后来的波纳文图拉的思想影响较深。在《教者通识：论伏案之学》中，他对于知识分类的论述，是中世纪最为全面的有关科学知识的总的论述。

---

[1] St. Anselm. "The Lambeth Fragments." *Basic Writings*. 2007, pp. 395; 397; 414–416.

[2] St. Anselm. "On the Virgin Conception and Original Sin." *The Major Works*. 1998, p. 377.

一 智慧是生命最高的医术

雨果认为，智慧是灵魂中早已存在的固定不变的至善形式，生命中最高的医术就是追求智慧。雨果声称自己继承了瓦罗（Varro，B116–B27）的思想遗产，认为教育的首要任务是帮助学生把握善（bonum），借此再转而把学生带入智慧（sophis/sapientia）中。[1]在他的著作中我们可以鲜明地看到这种影响的存在。雨果对于哲学的理解也基于其对智慧的理解。

雨果认为，智慧是灵魂中早已存在的固定不变的至善形式。在《教者通识：论伏案之学》的开篇就说："在所有要寻求的事物中，居于首位的是至善形式固定不变于其中的智慧（Wisdom）。智慧照亮人，使他可以认清自己，因为当人不明白自己相对于其他动物而言是一个更高秩序的创造物时，他就跟它们无甚区别。但是，在智慧的照耀下，他不朽的心灵注视到了自己的本原，并且认识到，当所求之物在自身中对它来说已经足够时，它在自身之外寻求任何东西是多么不合适。"[2]雨果以此想要表达的主要意思是，学业的首要任务是追求智慧。这显然也意味着智慧是我们获得一切知识的源头。对于智慧的这样的认识，既有明显的神学的痕迹，也带有鲜明的苏格拉底-柏拉图认识论的特征，即认识起源于自身之中。甚至对于毕泰戈拉"人是万物的尺度"这样的思想，我们也可以从这个方面去理解。

雨果认为生命中最高的医术就是追求智慧，这包含两个方面的含义：一是追求智慧是克服我们认识的局限性以求从更真实的层次去理

---

[1] Ivan Illich. *In the Vineyard of the Text: A Commentary to Hugh's Didascalicon*. Chicago and London: The University of Chicago Press, 1993, p. 9.

[2] Hugo de S. Victore. *The Didascalicon of Hugh of Saint Victor: A Medieval Guide to the Arts*. Translation, Introduction and Notes by Jerome Taylor, New York/London: Columbia University Press, 1961, p. 46.

解事物的最终方法；二是追求智慧是我们拯救堕落之身恢复善之本性的根本方法。

雨果继承了毕泰戈拉的思想，认为人是靠相似性来把握事物的，因为相似的东西是彼此包含的。但这并不意味着心灵包含着万事万物。雨果认为，心灵在认识事物时，是把自己的形式投射到事物之上，它是在自身之中把握这种相似性的。这就像一个铸币者在金属上印了一个图形一样，金属材料本身是一回事，叠加有图形的硬币是另外一个东西。由此，印有万物相似性的心灵被说成是万物，被认为从万物身上获得了它的构成，并且实质性地、潜在地包含了它们。但这种理解是不合适的。心灵所包含的并不是万物，包含的只是具有实在性的要素，而且这种包含是形式上的。之所以出现这种认识上的错误，是因为我们的头脑被身体的感觉麻痹，被感性形式迷惑，以至于忘记它本来是什么了，所以只相信它看到的东西，而没有从更真实的层次去理解事物。雨果认为，克服这种认识上的"症结"的最终的办法，就是在我们的心灵自身中去寻求智慧。通过智慧，我们克服了认识上的那些根本的错误，拥有了快乐和幸福。[1]

雨果进一步认为，善就是人的本性，而恶是本性的缺陷状态，人的本性堕落腐化之后就成了恶，人堕落以后，他看待物质世界的肉眼完好无损，但用来认识自身的理性（reason）之眼或自知之眼已经模糊，能够看到自身内部的上帝（智慧）和原始范型的沉思之眼也瞎了，所以，人需要通过积极的努力来恢复人的本性，将它之中的坏的东西移掉，或者通过补救方式恢复它的本性，而最根本的方法就是追求智慧。[2]

---

[1] Hugo de S. Victore. *The Didascalicon of Hugh of Saint Victor*. 1961, p. 47.
[2] Hugo de S. Victore. *The Didascalicon of Hugh of Saint Victor*. 1961, pp. 14; 52.

由此可见，他对心灵的理解与爱留根纳是不一样的。通过前文的论述我们知道，爱留根纳将万物视为心灵中存在的实体，这是它们得以被理解的原因。爱留根纳的理论目的在于论述万物通过人向上帝回归的历程，而雨果的理论目的在于讲明学业的首要任务是追求智慧，告诉人们要通过阅读学习来追求智慧，从而认识作为智慧的上帝。相比而言，二者的理论目的是不一样的。因此，他们在理解过程中所构想出来的具体的解释模型也是不一样的。前者是自然哲学的论证，后者是认识论的论证。

追求智慧作为生命中最高的医术，也意味着智慧是人类所有行为的一种调节者。据波爱修说，毕泰戈拉第一个将哲学家称为"追求智慧的人"（philosopher），这是我们看到的最早的关于哲学家的定义。波爱修的很多著作是中世纪大学的教材，因此他的许多观点在当时较为流行。此前这类人都被称为智者（sophist）。虽说哲学以追求智慧为其律令，但什么是智慧，一直以来都是模棱两可、争论不休或避而不谈的问题。如柏拉图认为智慧是使人得以完善者，神学家多认为智慧是人的灵魂的一种高级能力，也有人认为智慧是上帝能力的象征，爱留根纳认为上帝是超智慧的。除了前文中所论及的对智慧的一些理解，雨果的这个理解是一个相对新的理解。

智慧是人的所有行为的调节者，所以对智慧的追求不仅意味着要认识万物和人自身，也要认识那至高无上的神，这样他的行为才不至于因盲目而犯错。基于这样的理解，雨果认为，爱智慧和追求智慧的哲学，是一门研究万物、人和神的观念的综合学科。对哲学的这个定义整体上还是神学意义上的，因为在雨果的理解中，智慧作为至善的形式的包含者，不是那种普通的人类活动所体现出来的智慧，如使用工具进行劳动的建筑、耕种活动，而是那种作为事物的唯一的原初理念和范型的智慧。[1] 从对智慧的这些理解来看，哲学作为追求智慧的工作，不仅在于认识物质世界，也在于通过实践技艺来完善自我认识，恢复人的理性之眼，而其最终的目的则在于认识心灵中内在的原始范型或上帝。

二 知识的分类

雨果根据人类行为的目的将首要的学问分为理论的、实践的、机械的三类。雨果认为，所有人类行为的意图，都是在实现一个共同的任务，要么是在我们内心中恢复神圣形象的相似性，要么是考虑今生的所需。恢复神圣形象的途径有两条：一是对真理的沉思，二是对真理的实践。这两个都属于神圣的行为，称为"通晓"（intelligentia）。满足今生的所需涉及三个方面：一是天生所需的喂养；二是防范外部可能的伤害；三是为那些已经形成的伤害提供补救的办法。这三个属于人类的行为，所以我们称之为"科学"（scientia）是合适的。因此，如果将智慧视为调节人的一切行为的工具，那么，这门工具就包括通晓和科学两部分，通晓又再一次分为理论的和实践的两种。科学则更适合被称为机械的，即人为的知识，因为这种知识只是利用自然世界的规律对事物进行分离或组合，它只是在模仿自然。这样一来，以追求智慧为业的哲学就包含了理论科学（思辨科学）、实践科学（伦理或道德科学、行为科学）、机械科学三种。[2]

根据人类的首要任务首先发展起来的科学有三种，为了使这三种科学更好地发展而建立的科学就是逻辑学。雨果通过引用波爱修对伊壁鸠鲁思想的批评表明，逻辑学是有助于人们恰当地讨论事物的学

---

[1] Hugo de S. Victore. *The Didascalicon of Hugh of Saint Victor*. 1961, p. 51.

[2] Hugo de S. Victore. *The Didascalicon of Hugh of Saint Victor*. 1961, p. 55.

问，否则会由于缺乏对词语和概念的辨别力而在探索事物本质和道德本质的时候犯错。伊壁鸠鲁由于不懂得逻辑，把快乐误认为是美德。由此，我们需要逻辑学，它提供了区分论证模式和推理序列的方式，使我们可以知道哪些推理序列是正确的，哪些是错误的。逻辑学在被发现的时间上排在最后，但是在学习的顺序上应该排在最前面。[1] 这一论述也就部分回答了他在《教者通识：论伏案之学》一开篇所提出的一个问题，即在学生求知过程中读书的顺序问题。雨果认为，个人知识进步的方式主要有两种，读书和沉思。二者之中，读书居于首位。读书需要明白三个问题，首要的是读什么书，其次是阅读顺序，再者是以什么方式阅读。[2]

雨果从词源上出发解释说，从logic一词的希腊语词源logos的两重含义来讲，它既意味着语词（sermo/word），也意味着理性（reason），所以逻辑学应该称为语言逻辑（sermocinalis/linguistic）或推理逻辑（rational），推理逻辑也称为论证逻辑。推理逻辑包含辩证法和修辞学两种，而语言逻辑包含语法、辩证法和修辞学，所以，推理逻辑包含在语言科学之内。这样一来，语言逻辑就是排在机械科学之后的第四门科学。[3]

雨果将哲学视为这四门科学的总和，且这四门科学包含着所有其余的知识。理论的科学致力于对真理的沉思，实践的科学考虑的是道德规范，机械的科学指导今生的工作，逻辑的科学则提供了正确说话和清晰论证所必需的知识。[4] 这样一来，哲学就成为科学的总名。正如文德尔班后来所说的，在中世纪，哲学也曾被视为一门包罗万象的

---

[1] Hugo de S. Victore. *The Didascalicon of Hugh of Saint Victor*. 1961, p. 58.
[2] Hugo de S. Victore. *The Didascalicon of Hugh of Saint Victor*. 1961, p. 44.
[3] Hugo de S. Victore. *The Didascalicon of Hugh of Saint Victor*. 1961, p. 59.
[4] Hugo de S. Victore. *The Didascalicon of Hugh of Saint Victor*. 1961, p. 60.

科学。由此，雨果也重新定义了哲学，他不仅认为哲学是使人恢复神圣性、让那神圣的理念或范型在人们身上再次闪耀的学问，而且，它是科学中的科学（the art of arts）、学科中的学科。在古典的含义中，arts这个拉丁文单词的含义就是各门科学、学术或学问。在雨果的定义中，"当一门知识包含科学（art）的规则和概念时，即它处理好了学术中如何表达的问题时，就可以称为科学（scientia）。当它被认为是'充分的'或在教学中的时，就可以被称为学科"[1]。

雨果对哲学所包含的四门科学又做了进一步的分类。其中，理论的科学分为三种，即神学、数学、物理学，分别研究三个对象，即可领悟者（intellectible）、可通晓者（intelligible）、自然事物（natural）。可领悟者无法被任何感觉把握，它是永远同一的神性的东西，只能被心灵和直觉（intellectus）理解，它所形成的学问就是神学。

在理论的科学中，雨果对数学的划分比较详细，这说明当时数学相对其他学科较为发达。对数学的详细分类，经整理后，如图表9。

雨果认为，数学（mathesis）是关于抽象的量的理论知识。mathesis（数学）这个词有两个意思：当mathesis中的t不与h一起发音时，它的意思是虚空，指的是占星学；当t和h一起发音时，指的是"教学的"科学。数学分为算术、音乐、几何、天文学。因为希腊词ares在拉丁语中的意思是权能，rithmus的意思是数字，所以，算术（arithmetic）的意思是"数的权能"，它意味着万物都以数的形式构成；音乐的名字来自"水"，因为没有水就无法发出悦耳的声音；几何学的意思是测地术；天文学（astronomy）的意思"星辰的法则"，因为nomia（nomy）的意思是法则，而在antrology（关于星星的话语）

---

[1] Hugo de S. Victore. *The Didascalicon of Hugh of Saint Victor*. 1961, p. 61.

中,logos(logos)的意思是话语,它的含义是基于自然现象的迷信。[1]

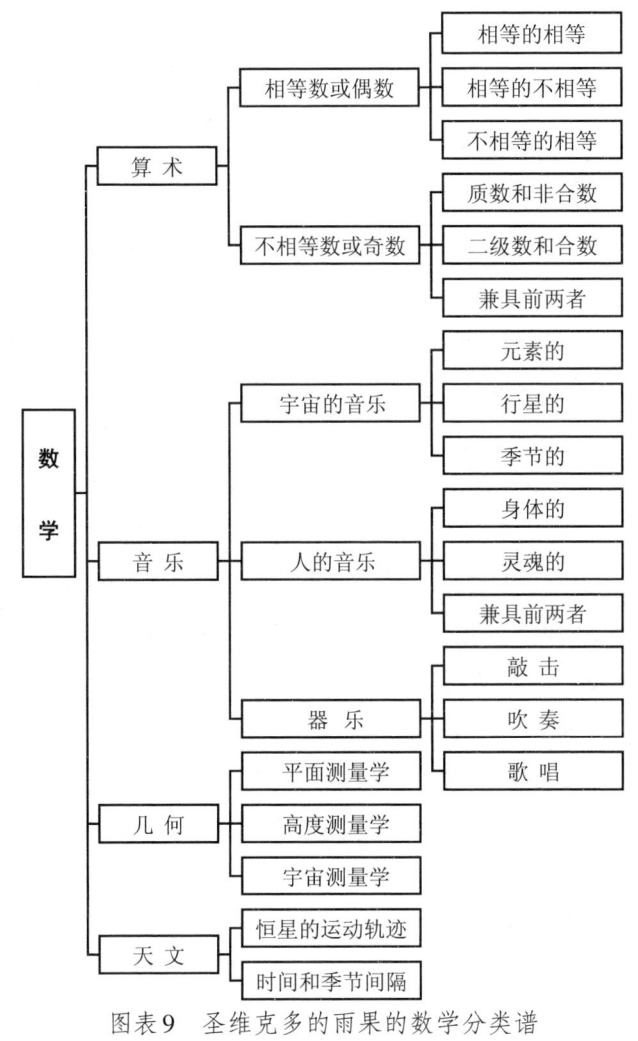

```
                            ┌─ 相等的相等
                 ┌─ 相等数或偶数 ─┼─ 相等的不相等
                 │             └─ 不相等的相等
          ┌─ 算术 ─┤
          │      │             ┌─ 质数和非合数
          │      └─ 不相等数或奇数 ─┼─ 二级数和合数
          │                    └─ 兼具前两者
          │
          │              ┌─ 元素的
          │      ┌─ 宇宙的音乐 ─┼─ 行星的
          │      │             └─ 季节的
          │      │
   数学 ──┼─ 音乐 ─┤             ┌─ 身体的
          │      ├─ 人的音乐 ──┼─ 灵魂的
          │      │             └─ 兼具前两者
          │      │
          │      │         ┌─ 敲击
          │      └─ 器乐 ──┼─ 吹奏
          │                └─ 歌唱
          │
          │      ┌─ 平面测量学
          ├─ 几何 ─┼─ 高度测量学
          │      └─ 宇宙测量学
          │
          └─ 天文 ─┬─ 恒星的运动轨迹
                 └─ 时间和季节间隔
```

图表 9　圣维克多的雨果的数学分类谱

---

[1] Hugo de S. Victore. *The Didascalicon of Hugh of Saint Victor*. 1961, pp. 62–63; 67–68.

对数学的论述中，雨果论及了几何学和天文学之间的区别，他认为二者都属于测量术，但几何学处理的是"不动的量"，天文学处理的是"动的量"。[1]

此外，雨果还对除理论的科学之外的其他三类科学进行了进一步的说明和区分。雨果对当时科学知识的整体分类情况，经整理后，如图表10。

关于实践的科学，其三个分支学科有不同的名称，但含义是相同的。其中，因为oeconomus的意思是管理，所以经济学就是管理学；polis就是拉丁文的civitas或state的希腊文，所以政治学（politics）就是公民学（civil science）；因为伦理学是关于个体的道德行为的，所以伦理学与个体的科学（solitary science/修身科学）是一个意思。这三类科学中，个体的科学着重于自我训练，用美德来提升、装饰、扩展自己，在生活中避免任何不快乐的事情，不做任何会引起遗憾的事情，属于个人管理的科学；私人的科学（private science/家政学）所涉及的事务是家长的事情，是管理科学的中间类型；公共科学（public science）指公共事务的管理，通过对供给的关注、正义的平衡、强力的维持、节制的遵守，为所有人的福利服务，涉及的是君主的事务。对于食品的种类、调味品的种类、饮料的种类，雨果也做了归类和区分，如将食物分为面包和配菜，且进一步划分为：肉、炖、粥、蔬、果；烤、炸、煮、鲜、腌。[2]对食物的这些分类不尽合理，但可以看出当时人们试图对人类的诸多知识都进行类别化的处理。

---

[1] Hugo de S. Victore. *The Didascalicon of Hugh of Saint Victor*. 1961, p. 70.
[2] Hugo de S. Victore. *The Didascalicon of Hugh of Saint Victor*. 1961, p. 74; 78.

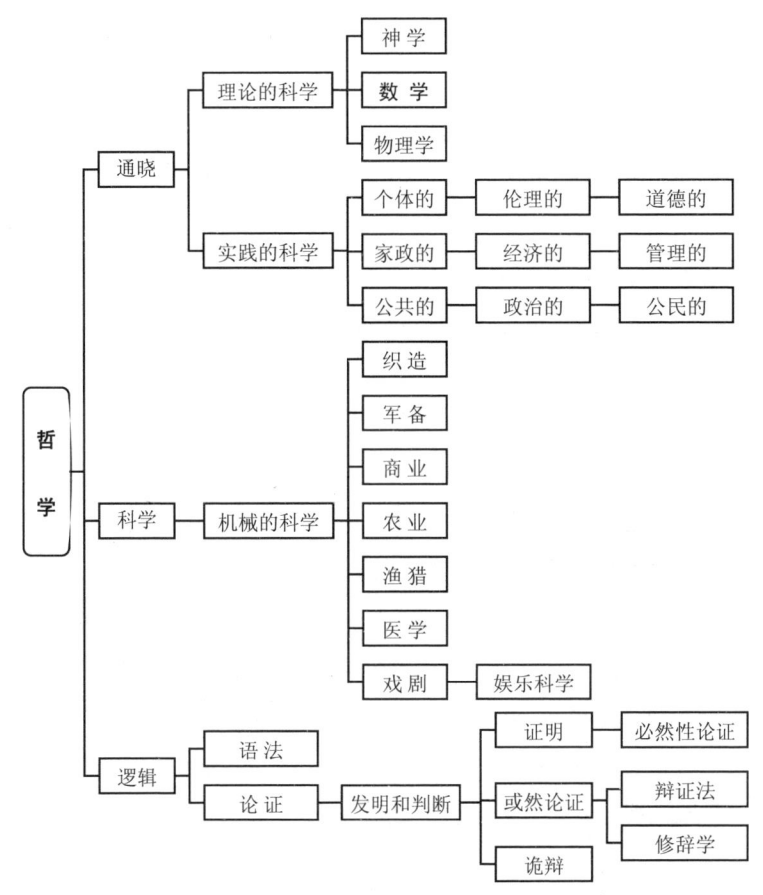

```
                          ┌─ 神学
              ┌─ 理论的科学 ├─ 数学
              │            └─ 物理学
              │
              │            ┌─ 个体的 ─ 伦理的 ─ 道德的
       ┌─ 通晓 ├─ 实践的科学 ├─ 家政的 ─ 经济的 ─ 管理的
       │      │            └─ 公共的 ─ 政治的 ─ 公民的
       │      │
       │      │            ┌─ 织造
       │      │            ├─ 军备
       │      │            ├─ 商业
哲学 ─┤      └─ 机械的科学 ├─ 农业
       │                   ├─ 渔猎
       │                   ├─ 医学
       │                   └─ 戏剧 ─ 娱乐科学
       │
       │      ┌─ 语法                ┌─ 证明 ─ 必然性论证
       └─ 逻辑 └─ 论证 ─ 发明和判断 ├─ 或然论证 ─ 辩证法
                                    │            修辞学
                                    └─ 诡辩
```

图表 10 圣维克多的雨果的科学分类谱

在上述关于逻辑的论证（ratio）部分的分类中，雨果还补充说明道："发明（invention）和判断贯穿整个论证理论，发明讲授的是论证的发现和论证思路的拟定，判断的科学讲授的是如何判断这些论点和论证思路。"[1] 这就是说，雨果对逻辑的论证部分的理解，实质上是

---

[1] Hugo de S. Victore. *The Didascalicon of Hugh of Saint Victor*. 1961, p. 81.

有不同的方式的。在这方面他没有形成统一的划分意见，即没有完全确定好哪一种方式是最佳的、主要的分类方式。从其结论来看，他是用论证的用途进行分类的，这一思路与对于机械类的科学的分类方式是一致的，与对理论的科学的分类方式是不一样的。

雨果所说的科学，在其拉丁文文本中就是 scientia，这个词在英语中也被翻译为 knowledge，因为 science 在当代英语中的含义窄化了，所以 knowledge 更能表达 scientia 的含义。雨果认为，科学有两种含义：一是诸学科（disciplinarum），如辩证法的知识；二是指技艺（artem）或学科（disciplinam）。学科是科学的一个分支，在其中，技艺可以得到完美的展现，但是，发明和判断的知识不是独立存在的，所以它们属于学问。在逻辑学的三个门类中，语法可以称为科学，辩证法则是论证，修辞学则属于学科。[1]

从总的分类来看，雨果是把占星术这样的迷信性质的认识排除在四大类知识之外的，所以，雨果的分类从总体上看，就是对当时的科学知识（arts/scientia/episteme/disciplina）的分类。

从这个总的分类表中，我们可以看到十二世纪欧洲大学整体上的学科设置情况。其中，数学科目是较为发达的，里面包含着更多的分支，对音乐也有更为详细的区分，说明当时的音乐学科也是非常发达的。相反地，对于物理学没有做进一步的区分，七种机械科学也仅仅是做了用途上的说明，这也印证了这些科学在当时还没有充分发展起来的历史事实。

三 治学的要素

雨果在他的《教者通识：论伏案之学》中首先对学习的目标和知

---

[1] Hugo de S. Victore. *The Didascalicon of Hugh of Saint Victor*. 1961, pp. 81–82.

识的门类进行了论述，目的就是让学生建立正确的学习目标、合理地安排学习进程。除此之外，他还认为，做好学问需要三样东西：天赋、操练和戒律。

天赋包括禀赋（ingenio）和记忆，禀赋聚积智慧，记忆保存智慧。雨果解释说，禀赋是一种根植于头脑的内部力量，它是自然性的，因使用而改进，因过度工作而迟钝，因有节制的练习而变得锋利，它主要通过阅读和默想而得到操练。阅读是根据书中的规则和戒律形成我们思想的过程。而冥想则不受规则和戒律的约束，主要是通过自由沉思以汇集事物的原因，抵达问题的深处，抵达没有可疑、没有任何模糊的地方。

操练指的是对天赋的培养，也包括对禀赋的训练。学习始于阅读，成于冥想。阅读和冥想是学习活动的两个操练环节。

学习的戒律主要有谦虚、好学（渴求知识）、守静（安静生命）、慎思四个方面。在论述学习的戒律时，雨果引用了索尔兹伯里的约翰（John of Salisbury，1115—1180）的诗：

> 谦虚的心，好学的心，安静的生命。
> 静静地凝眸，贫穷，异乡。
> 此为诸君，打开学问的秘境。

这首诗出自约翰的《论政府原理》（*Policraticus*）第七卷第三章，作者系神学家、哲学家、拉丁语学者，曾跟随哲学家阿贝拉尔（Pierre Abélard，1079–1142）学习神学。雨果认为这几句诗刚好包含着学习所需的四条戒律。

做好学问所需的这三个方面的东西各自承担着不同的功能："天赋意味着他们必须能够轻松掌握他们听到的内容并牢牢记住它；操练

意味着他们必须通过勤奋努力来培养他们的天赋；戒律意味着他们必须以过一种值得称赞的生活将认识与道德行为结合起来。"[1]雨果对学习的要素、过程、戒律的论述，经整理，如图表11：

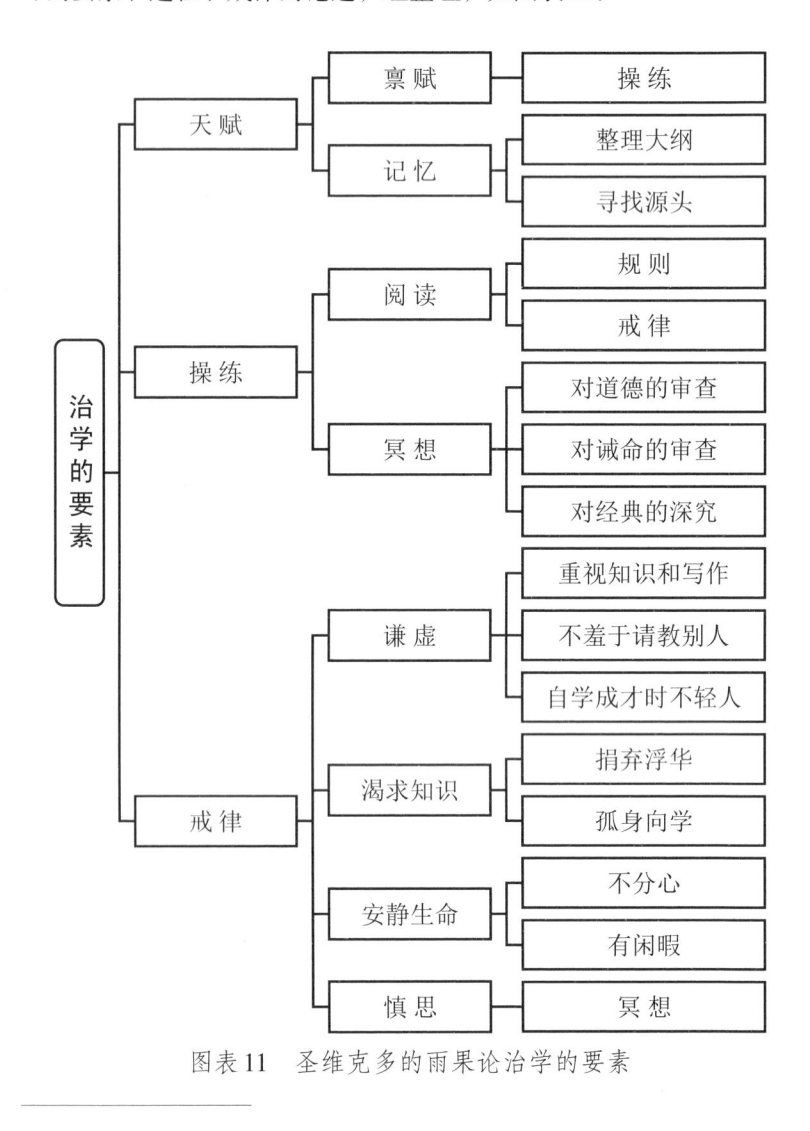

```
                            ┌─ 禀赋 ──── 操练
              ┌─ 天赋 ──────┤
              │             │         ┌─ 整理大纲
              │             └─ 记忆 ──┤
              │                       └─ 寻找源头
              │
              │             ┌─ 阅读 ──┬─ 规则
              │             │         └─ 戒律
              ├─ 操练 ──────┤
              │             │         ┌─ 对道德的审查
              │             └─ 冥想 ──┼─ 对诫命的审查
治学的要素 ───┤                       └─ 对经典的深究
              │
              │                       ┌─ 重视知识和写作
              │             ┌─ 谦虚 ──┼─ 不羞于请教别人
              │             │         └─ 自学成才时不轻人
              │             │
              │             │         ┌─ 捐弃浮华
              └─ 戒律 ──────┼─ 渴求知识┤
                            │         └─ 孤身向学
                            │
                            │         ┌─ 不分心
                            ├─ 安静生命┤
                            │         └─ 有闲暇
                            │
                            └─ 慎思 ──── 冥想
```

图表11　圣维克多的雨果论治学的要素

---

[1] Hugo de S. Victore. *The Didascalicon of Hugh of Saint Victor*. 1961, pp. 90–91; 94–100.

换言之，关于治学要素的论述，包括了最基本的学习能力、学习的主要途径、治学时要遵守的一些基本原则。在这些论述中，雨果还给我们提供了很多有益的思想。他告诉人们要懂得触类旁通，即用学到的方法经验去尝试解决其他的问题；在阅读理解中，要从有限的、熟悉的、已知的定义出发，逐渐深入对未知问题的理解之中，应该从普遍的经验出发，去琢磨事物的本质或奥秘；如果真正在冥想中完成了阅读，那么，人就会感到求知的喜悦，并获得心灵的安慰；要想学习，就得遵从戒律。在戒律中，雨果谈论最多的就是谦逊的态度或品格，因为有了这样的态度才能离智慧越来越近。雨果认为，在教学中，更多地需要的是鼓励而不是指导，因为古人的智慧更为丰富。那些卓越之篇的作者，他们蔑视荣誉，一些人抛弃财富（如安瑟伦），一些人蔑视艰辛，远离人多的聚会场所，前往僻静幽秘的地方读书，完全献身于哲学，执着于探索注定灭亡的事物而不顾自身的利益。他们留下的养料更为醇厚。这是今人所比不了的。因此，鼓励学生读书比直接的教导更为重要。内心安静，就不会为欲望所分心，这样就可以为学习提供闲暇和机会。雨果还说，语言学的椅子是智慧的宝座，语言承载着智慧，当一个人注重它的时候，智慧就会提升。[1]

在这些治学要素中，戒律是学有所成的最基本的保证，雨果告诉我们要守候灵魂，静待生命，远离世俗的纷扰。这也正如安波罗修所说的："只有当心灵和身体的世俗取向消亡时，我们才会活着。"[2]

就学习过程中对人自身的训练和操练而言，雨果认为，异国他乡更能锤炼（exsilio）人，留恋家乡的人只是一个温柔的初学者，对于那些哲学家而言，整个世界都是一片锤炼自己的陌生的土地。对此，

---

[1] Hugo de S. Victore. *The Didascalicon of Hugh of Saint Victor*. 1961, pp. 91–100.
[2] J. Warren Smith, *Christian Grace and Pagan Virtue:The Theological Foundation of Ambrose's Ethics*. New York: Oxford University Press, 2011, p.209.

他说:"为学习而锤炼心灵,首要的是点点滴滴地改变眼前易逝的东西,这是品性的重要来源,这样以后,他就可以将它们抛在脑后。发现家乡甜美的人仍然是一个脆弱的初学者。相对于那每一处地方都像其故土的人,他已经强大了。他是完美的,整个世界对他来说都是异国他乡。脆弱的心将他的爱固定在某一片世界中,强者将他的爱延伸到所有地方,而完美的人已经熄灭了他的爱。孩提时我住在异乡,我记得有时离开农屋狭小的壁炉,我心会悲伤,我也记得他后来是多么坦率地蔑视大理石壁炉和镶板大厅的地方。"[1]

以上是对雨果《教者通识:论伏案之学》中的知识分类思想和治学要素学说的完整论述。雨果深入浅出、形象生动、富有感染力地论述了这些实则深奥的道理。

关于知识分类的较为详细的论述,早在雨果之前的卡西奥多鲁(F. M. Aurelius Cassiodorus, 490–583)那里就有了。卡西奥多鲁是古罗马时期的政治家、学者、僧侣、教育家,其在关于修道院教学与学习的著作《神圣及世俗学习章程》(*Institutiones Divinarum et Saecularium Litterarum*)中论述了当时的知识门类以及学习、阅读的步骤,概要性地介绍了一些代表性的著作。卡西奥多鲁对"七艺"的论述中,不仅有对哲学的分类,还有对语法、修辞、逻辑的详细的论述。在他的论述中,哲学分为思辨的和实践的,实践的分为道德的、经济的、政治的,思辨的分为自然的、理论的、神性的,理论的哲学分为算术、音乐、几何、天文这"四艺"。修辞学运用于证明类的赞扬和责备、审议类的说服和劝阻、判断类的控告和辩护,辩证法则包

---

[1] Hugo de S. Victore. *The Didascalicon of Hugh of Saint Victor*. 1961, p. 101.

含了三段论。[1] 相比而言，雨果与卡西奥多鲁对哲学、修辞、逻辑之间的关系的理解是很不一样的。但共同点在于把哲学理解为包含众多学问的科学（scientia），只是在雨果这里，哲学成了无所不包的总的科学。雨果关于实践科学的分类，与卡西奥多鲁是一样的，这也影响了波纳文图拉，后者将伦理学分为修道哲学（monastica）、家政哲学（oeconomica）和政治哲学（politica）的做法，命名虽然不同，但划分思路和实质是一样的。卡西奥多鲁的知识分类如图表12。

相比此前和之后的很多哲学家、思想家，雨果对知识的分类显得较为详细和全面。雨果的科学分类思路是以目的为核心的。相比而言，后来的康德是按照知识的整理方式进行划分的。在胡塞尔晚期关于哲学和现象学的思考中，也有对人类科学的整体构想和分类：第一部分是现象学；第二部分是联系现象学和世间问题的心理学、心理物理学；第三部分是描述的自然科学；第四部分是作为普遍的相互关联体系之统一的统一科学。胡塞尔是按照知识的奠基顺序进行划分的。在今天的图书馆学研究中，对各门知识多是按照经验归纳的方式进行分类的，这是为贮藏书籍所进行的实用研究。

在我看来，这些分类都是不充分的。我们还需要更全面地去思考这个问题。面对庞杂的和不断发展的知识系统，这将是一个持久的课题，因此，它应该成为一门需要持续研究的科学，而不是一个现成的理论。这门科学不仅要处理实用性的学科分类、图书贮藏、信息分类的问题，更要处理各种知识之间的关系问题，这样才能更好地服务于不断增长的信息的管理和使用。这方面的基本理论研究目前是欠缺的，很多问题都没有被深入分析和讨论。雨果对实践科学的理解包含

---

[1] Cassiodorus Senator. *An introduction to divine and human readings*. Translation, Introduction and Notes by Leslie Webber. Jones, New York: Norton, 1969, pp. 149; 159–160. Senator 是其姓氏的一部分，不是官职。

着此项工作所需要的一些合理的模型，值得借鉴。知识分类的混乱使得社会的制度成本、经济成本、教育成本都非常之高，解决好知识分类问题，才能从根本上降低社会运行成本。

第九节　波纳文图拉

波纳文图拉（St. Bonaventura，1217–1274）是出生于意大利的著名神学家，曾在巴黎大学学习，是当时弗兰西斯修会的代表性人物。他与多米尼克派的修士托马斯·阿奎那是终身的朋友和论敌。由于多米尼克和弗兰西斯修会与大学教授团体之间的冲突，以及二人与当时的世俗学者团体的论战和分歧，他们都被拒绝授予博士学位，直到1257年10月23日才同时被授予博士学位和神学教授头衔。[1]波纳文图拉著作丰富，在国外学术研究中常受到重视，国内的专门研究仅见于溥林2003年以其为题的博士论文。他在认识论方面的思想主要有光照论和知识分类思想。

一　光照论：认识的四个来源

认识的确定性问题是西方哲学和神学一直以来持续面对的问题，这也是波纳文图拉所讨论的问题。波纳文图拉相信人类至少在某些方面拥有确定性的知识，并且认为，由于所有具体的认识对象都是可变的，而人是容易犯错的，知识的确定性不可能诉诸经验性的体验对象或认识的主体来解释。如此一来，哲学和科学的知识就受到了质疑，神学的教义更是受到了质疑，这就涉及重新回答人类为什么能够获得

---

[1] 参见溥林《中世纪的信仰与理解：波纳文图拉神哲学导论》，香港：道风社，2006年，第51页。

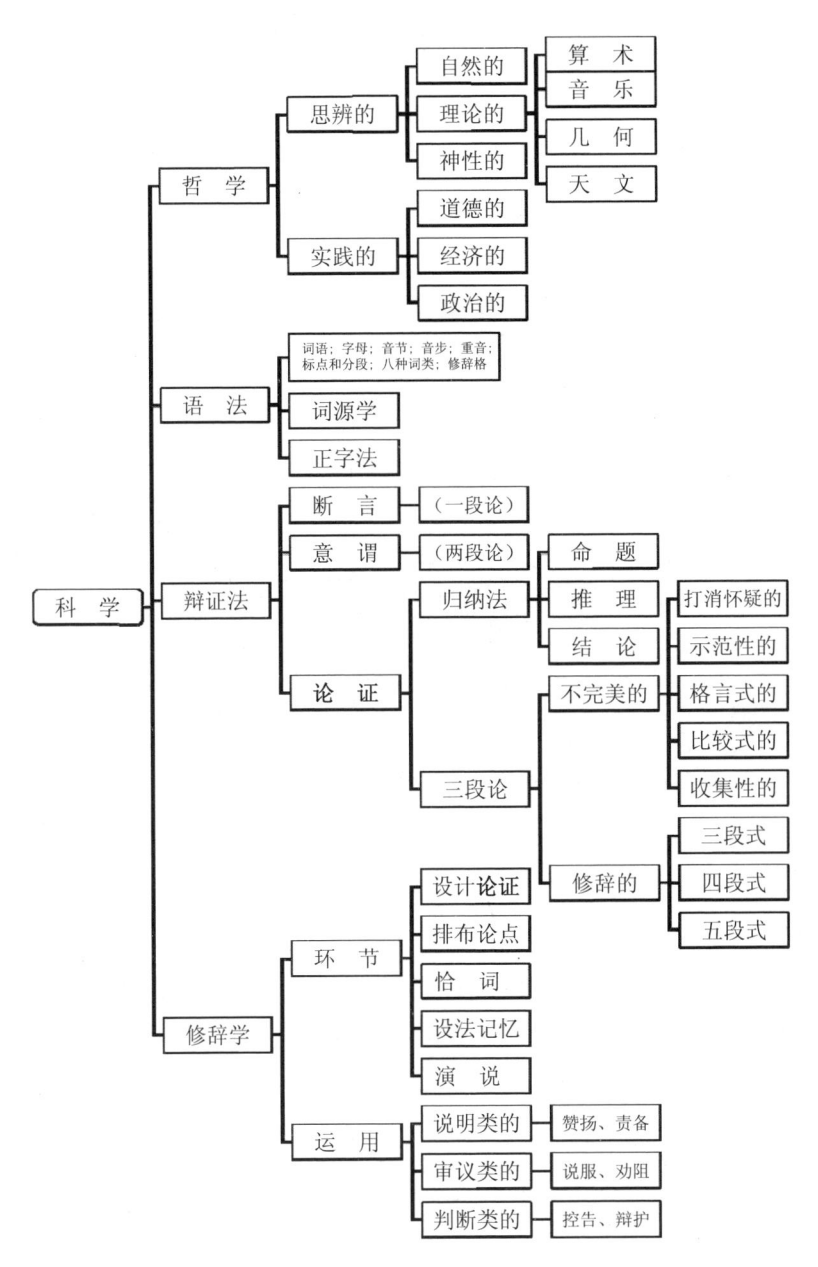

```
                            ┌─ 自然的 ─┬─ 算术
                  ┌─ 思辨的 ─┼─ 理论的 ─┼─ 音乐
          ┌─ 哲学 ─┤         └─ 神性的 ─┼─ 几何
          │       │                    └─ 天文
          │       │         ┌─ 道德的
          │       └─ 实践的 ─┼─ 经济的
          │                 └─ 政治的
          │
          │       ┌─ 词语;字母;音节;音步;重音;
          │       │  标点和分段;八种词类;修辞格
          ├─ 语法 ─┼─ 词源学
          │       └─ 正字法
          │
          │       ┌─ 断 言 ── (一段论)
科 学 ────┤       ├─ 意 谓 ── (两段论) ┬─ 命 题
          │       │                   ├─ 推 理 ─┬─ 打消怀疑的
          ├─ 辩证法─┤                   └─ 结 论 ├─ 示范性的
          │       │         ┌─ 归纳法 ─┬─ 不完美的┼─ 格言式的
          │       └─ 论 证 ─┤                   ├─ 比较式的
          │                 │                   └─ 收集性的
          │                 │                   ┌─ 三段式
          │                 └─ 三段论 ── 修辞的 ─┼─ 四段式
          │                                     └─ 五段式
          │
          │       ┌─ 设计论证
          │       ├─ 排布论点
          │       ├─ 恰 词
          └─ 修辞学┬─ 环 节 ─┼─ 设法记忆
                  │        └─ 演 说
                  │        ┌─ 说明类的 ── 赞扬、责备
                  └─ 运 用 ─┼─ 审议类的 ── 说服、劝阻
                           └─ 判断类的 ── 控告、辩护
```

图表 12　卡西奥多鲁科学分类表

诸种知识的确定性的问题。对于这个问题，波纳文图拉是以"光照论"来回答的。[1]

在《论学艺向神学的回归》一文中，波纳文图拉认为认识有四个来源，分别是四种光明，如图表13。[2]

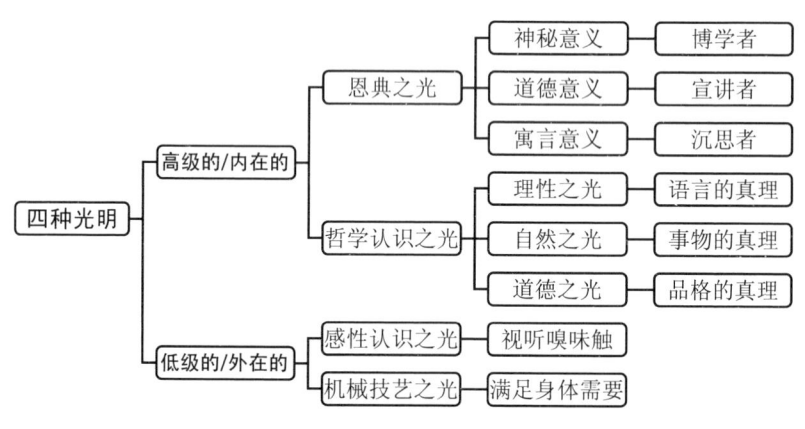

```
                                    ┌─ 神秘意义 ── 博学者
                     ┌─ 恩典之光 ───┼─ 道德意义 ── 宣讲者
                     │              └─ 寓言意义 ── 沉思者
        ┌─ 高级的/内在的 ┤
        │            │              ┌─ 理性之光 ── 语言的真理
        │            └─ 哲学认识之光 ┼─ 自然之光 ── 事物的真理
四种光明 ┤                           └─ 道德之光 ── 品格的真理
        │
        │            ┌─ 感性认识之光 ── 视听嗅味触
        └─ 低级的/外在的 ┤
                     └─ 机械技艺之光 ── 满足身体需要
```

图表13　波纳文图拉：认识的四个来源

一是外在的机械技艺之光。它低于哲学的认识，或多或少总是服务性的。这些知识如纺织、军械、农业、狩猎、航运、医药术、戏剧等，都是为了满足生理需求和心理需求而被发明的，即为人提供舒适便利或种种好处。

二是较低级的感性认识之光。它是为了理解自然的诸多性质而照耀我们的光。它开始于人的低级官能，包括视听嗅味触五种，所以被

---

[1] St. Bonaventura. *Disputed Questions on the Knowledge of Christ.* (Works of Saint Bonaventure, Vol. 4)Introduction and Translation by Zachary Hayes, New York: Franciscan Institution/Saint Bonaventure University, 1992, p. 57.

[2] 参见《中世纪的心灵之旅：波纳文图拉著作选》，溥林译，北京：华夏出版社，2003年，第152—156页。

称为低级光明。感性认识的特征是逃避对自己不利的，喜欢与自己相宜的可感对象，找到了相宜的就欢喜，并不知厌倦地继续追逐那美丽、悦耳、芬芳、甘甜、温柔、妩媚的东西。

三是内在的哲学认识之光。它是为了获得可以理解的真理而照耀我们的光明，源自人固有的学说原理和天赋真理。它寻求的是事物的内在的和隐蔽的原因，所以也被称为内在之光。这种光可以分为三种，即理性之光（lumen rationale）、自然之光（lumen naturale）、道德之光（lumen morale），分别探究和对应于三种真理：语言的真理、事物的真理和品格的真理。

四是高级的恩典之光。它明显地超越人的理解，不能靠人的发现而获得，只能通过光明之父的启示而获得，所以这种光又称为高级之光。这种光明指导我们获得三种精神意义：指导我们相信神性和人性的寓言意义（allegoricus），指导我们应当如何生活的道德意义（moralis），指导我们如何接近上帝的神秘意义（anagogicus）。第一种意义有关信仰，博学者应该致力于此；第二种有关伦理，宣讲者应致力于此；第三种有关前两者的最终目的，沉思者应致力于此。

对于认识的这四种类型，波纳文图拉实质上是按两个标准划分的：一是低级的和高级的标准，二是内在的和外在的标准。从他的思想表述来看，外在的就是低级的，内在的就是高级的。内在之光中，最高级的是恩典之光。在波纳文图拉那里，这两套划分标准实则对应的是心灵操练的对象类型。波纳文图拉曾说："心灵操练的对象无外乎内在的和外在的，下面的和上面的。"[1] 为了与创世六日所含的数字"六"保持一致，波纳文图拉又认为上述分类只是主要分类，从具体差别上应分为六类，即把哲学之光视为三种，再加上其他三种，就成

---

[1]《中世纪的心灵之旅：波纳文图拉著作选》，2003年，第53页。

为六种，以此就和创世六日的启示一致对应了。这种依启示去寻找认识中的对应物的做法，与前面关于心灵的六种能力的划分是一致的。

以上是波纳文图拉"光照论"的主要内容。国内最早系统研究波纳文图拉的学者溥林认为，光照论的主要目的就是论证人的知识的确定性。他说："西方哲人出于视觉中心主义传统，则喜以光来比喻他们所参透的宇宙人生真理。"[1]

在我看来，波纳文图拉的光照论不仅在于论述知识的确定性，还重在解释认识的真理性的来源。因为知识的起源问题意味着知识的确定性问题，所以，当我们认为知识是不断发展或建立起来的时，知识在来源上的确定性就是对知识的确定性的必要说明。完全可以说，胡塞尔的现象学对知识的确定性问题的解决方式，仍然是属于这一传统的。而实质上，知识的确定性问题不仅是一个起源上的问题，也是一个效用上的问题。在这两种确定性之间，起源问题是效用问题的放大或延续。当效用上的确定性被要求无限放大时，即被要求获得更为普遍的效用时，在认识论的探索中，这个问题就变成了对知识的来源问题的思考。如日常生活中人们会随口问"这个说法是谁说的"，就是在追问来源上的合法性或真实性。当然，对于知识确定性问题还应有其他的解决方式，对起源的追问只是其中的一种。

在关于四种光明的论述中，不同的光明即意味着不同的真理性的来源。需要说明的是，在波纳文图拉的理解中，上帝并不是知识的唯一来源，人类的经验知识也有别于上帝的真理，二者之间的差别也是尘世世界与天国世界的差别所在。如果不是这样，这两个世界之间就不会有差别，人也就没有向上努力的必要了。恩典之光作为永恒的原因，并不是直接被看到的，而是在观察被创造的对象时所间接看到

---

[1] 溥林：《中世纪的信仰与理解：波纳文图拉神哲学导论》，2006年，第175—176页。

的，或者说"建构"出来的。[1]我们这样理解或许更为合适：人在经验的观察中想要得到他得到的认识模型背后的更深层次的原因时，他按照已有的经验模型建构了一个永恒的模型以满足自己更高的认识需求。

二 科学知识的分类

波纳文图拉也将哲学之光理解为三个方面：指导解释说明的语言之光，指导理性本身的自然之光，指导行动的道德之光。这三个方面也是波纳文图拉对哲学知识进行分类的思想依据。

从语言方面来看，语言哲学应分为语法学、逻辑学和修辞学。波纳文图拉说："人用语言来表达自己有三，即形成自己的思想概念，尽量地使人相信以及激起他人的爱或恨。这样一来，语言哲学或理性哲学又有三，即语法学、逻辑学和修辞学，语法学是为了表达，逻辑学是为了教授，修辞学是为了打动人心。语法学着重于理解的理解，逻辑学着重于理性的判断，修辞学着重于理性的打动人心。因为理性通过恰当的语言而理解，通过真实的语言而判断，通过优美的语言而感动，因此这三门科学从这三个方面去研究语言。"[2]

理性在判断时是以形式理由为指导的，而形式理由又可以分为和质料相关的形式理由（rationes formales）、和灵魂相关的直觉（intellectuales）理由、和神圣智慧相关的理念（ideales）理由，因此，自然哲学分为物理学、数学、形而上学。"物理学是从自然能力和种子理由方面来探究事物的产生和毁灭；数学是从可理解的理由方面来探究抽象的形式；形而上学是从理念理由来认识一切存在，并上

---

[1] St. Bonaventura. *Disputed Questions on the Knowledge of Christ*. 1992, pp. 57–58.
[2]《中世纪的心灵之旅：波纳文图拉著作选》，2003年，第154—155页。

溯至第一原理，万有皆依理念理由而出于第一原理。"[1]

行为和品格的指导有三个方面，有关个人生活、家庭生活和公民生活，因此道德哲学可分为修道哲学（monastica）、家政哲学（oeconomica）和政治哲学（politica）。

在中世纪经院哲学中，哲学（philosophica）的意思就是学术或学问。所以，波纳文图拉对学问的分类就是对科学（scientia）知识的分类。（见图表14）如果我们将他所说的机械技艺视为一类也包括进来，那么，这些学问类型基本上涵盖了当时大学或学术团体中的主要学问。这些知识分类思想对于我们今天建构这样一门科学很有价值。在其之前，对知识进行分类的有柏拉图、亚里士多德、圣维克多的雨果（Hugo de S. Victore，1096—1141）等，在其之后有康德、斯宾塞等。

在波纳文图拉的这些论述中，语言方面的知识涉及的实质上是对事物的标记规则、表达规则和传诉三个方面，自然哲学涉及的是对事物原因的追寻，这是知识的最为核心的方面，就此而言，语言方面的知识就其标记和表达规则而言，是自然哲学的工具。其中，逻辑学作为工具学科而言，实则是服务于不同的学科目的，而不同的知识都需要用语言去表达，因此，基础的逻辑学主要涉及的就是如何更准确地表达知识以便于人们准确地理解话语和知识的学问。这三门学问就是中世纪学院教学中基本的学问（liberal），即"三科"，再加算术、几何、音乐、天文这"四艺"（arts），就构成了"七艺"。

---

[1]《中世纪的心灵之旅：波纳文图拉著作选》，2003年，第155页。

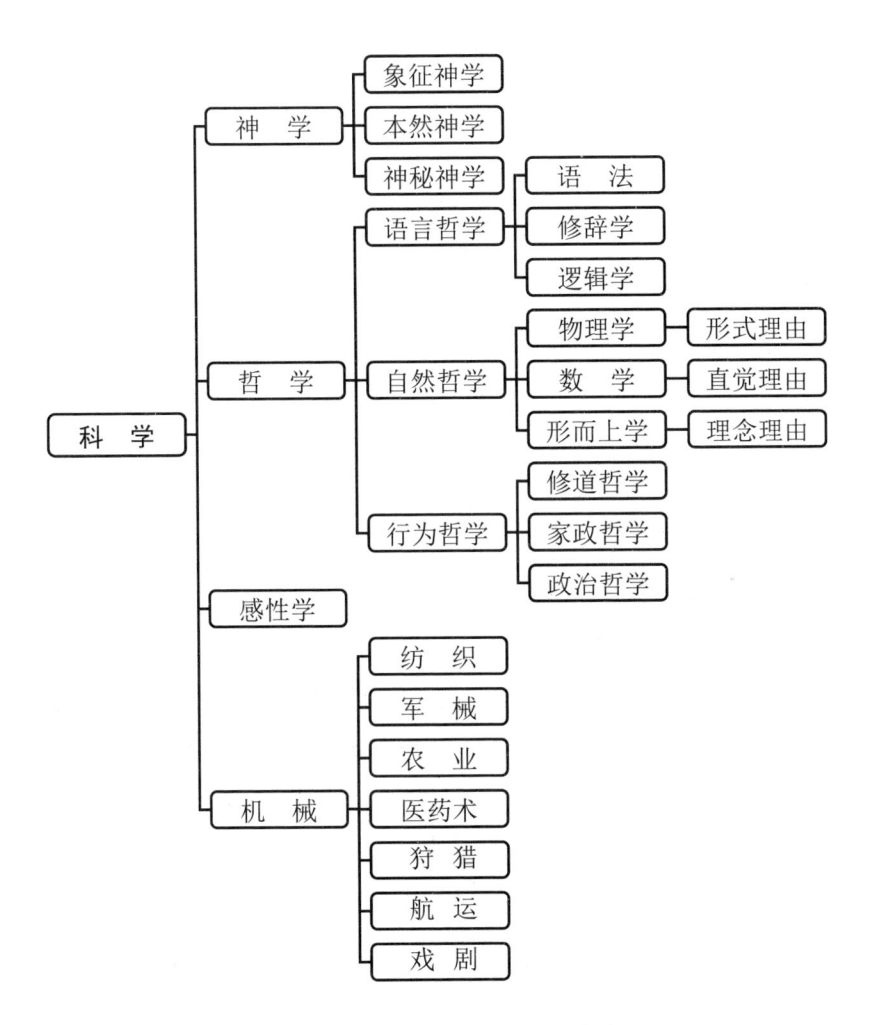

```
                        ┌─ 象征神学
              ┌─ 神 学 ──┼─ 本然神学
              │         └─ 神秘神学
              │                      ┌─ 语 法
              │         ┌─ 语言哲学 ──┼─ 修辞学
              │         │            └─ 逻辑学
              │         │            ┌─ 物理学 ── 形式理由
              ├─ 哲 学 ──┼─ 自然哲学 ──┼─ 数 学 ── 直觉理由
  科 学 ──────┤         │            └─ 形而上学 ── 理念理由
              │         │            ┌─ 修道哲学
              │         └─ 行为哲学 ──┼─ 家政哲学
              │                      └─ 政治哲学
              ├─ 感性学
              │         ┌─ 纺 织
              │         ├─ 军 械
              │         ├─ 农 业
              └─ 机 械 ──┼─ 医药术
                        ├─ 狩 猎
                        ├─ 航 运
                        └─ 戏 剧
```

图表14 波纳文图拉知识分类表

波纳文图拉将形而上学理解为追溯上帝的学问，这是在其思想中甚或经院哲学中的特定理解，对此不需要有太多疑义。让人生疑的是他将数学理解为自然哲学的观点。波纳文图拉认为，数学是一种自然哲学，这种自然哲学就是在寻找事物可被理解的理由，并琢磨如何将这些理由以抽象的形式表达出来。结合这一点来看，历史上具有创造性的大数学家们进行的恰好就是这样的发现工作，即从形式方面理解事物的形态、运动、变化。基本的逻辑处理的是表达问题，数学处理的是形式关系，而物理学要形成自己的学问就离不开这两个方面，所以，物理学中同时包含着逻辑和数学，且数学中也包含着逻辑学。但数学不止是在物理学中，音乐和绘画等诸多艺术学问中都有非常多的数学。如果这样来思考，波纳文图拉的分类就不见得是完全合适的，但的确是有启发意义的。在后来的康德的论述中，数学被理解为先天综合的知识，康德认为这种知识是依据必然性的关系建立的，所以它是真正的科学。而实质上，没有任何知识是必然正确的，它们都是一种有条件的正确，所以，数学知识谈不上是绝对无疑的科学，我们更应该将数学视为理解世界的工具学科。这门具有工具性质的科学随着我们认识中理论需求的变化和提高而不断被要求发明一些新的工具，以实现我们的认识目的。但从这门工具学科的普遍性来看，就像波纳文图拉将其视为对事物可理解的理由的探索一样，它的确更像是一种自然哲学，因为由它可以获得对世界的普遍理解，且它似乎与具体的生活技艺有所对立。但是，工具学科不应专属于某种以对象来划分的科学，尽管它的内容可能来自后者，它属于普遍的科学。

波纳文图拉对道德哲学的分类给我们今天重新整合社会科学、协调它们之间的关系提供了一些启示。其能够提供启示的关键点在于波纳文图拉从种群的数量构成上来看待这些学问之间的区别。因为社会关系是一种级数上的构造，随着数量的增多，各个层级的群体之间的关系就逐渐复杂化，而在理解这些关系时，既需要从整体上来看待不同群落的特征和表现，也需要看到个体、家庭、社会之间相互的演变关系，所以，根据各个层级之间的关系及每个层级自身的特征，才能形成对这些知识的合理分类，合理地认识到这些知识之间的相互关系。

这里附带说一下波纳文图拉对于神学的分类，他认为神学可以分为三种，分别是象征神学（symbolicae）、本然神学（propriae）、神秘神学（mysticae），人通过这三门神学的正确运用获得真知，获得心灵的提升。[1]

三 心灵的六种能力

波纳文图拉认为，人的心灵有六种能力：感觉（sensus）、想象（imaginatio）、理性（ratio/知性）、直觉（intellectus）、领悟（intelligentia）、至极心灵（apex mentis）或恒在之光（synderesis scintilla/synteresis scintilla）。这六种能力对应于心灵逐次向上帝上升的六个不同阶段。通过这六个阶段的跋涉，人由最底部攀升至最高点，由外部深入最内部，由暂时抵达永恒。心灵的这六种能力，是形成不同层次的认识而需要的能力。[2]

前三者比较容易明白，对应的即感性认识、想象和科学知识，这也即对可感世界的认识，这些认识包括事物的颜色、形象、因果关系等。波纳文图拉认为，在这三个阶段的认识过程中，人们会看到，"世界是上帝的痕迹，万物的魅力、和谐、秩序、能力、作用等都像一面镜子一样反映出上帝的无限能力、智慧和良善"，对数字的认识也会使人们看到上帝的痕迹，因为数字是上帝心中的首要范型。[3] 简言之，对原因的连续追问引出了对上帝的认识。如果从意识的内在活动来看，驻留下来的观念形成了对事物的认识，对意识活动之持续状态的把握使人看到了无限，相对而言，驻留意味着局限，持续意味着

---

[1] 参见《中世纪的心灵之旅：波纳文图拉著作选》，2003年，第127页。
[2] 参见《中世纪的心灵之旅：波纳文图拉著作选》，2003年，第127页。
[3] 参见溥林《中世纪的信仰与理解：波纳文图拉神哲学导论》，2006年，第127页。

无限，因此，上帝这一观念首先来自内在的觉思。

按照波纳文图拉在《心向上帝的旅程》中的进一步解释，后面三个阶段属于内感官阶段。直觉（intellectus）作为第四个阶段即心灵的静观阶段，因为在这个过程中需要的不是理性的思考，而是情感的体验，这时候，内在感官发挥作用，使人可感觉到美中的美、和谐中的和谐，嗅到芳香中的芳香，尝到甘甜中的甘甜，领略到快乐中的快乐，在这个过程中，灵魂因热忱、惊叹、雀跃而达到心灵的超拔阶段。[1]这是我在哲学思想史上第一次看到的对内在直觉的心理过程的具体描述。顺着波纳文图拉所提供的描述进行思考，我们会看到心灵的这种具体的自发性的构想是如何形成的，利用这些规律，人可以在一定程度上驾驭自己的心理活动。

第五、第六阶段波纳文图拉没有专门论述，但根据其相关论述，我们大致可以看到，他所说的第五阶段是信仰阶段，信仰专注于思考这个世界的起源和终结，第六阶段是探究事物潜在的卓越性，它不仅看到了事物的物质性，也看到了事物的精神性，还看到了比这两者更高贵的纯精神的东西，它使我们看到了那些不言而喻的普遍性的东西。[2]

波纳文图拉对直觉（intellectus）和领悟（intelligentia）这两种心灵能力的专门解释与心灵走向上帝的第四、五阶段中的解释不尽相同。他认为，直觉具有咨询、判断、渴望三个选择作用，咨询是比较事物的好坏，但咨询前要先有至善的观念，然后才知道谁好谁不好；判断就是依法则进行判断；渴望的东西是那最能推动我们的事物，我们最终渴望的是幸福。领悟的作用在于对词语、命题和结论的

---

[1] 参见《中世纪的心灵之旅：波纳文图拉著作选》，2003年，第140页。
[2] 参见《中世纪的心灵之旅：波纳文图拉著作选》，2003年，第128—129页。

理解，但理解的前提是定义，而每个定义都依赖于比它层次更高的东西才能获得，所以，我们最终要依赖于最高和最普遍的东西。此外，波纳文图拉也专门论述了什么是记忆，对记忆的论述是与直觉和领悟一起的，他认为记忆的作用不仅在于对当下的、有形的、暂时性的东西进行保存和呈现，对相续的、单纯的、永恒的东西也是如此，它通过回忆保存过去、通过承受保存现在、通过预见保存将来，它还保存了科学的原理及尊严。但他没有像爱留根纳那样明确地认为想象源自记忆，也没有阐述二者之间的关系，而只是论及记忆的种种作用，他通过对记忆的论述最终想表明的是：记忆的作用表明人的灵魂是上帝的形象（imago）。从这一点来看，其对记忆的论述与想象是紧密关联的。[1]

这里需要强调的是，波纳文图拉并不是从对认识活动的理解出发推论出不同层次的认识能力，而是根据创世六日的数字"六"所喻示的启示构想出了人的六种认识能力。他对于抵达上帝的过程的论述没有爱留根纳那样严密，爱留根纳对回归上帝的八个阶段是依次进行论述的（见"爱留根纳"节脚注）。

四 对亚里士多德的思想态度

基于其特定的神学信仰，波纳文图拉从整体上批判了亚里士多德的神学思想。波纳文图拉认为，柏拉图和亚里士多德哲学中存在着不可调和的精神和态度：柏拉图强调了理性的作用，但摧毁了科学知识的可能性；亚里士多德对事物的知识有深刻丰富的理解，但他是一位缺少智慧的哲学家，他对理念世界、神圣天意、世界目的三者是无知

---

[1] 参见《中世纪的心灵之旅：波纳文图拉著作选》，2003年，第136—137页。

的，他的学说对于获得智慧没有什么帮助。[1]由于对这三者的无知，亚里士多德思想中的神与现实世界是无关的。

在波纳文图拉看来，看不到上帝与现实世界之间的关系，是因为"人身上主要存在着三个方面的盲目和错误，即概念的错误、推理的错误和结论的错误。所谓概念的错误就是没有正确地理解上帝一词的真正意义，所有的异端犯的就是这方面的错误，他们将超越于人的某一特殊属性等同于上帝本身，最后导致了偶像崇拜。推理的错误就在于，当一些人发现在现实中，并不是善有善报、恶有恶报，他们由此就断言这世界不存在普遍的秩序，也不存在普遍秩序的创造者和执行者，即不存在上帝。前两方面的错误，直接导致了错误的结论，即一些人沉溺于物质世界，他们认为唯有可见的物质世界才是最真实的，上帝无非可见的物质世界中的最高存在者。"[2]

波纳文图拉明确认为，事物的普遍原则是至高无上的智慧。[3]因此，上帝是必然存在的。在亚里士多德的思想中，上帝与万物不产生关系，这是波纳文图拉贬抑亚里士多德的原因。柏拉图则认为，上帝和万物之间存在一个理念世界，这个理念世界是世界的原型，世界只是它的摹本。因此，波纳文图拉认为，柏拉图哲学在原则上是正确的。[4]

基于波纳文图拉的这一思想，溥林认为，波纳文图拉对亚里士多德的批评也适应于后世哲学家笛卡尔和康德对上帝的论证。笛卡尔对上帝的论证仅仅是理论需要，而不是生活根基所需。康德对上帝存在

---

[1] 参见溥林《中世纪的信仰与理解：波纳文图拉神哲学导论》，2006年，第70—71页。
[2] 溥林：《中世纪的信仰与理解：波纳文图拉神哲学导论》，2006年，第96页。
[3] St. Bonaventura. *Breviloquium*. (Works of Saint Bonaventure, Vol. 9) Introduction, Translation and Notes by Dominic V. Monti, New York: Franciscan Institution/Saint Bonaventure University, 2005, p. 278.
[4] 参见溥林《中世纪的信仰与理解：波纳文图拉神哲学导论》，2006年，第76页。

的证明，不是真正的关于上帝存在的证明，而是表明了有限的理性存在者对"至善"（德福一致）的需要。此外，"从真理角度对上帝的论证，是基于对真理的一种立场和态度，这种立场和态度在认识论上的表现，形成了中世纪的光照论。中世纪从真理的角度对上帝的证明，近代以后，其神学性质越来越被削弱，人们更多强调的是它的认识论意义，并最终实现了从光照论到笛卡尔、莱布尼茨的天赋论，最终到康德先验论的转换。康德通过自在之物与现象的划分，从根本上消解掉从真理的角度论证上帝存在这一问题的可能性。不过，上帝存在作为范导性而不是构造性的永恒真理，一方面有着纯粹理性领域的消极作用，另一方面又有着实践领域的积极作用"[1]。

五　认识动力学方面的思想

在认识论方面，波纳文图拉还有一些思想值得我们留意：一是他对认识的形成过程的理解，二是他认为惬意的认识会伴随着快乐。波纳文图拉认为，外部的可感事物不是以实体的方式成为人的思考的一部分，而是以肖像的方式成为人的认识的组成部分。具体认识的发生过程是这样的：事物的肖像首先产生于中介，然后通过中介进入外部器官，接下来进入内部器官，继而进入领会的官能，形成对事物的领会。如果领会过程是惬意的，那么将伴随着快感。领会中获得的快感包括：视觉上的美丽、嗅觉和听觉上的甜美、味觉和触觉上的有益于健康。波纳文图拉对这些快感给出了一个统一的来源，他认为它们都来自和谐。在他看来，和谐包括排列的均匀适当、颜色宜人、与接受能力相适合等。

---

[1] 溥林:《中世纪的信仰与理解：波纳文图拉神哲学导论》，2006年，第123页。

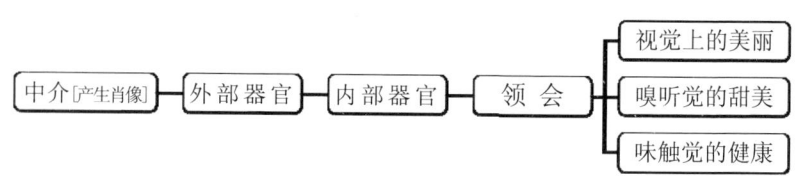

```
中介[产生肖像] → 外部器官 → 内部器官 → 领会 ┬→ 视觉上的美丽
                                          ├→ 嗅听觉的甜美
                                          └→ 味触觉的健康
```

图表15　波纳文图拉：认识的发生过程

结合后世达·芬奇绘画理论中的光学思想和现在的科学常识来看，我们也会很容易认识到肖像产生于光线这样的中介。这说明，波纳文图拉在构思光照论的过程中已经详细考察了视觉印象的实际的物理发生过程。这里还有一个很重要的观念，就是波纳文图拉对"健康"观念的理解。今日的健康概念已经成为一种学术名词，失去了感觉上的起源，这就使得人们对健康的理解逐渐偏离。如果忘记了"健康"这个观念在感觉中的起源，那它就变成了一种纯粹的理念。纯粹的理念只是一种形式，它可以被添加不同的经验表象，所以，当没有节制地将人们的诸多经验表象添加于"健康"这个理念上时，这样的"健康"就成了一种变异或欲望。

在《形而上学》开篇亚里士多德曾说，求知是人的天性，这可以从人们偏爱自己的感觉而得以说明。波纳文图拉对认识中的惬意和快乐的体会和论述，表达的正是亚里士多德所说的意思。

其实，二者的这些思想，谈论的都是认识的动力学问题，即人们为什么会不断去开展认识活动。从波纳文图拉的思想来看，他最后给出的是和谐这一解释。如果将和谐归之于上帝，那就进一步形成的是神学的解释。波纳文图拉说："和谐既体现在大的事物中也体现在小的事物中，它不会超出事物的范围，不会因事物的消失而消失，也不会因事物的运动而变化。因此，和谐乃排除了地点、时间和运动等因素，因而它是永恒不变的、没有界限的和纯粹精神性的。"[1]神学的解释在这里实则是一种循环论证或自我肯定，因为思考到这一步时已无法再推进解释了，所以必然使用自我肯定的方式中止认识，否则，谜是解不完的。

　　认识的动力学问题是一个全新的问题，之前也有人尝试做过思考。如果我们从建构较为完整的认识论科学的任务出发，则这样一门动力学的科学是必不可少的。在我看来，要建构完整的认识论科学，至少需要从两个层次展开研究：在较低的更为基础的层次上，它应该分为认识的形态学和认识的发生学；在较高的层次上，它应该分为认识的效用学和认识的动力学。当然，梳理历史上相关的思想经验是必不可少的史学工作，因为人类知识是一个历史性的构成，积累经验，少走弯路，也会更为周全。此外，还应该有它的语法学，其中包括它的数学和形式美学。（如图表16）动力学问题的思考是深邃、晦暗的，我们可以在以往的思想家那里看到，如亥姆霍兹（H. Helmholtz, 1821–1894）的神经动力学、孔德（Auguste Comte, 1798–1857）的社会动力学。无疑，马克思（Karl Marx, 1818–1883）的关于人类社会发展的思考，属于社会动力学；弗洛伊德（Sigmund Freud, 1856–1939）对于精神现象中自我、本我、超我的建构，属于精神动力学。

---

[1] 参见《中世纪的心灵之旅：波纳文图拉著作选》，2003年，第132页。

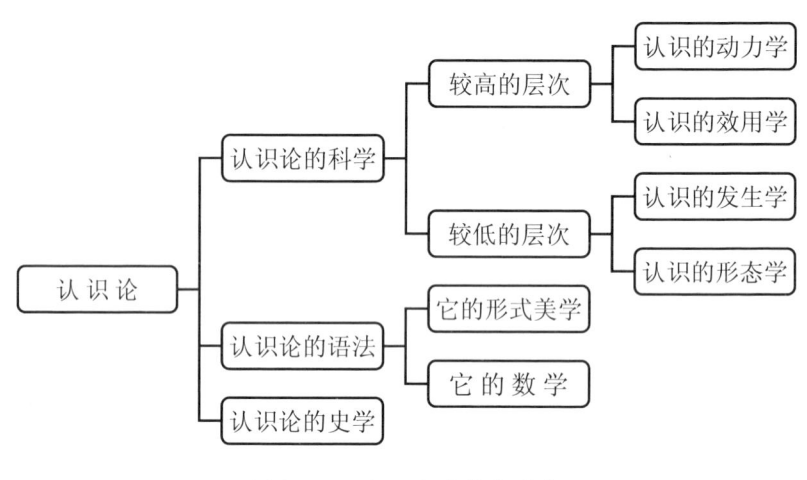

```
认识论 ┬─ 认识论的科学 ┬─ 较高的层次 ┬─ 认识的动力学
       │              │             └─ 认识的效用学
       │              └─ 较低的层次 ┬─ 认识的发生学
       │                            └─ 认识的形态学
       ├─ 认识论的语法 ┬─ 它的形式美学
       │              └─ 它的数学
       └─ 认识论的史学
```

图表 16　认识论科学的系统

从整体思想来看，波纳文图拉与安瑟伦一样，接受了奥古斯丁"信仰寻求理解"的精神，即从神圣的启示出发去寻求对它的理解。波纳文图拉认为，"理性的论证并不产生信仰，信仰是基于人的生存境遇而为个体所持有的一种根本确认，理性无论怎样进展，也无法产生出这样一种确认，它只能去寻求理解它"[1]。这就使得他在认识论方面的有些思想很难从经验层面建构起来，如对于心灵能力的区分。在认识论思考与神学教义的契合性方面，他与之前的许多神学家相比是不严密的。当然，这对他而言是不重要的。但是，他对心灵能力予以更为细致的区分的努力，也不是完全没有意义的。这至少使我们意识到，对于心灵能力的理解，不能限于前人已有的认识，而应该在"数"这一形式的引导下，尝试建构更有可能存在的模型，以"设想"作为引导的思想工作方法，在今天的探索性研究中不应被遗忘。他还

---

[1] 溥林：《中世纪的信仰与理解：波纳文图拉神哲学导论》，2006年，第75页。

认为，存在着两种不同的把握真理的方式：一是整体直观性的把握方式，这是人不具备的认识能力，由此获得的知识存在于整体的统摄把握中；另一种是理解性的把握方式，这是灵魂中的能力，由此获得的知识存在于被认识事物的真理的显现中。[1]由于他不认为整体直观性的知识是人所具有的能力，我们可以认为，这个理解是在回答人无法直接把握上帝的问题。但对理解方式的区分实质上蕴含的也是认识的发生问题。在人所建构的理解性知识之先，必然存在直接的知识，这种知识如何获得，至今还不是完全清楚。莱布尼茨的统觉论、胡塞尔的被动综合学说，都试图回答这个问题。波纳文图拉的知识分类思想，是我们今后在此类研究中要重点对待的。

第十节　阿奎那

阿奎那（St. Tomae de Aquino，1225–1274）生于意大利，后在巴黎和科隆学习神学与哲学，著述丰硕，是中世纪经院哲学的代表性人物。其代表作有《论存在者与本质》《反异教大全》《神学大全》。阿奎那的著作中涉及的思想很多，对他的研究一直是学术的热门，国内外关于其认识论思想的研究也有很多。相比而言，前面所述的那些基督教哲学家的认识论研究相对少见。这里基于国内翻译、研究阿奎那著作的学者段德智教授的研究，就其双重真理论、内感觉思想等做进一步探讨。鉴于探讨其认识论思想的研究众多，这里仅就其中我所能够把握的可以揭示更为深刻认识的思想予以置评。

---

[1] 参见溥林《中世纪的信仰与理解：波纳文图拉神哲学导论》，2006年，第98—99页。

一 双重真理论

双重真理论是既承认信仰真理也承认理性真理的神学思想。根据段德智的研究，这是阿奎那从阿维洛伊（Ibn Rushd，1126–1198）那里借鉴和发展出来的真理观。在《反异教大全》(《哲学大全》）中，利用人们共同认可的理性真理或哲学真理反对异教思想以证明基督教信仰，是阿奎那的主要方法和目的。为此，阿奎那批判了当时神学中的唯一真理观。这种观点只承认神学信仰的真理性而否认其他真理。阿奎那改变了这种设定，认为不仅存在着世俗的理性真理，而且通过这种真理也可以进入信仰世界和神学世界，抵达造物主或上帝。[1]

基于这样的认识思路，阿奎那认为，哲学追求的最终真理就是上帝。他的论证过程是这样的：哲学追求的是智慧，智慧在人们的理解中就是那些能够正确安排事情的人身上所具备的灵性（intellectus），安排是有目的的，目的就是安排好，安排好就是善，而任何事情背后都有一个安排它的东西，这样不断连续推演，就会出现整个世界的第一安排者，即第一推动者，这个第一推动者即灵性，其按照善的目的安排整个世界，因此，哲学追求的智慧就是直觉的善，也就是上帝。[2]Intellectus这个拉丁语词在相关的很多中译本中都被译为"理智"，这个译法从莱布尼茨的思想往前看是可以使用和理解的，但是从克莱门开始往后看就不太合适了，因为在整个神哲学系统中，这个词都意味着一种高级的直觉，或可以称为"灵觉"。作为心灵能力或神性的能力而言时，可以理解为"灵性"，以区别于感性和理性（ratio）。这个词在英译本中多译为understanding，这在英语中不存在

---

[1] 参见段德智《中世纪哲学研究》，北京：人民出版社，2014年，第69—70页。
[2] 参见阿奎那《反异教大全》第1卷，段德智译，北京：商务印书馆，2014年，第57—59页。

多少歧义，人们很容易就切换到其所对应的intellectus这个古义，但翻译为中文的"理解"时，中文读者不容易把握到英文中所体现的古义。在本书的写作过程中，我主要是在直觉（高级的认识能力）、灵觉（神性的认识）、灵性（人性与神性的能力）这三个意义上切换使用。

在阿奎那的关于真理的这个论述中，存在着这样一个预设：真理、智慧、灵性（intellect）、善、终极目的、第一推动者、上帝等都是同义词。由此形成的认识在基督教神学多年的发展中已成为理解教义思想时的共识。比如在前面我们论及的圣维克多的雨果的著作中，真理（Truth）、智慧（Wisdom）、自然（Nature）、理念（Idea）、模型（Pattern）、范型（Exemplar）等词的首字母在大写时，都是上帝的同义词。[1]

阿奎那这里的思想目的不在于给出一种关于哲学的新颖论证，而在于在承认世俗世界的理性真理存在的基础上，由人们对世俗真理的信念出发将其引向对上帝的信仰。他反复使用在世俗世界中颇有影响的亚里士多德著作中的思想来实现这一目的，如一开始就说"按照哲学家的观点，在事物的命名方面，我们应当遵循公众的习惯"，言下之意是，后面所说的东西与所面向的读者的立场是完全一样的，后面又说的"智慧之士即施令者""第一哲学乃是关于真理的科学"等论断，都出自亚里士多德的著作，这种实用方式中隐含的意思是世俗世界的真理中本身就存在关于上帝的真理。通过这样的论述方式，世俗的真理或哲学的真理就被融合到神学思想中。或者说，世俗世界的一些理性真理升级为神学的真理。这种理解方式并不是阿奎那才有的，

---

[1] Hugo de S. Victore. *The Didascalicon of Hugh of Saint Victor*. Translation, Introduction and Notes by Jerome Taylor, New York/London: Columbia University Press, 1961, p. xi.

在之前爱留根纳的著作中就已经出现了，如爱留根纳认为上帝是超永恒、超真理、超智慧、超本质等。

阿奎那这一思想中蕴含的另一明确意思是：经由理性真理可以抵达对上帝的认识。阿奎那认为，关于上帝的有些真理，是人的理性所不能把握的，如三位一体；而有些是可以把握的，如上帝存在，上帝唯一等。[1]他与其前辈思想家的不同之处在于他承认两套真理，认为人的理性虽然无法认识三位一体这样的真理，但对上帝的认识同样是真理性的。对于这两套真理，尽管无法比较它们之间的一致性，但可以有相同的效果。如果还有人通过理性也认识不到上帝存在的真理，那怎么办呢？对此阿奎那也是有答案的。他认为这两种真理都可以通过"指示给人予以相信"。[2]

这样一来，抵达上帝的方式就有两种，一种是通过理性的真理性认识而得以确信，一种是通过上帝的指示而获得。这也就意味着阿奎那的这样一个观点：人类理性自然禀赋的真理与基督教的信仰真理并不是对立的。阿奎那说，人类理性天赋的那些东西显然是真实的，因此不能否认这样的真理，同样，也不能否认借信仰而获得的真理，因为这是由上帝来证实的。[3]

如果我们仅看阿奎那的这些认识，似乎看不出什么不妥。但如果我们细心回顾一下人类认识的历史，就会发现，人类的理性认识往往是相互否定的，后世的真理往往是对前人真理的否定，这不是因为其认识过程和论证方法是不合适的，而是因为后人在知识的探索过程中提出了更高的要求，基于这些要求所获得的认识，本身就是对前人真理的否定。如果这样来理解，那么，阿奎那以世俗真理论证上帝的

---

[1] 参见阿奎那《反异教大全》第1卷，2014年，第64页。
[2] 参见阿奎那《反异教大全》第1卷，2014年，第68页。
[3] 参见阿奎那《反异教大全》第1卷，2014年，第80页。

存在，就无法必然成立了。但如果我们只是相信"正确的认识是建立在正确的认识之上的"这样一条真理，而并没有留意到人类的理性真理在历史发展过程中是通过否定前人的"真理"而实现的这样一种情形，那么，我们自然也会认同阿奎那的论证。

对于上帝为什么就是直觉（intellectus/灵性），阿奎那也做了论证。他的论证方法是从世俗真理出发，逐步升级为对上帝存在的推定。阿奎那说："我们的直觉（intellectus）在理解方面是能够扩展到无限的。其标志即在于，在获得任何有限的量之后，我们的直觉仍能够思考更大的量。但是，直觉的这样一种秩序推移（ordinatio），要是没有一种无限的可理解的实在，便是徒劳无益的，所以必定存在某个无限可理解的实在，它必定是所有存在者中最伟大的。我们将其称作上帝。所以，上帝是无限的。"[1] 这段话中包含的意思是，人的理解是可以扩展到无限的，直觉的这种能力体现在我们的认识活动中，就是当我们在思考任何有限度的事物的时候，我们还能对其进行扩展，将其存在扩展到超出有限事物的范围。因此，直觉在有限的认识中可以前进到无限，这是任何人都不可否认的。论证到这一步后，阿奎那进行了一个转换，即从实在性的角度去理解直觉。这里面包含的意思是，如果说直觉是实在的，那么，它所延伸出来的认识也应该是实在的；如果它从认识中延伸出来的"无限"不是实在的，就会出现矛盾，因此，直觉在认识中衍生出来的"无限"必然是实在的。因此，必然存在这样一个作为可理解的实在的"无限"。而这个"无限"实质上就是上帝。

但论证到这一步还不够，因为这里面还暗含着一个问题，即将直

---

[1] 阿奎那：《反异教大全》第1卷，2014年，第225页。译文中的"理智"（intellectus）更改为"直觉"；"上进"改为"秩序推移"。

觉中的"无限"理解为上帝，还意味着直觉是大于上帝的。这个结论与信仰显然是不符合的。对此，阿奎那又补充说，因为结果总是不能超出它的原因，而直觉只能来自作为第一因的上帝，所以，直觉不可能超出上帝，更不可能比上帝还伟大。这个论证过程中，阿奎那实质上又引入了一条世俗的理性整理，即大的东西必然包含小的东西，然后又引入了上帝是第一因这一信条，两者结合，得以自圆其说。阿奎那这样的论述，以及与此相关的很多论述，都易于为常人所理解。但这个过程并不是严密的，在理论出现断裂的地方，总是可以找到世俗的真理作衔接。这样在结论上总是可以自圆其说。因为世俗的真理足够多，如果在读过的书中找不到，就在常识中寻找，如果都找不到，就引申出一个无可争议的命题。此外，如果细心去比较就会发现，在他的论述中直觉的实质含义并不是统一的，这也恰好使他可以把看似无关的问题或认识组织到一起形成自己的论证。这样的词语有很多，实质上都被实在化了，因而好似都具有了很大的使用权能，总是能够获得论证的正确性。如果不去质疑这种实在化的理解方式，不去追问"实在"的含义，那么，阿奎那的论证就是无可挑剔的。

在我看来，在"无限就是上帝"这样的认识中，其中所说的"无限"是从有限的事物延伸出来的，具体意味着的是"量"的扩展，可以像射线、直线那样不断延伸。而实质上，它是心灵在认识到了自身的界限时所形成的表达。或者说，它所意味的就是一种局限性，对于世界而言它是无限的，对于心灵而言它就是局限的，或者说，它是心灵对自身的"缺陷"的认识。认识的形成过程无外乎都是观念之间的转化，假设意识把握到了自己的观念之间的持续的转化，且更重要的是把握到了这种"持续性"时，这种持续的状态无外乎又可以把握为两种情形，一种是暂停，一种是非暂停的状态，而对于"非暂停"的状态的把握实质上就是对无限的把握。在对"无限"的把握中，"非暂停"的状态意味着心灵的一种动力的存在,它是一种未知的需要我们进一步追问的"X",这个问题就成为意识研究的根本问题。我们只知道意识是流动和连续的,这并不是什么新鲜的认识,有这个认识也解决不了实际问题,更重要的是知道意识为什么是流动的,它靠何种力量流动起来。因此,如果我们只是从醒觉意识或观念层面出发,把握到的永远是有限的东西,而无限的东西,则是我们借此推断出来的。从这一点来看,现象学在对意识的纯粹体验中不可能获得对意识流的体验,对意识流的体验实质上是对这种推理的体验。当冯特一开始主张心理学是经验科学时,它研究的是意识体验或直接来自观察活动的那种经验,如观看红色的花时获得的红色感,而不是"花是红色的"这一事实,这里的事实已经是一种判断了,它已经添加了"可重复看到红色"这样的心理体验,从而形成了体验和体验联结起来的判断。由冯特的这种认识来看,现象学一开始所追逐的纯粹经验无外乎就是冯特所说的直接体验,现象学所说的意识流已经超出了直接的体验而成为一种理性的判断。基于这些思考我们可以说,当心理上获得对"无限"的认识时,这里的无限是一种判断而非一种直接的体验。因此,阿奎那所说的对于上帝的存在的认识,完全是心理上推理出来的结果,并不是通过普通的直觉(像颜色感那样)获得的,而是通过化身为内在推理的那种直觉。

在关于双重真理的这些论述中,阿奎那引入亚里士多德的话语,将其剪裁为神学话语,利用其身上的影响来塑造人们的神学信仰。这种做法与巴西尔、奥古斯丁著作中所采用的方式恰好是相反的,我们阅读奥古斯丁的《论三位一体》时会更鲜明地看到这一点。后者则是用圣经的语言来讲世俗的认识,把世俗语言转述为神的语言。这两个相反的过程,实质上都是一种信念向另一种信念的迁移过程,只是信念的对象发生了一些变化而已。如果去掉信念的内容,那么,"信念"

究竟是一种什么样的存在，这是需要继续探讨的话题。

二 内感觉及其中的"确定性"

阿奎那对内感觉的论述相对于前人来说更为细致。阿奎那认为，人的内感觉有四种：通感、想象、估计、记忆。通感（sensus communis）是将眼耳鼻舌身五种外感觉汇集成一个统一印象的功能。想象（imaginato）有两个功能，一是将感觉印象与其实物区分来，二是对感觉印象进行区分和分离以形成新的感觉印象，这即对人脑所接受的感觉印象进行抽象的过程。幻想和想象是同一种能力。"估计"是一种特殊的理性（ratio）能力，如任何动物遇到比其凶猛的动物时会意识到生命危险，然后会立即躲避，这是通过观念的结合或比较得到的认识。记忆是指将外感觉和内感觉获得的印象、观念储存起来的能力，这些储存的东西可以重新出现在意识工作中。[1]

如果粗略来看，阿奎那的这一分类好像没有多少新意，在其之前的思想著作中我们都可以看到类似或相同的思想，如马克西姆将想象力理解为感受能力，爱留根纳将想象视为内感觉等，"估计"实质上指的是人的"理性"（ratio），这在波纳文图拉那里被视为一种高于想象的能力。对于记忆的理解也显得很普通，不像奥古斯丁那样将记忆视为意愿的体现，能被记忆就意味着能产生意愿。阿奎那对于通感的理解，则相当于马克西姆所说的感受，只是在他这里获得了明确的界定。

如果细致来看，阿奎那的这些认识中实则包含的是对认识中的"确定性"如何发生的一些思考。外感觉作为感知器官或获得印象的活动，在它们发生的第一阶段产生的不是"确定性"，"确定性"是

---

[1] 参见段德智《中世纪哲学研究》，2014年，第120—121页。

在外感觉之后产生的,在将感觉两分的情况下,它只能出自内感觉。在这里人们可能认为阿奎那的这些区分归类不大合理,但这无碍于我们通过这些区分获得真知。我们恰好可以通过阿奎那对内感觉的认识获知"确定性"得以发生的四种情形:

首先我们来看通感中"确定性"的发生情况。如果按照阿奎那的理解,外感觉获得的印象进入内感觉后,在"通感"这一处理过程中获得了统一的印象,而这个统一的印象,实则就是一个统一的确定性的印象,这样,"确定性"在这个环节就产生了。如果不进行统一化的把握,或者说不产生确定性,那么,关于事物的印象就始终是纷乱错杂的,无法形成认识。因此,统一的印象的产生过程同时也意味着"确定性"的产生。或者我们可以明确地说:在认识较为原初的发生阶段,统一性与确定性是一体两面,它们都意味着"被重复"。

其次来看记忆中"确定性"的发生情况。同样,记忆作为心灵保存外感觉印象和内感觉产物的活动,也意味着"确定性"的产生,我们甚至可以理解为:被记忆就是被确定。但这种确定的区别与通感中的确定的区别在于它不意味着统一性,如人在记忆中努力回想他见到的一个人的面孔的细节时,那些细节原本不具有统一性,而是在回忆中被确定为面孔的组成部分。这时候,"被确定"意味的不是别的,而恰恰是被记忆的那个要素可以再度在认识中与其他要素发生联系。从这个意义上来看,"确定性"是一种心理联系,它可以导向下一个要素。在这个意义上,它是"再度被重复"。

继而在想象中也可以看到"确定性"的发生情况。阿奎那关于想象的理解较为突出的理论价值在于把可感形式和可感物之间的分离视为想象活动的一部分。这个点在以往的认识论思想中没有见到讨论。如果我们通常将想象理解为对事物印象的分离与组合,那么,这一活动必然要基于一个前提,那就是想象所分离组合的不是实物,而是心中的印象。我认为正是在这个意义上阿奎那将想象分为两个部分。其第一个环节是对感觉印象与其实物的分离过程。在这种分离过程中，产生了我们熟视无睹却苦苦寻觅的认识中的"确定性"。分离实物与其印象之后，必然要产生对二者之间关系的维系或"确定"，或者在确定它们的关系之先就已经有了这样的处理印象之间关系的方式。在想象中，基于这种情形中的第一方面的"确定性"，分离或组合的印象才能被进一步确定，即确定它是否表达或描述了原来的实物，或者是不是可以用来表达和描述其他实物。在描述其他事物的过程中，就会产生对事物的"类似性"的较为明确的观念。"确定性"在这里发生了进一步的展开。它意味着"分离中的被重复"，类似性是部分重复。

最后，我们来探究一下在"估计"中"确定性"的发生情况。阿奎那所说的"估计"实则涉及了对事物的比较和对其发展趋向的判断。阿奎那也将其称为"特殊理性"（particularis）。比较指的是形象或形式方面的比较，这是基于印象、形式的确定性而产生的进一步的确定性。不同的事物在意识中也意味着不同的变化，所以，根据事物大小的不同，人就可以对其运动趋向产生估算。在"估计"中，我们所看到的是事物变化趋向的某种"确定性"，确切地说，它是一种可能的"确定性"。

"确定性"是哲学认识或科学认识的核心目标，如信息学的创始人香农（C. E. Shannon，1916–2001）在定义"信息"这个概念时，就将其定义为"不确定性的减少"。有人会把这个定义理解为"确定性的增加"。但实质上，"不确定性的减少"和"确定性的增加"意味着不同的预设，前者预设了从无序中获得有序，后者预设了从有序中认识有序。对"确定性"这个概念的理解历来是晦暗的。胡塞尔在《逻辑学与认识论导论》中也曾探讨过它，但只是简单地将其解释为意识的"给予",并没有予以细致具体的阐述,这导致其阐述的相关的这些最为基本的意识概念都是模糊而无具体所指的。

从阿奎那对"想象"和"估计"的论述中我们可以看到,认识过程中,从印象的确定性走向对实物的变化趋势的判断,也即从认识的确定性转变为认识的可能性。认识过程无非马可·奥勒留所总结的两个环节,标记事物和确定事物间的关系。标记事物的过程意味着的是确定性的确立过程,而描述事物间的关系则不仅包含着进一步的确定性,也包含着事物发展变化是否具有必然性或可能性的趋势。认识的整体形态就是确定与可能的循环,是已知与未知的推移。

对于内感觉的各种分类和认识,或者说对基于外感觉的认识能力的分类和认识,在不同的哲学家那里必定有所不同。我们要在其中找到一个完善无误的分类,或修正出一种确凿无疑的分类,以指导人们此方面的科学研究,则是不可能的事情。理由是,通过这些简明扼要的考察和分析,我们会发现,内感觉作为一种认识能力,并不具有严格的分类。所谓严格的分类,不过是人们对不同的认识结果进行归类分析而倒推出来的认识能力的类型。而认识能力的表现之一是它们在方法上的不同。认识能力作为一种能力,是一种本体上的设定,或者说实体上的设定。但我们只能探究到认识结果和认识方式这一层面,无法深入对其实体或本体的研究。因此,这样的分类必然是不一致的。比如,阿奎那将理性认识(ratio)作为一类,假设了内感觉中具有"估计"这一内在的感觉性的能力。但当阿奎那批评把直觉(intellect/理智)作为灵魂的本质的观点时,又运用了这一方式,他认为,直觉是因直觉作用的对象的不同而被确认出来的灵魂的一种属相，因而它不是灵魂的本质。[1]前后这两个看法在根本上是不一致的，后者更为周全。前者仅仅是借用或传达，目的是塑造人心中的神性真理的唯一性，如果我们只是从科学化的理解方式把其当作特定的理论去理解，那很可能误导自己，而不会对阿奎那有任何影响。又如在前文所述中，对认识能力的划分也多不相同，如克莱门将认识能力分为五个层级，爱留根纳将认识分为感觉、理性、科学、智慧、神圣之光五个层级（见前文爱留根纳部分脚注引文），波纳文图拉将认识能力分为六种。对认识能力和认识类型的这些划分虽不尽统一，但大致上都是按照由低到高、由简单到复杂、由外到内的方式进行，或同时运用不同的方式进行分类，以满足对于神学教义的认识论上的解释。在这些神学思想中，运用哪种类型进行解释并不是最重要的。在达到辩护教义、驳斥异端、使人确信的目的后，这些说法上的东西是否严格精确就不是最重要的了。在今天的认识论研究中，我们要拒绝本体化的设定，拒绝将命题、句子作为一种实体去考察它们的性质。这是含混的分析和认识方法，不少哲学家由于其头脑中天然的含混性而犯过这样的错误。对于句子、命题、语词，我们无法像研究自然实体那样去获得认识，而至多是总结其形态上的特征，以帮助我们形成进一步的区分，或对相应的认识进行还原，获得对其转化规律的认识，或重溯其做法，迭代一下其发生过程。

三 直觉的主动与被动

阿奎那认为：直觉活动既是被动的，又是主动的；记忆存在于灵魂的直觉部分；直觉（intellect/灵性/理智）和理性（ratio）在人身

---

[1] 参见阿奎那《神学大全》第1集第6卷，段德智译，北京：商务印书馆，2013年，第118页。

上是相同的能力；思辨直觉和实践直觉是相同的能力，思辨直觉的扩展就是实践直觉；人的欲望有高级的直觉欲望和低级的感觉欲望；意志必然欲望一些事物；直觉比欲望高贵；意志推动直觉；灵魂借直觉认识事物，科学（scientia）存在于直觉之中；直觉知识来自感性事物；直觉通过对心像的抽象来理解有形的和物质的事物；直觉借组合和分解来理解事物。[1]

在这些论述中，直觉的主动性和被动性是值得讨论的问题。阿奎那认为"被动的"可以从这三种情形来理解，依次为：热水被动变冷；人生病了、悲伤等；事物从潜在状态必然过渡到现实状态。但是，这三种情形被确立为"被动的"，这种认识对于认识的扩展而言，并不具有实际意义，如水的变化、人生病、从潜在到现实，它们都属于自然意志，或者更为准确地说是自然状态下的变化，这意味着直觉在这个过程中是没有出现的，或者说是不起作用的，除非将这种自然意志视为直觉（灵性）中的东西。在这个意义上，直觉其实不存在某种被动性。

现象序列中体现出来的先后的变化，意味着事物之间的秩序的存在，而秩序的存在是认识得以可能的前提，或认识本身就意味着秩序存在。在这样的认识中抽象出被动性是没有意义的，即使将其表述为被动性，实则意味的也是事物的秩序。如果阿奎那的说法成立，那他的意思是直觉中就包含秩序。也就是说，直觉本身作为一种认识能力，它意味着的是能够获得事物秩序的能力。这实际上是以直觉认知的必然性解释秩序存在的必然性。

就直觉的主动性而言，直觉通过调整自身所把握到的内容，将其

---

[1] 参见阿奎那《神学大全》第1集第6卷，2013年，第120、140、149、160、174、179、180、201、222、233、253页。

作为参数，用以度量事物的状态和变化，这当然是主动性的体现，但是，这是因为它受制于自身要完美地描述事物状态和变化这一目的而采取的方式，因此在这个意义上，它显得又是被动的。如亚里士多德所言，求知是人的天性，作为天性的东西，它必然也是具有被动性的东西。

如果从秩序的角度来考虑，被动实则意味着必然存在的规律，而主动则意味着基于这些规律而干预事物以使它的变化脱离既定（原本）的方向。这即说，相对于不同的事物变化过程，某个东西既可以被视为被动的，也可以被视为主动的。阿奎那在论及植物能力时就承认了这一点。再者而言，人干预某物，某物是被动的，但人是主动的，可是，人自身却受制于某种秩序，也是一个具有被动性的存在。

显然，阿奎那误用了被动性和主动性。他所犯的错误，正是前文芝诺悖论所揭示的错误。被动和主动是对应于目的而言的，而非用来描述事物的状态和秩序的。它们在起源上属于不同的系统。抛开古代人对事物的神秘化的解释不论，现代人在科学意义上对事物的认识，主要体现为一种基于目的化要求的把握方式。我们在过去的经历中可以体会到的是，事物纷繁复杂、无限分割，人在认识中难以尽穷，在求索中也无法随意获取以满足自身所用，人所采取的办法就是集中目标认识和把握事物，然后尝试对其方法进行推移，对相关要素予以集中。而这个集中的东西，无论是所要获取的猎物还是要认识的对象，都成为人的目的所指向的东西。如阿奎那所言，每个活动主体都有一个目的。[1] 阿奎那这里所说的目的至少具有双重的意义，一是神学意义上的目的，即人对上帝的回归，二是指世俗生活中人的活动都是有目的的。我们这里的论述主要指后一种目的。认识活动集中于描述事

---

[1] 参见阿奎那《反异教大全》第3卷，段德智译，北京：商务印书馆，2014年，第30页。

物的状态、运动、变化，以为需求的满足做准备。而目的则既包括认识需求，也包括生理物理方面的需求，前者是通向后者的一个阶段。目的或为被动产生，或为主动产生。人一生追逐着两种目的。但目的多变且有类似之处，能满足需求的某些东西数量有限，必然因需求而产生冲突，所以，规整社会关系的最佳策略就是统一目的。这在宗教、政治上均体现为这样。我们这里所看到的神学思想中，最终的目标在现实层面就是统一彼此的意愿。因此，我们也可以看到，阿奎那扩展了自己对"目的"的理解，基于发生的顺序把后来的事物视为先前的事物的目的。[1]这样一来，作为第一推动者和世界终极目的的上帝就成为引领所有包括人在内的事物的目的。从这一点而言，阿奎那无论在其论述中有多少矛盾，面对这一条时，他的思想就没有了任何矛盾。理论分析和现实信仰之间的这些混乱，只是基于对自然世界的统一性认识和对感觉发生状况的审查，难以认清，只有在认识论的最高要求之下才可能澄清。

　　胡塞尔也曾就意识的主动性与被动性做过很多论述，在不同时期的文本中他都试图以主动和被动的方式去描述意识中观念的发生情形。在其思想发展后期较为综合性的看法中，那些先验的观念，如有、无、多、少、自我等，都是一种被动性的意识构造物，基于这些被动的意识构造物，人形成了主动化的认识。他就主动综合和被动综合的问题做过专门的探究，试图揭示认识发生和发展的两个阶段，即第一阶段形成的是原初的认识组件，第二阶段是加工和组合这些部件而形成认识的阶段。第一阶段是被动化的过程，第二阶段是主动化的过程。被动的构造形成的是意识运行的本质规律。他还明确认为，传统认识论中所讨论的联想（Assoziation），实则是一种被动的意识

---

[1] 参见阿奎那《反异教大全》第3卷，2014年，第32页。

发生。[1] 从认识论的历史来看，这个说法是武断的。与阿奎那一样，胡塞尔对认识的意识活动研究在用词上仍没有跳出前人的藩篱。他说，在心灵主动地实现其综合活动的期间，"为它们提供出一切'质料'的被动综合会不断地进行下去"。[2] 这即说，在意识对素材主动进行综合的过程中，被动性的综合进程一直是存在的。这样的认识在前人那里或多或少都是存在的，如普卢克洛对"感受"（nóēsis）的六个层次的分类中，第六层次即被动的感受，第五层次则是游移的感受。主动综合和被动综合这两种心理能力，在神学家这里是对直觉（intellect/灵性/理智）的一种尝试性的理解，但这种理解可能会带来不必要的混乱。直觉被理解为被动的和主动的时，由于主动和被动是与目的相关的，而能力问题是一个本体论问题，这样就把本体论和目的论混合在了一起，在神学的解释中这是理所当然的，因为最后的解释都聚于一点，但在哲学的理解中，则是一种混乱了，因为这些概念在起初的设定中不属于同一个系统。直觉的被动与主动，与莱布尼茨所说的统觉其实是同一个问题，当莱布尼茨认为统觉是对感受的把握或反思时，把握和反思已经包含了被动和主动。可见，后世哲学中的统觉问题是直觉问题的延伸。

四　抽象活动的发生方式

阿奎那认为，抽象活动的发生有两种方式：一是比较和区分的方式，如对两个不具有包含关系的事物进行比对，考虑它们的大小、形状等，这是感觉的抽象过程，获得的是有形事物的可感形式；二是进行单纯的考察，如我们在对苹果颜色的考察中只考虑颜色，不考虑具

---

[1] 参见胡塞尔《笛卡尔式的沉思》，张廷国译，北京：中国城市出版社，2002年，第109—114页。

[2] 参见胡塞尔《笛卡尔式的沉思》，2002年，第107页。

体的苹果，这获得的是单纯的普遍性的知识，阿奎那把这个称为直觉抽象（理智抽象）。[1]阿奎那把包含某一类事物的概念，称为"种相"，这是由理智抽象活动获得的。傅乐安和段德智都将阿奎那对被动理智（直觉）与主动理智（直觉）之间关系的讨论视为对从感性认识到理性认识的发展变化的讨论。[2]就是说，抽象的两种方式分别是不同阶段的认识活动，前者是感性认识，后者是理性认识。

初步而言，我们可以将抽象活动理解为对前一级形象的进一步加工和处理。加工和处理的目的是形成统一化的认识。因此，抽象在本质上是已有观念的推移过程，而非要素的提取。提取要素的过程已经是一种归纳总结了，而抽象则意味着更初级的认识活动。这种统一化的认识活动努力以更为简洁的东西把握较多的事物，不断地对已经获得的形象进行加工和处理，或不断地对已经获得的形式进行加工和处理，然后在相互之间获得一致的衔接时，就可以形成越来越复杂的知识系统。在这个过程中，抽象行为是为了满足认识需求而不断发生变化的行为，它实则是对认识活动中合乎统一性这一认识目的的所有认识行为的统称。阿奎那将其划分为两类，实则是基于认识的对象和获得统一形式这两个方面而进行的。这两个行为之间不是简单与复杂的关系。所有的抽象行为都是用单一形式或已规定好的同类形式去统一标记事物的过程。而这个标记事物的过程，在我的理解中就与阿奎那说的"种相"是一回事情。在我的理解中，"种相"或事物的"概念"，都是单个的观念推移到其他事物身上形成的。就认识的对象而言，如一个苹果，它的概念是"种相"，但在我看来，三角形作为一种形式，也是"种相"，因此，在单纯的形式方面和具体的认识

---

[1] 参见阿奎那《神学大全》第1集第6卷，2013年，第235—236页。
[2] 参见段德智《中世纪哲学研究》，2014年，第124页；傅乐安《托马斯·阿奎那的基督教哲学》，上海：上海人民出版社，1990年，第118—119页。

对象方面，只要涉及的是包含了某一类内容的概念，则它们都是"种相"。从观念以推移的方式形成同一性的角度来看，"种相"即一个观念的推移、复制、运用。这里我主要是结合波尔查诺关于同一性的思想而进行分析。结合波尔查诺的思想，我们恰好可以对概念、同一性、抽象活动、种相、统一性、事物的类等这些东西予以贯通性的理解。由此来看，阿奎那关于抽象活动的分析至少有一半是合适的，但将抽象活动分为两种类型，实则是不严密的，它所表达的实质上是认识的两个阶段，所以从类型上划分是不完全合适的。

正因为抽象活动的两种类型实质上表达的是认识的两个阶段，所以，研究者们才会将它们理解为感性认识和理性认识。在段德智的译本和傅乐安的研究中，阿奎那所说的"理智"，我们理解为高级的直觉就可以了，即拉丁文的 intellectus，我们不能从推理的意义上将它理解为理性，如果非要从字面上去理解的话，理解为"智觉"也是可以的。这样，"直觉"就可以分为关于感官经验的初级直觉和关于"秩序"之确定性的高级直觉。相应地，直觉也就在部分意义上可以被认为是包含了感性认识和理性认识的能力。但它实质上有别于这二者，区别之处在于它表达了在意识中能够获得确定性认识的能力。感性认识和理性认识的区分，是从近代哲学开始流行起来的，这在很多哲学文本中都可以看到。很多时候，我们看不到研究者们对这种区分背后的事情本身的回溯，因此，其中的很多问题并没有获得澄清，如人们并没有从确定性方面去考虑感性认识和理性认识的关系。人们常说理性认识和感性认识是认识的不同阶段，之所以如此，是因为在这两个阶段中获得的事物的"秩序"是不一样的，并不是因为认识真的可以划分为某几个阶段。因为意识本身是连续的，所以，所有的认识都是连续的，因此，对认识的阶段性划分只是研究认识活动的一种权宜之计。感性认识中没有事物的秩序，或者说，它获得的是一个事物之所以是一个事物的"秩序",是无秩序的"秩序",而理性认识中出现了关于事物位置、运动或变化的秩序性认识,唯有后者才可能被人用来满足自己的需求,所以它在人的理解中变成了高级认识。这种划分是经验整理的结果,而不是认识活动必然如此。划分是为了获得确定性,基于确定性的东西,或以其作为参照,表达对变化的认识。但是,划分是随着认识的展开而不断变化的,这就导致我们的认识也随之变化。从认识论上而言,这种划分的意义在于更好地研究人类的认识活动,而不是奴役和僵化人们的思维习惯。

阿奎那对抽象活动的思考所处理的问题是观念如何在意识中产生,或者说,人在认识事物的时候意识中大致都会产生哪些类型的观念。只有基于这些观念,人才能形成对单个事物的标记,形成对某一类事物的标记,然后才能获得对事物之间的关系的认识,获得对一类事物与另一类事物之间的关系的认识。以此方式运作,逐渐形成的就是更为复杂多样的知识之网。

对认识活动的研究,目的在于搞清楚它的诸多奥秘,但即使解开了那些奥秘,能够发挥的作用也是有限的。人不可能通过对主动直觉和被动直觉的区分获得对全部认识活动的认识,通过理解阿奎那的两种抽象活动也不可能搞清楚认识活动的全部,这是因为认识随生活的展开而展开,几乎没有时间上的终止,人对世界的认识是按着自己的既定目标进行的,不能说搞清楚了认识活动的基本要素就能搞清楚整个世界。澄清认识活动,可以让我们少犯重复性的错误,节省精力,并非意味着一定能够达成更多的目标。

阿奎那关于认识论方面的讨论非常之多,无法一一具陈。在其《神学大全》中,他处处引述其先前哲学家的论述以分析问题和支撑结论,以至于人们无法分清其中的哪些思想是他自己的。这也使得他被称为神学和哲学思想的集大成者。[1]在这里讨论阿奎那的这些观点时，无论在某个观点的表述中是否特别强调阿奎那，都意味着这些观点是带有思想继承性的观点中的一个。关于真理，他还认为真理是直觉和事物的综合，段德智认为这种真理观是根植于其本体论中的。[2]其实，这种真理观将信仰、认识、行为、实体等方面的问题融在了一起，使人难以真正把握。这种习惯在目前也没有得到彻底纠正。其中的症结在于：真理不能被作为自然事物那样的实体去研究，因为它是认识的产物，而认识是不断变化的，所以，也不可能通过对已有的真理的归纳获得对它的本质上的认识，如果说它有本质的话，它的本质就是认识。真理论曾是一个伦理学的问题，因为行为的合理性需要在认识上获得解释，它实质上并不是最基本的认识论问题，它是从标准论中延伸出来的问题。但唯有在认识论的研究中，它才能够真正被看清。真理问题实则是伦理学向认识论过渡的体现。

对于阿奎那认识论方面的思想，我们就讨论这些。此外，他的著作中还有很多政治、经济方面的思想对后世影响颇深，如：人是社会性的存在，这会导致社会分工；君主制是最好的形式；商品价格应由其价值，即有用程度来衡量；他将正义分为原始正义、分配和交换正义、行善和拒恶正义、潜在正义，潜在正义包括宗教虔敬礼仪、感激报复真理、友善慷慨公平三类。根据董尚文教授《阿奎那语言哲学研究》这部著作来看，他在语言哲学方面的议题涉及命名、意指、内在语与外在语、类比理论等。阿奎那的作品议题众多，值得继续研究。

---

[1] 参见罗伯特·帕斯诺《中世纪晚期的认知理论》，于宏波译，北京：北京大学出版社，2018年，第14页。

[2] 参见段德智《中世纪哲学研究》，2014年，第126页。

第十一节　奥卡姆

奥卡姆（Gulielmus Occamus，1287–1347）出生于英格兰萨里郡的奥卡姆村，后在牛津接受了神学教育，是中世纪晚期著名的神学家和哲学家，在哲学、神学方面著述丰硕，有逻辑学、形而上学、自然哲学、认识论、伦理学、政治学等诸方面的论述。人们熟知的"奥卡姆剃刀"原则就是以其名字命名的思想。它表达的是这样的观点：我们没有必要断言某物存在的真实性或持续性，除非因为它不证自明，来自启示、经验，或者从启示真理或观察证明的命题中逻辑推导而来，以至于我们不得不这样做。简言之，没有必要就不要假定复数，或者说，通过假设更少的事物可以解释的东西没必要假设更多的事物去解释。[1]这是奥卡姆形而上学思想的代表性观点。他的思想与之前的神学较为对立。以下我们尝试从其对词项、符号的整体分析来探究一下其中的认识论思想。

一　对作为命题部件的词项的划分

如果说命题是对事物形态、变化或运动的陈述，那么，词项就是组成命题的每一个部件。词项就是日常所说的"词"，译为术语时就是词项。奥卡姆对词项的讨论，就是在这个意义上展开的。他根据词项的物理位置或存在方式的不同，将词项分为三类：写下的、说出的、概念的。他所说的写下的词项，就是写出来的文字符号，说出来的词项，就是用语音表达出来的声音符号，概念意义上的词项，就

---

[1] William of Ockham. *Philosophical Writings*. Translated with an Introduction by Philotheus Boehner. New York: The Bobbs-Mereill Company, 1957, p. XX.

是心灵用来指代事物形象或印象的概念。简言之，写下的字、说出的词、心中的"词"。在这三种词项中，心中的"词"相比其他两者而言，与事物形象形成的是最直接的表达关系，因而也被认为是命题中最实质的部分。相对于概念词项而言，说出的词和写下的字对事物形象的表达都是间接的。奥卡姆认为，这两者都是约定俗成地意指事物。[1]

对词项的理解是哲学史上就有的，如奥卡姆在文中提到亚里士多德和波爱修就有此方面的认识。在中世纪的"七艺"教学中，语法学和修辞学的学习过程中就涉及了表达和恰词的问题，我们从卡西奥多鲁的著作中就可以看到这一点。奥卡姆沿用了他们的思想，并将词项分析作为逻辑分析的思想基础。

但奥卡姆对词项的这种区分并不见得就是合理的。或者我们更为明确地说，这种区分尽管可以存在，但只能对人形成误导，因为其所区分的对象在根本上是含混的。在我看来，根本的含混之处有两点：

首先，心中的概念不是独立存在的可以明确的东西。从实质上而言，心中的概念无法独立地被呈现出来，它的呈现要么是通过事物的形象，如颜色，要么是通过我们的声音或可视的符号等。在对心中的概念形成表达的过程中，我们通过事物发生的连续性原理，推断出内在的表达是外在的表达的基础。这时候，心中的概念存在是我们由此而推想出来的。因为人无法同时对自己的内心活动形成内在的观察，所以，我们的心理过程是在回想中建构出来的。我们会推断出，在此刻被把握到的意识活动之先，应该还存在意识活动，并且基于能够记忆起来的某个点而尝试顺势重演一遍方才进行过的意识活动。在重新建构的过程中，外在的符号，如书写的符号和声音符号等，会有助于

---

[1] 参见奥卡姆《逻辑大全》，王路译，北京：商务印书馆，2010年，第1—2页。

我们确定一个用于建构的基点，然后，我们尽可能地借此建构出方才的思维过程。对方才的思维过程进行记录和表达的外在符号越详细，则这一过程相对建构得越完整。但在没有外在符号记载的情况下，意识可以凭借四种方式尝试重建这一活动：一是回顾其中具体鲜活的事物形象以触发曾经的思考；二是对方才思维活动发生时的环境进行回想；三是对方才的意识活动发生的时间点进行回溯；四是进入暂且断除外在感觉信息的进入，且停止有具体内容物的思考活动状态，从而进入意识的等待阶段，在略微平静中等待关键要素的自然浮现和强化。这四种方式可以分别体现在我们经常用到的这四个词语身上：睹物思人、触景生情、因时而伤、平心静气。我们在回溯某一意识进程的时候，心中的概念究竟是什么样子，我们是不知道的，而我们所知道的，是一些较为鲜明的可重复的形象或表象。我们可以说它相对于其他心理印象而言，具有较强的心理强度。因此，这种心理强度远大于其他强度的心理印象就被我们当作心中的概念，用以表达和标记我们所遇到的其他事物的形象。某一心理印象的强度会发生变化，如果单凭此，遗忘和混乱多有发生，因此，人的认识就不可能形成越来越复杂的建构。这时候，外在的符号有助于我们在一定程度上克服这个缺陷，使认识的建构更为复杂、详细、准确一些。需要额外说明的是，前面的诸多神学家所强调的直觉（intellect/灵性）这种认识能力，在我看来，实则意味的是对由外而内的印象关系进行心理上的强化、内外结合以形成确定性关系的过程，而并不是说直觉就像一架机器一样，能够直接产生那些东西。为了强调这种必然性，神学家将其神性化了。我们也可以将其理解为灵性。直接作为能力来理解时，它只是一种再解释，心灵的某种认识能力是对认识结果的形成因素的一种解释而已。

其次，要在心中形成事物的表象，需要借助于符号。在没有外在符号的情况下，内在的符号就是那些鲜活的形象或形式，对其再度进行转化，形成的就是外在的符号，在这个意义上，内外的符号实则是一回事情。因此，无论词项是写出来的、口里说出来的，还是心里所想的，这三种形式发挥的认识功能都是一样的，存在的方式是不一样的，差别在于在物理介质中存在时间的长短不一样，在介质中的清晰性会有差别。心中的很多作为符号的印象容易消逝，容易形成混乱，但以语词和书写的方式可以克服这两个缺陷。由此，人类的知识在代与代之间就可以获得很好的传播。但是，知识的传播是已经符号化了的关系的传播，它还需要内在的形象或表象的支撑才能够获得理解，或者说，外在的符号可能过于单调，需要内外的符号配合起来才能很好地使用。在形成语词表达的过程中有一些作为符号的心灵印象可能缺失了，所以，表达出来的语言要素可能比实际所想到的要少。因此，根据表达出来的命题进行认识要素的分析，这种做法是有缺陷的。

因此，奥卡姆对词项的区分并不是建立在原初的认识过程这一事实之上的，而是根据既定的命题分析出来的。这种做法对后来的研究多有影响，但影响是有限的，因为认识的重大推进取决于新要素的发现，而不是旧要素的重构。在这样的做法中，关于认识的心理活动的发生没有被作为第一考察对象，没有被作为实在的东西，而表达某一认识的命题却被当作实在的东西。如"苏格拉底是人"这一命题并没有详尽表述与此命题相关的这一认识，它是简略的，"是"的心理发生在逻辑分析中被简单地归为"谓语"部分，这实则是使问题含混。因此，把命题作为实在进行分析，只会增加认识的混乱。胡塞尔在《逻辑研究》中对句子的分析，恰恰也是沿袭了这一传统的哲学上的失误。这种做法在今天的认知研究中仍在重演。

二 助范畴词

奥卡姆认为助范畴词应该归属于谓词。例如，他说："助范畴词的例子是'每个''没有''某个''所有''除了''这么多'和'只要'。这些表达均没有明确的确定意义，它们也均不意谓任何与范畴词所意谓的东西不同的东西。这里，数字系统提供了一种比较。'零'，就其本身来说，不意谓任何东西，但是当它与其他某个数字结合起来时，就使这个数字意谓某个新东西。严格地说，一个助范畴词也不意谓任何东西；然而，当它与一个范畴表达结合起来时，就使这个范畴表达以确定的方式意谓某个东西或指代某个东西，或者起与这个相关的范畴词有关的其他某种作用。这样，助范畴词'每个'本身并不意谓任何确切的东西，但是当它与'人'这个词项结合起来时，就使这个词项模糊和周延地代表或指代所有人；当它与'石头'这个词项结合起来时，就使这个词项代表所有石头；而当它与'白'这个词项结合起来时，就使这个表达代表所有白，其他助范畴词与'每个'相似；因为，正像我在后面将说明的那样，尽管助范畴词的确切作用是有变化的，但是这里的一般描述适合于所有助范畴词。"[1]

在这段话中，凡涉及对事物秩序的表述的用词，都被其称为助范畴词。而人的认识恰恰都是在表达事物之间的关系和秩序。但是，这些表达一般关系的词语，在他看来，似乎只有表达确定实体的主词才是最重要的，好像"认识"这种东西是直接从这样的实体上生长出来的一样。他还断言"助范畴词不意谓任何东西"。但是，如果没有助范畴词，我们就不能形成丰富的认识。奥卡姆所列举的这些助范畴词，有的表示的是所认识的对象的范围，如"每个""某个""所有"；有的表示的是因果关系，如"只要"；有的表示的是它所表

---

[1] 奥卡姆：《逻辑大全》，2010年，第9页。

达的认识是由归纳这种方式获得的,或其中包含了归纳法,如"除了";有的表示认识中确立的关系,如"没有";有的也表示重复的确认,如"除了"。它们都是经验中已经建立起来的事物关系模型,而非实际的东西。

如果我们借用奥卡姆的"助范畴"这个术语来理解形成认识的基本要素,则助范畴在定义中代表的是另一种规定,它不是对具体物体或事物的确定性的定义,而是对关系的规定或定义。具体的事物名词规定的是具体事物的确定性,助范畴词则规定的是事物的关系。这种关系一经从先前的事物中获得并频繁地用助范畴来表达时,助范畴词就成为与事物相关的关系的表达,它在用来描述新的事物之间的关系时,就带有了预定的认识,或者说,在运用时已经暗示了某种关系的存在。所有的命题因为都要表达事物之间的关系,或表达相对于某种关系而具有的关系,都带有预先的规定,这些东西无论是以何种形态出现在句子之中,都带有预先的规定性。正因为带有预先的规定,所以,对命题才需要进一步衡量它的真假。因此,这种预先的规定是构成一切命题和判断的基础,它也就成为形成一切知识的前提。主词(或者说出现在句子中的客体)规定着研究对象的范围(或者说被描述的对象的范围),句子中除主词外的其他东西描述的是关系。它们都带有预先规定的意味。如果无视这种预先的规定,就会出现各种悖论。悖论曾被一些哲学家拿来说事,这完全是扰乱人们的思想的做法。对于悖论问题,我曾以迂腐的逻辑做过证明,最终认为它是因违背设定而导致的,那时我满足于公理化的认知取向,并没有在此中获得更多的理论性认识。这些论述被我放在早年写就的《哲思之门》中。这本书我在2019年才付梓。那时览书多漏,读无心迹,后来我发现这一问题实质上早在100多年前庞加莱(Jules Henri Poincaré,1854–1912)就已简要做出了更好的回答,他认为定义都是前定的

（predicative）。后来（1920s），高木贞治（Takagi Teiji, 1875–1960）在详细回应社会上和数学界关于数理危机的讨论时，使用了庞加莱的这一看法，很好地解答了数理危机和悖论问题。[1]如果我们回顾胡塞尔的思想，则在他最后的著作《经验与判断》（1938年）中所说的一些思想表达的是与庞加莱同样的意思，只是中译文和相关研究中是用"前谓词"（Prädikation）来表述的，我的两位老师李朝东和张廷国先生在二十年前曾对胡塞尔的这一思想分别做过论述，但没有引起国内学界重视。胡塞尔在1913年提出的关于句法范畴的论述，实质上讨论的就是预先的判断，无论是前谓词，还是句法范畴，都是形成某一知识时预先规定的东西。一百年前早已被解决的这个问题，今日还在枉顾历史经验地进行争论，这也是当下我们应该反思和解决的问题。当然，本作问世后，这个问题还会被争论。这种讨论和学问，并不能增加人们的知识，只是在清除人们对知识的疑虑。我们接受了很多前人的知识经验，当没有真正地去思考这些知识经验中的规定性时，就会产生许多可有可无的疑虑，知识携带着预先的规定，这本就是"定义"活动所蕴含的预先的规定性，在我们没有细致地去理解定义时，我们就会产生那些悖论和疑虑。因此，在这个意义上而言，我们在理解知识时更需要现象学的还原。

奥卡姆在这里的分析中所存在的根本的问题在于把命题作为实在的对象进行分析，所以，他关于词项的这些分析多有矛盾，如他认为，"人"和"人性"是一回事情，普遍的东西不是心外的东西，这实则是将事物自身的多样性存在和心中的概念把握方式混为一谈，把关于事物的类概念和心灵用于把握事物的形式的普遍性混为一谈。[2]

---

[1] 奥卡姆：《逻辑大全》，2010年，第9页。
[2] 参见高木贞治《数学杂谈》，高明芝译，北京：高等教育出版社，2018年，第147—152页。

形式逻辑和命题不是实体，他们是认识的体现，因此对它们的认识不应使用对实体进行分析时所采用的认识方式，而应该首先回溯这些认识的心理发生过程，尽可能地把握到其发生的原初过程，然后才能对这样的认识形成真正的理解。简言之，理解"认识"的方式与理解自然事物的方式不是类同的。

三　对符号的理解

奥卡姆解释说，"符号"这个词有两种不同的含义，"在一种意义上，它是任意一种东西，这种东西在理解之后，使人想起其他某种东西"，如看到酒桶箍想到了酒。奥卡姆认为，这种符号是事物的自然符号，只有对相应的事物有了某种习惯性的认识后，我们才能理解它，如果我们从结果可以推断出原因，这时候，结果就是原因的符号。在另一种意义上，它也是一种东西，但与第一种意义相比，又具有三个特征：首先，它使人想起某种东西并且指代这种东西；其次，它能够被加到命题中的这种符号上，如助范畴词和动词；再者，它可以由作为以上任意一种符号的东西构成，如一个命题，其本身又可以成为一种符号。奥卡姆认为，在这种意义上理解的"符号"不是自然符号。[1]简言之，第二种符号是人工符号。两种符号都承担的是替代性的呈现功能。

第一种符号相对比较好理解，它指的是在认识习惯中建立起来的表达特定意义的标记，而且只要具备相应的生活经验，或熟悉了相关的生活事实，那么，由具有固定特征的事物就会想到与其密切相关的东西，或想到这个事物的原因。简言之，某一事物在认知环境中表征了另一事物的存在。奥卡姆将其理解为自然符号，实际上指的是一种

---

[1] 参见奥卡姆《逻辑大全》，2010年，第3页。

日常的习惯性认识。第二种符号则是作为表达工具的符号。如果按照奥卡姆这些意思来看，这种符号的任意性增强了，它已经不是自然事物，而是具有更灵活的意指功能的符号了，所以，作为工具，它一则可以用来指某个事物，二则可以与其他表达事物的符号结合在一起形成复合式表达，三则任何具有指示功能的标记或标记的组合都可以重新作为整体而被视为一个具有表示功能的符号，用来进行表达。

对符号的这两种理解都是对符号在认识建构中的功能的理解。如果我们从功能的角度来考虑问题，涉及的就是对功能背后的行为或性质的分析。实质上，以符号化的方式对认识进行建构的过程，本身就是心灵的一种认识行为，只是在利用后一种符号进行建构的认识行为中，利用了符号的自然建构过程中的方式而已。再者，自然符号实质上是理解中的符号，它所指的意义是我们通过认识活动而获得的认识，只是关于它的认识过程在反思中没有被我们重新一一识别出来，所以我们误认为酒桶箍意味着酒的存在。实质上是我们推断出了酒的存在。按照前面我们所进行的分析，在我们用符号表达的时候，符号本身就是认识行为的体现，它就是用来同步地建构和表达认识的工具，而不是说我们先有了认识，然后再用符号表达出来。实际的过程是，我们的符号建构和认识建构是同步的，即使第一阶段使用的是单纯的心灵印象，那也是作为符号被用来建构认识的工具。接下来，在书写或用语言表达的时候，我们才选择用合适的词语将它表达出来。在表达的环节，会首先考虑如何准确地表达认识，其次考虑如何让人们能够明白。因此，分离符号化的表达与认识的建构过程，是不合适的。认识和理解本身就是利用符号完成的。简言之，在假设心灵是操纵者的情况下，印象和符号都是用来建构认识的工具。

在我看来，认识就是观念之间的转化，符号作为观念中的一种类型参与了这种转化，各种模型和推理方式都指的是转化方式，且每一转换都是可逆转换时，才意味着认识真正形成。如果我们假设存在一个操控认识的主体，那么，符号作为工具，其本身具有两种意义或多种意义，这不是由符号自身决定的，而是由我们的认识主体的行为决定的。如果认识行为中对事物的标记存在多种转化，则相应地就有多种符号被借用或发明出来，如果只有一级转换，那就只需要一级符号，也就不需要其他的符号类型。如我们设想存在一架具有认识能力的机器，它有足够多的可以用来区分的标记，那么，它对事物进行一次转写就可以了，而不需要再生成更高层次的符号。在需要执行进一步的认识功能和表达功能时，指示新的意义的符号会被发明出来或借用过来，只要能形成确定性的指示就可以了。因此，谈论何种符号具有优先性，根据是不充分的，因为这不是由它所能决定的，而是由认识行为决定的。当奥卡姆说书写的符号相对于说出的符号是第二位的时，[1]这种情况实质上不是必然的存在。设想一个不会说话的人，他虽然不能说话，也可能听不见别人说话，但他可以用写或画的方式去表达自己的认识。对于认识行为而言，它的任务是形成更好的认识，或形成更好的表达，以及利用符号实现这些目的。

同样，符号的多重含义，或同义的符号，其本性的普遍性和习惯的普遍性，或者不同层次的意向，究竟指什么，是由认识行为决定的，而不是意味着符号本身自然如此。对于人为的东西，寻找它的本性，这是把本体论的思路套用到了错误的分析对象上。如果非要说人为的东西具有的根本性质，那就只有一条：嵌套在被动性之上的自由性。

奥卡姆对符号的这些理解以及其在《逻辑大全》中关于符号的其他理解，都是建立在对已有知识和表达形式的分析之上的，与前面关

---

[1] 参见奥卡姆《逻辑大全》，2010年，第35页。

于词项的分析一样，都不是建立在对认识的发生过程的回溯之上的。或者说，他自己曾放弃了对认识过程是如何形成的这一问题的深入探索。按照罗伯特·帕斯诺（Robert Pasnau）在《中世纪晚期的认知理论》中的引述，奥卡姆在其《神学文集》（*Opera Theologica*）中曾表达过这样的认识："人们无法找到事物之为认知的一般性原因。毋宁说，事物是否为认知的是其本性使然。"[1] 由此来看，奥卡姆曾经的确在主观努力上并不在意从认识的形成过程去分析逻辑（而这正是胡塞尔所研究的方向）。尝试从已有的表达形式出发对逻辑问题进行分析，获得一些标记规律或对推理方式的认识，这对语法教学和对已有知识的理解而言是有用的，我们通过符号的多种类型，可以去理解句子中表达的含义，比如有些指的是实体，有些是范畴，有些是方位、时间，有些是形式关系，有些是特定的观点等。人们根据新的认识要求，会不断发明新的符号系统，用来更精确地表示事物。如基于哈希函数的二维码，这就不是从传统的学问中能够分析出来的知识，而是被发现和发明出来的知识。

四　知识的四种含义

奥卡姆认为，通常所说的知识有四种含义。第一，它是指对某些事物的确定认知，即关于真实存在的事物的认知，如有人告诉我罗马城是存在的。第二，知识意味着一种明确的认识，比如墙是白色的，即使没有人告诉我，我也应该知道墙是白色的，由此，我们不仅知道一些必然的事实，如墙是白色的，也知道一些或然的（contingent）事实，如墙是灰色的。第三，知识意味着对那些必然性真理的明确认

---

[1] 转引自罗伯特·帕斯诺《中世纪晚期的认知理论》，于宏波译，吴天岳校，北京：北京大学出版社，2018年，第75页。

识,它意味着的不是已知的偶然事实,而是基本原理和由此而来的结论。第四,知识(science)意味着通过对必然前提的明确认识和三段论推理而得到的对必然性真理的明确认识,在这个意义上,知识不同于拥有基本原理的直觉(understanding),也不是智慧。在这四种区分之外,奥卡姆认为知识还可以从两个方面区别,它一方面意味着对结论的明确认识,另一方面意味着对整个论证的明确认识。在第二个意义上,知识就是作为科学(epistēmē)的知识,是将基本原理、结论、术语概念、对诡辩和谬误的拒绝和反驳统一起来的整体,如形而上学、自然哲学都被称为科学,这些知识都不是单个的结论,他们包含着很多结论,其中的一些只在某种条件下才是正确的。[1]

知识作为人类的产物,对其含义的认识在历史上是不断细化的,在拉丁语、希腊语、英语中都有不同的名词去指代这一事物,尽管人们用不同的词从不同的特征去描述它,但我们仍然可以将其视为可以统一起来分析的同一种事物。对于知识的这些理解,要么是从用途上划分,如实用的或非实用的、实践的或理论的;要么是从所描述的对象的类型进行划分,如动物学、植物学;要么是从知识的形态来划分,如形式的或具体的;要么是从直接性方面去划分,如直接的或间接的、感性的或推理的;还有从获得的方式上进行划分,如思辨的或静观的,相信的或亲证的,经验的或理性的。

奥卡姆对知识的这六种理解,大多都在上述的类型之内,但他从单一和整体去理解知识的类型的做法,在之前的思想著作中很少强调。他认为知识是一个整体,或更确切地说,存在一种整体上的知识。科学知识在他看来,就属于这样一种类型。这可以看作其对古代认识的一个总结。他对于知识含义的理解谈不上泾渭分明,这倒不能

---

[1] William of Ockham. *Philosophical Writings*. 1957, pp. 5–7.

归之于别的原因，主要是因为知识是一种历史集成的东西，形成各种知识的方式是不一样的，所以它们在形态上的表现、功用自然都是不一样的，因此我们很难随意给出一个尺度将所有知识整齐划一地分为若干个类型或层次。如果我们要对知识进行一种系统的划分，则需要考虑如何给出一种统一的尺度，而不只是从有限的知识中抽象出它们的实际类型。

奥卡姆所说的第一种类型的知识，则是指传播来的知识，是间接的知识，它经由时间和空间的传递，而被相信或确认，它成立的原因是它曾描述的对象是真实存在的，位置、方位的知识就属于这样一种类型。第二种知识则是通过自身的感官认知行为获得的，是对必然事实和偶然事实的认知。这两种知识，如果从一个标准来划分，那就是间接的知识和直接的知识。相应地，奥卡姆所说的第三种和第四种知识则都属于间接的知识，这种间接的知识相对于直觉的知识而言是间接的，而不是相对于听来的知识而言的。

尽管从直接和间接最容易形成看待知识的类型，但知识的确定性并不与直接和间接相关。间接知识的确定性，若从传播的角度来看则取决于是否很好地传达了信息，从推理的角度来看则取决于是否契合了事物的状态、变化，从被理解的角度来看则取决于是否应验了看到的现象。对于推理的知识而言，它的确定性一则取决于所依据的理论的合理性，二则取决于它描述或预判事物的效果，因为推理过程中加进去的很多要素可能不是能够有效地描述事物的要素，如河流的泛滥并不一定是暴雨所致，还与河道的疏通状况有关。如奥卡姆认为通过三段论可以获得明确的认识的看法是不能充分成立的。这只是一种逻辑推理的模型，它保证的是推理的有效性，而不是从根本上保证知识的真理性。

五 直观认识与抽象认识

奥卡姆认为，认识非复合事物的方式有两种，一种是抽象认识，一种是直观上的认识。抽象认识有两方面的含义：一是指从多个中抽取出来的认识；二是指从存在和非存在中抽象出来的知识，包括从所有那些偶然属于事物的条件或表述一个事物的条件中抽取出来的认识。利用直观认知，获得的是对事物是否存在的判断，即获得的是关于事物的直接的知识，常见的类型有三种：1）知道情况A相对于事情B是偶然的，如马儿三条腿；2）情况A与情况C关系较远，如三条腿的马在快速奔跑；3）情况A与情况D总是伴随出现，如三条腿的马儿走路慢。这些认识都属于直接的认识，也属于具体的或或然的认识，利用人的直观就可以获得，就像我们看到一个白人时，不需要复杂的认识，看到一个人，面孔是白色的，然后就形成了白人的认识。抽象的认识则是普遍的认识，它与直观认识是相对的，直观认识可以使我们知道事物的存在与不存在，而抽象认识不能使我们知道存在的事物存在或不存在的事物不存在。抽象的认识获得的不是偶然的真理（contingent truth），而是必然的真理。抽象的认识虽然不是显而易见的，但它最终可以还原为直接的认识，正如它的术语最终所指向的都是非复杂的直观的认识。[1]

抽象认识和直观认识之间还有一些差异，如抽象认识中的"存在"概念是直观认识，但它在抽象认识中成为普遍性的概念；抽象认识由简单的直观知识组成，这些直观的知识构成我们汇集的基础，如我记得苏格拉底，在脑海中想起的就是他的身材、容貌、身高、举止等这些简单概念或简单认识。但奥卡姆认为，"属"这个概念不是从具体的事物中抽象出来的，而是在认识事物之前就已经具有的，否

---

[1] William of Ockham. *Philosophical Writings*. 1957, pp. 25–27.

则，他就只会形成对某物的认识，而不会形成对某类事物的认识。[1]

奥卡姆关于直观认识和抽象认识的论述为很多研究所重视，这里不再详细评议，近些年来流行的知识图谱技术的基本原理恰好就属于这个层次。奥卡姆对它们的区分朝向的是对上帝的解释。从实际状况来看，这两种知识所要形成的东西是不一样的，抽象的认识力求的是普遍性，直观的认识获得的是直观的确定性。我们在认识过程中虽然可以选择性地寻求更普遍的认识，但实质上，人的心智本来就有这样的功能，我们在知识的生产过程中会有意地调动这种工作方式，对概念进行普遍性的运用以获得更多的具有普遍性的知识，而不是说我们先有了直观的认识能力，然后才会有抽象的认识能力。

关于奥卡姆的认识论思想及神学家的认识论思想我们就了解到这里。这些思想家著述浩瀚，个人之力无法穷尽，但透过对其主要的或相关的著作中的认识论思想的撷取，我们还是可以饱满地感受到古代思想家们在认识论思考方面的精妙努力，这些历史思想是我们在今后的认识论研究中始终应该观照的。他们的认识论思想主要是为神学服务的。当然，有很多思想对于思考今天的自然科学、教育学的问题仍有意义。中世纪的哲学思想，并不像黑格尔所误导的那样，穿一只"七里长靴"就可以很快走过去，在其中可以看到近代的很多思想的踪影，它们甚至在修辞上如出一辙。今人无需读其书也可从后世著述中获取其理，但没有这些，后世著述中未必会有那些观点，因为这些作品是当时的神学院或大学的读本。

---

[1] William of Ockham. *Philosophical Writings*. 1957, pp. 32–34.

第十二节　认识论史的思想筛选原则

一　主题选择

从克莱门到奥卡姆这一千多年的神学历史中,有不少认识论思想。这些认识论思想出现在对神学教义的解释、理解中,要从这些著述中筛选出与认识论问题相关的思想,就得事先对认识论本身的问题领域有所把握。我所把握的主要问题是这些:

一是关于灵魂的论述。灵魂问题在古代哲人那里多有探讨,它被视为行为的本体,因此它就成为一个具有普遍性的问题。灵魂论在亚里士多德那里本来属于自然哲学领域,但后来被作为独立于物理学的东西进行探讨。这些探讨中,有些与认识论问题相关,有些与人的信仰直接相关。与信仰相关的被神秘化了。与认识论相关的那些,分述灵魂的种种演变和阶段,包含了对认识能力的论述。灵魂的演变和不同阶段的论述,代表着古人对人的精神能力的基本看法,如灵魂的上升与堕落,其实就是人的认识的上升与下降过程。这些认识上的上升与下降过程与个人的行为结合在一起,形成了神学性的道德思想和哲学性的道德思想,旨在告诉人们选择什么样的人生道路。灵魂的认识能力方面的论述,涉及了思维、感觉、直觉、智慧等。如奥古斯丁将灵魂分为给予生命、感觉与欲望、记忆与训练、净化与美德、和谐与宁静、进入沉思、在沉思中确信七个等级;马克西姆认为灵魂有心灵运动、推理运动、感官运动三种;爱留根纳认为灵魂有直觉(intellect)、理性和感觉这三种普遍运动。这些划分不仅是在分析生命历程,也是在分析认识能力。

二是关于意识活动的论述。认识论意义上所说的意识活动在以往指的是最基本的两种认识活动，即感官方面的感知和基于此而形成的思维活动。它理应区别于心理生理学研究的那些尚未进入意识觉察领域的神经活动（非观念化的活动，如通过"两点法"来测试人可以区分的皮肤上的最小感知距离，通过特定装置来测试人眼能够成像的最小注意时间）。古人有不少对于感觉活动和思维活动的论述，这是我们理解认知科学问题的参照。出现在意识觉察中的作为特定的意识加工材料的东西，如滞留的视觉印象，是形成认识的基本部件，但在对它们的生理学研究之先，需要对其有观念化的把握过程。这是因为如果没有这种事先的观念化把握，我们无法确定哪些意识现象在形成认识的过程中会有重要作用。比如我们可以对听觉系统进行实验研究，以测试耳朵能够辨别的声音区域，可以通过乐音的测试得出听觉系统可以同时把握到的不同频率的单音的数量，以及人耳在对泛音的辨识过程中如何形成对于音色的知觉等，但在这些研究之前，我们事先需要通过感觉的一般研究，主要是经验体察和文献研究，来确定具有价值的研究对象。在关于意识研究的部分，还包括关于梦的研究，除亚里士多德的一些论述外，神学著作和精神分析学的著作中都有不少内容，这是需要专门研究的对象。在国内，系统性的研究主要是在刘文英（1939—2005）的著作中。中西方关于梦的研究是我们从观念上理解人的意识发生过程、破解认识形成过程的基本文献。但我们需要更多的记载梦境的文献，特别是以特定的记录规范形成的文献，这样才能够获得对意识发生的更为全面的认识。限于精力有限，本书未对西方这类内容做研究。对意识活动的观念发生过程的研究，除了胡塞尔对醒觉时的意识过程的记载和描述，文学领域中伍尔夫的意识流创作也是有益的资料。

三是关于心灵能力的论述。在观念化的研究层面，心灵能力主要体现为认识能力，与认识能力相关的有意志、意愿、注意意识等，人的情绪、情感的形成，都是研究中要留意的方面。从能力方面还是从意识活动方面看待认识论问题，是理解角度的差别，例如感觉活动属于意识活动的研究，感觉能力就属于心灵能力的研究。与心灵能力相关的探讨要比意识活动的研究复杂一些，认识中不仅有感觉能力和知觉能力，为了解释更复杂的知识，思想家认为还有理性能力和直觉能力。这些不同的能力，意味着生成的是确定性程度不同的知识，每一种层次的知识都需要相应的认识能力。这就意味着人们对认识能力的理解趋于多样。例如波纳文图拉认为，人的心灵有六种能力，分别是感觉、想象、理性、直觉、领悟、至极心灵或恒在之光，这是对人的认识能力或心灵能力的最为细致的划分；在其之前，神学家纳西盎的格列高利提出了"心灵之城假说"和"心灵演奏说"，这是对人的认识活动和能力的综合构想；奥古斯丁认为人的心灵有双重功能，不仅可以支配身体行为，也可以感知自身的存在；波爱修认为人的心灵有三种。

　　四是关于科学的论述。科学有着古老的源头，我们很难在具体的时间段给出科学诞生的标志，很多科学问题都是逐渐从人们的生活理解和认识中演化出来的，所以对科学也就存在着不同的理解。关于"科学"这一术语，历代的用词不仅有希腊语的ἐπιστήμη（epistēmē），还有τηχναι（tēchnai），以及拉丁语的arts、scientia、disciplina、mathesis，还有德语的Wesenschaft等。从历史语境来看，人们是从不同的方面来理解科学的，所以存在多种表达也就不足为怪。凡是涉及了这些词的相关思想都是我们的认识论研究需要留意的。科学或知识的分类，是历代以来思想家和教育家关注的问题。随着知识数量的增加，对其进行分类就成为必要的工作。今日科学迅速发展，如何有效地进行分类，关系到知识的有效传承和进一步的发展。历代的知识分类学思想可见于柏拉图、亚里士多德、克莱门、卡西奥多鲁、普卢克洛、圣维克多的雨果、波纳文图拉、奥卡姆、洛克、莱布尼茨、边沁、圣西门、冯特等人的著作中。康德对科学知识分类的论述也是值得研究的问题，但常被人忽视。今日流行的知识分类是百年以前图书馆学中的分类方式，有一定的实用性，但也有很多没有解决的问题。如果学理上的思考没有获得推进，这种实用性的分类也就很难被推进。此外，神学家们对数学的一些理解也是需要重点关注的思想，因为数学思想会推动其他学科的发展。

五是关于语言、符号的论述。语言和符号是人的思维的延伸。历代神学家对语言和符号的相关论述属于认识论范围内的讨论。人类知识的发展不仅在于大脑自身的思想功能方面，还在于能够借助外化的符号进行更为细致的推演。现代人工智能所坚持的一个基本的假设就是人类的认识可以通过单纯的符号和机器表征实现，每一代计算机在运算方面的进步不仅基于其物理方面，还有其逐渐优化的语言系统。

六是关于时间和空间的论述。从传统的认识论思想来看，空时形式是建构认识所需的最为基本的形式，也即所有的认识都可以从空间和时间两个方面进行表示和度量。神学思想中关于时间的论述是认识论研究需要重视的内容。例如奥古斯丁论述了时间意识，马克西姆论述了时间与永恒问题。亥姆霍兹之前，波尔查诺将时间和空间视为一种关系。后世的物理学家保罗·赫茨把时间的一维性与数列视为具有同样性质的东西，这意味着生理学和物理学对人类知识有效性和确定性的回答又迈出了重要一步。

二　筛选原则

在纷繁复杂的思想史料中确定对认识论研究有益的思想，还需要考虑的筛选原则有：

一是时间顺序上的考虑。相同和类似的论述在古人那里时常会见到，在这种情况下，如果按历史顺序阅读文本，首先选择那些较早出现的思想。较早出现的思想代表着古人在某个历史阶段的认识水平。例如马可奥勒留在《沉思录》中就讲述了要认识事物必须先标记事物的观点，今日受过科学教育的人对此已熟视无睹，但这表明公元二世纪时人们就已经有了对科学知识的基本建构方式的理解。这样的思想在后来的神学家那里再度出现时就不再选择。那些仍需进一步探讨的问题，例如真理、智慧、灵魂、人性这些问题，处于认识的根本层面，尚无定论，所以对相关的思想大都做了摘选和论述。

二是照顾很少被关注的思想。人们很少关注认识的动力学问题。关于认识起源的研究，实质上就是认识的动力学研究。除此之外，认识还存在其他的动力要素。这在过去的思想家们那里很少涉及，碰到这样的思想时，会重点予以考虑。例如波纳文图拉关于认识的动力问题的思考在其之前是没有见到的。从认识的动力学角度去思考认识的起源和发展，拓宽了我们理解此问题的思想视野。爱留根纳对回归上帝的"八阶七程"的论述中不仅糅合了认识的发展历程，也糅合了生命的历程，带有思想进化论的味道。

三是寻找具有溯源意义的思想。有一些思想在今日已为人所熟悉，但这些思想往往有其历史渊源。例如主体与客体的区分，很难说就是从笛卡尔那里起源的，这一思想与认识的主动性和被动性有很大关系，阿奎那的思想中就有关于直觉的主动性和被动性的思考，这是我们透彻地理解主体与客体关系问题的参照。还有数学中的流形问题（多重性），人们一般会认为这是近代数学的产物，实则这个问题在公元五世纪的普卢克洛和七世纪的马克西姆那里就有讨论。马克西姆的单子论思想远早于莱布尼茨，二者这方面的思想是我们理解胡塞尔单子论思想的参照。此外，我们还可以在波纳文图拉关于修身学的论述中看到当时人们对处于社会中的个体的基本理解。

三 认识论史的价值

通常我们所说的思想的价值包括两个方面：一是能满足实际生活的需求，如某个思想指导人们完成了一件事情；二是能有助于我们思考问题，即对我们思想的启发。就认识论史的研究而言，其价值更多是精神层面的，即是否有利于我们思考认识论问题，因此，问题诞生的时间、思想的新颖性、在思想史中的角色和地位就成为重要的评判标准。

凡是被反复讨论的问题，多半都是源头无法确定的问题。源头无法确定，人们就很难达成一致的理解。这是因为问题在被设定时的立足点没有被找到。后人按照臆想的设定对问题进行理解，这就必然导致含混与混乱。所有问题都是被人设定的，确定问题产生的时间有助于我们确定问题是如何设定出来的。

思想是否新颖决定着思想的时代价值。新问题需要新思想，用旧思想能解决的就不是新问题。因此，关注那些新鲜的思想和想法，就成为知识学习和研究的重要方面，且只有在新鲜的想法中，才可能找到解决新问题的办法。人类的知识是一个发现和建构的过程，不同的发现和建构是我们解决新问题的思想资源。要确定究竟哪些思想是新鲜的，需依赖于两个方面：一是自己的知识素养及发现问题的能力，二是彼此的交流。这两者缺一不可。按照胡塞尔的说法，人类处在一个语言共同体中。因为语言共同体本身就是知识共同体，所以，这个说法转换过来就是：人类处在一个知识共同体中。因此，新知识的个人发现有赖于群体的甄别。新鲜的思想，如果尚缺乏实用性，就很少有人关注，而那些人们较少关注的思想中，却可能存在有价值的认识，这就需要基于自己的思想素养去判断。

再者，思想需要与历史对比才能被更好地理解。胡塞尔认为数学可以依赖于直观的方式建立起来并获得理解，而无需基于历史。在他生命的最后阶段，他又重新坚持了对历史主义的批判立场。历史主义的代表人物是当时声名显赫的哲学家狄尔泰（Wilhelm Dilthey，1833—1911），他主张以历史主义为基础构建一种普遍的认识论。胡塞尔所批判的就是狄尔泰的思想。然而，人类的科学都是经历了漫长的历史构建起来的，而非只是靠直观就能完成的。从知识的历史来看，胡塞尔的这种观点是片面的。如果没有历史，人类的数学知识也不可能发展起来。这是因为数学一方面是数学家建构的结果，另一方面是生活实际需求迫使人们在解决问题的过程中尝试发明和发现种种数学的结果。知识的建构与理解并不是一回事情。数学起源于直观，但只有直观，数学并不会发展起来。胡塞尔虽然在自己的探索中重视了数学知识的直观起源，但没有看到数学得以发展的动力。人类不只有数学知识，还拥有诸多数学所无力解决的问题的知识，这些知识需要一种历史性经验来判别。比如，如果我们缺乏对神学的根本理解，那么我们可能很难透彻理解莱布尼茨单子论和康德认识论背后的神学思想。如果我们熟悉已有的这些神学典籍，那么二者的这些思想就不会显得陌生和费解。如果借助马克西姆对"流形"（manifold）的理解，我们便较为容易地知晓应从理解方式这个层面去理解流形，而不是直接将其理解为客观性。现象学所思考的很多问题，在历史上都被探讨过，如果我们不熟悉这些历史典籍中的思想，就会将胡塞尔的一些思想误认为是新的思想。例如胡塞尔曾推崇布伦塔诺对心理现象和物理现象进行划分的思想，认为这是布伦塔诺的一个贡献，但这在哲学史家海因里希·高姆博茨看来根本不是什么创新性的思想。从思想史来看，虽然布伦塔诺借助这种划分确定了描述心理学的科学地位，但他在这一领域的贡献根本不在于这个区分，而在于论证了以描述的方式进行观念研究的可行性。从历史的角度来看，历史主义也根本不是胡塞尔所批评的那样，会成为相对主义和怀疑主义，而是因为其面临的问题更为复杂，尚没有给出更好的解释而已。从科学史来看，单纯地从开普勒的学说去否定托勒密的地心说是没有价值的。这是因为在托勒密时代及以前，虽然同样存在日心说，但当时尚不全面的天文观测数据只能支持地心说的成立。虽然托勒密的结论恰好可以服务于神学信仰，但他的工作也是努力对认识予以数学化、寻求精密化解释的典范。他的工作方式与今天的精密科学仍然是一致的。没有过去的错误和疏漏，就无法体会对正确和完美的渴求。古语说，奇正相生。如果我们拓展一下胡塞尔的语言共同体观念，那么人类还是一个历史共同体，直接或间接地相互影响，使历史获得推进。因此，认识论思想史的研究，不是单纯去选择那些看起来正确的认识。

四 从认识论看神学的解释方式

前文所研究的这些神学论著帮助人们建立信念的方式大致有这样几种：一是通过修辞方式塑造人们的信念；二是基于认识的发生过程引导人们建立对神的理解；三是通过感性的实例帮助人们建立对无限的感受。这三种做法的实质都可以从认识论方面进行分析。当信仰受到质疑时，神学家会尝试用相关知识帮助人们建立信仰，调动一切智慧来论证信仰，所以，其论述中有很多哲学、物理学思想是理所应当的，其中出现认识论的思想也是顺理成章的事情，因为认识论的说明是增信的方式。神学信仰强调因信称义，所以这些论著从根本上而言都是对神学思想的解释。

从神学思想的解释方式来看，这些著作中涉及的解释方式有相似、相同、转述、象征、预表、巧合等。

属于相似解释的情形：巴西尔用物理现象之间的必然规律来说明

世界存在着永恒的规律,用阳光折射形成彩虹而实质上只是一种光的现象来说明神学教义中的三位一体。这也说明在公元四世纪巴西尔生活的时代,人们已经掌握了阳光折射会形成不同颜色的物理学认识。

相同情形。在《沙漠教父言行录》中记载:"一个猎人来到沙漠,却看到阿爸安东尼和弟兄们正在开心玩乐,非常惊讶。阿爸安东尼想让猎人明白有时必须顾及弟兄们的需要,老先生就对他说:'你张一张弓,把箭射出去。'他照着做了。然后老先生又吩咐说:'再射一箭。'他又照着做了。再后,老先生又说:'再射一箭。'猎人回答说:'我如果太使力张弓,弓会折断的。'于是安东尼对他说:'做修士也是一样。我们若太使力绷紧自己,我们也会崩溃的,有时我们必须放松一下。'猎人听了这教训,心被刺痛,离开时深获造就。至于弟兄们则在回家的路程中得到了坚固。"[1]这是利用心理机制与物理机制的相同性来讲明修行的要领。它与相似解释是不一样的。相似解释是用不同领域的东西做类比,利用其心理形式的相同性获得人们对信仰的认同。而这里的两种事物实则都属于心理领域,它们之间具备实质上的相同。

属于转述的情形有两种:一种是将世俗道理用圣经中的语言讲述出来,如奥古斯丁的一些著作;另一种是将神学的教义用世俗哲学的语言讲出来,如阿奎那著作中所做的那样,处处引用亚里士多德的原文来解释神学思想。

象征情形较为常见。例如狄奥尼修斯认为神秘的事物只能以象征的方式获得理解,马克西姆认为心灵有存在、运动、差异、混合和位置五种沉思类型,其中,混合象征的是我们的心理倾向。与之相关的

---

[1] 安东尼等:《沙漠教父言行录》,本尼迪克塔·沃德英译,陈廷忠中译,北京:生活·读书·新知三联书店,2012年,第52页。

解释方式就是神学解释中常说的预表。预表是在旧约与新约之间建立解释的方法，如旧约的事迹被看作耶稣生平事迹的预示。预表也用来解释那些前后之间存在冲突的经文。

巧合的情形。例如爱留根纳论述心灵回归上帝的历程时，恰好使用了数字上的巧合。回归历程有八个阶次，前五个对应受造物的五倍数，后三个对应造物主的三倍数。人经过七段历程后进入第八阶次复活，数字"八"构成的超自然立方体的完美坚固性，恰好对应于诗篇第六篇标题：《大卫的八度诗篇》。这就被用来解释为什么主的复活发生在第八天。此外，多数解释中还用到"六"这个数字，例如波纳文图拉将心灵的能力划分为六种，以契合于心灵向上帝回归的六个阶段和造物主创世的六天。

神学的解释方式，较为传统的有奥利金的字义解经和巴西尔的寓意解经两种。这里仅依本研究中的一些体会做总结。这些解释方式，无外乎都是为了强化人们的信念，以达到使其获得信念的心理强度的目的。因此，在神学家的著作中筛选认识论思想，除常见的认识论主题外，一些释经方式也是需要考虑的内容。基于心中信念的强度，人的判断才能够形成，人的行为才会受认识的支配和引领。

第四章
近代以来的认识论

近代以来的哲学家及著作非常之多，这里只能拣选部分进行考察。此研究开展前，在我的博士论文《胡塞尔的认识批判》(2016年)及扩展版《现象学入门：胡塞尔的认识批判》(2019年版)中，我已经就近代认识论史上的一些哲学家的思想进行过评述。这里除洛克外，不再论述。以下人物中，达·芬奇是文艺复兴时期的标志性人物，他的思想对诸多学科都有深刻影响；洛克和莱布尼茨则是经验主义和理性主义的代表人物，他们的认识论思想对于我们整体上把握近代经验主义和理性主义认识论较为重要；波尔查诺则是对近代数学、神学、政治学等产生深远影响的人物，他对布伦塔诺和胡塞尔也有重要影响；亥姆霍兹的思想影响了诸多学科，他是他那个时代最杰出的代表，研究他的认识论思想，是我们把握其同时代诸多学术巨擘的思想的重要途径，如斯宾塞、冯特、马赫等的认识论思想，在整体上与亥姆霍兹是一致的，都是精密的自然科学式的风格。近代以来的认识论整体上是逐渐走向精密化的。

第一节　达·芬奇

达·芬奇（Leonardo da Vinci，1452–1519）出生于意大利托斯卡纳的芬奇镇，是文艺复兴时期的杰出人物，他基于自身经验形成了许多卓有成效的洞见。他从光学角度来理解绘画过程，这对于我们重新理解现象学的视觉理论是重要的思想参照。他关于透视学、视觉经验、事物物理性的思考给后世留下了宝贵的思想财富。

一　透视学思想

透视法是西方科学史中的重要思想，如意大利数学家阿尔贝蒂（Leone Battista Alberti，1404–1472）在达·芬奇之前就著有《论绘画》（*Della pittura*，1435）一书，论述了数学透视法思想。[1]达·芬奇吸收了前人的思想并将其发展运用到绘画实践中，表达了一些新的理解。达·芬奇所说的透视，指的是将视野中的场景表现在垂直于眼睛的画纸上时所采用的确定事物比例的方法。他所说的"透视"，并不是从英文的perspective或拉丁文的perspectiva这个词理解而来的"透过去看"，而是指观察学，这是基于物理学知识的关于观察的学问。达·芬奇认为，透视法是绘画的最好方法。他这里所说的这种方法，既指视觉观察活动中存在的三条物理规律，也指绘画中对这三条规律的理解和运用。达·芬奇说："物体的形状特征随距离变远而缩减，物体的大小按比例缩减，物体的颜色按比例缩减。在这三种透视方法中，第一种是眼睛的结构特征造成的，其余两种是眼睛与眼睛所见物

---

[1] 阿尔贝蒂:《论绘画》，胡珺、辛尘译，南京：江苏教育出版社，2012年。

体之间存在的大气造成的。"[1] 在这一表述中，达·芬奇讲了绘画所要理解和掌握的三条规律，以及这三条规律存在的原因。关于透视的这三种方法，他在笔记中还有另外一种表达："透视有三个分支：第一个分支研究不透明物体远离眼睛时体积明显变小的原因，被称为缩形透视或线性透视；第二个分支研究颜色远离眼睛时发生变化的方式；第三个即最后一个分支研究作品中物体轮廓距离眼睛越远越模糊的原因。"[2] 因为在观察中物体形状的变化就意味着它的轮廓的变化，所以，这里所说的第三个分支中的规律与上面所说的第一个规律在实质上是一回事。

这三条规律告诉我们，在使用透视法进行绘画时，需要考虑物体在画纸上成图时的三个方面的变化：同样大小的物体近大远小；物体的颜色因距离和环境色的变化而变化；物体的轮廓随距离推远而逐渐模糊，形状也随之变化。这三条规律是后世素描教学中学生需要理解和掌握的最基本的规律。

达·芬奇对透视法做了进一步的理解。达·芬奇结合他对事物的物理结构的理解，以及对解剖学的理解，使得这一理论完善和成型。他也形象地将透视画法称为平面画布上的浮雕。他说："透视具有这样的性质：它使扁平的东西呈现浮雕感，使浮雕的东西呈现扁平感。"[3]

达·芬奇解释说，透视法是基于人的视觉成像的物理原理的方法，这种原理可以称为"锥形原理"。如果假定物体通过光线成像于比物体本身小很多的一块玻璃之上，那么，在这块玻璃上，远处的部

---

[1]《达·芬奇笔记》，H. 安娜·苏编，刘勇译，长沙：湖南科学技术出版社，2021年，第6页。
[2]《达·芬奇笔记》，H. 安娜·苏编，2021年，第89页。
[3]《达·芬奇笔记》，H. 安娜·苏编，2021年，第88页。

分相比近处的部分，在比例上是逐渐缩小的。比如，物体的近端与远端的实际比例是1∶2，由于远端和近端的距离较远，在玻璃上成像后的比例可能是1∶1或2∶1，或4∶1等。物体透过玻璃最后汇聚于眼睛这个位置，因此，物体与眼睛之间形成一个由光线联结起来的锥形，在这个锥形中，玻璃切面上的成像物体的比例即视觉成像时的物体比例。达·芬奇在笔记中是这样解释的："透视就像透过一片光滑、透明的玻璃观看一个物体，玻璃后面的所有物体都会在玻璃表面留有痕迹。有些物体呈锥形映入眼帘，而那些锥形被玻璃切割。一切事物都经由锥形的线条把其影像传递至眼睛，透视是这种现象的理性展示，人类经验证实了这一点。我所说的锥形直线，是指那些直线从物体表面的端点出发，经过一定距离后逐渐汇聚至一个点，我将向你展示，在这个特定的案例中，上述的这个点位于眼睛，而眼睛是一切事物的总裁判。我把不可分割的东西称为点；位于眼睛中的这个点不可分割，所以眼睛只能看见比这个点大的东西，因此，从物体向这个点发出的直线必然是锥形的。"[1] 达·芬奇对"点"的这个定义与我们在几何学中见到的普通的定义是有差别的，当达·芬奇把它进一步解释为不可分割的东西时，"点"就成为只可计而不可量的东西，因为不可分割就意味着不可量，量就是分割。当我们以点构造起对事物的连续性的理解时，因为它无体积无面积和不可分割，所以这种理解方式是无法具体化的，它只能意味着一种纯粹的秩序的存在。由此我们可以看到，具体事物的原理不在具体事物之中，而在人的理解之中。

达·芬奇还区分了定点透视和移动透视。定点透视指眼睛不动，透视的距离结束于一个点，但如果眼睛沿着一条直线移动，则透视形

---

[1]《达·芬奇笔记》，H. 安娜·苏编，2021年，第88页。

成一条线。[1]移动透视与中国传统山水画中的透视法"高远"是有相同之处的,"高远"是视线逐步向前推移而形成一条连续的线,用来表现山峦的重叠多嶂。移动透视不仅可以指沿着水平方向的左右轴形成的连续的点,也可以用来指向前移动形成的连续的点。如果我们在平直的三维空间内来理解,移动透视中连续的点以左右轴、前后轴、上下轴、弧形四种方式形成,也可以是一些散开的点组合形成,如在巨幅的人物场景的绘画中所用的就是散点透视。移动透视主要表现为两个方面,一个是由眼球变焦形成,一个是由眼球转动和观察者移动形成的。

综合达·芬奇的这些论述以及相关的绘画经验来看,透视法既是在特定的绘画实践中通过训练而形成的观察方法,也是在对观察活动的理解中形成的理解方法。简言之,透视法是观察与理解的相互结合。我们从三个方面依次讨论它的原理和表现方式:

1)尺寸透视。当物体远离观察点时,在较大的尺度空间内,人的确会看到它变小,但在较小的空间距离内,意识并不能明显感觉到这种视觉上的变化,但这并非意味着这种变化是不存在的,而是因为距离太小导致视觉中的变化不明显,外加上眼球通过变焦功能调节了视觉中不同物体的成像大小,所以人并不会留意到稍远物体的成像会变小的情形。但当将这些视野内的物体表现在画纸上时,视野中的物体由于远近关系所呈现的大小差异在画纸上就需要按比例地表现出来,这样才能与实际的观察相符合。又因为画纸的大小远小于视野成像时的大小,画纸是在距离眼睛数尺之内的距离成像,而眼睛是在数尺或数十米以外,甚至数百米以外的视野中成像,因此,当将物体表现在画纸上时,就相当于物体被成倍地拉远和变小了,这时候,画纸

---

[1]《达·芬奇笔记》,H. 安娜·苏编,2021年,第89页。

上物体的大小比例与实际观察到的相比，就要放大。（如图表17）通过这种表现方式，画纸上所表现的物体的整体感觉，就会呈现出与实际观察接近的远近感。但是，人在实际的观察中往往是移动透视，这就使得事物的一些比例差异感觉不明显，可是，在以较小的画纸表现较大的场景时，这种比例上的差异就被放大了。因此，物体在画纸上表现时需要按照近大远小的方法进行安排，这不只是需要观察，更需要以理解引导观察。而且，在理解的引导下，人才能够细致地观察出较近的物体在视野中成像时所呈现的近大远小的情况，否则，人按照自身的移动透视习惯，由距离所形成的一些大小上的差异变化是看不到的。[1]

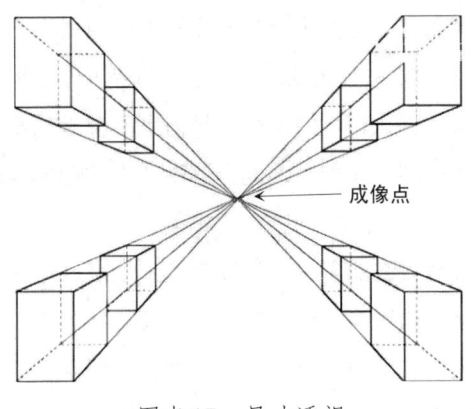

图表17 尺寸透视

2）色彩透视。色彩透视是基于进入视觉中的光的反射量的多少而成像的绘画原则，主要有四种类型：

---

[1] 对达·芬奇尺寸透视的一些理解可阅读王哲然著《文艺复兴透视法的起源》第四章内容（北京：商务印书馆，2019年，第244—248页）。

一是颜色在视觉中的浓度会随着距离的推远而逐渐变淡。因此，物体在画纸上表现时，其颜色之间的对比应随着距离的变化而做出相应的调整，这样才能使画面整体的感觉变得协调。大小和颜色相同的物体，距离眼睛越远的颜色越淡、体积越小。

二是物体的颜色越白，显得越大。达·芬奇说："几个大小相等的物体与眼睛的距离相等，颜色越白的物体显得越大。"[1] 反之，颜色越暗，物体显得越小。

三是物体的颜色会随着环境色的变化而变化。如透过炊烟所看到的山的颜色，会呈现一些蓝色，近处的物体在成像时会带有其附近的周围环境的颜色。达·芬奇举例说："如果你点燃一根干燥的木头令其产生一小股烟，太阳光线照在这股烟上，然后，你在烟的背后放置一块黑色天鹅绒布料，但是不要让阳光照射到布料上，那么你就会看见，眼睛与黑色天鹅绒之间的烟呈现漂亮的蓝色。如果你把黑色天鹅绒换成白色布料，那么，烟的浓度太稀薄则不会呈现蓝色，烟的浓度太稠密产生的蓝色则不完美。因此，浓度适中的烟才能产生最完美的蓝色。"[2]

四是物体反射光线的多少和差异决定了它可成像的距离，或者说颜色之间的对比度决定了物体可成像的距离。物体上颜色对比越是鲜明，越可能在远处被看见；物体与天空颜色相同，在中等距离上可以看到；比天空颜色苍白，则可以在较远的距离看到；比天空颜色深，在较近距离便不可见。

在关于色彩的这四种透视中，光的反射情况是物体成像的主要因素。依次来看，进入人眼的光的反射量的多少，决定了物体的清晰程

---

[1]《达·芬奇笔记》，H. 安娜·苏编，2021年，第90页。
[2]《达·芬奇笔记》，H. 安娜·苏编，2021年，第92页。

度，较远的物体由于光的反射量的减少而色彩逐渐变淡，轮廓也会逐渐变得模糊。白色物体由于反射所有的光谱，呈现出来的效果比其他颜色的物体要大，而黑色物体由于对所有光谱都有吸收作用，反射量较少，成像时比同尺寸的其他颜色的物体要小。物体的环境色影响着实际的成像效果，这是因为周围环境反射的光线进入了视觉中。因此在实际的观察中，黑色布作为背景和烟雾是分开成形然后组合起来的，但在统一化的场景呈现中，黑色的布料由于反射光线较少，使人可以看清烟的蓝色，而白色背景的布由于反射光线较多使人难以看清烟的蓝色。这就说明，烟的颜色在视觉中的呈现受其周围环境色的影响，或者说，受其周围反射光线的影响。物体成像的清晰度取决于颜色的对比，即反射光的对比，对比越是明显，则物体越是清晰，对比越是趋同，则物体越不明晰。达·芬奇关于色彩的这几种透视的论述是符合光学反射原理的。

3）空气透视。空气透视实质上与色彩透视的原理是一样的，只是考虑的环境不一样而已。空气的纯净度决定了视野中物体的清晰程度，距离越远，物体的成像受空气的影响就越明显。这是因为当距离越远时，光线被空气中的水分一再衍射，进入眼睛的光线越少，所以物体的清晰度逐渐下降。相应地，物体的边缘部分反射的光线本来就相对较少，所以距离远时，物体的轮廓是看不清楚的，而且越小的物体越容易消失。反之，在晴朗干燥的空气中，物体的清晰度比在湿润的空气中要鲜明。因此，物体色彩的清晰度受制于光线传播的介质。达·芬奇举例说："让阳光光束透射到一个黑暗的房间，让水在房间里剧烈喷射出精细的水雾，那么这些水雾就会呈现蓝色，如果水经过蒸馏，蓝色则更鲜艳，稀薄的烟也呈蓝色。"[1]色彩的绚丽取决于光线

---

[1]《达·芬奇笔记》，H.安娜·苏编，2021年，第92—93页。

传播的介质的纯净度和反射光的量。当然，达·芬奇还解释说大气的蓝色是由黑暗造成的，这是他的猜测之一，实质上，大气的蓝色是由光的散射造成的。

达·芬奇的透视法也即在绘画中对物体的理解性的观察。经过这种观察和思考，物体在画纸上被处理得更为生动具体。相较于胡塞尔对物体的观察分析而言，达·芬奇的做法显得更为科学。胡塞尔在这方面的分析相对单调，也没有清晰的解释。如他认为当我们从不同的角度观察一枚硬币时，在一个角度是正圆，在斜视的时候是椭圆，但我们仍然把它把握为一个圆形。他没有解释为什么圆形的硬币在视觉中是椭圆的，而只是认为我们在观念中会将其把握为同一个圆形和同一枚硬币，中间的环节被其省略了。如果我们用达·芬奇的透视法来理解，则可以很快明白，斜视时，进入眼睛的光线本身就比正面看时少，且进入眼睛的硬币的反射光线本身就形成椭圆形成像。我们在视觉中首次看到的不是胡塞尔所说的硬币或椭圆，我们看到的是"光线"。

由此也可以认识到，真正的观察过程并不是眼睛看到什么就是什么，而是在观察的过程中意识本身就存在一种"理解"。意识中呈现的眼睛所看到的东西，已经是一种经过加工的成像，而非视觉器官的物理成像。

二 物体的轮廓是不存在的

对物体轮廓的理解，是达·芬奇透视学思想的一部分，它是前面所说的色彩透视的延伸，即轮廓是由不同色彩面的反射光线对比形成的。

光线是视觉成像的基础，按照达·芬奇的话说："每一可视的物体都被光和影围绕。"[1]物体的形象在光线的作用下形成，人的眼睛首先看到的是光线或光的反射线，然后以此加工成事物的形象，这是事物成像的基本原理。这是达·芬奇的笔记中所透露的达·芬奇关于绘画的基本思想。达·芬奇说："我们知道，只有借助于光线，我们才能看见颜色本身。因此，我们可以设想，在光线最充足的地方，一种颜色的真正性质才能显露无遗。在阴影最浓厚的地方，物体的颜色受到那个阴影色的影响"；"所有颜色被置于阴影中的时候，它们都呈现同等程度的黑暗色彩。但是，所有颜色被置于充足的光线之中，它们绝不会改变自己的真实本色"；"根据阴影的深浅不同，阴影中的颜色或多或少地展现它们的自然光泽"。[2]如果我们进一步理解达·芬奇的这些话，就会发现其中包含的是这样的认识：通过反射光线所形成的明暗的表现、色彩之间的对比，物体在视觉中的形象得以形成，物体在画纸上得以表象，并且使人在合适的视距观看画纸时，可以得到与实景近似的视觉形象。简言之，反射的光线构成了物体的形象，别无其他。

当把物体在视觉中的成像理解为光线及其色彩的对比时，我们通常所认为的物体的轮廓就是不存在的，存在的是色彩面与色彩面之间交接的"线"。这个"线"就是我们认识中形成的事物的轮廓，但它并不是原初的存在，它随着光线的变化而变化。对此，达·芬奇说："一切物体中，其边界的重要性是最小的。该命题被证明为真。因为物体的边界是一个表面，它不属于表面之内包含的物体的一部分，也不属于物体周围的空气的一部分，而是横亘在物体与空气之间的媒介，其自身存在即证据。但是，物体的侧面边界是构成该表面边界的

---

[1]《达·芬奇笔记》，H. 安娜·苏编，2021年，第72页。
[2]《达·芬奇笔记》，H. 安娜·苏编，2021年，第93页。

线条，该线条的宽度是不可见的。因此，画家啊，不要在你创作的物体周围布满线条，尤其是你在描绘比实物更小的东西时；因为，从远处望去，不仅它们的外部轮廓变得模糊，而且它们的组成部分也看不清楚。"[1]

达·芬奇的这个理解为我们还原了视觉形象中轮廓的真实情况。视觉中物体的轮廓实则是在进一步的理解中形成的。当我们对轮廓部位进行再度的凝视时，其两侧反射的光线之间的对比构成了我们对"轮廓"的把握。如果光线变暗或距离拉远，则物体的轮廓就变得不明显。相应地，在透视画法中，远处的物体由于较少的光线进入视野，他们的轮廓逐渐模糊，细微的部分被消融在整体之中。对此，达·芬奇举例说："一匹马，腿部比头部先消失，因为腿比头瘦小。同理，颈项比躯干先消失。因此，眼睛最后能够看到的部分只剩马的躯干，虽然还保留着卵形，却更接近于柱形。"[2]这些庞大的物体距离较远时，因为光线而失去了可视度。

根据达·芬奇的这些思想，胡塞尔现象学中关于物体背面的存在问题就不是一个神秘的意识问题。胡塞尔在论述对桌子的观察时，认为我们看到桌子的一个侧面的存在，另外的背面是我们看不到的，它们只能在其他的感知中被获得，但我们的意识中会知道看不见的那一面的存在，他进一步认为，另一面的这种存在是一种被再造出来的存在。[3]如果我们按照达·芬奇的视觉理论来理解，桌子的背面是由桌子旁边的反射光线进入人眼所直接形成的，并不必然存在意识中再造一个桌子的"背面"的情形。桌子的正面与背面的这种"连续统"，或者简单地说就是事物在意识中的整体性存在，不是两次把握后再统

---

[1]《达·芬奇笔记》，H. 安娜·苏编，2021年，第6页。
[2]《达·芬奇笔记》，H. 安娜·苏编，2021年，第89页。
[3] 参见胡塞尔《被动综合分析》，李云飞译，北京：商务印书馆，2017年，第16页。

一起来的，而是在相关光线进入视觉器官后把握到的。把握桌子的背面时，靠的不是桌子背面反射的光线，而是桌子周围反射来的光线。这种情况在诸多观察实例中都是可以见到的。比如观看深井时，看不到井底反射的光线时，我们自然就认为它深。从这些理解来看，视觉中的"连续统"问题是不存在的虚假问题。胡塞尔对事物观察过程中被称为"被动综合过程"的这些分析，似乎是想从这样的视觉感受中抽取出一般性的意识规律，然后尝试解释认识的形成过程。通过意识自身的反思和观察，并不必然形成对事物规律的真实性认识，形成错觉的可能性也比较多。

通过对"轮廓"这一形象的进一步的观察，我们可以体会到的是：在理解活动的引导下，视觉系统可以把握到物体形象的更为细致的方面，这个过程实际上也就是在理解的引导下对物体的更具体的部分予以更多的注意和观察，对于事物的某一部位，通过延长观察时间而获得更多进入视觉的光线，由此，物体细节上的东西在这种方式下获得了进一步的把握，对事物的认识由此得以细化。因此，认识并不是基于被动形成的事物形象而建构起来的，也同样存在理智引导下的认识的发生和发现过程。再者，如果没有理智或理解活动的引导，意识也并不知道在何处它才可能把握到它所需要的形象或信息。

按照我的理解，达·芬奇所分析的三种透视，最终都可以归结为这样一个原理，即视觉中物体反射光线的摄入量所形成的比例关系决定了物体的大小、色彩、远近、清晰度。

三 经验是最初的老师

达·芬奇认为经验是最好的老师，也是所有认识的基础。但他所说的经验，并不是与理性相对应的经验，而是作为人的感官体验的那种经验，也就是基于基本的感觉和观察而形成的对事物的确凿的认识，并且这些认识是反复经过自己的观察和体验得以检验的。他断言道："我们的一切知识来源于我们的感觉。"[1]相比而言，达·芬奇认为书本上的知识只是空洞的理论，洋洋洒洒，实际上都是前人的成果，而自己的知识则是自己亲历而来的。达·芬奇认为在经验的指导下读书，价值是最大的，因为经验是老师的老师。

经验在达·芬奇那里意味着最为真实的感觉，也是确定性和真实性的基础，所有真正的科学都是基于人的感官感受而形成的经验结果。他说："经验是所有确实性的母亲，凡是不产生于经验并受经验检验的一切科学都是虚假的、完全错误的；也就是说，虚伪的科学在其形成过程中无论在起始、中途或末尾都没经历任何感觉器官。"[2]在他的认识中，理性的东西，或者说推理得来的认识，都是基于感觉而形成的。而认识中的错误并不是来自经验，而是来自人的判断。

不仅科学基于经验而形成，他甚至还说："智慧是经验之女。"[3]对智慧这样的立场，与之前我们所讨论的神学的认识论中关于智慧的看法是截然相反的。由此也可看出，在文艺复兴时期，科学家和思想家的思想与神学家已有了明显的对立。

整体上而言，达·芬奇所说的经验知识区别于书本知识。

达·芬奇还极其肯定数学在科学和知识中的作用。他说："连任何一种数学都不能应用，且与数学毫无联系的科学是没有任何确实性的。"[4]就他的透视学思想而言，物体的尺寸在远离观察点时按比例缩小，颜色在同样的空气介质中远离时，色泽按比例减弱，物体的轮廓

---

[1]《达·芬奇笔记》，里斯特编著，郑福洁译，北京：生活·读书·新知三联书店，2007年，第4页。

[2]《达·芬奇笔记》，里斯特编著，2007年，第4页。

[3]《达·芬奇笔记》，里斯特编著，2007年，第5页。

[4]《达·芬奇笔记》，里斯特编著，2007年，第6页。

随距离逐渐消失在空气之中,点是不可再分割的东西,这些表达和理解都是数学化的。

达·芬奇强调通过实验检验认识中的定律,他说:"实验应重复多次,以减少偶然误差影响证明;实验是否错误,取决于研究者是否误解。"但他同时也强调科学理论对实践的指导作用,他比喻道:"热爱实践而脱离科学理论的人,就像水手登上一条既无舵又无指南针的船一样,永远把握不住航行的方向。"[1]

从达·芬奇开始,甚或更早地从弗兰西斯·培根(Francis Bacon,1561–1626)开始,欧洲科学思想重经验、重实证、重实验的气息渐浓,认识论的工作任务从这个时代开始,不是只为解释既定的伦理思想和神学思想,而是转向探讨人类各种知识的真实形成过程,对于感觉和经验的讨论成为认识论的主要内容,从认识中获得的关于认识本身的一些基本思想,开始被普遍化地运用。达·芬奇在笔记中还有很多基于直接的感觉经验的认识,对于我们思考一些问题很有助益,如他认为:"空虚的空间起始于物体的尽头,物体起始于虚空的尽头,虚空起始于物体的尽头";"表面是不可分的,虚无使这些物体相互分开";"求知与志向是人的思想的两个活动";"比例不仅存在于数字和量度,也存在于声音、重量、时间、空间以及任何能力之中";"小房子使人思想集中,大房子则使人精神分散";"真空是无限可分,而虚无则不能分"。[2]此外,他还对古代哲学家的思想做出了自己的思考,如自然哲学中的元素的关系问题、灵魂问题,他还探讨了物理学中的重力、引力、撞击力、摩擦力等,探讨了机械科学和飞行器、流体力学等,思想不可谓不广,不可谓不多。

---

[1]《达·芬奇笔记》,里斯特编著,2007年,第8页。
[2]《达·芬奇笔记》,里斯特编著,2007年,第103、104、148、168、180、230页。

第二节　约翰·洛克

在哲学史上，洛克（John Locke，1632–1704）的《人类理解论》是第一部专门而系统地探讨人类认识活动的著作。在之前，哲学家和思想家们虽然有很多认识论方面的思考，但系统、翔实的认识论研究著作尚未出现。洛克的这部著作详细地论述了人类认识的起源、认识的确定性、认识的范围等方面的问题。他的这部著作在相当长的时期内曾作为大学教材，所以影响较为广泛。

一　认识的起源

洛克认为构成认识的基础是观念。观念（idea）这个词在洛克的表达中含义比较宽泛，几乎所有的知识或认识的基本构成部件都被称为观念。洛克说："这个名词，我想最足以代表一个人在思想时理解中所有的任何物象，因此，我就用它来表示幻想（phantasm）、意念（notion）、影像（species）或心所能想到的任何东西。这个名词是我所不得不常用的。"[1] 基于这个基本界定，洛克的认识论研究也即对观念及其类型的研究。因而，他也无需像胡塞尔那样思考各种特定的意识构造物的发生情况。《人类理解论》第二卷的所有内容，都是在论述观念，这部分内容占据了全书一半的篇幅。洛克将观念从整体上分为简单观念和复杂观念，简单的观念包括感觉、欲望、意愿，复杂的观念是由简单观念组合而成的，如因果关系、实体、数目、无限性等。观念之间的相互结合形成了人们的认识。但当洛克讨论知识时，

---

[1] 洛克：《人类理解论》，关文运译，北京：商务印书馆，2011年，第6页。

他认为知识就是确定性的认识。洛克说:"在我看来,所谓知识不是别的,只是人心对任何观念间的联络和契合,或矛盾和相违而生的一种知觉。一有这种知觉,就有知识,没有这种知觉,则我们只可以想象、猜度或信仰,而却不能得到什么知识。"[1]这是洛克认识论研究中核心的内容。

此外,洛克还讨论了一个基本的富有争议的哲学问题,即是否存在天赋的观念的问题。洛克所讨论的观念究竟是天赋的还是经验的这个问题,是以往学术研究中经常讨论的热点话题,在这里不再重复论述,但还需要做一些说明。这个问题看起来是关于认识起源的问题,但实质上它并不是真正的认识起源问题,而是一个哲学立场的问题。对于观念究竟是天赋的还是经验而来的,人们各自都持有可以成立的道理。如每个人心中都有共同的心理机制,这使得人们能够进行同样的推导和运算,对某些事物的概念似乎也是天生一致的。又如我们通过观察获得了事物的印象,人们通过这种方式扩大了自己接受的印象,形成了更多的认识。但承认天赋观念的存在或坚持观念来自经验,则会形成不同的后果上的影响。如果承认天赋的观念,那么,就意味着认识中总会有一些天生的固定的原则;由这些固定的原则出发,必然可以推出关于世界的一些确定的认识;由这些确定的认识,则必然得出一些应该遵守的行为规则。这样一来,权力的掌管者就可以利用这样一套体系来约束人们的行为,神学也可以用这种观念来规范和约束人们的行为。但这里的问题是,人们的理解都是基于经验的,那些天赋的观念不能获得更多人的理解,这样一来,天赋的观念本身是一些不清晰的观念,人们对它的合理性就无法判断。但这却可以用来约束人们的行为,这显然是不合理的。可是,由于解释权掌

---

[1] 洛克:《人类理解论》,2011年,第555页。

握在少数的权力阶层手中，通过特定的解释，天赋的观念实质上服务的是权力阶层。承认人的观念来自经验，而非先天必然的，这种观念在后果影响上与前者是不一样的。它意味着人们可以从各自的感受和经验出发来谈论问题，表达诉求。这样一来，个体的权利能够得到表达。洛克作为一位政治学家，他的政治思想显然和他的哲学是一致的，因此，我们可以看到，洛克明确地认为不仅不存在天赋的原则，如数学上的思想观念，也不存在天赋的实践原则，如契约这种东西并不是天赋的必然存在。洛克明确地认为，人们普遍赞同德性，并不是因为它是天赋的，而是因为它是对人们有利的。[1]因此，洛克对于天赋观念论的批判，不仅澄清的是自己的认识论立场，也同时澄清的是自己的政治学立场。由此，洛克认为，假定存在天赋的观念是没有必要的。

对于观念的起源问题，洛克明确地说，一切观念都是人们通过感觉和反省得到的，这是观念的两个来源。简言之，一切观念来自"经验"。洛克说："我可以一句话答复说，它们都是从'经验'来的，我们的一切知识都是建立在经验上的，而且最后是导源于经验的。因为我们能观察所知觉到的外面的可感物，能观察所知觉、所反省到的内面的心理活动，所以我们的理解才能得到思想的一切材料。"[2]这也就是说：我们的认识起源于经验。

从这段话来看，洛克所说的"经验"包含两方面的含义：一是感觉，二是反省。感觉就是感官接受外界事物的某种刺激所形成的黄、白、热、冷、软、硬、苦、甜等观念，这些观念直接是与可感物相关的。反省是一种心理活动，通过反省活动提供的观念有知觉

---

[1] 参见洛克《人类理解论》，2011年，第32页。
[2] 洛克：《人类理解论》，2011年，第73—74页。

(perception)、思想（thinking）、怀疑、信仰、推理（reasoning）、知晓、意愿等人心的一切作用。洛克的这些分析所包含的整体意思是：这些心理活动作用于感觉观念后形成认识。[1]如果从这一点来看，他的这一认识论立场与胡塞尔是一致的，或者说，绝大多数的哲学家都会坚持这样的观念。当洛克说"至于心灵则供给理解以自己活动的观念"时，[2]他所言明的正是意识活动自身为自身提供了一些用于思考的概念。这个表达在我看来与胡塞尔的现象学立场是一致的，现象学也正是在分析心灵给出的这些概念。稍有不同的是，胡塞尔尝试在意识的自身观察中去发现关于认识的各种心理活动发生的细节性的秘密，以及其如何作用于感觉观念形成认识的问题，而洛克或许认为自己思考到这一步就已经够用了。此外，心灵自身所给出的那些概念，或者说意识活动自身所给出的那些用于形成认识的概念，无外乎就是心理自身的一些活动，只是这些活动针对不同的事物表象时，被标记为不同的东西，或被标记为不同的概念，如果我们这样来理解洛克的这句话，那么，他对认识的形成过程所持的基本立场与胡塞尔是一致的。

洛克所说的"经验"与历史上的理解是有一致之处的。"经验"这个术语被洛克规定为感觉和反省，即外感知和内在的一些与认识相关的心理活动。这个术语在历史上的含义有诸多解释。"经验"在今天的哲学语境中被当作与理性相对的概念，意味着侧重于观察和实践，而理性则侧重于推演，侧重于从整体和目的上出发去考虑问题。而在过去，在较早的基督教思想家克莱门那里，"经验"（ἐμπειρία）是与科学相关的五种知识类型之一，它是一种理解性的知识，注重

---

[1] 参见洛克《人类理解论》，2011年，第74页。
[2] 洛克：《人类理解论》，2011年，第75页。

思考的是每一事物的可能性（见前文"克莱门"节）。在其后的奥利金那里，"经验"是通过"肉眼"看到的知识，有别于那种关于最高存在的知识。奥古斯丁延续了这一用法。在文艺复兴时期的杰出人物达·芬奇那里，"经验"是基于人的感觉方面的观察而一再获得验证的可靠的知识，它是可以获得明明白白的观察验证的知识，这种理解已与我们今天对于"经验"的日常理解一致。康德认为经验就是基于知觉的知识，在《纯粹理性批判》第二版中，他说："经验（Erfahrung）就是某种经验性的（empirisch）知识，即一种通过知觉（Wahrnehmungen）来规定一个客体的知识。所以它是对知觉的某种综合，这种综合本身并不包含在知觉（Wahrnehmung）中，相反，它把知觉的杂多的综合统一包含在一个意识中，这种综合统一构成了感官客体的一个知识，也就是经验（而不仅仅是直观或感官感觉）的本质的东西。"[1] 康德在这里所说的诸多知觉（Wahrnehmungen）就是诸多感受（Perzeption），通过诸多感受形成的（规定的）对事物的知识就是经验。

综合这些认识来看，历史上的"经验"或与"经验"相关的这些用词表达了三个相互关联的意思：一是经验活动，二是经验认识，三是经验认识的能力。它们三者意味着同一回事情，其中一者的存在就意味着另外二者的存在。洛克对于"经验"的理解与其前后的历史上的理解是基本一致的，只是阐释的方式略有不同，但在具体的用法中，他更强调的是"经验"作为感觉和反省的认识能力以及认识起源于经验活动，弱化了"经验"作为经验认识的另一种表达。

当洛克说观念起源于经验时，他所说的观念与"经验"实则是一

---

[1] 康德：《纯粹理性批判》，邓晓芒译，杨祖陶校，北京：人民出版社，2004年，第166页。

回事情,知识起源于"经验"也就是知识起源于观念,这时候,观念实质上表示的是经验认识中的一种。这样,洛克在其术语系统里仍然是用到了"经验"的三个含义。洛克在这里的说法实质上是一种同义反复。如果按照这样的理解方式来表述问题,洛克的思想则永远是自洽的,因为不合适的术语都可以被修正为他所需要的含义。当然,之所以出现这种用法,也是因为哲学术语在历史中产生的歧义性给洛克提供了形成这种表达的前提条件,使得他能够利用歧义性的术语表达看似与别人相同而实则不同的意思。很多独断论都是利用词语的歧义性将不同内容囊括在其理论系统中的,但实质上,这种做法带来的只是混乱,并不能推进人们对问题的理解和研究。真正的理论,它的每一个部件相对于系统而言都应该是单一性的,而非歧义性的,或其不同的意义之间有一个演化的脉络。

二 认识的确定性

认识的确定性问题与真理问题所讨论的是一回事情。但我们若要从一般的认识出发,通过总结这些合乎目的、获得实际效果的认识具有何种特征来把握认识的确定性问题,则显得无从下手。

洛克将知识视为观念之间的契合或矛盾,所以他对于认识的确定性的讨论就是对知识的四个层次的契合性的讨论。这四种契合性分别关于:1)同一性或差异性;2)关系;3)共存的或必然的联系;4)实在的存在。[1]

1)同一性或差异性。洛克所说的观念的同一性指的是某一观念自身在认识活动中的一致性。这意味着在认识活动中,这个观念就是这个观念而不是别的观念,其自身要获得认识中的确定性。洛克把观

---

[1] 参见洛克《人类理解论》,2011年,第555—557页。

念的这种情况称为观念的"自相"。继而，每一个观念与自身的相符就是与其"自相"的相符。洛克认为，在认识活动中，首先要确定观念的"自相"，其后，才能确定认识活动中的观念在运用中是否与自身保持相符。因此，"自相"是获得知识的前提。洛克认为，古代哲学家所说的"存在者不能既存在又不存在"的说法，表达的是"一个东西是这个时就不是那个"的意思。比如人心中的"圆"的概念，就是不"方"的概念，"白"的概念就不能是"红"的概念，这是十分确定的概念，如果没有这些确定性的东西，就不可能产生知识，也无法进行推理。

2）关系。同一性指某一观念与自身的关系，而这里所说的"关系"指的是两个或两个以上的观念之间的关系。洛克简单指明了这一情形的存在，没有多论。

3）共存的或必然的联系。这种契合性指的是观念在同一实体中的共存性或不共存性。洛克以黄金在火中所呈现的化学上的稳定性为例，来说明黄金的化学稳定性这种观念与黄金的其他性质观念如颜色、重量、可熔性、延展性、王水中的可溶性等是共存于黄金这一实体中的。如果换一种说法，就是某一事物的不同属性是共存的。

4）实在的存在与观念之间的契合性。这个层次的契合性指观念是否恰如其分地表达了对事物的认识。洛克自己说这个层次的契合性是就"现实的实在的存在"与"观念"间的契合性而言的。对此，洛克没有多论，他只是举例说，"上帝是存在的"这句话就是论述"实在存在"的。由此，我们可以将洛克所说的第四个层次的契合性理解为"观念是否如实地表达了实在的存在"。

这四个层级的观念之间的契合性，也即认识的四个层次的确定性。第一个层次是最为基本的层次，它必须具有确定性，随着层次的上升，确定性逐渐降低。也即说，随着观念关系逐渐复杂化，认识的确定性逐渐降低。第四个层次的论述中有照顾社会习俗和心理的成分在内，不能拘泥于字面去理解。

洛克将知识区分为实在的知识和习惯的知识，在这一划分中，也涉及了对认识的确定性的讨论。

洛克所说的实在的知识，他也解释为现实的知识（actual knowledge），解释为人心对观念之间的关系的当下的认知，除此之外，他在定义上没有更多解释。但在后来关于知识的实在性的讨论中，他给出了进一步的补充说明，将实在的知识视为与幻象的知识相对立的知识。一切简单观念因其自身是从自然途径起源的，所以也是实在的知识；复杂观念只要契合于事物，便是实在的知识。因此，他也把数学的知识、道德的知识都视为具有实在性的知识。综合这两处的论述来看，他所说的实在的知识，实则是具有实在性的知识。[1]实在的（actual），就是人总是可以产生的，总是可以产生的，当然也就是具有了"总是可以"这种确定性。

习惯的知识是在记忆中重复出现的观念间的关系。这种知识被洛克分为两种：一种是直觉的知识（intuitive knowledge），另一种是推理出来的知识。后者在洛克自己首选的说法中被称为解证的（demonstrative）知识。这两者也构成了洛克所说的真理的前两个层级，直觉的真理和解证的真理。此外，洛克认为在这两种知识以外，还存在着一种关于特殊外物的知识，因为我们通过这些特殊的外在事物获得了一些观念，他把这种知识视为第三等级的知识，并命名为"感觉的知识"（sensitive knowledge）。[2]

基于洛克对习惯的知识的理解，我们可以看到，当休谟把因果关

---

[1] 参见洛克《人类理解论》，2011年，第558、598—601页。

[2] 参见洛克《人类理解论》，2011年，第558—569页。

系视为观念间的关系时，休谟所说的正是洛克的习惯的知识。可见，这两位哲学家对知识的构成方式的理解在这一点上是完全一致的。

洛克认为，离开了直觉，就不能形成知识及达到其确定性，知识的每一步都需要直觉，它意味着意识不借助其他观念就可以看见两个观念是否契合和相违。同样，知识的明白性也离不开直觉。[1]洛克对于直觉的这种理解，我们在后来的哲学家波尔查诺、亥姆霍兹那里都可以见到。这可以说明洛克在认识论历史中的影响较为深远。解证的知识在于用证明的方法使人明白观念之间的契合性。这两种分类我们都容易理解。而当洛克将特殊的外物的知识视为知识的第三个等级时，则就令人费解了，他在说法上是以直接举例然后归纳的方式确立了第三个等级的知识，并没有做相关的说明。从这一点来看，洛克在对于知识等级的划分过程中实质上是混用了不同的方法。从确定性来看，洛克并没有谈论这种知识的确定性。

洛克所说的"确定性"在他的用法中是"明白的""清晰的"这两个词的同义语，他认为"确定性"这一说法不容易引起误解，所以便采用"确定的观念"这一说法。洛克的这个解释对我们理解近代哲学中的相关术语很有帮助。

三 人类知识的范围

实质上，洛克对人类知识范围的讨论与他对知识的起源和确定性的讨论是一体的。洛克分别以两种方式讨论了人类知识的范围，第一种是从知识的定义来谈论的，第二种是从契合性或相违的类型来谈论的。[2]

---

[1] 参见洛克《人类理解论》，2011年，第561页。
[2] 参见洛克《人类理解论》，2011年，第570—586页。

第一种讨论的主要观点陈述如下：

1）因为知识产生于任何观念间的契合或相违，所以我们的知识不能超出我们的观念；

2）我们的知识不能超出观念的契合或相违；

3）直觉的认识是有限度的，它不能进行比较；

4）解证的知识是有限度的，它不能通行于一切观念；

5）感觉的知识比直觉和解证都狭窄，它只能感知当下的事物；

6）由以上五点，洛克说，我们的知识比我们的观念狭窄。

第二种讨论的主要观点陈述如下：

1）知识的契合或相违的四种类型中，第一种是同一性或差异性，同一或差异是同一个观念的同一或差异，而心中的任何一个观念都是可以直觉到的，所以，直觉的范围与观念的范围相等；

2）关于同一事物身上共存的属性或观念，我们获知的部分是有限的，我们知晓黄金的化学稳定性、延展性、密度、颜色等，但它是否还有更多的属性，我们是不知道的；

3）关于某物的观念与别的事物之间的契合或相违，我们是无法确定的，因此，我们也不知道我们的发明所拥有的更多的作用，也不清楚理性的证明究竟还可以证明什么；

4）我们的感觉超不出现实的存在，即超不出感官当下所获得的物象。

总之，观念是人类认识的最大的范围，其中复杂的观念或解证的知识抵达的范围与之相比是较小的。洛克的这两种论述，归结起来，都是从认识的手段的局限性方面来谈论认识的界限的。

但这里面主要存在着两个混乱：一是直觉与感觉之间的混乱；二是解证的知识所抵达的范围是否有限的混乱。第二种方式的第三个论据，与第一种方式中的第四个论点显然是矛盾的：既然我们无法确知我们的理性还能够证明些什么，那怎么能说明我们的解证的知识是有限度的呢？洛克是为了证明知识的有限性而去说明知识的有限性，没有在严格的意义上推敲这种有限性的证明是不是合适的。显然，在论述之前，结论已经是确定好的，这是经验主义认识中常见的情形，在没有为更遥远的观念所统一时，总是会出现相悖的论述。

洛克对于人类知识的起源、确定性、范围或界限的论述，在前人那里就有综述，如梯利（Frank Thilly，1865–1934）的《西方哲学史》就是从这三个方面论述的，但问题的梳理还不够清晰，也没有进行公允的评价。[1] 洛克对于知识的限度的论述，更像是一种解释，而非一种严格的论证。在一些神学的著作中，常有关于人的能力的有限性的表述，洛克的观点在这一点上与其是一致的。但从洛克自相矛盾的证明来看，人的认识能力的有限性是个伪命题，或者更确切地说是认识论中的一个无意义的问题，它或许在伦理学或神学领域中有其价值。与之相比，胡塞尔在自己的论述中主张的是这样的观念，世界是永远变化的，人不可能一劳永逸地认识这个世界，所以他要永远地认识下去。关于胡塞尔对洛克经验主义认识论的批判，我在《现象学入门：胡塞尔的认识批判》中有很多论述，这里不再赘述。

此外，洛克将人类的知识分为三种：物理学（Physica/φυσικέ）、实践之学（Practica/πραχτιχή）、标记之学（Semeiotike/Σημειωτική）。物理学是研究事物本性的学问。这种学问在于追求纯粹的思辨性真理，如上帝、天使、精灵、物体、任何形状、数目、形相等，都属于这门学问。洛克将精神研究也视为一种物理研究。他认为精神亦如物体一样，有其特定的本性、组织和作用。实践之学在于

---

[1] 参见梯利《西方哲学史》（增补修订版），伍德增补，葛力译，北京：商务印书馆，2013年，第345—354页。

教人如何行动，通过运用自己的能力获得有用的事物。它的目的在于"合适"（right）。在这门学问中，最为根本的就是伦理学，这是因为伦理学承担着追寻人类幸福的尺度或规则的任务。标记之学也称为逻辑之学（λογικη/logic），它的任务在于考察人心为了理解事物、传达知识而采用的标记的本性，这些标记包括表象、观念、符号、文字等，通过对它们的考察，或许可以获得新的逻辑学和批评之学。[1]

洛克的知识分类按照基本规律、运用规律、优化规律的次序展开，相对于过去的知识分类思想而言，各类知识之间的逻辑更合理。其本质上是基于知识的形态而进行的分类，不同的知识往往有不同的形态。后面我们可以看到，莱布尼茨对科学知识的整体分类与洛克是一致的。实验心理学的创始人威尔海姆·冯特（Wilhelm Wundt，1832-1920）认为，洛克的分类学可以视为对古代哲学家以及弗兰西斯·培根的分类思想的改进，但这些分类思想都存在一个共同的缺陷，它们不是从科学的研究对象进行分类的。冯特认为，相对于古代的分类法而言，能够促进科学研究的分类应该是对研究对象进行分类，林奈（Carl von Linné，1707-1778）、朱西厄（Antoine de Jussieu，1686-1758）、康道尔（Augustin Pyramus de Candolle，1778-1841）在博物学领域的分类，如有机与无机、植物与动物的分类方式，对科学的发展是一种非常大的促进。[2]

洛克的认识论学说，已不能用对错、完善与否、彻底与否来判断，它是时代的声音，对后世社会有着深远影响。当认识起源于经验时，所有的学说和法权都要诉诸经验的解释，这样一来，科学和伦理的解释权就不再是个别人专有的东西；个体亦可以通过经验的积累获

---

[1] 参见洛克《人类理解论》，2011年，第777—778页。
[2] Wilhelm Wundt. Über die Einteilung der Wissenschaften. Philosophische Studien, Bd. 5, Leipzig 1889.

得认识上的发现,只要是从经验中发现的,经过经验检验的,就是可靠的或可用的知识。经验论意味着个体的发现和自主性是人类知识集成的源泉,因此社会问题的解决依赖于社会中个体才智的释放和收集。就经验认识的确定性而言,它服从于简单的逻辑规则,这就使得人们在简单事务上容易形成统一的意见,在复杂事务上不容易形成统一的意见。这样的认识,自有妙用。由于只认准简单的逻辑原则,不去考虑中长期的预判,对事情的处理必然是滞后性的。在这样的确定性中,信仰不再是坚定的,自然状态将逐渐成为社会的基本状态,自然法则将逐渐成为社会的普遍法则。就人类认识的范围而言,观念所产生的经验范围就是人类认识的范围,所以不会再去承认世界中的预设之物,如果社会中只此一种认识论立场,人类的认识就不会再获得整体上的统一。统一的立场中必然形成的是不统一的认识。

人们可能对洛克的认识论不太满意,如他把亚里士多德的"蜡版说"改造为"白板说",他对事物"本性"(primary qualities)和"副性"(secondary qualities)的区分更像爱留根纳"双重实体说"的重新阐释,在整体思想风格上他尝试对已有事物给出解释而不是去讨论事物还会有的可能情形。莱布尼茨甚至以同样论题写了一部厚厚的著作,专门批判洛克的认识论。但是,洛克在著作中的论述仍然是相对坦白的。他说,对于他所擅设的那些原则,需要接受人们的坦白经验和观察才能确定。从这点而言,他在自己思想著作中的经验主义立场是一贯的,至于观点的合理性自然也就需要人们以坦白的方式验证后再做评判。

洛克属于经验主义认识论的代表性哲学家,比较著名的还有贝克莱、休谟。《人类理解论》作为历史上第一部系统性的认识论著作,洛克写完它时已五十多岁了,它在洛克五十八岁时(1690年)得以出版,足见科学思想史上开创性的著作往往需要漫长的思考和写作时间。很多新的思想领域的代表性著作面世的情形也都与此相似，亚当·斯密写完《国富论》时已五十岁，这部书在他五十三岁时出版；《资本论》第一卷首版时马克思已近五十岁；胡塞尔的《纯粹现象学与现象学哲学的观念》第一卷出版时，他已五十四岁。基于洛克的论著和问题，后来的贝克莱和休谟很快完成了这方面的著作，《人类知识原理》发表时贝克莱二十五岁，《人性论》完成时休谟二十六岁。经验主义哲学家往往都是年纪轻轻的天才，是因为前人已指出了问题和道路。对于洛克认识论的理解，我在之前的研究中也有论述，这里仅表达一些新的想法。对于贝克莱和休谟的认识论思想尚没有新的看法，故不再复述。

第三节　莱布尼茨

莱布尼茨（G. W. Leibniz，1646–1716）是声名显赫的数学家和哲学家，德国数学和哲学的师承谱系都可以追溯到莱布尼茨这个源头。他有很多认识论方面的思考，他的《单子论》是对认识在单子层面的起源问题的讨论。关于莱布尼茨认识论思想中的天赋观念的争论、知觉学说、真理学说、普遍科学等已有很多研究，这里主要论述其单子论意义上的认识论思想、单子论的还原、科学知识的分类思想。

一　单子论意义上的认识论

莱布尼茨的单子论不仅是在解释物质世界的整体构成和运行情况，也是在解释精神世界的发生和运行状况。包括认识的发生在内，精神与物质世界的构成和运行都在这一思想中得到了统一处理。因此，这两个基本设定是理解单子论整个思想的基础：一是单子内部永远变化，所以由单子组成的世界也在永远变化；二是单子持续变化中的临时状态就是感受，感受是单子的内部状态。

在莱布尼茨那里，单子（Monade）是构成世界的最基本的单一实体，这意味着它不能再被分解。（《单子论》第1—6节）因此，单子也是我们能够认识到的最小单位。因为每一事物都有其本质，也就是"是什么"，所以，作为最小的单位，我们也可以确定单子是什么，可以确定每一个单子，但它们自身的内部变化，我们是无法知道的。（节7—9）因为事物是由单子组成的，如果单子自身没有变化，那么也就不会形成事物的变化，所以，单子自身是存在变化的。莱布尼茨认为，单子的变化是一直存在的，且这种变化是内在的，所以它的变化受一种内在原则的支配。（节10—11）也就是说，外在的变化或外在的其他东西不会引起其内在的变化，但这种内在的变化会影响外在的事物的变化。简言之，这种影响关系是单向的，而非双向的。单子的原则性变化是内在的，是单向的，这些变化体现在细节上时，就是单子的特殊性和多样性。这样一来，单子的内在变化对外形成正向的影响，这可以解释万事万物的永远变化；单子的内在变化的细节形式呈现为特殊性和多样性。（节12）也就是说，单子的特殊性和多样性是我们能够认识到的单子内在变化所表现出来的某些样态，且它会持续变化下去，因为变化是其根本的性质。

理解这一点后，莱布尼茨以此解释了感受（perception/Perzeption）是怎么回事：感受就是体现了单子的多样性的临时状态。（节14）说其是"临时状态"，是因为单子还在不断变化，感受中只能呈现临时状态，而无法呈现变化的全部细节。相应地，欲望就是支配感受与感受之间形成转换的单子内部的活动。（节15）这也即意味着单子的"欲望"是一直存在的，即感受之间的转换会因为单子内部的永恒运动而一直存在。莱布尼茨将感受还原为单子多样性的临时状态，这是感受的最初始的形态，从单子内部是找不到"感受"的存在的。莱布尼茨说，假定单子是一架巨型机器，我们可以进入其中观察，看到的也只能是内部的机械部件，而看不到"感受"（或知觉）的存在。因此，"感受"（或"知觉"）只能在单子身上找到，而非在单子内部找到。（节17）

  莱布尼茨将单子的内部运动所呈现的阶段性状态称为"感受"，这个词在《单子论》法语原文中是perception，这个词在德译本中被转写为Perzeption，英译同为perception，在国内可见到的五个汉译本中都译为"知觉"。[1]在我看来，当用它来指单子所呈现的多样性或特殊性时，用普通意义的"感受"来翻译和理解它是较为合适的，因为"感"和"受"可以较为明显地体现单子的"运动"对其他单子的位置和状态的影响，而"知觉"只适合表现对其中的"多样性"的认识这个方面，需要再转换一次才能理解其"运动"。当然，这两个意义在后者中被强化后，用这两个词中的任何一个来表示都是可以的。如果从认识建构的次序来看，用"知觉"这个词更适合与过去的哲学术语系统接轨。相应地，Appetition这个法语词通常被译为"欲望"也是很好的，但它作为单子内部运动所形成的支配力的表述，被理解

---

[1]《单子论》的中译比较多，可以见到的有王太庆、朱雁冰、段德智、钱志纯、桑靖宇的译文。其中，朱雁冰的译文选本是Heinrich Kohler（1685–1737）于1720年从法文原本翻译的德译本，其是巴洛克时期德语风格的译本，并参考了Hermann Glockner于1954年出版、1979年修订的译本校对。段德智的译文明显是根据法语原本校对过的。这部分内容中的相关论述参考了以上五位学者的译文，但主要参考的是朱雁冰先生的译文（莱布尼茨:《单子论》，见莱布尼茨《神义论》，朱雁冰译，北京: 生活・读书・新知三联书店，2007年）。同时参照了Ulrich J. Schneider编译的法语德语对照本，见Gottfried W Leibniz. *Monadologie und andere metaphysische Schriften/Discours de métaphysique Monadologie Principes de la nature et de la grâce fondés en raison* (Französisch-deutsch). Hrsg. von übersetzt, mit Einleitung, Anmerkungen und Register versehen von Ulrich J. Schneider, Hamburg: Felix Meiner Verlag, 2002. 这部分论述不再以脚注的方式给出文献位置，只随文夹注小节序号。

为"意志"也是合适的。

"感受"(perception)在这里承担着这样几个表述任务：一则表明它实质上是单子的临时状态或多样性；二则借由这种临时状态表明的是单子内部的永恒变化；三则表明的是认识的最小单位，即能够认识到的最小层级，因为其内部的更多的细节认识是无法获得的；四则表明的是单子的"欲望"实则是"感受"之间的转换，即一种临时状态向另一种临时状态转换，或"多样性"之间的转换，这种转换是由单子内部的运动或变化所决定的。

基于"感受"的第二个和第四个含义，"灵魂"(nous)就被还原为单子。因为灵魂具有"知觉"功能和"欲求"功能，即感受和欲望，而这个功能恰恰是单子表现出来的"功能"，所以，灵魂就是单子。又由于单子作为构成世界的最基本的单位，也被称为"隐德莱希"(Entelechien/ἐντελέχεια)，莱布尼茨认为"隐德莱希"与"灵魂"应该承担不同的含义，即隐德莱希作为单子，表达的是只拥有"普通感受"的单子，而较高层级的单子，或拥有感受比较清晰且伴有记忆的单子，用"灵魂"一词来表达更为合适。(节18—19)如果我们按照"感受"(perception)一词最基本的含义，即多样性这一含义来进一步理解(因为这是我们能够理解的最小单位)，则是这样的：感受是多样性，隐德莱希是这种多样性所表示的单子；灵魂是感受比较清晰的单子，或多样性比较清晰的单子，伴有记忆的单子，而隐德莱希则是普通的单子。

如此一来，建构物质世界和精神世界的基本的东西，包括感受(或知觉)、欲望、灵魂、隐德莱希在内，在单子层面获得了建构，由此，精神世界和物质世界在根本上获得了统一。(如图表18)

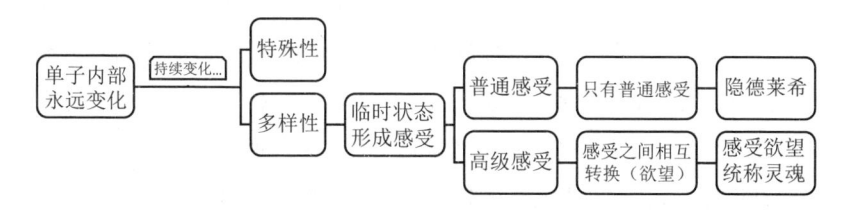

图表 18　单子的谱系

莱布尼茨的单子论思想对胡塞尔是有影响的，尤其是在思考意识活动中的"自我"（Ego）与周围世界的关系问题时，胡塞尔将"自我"视为莱布尼茨所说的"单子"。胡塞尔认为，单子意义上的"自我"是生活中具体的人称代词"我"所指的东西得以构造出来的基础。单子意义上的"自我"也即意识中的"自我"，这两个表达是同一个意思。意识中的"自我"习惯性地将每一个对象作为自己的认识对象，在这种重复的认识行为中，又习惯性地将这些认识对象作为"我"的认识对象，然后，这个世界也就成为"我的世界"。[1]按照莱布尼茨将单子作为构成世界的基本单位的思想来看，胡塞尔这里所说的"自我"或"单子"构成的是意识中被把握为一个整体的世界。这个用法与莱布尼茨有所一致，但不完全一样。这是因为莱布尼茨的单子之间是有差异性的，而胡塞尔的"自我"之间并没有强调这种差异性。单子之间的差异性，才使得整个世界在构成上具有了进一步的多样性和丰富性，这是莱布尼茨《单子论》中的思想之一。但是，胡塞尔所要解决的是在认识上为什么会获得统一性的问题。他所说的意识的"自我"（Ego）或"单子"只能解决这个问题，它恰恰不能用来

---

[1] 参见胡塞尔《笛卡尔式的沉思》，张廷国译，北京：中国城市出版社，2002年，第92—93页。

解决认识的多样性的问题。此外，胡塞尔在思考别人的意识中的"自我"是如何在我的意识中形成的问题时，也提到了莱布尼茨的单子论思想。但他用这个概念是在说明人类世界的统一性问题，而不是讨论意识中的"单子"与整个人类世界的关系问题。他认为，在意识活动中，当我们自己与别人共同呈现时，我们获得了世界的统一性，在这种统一性中，当我们意识到自己作为"自我"的存在者时，我们也设想到了他人作为他人的"自我"的存在者，这样一来，他人的"自我"就被构造出来了。[1] 由此，自己与他人都会意识到世界作为一个整体而存在。但是，他人的"自我"与我的"自我"之间如何相互影响、彼此交流，这就成为一个神秘的课题。这是胡塞尔为自己创造的一个课题。在胡塞尔那里，他还有一些思考尝试解决这个问题。但在我看来，通过单纯地进行意识描述是无法解决这个问题的。因为唯有在有效的理性化的经验的引导之下，人才可能描述出更多的心理经验的发生过程，才可能由此解决认识在发生过程中的这个问题，否则，只会是在惯常的经验类型中打转。这个问题也使得认识的发生问题复杂化，显得人类的认识好像是从一种单一的神秘的实体出发而逐渐建构起来的东西一样。这种做法的不清晰之处在于：人理解出来的单子，理解出来的"自我"（Ego），被实体化了。如果我们追问：当人和自己的宠物之间进行互动时，它是否会想到与它互动的人拥有一个"自我"呢？如果忽略了思想所要解决的问题而将思想作为一般化的法则，这种做法虽然也有可能解决自己的问题，但终究是盲目的。

二　记忆、统觉

在这里还需要补充一下莱布尼茨在单子层面对"记忆"的理解。

---

[1] 参见胡塞尔《笛卡尔式的沉思》，2002年，第176页。

莱布尼茨在单子论里所说的记忆，类似于理性（raison），但不同于理性，它给灵魂提供的是一种关联（Consecution），它可以从某一感受关联到过去熟悉的相关感受，如狗见到棍棒会想起挨打时的疼痛，转而逃走。（节26）由此而言，关联活动实则是想象和思考的基础，如果没有关联，也就不会存在思维。实质上，如果与"欲望"相比，二者都是感受之间的关联，但记忆作为关联，要运动起来，还受到两个方面的影响，一是曾有的感受的强度，二是感受的数量。（节27）感受的强度相当于后来詹姆斯·穆勒（James S. Mill，1773–1836）所说的心理联想中的强度，穆勒将强度律作为心理联想的三大重要规律之一。比穆勒稍晚一些的波尔查诺也肯定了心理中的观念强度和判断的强度的存在。如果从莱布尼茨对"记忆"的这一解释来看，灵魂作为感受比较清晰的单子，实质上表明的是具有明显的认知功能的单子，因为从这样的"记忆"或"关联"开始，走向的是认知。

从莱布尼茨对记忆的解释可以看出，所谓理性（raison），在其本质上就是心理中的一种关联，它是感受之间的关联。

相应地，莱布尼茨所说的"统觉"（Apperception）所指的就是对这种最为基本的感受或知觉的再度把握。莱布尼茨在《以理性为基础的自然与神恩的原则》一文中说："感受［知觉/Perzeption］是单子表象外在事物的内在状态，而统觉则是对这种内在状态的意识或反思的知识，它并不是赋予所有灵魂的，也不永远赋予某个给定的灵魂。"[1] 借由这种统觉的认识，人不仅把握到了对事物的知识，也在对原初的感受或知觉的重复把握中给出了一个新的东西的存在，这个东西就是"自我"，由此，人得以确立了自身的存在。这篇文章在诸多

---

[1]《莱布尼茨后期形而上学文集》，段德智、陈修斋译，北京：商务印书馆，2019年，第233页。

思想观点上与《单子论》是一致的，所以我们也完全有理由把莱布尼茨这里对统觉的论述当作其单子论思想的一部分。[1]

简言之，记忆和推理是感受之间的关联，统觉是对感受的把握或反思。

在我看来，"统觉"在这里所解决的是被动认识如何走向主动认识的问题。因为单纯的知觉只能是被动的，它无法回答认识是如何主动建构起来的问题，而统觉则恰好可以充当这个角色，它不仅有"不明不白的被动"的含义，也有"不明不白的主动"的含义，所以在明确化的规定中它作为一种认识行为就承担了这样的作用：从被动方面而言，它实则是一种感受，而从主动方面而言，它就是一种建构。因此，莱布尼茨统觉问题的实质是回答认识从被动到主动的建构问题，至少从认识论角度谈是这样的。段德智教授在他近年的研究中似乎意识到了这一点，但他更多的是以此来理解主体与客体的问题，以及黑格尔的实体即主体的命题，没有点明这里所蕴含的主动与被动的问题。[2]然而，主体与客体的问题本身就包含着主动和被动的问题。从统觉问题意识到主体与客体的这种关系，这是在之前的研究中尚未看到的认识。但是，对主体与客体的确立过程的理解，如果越过了被动与主动的问题，则是有缺失的。这是近代主客哲学和近代认识论在这个环节的一个秘密。因此，后来哲学家们在关于直觉和感觉的认识论研究中，总会涉及对统觉问题的分析，所以，我们也会"有所征兆"地在胡塞尔的《被动综合分析》中看到胡塞尔对莱布尼茨"统觉"问题的提及和论述，还有其在《笛卡尔式的沉思》中分析主体性问题

---

[1] 段德智在译注中比对了这两篇文章的思想差异，见《莱布尼茨后期形而上学文集》，2019年，第224页。

[2] 段德智：《"莱布尼茨认识论文集"编译者前言》，见《莱布尼茨认识论文集》，段德智编译，北京：商务印书馆，2019年，第55页。

时，无一例外地会涉及统觉问题。经过对莱布尼茨单子论思想的进一步考察之后，统觉的秘密已不再是秘密。

对于"统觉"问题的分析，我们可在哲学家兼心理学家冯特那里看到一些较为明确的理解。冯特将统觉分为三类：现象的统觉、认知的统觉、活动的统觉。就现象的统觉而言，冯特认为，当意识中的现象处于意识田野（Blickfeld）的焦点之上时，焦点内的意识表象引起了统觉，焦点的范围就是注意的范围，对焦点的范围的测量就是对统觉的测量。他认为统觉具有认知功能，且是主动的，它是意识内的一个恒流。冯特认为统觉使心理内容形成的是逻辑衔接，联想所形成的则是非逻辑的，由此，认知的统觉就有分析的和综合的之分，判断是分析的统觉，概念是综合的统觉作用的结果。活动的统觉指的是统觉的主动性。[1]冯特的这些看法为认识的生理学研究提供了可行的实验模型。相比而言，如果知识停留在对统觉的主动与被动方面的理解，则更像是一种形而上学的古典解释，这对精确的科学研究而言并没有实际的意义。冯特所谈论的统觉是一种形成表象、观念或概念的心理上的认知能力或功能，而莱布尼茨的统觉所表达的是对变化的把握或反思。基于后者可以形成对前者的一种理解。

由这些分析来看，莱布尼茨所说的单子，同时意味着它也是认识的起源。段德智教授在之前的研究中就简要地表明过这一认识，他援引黑格尔的话表明：莱布尼茨的单子论是认识论之集大成。[2]因此，从认识论方面来看待莱布尼茨的单子论，并非只是我个人的看法。

---

[1] 波林：《实验心理学史》，高觉敷译，北京：商务印书馆，1981年，第380—381页。
[2] 段德智：《"莱布尼茨认识论文集"编译者前言》，见《莱布尼茨认识论文集》，2019年，第1页。

三 单子论的还原与现象学的还原

所有系统化的思考方式都必然需要还原。在我看来，莱布尼茨将认识的起源推想到单子的多样性，在方法上也是一种"还原"。认识的还原通常可以分为理性的还原和经验的还原，也可以有心理和物理之分。如果我们对莱布尼茨的还原方式进行命名，那么，既不能称之为物理还原，也不能称之为心理还原，从方法上而言，是"理性的还原"，而更合适的称法应该是"单子论的还原"。

物理还原将事物复杂的现象还原为更小的组成部分的活动，如将光的现象还原为粒子的运动，心理还原将复杂的心理现象还原为前置因素的影响，甚至还原为生理因素或物理因素的影响，这两种还原更为接近，后者可以通过前者获得一些解释，所以，我们将之用于莱布尼茨的还原方法显然会引起误解。这两种还原在本质上都是物理还原。我们通常所说的"分析"实则就是还原的一种类型，例如，对于整体的性质，还原到部分中去理解，对于事物的现象变化，还原到其发生的过程或产生的源头上去思考，这些都是属于认识的还原。

莱布尼茨对认识之源进行推演的这种方法，不能与胡塞尔的还原相混同。胡塞尔在认识批判的过程中，指出了自己所使用的认识论还原的方法，就是认识批判的方法。这种方法主要是暂且将结论放置一边，而重新推演某一认识的内在发生过程的方法。这一方法后来也被简称为现象学还原的方法。这个方法实质上是对具体的认识进行还原的方法。它被称为"具体认识的还原"更为合适。尽管用这种方法将某一认识还原到意识的发生过程后，需要考察观念或概念、形式在意识活动中的发生和转化情况，显得像是心理学研究，但其所要解决的是认识的发生问题，所以它本质上仍然是认识论研究，而不是心理学研究。胡塞尔也把这样的现象学研究称为现象学的心理学或意识现象学。

相比而言，莱布尼茨的还原不只是认识论的还原，但就"感受"的发生这一论述而言，它就是认识论的还原。因此，为了区别于胡塞尔的"认识论的还原"，我们稍作限定，将胡塞尔的还原称为"现象学还原"，这是现象学中常用的称呼，胡塞尔和后来的学者们也很少再使用"现象学的认识论的还原"来表达同样的含义，而将莱布尼茨的"还原"称为"单子论的还原"。但是，单子论的还原虽然重在论述感受、灵魂等最终在单子层面是怎么回事，没有更多地去论述将物质世界最终还原为单子这一认识，但实质上这一认识是不言自明的，这是"单子"这个词本身就包含的明显的含义，所以，莱布尼茨论述的是人们尚不明显的认识，即论述了感受的发生过程。因此，莱布尼茨的"单子论的还原"更多的是对认识的发生及认识的灵魂本体的实质的论述。因此，将它视为认识论的一种还原是更为合适的。

但"单子论的还原"所解决的主要问题不是还原某个具体的认识的发生过程，而是整个人类的认识在感受层面或单子多样性层面的发生过程，所以，它与胡塞尔的现象学还原恰好是有区别的。

因此，我们在这里就可以区分出认识论的两种还原：一种是涉及的问题更为基本的单子论的还原，另一种是从某一具体的认识开始回溯的现象学的还原。但是，在单子论意义上所讨论的感受的发生情形，与人类知识的具体建构之间还有很多断裂，所以这种思想往往会被神秘化，或被予以神秘化地应用。而现象学还原从某一具体的认识出发进行回溯，则可以审查或迭代已有的知识发生过程，有助于澄清具体的认识，避免不应该有的混乱的认识的干扰，避免那些不清晰的认识的干扰。

总体来看，认识的还原方法整体上就被分为两种：一种是物理学的还原，另一种是认识论的还原，前者还可以分为物理还原和心理还

原，后者可以再分为单子论的还原和现象学的还原。（见图表19）

```
认识的还原 ── 经验的或理性的还原 ┬─ 物理学的还原 ┬─ 物理还原
                                │               └─ 心理还原
                                └─ 认识论的还原 ┬─ 单子论的还原
                                                └─ 现象学的还原
```

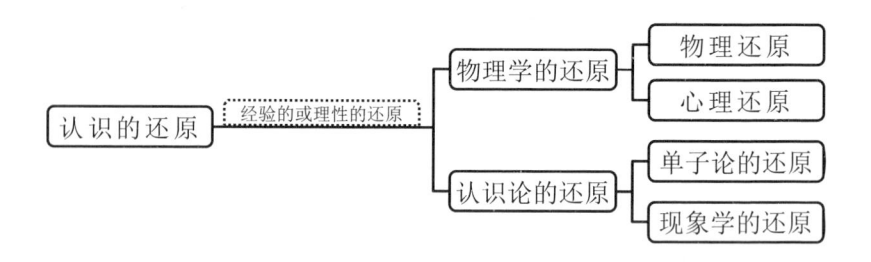

图表19　认识的还原类型

四　科学知识的分类

科学知识的分类问题是莱布尼茨在《人类理智新论》中对人类知识进行研究之后最后讨论的问题。讨论这个问题对有效利用各种知识、组织对知识的发现活动、传播知识是至关重要的。莱布尼茨批评了对于科学知识的民事分类法，认为最合理的分类方式是将科学知识分为物理学、伦理学和逻辑学三类。

所谓科学知识的民事分类法，即按照学科和专业来进行分类的方法。这也是当时大学图书馆所使用的主要分类方法，各种知识被分为神学、法学、医学、哲学四类。莱布尼茨认为民事分类法的最大缺陷在于含混地将不属于前三者的知识都划归到哲学门类之下，这些学问包括经济学、数学、力学、农学、建筑学等，这些知识虽然被归为哲学门类，但本身没有好的练习方法。

莱布尼茨认为，知识应分为物理、伦理、逻辑三类。莱布尼茨认为真理的排列方式主要有两种：一种是按照真理的起源顺序进行排列，例如数学命题，基础的命题排在前面，由基础命题推论出来的命题依次排在后面；另一种是按照目的进行排列，即按照不同的用途或善的目的进行排列。在第二种方式中,从最高的善或幸福出发,顺次寻求得到这些善或避免恶的种种手段,这即从纯粹的技术上考虑的知识。[1]这两类知识,实质上对应的就是物理的和伦理的知识,因为它们就是按照这种方式产生的。

此外,莱布尼茨认为,如果要对知识门类进行综合性汇编,应该还像通常的辞书编排方式那样,附之以字母表那样的索引。这样一来,知识的检阅或获取就相对方便多了。而对于知识按照名词的字母顺序进行编排的方法,实质上就是一种逻辑,因为在他看来逻辑学就是关于"记号"(signes)的知识。从这一点来看,莱布尼茨是将目录学或编码学视为逻辑学的必要组成部分。当然,这里所说的"逻辑"就是在符号编排这个意义上的,而不是指事物本身的逻辑或秩序、规律等。事物本身的逻辑、秩序,恰恰是物理学的和伦理学的知识。

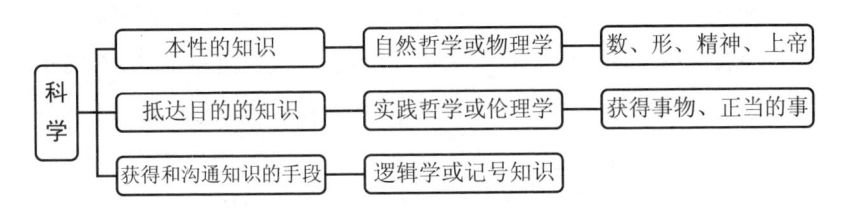

科学		
本性的知识	自然哲学或物理学	数、形、精神、上帝
抵达目的的知识	实践哲学或伦理学	获得事物、正当的事
获得和沟通知识的手段	逻辑学或记号知识	

图表20 莱布尼茨对科学知识的分类

对于这三种知识的划分,以上的分析是莱布尼茨用经验所做的证明,而实质上,他对这三类知识的划分还有理性上的推演:因为能够进入人类智性领域的知识,要么是事物的本性,要么是朝向人的幸福,要么是为了沟通和获得知识而形成的各种手段,所以,科学就应该分为三种:第一种是物理学或自然哲学,第二种是伦理学或实践哲

---

[1] 莱布尼茨:《人类理智新论》,陈修斋译,北京:商务印书馆,1982年,第638页。

学，第三种是逻辑学或观念记号的知识。[1]（见图表20）相应地，这三种推演结果，恰好都可以在人类经验做法中找到例证。推演和证据的结合，使得莱布尼茨关于科学知识的分类的做法看起来是严密的。这是值得我们学习和借鉴的思考问题的方法。

在我看来，莱布尼茨的分类整体上是合理的，但具体之处有所不妥。在莱布尼茨的这种理解下，他将数学也归之于自然哲学或物理学，这不是完全合适的。如果我们将数学理解为对世界的一种描述，或一种追求越来越精确的描述体系的发明和发现，那么，数学应该归之于逻辑或记号的知识门类。如特伦德伦堡（F. A. Trendelenburg, 1802–1872）所言："数学科学从内部形成其对象，并将它的洞见从简单扩展到复合，这与自然科学不同，自然科学将其对象追溯到简单元素及其关系，将此作为复杂过程和复杂条件的产物。"[2]这说明数学科学的做法对立于自然科学，而不能将其归为一类。后世有很多数学家将逻辑视为数学的基础，虽然遭到了批判，但其做法并非完全没有道理。莱布尼茨这里的知识分类还存在的问题是，他的分类整体上是静态的，没有讨论知识之间的动态影响过程。只要人类的需求在变化，为满足人类需求的知识肯定是呈现动态的发展变化的。这几乎是所有目前存在的知识分类思想中都没有考虑到的问题。此外，艺术的科学做何种归类，莱布尼茨也没有探讨。他在相关的这些论述中所讨论的科学知识概念，有时候看起来是包含艺术等科学的，如他在"能够教授"的含义上使用"科学"一词时，科学是包含艺术的，这是德国近代大学制度中的含义。但在对知识进行分类的时候，他所使用的科学概念则专指事物的本性、手段和逻辑这三种，艺术及相同类型的科学

---

[1] 莱布尼茨：《人类理智新论》，第634页。
[2] Friedrich Adolf Trendelenburg. *Logische Untersuchungen*. Erster Band (Zweite, ergänzte Auflage). Leipzig: S. Hirzel, 1862, S. 9.

并没有被考虑进去。最后，从神学的本义出发，神学也不能被归在自然哲学门下，神学应该属于实践哲学。关于知识分类所存在的这些问题，需要在一门更为完善的知识分类学中才能获得较为彻底的解决。后世现象学家马克斯·舍勒也将知识分为三种：进行支配的或实践性的知识，有关本质的知识或文化知识，用于得救的知识或形而上学知识。[1]这种划分方式与莱布尼茨的有所不同，相比而言，这即把神学从自然哲学和形而上学门下解放了出来。

关于莱布尼茨认识论较为全面的研究，可参看段德智教授《莱布尼茨哲学研究》（人民出版社2011年）第四章的内容，还有他在中译本《莱布尼茨认识论文集》（商务印书馆2019年）中所撰写的长达152页的"编译者前言"也详细论述了莱布尼茨的认识论问题。

莱布尼茨和笛卡尔都是理性主义认识论的代表人物，理性主义认识论还包括哲学家康德。对于笛卡尔和康德的认识论思想，我在之前的研究著作中已有论述，目前对其没有新的认识，所以不再论述。本书接下来所论述的是在科学历史上做出杰出贡献的两位哲学家的认识论思想，他们不仅有着卓越的哲学思想，而且在科学领域内的主要身份是数学家和物理学家。他们的认识论思想对于我们理解认识论思想的科学化进程来说是不可略过的环节。

第四节　波尔查诺

波尔查诺（Bernard Bolzano，1781-1848）是出生于波希米亚的著名数学家、哲学家、神学家。他是著名数学家、天文学家、物理学

---

[1] 参见阿尔弗雷德·许茨《现象学哲学研究》，霍桂桓译，杭州：浙江大学出版社，2012年，第161—162页。

家冯·格斯特纳（Von Gerstner，1756–1832）的学生。在国内，波尔查诺在数学专业领域较为著名，他丰富的哲学思想尚不为人熟知，更缺乏专门的研究，在通行的数学教科书中可以看到以其命名的著名的"波尔查诺–魏尔施特拉斯定理"。近年来，虽有其政治学译著《论最好的国家》在国内出版，但更多的人对这位与时代当局进行过激烈思想斗争的哲学家还没有建立兴趣。波尔查诺一生勤于思考和写作，留有大量著述，但直到1969年，学者们才开始编纂出版他的全集。截至目前，已出版的全集有111卷，正在编辑的有21卷。[1]波尔查诺全集已出版的著作共计3万多页，其中，哲学和宗教的论述占大部分内容。波尔查诺有丰富的认识论思想，他在逻辑学方面的理解对胡塞尔影响颇深，胡塞尔甚至认为："逻辑学作为科学必须建立在波尔查诺的著作之上。"[2]学者认为，波尔查诺在寻求科学知识进一步的基础方面迈出了决定性的一步，他认为知识的最基本的东西是抽象的、非时间的要素。[3]这里仅就我所能够把握的其中的一些较为深刻的思想作简要述评。

一 《知识学》的主要内容

波尔查诺的认识论思想体系宏大，缜密细腻但艰涩晦暗，这些思想多数集中在其所著的《知识学》（*Wissenschaftslehre*）中。这部两千多页的著作是自洛克以来最为完备和系统的认识论著作，主要包括五部分内容。

---

[1] https://www.frommann-holzboog.de/autoren/bernard_bolzano?lang=en-gb, 2023.12.12.

[2] Bernard Bolzano. *Theory of Science*. Edited and Translated by Rolf George. Berkeley and Los Angeles: University of California Press, 1972.

[3] Paul Rusnock and Jan Šebestík. *Bernard Bolzano: His Life and Work*. New York: Oxford University Press, 2019, p. 192.

第一部分论述了真理本身的存在和真理的可知性。波尔查诺总结了真理的五个含义：首要的含义，当真理被理解为命题的属性时，真理意味着命题所表达的是事实；第二个含义，真理是对命题的再认识，这时候，真与假相对立；第三个含义，真理意味着对包含真实命题的判断的承认；真理的第四个含义指的是各种真理的集合；第五个含义指的是真理的形容词形式，它可用于任何对象。波尔查诺所选取的是真理的第一个基本含义，真理是陈述某事物实际情况的命题。波尔查诺认为，人可以认识无限多的真理。

第二部分主要论述了表象、命题、真命题、推论。例如：表象本身这一概念、表象自身的内在属性、从相互关系而来的表象、从客体而来的表象、命题的一般特征、从意识的内在构造中形成的命题、从相互关系中形成的命题等。

第三部分是知识论（Erkenntnislehre），是对真理性认识所依赖的前提的讨论，主要讨论了表象概念与判断，如主观感觉中的表象（Vorstellungen/ideas）、表象的本质、表象的起源、表象作为存在的一种属性、表象间的关系、表象的强度和生动性、表象的分类（简单的与复合的、感觉的与超感觉的、清晰的与模糊的、明确的与含混的）、观念与直觉的关系、作为表象的符号等诸多问题。以知识论为题的这部分内容，实质上讨论的是知识的架构问题。

第四部分讨论了知识的发现所应遵循的方法。最为根本的方法在波尔查诺看来就是反思。波尔查诺认为，反思是我们心灵的活动，通过反思活动，我们有意或无意地使用外部事物为中介，在我们自己身上产生想法和判断。[1]这部分内容中，更多讨论的是发现知识的一般

---

[1] Bernard Bolzano. *Theory of Science, Vol. 3*. Translated by Paul Rusnock and Rolf George. New York: Oxford University Press, 2014, p. 200.

方法和特殊方法。一般方法包括提出适当的问题、从已知事实或直接方法进行推论、暂且接受间接的方法、将多个方法组合起来、参考他人的判断和经验、检查自己先前的判断、根据自己的反思目标发明和使用符号的方法等，一共十四条。特殊方法包括发现合适的问题、分析我们意识中给出的表象、分析表象的真实性和它所对应的对象、研究意识给出的表象在扩展中形成的关系等三十三条方法。

第五部分讨论了实用的知识学，即将整个真理领域分解为独立的科学时所要遵循的原则，主要讲了如何创立一门理论的问题。这方面的思想是国内极其匮乏的，理论工作者们这方面的志向和思想储备普遍欠缺。

这五个部分可以总结为：认识的目标、形成认识的要素、认识的架构、发现认识的方法、建构一门理论或科学的原则，囊括了生成知识的所有大的环节。

逻辑学和知识学（Wissenschaftslehre）在波尔查诺的用法中是等义的，他认为逻辑学就是知识学，而不仅仅是形式科学或知识的工艺，它也应该是为了发现属于逻辑的真理而采取的方式。[1]Wissenschaftslehre这个词也被译为"科学学"，如果这里的科学取德文中的本义而非现代窄化的科学含义，直接按本义译为"知识学"是较为合适的。尽管从波尔查诺这部著作的整体内容来看，几乎谈论的全部都是与现代科学知识相关的知识理论，但Wissenschaftslehre作为一个研究领域而言时，不止有波尔查诺的研究，所以，从这个角度来看，也应该译为"知识学"。

---

[1] Bernard Bolzano. *Theory of Science, Vol. 1*. Translated by Paul Rusnock and Rolf George. New York: Oxford University Press, 2014, p. 44.

二　观念的起源与概念的发生

观念的起源在前人那里被含糊而大致正确地描述过，在波尔查诺这里获得了更为清晰的推进。

波尔查诺认为，心灵需要在某种特定的环境和刺激之下才能有一种产生简单观念的能力。在这种刺激之下，形成的观念可以称为直觉。这种直觉性的观念与纯粹的概念和简单的概念是有很明显的区别的。在纯粹概念中，简单观念是我们内在的某些确定变化的下一个效果和间接的效果，这些改变就是这些观念所代表的客体。简言之，直觉表示的是意识中出现了一种变更。根据这些改变自身是否已经是观念，我们将区分出两种直觉。一种是内在的直觉，这种直觉以头脑内部的另一个观念为对象；一种是外在的直觉，这种直觉以非观念的外部变化作为对象。而我们常常不加区分地将外部变化形成的直觉作为同一个直觉。纯粹的、简单的观念（concept/idea），也即简单的概念（concept），是由其他的观念所引起的。[1]

对于波尔查诺所表述的观念的这样的发生过程，波尔查诺思想的精深研究者保尔·卢斯诺克（Paul Rusnock）和简·塞拜斯提克（Jan Šebestík）曾以这样的图表来描述（图表21）：[2]

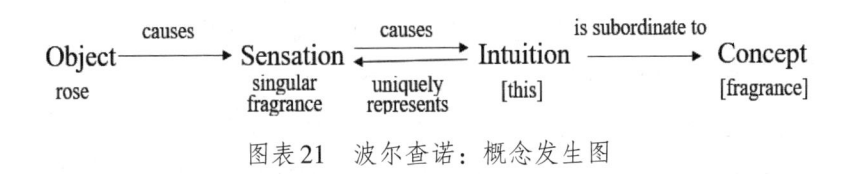

Object —causes→ Sensation ⇌causes⇌ Intuition —is subordinate to→ Concept
rose　　　　　　singular　　uniquely　　[this]　　　　　　　　　[fragrance]
　　　　　　　　fragrance　represents

图表21　波尔查诺：概念发生图

---

[1] Bernard Bolzano. *Theory of Science, Vol. 3*. 2014, p. 56.
[2] Paul Rusnock and Jan Šebestík. *Bernard Bolzano: His Life and Work*. 2019, p. 347.

```
客体 ──原因──→ 感觉 ──原因──→ 直觉 ──从属于──→ 概念
玫瑰            奇特的香味  ←唯一代表──  [这个]              [香味]
```

图表22　波尔查诺：概念发生图（译）

在这个图表中，玫瑰这个客体（Object）是引起我们感觉（Sensation）的原因（causes），所获得的感觉就是奇特的香味（singular fragrance），这种感觉又是形成直觉（Intuition）的原因，"这个"（this）直觉反过来又是这种奇特香味的唯一代表（uniquely represents），相应地，这个直觉附属于"香味"这个概念。由此，在感觉的这个形成过程中，四个环节分别对应于物理、生理、心理、思维四个依次发生的阶段（如图表23）。

```
观念发生  ┌─客体─→ 感觉 ─→ 直觉 ─→ 概念
的历程    └─物理─→ 生理 ─→ 心理 ─→ 思维
```

图表23　波尔查诺：观念发生的历程

波尔查诺的这一理解，可以使我们对认识过程的形成有一个更为清晰的把握。这个图可以使我们明白，我们形成概念，就表明我们在运行一种综合化的心理过程，它同时表明了我们的思维活动的存在。由此我们可以说，概念、直觉、感觉、客体这四者是"四位一体"的关系，思维、心理、生理、物理这四者也是"四位一体"的关系。（如图表24）这也就意味着，其中的任何一者都意味着其他三者的同时存在。

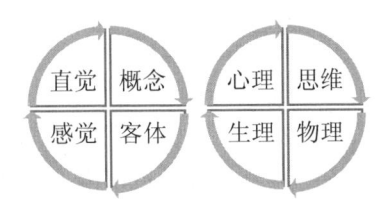

图表 24　概念的四位一体，思维的四位一体

在认识活动中，直觉的东西作为最为简单的心理层次的东西提供给概念活动最为基本的东西。在这里，我们不刻意区分观念和概念，它们本身是一回事情，在特定的表达中，当需要针对具体的对象时，我们一般用观念（concept/idea）这个词，当针对一类对象时，我们用概念（concept）这个词。概念活动既可以基于已有的这种能力形成诸如颜色或形状这样的一般观念，也可以通过对心理活动的引导而形成其他的一般概念。由此，通过主动的引导，我们主动获得了更为丰富的概念或形式，这些东西组合起来，形成对外物的描述或理解，也形成准备用于描述外在事物状态或变化的一些预先的模型。如果这些模型恰好可以很好地描述将来所遇到的事物的状态或变化，则我们可以将其称为规律。

在关于直觉和感觉的区分中，感觉与直觉似乎不同，感觉针对的是外在事物，直觉似乎专门针对的是内在观念。但实质上，这种区分是含混的。在意识的发生的临界点，意识只能发生于直觉而非感觉。人们通常会认为对外在事物的感觉或观察都是直觉性质的，但这只是看到了直觉作为对外的认识能力的方面。直觉既可以作用于外在事物的感觉而形成观念，也可以作用于意识内在的表象而形成观念。只是直觉对内时，观念存在流失的情况，对外时，可以通过反复观察而获得更多的信息。因此，外观察或感觉是一个含混的说法。外观察针对的是外物，但在形成意识时，外物都是作为滞留于意识中的信息而为直觉所把握的。因此，意识只有一种"观察"能力，即直觉能力。以往的哲学家们所说的外观察，实际所意味的只是一种与外物发生关系的物理机制。内直觉通过注意力实现，外观察通过肌体的控制而实现，这就使后者显得也像是注意力作用的结果。因为对外时可以通过反复观察而获得更多的信息，因此我们偏赖于外观察（外直觉）。从图表和波尔查诺的论述可以看出，他也是把针对外物的感觉作为直觉来理解的。

波尔查诺还认为，动物也有形成概念（concept）的能力，只是它们没有意识到它们的能力。[1]这就意味着，人由于意识到自己的能力，所以，可以通过对自己的能力的引导而进行一种主动形成概念的活动。由此，人类的认识可以不断地扩展。如果我们借用奥古斯丁的观点来理解，有注意力存在，就会有智力活动，有智力活动，也就会有概念活动，那么，以此就可以理解动物因有注意活动，也就会有概念活动。它与人类相比，只是所形成的认识链条的长度不一样，代际或种群之间的传播范围不一样。

三　简单观念和复杂观念

与洛克、休谟相比，波尔查诺对简单观念和复杂观念的认识是不一样的。波尔查诺认为，我们所有的复杂观念都是由我们的行为合成出来的，但我们并不总是能够知道这些观念的组成部分，犹如颜色、气味、声音等这些一般观念其实都是复杂观念，这些观念在我们孩童时期就已经形成，以至成年后我们不能够再识别它们的组成部分，因为它们在心灵中合成的速度太快了，以至我们没有足够的时间来掌握

---

[1] Bernard Bolzano. *Theory of Science*, Vol. 3. 2014, p. 61.

合成它们的各个部分。[1]因此，波尔查诺所说的简单观念，其实是作为认知之最小单位的知觉或简单概念，它指的是前面所说的纯粹概念或直觉概念。[2]

与胡塞尔对观念起源的考察相比，波尔查诺的分析兼具科学推理的层面和物理发生的层面，而物理发生层面的研究在胡塞尔那里是被舍弃的，这就使得我们在面对现象学的意识分析时，脑海中始终萦绕着一种不彻底性。纯粹的意识分析如果仅仅是基于对意识心理的反思和描述，则我们对观念的分析就永远无法向物理层面推进。比如胡塞尔时常认为我们看到红色的花朵后会形成红色的概念，但这个概念是如何形成的，胡塞尔没有做进一步的分析，他只是说这是意识自身给予的一个概念。"被给予"这个说法，或者它更好的表达是"心灵的自然呈现"，并不包含更多的东西。如果我们按照波尔查诺的观点来理解，"红色"这个观念其实不是一个简单观念，而是一个由很多简单的直觉观念组成的复杂观念，在它的形成过程中，其各个组成部分流逝的速度太快了，以至我们无法直观地把握到这些部分，那么，由此而言，胡塞尔将"红色"作为一个心灵给予的概念来看待的做法，无疑是将问题简单化了。因此，如果我们只是基于对心理状态的某种莫名的"直观"来对待认识论问题，则收获是有限的，因为这种直观本身已经是一种结果上的呈现，而非意识发生过程的直观。通过意识的直观可以获得的是结果的确定性，而不是过程的确定性。

在我看来，在对意识的最基本的状态的分析中，简单观念和复杂观念的划分，或者说这种划分方式，是一种并不成功的理解观念的方式。简单与复杂本是用来分析实体的一对范畴，而观念不是实体，所

---

[1] Bernard Bolzano. *Theory of Science, Vol. 3*. 2014, p. 58.

[2] Bernard Bolzano. *Theory of Science, Vol. 3*. 2014, p. 59.

以，以此来划分观念不会推进对观念的进一步研究，反而会增加不必要的混乱。如果可以用简单和复杂来划分观念，则同一个观念既可以是简单的，也可以是复杂的。当我们探究一个简单观念进一步是什么的时候，它就成为包含诸多观念的复杂观念。当其作为更复杂的观念的一个组成部分时，它作为一个整体而言，就是一个简单观念。这就形成了矛盾。划分应该是从性质上进行的。在我看来，观念的性质不是以数量多少而论的，因而也就不能以简单和复杂进行划分。观念的基本性质是连续和转化，它关联着已有的观念，又存在着向新的观念转化的可能性。当关于事物的新的认识关系开始出现时，观念的转化就开始了。因此，哲学史上将观念区分为简单的和复杂的观念的做法，是洛克以来一种不成功的或错误的尝试。如果我们非要认识简单观念和复杂观念的划分中包含着合理性的做法时，那就是它们意味着观念的基本形式和组合形式。如果我们从转化的角度来看，它所意味的无非两种情形：一种是观念之间的单一转化；另一种是和多重观念和同一观念之间的转化和分化。

四 内在直观的困难

波尔查诺认为，我们的心灵把每一种变化的特定状态都放在观念之下，但观念发生的方式是难以把握的，因为在其形成过程中要素流逝得太快了。[1] 基于此我们可以认识到，由于意识中的片段消散太快，每次都只能让一个片段成为强度最大的片段，我们更多是只能清晰地把握到意识的发生结果，即那个强度最大的意识片段，或者说那个已被抓住的片段。这也表明我们在原则上无法观察到意识的详细发生过程。按照波尔查诺的说法，清晰的观念就是被人把握到的观念，

---

[1] Bernard Bolzano. *Theory of Science*, Vol. 3. 2014, p. 59.

这种观念意识是在对该观念的直觉中直接形成的观念类型，是一种特定的观念类型。[1]这意味着，当波尔查诺已经知道形成复杂概念的先前的直觉要素处于不断流逝的状态时，他也清楚地意识到了对作为结果的意识观念的把握实则形成的就是清晰的观念。这就进一步意味着这样一个稍加思考就会注意到的常识的存在：清晰的观念意味着与之相关的不清晰的观念的存在。这就使得立足于内在直观的现象学遇到了瓶颈，因为我们只能把握那些清晰的观念，所以内直观的结果是有限度的，至多会形成内在经验的更多的描述而已。如此一来，对于事物的本质的把握，尽管胡塞尔认为可以通过使想象变样的方式主动地获得，但实质上这种方式并不能顺利地被执行，因为要素总是有所流失，所以即使我们意识到意识中本质是如何发生的情形，这也并不意味着我们可以很好地重建这一发生过程。在我看来，这个过程只能通过发明一种更好的理解方式而"推算"出来，并在结果上进行验证。因为事物的本质实则是按照相应的认识需求以相关事物为参照规定出来的，所以，随着认识需求的变化，本质也被重新规定。我们能做的事情，就是推算所规定的事物本质在整个的事物关系中是否能够很好地被用来区分此事物，以免将此事物与另外的事物相混淆。

因此，在我看来，直观作为认识行为，不是一种意识方法，而是产生观念的物理机制，它虽然可以被再度引导用于观察事物，以注意力的方式存在于认识活动中，但它自身并不具有主动性，而只能成为被引导出来的认识行为。行为只会被引导，而不会被自己直接观察，我们可以观察的是他人的行为的表现。

在上述分析中，能被把握到的观念是清晰的观念，这个清晰的观念也即具有确定性的观念。认识产生于确定性的观念之上。这也就意

---

[1] Paul Rusnock and Jan Šebestík. *Bernard Bolzano: His Life and Work*. 2019, p. 349.

味着认识产生于清晰的观念之上。因此,认识的发展在根本上就取决于我们是否又把握到了一些清晰的观念。基于新的这些观念,我们纠合过去的观念,将其转化为具有新形式的观念,或转化为囊括了新的要素或对象的观念,这就意味着我们形成了新的认识。

五 观念的同一性是怎么回事

波尔查诺认为,同样的语言符号是对本质上具有差异的直观感受的表达,而对同一客体而言,任何两个直观感受实质上都不是一样的。[1]波尔查诺说:"重要的是,我们曾有的直觉不可能第二次产生,尽管这两个主观上的直觉对应于同一个客体的观念。这是因为每一个主观的直觉都有其自己的对象,即引起其内部或外部变化的原因,然而,每一个这样的原因仅存在一次,因为在另一时间发生的每一个变化,即使在同一主体中,都已经是第二次变化了。因此可以得出结论:任何两个主观的直觉都有它们所指的两个不同的对象。因此,它们必然对应于两个不同的客体直觉。对于我在另些时候的感觉,刚才感受到的颜色、气味、疼痛是何其相似,这无需区别,但它们是不一样的,而且,专指一个事物的客体观念并不具有其对象的其他观念。然而,如果同一个体的两个主观直觉不可能是同一个客体观念,那么可以确定的是,它也不可能使另一个人具有与同一个客体观念相一致的主观直觉,就像在我们的主观中作为直觉呈现的那样。因此,如果我们通过'传达'观念想在另一个人身上唤起一个属于我们拥有的同样的客体观念的观念,那么就会知道'传达直觉是完全不可能的'。因为这种情况与纯粹概念是不一样的,纯粹概念可以通过多种方式进行传达,如简单地通过文字传达。因此,所有懂英语的人都会将

---

[1] Paul Rusnock and Jan Šebestík. *Bernard Bolzano: His Life and Work*. 2019, p. 348.

和自身同样概念一致的观念与单词'and'（和）、'not'（不）、'one'（一）、'two'（二）、'three'（三）等联系起来。"[1]

波尔查诺在这段论述中给我们提出了一个难题：如果不存在两个同样的直觉，那么我们如何会把对一个事物的两次直观视为一个直觉，并由此将它们所对应的对象确定为同一个对象？这个问题也即意味着，如果我们不能确定一个对象是同一个对象，那么我们就不可能建立对这个对象的认识。

波尔查诺在后来的论述中通过对心理活动的反思解答了这个问题。波尔查诺认为，之所以如此，是因为我们把能够在持续的一段时间内被把握的对象的观念算作一个观念，而把在不同的时间段内被把握的同一个对象的观念，算作另外一个不同的观念。[2]他说："偶尔我会允许自己使用一个共同的表达方式，并说两个相同的观念在不同的时间出现在同一个人身上，它们是一个单一的观念。例如，说某人现在再次拥有他曾有的观念。借此我的意思只是说，他现在有一个与他以前的观念相等的观念，即属于同一个客体观念。"[3]

也就是说，将两次把握的观念视为同一个观念，这是人的意识活动的一种做法。这种做法有时候是不自觉的，有时候是自觉的。对这种做法的考察，就是意识推想的过程。因为我们不可能在这样做的同时观察到它的发生情形，但在这种做法的重复过程中，我们通过反思活动推想到我们是这样做的，并且我们可以再度以引起对某物的直观行为的方式验证这种推想的正确性。在含混的表达中我们也可以简单地说：这是我们"反思"的结果。由于意识的这种做法的存在，我们可以有时候将不同时间和地点获得的观念视为同一种观念，有时将在

---

[1] Bernard Bolzano. *Theory of Science*. Edited and Translated by Rolf George. 1972, p. 100.
[2] Paul Rusnock and Jan Šebestík. *Bernard Bolzano: His Life and Work*. 2019, p. 348.
[3] Bernard Bolzano. *Theory of Science, Vol. 3*. 2014, p. 8.

同一客体身上所把握到的观念区分为不同的观念。

那么接下来，对于将两个观念视为一个观念，意识究竟是怎么办到的呢？胡塞尔只是以被动综合的方式含混地对待这个问题。在波尔查诺这里，这个问题得到了细致的处理。波尔查诺认为，相同的观念并不是将多次出现的观念等同起来，而是同一个观念的多次运用。例如，当我们说"所有的等边三角形都有相等的角"时，并不是因为"相等"和"角"出现了两次，一次出现在主语中，一次出现在谓语中，然后我们再建立二者之间的相等关系，而是我们将同样一个"角"扩展到了其他的等边三角形中。[1]也就是说，相等是观念运用的结果，而不是归纳的结果。如果这样来看待观念的同一性问题，则经验归纳为什么会获得同一性的问题就迎刃而解了。波尔查诺的观点也即意味着，同一个观念是以其中一个作为模型然后再进行比对的结果，而不是将两个观念综合起来"自然"地得到一个观念。因此，当我们拥有同一客体的两次同样方式的直观后的观念时，我们要么是将前一个观念作为模型，用来比对获得后一个观念的等同性，或是将后一个观念作为模型，比对出前一个观念的等同性。将哪一个作为比较的初始模型，只存在这两种情况，不存在别的情形。当更多的不同观念出现时，则需要逐次去比对，也即说我们需要多一些"经验"去确认它们是否可以是同一个观念。因此，波尔查诺明确地认为，同一性不是一种关系，而是一种属性。与之相关地，相等是由同一个观念扩展出来的，在数学上，相似性是相等的一个特例。[2]在这里，当说同一性是扩展而来的结果时，一则以此可以说明规律得以成型的过程，在扩展过程中，当逐个在其他事物身上也复制了同样的形式后，且认

---

[1] Bernard Bolzano. *Theory of Science, Vol. 3*. 2014, p. 9.
[2] Paul Rusnock and Jan Šebestík. *Bernard Bolzano: His Life and Work*. 2019, pp. 442–444.

为更多的事物身上都可以有这个形式时，我们就可以初步形成表示预见性的规律；二则可以说明同一性不是归纳或综合的结果，而是在尝试扩展的过程中的观念的运用方式，它不是一种关系，因为如果说它是两个事物的关系，那就等于产生了一个新的东西，这样就会导致无穷的同一性的出现，所以，它是一种属性，即观念的扩展运用就是观念的属性。如果说它是一种关系，那这种关系也是由观念的扩展运用而形成的。扩展在先，关系在后。依此来看，观念或形式的完全扩展就是相等，部分扩展就是相似。

与波尔查诺相比，胡塞尔则只是简单地将"同一性"视为同一性意识活动对持续流动的感知予以综合的结果。[1] 如果以内在的直观加描述的方法，现象学的考察到这一层就止步了。

对于更为根本的意识问题的思考，现象学仅停留在描述阶段恐怕难以满足我们的理论需求。胡塞尔对于意志的思考，相比于他的老师布伦塔诺对于爱恨现象的考察，仍然停留在这样的描述阶段。布伦塔诺所开创的描述心理学的分析中，大部分内容都是思辨性的分析，其所谓心理描述的工作方式，都被胡塞尔实施了。我们看到，胡塞尔试图以直观的方式捕捉心理活动，描述伦理世界最为根本的结构，而布伦塔诺则是将爱恨这一情感现象与意志现象归为一类，以爱恨现象来表示这一类心理现象，并认为爱恨这类现象的引导是意志得以持续的根本原因。布伦塔诺这样的思考无疑是将我们对意志这种心理活动的理解推进了一步。如果我们要推究布伦塔诺这一认识的形成过程，则会发现其不仅有对心理活动的反思，也有对心理活动的实际发生过程的推导。由此我们可以想到的是，如果没有对未知的心理活动的推

---

[1] Edmund Husserl.*Einleitung in die Logik und Erkenntnistheorie, Vorlesungen 1906/07*. (Hua XXIV), Hrsg. Ullrich Melle. The Hague, Netherlands: Martinus Nijhoff, 1985, S.279.

导，没有以这种推导去引导内在的直观活动，那么，也很难在心理活动的内在直观中有新的发现。因此，单纯地直观心理活动然后进行描述的做法，并不是完全够用的探究方式，如果没有对内在直观活动的引导，我们恐怕很难发现意识活动的更多奥秘。现象学如果想要继续发展，则需要在波尔查诺这里，以及前人思想家那里，吸收更多的思想营养。意识流转，绵延无穷，只有描述，恐难奏效。

六 观念的强度

波尔查诺所说的观念的强度也就是观念的生动性，这个问题将有助于我们理解意愿的形成过程。在波尔查诺之后，詹姆斯·穆勒、布伦塔诺对这个问题都有一些观点，穆勒认为心理的联想过程受相近律、相似律、强度律三种规律的支配，布伦塔诺认为表象是有强度的。

波尔查诺认为："主观的观念与对象的观念在物质构成上是完全不同的，前者是后者的表象，但主观的观念有一些内在的属性，借助这些属性，两个观念与同样的物质通过同样的观念结合起来，然而却产生了不同的效果。我将摆脱了事物和各种不同的其他观念的东西，决定其行为活动的东西，称为主观观念的'强度'或'生动性'。一个比另一个观念强的观念将有更强的影响力，即使它们有同样的构成且由同样的观念组成。例如，如果我想象两个人到目前为止都有完全相同的观念，并且获得了一个新的观念，这个观念是同样的客体观念（如一束红色光线）表象，那么，我们仍然会想到的是，它们的主观观念是不一样的，影响所产生的结果也是不同的。例如，这种差异性可能源于产生这些观念的外部对象与两人之间的关系的不同。有可能其中一个离物体较近，或物体作用于其视觉器官的时间较长。无论如何，当我们发现两个观念在人们的心灵中产生不同的影响时，我们必须知道它们之间存在一些内在的差异，一个被标记为强观念，一个被标记为弱观念。"[1]

波尔查诺的这些看法所表达的核心意思是，心理观念的不同强度决定着意识行为或心理行为的不同变化。

当波尔查诺说主观观念的强度决定其他心理活动的时候，也就意味着这种决定其他心理活动的东西执行的是与"意愿"一样的功能。从这个意义来说，心灵中观念的强度首先是对意愿的本质的一种解释。意愿的存在由此也就与心理观念的强度的存在等同了起来。主观观念之间强度的差异又是必然存在的，人们也早已知晓心灵中强观念和弱观念的存在，所以，人的意愿也基于此而必然存在。又因为同一客体在不同的人之间产生的强度是不一样的，位置的不同和持续时间的不同都决定了所产生的观念的强度是不一样的，所以，同一客体在不同的人之间形成的意愿也是不一样的。

换句话说，我们的意识正是通过这种带有强度的观念而转化为我们的具体行为。如看到一个喜欢的东西然后决定伸手去触摸它时，对事物带有强度的观念触发了我们的行为。波尔查诺的这一观点遭到了人们的批评。如他的传记作者保尔·卢斯诺克和简·塞拜斯提克就质疑这种说法的合理性。

但在我看来，相对于同一客体的观念之间的差异化存在，使得心理活动有了被进一步引导的动因，尽管它可能不是唯一的动因。如果意愿的形成是一种复合的产物，我们从观念的构成上来理解意愿时，它必然是观念的集合，其中，一些观念以其自发的或被主动塑造的强度而成为引领某些心理活动的动因，或因为某种更强的观念的影响，此刻的心理活动被下一刻的心理活动干扰，或冲抵、消散。如果这样

---

[1] Bernard Bolzano. *Theory of Science, Vol. 3.* 2014, p. 10.

来思考，心理活动的这些具有导向性的运动，就可以进一步转变为神经生理学的研究课题，既然观念可以从强度方面去理解，那么它就可以被分解和测量。

七 判断的强度（信念）

基于波尔查诺对观念的强度的理解，我们也可以较为容易地理解他对判断的强度和信念的本质的相关思考。

波尔查诺认为，主观观念与判断有明显的相似之处，它们都是实在的实体，都会对心灵产生影响，留下痕迹。[1] 人们可能会疑惑，观念和判断为什么会在人的心灵中留下痕迹？波尔查诺认为，观念在根源上是一种物质性的构成，这在前面关于观念强度的论述中已经表明过了。[2] 基于这样的思考，也就不难理解波尔查诺为什么说观念和判断都是实实在在的实体。波尔查诺将观念和判断实体化，这意味着在对认识的形成过程的研究中，解决问题的最终途径将会是自然科学的生理学研究和实验研究。主观观念和判断以不同的强度存在时，对心理活动就会产生或强或弱的引导行为，由此，人的意愿的产生就可以在物理层面获得进一步的解释。这样的解释将更为稳固，而且可以基于特定的研究原则不断获得推进。

波尔查诺对信念的理解使我们可以进一步对观念的强度获得更丰富的理解。波尔查诺认为，信念是一种判断，而不只是观念，它实则是判断的强度。波尔查诺说："由于判断不只是观念的组合，而且是观念特定有效的组合，再加上这种组合可以被或多或少强烈地感受到，所以，即使人的观念的内容和生动性不变，判断的效力也将依赖

---

[1] Paul Rusnock and Jan Šebestík. *Bernard Bolzano: His Life and Work*. 2019, p. 351.
[2] Bernard Bolzano. *Theory of Science, Vol. 3*. 2014, p. 10.

于这种强度。我将把判断的这种程度的效力或强度称为构成我们的判断的信念程度。"[1] 由这样的认识显然可以表明的是，在波尔查诺的看法中，信念、观念的强度、判断的强度（效力）三者是一回事。（如图表25）

图表25　观念强度、判断强度与信念的三位一体

然而，观念和判断之间虽有相似，但仍有区别。波尔查诺认为，观念与判断之间的差异在于判断有真假之分，而观念没有真假之分。[2] 我们对观念与判断之间的区别常常存在含混和误解，这里需要说明一下：它们之间的区别不在于判断由较为复杂的推导过程构成，而在于它们的形成过程和针对的客体不同。当我们将意识活动理解为不同的观念的集合时，推导过程不是以观念那样的方式存在的，但是，推导活动的结果作为观念，它是心理观念在引导中相互作用的结果，这种观念的存在意味着其推导过程的存在，所以，判断的结果实则是一种通过特定的行为转化出来的观念，我们使用判断这个词时所指的往往是判断的两个方面，一是结果，二是"判断活动"。又因为判断是一系列心理观念的结果，在它产生的源头上仍然是对应于外在

---

[1] Paul Rusnock and Jan Šebestík. *Bernard Bolzano: His Life and Work*. 2019, p. 351.
[2] Paul Rusnock and Jan Šebestík. *Bernard Bolzano: His Life and Work*. 2019, p. 352.

客体的主观观念，经过一系列的心理运作之后，无非还是要以最后产生的那个"强观念"去对应于外在客体的某种样态或变化后的样态，所以，在最后的对应中，作为"判断"的"观念"就产生了真假之分，即能否对应于预期中的客体的样态或变化。而直觉的观念则没有这样的区别，因为它直接对应于客体，它形成之后，人才能够形成进一步的判断。

八 判断的发生及其基本类型

波尔查诺认为，当外部对象作用于我们并在我们的心灵中产生直觉时，我们才会开始判断。这是波尔查诺对判断的发生过程的基本理解。此外他还认为，判断无论是直接的还是间接的，都是一个非自愿的过程，大脑没有能力随心所欲地做出判断，也没有能力在缺少前提的情况下做出判断，判断是由我们的注意力所引导的。[1]这些思想与他对观念强度的相关理解是一致的，即意愿的发生过程实则是由某些带有强度的观念序列所引导的过程。

从发生过程而言，波尔查诺将判断分为直接的和间接的：一种是由外物的刺激形成的客体观念所引导的直接判断，一种是由观念的构成物所引导的间接判断。这种划分实际上与其对观念的发生过程的理解是一致的（图表23），直接的判断由外在的客体（Object）所引导，间接的判断由概念（Concept）所引导。由于观念存在强度，带有强度的观念以我们所谓"注意力"引导着观念序列的发生。由于存在着引导的东西，判断的发生过程在这个意义上就被理解为"非自愿"的，也就是被动的。

如果从波尔查诺这样的理解来看，胡塞尔所说的意识的主动综合

---

[1] Paul Rusnock and Jan Šebestík. *Bernard Bolzano: His Life and Work*. 2019, p. 355.

过程实则不完全是主动的，它必然包含着被动的成分，或者如胡塞尔所认为的，每一主动综合必然包含着被动的成分。

进一步而言，纯粹"主动"的活动是不存在的。但人的意识如何利用被动的综合形成主动的意识综合过程，这在胡塞尔看来是一个"谜"。胡塞尔在分析中遇到关键的难解问题时都会用到这个词。如果这里我们用波尔查诺所说的观念的强度来解释，则问题就会获得相对清晰的理解。在我看来，如果结合波尔查诺所说的观念的强度来看，初看起来由注意力所调节的行为活动，实则是由观念的强度或带有一定强度的观念所决定的，这在表面上体现为人存在着一些基本的调动主观状态的能力或方式，例如在面对一些不希望看到的场景时会闭上眼睛，会上下左右移动自己的视线，在某些情况下会捂起耳朵，或自然地走开等，正是这些基本方式，甚至还有更多的尚待研究的方式，包括形成概念的方式在内，决定了对感官的某种引导，并触发一系列的观念引导活动，从而影响了人的认识的形成。我们也可以这样说，认识的发生过程中存在一些意识可以控制的生理开关，这些生理开关实则是可以由拥有一定强度的观念来控制的生理开关。

除了从发生的角度将判断分为直接的和间接的，波尔查诺还将判断分为两种基本的类型：第一种是经验的或知觉的；第二种是纯概念的。

波尔查诺认为，我们形成的所有判断要么是直接的知觉判断（直觉命题），这些判断也可以是从其他判断中推导出来的判断，也可以是纯观念的判断；要么是概念判断，这不是从其他判断中推导出来的。当人们说我们的判断来自经验时，他们实质上说的是第一种判断，但一个事物是一个而不是两个，这是一种概念判断，它不是从经验观察中得出来的。第一种判断如对外物的知觉形成的判断，推断出水果是含汁的，四等于二加二等，都是经验判断。波尔查诺认为，第二种判断既是概念判断,也是先天判断或纯粹判断,而第一种判断则是经验判断,经验判断是后天得出来的判断。波尔查诺认为,这两种判断各有其特征:纯粹概念的判断,我们至多证明它是错误的,但永远不会证明它的真实性;经验判断包含着直觉上可以看到的东西,它具有真实性。[1]简言之,波尔查诺以"概念"(Concept)为基准,将判断分为纯粹的和经验的(图表26)。

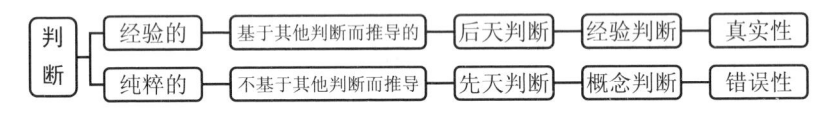

判断	经验的	基于其他判断而推导的	后天判断	经验判断	真实性
	纯粹的	不基于其他判断而推导	先天判断	概念判断	错误性

图表26 波尔查诺:判断的分类

在经验判断中,波尔查诺认为,错误是作为一个虚假的命题而存在的,由于任何时候调用记忆所做出的判断都是经验判断,因此这样的判断都涉及概率推论,而概率判断是我们错误的唯一来源。[2]简言之,经验判断都是概率性的,所以在其根基上都是可错的。

如果我们要在经验判断的错误和概念判断的错误之间做出区分,那么,就需要重新从"错误"的本义出发来理解和处理这个问题。所谓"错误",就是"不对应"。因此,二者涉及的其实都是观念或概念转换后与其所要对应的东西之间的关系。经验判断的错误与其所预判的现象有关,它是针对事实世界做出的,当它在判断所转化出来的观念能够对应于外在事物刺激形成的观念时,它就是正确的;而概念判断的错误则源自形式转接之间的错乱,它涉及的是在一套标记系统中如何做出并行不悖的概念安排和在概念之间如何形成清晰的转换,

---

[1] Paul Rusnock and Jan Šebestík. *Bernard Bolzano: His Life and Work*. 2019, p. 356.

[2] Paul Rusnock and Jan Šebestík. *Bernard Bolzano: His Life and Work*. 2019, pp. 358–359.

转换后的概念如果不能与其原先对应的概念一致，则它就是错误的。

九 时间与空间的本质

时间和空间的本质也是波尔查诺哲学思想中的主要问题。这个问题不仅是一个物理学的问题，更是一个认识论的问题，因为时间和空间这两种属性是认识中必不可少的两个要素，只要存在认识，就总是会用到时间和空间方面的表达，因此在前面的论述中，关于时间和空间的哲学思想都被我纳入认识论思想的范围。

波尔查诺和莱布尼茨一样认为："时间和空间只是关系，时间是作为变化条件所需要的关系，即它包含这样一种条件，在这种条件中，几个相互矛盾的属性可能属于同一个实际对象；空间，或者更确切地说，就是事物的位置，它就是事物之间的关系。"[1] 从"关系"方面来理解时间和空间，也就意味着要么是从认识方面来理解空间和时间，要么是从事物自身的方面来理解时间和空间。如果时间和空间作为事物自身的东西，那么，它们就是实体的属性，即它是实体作用于意识而必然形成的，如果作为认识中的关系，那它们就是被建构出来的关系或观念形式。

然而，被建构出来的关系并不意味着它是自然事物本身不具备的东西，但空间和时间作为主观上的认识建构，被当作事物自身的属性来理解时，两者之间的关系是断裂的。对于这个问题，过去的诸多哲学思路都无法清晰地解释：用爱留根纳的双重实体说和洛克的"主性和副性"的思路来理解，都只能得到含混的解释；诉诸先验的解释，将时间和空间作为意识中的纯形式，尽管可以部分程度上回答认识的起源问题，但仍然是含混的；如果将时间和空间作为事物的表象，则

---

[1] Paul Rusnock and Jan Šebestík. *Bernard Bolzano: His Life and Work*. 2019, p. 458.

找不到具体的直观上的客体，这种解释是无效的。如果用普列汉诺夫（G.V. Plekhanov，1856–1918）或亥姆霍兹的思路来理解这个问题，形成的解释则恰好符合波尔查诺理解观念发生过程的思路。普列汉诺夫认为，时间和空间是我们借助客观对象建构起来的意识形式，这种意识形式反过来又被作为认识的形式，用于表达事物的空间和时间关系。[1]

但是，波尔查诺并没有用这一思路来理解作为事物之关系的空间与时间和作为意识之形式的空间与时间的形成过程。波尔查诺在这方面的理解与其对观念发生过程的理解看起来是没有紧密的关系的。他的理解仅仅是数学意义上的。他认为时间和空间本身不是实体，这是因为，如果它们是实体，那么，它们要么是依赖的，要么是独立的。但同时，他也没有将时间和空间理解为事物的属性。或许他认为，如果理解为属性，则事物的存在或变化会引起时间和空间的存在与变化，而时间是不变的，这就形成了矛盾。波尔查诺认为，时间也不是时间中的事物的属性，事物发生了变化，但时间没有发生变化。这就似乎在表明时间是客观的存在。但实质上，波尔查诺既没有将时间理解为客观的存在，也没有理解为主观的存在，而是理解为一种"数学上"的存在。他明确地认为，时间既不是主观的，也不是客观的，而是瞬间的集合；空间是事物的所有可能位置的集合；所有的事物都是变化的，这些变化基于两个条件，一是力的作用，二是所处的位置，所以，事物的变化本身就说明了空间的存在，而且，空间是一个系统。[2]

波尔查诺对于时间空间的理解是数学上的解释，这种理解意味着

---

[1] 参见王荫庭《普列汉诺夫哲学新论》，北京：商务印书馆，2021年，第182—183页。
[2] Paul Rusnock and Jan Šebestík. *Bernard Bolzano: His Life and Work*. 2019, p. 465.

空间和时间是可以用各种方式度量的。

我认为他对观念发生过程的理解是可以通向他对空间和时间的数学化理解的。当外在事物身上呈现的时间和空间关系被人捕捉到以后,这种关系成为意识中的认识,又在意识中被转化为形式。如果抽离掉其事物的属性,它就变成了纯形式,如康德在思考空间问题时正是以不断抽离物体的方式获得了对其作为纯形式的理解。变成了纯形式以后,它就被用来对其他事物进行标记,这就使得空间和时间关系看起来成为一种认识工具,但它本质上是观念的,是从现实的事物身上提取出来的,也是人这样的生命有机体在认识活动中都可以提取出来的观念,它本质上表达的仍是事物的某种关系。但当这种关系用于人类经验世界中的事物而总是能够获得与事物的对应时,它所表达的关系就成为一种普遍的关系。因此,从这个意义上而言,空间和时间是一种可以普遍运用的关系。基于此,当我们对这种普遍的关系进行数学上的表达时,时间作为秩序和持续性的东西,就成为一种集合,而空间作为无所不包的存在相互关系的位置的集合,就可以被理解为一个系统。如果这样来思考,波尔查诺关于空间和时间的理解无疑仍是合适的。

波尔查诺的思想财富还有很多,在著述总量上,他与奥古斯丁、莱布尼茨、马克思、冯特、胡塞尔这几人一样,体量都相当之大。他与莱布尼茨一样,属于在诸多科学领域有精深探索且著述浩繁的哲学家。面对其百余卷的著作,我们或许会望而生畏,但其中确实有很多值得我们挖掘的思想。以上仅结合目前波尔查诺研究最为权威的成果做简要述评。此外,他还有很多思想值得我们玩味。例如他认为:我们的决定和意志应该受到最高的道德法则的支配,自由可以定义为一种选择的能力,但道德法则支配的是预期的结果,而不是实际的结果;信仰有助于我们的美德;财产权的存在仅在于它们有助于促进美德、智慧和幸福的最大化；无知是我们痛苦的根源；启蒙是改革的需要；科学的基础是那些非时间的、抽象的要素；无知就是拒绝知道。[1] 这些思想对于我们思考伦理学、精密科学、认识论问题很有裨益。波尔查诺在伦理学、政治学、经济学、神学、天主教、逻辑学、认识论、本体论、形而上学、数学、美学等方面都有丰富的著述，对诸多问题深入清晰的思考是留给后世的稀有的精神财富。在认识论方面，他的工作是将认识论研究精密化的重要尝试，他与笛卡尔、莱布尼茨、亥姆霍兹、马赫等一样，不仅在数学自然科学领域有无与伦比的杰出贡献，也尝试对人类科学认识最根本的方面做认识论思考，这类科学家的认识论思想是我们在今后的研究中更应该重视的。

第五节　亥姆霍兹

亥姆霍兹（Hermann von Helmholtz，1821–1894）出生于德国的波茨坦，是卓越的物理学家、生理心理学家、哲学家，在诸多科学领域都做出了重大贡献。他博士毕业于生理学的创立者约翰内斯·缪勒（Johannes Peter Müller，1801–1858）门下。他的很多著作仍是当今学术的经典著作。国外对亥姆霍兹哲学思想的研究有很多，国内也有专门研究。他的著名作品《论力的守恒》（*ber die Erhaltung der Kraft*）最早于1937年在国内出版，当时译名为《能之不灭》。其哲学思想主要是认识论。他进行了一系列重要的实验，尝试建立知觉规律与自然规律之间的关系，并著有《论声音感作为音乐理论的生理学基础》（*Die Lehre von den Tonempfindungen als Physiologische Grundlage*

---

[1] Paul Rusnock and Jan Šebestík. *Bernard Bolzano: His Life and Work*. 2019, pp. 85; 99; 117; 125; 127; 192; 359.

für die Theorie der Musik)《生理光学论》(*Treatise on Physiological Optics*）等。在生理心理学方面，他有很多开拓性的研究，如巴甫洛夫后来证实了的神经的条件反射机制与亥姆霍兹所说的"无意识推论"是相符的。[1]他在认识论方面的基本立场与约翰内斯·缪勒、冯特、马赫是一致的。

一 对问题的深度追问将导向认识论

亥姆霍兹认为对任何问题如果一步一步进行追问，就会导向认识论问题。在一篇讨论几何学的起源和意义的论文中，亥姆霍兹说："像几何学这样的科学可以存在，并且能够以此方式得以建立，这必然要求任何对认识论基本问题感兴趣的人给予最密切的关注。"[2]亥姆霍兹还说："任何给定的小问题，只要追踪得足够远，都将导向认识论。"[3]按照石里克（Moritz Schlick，1882–1936）的解释，亥姆霍兹的科学思维本身就是哲学的程序，当他不满足于解决某些具体的问题而进一步追问其原因甚至最终原因时，这种探求就不再属于任何具体的科学，而是成为知识的一般理论的哲学探究，从而，它也就处于认识论研究的范围之内了。认识作为观念的构成时，每一个观念的确定性就成为认识的最基本的确定性，由于观念之间是相互转化的，对观念的确定性的探究就是对认识的发生过程的探究。

亥姆霍兹将认识论视为科学的根本任务。亥姆霍兹认为，认识论

---

[1] Hermann Von Helmholtz. *Epistemological Writings*. The Paul Hertz and Moritz Schlick centenary edition of 1921, with notes and commentary by the editors, new translated by Malcolm F. Lowe, edited, with an Introduction and Bibliography, by Robert S. Cohen, Yehuda Elkana, Dordrecht-Holland/Boston: D. Reidel Publishing Company, 1977, p. XXI.

[2] Hermann Von Helmholtz. *Epistemological Writings*. 1977, p. 1.

[3] 转引自李东升《亥姆霍兹科学哲学思想的历史考察》，北京：北京理工大学出版社，2011年，第40页。

的目的在于"检验我们知识的来源及其正当性的程度,这项任务将永远是哲学的专利,任何时代都不能置若罔闻。"[1]他在这里所说的哲学,具体而言就是认识论。换言之,在亥姆霍兹的理解中,认识论是考察知识来源及合法性的学问。

关于亥姆霍兹的认识论思想,胡塞尔的老师、博士论文的指导者、大数学家柯尼希贝格(Leo Konigsberger,1837–1961)曾总结道:"感知到的一切不是光,但被我们感知为光;也存在我们感觉不到的光;被我们称为光的是辐射,现在被称为辐射的热,撞击两种不同的神经末梢,即眼睛和皮肤,感觉本性的差异不在于所感物体的性质,而在于被投入活动的神经器官的种类。从这个简单的明显的真理出发,亥姆霍兹发展了他整个知识理论。"[2]从这些总结也可以看出,亥姆霍兹的认识论是经验主义认识论。但由于经验主义这个名词有诸多误解和歧义性,我们将他的认识论称为生理科学的认识论更为合适。

亥姆霍兹的认识论思想受到了研究者们的高度肯定,至今为学者们所推崇备至。格雷格·谢曼(Gregor Schiemann)说:"他所研究的人类感官知觉的有效前提,已在实验中成为对科学知识的有效前提的讨论。这使亥姆霍兹处于认识论发展的领先地位,在此过程中,自然科学声称将其知识的可能性条件作为其自身研究的对象。知识的主体成为可通过实验确定的知识对象之一。"[3]由此可见当今德国哲学界对亥姆霍兹的评价之高。

---

[1] Hermann Von Helmholtz. *Epistemological Writings*. 1977, p.xxxv.

[2] Hermann Von Helmholtz. *Epistemological Writings*. 1977, p.xxvi.

[3] Gregor Schiemann. *Hermann von Helmholtz's Mechanism:The Loss of Certainty, A Study on the Transition from Classical to Modern Philosophy of Nature*, Translated by Cynthia Klohr, Springer, 2009, p. 248.

二 空间意识是神经纤维的记号

亥姆霍兹的心理学思想受他的老师缪勒影响较深,在一次演讲中,亥姆霍兹高度称赞了缪勒在感知研究方面的思想贡献,他说:"对感官生理学的研究,尤其是由约翰内斯·缪勒完成并严格考察后,总结为'感觉神经特定能量'(specific energies of sensory nerves)定律,现在已经得到了最充分的证实,几乎可以说超出了人们的期望。同时,他们以非常明确和明显的方式,描绘并直观到了感觉的这种预先的主观形式的本质和意义。"[1]亥姆霍兹虽然也承认缪勒的"神经特殊能说"("感觉神经特定能量"定律),并在其关于感觉的思考中援引了缪勒的基本观点和成就,但在关于空间的理解上,却与其老师相反,不认为空间是心灵所固有的,而认为空间是经验中产生的神经纤维的特性,人通过这些来自经验的神经特性又转而经验到了空间。

对于人的感觉形成过程的物理机制的认识,缪勒基于诸多前人的论述,形成了关于人的感觉形成过程的"神经特殊能说"(specific energies of sensory nerves),其主要思想是这样的:我们直接感觉到的不是外物,而是受到刺激后的神经状态,神经状态形成感觉,观念由大脑基于感觉而产生;大脑自身的观念是眼或脑刺激的结果,这种刺激不是由外物引起的;人有五种感觉神经,每种都有特殊的机能,每种仅能产生一种感觉;同样的刺激作用于不同种类的神经,便形成不同的感觉,若是不同刺激作用于同样的神经,便引起同样的感觉;外在的刺激能够产生的感觉,也都能够在内在刺激中产生;就认识的产生过程而言,缪勒认为作为物质的感觉神经通过感受震动和化学、热、电的作用而发生变化,以此将外在客体的状态和变化传递给感觉

---

[1] Hermann Von Helmholtz. *Epistemological Writings*. 1977, pp.118–119.

中枢；意志能力或选择能力是心灵对感觉的影响或调节能力。[1]也就是说，神经具有一种特殊的本事，不仅具有基本的生理传导功能，而且具有根据不同的外物刺激形成感觉的能力。根据缪勒的这些观点，我们可以将其关于感觉形成过程的认识以下图标示（图表27）：

```
外在事物 → 神经介质 → 感觉（特殊能）→ 感觉中枢
```

图表27　缪勒：神经特殊能说

基于感觉发生的这一流程而言，所有的感觉都是某种神经刺激的结果，无论是内在的刺激，还是外在的刺激，都是形成感觉的条件。因此，如果说空间是一种感觉，那么它必然是某种刺激形成的结果。可是，缪勒并没有完全贯彻自己的这一学说，而是延续了康德的观点，认为空间是心灵所固有的，心灵以固有的空间形式领会视网膜上的影像。[2]康德曾认为空间是意识的纯形式。而亥姆霍兹对于空间的认识与缪勒和康德是不一样的。他认为空间感觉是外物刺激而形成的神经纤维的特性，与其他认识一样，空间感觉也是通过神经冲动建立起来的，基于这些特性，人形成了对空间的认识。

亥姆霍兹认为我们的感觉是一种神经冲动，这些神经冲动产生了与预期一致的可观察的效果的事实。亥姆霍兹说，对于事物的共同特征，"我们通过频繁重复的尝试和观察来学习它，这可以在一长串案例中得到证实。即使作为成年人，我们也可以学习找到说外语或唱歌等特定类型发声所需的神经支配。我们可以练习神经支配来移动我们的耳朵，让我们的眼睛向内或向外，甚至向上和向下眯起眼睛等。执

---

[1] 参见波林《实验心理学史》，高觉敷译，北京：商务印书馆，1981年，第93—99页。

[2] 参见波林《实验心理学史》，1981年，第345—346页。

行此类操作的困难仅在于我们必须通过尝试来寻找此类先前未执行的动作所需的未知神经支配。此外，我们自己知道这些冲动没有其他形式，也没有其他可定义的特征，而恰恰是它们产生了预期上可观察的效果这一事实。因此，这种效果也单独用于区分我们表象中的各种冲动"[1]。

基于这些论述，亥姆霍兹继而要表达的意思是，空间表象也是我们通过神经冲动建立起来的。亥姆霍兹说："可能所有外感官的感觉都必须受某种神经支配或另一种支配，即具有某种空间规范。在这种情况下，空间也将以一种感性的方式出现在我们面前，充满了我们的运动感觉的性质，它被当作我们移动的空间，通过它我们可以凝视面前的东西。因此，空间直觉在这个意义上是一种主观的直觉形式，就像红、甜和冷的感官性质一样。自然而然，之前和之后事物的这种感觉都不是单纯的假象，特定的个体对象的特定位置也不是单纯的假象。然而，从这个观点来看，空间似乎是外直观的必要形式，因为正是我们所感知的具有某种空间规范的东西对我们来说包含了外部世界。我们理解为内直观的世界，自我意识的世界，其中没有任何空间关系可以被感知。"[2] 由此，亥姆霍兹认为空间在这个意义上成为我们意识中的直观形式。从这点而言，亥姆霍兹比他的老师更忠实于"神经特殊能说"，更是以这样的学说为基础，结合自己的体验，重新给空间以感觉生理上的说明。

由此可见，亥姆霍兹对空间的说明完全是基于经验的。这与其自己明确主张的经验主义立场相一致。亥姆霍兹也表明自己要捍卫的是经验主义的立场。相应地，他认为，几何学的认识也基于经验，而不

---

[1] Hermann Von Helmholtz. *Epistemological Writings*. 1977, p.123.
[2] Hermann Von Helmholtz. *Epistemological Writings*. 1977, p.124.

是像康德所说的那样是基于先验的东西。亥姆霍兹说:"因此,首先考虑几何公理的起源问题:当缺乏经验时,元数学空间关系的表示并不容易,这一事实不能作为反对它们(元数学空间关系)的可直观性的理由。而且,它们是完全可以证明的。因此,康德对几何公理的先验性质的证明是不充分的。另一方面,对经验事实的研究表明,几何公理在允许将其应用于现实世界的唯一意义上,可以通过经验进行检验和证明,甚至在出现相应情况时,可以予以反驳。"[1]这也即意味着,几何学的公理是在直观经验中获得的,而直观经验是一种可以获得生理心理学解释的感觉经验,它由神经冲动形成。因此,脱离了直观经验,只对空间做先验说明的做法,既不彻底也不充分,唯有在感官生理学中才能获得对空间的更充分的说明。按亥姆霍兹的另一种解释,后来的认识都是受先前的经历或记忆痕迹的影响而形成的,因此,我们最基本的空间感觉,也是先前感觉经验留下来的恰好可供我们用以认识事物的东西。

亥姆霍兹在其著述中多次提到康德,但实质上他的思想与康德之间并没有继承关系,在关于空间的基本立场上他们恰恰是相反的。例如,亥姆霍兹说:"我在早期的著作中努力表明几何公理不是先天给出的命题,而是要通过经验来证实和反驳的命题。在此,我再次强调,这并不排除康德把空间作为先验的直观形式的观点。在我看来,这仅仅排除了他观点的一个不合理的特定说明,然而这对他的追随者的形而上学努力来说是最致命的。"[2]

物理学家保罗·赫茨(Paul Hertz, 1881–1940)在亥姆霍兹《从认识论看计数和测量》(*Zählen und Messen erkenntnistheoretisch*

---

[1] Hermann Von Helmholtz. *Epistemological Writings*. 1977, p.132.
[2] Hermann Von Helmholtz. *Epistemological Writings*. 1977, p. 72.

betrachtet）一文的评注中认为，康德将时间作为感性的纯形式，以此将算术真理视为时间的直觉形式中的真理，这种思想的基础实则是数列和时间都是一维性的东西。[1]可以说，赫茨的理解进一步剥离了康德说法中作为先天存在的神秘性的东西，这个理解是一个更为清楚的解释。

三　无意识推理

亥姆霍兹的无意识推理学说所揭示的是特定的感觉知识的形成过程。亥姆霍兹认为，人的大脑存在无意识的推理过程，如人通过双眼判断远处物体的景深，是不需要特别的计算过程的，而是直接得到了结果。亥姆霍兹说："有某一属性的某物存在于我们面前的某处，我们用以成立这个判断的精神的活动，大都不是意识的活动，而是无意识的活动。就其结果而言，这些活动似为一种推理，因为由感官之上可得而观察的影响，可以推测这个影响的原因，虽然在事实上，我们所可直接知觉的，常常仅为神经的激动，而非外界的事物。但是这些活动又似有别于推理，因为在这个词的通常意义上，推理是一种意识的思想动作。"[2]

如果从命名上来看，"无意识"中所说的"意识"已经不是我们通常的用法——对与认识相关的心理活动的一般性称谓，而是专指那些与有意识的推理行为有区别的心理认识活动，或者说无意识在这里就是指"非判断的"或"非观念的"。对于这个说法的存在，冯特起初也是支持的，但后来又放弃了。[3]这是因为冯特认为应该明确地把逻辑上的概念类的东西排除在其心理学研究的现象之外。他所排除的

---

[1] Hermann Von Helmholtz. *Epistemological Writings*. 1977, p. 104.
[2] 转引自波林《实验心理学史》，1981年，第348页。
[3] 参见波林《实验心理学史》，1981年，第381页。

是逻辑的推理，这种推理指的是观念之间的转化，这个"推理"与亥姆霍兹在"无意识推理"这一说法中所使用的"推理"的含义是不一样的。关于是否存在无意识的问题，布伦塔诺曾在自己的《经验立场的心理学》中以大量的篇幅进行否定性论证，尤其是对冯特的无意识观点进行了彻底的批判。但布伦塔诺的批评在于确立他所主张的以描述为主的经验心理学的立场，他认为描述的科学先于建立事实之规律的科学，描述工作只能基于清晰的意识觉察而进行。而冯特和亥姆霍兹谈论无意识的目的，则是在于揭示要么清晰的意识行为立足于某种意识无法把握的心理行为，要么存在清晰的意识行为所不能把握的心理活动。可见，双方提出无意识的观点所要解决的问题是不一样的。"无意识"作为一种理论上的悬设，它的意义不在于是否真的存在这样一种预期中的东西，而是在于通过这种悬设看能否引导认识中的发现或对心理研究形成引导。描述心理学排除无意识这一设定，实验心理学则是要探索与意识相关的心理物理规律或习惯性的心灵活动。

根据亥姆霍兹的论述，之所以存在无意识的推理活动，是因为在形成对事物的知觉的过程中，部分形成知觉的材料不依赖于外界的刺激。这些材料在之前的刺激中已经形成并成为经验，在后来的知觉活动中，直接利用这些经验就可以形成推理，但人对这些经验的利用是习惯上的，没有明确的意识，所以就认为它是无意识的推理。

总体而言，关于无意识推理，亥姆霍兹认为有三个特点：[1]

1）无意识推理是在经验中形成的；

2）在正常情况下无意识推理是不可抗拒的；

3）无意识推理的结果与有意识的类比推理相似，都是归纳出来的。

---

[1] 参见波林《实验心理学史》，1981年，第348—351页。

在认识过程中，一些推理本来是有意识的，后经过联想和不断重复而成为无意识推理，成为一种习惯。当成为习惯后，推理就从有意识的推理变成了无意识的推理。又因为在心理行为中，习惯是一种稳固的联想行为，所以，当我们看到两个东西总是出现在一起时，下次遇到其中的一个，就会自然地想起另一个，而想起另一个的过程，实则是一个被动的过程，或不可抗拒的过程。需要明白的是，联想是被建立起来的，因为它也取决于所受到的刺激的强度及重复的次数。由此，不同的刺激形成了或强或弱的联想；不可抗拒的联想形成的就是我们所说的感觉，以此它就有别于我们对事物的知觉。就无意识推理的方法而言，它的认识是经验性的，所以它的方法必然是归纳的。

亥姆霍兹所说的无意识推理，我们加上引号称之为"无意识'推理'"更为合适一些。因为亥姆霍兹也知道推理是有意识的，所以他在这个表达中使用的是"推理"一词的更为根本的含义，即在心理上形成某种认识的过程。我们不必拘泥于通常的理解习惯去理解它的含义。

在我看来，亥姆霍兹的无意识推理所涉及的对象可以分两类：一类是那些最为简单的认识方式，它处于更底层，无法被有意识的行为操控，所以它是无意识的；另一类是那些被熟练化了的认识行为或意识行为，它无须再度被有意识地操控或分配更多的注意力，由此它也被当作是无意识的。对于第一类，我们需要借助实验去综合研究和推断，在这里先不做探讨，这里重点讨论一下第二类无意识推理。它其实是那些被熟练化了的认识行为。由此，这类无意识的认识行为就成了有待考察的专门的认识对象。这种将研究对象专门化的过程，其实就是将研究对象进一步区分和细化的过程。通过这种细化过程，形成的是一些更为精细的认识模型。此外，无意识的推理与无意识的指令一样，原本都不是无意识的。例如在竹笛的演奏练习中，在给定的时间点和时间单位中，气、指、舌三者的配合起初是一种有意识的配合动作，在熟练后就成为习惯，以至在演奏时不再需要有意识地调动它们，如舌头每秒20次以上的颤动和手指每秒12次以上的颤动所形成的颤音，就连演奏者本人也难以有意地准确分配和计数。这种演奏习惯建立后很多意识的操控指令就像是淡出了意识一样，但实则是一些意识命令转化为肌肉记忆，意识无须再做更多的功就能调动肌肉的复杂运动，这就使得演奏指令被简化了。因此，我认为无意识推理就像无意识的操控行为一样，其实是一种简化了的推理，原本推理过程中的一些东西转化为意识的某种神经记忆。按照亥姆霍兹的意思，就是过去的刺激经验附加在了知觉之上。在我看来，更确切的说法是刺激经验附加到了记忆神经之上，之后，过去的推理中需要有意操作的一些过程被简化了，推理成为一种习惯。对此，心理学家波林（Edwin G. Boring，1886–1968）认为："亥姆霍兹的学说（无意识推理）只是意识因习惯化而衰退的一个原则。"[1]在我看来，"衰退"在这里没有表达出更好的理解，更好的理解应该是：有意识推理在意识中发生转移、被替代的情形比较常见，它或许被塑造为另一种方式的推理，致使人们将原初的推理方式作为一种潜在的推理方式，而误以为它是无意识的。就心灵的无意识行为而言，心灵的多重命令或意念以简化的方式执行时，它就显得像是无意识的行为，但它并非不需要任何意识，其实只是不再需要分配较多的注意力就可以完成执行过程而已。注意力是一种期望，所以，它可能会增加知识，而无意识的推理中不包含期望，或者说其推理中没有足够的注意力的强度，所以它几乎不可能增加知识。由这些讨论也可以看出，意识这个词的含混性已无法满足科学研究的精细化要求，因为它在人们那里有不同的理解和用

---

[1] 波林：《实验心理学史》，1981年，第349页。

法，在个人的用法中也总是充满歧义性，所以它带来了许多不必要的争论。

因为习惯可被建立，所以无意识的推理也可被重新塑造，尤其是发现其不能很好地表现对事物的认识时。基于这些理解，我们再来理解莱布尼茨和胡塞尔的统觉问题和被动综合问题就有了更为清晰的认识。所谓被动综合也不是全然被动的，全然被动的最多是神经受到的刺激。统觉的和被动综合的认识，有些实际是无意识推理获得的认识，它其中有主动化的成分，而且我们也很难将认识或感觉中的某些认识分为主动的和被动的。因此，"主动"和"被动"由于歧义性而无法在认识论研究中承担更为精确的表述任务。主动的和被动的这种区分，放在时间中意思才比较明确，主动的是带有预期的，而被动的则是过去的。如果我们把它们理解为意愿的选择，则所有的选择都是主动的，不存在被动的选择。通常所谓被动的选择意味着我们不能选择更好的东西。如果我们将其理解为物理上的力的关系，则主动的选择代表的是力的方向。

简言之，亥姆霍兹的无意识推理的理论价值在于引出了两类需要确认和研究的对象：一是意识中最基本的认识方式，二是认识中的熟练化机制。研究其中的任何一类，都是对研究领域的主动扩展。

四 感知、直觉、知觉

亥姆霍兹对感觉问题有着细致的理解，通过他的这些理解，我们可以将他对观念形成过程的基本认识整理出来。

知觉和感知这两个术语在哲学研究的汉语表达中经常被混用，这是因为这两个词原来都被用来翻译德语或英语的 Perzeption 一词或同形词，而德语的 Wahrnehmung 这个词也被翻译为"感知"或"知觉"，这种表达在以往的语境下没有什么问题，都可以被理解为观点、看法，或基于最初的观察而形成的认识结果，但在更精细的研究中则需要进一步切分出其更确切的含义。

亥姆霍兹把那些基于某物刺激而形成的感觉上的模型称为Perzeption（感知），如果基于这个用法，用汉语"感受"来表达这个词的含义则更为合适一些。但是，纯粹的Perzeption（感知）较为少见，因为在我们感知的同时伴随着意识的附加物，如上文所言，在那种无意识推理存在的情况下，新的感知本身就附加了过去的知觉经验，所以，当某个Perzeption（感知）出现的时候，其实它已经是一种Anschauung（直觉）。为示区别，只有那单纯的Perzeption才是最基本的东西。亥姆霍兹认为复数形式的Anschauungen实际上就是Wahrnehmung（知觉），因为当物体被认为是无误的（wahr）时，也就是多个Anschauung（直觉）共在的情况，所以复数形式的Anschauungen（知觉）与Wahrnehmung（知觉）是一回事情。进一步地，假如感觉完全缺乏印象，只剩下想象的Anschauungen（知觉），也就是只意味着脑海中的存在，那么，这样的Anschauungen（知觉）就可以成为Vorstellung（表象），这样的Vorstellung（表象）就相当于"观念"。[1]

简言之，直觉（Anschauung）与知觉（Anschauungen/Wahrnehmung）是单数和复数的区分，知觉（Anschauungen/Wahrnehmung）与表象（Vorstellung）是存在方式的区分，感知（Perzeption）相对于这几个词而言是一个含混的表达，它可以表达上述的任何一个词，只有单纯的感受（Perzeption）才意味着由刺激而形成的感觉模型。

Vorstellung（表象）这个词还意味着表象行为的存在，这也就是

---

[1] 参见波林《实验心理学史》，1981年，第351页。

动词形式的vorstellen（置于前）所意味着的含义。当它用于对实在事物的表达时，形成的就是观念形式的形象，这时候，就可以说事物以Vorstellung（表象）的形式存在于意识中。布伦塔诺经常在这个含义上使用Vorstellung（表象）这个词。当它忽略了产生它的对象或外在事物的时候，它就成为想象（Phantasi），这样的想象或表象就是所谓观念。亥姆霍兹《认识论文集》的英译者M. F. Lowe就是这样认为的，他说："'sich vorstellen'通常的意思是'想象'，比如当我们说'如果那样将会发生某事'的时候，例如，形成假设事件的心理图像。在哲学用法中'sich vorstellen'的意思扩展了，涵盖了一般的心理图像的形成，无论它们是源自严格意义上的想象还是记忆，或通过感官间接产生，或其他事物，等等。由此派生的名词'Vorstellung'意味的就是哲学家贝克莱意义上的'观念'。"[1]

基于亥姆霍兹的这些理解，以及前面关于无意识推理的思想，我们可以将观念的发生过程以图表来表示（图表28）：

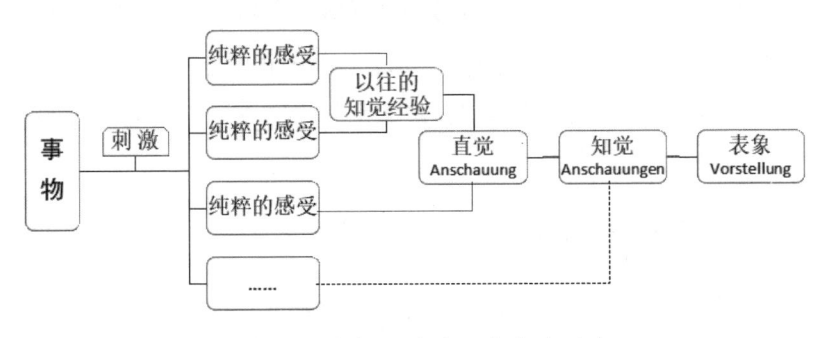

图表28　亥姆霍兹的观念发生图式

在这个图式中，每一个最为基本的感受，都是纯粹的针对单一事

---

[1] Hermann Von Helmholtz. *Epistemological Writings*. 1977, p.xxx.

物的感知。这样的感受相互结合，要么形成关于事物的知觉，要么基于曾有的知觉形成新的直觉。复合的直觉形式就是知觉。知觉作为表象而言时，当其不再意味着外物时，就只是被称为表象。纯粹的感受、直觉、知觉、表象以及它们之间相互结合而形成的认识，都是经验。这些概念在以往的思想中所用到的含义不尽相同，对此，我们基于一种清晰的图谱才好去辨析它们在以往思想中的确切含义，或者说基于我们更为细致的理解给它们分配相应的含义。

按照亥姆霍兹的观点，认识中的物体只是我们感觉的集合或经验的集合。当这样来理解时，我们对物体的认识必然受经验变化的影响。这并不是说认识可以完全独立于它的对象，这样的理解是不合适的，因为感知本身就是在对象的刺激下形成的。但这也意味着基于同样的事物或对象，由于感觉的集合不一样，可能会形成不同的认识。所有的认识都是基于感知建立起来的，所以，任何认识随着感知的断裂都会成为不可理解的认识，也会随着感知的浮现而重新得以理解。当我们谈论物体的永久性时，这种永久性作为一种认识，是人为添加上去的，既然是人为添加上去的，那就可能随着意志的作用而消失，但这并不能使物体发生变化，当这种认识消失之后，又可以随着对物体的重新感知而重新建立。[1]

五 算术是建立在纯粹心理事实上的方法

亥姆霍兹关于算术起源的哲学思想也是基于其彻底的经验主义立场的。他的这一思想可以概括为这几个方面：算术是基于纯粹心理事实的方法；计数是一种特定的训练出来的心理能力；时间顺序是内心直觉的必然形式；数量关系基于对事物的单位的设定。

---

[1] 参见波林《实验心理学史》，1981年，第351—352页。

首先，亥姆霍兹认为，算术是一种建立在纯粹心理事实上的方法，计算活动是对心理中产生的相关符号的逻辑化的处理过程。亥姆霍兹说："我认为算术或纯数论是一种建立在纯粹的心理事实上的方法，它教授的是拥有无限范围和可无限改进的符号系统（数字）的逻辑应用。算术专门研究组合这些符号（计数运算）形成相同的最终结果的那些不同方式。除此之外，它教会了我们如何用更简单的计算代替极其复杂的计算，尤其是那些无法在任何有限时间内完成的计算。除了由此检验我们思想的内在逻辑性，这样的程序与梦想中的东西相比，如果没提供如此有益的应用，它在根本上无疑是一种纯粹的精妙游戏，保罗·杜·布伊斯-雷蒙德（Paul du Bois-Reymond）轻蔑地把它与骑士在棋盘上的走法相类比。因为通过这种数字符号系统，我们可以描述真实对象之间的关系，在适用的情况下，可以达到任何所需的精确程度，在相遇或相互作用的、被已知的自然法则支配的自然物体的大部分情况中，借助它可以预先计算出测量结果的数值。"[1]

其次，亥姆霍兹认为，计数过程是我们的一种特定的心理能力，基于这种能力，我们在意识中形成了对意识行为顺序的感知，通过对顺序的符号化过程和我们对这种带有顺序的符号排列的不断重复和强化，我们形成了计数过程和数字序列。亥姆霍兹说："计数过程基于我们发现自己在记忆中有保留顺序的能力，意识行为在其中按时间相继发生。我们起初会将数字视为一系列任意选择的符号，我们仅将某种连续性固定为规律性的或通常所说的'自然的'东西。它以'自然'数列命名，可能仅与计数的一种特定应用有关，即确定真实事物的基数。当我们将它们一个接一个地扔到已经计数的堆上时，数字按照它们的类定律序列中的自然过程依次出现。这与数字符号的顺序无

---

[1] Hermann Von Helmholtz. *Epistemological Writings*. 1977, pp. 74–75.

关。正如符号在不同语言中不同一样，它们的顺序也可以任意指定，只要某个或另一个指定的顺序固定为正常的或类定律的顺序即可。这个顺序实际上是人类、我们的祖先制定的语言规范或法则。我之所以强调这种区别，是因为所谓数字系列的'自然性'与对数字概念的不完整分析有关。数学家将这个规律的数列称为正整数数列。数字系列在我们记忆中留下的印象比任何其他系列都更加牢固，毫无疑问，它依赖于更频繁的重复。这就是我们也更喜欢使用它的原因，通过与它关联，建立我们记忆中其他序列的回忆，就是说，我们使用数字作为序数。"[1]

再者，亥姆霍兹认为，时间顺序是内心直觉的必然形式，因此，感知过程是一维性的活动，并不存在对未来的东西的感知，我们的思维活动只能处理已经存在于记忆中的表象。亥姆霍兹说："事实上，我们意识中每一个当前行为，无论是知觉、感觉还是意志，都与过去行为的记忆图像一起工作，而不是与未来行为一起，其在我们意识中根本上还是不存在的。我们意识到当前行为与它旁边的记忆图像截然不同。因此，在时间直觉形式的对立中，当前的表象作为先前表象的后继表象，是对比于一种不可逆转的关系的，进入我们意识的每一个表象都必然受制于这种关系。从这个意义上说，按时间顺序插入是我们内心直觉的必然形式。"[2]

此外，亥姆霍兹认为，数量关系基于感知过程中对事物的单位的设定，由此我们将复杂多样的关系简化为一种简单的数量关系，在这个过程中，实质上排除了事物的其他物理差异。亥姆霍兹说："通过把事物多样性和可获得的变化简化为定量关系，我们实现了理解的极

---

[1] Hermann Von Helmholtz. *Epistemological Writings*. 1977, p. 76.
[2] Hermann Von Helmholtz. *Epistemological Writings*. 1977, pp. 76–77.

大简化和全面清晰，它所拥有的深层基础位于我们如何形成概念的天性中。当我们形成类的概念时，我们将属于该类的对象的所有相似之处都集中到此概念中。而且，当我们把物理关系理解为一个名数（denominate number）时，我们就已经从单位概念中排除了实际上与这些单位相关的所有差异。它们作为对象在我们现在的考虑中仅仅是它们类别的参照物，并且，在研究中它们的有效性也仅取决于它们就是这样的参照物。在由它们形成的数量中，只剩下最附带的区别，即基数的区别。"[1]

基于这些认识，算术的起源问题就在其最基本的计数、序数方面获得了心理学上的解释。

胡塞尔在《算术哲学》中主张数的概念只能在思考其心理活动的根源时获得阐明，这个观点在后来遭到了弗雷格的批评，弗雷格认为胡塞尔将心理学和逻辑学混为一谈。弗雷格认为心理学的规律是一种事实规律，而逻辑学的规律是"真"的规律，是思维的规律，二者是不应混同的。[2]因此，心理规律不能作为思维的规律。这一批评也使得诸多学者将弗雷格视为胡塞尔思想早期心理主义的挽救者。[3]弗雷格的批评在一定意义上的确意味着胡塞尔《算术哲学》中所存在的实际问题，如胡塞尔把数的概念理解为一种复合的对象，理解为集合、数集等，这的确是用心理感受来理解数观念。这种做法实质上是一种基于心理感受的理解的再表达，并非认识的推进。但弗雷格所批评的胡塞尔的心理主义的做法，实质上就是亥姆霍兹解决计数行为的心理基础时的做法。胡塞尔对数观念的根源性阐明，恰恰是亥姆霍兹

---

[1] Hermann Von Helmholtz. *Epistemological Writings*. 1977, p. 103.
[2] 参见《弗雷格论著选辑》，王路译，北京：商务印书馆，2006年，第129页。
[3] 参见贝尔奈特、耿宁、马尔巴赫《胡塞尔思想概论》，李幼蒸译，北京：中国人民大学出版社，2011年，第12—13页。

上述思考所要解决的问题。胡塞尔说："所得出的数字系统（具体地说，我们的普通十进制系统）不仅仅是一种对既定概念进行符号化的方法，而且是一种构建新概念并与其结构一起相似地标记它们的方法。"[1]这样的认识恰恰是亥姆霍兹之前就有的观点。

基于亥姆霍兹的观点，我们来重新审视一下弗雷格对胡塞尔的批评。

对于未知问题而言，错误的做法并不意味着不能实现目标，因为方法的正确性并不在自身之中，而是在其结果之中。弗雷格的批评潜在地预设了唯有正确的方法才能实现目标，殊不知在目标实现之后，方法的正确性才会被确立起来。对于已经被人们解决了的那些问题，实现它的目标的方法意味着其他不能实现它的目标的方法是不正确的。但对于没有被解决的问题而言，这种断言就不一定是合适的。弗雷格批评中的潜在预设不只是上述那一条，其中还预设了一条对科学进行基础性的奠基工作的逻辑：基于逻辑产生的心理学知识不能成为逻辑的基础。心理学固然是事实科学，它的认识来自逻辑上的建构，按照这种建构方式，对逻辑的基础的考察就不能再以它所建造的心理学知识为基础，否则就犯了循环奠基的错误。但这条逻辑本身就是基于已有的认识而出现的，且其逻辑本身的确定性又来自经验，它又如何能够以确定性的姿态指导人们去探索对科学进行奠基的未知性的工作呢？它又如何能够指导人们完成对它的基础的奠基工作呢？它预设了认识的奠基是单向度的。但知识的奠基并非单向度的。弗雷格对胡塞尔的批评可以算是二十世纪哲学批评中最大的误导。这致使很长一段时间内胡塞尔都在一条错误的道路上工作。逻辑学与心理学之间的

---

[1] Edmund Husserl. *Philosophie der Arithmetik: mit Ergänzenden Texten(1890–1901)*. (Hua XII) Hrsg. von Lothar Eley. Den Haag：Martinus Nijhoff,1970, S.234.

相互助推并不是一种一开始就注定的错误，它们之间的配合是否能取得有效的成果取决于能否解释和解决更多的问题。心理学的规律中包含着逻辑的东西，逻辑与心理还没有产生明确的分野，毕竟它们都是同一器官的功能性表现，基于心理学的事实并非不能给逻辑的起源以解答，对知识之起源的心理学研究一直在进行，包括亥姆霍兹、马赫、冯特在内，都取得了卓越的成绩，但按照弗雷格的思路所取得的科学成果至今还没有被看到。我们在解决问题之前无法充分确定解决问题的方法。

六 从亥姆霍兹看胡塞尔的心理主义批评

在当时来看，亥姆霍兹对于算术、空间、时间的这种经验主义理解就是一种心理主义的观点，因为他把问题置于彻底的感觉经验中去理解，而感觉经验就是心理学的研究对象。由此来看，如果胡塞尔批评的不是亥姆霍兹的这种心理主义，那他的批评树立的似乎是一个假想敌，他所批评的是思想家的一些附带的观点或感想。如果问题不是以明确的论点被给出，那就可能是一些附带的感悟，对这类理解不必大动干戈，错误的思想未必不能导向智慧，正确的思想也并非尽善尽美，科学知识的很多原创性成果都不是依据原理推导的结果。罗素和怀特海合著的《数学原理》出版于1910—1913年，这已经是《逻辑研究》问世十年后的事情了。他们将逻辑作为数学的基础，一经出版就受到了人们的批评。而认识发生于更深的心理活动之中，这已经是当时人们的共识，因而数学的基础是逻辑并不是一种高明的见解。由人们对罗素的这一态度来看，心理主义并没有被视为是不合理的，恰恰就是解决知识起源问题的出路。在之前，当胡塞尔的《算术哲学》出版以后，逻辑学家弗雷格批评他犯了心理主义的错误。此后，胡塞尔走上了反对心理主义的道路。但胡塞尔在《逻辑研究》中对心理主义的批评针对的恰恰是曾经影响过自己的一些思想。例如利普斯（Theodor Lipps，1851-1914）在《逻辑的基本特征》（1893年）中认为"逻辑学是一门心理学的学科，同样确定的是：认识只出现在心理中，并且，在认识中得到完善的思维是一个心理的发生"[1]。被他一同作为心理主义批评对象的哲学家还有洛采（Rudolf Hermann Lotze，1817-1881）、西格瓦特（Christoph Sigwart，1830-1904）、詹姆斯·穆勒、汉密尔顿（Alexander Hamilton，1755-1804）等。这些人的作品都是胡塞尔曾在其《算术哲学》中引用过的。他们的思想一直在发挥着作用。事实上，将逻辑学的研究诉诸心理学，只是当时的科学家们根据已有的认识确立的一个工作思路，这条道路能否成功，并不能事先获得完全的确定，胡塞尔完全可以提出自己的道路，而不必非要反对别人的道路。如果胡塞尔对认识论研究的心理主义进路的评估不充分，那么，因他的批评就会少了一条探索的道路。科学理论的推进在于新要素的发现或使已有的逻辑更为融洽，而非别的什么东西可以替代的。再说，科学的历史中多数的探索道路都是不正确的，今天我们看到的正确的道路是从那些当初不正确的道路中选择出来的。因此，我们需要保留的是那些能够不断推进问题研究的科学路径。

实质上，胡塞尔对新生的心理学的理解是不充分的。心理学并不完全像胡塞尔所认为的那样是一门最终会陷入相对主义和人类主义的经验科学。尽管在成果上它尚无法完成对认识的形成过程的心理学解释，但其基本的原则是清楚明了的，它力求获得的是基于经验立场的符合物理学规律和计算方式的认识。当心理学家说逻辑学的规律最终服从于心理学的规律的时候，指的是服从这样的思想理念，并不是说服从已有的心理学研究成果。因为认识毕竟是在心理活动中发生的，

---

[1] 转引自胡塞尔《逻辑研究》，倪梁康译，北京：商务印书馆，2015年，第59页脚注。

所以将认识的基础诉诸心理学之内并不是什么错误的科学理念。更确切地说，胡塞尔批评的是逻辑学研究中的心理主义。但将逻辑产生的基础放在心理学中研究，这样的理念和做法并不是错误的。此外，知识成就的合法性和它的进步，并不在于其基于某种主义，而在于它更好地描述了事物的状态和变化。知识虽以逻辑为其特征，但新知识的实质是一种发现，无论它是一种纯粹的发现，还是一种在逻辑诱导下形成的发现，它都不是从逻辑推导中产生的。

按照物理学家保罗·赫茨的解释："普遍有效的命题必须在心理学中找到它们的解释，或者它们的有效性仅源于心理学的观点，这被称为心理主义。"[1]这也意味着，认识起源的研究最终需要与心理学中意识的发生机制的研究或基本原则相对接。这并非不合理的要求，它要求形成的是一种更具有统一性的认识。如果这样来看，胡塞尔对心理主义的批判，物理学家和心理学家们可能会感到莫名其妙。布伦塔诺也曾提出这样的看法。

亥姆霍兹的思想影响非常广泛，不仅限于物理学、数学、生理心理学等方面，对社会思想也产生了很大影响。他还有神经动力学的专门著述，对医学、学术自由问题都有论述。精神分析学的创始人弗洛伊德在跟随布伦塔诺学习哲学之后，主要跟随亥姆霍兹的二代弟子们在实验室中研究心理问题，他的精神分析学就是在这样的环境中形成的。亥姆霍兹的间接影响不一一枚举。

亥姆霍兹的认识论著作及相关著作在今天仍是经典，其很多思想仍然通行于今天各种科学和社会思想中。但在国内，除了其物理学、数学、生理学成就受关注，人们对他的认识论思想关注较少。除1934年国内出版了其《能之不灭》的中译本外，目前还没有其他译

---

[1] Hermann Von Helmholtz. *Epistemological Writings*. 1977, p.104.

著出现。而他的很多著作已有多种其他语言的译本，这与他在哲学、科学史上的地位不相符合。

七　附论

亥姆霍兹之后，还有不少认识论思想，如马赫（Ernst Mach，1838-1916）、石里克、维特根斯坦等，都有优秀的认识论著述。在后三人中，马赫的思想成就多数在胡塞尔之前。胡塞尔曾认为马赫的思维经济学以及他的逻辑学和认识论思想最终都会滑落到心理主义之中，是对心理学和逻辑学的败坏。胡塞尔认为马赫的这些思想与自己的现象学没有任何关系，它们只具有目的论的意义。[1]胡塞尔的这些批评，是令人费解的。可以说，在思想伸展的过程中，因为观念在认识中的主要特性是转化，所以任何思想都有滑落到某种困境中的可能，我们很难找到一种一劳永逸的观点和学说，使其成为认识的坚实根基，保证其不会滑落到任何歧途之中。而胡塞尔在晚期思想中也认为，我们不可能获得一劳永逸的认识，这说明他也明白思想总是会滑落且不会彻底完成的道理。他对马赫的这些批评中蕴含着的恰恰是这个人们不能完成或难以完成的任务。可见，他对马赫的批评和对自己的态度采取的是双重标准。马赫是声名显赫的物理学家和哲学家，他内心不认同一些哲学家的工作，所以他自称科学家且强调自己不是哲学家，但他对于自然科学和认识论的贡献都是划时代的，如他将感觉所获得的基本单位要素化，将人的认识视为动物进化的产物，且认为人的生物机制恰好适用于获得某些认识，这些思路对于我们进一步在生理物理层面研究认识的发生过程具有深远的意义。M.恰佩克认为生物学倾向是马赫认识论的重要特征之一。他说："在马赫的认识论

---

[1] 参见胡塞尔《逻辑研究》，2015年，第193页。

中生物学倾向是最重要的特征之一，它使马赫的思想与休谟、孔德和穆勒的前进化论的感觉论不同。尽管马赫的进化的认识论有着某些重要的预见的闪光，预期了二十世纪的物理学革命，我仍想说明这种认识论包含有某些保守的特征，现在，这些特征已使他的进化的认识论成为过时的理论，也曾使这个理论取得比它隐含的成果更少的成果。一旦我们解除十九世纪智力气候加给马赫生物学认识论的限制，我们就能理解它的全部重要意义。"[1]马赫自己也表明，他的《感觉的分析》一书就是要引起一种认识论的转变。[2]国内外对于马赫认识论思想及相关思想的研究非常之多，研究也很充分，对此人们可以参看范岱年、董光璧、李醒民等国内著名前辈学者的精细研究，还有近年来诸多国内学人的成果。

第六节　小结

一　梳理认识论历史的必要性

胡塞尔之前、但丁以来的很多哲学家的认识论思想，在这项研究中没有专门论述。其中的一些认识论思想我在之前的研究中已专门论述过了，如对笛卡尔、休谟、贝克莱、康德等人的认识论，都以比这里所论的哲学家更多的篇幅呈现过了。事先的这些研究使我对近代以来的认识论思想有了初步的认识。但丁至胡塞尔之间的认识论思想家还有很多，继续沉迷于这些认识论思想，会使这项工程遥遥无

---

[1] M.恰佩克：《马赫的生物学的认识论》，R.S.科恩等编著：《马赫：物理学家和哲学家》，董光璧等译，北京：商务印书馆，2015年，第282页。
[2] 参见马赫《感觉的分析》，洪谦、唐钺、梁志学译，北京：商务印书馆，2016年，第7页。

期。这段历史中的认识论思想研究学术界成果较多,很多虽非以认识论为题,但着实研究的是认识论问题。那些我尚没有仔细阅读的著作,如达尔文、斯宾塞、冯特、艾宾浩斯等极富影响力的人物的著作中,还有很多认识论思想,此外还有边沁、孔狄亚克、赫尔巴特、穆勒父子、费希纳、布伦塔诺、斯图普夫等。但这绝非个人之力可以完成的。

通过对认识论史的梳理,窃以为自己对认识论问题有了更深的体会。理解的加深意味着把握了更多的细节。很多体会我在梳理过程中已同步给出了。随着历史向前推进,虽然哲学家关于认识论的思想论述越来越多,但从古至今依次阅读,在其中能看到的新的思想点的比例是恒定的或很少的。本书第二部分主要是通过梳理胡塞尔对认识论相关问题的分析和理解获得对认识论问题更细致、更全面的理解,所呈现的问题也不都是新问题和新思想。

对认识论历史的梳理是需要随着认识论研究的科学化展开而不断完善的。我在这里所做的这些工作只能算是粗略的。历史资源是深入开展一门科学研究不可或缺的工作。虽然认识论在哲学研究中时常涉及,近些年来在国内外也有很多专门的认识论研究,但其专门的历史并不长,也没有形成相对确定的问题域,其问题域的模糊也限制了认识论历史研究的深入展开。就认识论的历史研究而言,它的最终作用在于通过历史性的研究,发现和比对出最有价值的认识论问题,对最为核心的问题做历史思考。

在胡塞尔本人的著述中,他对近代认识论的一些主要思想都有所发掘和了解,苏格拉底和柏拉图的思想是他较为欣赏的,古代怀疑论的思想是他所批判的,且涉及得非常之少,其他古代哲学家的认识论思想他没有多少关注,中世纪的认识论思想更是很少。但我们通过对古代认识论历史的简要梳理,发现其中早已包含着很多现象学的问题。现象学的基本思想和问题，在前人的认识论中都已经包含了，只是这些问题并没有被当作专门的认识论问题来研究。综合来看，我们过去对现象学的历史地位是有所夸大的。认识论史研究的缺乏实则限制了现象学的发展。

二 认识论的四个阶段

通过以上的历史梳理可以发现，认识论的历史可以分为三段：古希腊哲学中的认识论、基督教神学中的认识论、近代认识论。不同历史阶段的认识论满足的是不同的理论需求。但展望未来时，还应该有第四个阶段。

古希腊哲学中的认识论主要是为建构一种伦理上的秩序而服务的。生活在这个时期和相应地域的哲学家们谈论的主要是伦理或政治问题，戏剧作品的主题也是如此。例如犬儒学派的生存哲学，哲学家强调的节制、勇敢等美德，要么是为了调整自我的行为以适应当时的社会生活，要么是为了建构统一的城邦秩序。从历史记载看，当大希腊地区的一些人向雅典卫城汇集后，不同的思想行为也随之汇集，为凝聚城邦力量对外殖民以获取食物补给等，建构统一的城邦秩序势在必行。顺应者努力构造统一的伦理学说，不顺应者则形成了个人的处世哲学。因此，在这个时期的思想著作中，我们会看到美德就是知识的观点，也会看到怀疑论的观点。二者背后的立场是对立的。

基督教神学中的认识论，主要目的是论证教义的合法性和引导人们建立信仰。在这些思想中，真理、上帝、智慧、美德、至善、存在、绝对、永恒几者之间是互通的，有些甚至是等义的。这部分认识论思想借鉴了古希腊的认识论思想，灵魂问题是其讨论的核心。这一核心通过对人的各种认识能力的探讨而展开。后世主观性的认识论研究主要是从这里发端的。科学知识在这个历史阶段得到了系统的分类和探讨，但这些知识最终都是为神学服务的。为了让人们从认识上构建关于上帝、终极统一性、主宰等的信仰，神学家们构造了非常多的解释模型，这些模型成为后世哲学家们构思哲学体系的重要思想资源。

近代认识论的发生和发展与科学、经济、政治的需要及思想解放是分不开的。为了摆脱中世纪神学对人们的思想的束缚，倡导人文理性的思想家们自然不再用上帝来解释知识的合法性，也逐渐不再去讨论人的灵魂问题，理性或人的认识能力逐渐成为认识论的主题。笛卡尔的认识论思想所要表明的最重要的一点就是人的理性认识的自足性，他认为不需要依赖上帝就可以获得明晰合理的认识。叔本华认为，笛卡尔让理性独立站立了起来，这使他成为近代哲学之父。叔本华说："笛卡尔通过教育人们要运用自己的头脑而让理性独立站了起来，而在笛卡尔之前，代替理性行使功能的一直是《圣经》和亚里士多德。"[1]洛克和休谟的认识论为其政治学和经济学做辅助论证的意图比较明显。认识以经验的方式被建立，意味着基于现实建构政治理想；观念间关系的不必然性，意味着对人类社会的理性设计是缺乏根据的。这两种认识论思想结合起来，利用前者可以为现代政治做理论基础，利用后者可以为自由竞争做论证。尽管二者在论述中没有明确地指出这一点，但利用他们的思想可以起到这样的作用。自然科学的发展也需要认识论上的说明。大科学家亥姆霍兹对认识论问题的思考，就是对科学认识的基础的思考。波尔查诺作为哲学家和数学家探讨了科学认识如何发生的问题。胡塞尔的现象学主要是对科学进行奠基，这使得他仍然属于近代认识论历史中的哲学家。

---

[1] 叔本华：《哲学和哲学史散论》，韦启昌译，上海：上海人民出版社，2021年，第107页。

认识论从历史发展来看，显然可以分为三个阶段。但我认为在将来应该还有第四个阶段，那就是数学化的阶段。在这个阶段，认识论的目的在于获得对世界更为精确的表述。这必然离不开精密的数学。波尔查诺和胡塞尔的认识论预示的正是这个阶段的存在。数学是精密化的语言，它是我们为了实现精密化的表达而不断创制出来的工具。为了更高层次和更精密的认识，我们需要设计更周全、更精密的数学。

　　认识论是西方哲学研究的重要门类，在不同历史时期都有认识论思想，在伟大的科学革命到来之前，在新社会变革来临的前夜，认识论思想一直承担着启迪智慧、凝聚共识的作用。亚里士多德、伽利略、笛卡尔、洛克、亥姆霍兹、马赫等，都有着引领时代的认识论思想。通过对认识的起源（发生）、要素、可能性（确定性）、方法等问题的探讨，认识论在西方历史的不同阶段作用各不相同，它在古代主要服务于伦理学，在中世纪则服务于神学，近代以来则服务于科学。近代以来的认识论起初体现为心灵在自身中寻找认识的合法根据，后集中于意识运行过程的研究。胡塞尔代表这一历史的最后走向。

　　本书第一部分对认识论历史的梳理纵贯2500年，其中包括了中古后期、中世纪这1500年中的二十位哲学家。在横跨十五个世纪的这些著作中，包含着很多物理学、伦理学的思想，但伦理学的思想更多一些，现象学所要解决的问题虽曾被他们遇到过，但像胡塞尔这样的细致研究则是没有的。对这段认识论历史的梳理在以往的学术研究中尚未见到，只有个别人物的研究和断代史。对于近代以来的认识论思想家的研究，主要涉及了达·芬奇、洛克、莱布尼茨、波尔查诺、亥姆霍兹。这五位哲学家在诸多领域都影响深远，达·芬奇的影响在于绘画科学领域，莱布尼茨的影响在于哲学、数学、神学、计算机科学等,洛克的影响在于政治学、经济学,波尔查诺的影响在于数学、政治学、神学、哲学,亥姆霍兹则在数学、生理学、神经科学、心理学、社会学等诸多学科都有重要影响。

以上研究未对阿拉伯哲学中的认识论思想做梳理。仅就近代以来的哲学家而言,伽利略、沃尔夫、科努岑、边沁、C. L. 莱茵赫尔德、施莱尔马赫、赫尔巴特、F. A. 特伦德伦堡、泰奥多·高姆博茨、詹姆斯·穆勒、约翰·穆勒、赫尔曼·洛采、费希纳、冯特、马赫、斯图普夫、狄尔泰、李凯尔特等的认识论思想也未专门梳理。稍晚于胡塞尔的石里克对认识论工作也有很多贡献。

第二部分

胡塞尔的认识论

第五章
意识结构研究

认识论是对认识活动的哲学研究,是井井有条的思想工作。胡塞尔的现象学主要是认识论研究。胡塞尔认为,"唯有在现象学的基地上才能提出合理的认识论问题",彻底的认识论问题都是现象学的问题,对实际自然及自然科学结论的合理诠释,都是以纯粹认识论问题为前提的。[1]胡塞尔全集中有不少认识论的讲座,也有"现象学认识论"的专题研究。在题为"第一哲学"的讲座中,胡塞尔通过对近代认识论的批判阐明了现象学的认识论任务,并将现象学视为彻底的认识论。[2]胡塞尔对逻辑的探究、对意识活动的分析,都旨在回答这样一个问题:人类的认识究竟是如何形成的?这样的主旨在《第一哲学》(1920/21)中完全体现了出来。在这部著作中,胡塞尔重新审视古代怀疑论、笛卡尔、洛克、贝克莱、休谟等人的哲学思想,对其进行了细致的分析和批判,认为他们的这些思想是通向现象学的一个环节;对康德、黑格尔这样的理性主义哲学家的思想却一笔带过,胡塞尔认为,他们既没有公平对待经验主义,没有努力去把握经验主义的

---

[1] 参见胡塞尔《文章与讲演1911—1921》,倪梁康译,北京:人民出版社,2009年,第197页。

[2] 参见胡塞尔《第一哲学》下卷,王炳文译,北京:商务印书馆,2006年,第693页。

根本问题，也没有代替它们而形成一种更好的哲学。[1]现象学要解决的问题，就是笛卡尔以来的近代哲学家没能真正解决的认识论问题。

本章至最后一章，主要从意识结构研究、范畴研究、逻辑研究、科学基础问题研究四个方面把握胡塞尔的认识论思想。从认识产生的意识历程来看，这也是一项完整的认识论研究应该涉及的四个层次的内容。

在胡塞尔对意识结构的论述中，具有代表性的新观点是Noesis与Noema结构。除此之外，关于背景意识和纯粹意识结构的思想也很有新意。胡塞尔对意识结构的研究是其意识研究的一部分，但实质上，时间意识已经具有了结构化的特征。关于时间意识和意识的基本样态，我在《现象学入门：胡塞尔的认识批判》第十五章第二节中已有论述，这里仅表达一些新的思考。从理解的次序来考虑，从背景意识开始，经由纯粹意识结构，再到Noesis与Noema结构，是相比而言容易把握的理解路径。下面的论述将按这个顺序展开，这实质上也是胡塞尔思考意识结构的进程。

第一节　时间意识

一　现象学时间与时间意识

时间意识是历史上很多哲学家曾经思考的问题。胡塞尔在吸收历史上的思想的基础上考察了时间意识。胡塞尔关于时间意识的分析有很多，与此相关的诸种分析所要解决的实质问题只有一个，即意识体验的延续究竟是怎么一回事情。尽管胡塞尔极其努力于此，但按照他

---

[1] 参见胡塞尔《第一哲学》上卷，王炳文译，北京：商务印书馆，2006年，第242页。

的探索方式，要搞清楚这个问题实质上是困难重重的，尤其是以还原和直观的方式解决它。时间体验的普遍性，导致了这种困难的存在。

以下我们从胡塞尔对现象学时间与宇宙时间、时间意识的关系的一些代表性的论述来看看其中的认识论思想。[1]

首先我们来看现象学时间与宇宙时间的区别。现象学的时间在本质上属于体验本身的时间，它体现为意识中的现在、先在、后在、同时性、相续性等体验样式，无法为物理时间手段所测量。胡塞尔认为这是两种不同的时间，它们之间的差别就像颜色与体积之间的差别，无法被归结为同一类型。因此，在现象学的时间研究中，无法讨论宇宙时间的问题。胡塞尔认为时间所标志的是一系列的问题的存在，而且这些问题都是极其难以理解和研究的。他表明自己先前（1913年前）的研究中对这样一片广阔的问题领域始终是保持沉默的，只讨论了现象学态度中的时间体验。

关于现象学的时间体验与现象学时间之间究竟是怎么一回事呢？胡塞尔认为，"时间性"（Zeitlichkeit）一词所表示的是体验与体验结合在一起的必然形式，这是在每个体验中都存在的东西，每一体验都是时间性存在。每一个现实的体验都具有持续性，它绵延存在于一种无限延伸的连续体中，或者说属于一个无限的体验流，这个体验流具有无限饱和的时间视野。又因为每一体验都是纯粹自我（reine Ich）的体验，所以，是纯粹自我在将自己的目光指向体验时，把体验规定为在现象学时间中的存在。或者说，把握为现象学时间中的存在。[2] 简言之，现象学时间是一切体验的普遍性特征，时间意识是作为时间性存在的体验，宇宙时间及更广义的时间是胡塞尔保持沉默的课题。

---

[1] 参见胡塞尔《纯粹现象学通论》，李幼蒸译，北京：中国人民大学出版社，2014年，第152—155页。

[2] 胡塞尔：《纯粹现象学通论》，2014年，第154页。

从另一方面来说，现象学的时间体验是构造性的，既是"时间"的一种发现，又是关于"时间"的一种对象化体验。对此，胡塞尔举例说："例如，我可首先在纯粹目光中具有快乐本身，它有始有终并在一段期间持存着。我随其诸时间位相而活动。然而我也可以注意其所与性样式：我注意某特定的'现在'的方式，并注意到一个新的和连续更新的'现在'紧接在这个现在之后，并本质上紧接在必然连续流中的每一'现在'之后；同时也注意到，与其相统一的每一实显的现在都变为一个当下（Soeben），这个当下又接着连续地变为此当下之一个永远更新中的当下，如此等等。对于每个新的被连接的现在来说都如此。"

简言之，纯粹自我在目光的内在注视中可以看到体验的延续，并将这种延续构成具有特定形式的时间意识客体。从意向性的普遍特征来看，每一被思考的体验就成为客体化的存在。这种客体相互连接，按照反思时出现的次序，就成为可以承载时间意识的意识客体。

宇宙时间本是胡塞尔保持沉默的课题，但后来胡塞尔在1917—1918年关于时间意识的手稿中，对原本他所保持沉默的宇宙时间却进行了一些论述。他认为事实中的时间形式与关于事实的意识过程是同时发生的，实际的事情的时间形式与对事情的意识的过程这个形式之间，是具有一致性的。如通过声音的体现与滞留所构造的对声音的意识体验，与声音发生过程的形式构造，这两者之间是相同的。它们之间的一致性，或用现象学术语来说，它们之间的相合性，并不意味着一个更具一般性的形式的存在，而只是意味着：实际发生的事情在意识构造中所体现的相同是时间的相同，而过程自身的构造所体现的相同是意识形式的相同。也即说，现实世界中的时间相同对应的是意识中形式本质的相同，两者是一种对应关系，而不是实质的等同关系。[1]

二 时间意识的方法论意义

如果从胡塞尔对时间的这些理解来看,现象学的时间意识研究就具有了方法论的意义。对此我的理解是这样的:意识中的"过程形式"所体现的时间意识作为一种形式本质,通过它自身的变样会影响对外在事情的时间形式的认识,或者说,它通过本质的变化规定着对外在事情的认识形式。举例而言,我们基于对时间的内在化的形式把握,可以基于不同的目标需求而变更出不同的过程形式,以这个新的过程形式作为时间的形式规定,在外在的事物身上寻求表达,如果表达成功,则意味着我们发现了新的时间度量方式。如果从物理时间测度的历史来看,从纪年方式、时辰度量推进到后来的量子时间,无非都是意识中内在的时间要求获得了外在事物上的表达,从而形成了更为精密的时间度量方式。

现象学所说的时间意识是一种更为根本的意识体验,所以这种体验的形式化及主动变更,就不仅具有前述所理解的对客观时间的度量方法的推进作用,也会具有其他认识方面的方法论意义。如对事物秩序进行理解的方法上的变化,就必然是与时间意识的分析关联的。如果从更广泛的知识视野来看,时间意识的分析整体上呈现为在意识中对秩序的诸种构造,体验的延续总是意味着某种秩序的形成,以此,它在方法上就意味着对外在的事物秩序的规定,一旦所获得的规定能够很好地表达外在事物相应的秩序要素,那么,它就等于助推了对外在事物的认识。在这个意义上,时间意识分析与后面所谈到的反思行

---

[1] 参见胡塞尔《关于时间意识的贝尔瑙手稿》,肖德生译,北京:商务印书馆,2016年,第161页。

为具有同样的方法论意义。

第二节 背景意识

胡塞尔通过对意识把握活动中的两种不同层次的意识存在物的对比，试图解释的问题有两个：一是意识在对客体实施观察的时候，还会把握到的背景意识（Hintergrundbewusstsein），这个背景意识使得具体事物被把握为一个独立的事物；二是在总会出现的这种意识体验中，即意识中的独立事物与背景意识的对比中，我们会进一步认识到普遍存在的意识主体，即我思（cogito）。后者实则是诸种意识行为的统一名称。如果设想诸种意识行为有一个共同的起源，它就被作为它们的起源。

一 意识晕

胡塞尔认为，当每一物体在视觉中呈现时，一种背景意识也会同时被感受到。胡塞尔以正在观察一张纸这一意识把握行为为例，说道："在这张纸周围有书、铅笔、墨水瓶等，这些被知觉物也以某种方式在'直观场'中被知觉为那儿；但当我朝向这张纸时，我一点也未朝向和把握它们。它们显现着，但未被抽出，未因其本身之故被设定。每一物知觉都以此方式有一背景直观的晕圈（或'背景看'，如果人们已把被朝向物包括进直观中去的话），而且这也是一种'意识体验'，或者简单说，'意识'，特别是'关于'一切事实上存在于其一同被看的客观'背景'中的意识。"[1]胡塞尔认为，在

---

[1] 胡塞尔：《纯粹现象学通论》，李幼蒸译，北京：中国人民大学出版社，2014年，第62页。

对每一个主要物体的把握中,都会存在这样一种背景意识,于此,他认为这是观察行为中所体现出来的知觉的本质结构,即意识晕(Bewusstseinshofe)。我们可以更简单地将其理解为某一具体的意识物所伴随的模糊的意识连带物。"模糊"一词在这里的意思不是指看不清,而是指尚未被主题化。胡塞尔认为,不仅在直接的对事物的观察中如此,在记忆中和类似于记忆的意识活动中,也存在这样的情况。从这一点来看,胡塞尔是想把这种意识晕确立为直观意识的普遍的结构,或本质的结构。

在对一张白纸的观察活动中,对白纸的具体意识也被胡塞尔称为实显的体验,周围事物所形成的意识晕被称为非实显的体验。基于这一考察,胡塞尔进一步认为,这两种体验在意识中的关系是普遍的,它实质上就是"我思"(cogito)"我对某物有意识""我进行着一种意识行为"等这些表达所隐含的意义。胡塞尔认为自己通过意识体验构造了笛卡尔所说的"我思"的存在,也构造了我们日常所说的意识活动的存在。[1]

胡塞尔认为,纯粹现象学是一门本质科学,它有自己的专门的研究对象纯粹意识,并且这样的东西的本质与事实的本质是不一样的。具体的某个意识与伴随的意识晕之间总是存在着这种关系,且这种关系不依托于具体的外在事物就可以存在。从这一观点来看,纯粹意识的本质研究是完全可行的。但是,如果我们按照胡塞尔的这种体验方式重复一下同样的观察过程,我们可能不一定看到某一具体事物(以下称具体物)与周围事物所形成的意识晕这种关系的存在,那么,在这种情况下,胡塞尔所说的这种研究方式是否可行就成为存疑的了。按照光学成像的一般常识,相同景深的物体和不同景深的物体在光学

---

[1] 参见胡塞尔《纯粹现象学通论》,2014年,第63页。

镜头中的成像的清晰性是不一样的，相比而言，景深越大事物越模糊，在焦点处的景物比较清晰，在人眼视觉中也是如此。这也即意味着，一张白纸在视野中出现时，其周围的东西并不一定作为模糊的意识晕出现，而是也可能作为同样清晰的事物呈现在视野中，尤其是这些东西与眼睛的距离大致相同时。但是，胡塞尔所说的情形在这几类情况下是的确存在的。

第一种情况，当我们视觉观察中的具体物与其他事物距离较远时，它们就变得模糊了，这时候，我们完全可以把这种模糊的周围事物理解为意识晕。

第二种情况，在观察中的具体物与其他事物的视距相等的情况下，当我们聚焦于具体物的一点并观察其更小的细节时，周围事物连同具体物的边缘都会模糊化且作为背景而存在。胡塞尔在另外的手稿中也意识到了这种情况的存在，他认为意识行为经过改变后，前景中的事物会成为背景中的事物，背景中的事物也会成为前景中的事物，或者说，背景意识与前景意识之间是可以相互转换的。[1]但是，在这种情况中，它们并不是都作为像第一种情况那样的模糊化的意识晕而存在，在我看来，有一部分是已经以某种方式被处理后暂存于视觉记忆之中的印象，这种存留的印象在主题化的观察中成为一种模糊化的背景式的存在。

第三种情况，实质上是第二种情况的延伸，当我们在细致的观察中思考具体物时，或移开视线、收回目光，在脑海中思考它时，它周围所伴随的东西就变得模糊，或者说这是信息被简化、信息量变少的缘故，在这种情况下，我们仍然可以体会到胡塞尔所说的意识晕的

---

[1] Edmund Husserl. *Studien zur Struktur des Bewusstseins: Teil I Verstand und Gegenstand Texte aus dem nachlass*(1909–1927). (Hua XLIII-1) Hrsg. von Ullrich Melle und Thomas Vongehr. Cham, Switzerland: Springer, 2020, S. 3.

存在。

但是，对观察时所呈现的这种晕结构的感知，会有助于我们更好地认识事物、获得更新的发现吗？这是一个值得思考的问题。下面尝试给出一些理解。

首先，现象学的描述是否有助于现象学的意识研究？所有的人类知识都是事物与事物之间的关系的呈现，这种关系的呈现在以符号化的方式表达时就是对关系的表达，因此，对事物的标记决定着认知在获得表达时的精确性。在知识的历程中，人类发明了不同的标记方法，有语音的、符号的、数字的、图画的，尤其是在几何学和代数学出现之后，人类的知识由于具备了更具精度的描述系统，精确性在逐步提高。从胡塞尔对意识的本质研究的这个例子来看，他揭示了意识观察中会存在的一种"晕圈般的结构"，或者说两个意识现象之间的"晕关系"，我们可以尝试对其进行标记，无论是语文式的，还是数学式的，最终的目的就是呈现更为精确或细致的意识结构。但是，这种结构对于整个意识的工作方式的理解有什么作用，是不明晰的。这种对意识的关系的新的描述和表达，是不是更为精确和清晰，这需要和更多的意识结构进行比对才能确定。如果我们发现的意识结构是有限的，那么，对它的清晰描述是完全可以做到的，但如果我们发现的意识结构形式非常之多，以至不能确定有多少，那么，对其结构的清晰描述就无法完成，即按照传统的标记方式无法完成，因此，对意识的描述就始终是混乱的或凌乱的。描述的混乱必然无法起到推进认知的作用。但这并不是说描述的方式是没有用的，而是说描述能起到的作用是有限的。

其次，现象学的意识研究是否能够引导发现更多的东西，使认识变得丰富和细致？从已有认识的历史来看，认识的推进无非体现为两个方面：一是获得更为基础或全面的解释，基于这种解释，很多认识获得了统一,很多认识的结构和表述结构得到了优化;二是发现了事物的新的形式结构,基于这些结构对事物形成了更为细致准确的认识。基于现象学的本质研究,能够形成对事物更为细致的发现吗?这是存疑的。因为纯粹意识的现象学毕竟研究的是意识,如果这种研究所获得的认识对于认识自然事物有用,那么这种认识作为认识自然事物的认识工具,就具有了工具的特质。这时候,工具本身的特质并不决定对事物的发现和认知。它至多是澄清已有的混乱和不清晰,但不一定有助于新的发现。不存在一种必然会发现新东西的工具,这在逻辑上是无法成立的。因为新东西是什么我们是不知道的,我们无法对一个新的东西提前准备好发现和处理它的工具。而且,在人们丰富的观察和发现中,很多东西并没有进入知识的历史,因为它融入不了已有的知识历史,要么是过于烦琐,要么是人们无法理解,胡塞尔认为自己的现象学有一个无限广阔的本质研究领域,也就意味着它有非常烦琐的认识,那么,这些认识很难融入已有的知识历史。

再者,就方法的有效性而言,自然科学的诸多方法都是在实现其认识目标的过程中逐步确立起来的,这是人类基本的认知规律,现象学要作为科学而存在,它也应该要符合这个规律,利用哪种方法实现了目标,哪种方法就被反复使用,方法的有效性是目标被实现后得以确认的,但现象学的方法在这里面临的问题是:在它没有达到自己的目标时,它的有效性能够确立起来吗?胡塞尔在谈到现象学的研究时,经常提到研究的困难。如他说:"事实上,在这里的开端是最困难的,面对的情境是不同寻常的,这个新领域并未以其突出的丰富成果广泛地呈现在我们眼前,以致我们可以简单地抓住它们并能使它们成为一门科学的客体,更不必说能够肯定地使我们获得借以前进的方法了。"[1]这潜在地说明现象学方法的有效性是欠缺的。在我看来，这是不能的。现象学方法的有效性是一种尝试和设想，它在实现为科学进行奠基的目标之前不能宣布它的方法的有效性，否则就成为悖论。况且，已有的方法也存在失效的情形，人类还没有一劳永逸的方法。或许胡塞尔没有意识到这一点。如胡塞尔所言，悖谬性产生于人们没有注意到的场所。[2]没有达到目的就被宣称为有效的方法是不存在的，如果非要说存在的话，存在的只是尝试性的方法。方法是对要素进行组合，它不是神秘的和抽象的东西，而目的或所要实现的结果只是终点或包含了终点的要素，它们处于形成同一事物的过程中的不同位置（如图表29），所以不存在脱离目的的方法。在面对全新的目标时，不存在未达目的就已确定的方法。由于要素的多样性，也不存在一劳永逸的方法。基于对意识的基本样态的直观和描述，我们才能够进一步形成对于意识的本质过程的认识，但这些直观和描述并不意味着就是意识之所以发生的实质过程，因为我们的直观和描述已经是意识中的一种较高层次的活动，如果用它去处理比它们低的意识层次的活动，细致性上肯定是不够的，它们只应起到呈现基本样态和问题的作用，就像原子显微镜无法观察粒子一样。简言之，没有直观和描述我们就不能形成问题，但现象学的直观和描述并不就是答案。

图表29　方法与目的

---

[1]　参见胡塞尔《纯粹现象学通论》，2014年，第117页。
[2]　参见胡塞尔《纯粹现象学通论》，2014年，第102页。

上述这些讨论并不是说要质疑现象学在科学世界中存在的必要性，而是为了表明这样一个立场：我们不能把现象学的认识作为科学的依据或定理而直接使用。胡塞尔的这些分析仍然是有价值的。读他的作品，相当于他陪伴我们一起重游幽暗的意识洞穴，寻找希望中的意义所在。有他的陪伴，不至于在幽暗之旅中未曾开步就心生退却。有他的陪伴，就不会对人类的意识之谜感到茫然，而是心存希望。

尽管在胡塞尔关于意识的极其丰富、浩瀚无边的现象学思考中，很多探讨为其所独有，对于从事这方面研究的人而言，遇到他的著作就相当于遇到了一个很好的"对话者"，不用担心自己是孤家寡人，因为很多问题都被他思考过，但是，胡塞尔按照本体论的思路建构现象学的做法不是最合适的。

按照胡塞尔的思路，纯粹现象学是按本体论的思维方式建立的科学。胡塞尔认为，要成为一门科学，就必须有自己的研究对象，由于存在一个迄今为止没有被人探讨过的纯粹意识领域，纯粹现象学有必要成为一门科学，他自己就是为将来的这样一门科学做一些准备性的工作。创立一门科学是胡塞尔生前那个时代德国一流智士仁人最大的学术愿望。但胡塞尔对科学的理解在其著作中是不一致的：有时候理解为一种人类学的统一，即思维活动、思维材料连同相关外在活动的统一；有时候理解为德国大学制度下的科学含义，即母校穹顶下可以教授的一切知识；有时候理解为精密科学；有时候又理解为话语系统，这和康德的理解是一样的；在关于纯粹现象学的导论中，理解为具有确定研究领域的科学。在这里，当胡塞尔以本体论的方式去建构现象学时，这意味着意识世界存在着基本的规律性的东西，且其上的一切规律都服从这条基本规律，如物理学的世界都遵循各种力学的规律那样，由此，通过对基本规律的把握就可以为意识科学奠定基础。

但是，胡塞尔对纯粹现象学作为科学的本体化的确立方式，至少在这样的理解中是不成立的。

首先，如果意识研究是为了更好地认识自然事物，那么，意识自身实则就是认识自然事物的工具。因此，在认识论意义上，意识研究就是一种工具研究，而不是一种本体论研究，所以，它不具有作为实体的自然事物那样的本体论层面的认识。关于意识的本体论认识是生理学或心理学的。作为工具研究，它服务于目的，在认识中，就在于如何获得更好的认识，因此它在本质上是一种技术性科学。由这点来看，现象学的本质研究具有工具性质。这种认识在胡塞尔的论述中其实是有潜在表露的。如为了说明现象学的本质学说的特质，胡塞尔也曾以几何学的研究为例，指出二者都不关心事实性的存在。[1] 而不关心事实恰恰说明几何学是一门工具性的科学，而非本体论意义上的科学。又如胡塞尔认为，现象学的每一种本质描述"都表达着对于可能的经验存在物的无条件的有效的规范"。[2] 当从"规范"的特质去理解时，现象学的本质研究形成的恰恰是对认识的技术上的规定，或者说它属于方法学。再如胡塞尔说："我肯定，在不太远的将来人们都将会相信，现象学（或本质心理学）将是相关于经验心理学的方法论上的基本科学，其意义正如实质性的数学学科（如几何学和运动学）是物理学的基础一样。"[3] 技术性的科学是按照目的来建立的，如医学是为了健康，教育是为了培养人。在这类科学中，一切能够有助于实现其目的的知识都可以为其所用，所以它往往有着庞杂的知识借用。由此来看，有助于人类认识活动的意识研究，如果不是生理学的或心理学的科学，那么，只能成为技术性的科学。工具的有效性在于实现其目的后才得以确立，在实现目的后才能谈论如何改良工具的事情，

---

[1] 参见胡塞尔《纯粹现象学通论》，2014年，第146页。
[2] 参见胡塞尔《纯粹现象学通论》，2014年，第150页。
[3] 参见胡塞尔《纯粹现象学通论》，2014年，第151页。

任何事先的宣称只是一种信念的体现，还不具备确定性的意义。工具在于发现、发明、选择，无法通过对工具的性质或基本规律的研究获得一种工具。因此，纯粹现象学不能是本体论意义上的科学。

再者，现象学的意识本身是一个笼统的概念，它自身的存在是通过意识的确立物而存在的，我们假设了任何表象或认识能力都是意识的表现，当我们探讨认识中的各种意识行为时，我们实质上都是以特定的观念来对其命名的，如对象意识、知觉意识、痛觉意识等，不同的意识都共用意识这一名称，所以它是综合地构想出来的东西，实质上，它是各种感觉功能或认识功能所设定的一个承担者，因此，对这个虚设的存在我们如何形成本体化的研究呢？这显然是不可能的。即使我们在意识中把握到了各种形式，但如果没有外物的存在，诸多意识形式是无法建立起来的，也是无法重复出现的。每一次的把握要么借助的是外物，要么借助的是关于外物的表象或记忆中的表象，这就说明意识本质上还是一种综合出来的产物的集合，而不是一种可以本体化的东西，更不会是实体，因此，对它的研究无法从本体上得以确立。胡塞尔所排除的是已有的认识，但并不能排除外物的存在。于此所带来的问题是：在排除已有的经验认识的情况下就能进行现象学研究，那不排除经验认识就不能获得一样的研究结论吗？还有，对外物的经验科学研究就不能获得对意识运行的具体过程的认识吗？胡塞尔沉浸在自己的思考中，似乎忘记了前人还有很多已经成型的思想，如尼撒的格列高利、奥古斯丁、普卢克洛、马克西姆、波纳文图拉、达·芬奇、莱布尼茨、波尔查诺、亥姆霍兹等，他似乎不需要多少历史经验就可以构建整个知识大厦的地基。

如果我们借助素描教学中的基本常识，就可以立即看出胡塞尔关于具体物的视觉成像的论述中所存在的问题。人能看到具体的物体，是光线作用的结果，而在视觉的观察活动中，人实质上是看不到物体的轮廓的，看到的只是光线或光线反射形成的颜色感，之所以能看到轮廓，是因为在光线的作用下色块与色块相交，所以，在光线较暗的情况下，相邻物体是相互融合为一体的，当事物趋向远处时，由于眼睛所摄入的反射光线变少，物体彼此之间的界限逐渐消失。这是十五世纪的科学家和画家达·芬奇的基本观点，后来成为绘画科学中的常识。我在前文引述过这些观点。达·芬奇论证说，物体的轮廓是一个平面，而平面本身因为没有体积，所以是人眼看不到的，因此，人实质上看见的不是物体的轮廓。既然如此，那么，在对于一张纸的观察中，能够就近看见它的轮廓，这只是特定距离和物理条件下的一个认识结果。因此，它周围的物体作为背景意识而存在，也就成为一个认识结果，而不是说观察活动本身中就存在这样的意识结构，因为当轮廓本身不存在时，基于轮廓而形成背景意识和前景意识就不能代表一种根本的区别性。因此，如果我们以此作为意识的本质结构，也就没有实质性的意义。胡塞尔所举的这一事例中，意识的成像在根本上是由反射光线所决定的。此外，在观察过程中，处于核心视野的东西都可以清晰地呈现，处于核心视野之外的东西会变得模糊，这两者之间的关系实质上是外在的反射光线建立的心理痕迹之间的差异关系。在记忆中，清晰的物象是主题化聚焦的结果，取决于观察时形成的记忆的丰富性，背景意识仅仅体现的是意识表象之间具有的关联性，因为回忆时主体成像的区域是有限度的，所以，其他意识表象自然被模糊化了，成为心理强度被弱化的意识存在。

　　意识晕的结构，可以算是胡塞尔思想中的惊鸿一瞥。他看见了意识的这样一种连带现象。我们可以把它简单地称为"晕结构"。如何利用这种连带现象去发现其进一步的认识功能，是需要我们思考的问题，并不是说意识的根本结构就一定如此。如果我们用达·芬奇的色彩透视原理去理解，意识晕实则是周围物体反射的光线在意识中滞留下来但未被作为视觉主题的东西与主题物共在时的一种情形。

二 前景意识

此外，背景意识在胡塞尔那里还区别于前景意识，这个区别的含义已经超出了普通的感觉过程，具有生活化的意义。胡塞尔说："但这里有一个困难：我们是否仍应将我们并不生活其中的且无视事实的判断意识称为直觉意识（Verstandesbewusstsein）？不管怎样，我们不得不说：一种确实的主题意识，一种确实的直觉意识，是我们生活其中的一种意识，它的主题就是我们的主题。这样的意识现在可以进入背景意识，这是肯定的。我刚刚做出判断，当我转向新事物时，意识又沉入背景的黑暗中；但我可以返回它并声明它'还活着'。因此，如果我一劳永逸地将前景与背景的区别作为一个特殊点，并在前景范围内（我们更喜欢生活在其中的体验范围内）做出其他区别，也许会更好。"[1]这段话表明，由一切生活中的所需和所想而形成的主题意识或直觉意识，在新的意识体验中就会成为背景意识，但由于意识的反思功能，它又重新成为反思行为下的当下意识，相对应地，正在做出判断，当下的意识，乐于从事于其中的体验，就是前景意识。前景意识中的东西在胡塞尔看来就是人所喜欢和心悦的东西，它引导人们朝向它和注意它。由此，背景意识与前景意识之间的区分就与对价值和美感的意识体验对接了起来，在这个意义上现象学也就拥有了对美感和价值进行分析的可能。

胡塞尔这里所说的"直觉意识"（Verstandesbewusstsein）通常翻译为"理智意识"，这是国内受康德以来的认识论思想的影响所形成的理解，但从神学著作的角度来看更应该理解为直觉意识。它是神

---

[1] Edmund Husserl. *Studien zur Struktur des Bewusstseins: Teil I*. 2020, S. 63.

学著作中经常会出现的一个术语，凡是讨论人的认识能力的神学著作，大多会论及这个概念。拉丁文的 intellectus 这个词在神学著作中指的就是一种更为根本的认识能力，德语和英语中多以 Verstand 和 understanding 来翻译。Ver-stand 和 under-standing 这两个词从构词上来讲，其字面意思恰好表达的就是位于底层的东西。因此，将胡塞尔这里所说的 Verstandesbewusstsein 理解和翻译为"直觉意识"时，不仅可以与历史文本中的含义联结起来，还可以较为容易地明白这种意识是一种直接的能力，是一种处于底层的认识能力。当它在胡塞尔的理解中成为一种前景意识时，它也就成为我们生活于其中的意识。

三 基础意识

在胡塞尔1911年的一份手稿中，胡塞尔对于"设定"的分析在一定程度上涉及了背景意识。这份手稿的写作时间早于《纯粹现象学通论》，主要讨论的是设定的基础，但从所论述的内容来看，是对背景意识所涉及的情形的另一种分析和表述。在关于晕结构的论述中，晕结构意味着背景意识的存在，同时这种背景意识区别于前景意识，区别于被明确感知为个体事物的对象，它实则也是对象把握的基础。但在关于设定行为的论述中，这种背景意识仍然是存在的，它被表述为环境知觉、显现、显像体验等，因此，我们在关于设定的相关论述中可以将其称为基础意识。

胡塞尔认为观察对象的过程中涉及了两个方面，一个是对象的设定，一个是设定的基础，而在对象被设定时，不仅拥有与该对象大体相同的内容，还有环境知觉的存在作为其基础。胡塞尔说："每个设定都有其基础（Substrat），例如，我们基于知觉（Wahrnehmung）或记忆来观察一个对象，进行解释、关联、综合判定行为。我们必须依次区分设定和设定的基础。对于作为对象识别的简单设定而言，知觉

（纯粹的知觉）起着基础作用，当我设定另一个对象时，已经获得了环境知觉和拥有了大体上相同的内容和特征。"[1]

胡塞尔先是将把握对象的过程中所存在的环境知觉作为设定该对象时的基础，又进一步将这种基础视为显现，由此，显现就成为诸多意识行为的基础。例如，显现是"注意"这种意识的基础，是把握对象的基础，是想象、眼动现象、不同行为的"看"得以发生的基础。对此，胡塞尔说："显现中'隐藏'着多重对象性（mannigfaltige Gegenständlichkeiten），它们通过客体化意义（objektivierenden Meinungen）的构造而成为'可见的'，其中，一些对象性通过简单把握或揭示（Explikation）而成为简洁意义上的对象。因此，每一个显现都可以成为1）简单的注意（Zuwendung）的基础，它只把握一个对象，即所说的出现在显现中的对象。2）显现通过使对象得以把握的东西，意即所显现对象的部分和要素，可以成为揭示性的把握的基础。当然，在另一方向上，把握基于内在意识、体验本身、作为内在体验的显现，显现总是有意识的，但基础不是显现本身，而是显现的内在意识。3）相对于整个事物以及（作为）感性事物、物理事物等而言的不同解释中的事物，它与想象、眼动现象、不同意义（Sinn）中的'看'（Sehding）这类对象如何相关？"[2]最后的这个问题也即表明通过对显现的进一步分析才能获得对意识行为的深入理解。

同时，显现也就是显像体验，当显像体验作为对象把握的基础时，实质上不仅包括了背景意识，也包括了前景意识。这两种意识作为体验在强调它们的意识结构时，背景意识就是晕结构，当在确立对象的过程中去理解时，它们都就成为意识体验，因而也就成为设定的

---

[1] Edmund Husserl. *Studien zur Struktur des Bewusstseins: Teil I.* 2020, S. 311.
[2] Edmund Husserl. *Studien zur Struktur des Bewusstseins: Teil I.* 2020, S. 312f.

基础。胡塞尔说:"基础自然不能与行为内容相混淆。本质上，承担基础功能的显像体验（适用的显现，而非自发性的，它是被动性的、状态性的）是简单设定、解释性设定、关联设定、相关'意指'的各种先天的可能性的基础，对应于每一种不同，我们有不同的'意指行为'、不同的意义和不同的对象性。"[1]

进一步而言，设定行为是意义的基础，也是把握、判定等行为的基础。对此，胡塞尔说:"所以这是一项重要研究：这类'意指'、简单的注意和把握、关联判定的意指，如何从潜在情形、其意义和行为内容的源泉中获得它的可能性。它就是'设定'，它是由具有实在意义的首要的对象性关联构造的，可是，设定依托于基础。简单设定建立在新设定之上，形式化过程与设定一起发生，就是由'事态'构造形式，包括主语、谓语等。但这些都是空洞的形式，其具体性或内容，是通过基底（Substrat）和功能化方式获得的。显然，基于显现（Erscheinung/Apparenz）所进行的各种设定或在其可能性上相互交织，尤其是从简单意义到相关意义的方向上，存在功能上的依赖。"[2] 这段话中，形式之所以获得构造，一是由于存在其基础，二是由于和设定行为一起发生，这就使得认识的发生过程与基本的意识活动衔接了起来，由此，背景意识，或者说环境知觉，适用的那些显现（显像体验），作为设定行为的基础，进而就成为把握、判定等认识行为的基础。

相比而言，在对背景意识的论述中，胡塞尔主要是从意识的结构方面进行论述，而在对设定行为得以施行的基础意识的论述中，胡塞尔主要是从认识的发生过程去论述对象把握、形式、理解和判断等的

---

[1] Edmund Husserl. *Studien zur Struktur des Bewusstseins: Teil I*. 2020, S. 312.
[2] Edmund Husserl. *Studien zur Struktur des Bewusstseins: Teil I*. 2020, S. 313.

发生次序。

　　胡塞尔通过对某一意识的繁复的插入和补充说明，试图确立某一意识的根本的特性，获得其确定性。胡塞尔在很多地方都试图这样去做。然而，事物在认识中是相互界定的，因此在不同的理解框架中它的位置和形态是不一样的，但胡塞尔的描述工作却忽略了这一点。他的补充说明虽然意在使人们清晰地把握他所说的东西，但实质上这种叙述方式是没有什么效果的，这就使得他的文字比较难以理解。因为个体的理解方式主要是线性的，当在线性的理解习惯中突然蹦出了其他的东西，就会阻碍过去的心理进程，理解受到了干扰后就有可能脱离原来的线性延伸，从而无法形成对其所表述之物的理解。单纯的某一个意识产物具有本质样态，或者说有一个在固定的意识的直观中呈现的特征，这一点我们都可以承认。这是因为如果没有这种确定性，一切的认识将无法构建起来。但是，我们对这种本质特征的描述，肯定得借助于已有的意识产物。我们对意识的描述工作无非将意识中的A标记为B或C的过程，这说明在对意识A进行本质认识时，我们已经拥有了B或C的确定性，如果我们再来考察B或C的本质特征，最终就会进入自我界定或相互界定的阶段，这两种界定实则是一回事情，这也说明事物的确认过程最终是一种相互确认或关系中的确认。如果我们这样来理解，那么胡塞尔对意识的描述方式就不是完全合适的。他的描述在我看来是想确定某一意识的真正样态，即无须再怀疑的、永远的标准样态，基于对这种样态的直接的、真实的把握，我们就可以在其上建立稳固的关系性的认识。但这是不可能的。如他所言，意识是流动的，是由不同的意识物所组成的，就此我们进一步设想一下：如果这条意识的河流是一条洪流而不是一条一维的线性流，那么，意识产物彼此之间是有干扰的，也就是说，意识的唯一确定的样态其实是无法确认的，或是不存在的。如果它是一条线性流，则只有相邻的两个意识产物之间才具有相互关系，与其余的不发生关系，那么，我们也就无法形成对某一意识产物的多重描述，而只能形成最基本的两个意识产物的相互界定，即前后关系的相互界定，除此之外，任何其他的界定都是不存在的。

但我并不是在整体上拒绝现象学的努力和工作方式，也并不拒绝它所要达到的目标，不拒绝它的精神意义。要推进这些有价值的工作目标和奉行这种精神，在今后长期的时间内对所有有此雄心壮志的人都是一种巨大的挑战。这种挑战也流露在胡塞尔的陈述中，如他在分析中时常会有"巨大的困难"之类的说法。我认为，如果现象学要真正成为一门精密科学，它应该首先发展自己的描述方式，发展出一种精确的描述方式。如果描述是混乱的，精确的考察在表述时就不是精确的。如果表述是不精确的，那么就难以被学习和教授，如胡塞尔所言的，难以成为严格的科学。胡塞尔曾说，哲学不是严格的科学，因为它还不能进行教授。如果现象学获得成功后要进行教授，描述的精确性是其关键环节。如果描述不精确，现象学作为科学断然无法精确。

第三节　纯粹意识的结构

一　反思行为

在胡塞尔的一些论述中，反思是意识行为，是现象学方法得以实施的基础。[1]现象学方法主要是指现象学还原的方法。从方法的形态

---

[1] 参见胡塞尔《纯粹现象学通论》，李幼蒸译，北京：中国人民大学出版社，2014年，第138页。

来看,现象学还原与反思的形态是一样的,都强调要回溯到过往的经验之中。它们的区别在于:现象学还原被胡塞尔标注了特别的意义,首先意味着对已有认识、先验之物的存而不论,其次要返回到认识得以产生的源头、返回到意识中去察看它们在起源上究竟意味着什么,特别是要回溯到纯粹意识经验之中;而反思行为并不必然意味着要回到纯粹的意识经验之中,它只是意味着对过往经验的回溯,这种回溯可能是以回忆的方式,也可能是以想象的方式,当它以想象的方式进行回溯时,它会有一些内在的纯粹直观活动,这时候,想象就变成了默想,或者,它还有其他的回溯方式。在日常用法中,人们谈到反思时,它仅仅意味着一种非直观的思考问题的方式,或通过回忆去重新认识事物的方式。

在胡塞尔的考察中,反思还具有以下意识结构:体验作为再体验的对象,将体验转向对立面形成预期,体验在反思中形成变样,体验流在反思中存在。

首先,每一个"我"(Ich)对其自身的体验是一种反思体验。对此胡塞尔是这样论述的:每一个体验都包含着自己的对象,但当我在体验"我的体验"时,对象就已经不是外在的事物,而是把曾经获得的体验作为体验的对象,在这样的体验方式中,我是以反思的目光指向这些体验,这些体验成为反思中的对象或客体。因此,已有的体验,或当下的现实体验,在反思行为的作用下,就具有了双重的身份:一是未经反思的当下状态,它指向现实的事物或其自己专属的体验对象;二是这个体验在整体上成为新的体验对象,进入反思活动中。对此,胡塞尔说:"当下现实地被体验的体验,当它进入了反思的目光内时,它就呈现为现实地被体验物,成为'现'存者。但不仅如此:它也呈现作刚刚曾存在者,而且就其尚未被注视而言,正好是这样呈现的，即呈现作未被反思者。"[1]因此，反思在本质上就是一种体验，而且这种体验可以反复进行，每一个已有的体验，都可以成为新的反思对象，而且，每一个已有的反思体验，也可以成为新的反思体验的对象，这是一种可以无穷无尽的体验活动，因此在本质上它具有普遍性。

其次，胡塞尔认为，预期（Protention）是在反思行为的作用下形成的已有体验的对立面。当曾经在意识中持续存在的东西被作为将来到来的东西时，这时候，意识中的已存在者或变样就具有了未来的意义，因此，我们的预期行为完全是基于反思行为而形成的。对此，胡塞尔说："在此，首先应被考虑的问题是，直接的'预存'（可以这么说），正好是直接持存的对立面，然后是以完全不同方式再现的、在更严格意义上的再生的预期，它是重忆的对立面。在此人们在前瞻时被意识作'未来到来者'的直观地被期待者，同时由于'在'预期'中'的可能的反思而具有关于将被知觉到的某物的意义，正如被回忆者具有曾被知觉的某物的意义一样。因此我们也可在预期中反思，并将我们先前未曾向其凝聚的我们自己的体验，体验作属于被预期物本身的体验：如每当我们说我们将看到什么到来时，每当我们反思的目光转向'未来的'知觉体验时。"[2]由此而言，在心理体验中，预期的存在完全是一种过去的存在，这个观点与亥姆霍兹的观点是完全一致的，即我们的意识工作的对象都是过去存留在意识中的记忆图像，不存在任何未来的实质图像。（见前文）我们只是在对过去印象的反思中，给它添加了未来的属性，以期待它与将来出现的事物产生对应。简言之，预期意味着心理中存在一种识别机制。

---

[1] 胡塞尔：《纯粹现象学通论》，2014年，第139页。
[2] 胡塞尔：《纯粹现象学通论》，2014年，第139页。

再者，胡塞尔认为，任何反思都是一种意识的变样，因为任何反思按其本质都是态度改变的结果，在反思过程中，之前的体验经历了向被反思的意识的样式的某种转换，后者因而属于更高的层次。[1]如果进一步理解，那么，胡塞尔所说的这种意识变样可能意味着这两个方面：一是在反思的过程中添加了新的意识材料，使其与原先的体验组合在一起，形成新的体验样态，或者说综合成为一个新的体验组合，如一幅画因曾经悬挂在特殊的场所而具有了特别的意义；二是意味着在反思中掉落了一些体验要素，形成了与之前不一样的体验组合，如模糊了的面容。在第一个方面，即使原先的体验没有经历任何其他的变样，但由于时间意识的作用，在反思中会被习惯性地添加时间要素，这样，它就成为一个新的要素，如果我们添加了"过去"这一时间要素，则其就变为了回忆，如果我们添加了"将来"这一时间要素，则其就变为了期许。这一点类似于波尔查诺所认为的：不存在任何两个相同的体验。（见前文）从时间意识的添加来看，任何在记忆中呈现的意识体验都不会是相同的。但胡塞尔没有从这两个方面来解释反思中的意识变样，他只是指出了现象学还原在这里所能发挥的作用，即经历了反思之后的意识变样，可以返回去继续获得未被反思时的体验样态，且返回到它们在意识中真实地被呈现的样子。基于波尔查诺的认识，我认为胡塞尔所说的这种情况不是完全存在的。我们只要经历反思活动，就会被添加时间意识，我们在去除了时间意识的情况下才能重新回到未被改变的体验样态，但它已经重新带上了"回返"的标记，成为记忆中的呈现。我们之所以认为回返后的意识样态与原先呈现的意识样态是一样的，是因为我们对其重新进行了规定，把添加于其上的部分给去除了，然后它们就成为同样的意识样态。对

---

[1] 参见胡塞尔《纯粹现象学通论》，2014年，第141页。

于反思中掉落了部分要素的意识样态，也存在同样的情形，或者是我们在补足了相关要素后，将其视为同样的意识样态，或者仅仅以具有相同结构的部分要素样态为基础，将其视为同样的东西。如果我们进一步思考，则同一性属于另一种意识行为，而反思是与之不同的意识，它更多意味着的是意识变样的必然存在，而非直接意味着体验是相同的。在这里的论述中，"意识体验"是一个含混的概念，它意味着的究竟是单纯的不可分的意识体验还是可分的或组合起来的意识体验，没有清晰地说明，但从胡塞尔的论述来看，则是指按照特定需求确立起来的可分的或组合起来的意识体验。这样也就意味着"变样"这个概念还不是一个纯粹的现象学概念。

此外，胡塞尔认为反思行为意味着体验流的存在。对此，胡塞尔说："只有通过反思性的经验行为，我们才能了解体验之流及其与纯粹自我（reine Ich）的必然关系，也就是说，它是同一个纯粹自我自由执行沉思（Cogitationen）的领域。这条河流的所有体验都是它自己的，因为它可以看到它们或'通过它们'看到对自我来说陌生的其他事物。"[1]基于体验流去看待反思行为或通过反思行为去认识体验流时，记忆、回忆和反思行为就趋于一致，成为同一种行为，因此，胡塞尔也以记忆来谈论反思行为，认为记忆是一种特殊的反思，此外，内在的知觉本身也是一种反思行为。[2]可见反思是理解意识流的必要行为。

综合上述论述，反思行为呈现了一种时间意识结构，对过去体验

---

[1] Edmund Husserl. *Ideen zu einer reinen Phänomenologie und phänomenologischen Philosophie. Erstes Buch: Allgemeine Einführungin die reine Phänomenologie.* (Hua. III-1)Hrsg. Karl Schuhmann. Denn Hague: Martinus Nijhoff, 1976,S.150. 中译本见胡塞尔《纯粹现象学通论》，2014年，第143页。

[2] 参见胡塞尔《纯粹现象学通论》，2014年，第142页。

的回忆，为过去事物添加未来的属性，产生预期的心理愿望。如果再加上对当下的反思活动的把握，那么，一个反思行为就具有三重功能。例如，对欣喜这一心理状态的反思就具有三重结果：一是在反思中发现欣喜的东西其实是之前实际存在和显现的事物；二是在反思中对内在的欣喜状态的把握；三是对未来令人欣喜之物的期待。

以此，通过对反思行为的考察，就获得了对意识的基本运行方式的理解。但这个理解具有什么意义呢？这是需要进一步思考的问题。胡塞尔认为，对反思行为的本质研究具有方法论的意义，即"内在本质把握的和内在经验的一切样式都包含在反思概念之内"[1]。由此而言，原本被认为是不同的心理行为，在反思中就可以获得同一性。人们可以通过反思行为把握诸多心理行为的内在本质，如"我记得A""我知觉了A""我预感到A""我将知觉A"等语句，它们虽然是不同的表达，但本质上都是一样的；如现在、过去和将来，在反思中是一种观念的转换，它们在源头上都可以视为"当下"的变样。通过现象学的考察，我们对其本质和变样获得了清晰的区分。如果基于此来理解反思行为的实际意义，则更多体现在对不同文化中看似不同而实则相同的表达的理解过程中，对于具有相关性的另一表达，可以通过反思的方式获得其根本的意义。换言之，通过反思行为引向初始体验、最为原初的印象或对事物的感知，使真正的理解得以成为可能。

此外，胡塞尔认为，反思行为是意义和合法性的保持者。在反思性的体验活动中，意义和合法性是作为被还原的东西而存在的。经过还原后，意义和合法性在流逝的意识变样中又回到了原初呈现在意识中的样子，如意识中呈现的声音知觉绝非颜色知觉，这就使得这种内在的知觉活动也具有了绝对的合法性，反思行为在这个意义上是绝对

---

[1] 胡塞尔：《纯粹现象学通论》，2014年，第141页。

合法性的保持者。因为获得完全的明晰性是一切真理的尺度和要求，而这只能在反思行为中完成，所以，在认识中执行反思行为，仍然是基于直观这个"一切原则中的原则"。胡塞尔这里所说的绝对的合法性是与相对合法性对立而言的，如在回忆活动中的合法性就是相对的合法性，意识体验作为回忆中的内容出现时，其正好相一致的情形，就是相对的合法性，它可能会被新的回忆取代，发生变化。[1]

如果人们认为反思行为中原初呈现的意识样态会发生变化，因此我们不可能获得某一认识的确定基础，那他一定缺乏对确定性的直观和反思。对此胡塞尔的回答是，这样的认识脱离了认识的实际发生过程，看似在形式上是精确的，但没有实际意义，这是因为一切认识都是从直观中来的，认识本身就是这回事情，再质疑这一点就没有意义了。也就是说，在认识的源头上，人类只能按这种方式工作，而不会有别的方式。这也意味着，即使是质疑行为，也是在直观中起源的，它是意识产生的某种变样，因为再不可能有别的方式让人们对认识产生质疑。在我看来，如果混淆了意识中的确定性与这种确定性在事物身上的运用，就会产生无原则的怀疑主义，从而否认全部认识的确定性。

我认为认识与价值在根本上的统一性也可以通过对反思行为的本质研究而得以把握。既然认识工作是对已有记忆材料的加工，当下的感知在意识中也是作为记忆材料而进入加工程序的，那这就意味着进入意识的材料决定着我们的认知，决定着我们对未来的期许。对过去的材料的加工构成的是认识状态，基于记忆材料添加未来属性后，在意识中就产生了价值状态。这样一来，价值与认识就获得了根本的统一，或者说，获得了认识论上的说明。我们没有看到胡塞尔阐明这一

---

[1] 参见胡塞尔《纯粹现象学通论》，2014年，第143页。

点,但他或许早已体会到了这一点。我们继续来探讨。不断添加了未来属性的体验及其体验物,在心理强度不断增加时,就成为人们主要的追求目标。由于心理体验的持续存在,它也可以被转移,或重新被激起、被唤起。如果相关体验刺激的持续时间越长,它建立的心理强度就会逐渐增加,它对于某物拒绝或喜爱的愿望就会逐级增强。反之,如果生命的体验感逐渐迟钝,刺激的时间被控制或减少,人对相关事物的欲望也就逐渐降低。反思行为能够强化某一体验,这在胡塞尔的思考中也有提及。胡塞尔说:"那些体验变样被意向地包含在一切再现过程中,并可'在'再现'中'被反思突出,例如,在任何记忆中所包含的'曾被知觉者'和在每一期待中所包含的'将被知觉者'。"[1]

如果我们进一步理解胡塞尔对反思行为的论述,则可以认识到反思行为背后隐约包含着一个反思的主体,或者说施受者,这样来看,胡塞尔在谈论反思时仍然采用的是主客二分的思考模式。如果我们去除这样一个反思行为的施受者,则剩下的就是单纯的意识样态的浮现,或意识样态的再度出现。这时候,意识的这种运动,就像梦中事物的浮现一样,它更多是一种未受引导的行为,它是在意识的自身刺激之下逐渐带动一连串的意识样态浮现出来的画面。在这样的理解中,主体是可以消失掉的。从亚里士多德关于梦的生成机制的论述中,我们也会看到主体被消解掉的情形。亚里士多德认为,梦属于人体内的另一种微弱的意识活动,它比醒来时的知觉和思维活动要弱,主要在人睡着时发挥作用,梦中的景象接次出现,就像烂熟于心的诗篇从背诵者口中渐次而出一样。[2]实质上,当亚里士多德把梦理

---

[1] 胡塞尔:《纯粹现象学通论》,2014年,第140页。
[2] 参见亚里士多德《自然诸短篇》,见亚里士多德《灵魂论及其他》,吴寿彭译,北京:商务印书馆,2011年,第282、294页。

解为意识运动这样一种微弱的惯性运作时，也意味着不存在一个具有引领和注意作用的主体。如果这样来看待反思中的主体，那么，它实则是在清醒的意识的反思过程中被添加上去的。我们也会体会到，当背诵时渐次诵出自己所记忆的诗篇时，并不存在一个发号施令的"主体"。它在诵读过程之前和之后可以出现，但并不出现在连绵不绝的诵读之中。这也可以说明"主体"是被添加上去的具有另外作用的东西。它施受、综合、关联，几乎就是一种随时可封闭但又可无限敞开的"统一体"。

实质上，在我们平常的观察或反思活动中，深度的或有时间跨度的反思行为是由具体的事物形象所带动的，要么是为时间意识要素所带动，要么是为某种留在意识中的印象所带动，我们在散乱的浮现中重现那些相关的要素，将其串联在一起，对其进行认识和琢磨。当我们想获得更多的关于某个事物的经历时，如关于篮球的生活经历时，我们就会在意识中反复将这个关于篮球的意识强化，使意识集中于它，然后我们就会想起过去打篮球的那些经历，想起与此经历相关的那些事情，或者说"睹物思人"。当我们听到过去熟悉的旋律时，心中就会自然浮现与之相关的时间段的生活，以及与此旋律相关的诸多事情。在这些意识活动中，意识的浮现就是反思。

在谈到反思时，如果没有说明在何种情形下我们可以反思到一个曾经的事物体验，也没有说明我们经过何种努力能够反思到特定的事物体验，那么，这样的反思仅仅作为意识结构的分析是有意义的，但不能帮助我们获得新的认识，或更好的认识。如果现象学的分析无助于具体认识的推进，那么我们就会进入那毫无意义的"学问之旅"。胡塞尔以旋律的回忆来说明反思行为，但这在受过音乐训练的人和没有受过音乐训练的人那里是不一样的。对于受过音乐训练的人而言，可以从该旋律的节奏开始，也可以从它的首音开始，也可以从它的曲谱开始，也可以从演奏器乐的手法开始，有多种选择。对于没有受过音乐训练的人而言，则多从天然的节奏记忆开始，或从首音开始，从曲名开始，而无法以其他方式带动反思进程。在实际的发生过程中，对旋律的反思是由旋律要素依次带动的，确切地说，是要素依次浮现的过程。依次浮现的过程更像是一种本能，而非有意为之的结果。除非他忘记了其中的一段，这时候他就会寻找相关的要素，如借助曾经对曲谱产生的视觉印象，去带动他实现对旋律的重现。人的意识被塑造后，其相关功能就会发生变化，这使得我们对意识自身的直观结果也会发生相关变化。这对于现象学通过本质直观获得意识的一般结构的想法构成了实质性挑战。但我这样去想时，并不是在否认胡塞尔的思想原则，即本质直观是"一切原则的原则"，而想表明的是，现象学的意识研究只能将可以确定的东西作为认识的形式，以此助推认识的发展，而非能够以直观的方式搞清意识中的一切。

现象学的这种研究看起来像是一种心理学，但这和心理学是有区别的。在我看来，现象学的反思具有再确认的功能。尽管胡塞尔认为这会获得一种本质理解，但在我看来它就是一种再确认的过程。意识通过自身的重复而获得确定性，在我看来是观念性认识的根本法则。

二 意识体验的三重视野

胡塞尔认为，每一个当下的体验都具有三重视野。每一个体验有一个在前的视野（Horizont des Vorhin），这个视野是一个空的形式，没有当前的体验内容，它已经成为过去，但现在可以体验到它已经成为过去。此外，每一个体验也具有一个在后的视野（Horizont des Nachher）和一个当下的视野。当下的这个视野意味着每一个现在的体验即使终止了，也可以重新变为现在的东西出现在体验中。换言之，每一个意识体验具有在先、当下、在后这三重视野，当下的体验总是会被体验为新的当下的存在。具体而言，当下的体验在"现在"这个视野中可以不断地无限展开，即使它成为过去，也可以重新被体现为当下，而且它后面还会成为新的当下。这也就意味着，每一体验在意识的连续中既可以体现为时间上相继出现的体验，也可以称为同时性的体验，即同时包含在先、当下、在后三者，这被胡塞尔视为体验的一个普遍特征。[1]

　　对意识体验的这一考察具有什么样的意义呢？我们没有见到胡塞尔对这个问题或相关问题的直接回答。我们现在尝试分析一下。如果每一个意识体验的三重视野既有历时性也有共时性，那就意味着这两种情形都是意识行为分配的。它们可以随时进行转换，根据意识当下对某一体验的时间分配，转化为当下、过去（在先）、在后三者中的一种。当其转化为当下时，意味着其有前后；当下转化为过去时，意味着过去变成了当下，当下的却变成了过去的；当下转化为在后时，意味着当下变成了过去，在后变成了当下，过去的当下与过去的过去融合为一片，新的在后又重新出现。由此，每一即刻的体验都可以作为一个体验核心，以其作为标准标记它与前后体验之间的关系。由此来看，意识体验的时间性不受任何其他东西的影响，完全是一种灵活自主的行为的结果。如果我们把与此相应的时间形式作为认识的基本形式，那么，意识的灵活自主则可以充分说明意识自身利用时间构建认识的活动是完全自主的，并不存在更多的固定的先天必然形式。从当下、过去、在后三者之间的转换来看，这种形式关系是可逆的，也就意味着体验流相对于已确定的观念而言并没有被预先给定方向，因此，我们才会看到胡塞尔将体验的三重视野理解为历时性和共时性的统一。如果我们将时间理解为秩序，那么，这也就说明意识中的秩序

---

[1] 参见胡塞尔《纯粹现象学通论》，2014年，第155—156页。

构造是自主的，没有受任何东西支配。如果说存在支配性，那就是每一个体验本身都具有支配性。

胡塞尔所说的体验的三重视野更像是意识体验的自我变样。如果我们将它理解为自我变样，则三重视野的问题就变成了连绵的体验流，三重视野就可以被我们视为单个体验之间的最基本的关联关系，这个体验流中不仅包含了最基本的时间意识关系，也包含了不同的意识变样与不变的存在，前者是关系，后者是个体。由此，一些较为基本的认识形式就可以借助时间意识和意识变样这两类东西而形成。

三 从邻域来定义意识中的"当下"

胡塞尔在这里的论述中所存在的最大问题是忽略了对"当下"进行精确的定义，哪怕是循环论证式的说明也没有给出，仿佛"当下"就是不言自明的。"当下"在这里更像是一个经验性的事实，而非分析的结果，这就使纯粹现象学显得不纯粹了。但这一问题并没有被完全弃之不顾，我们可以看到胡塞尔在后面的分析中用"洞见"或"明证性"来解释这些不言自明的东西。这样一来，就使得纯粹现象学始于直观也终于直观，不能给人们带来更多值得期待的东西，人们还是需要寻找其他办法去获得科学中的发现。

在我看来，对"当下"是可以做出更为精确的定义的，既无须循环解释，也无须以明证性来含混地处理，以邻域的定义方式就可以做到。观念与观念相比，较强的一个或数个观念是"当下"的，较弱的是"过去"的。"当下"作为某一观念的"当下"，实则是观念的心理强度逐渐增强时所形成的心理印象，在我们感受到某一观念的心理强度的变化时，我们会把感受到的较强的观念描述为"当下"的。

接下来，我们定义一下心理上的"强度"概念。我们可以用持续的时间长度来定义"强度"，也可以在犹如感受到强烈的光线和巨大的声音对视觉和听觉会形成较强的刺激的情况下，直接形成另一种"强度"概念。这两种"强度"实质上是一回事情。这不难理解。因为较弱的刺激在持续时间较长时在心里面可以积累出较强的印象强度，这就好比水龙头的水量较大时很快便可以灌满水池，而较小时需要较长的时间也可以灌满水池。视觉刺激中所接受的光的物理量既可以通过数学的方式被大致测定，也可以通过对刺激的持续时间的测量而确定。从心理上而言，我们体会到观念的持续时间或直接感受到强度的变化时，都意味着获得了对"强度"的把握。

基于此，在心理上，"强度"增加的观念或持续的观念，被我们视为"当下"的，"强度"变弱的观念、不再持续的观念、偶尔持续的观念，被我们视为"过去"的。

那什么是"未来"呢？"未来"是对"某种强度"这种体验状态的渴望。因为我们能够直接感受到"强度"，所以我们对那种适合我们的"强度体验"就会产生渴望和希望，如某种香味和悦耳的声音，对不适合我们的"强度体验"会产生拒绝和排斥，如难闻的气味或恐怖的声音。观念的强度逐渐消散，过去的记忆便逐渐模糊，但它在回忆中可以被增强，增强后就变成了当下的回忆。

从邻域对概念进行定义的方式，有点像是从相对的事物进行定义的方式，我们这样来理解这种定义方式也未尝不可，但这只是普通的理解，它还指在更为复杂的群落或系统中对事物进行定义。

较强的观念成为"当下"的，无论是即刻形成的观念，还是回忆中的观念，较强的观念相对于较弱的那一个而言，它都是"当下"的观念，例如我们在回忆中想到了自己曾经在某个地方沉思的状态及沉思的内容，要么沉思的状态是"当下"的，要么沉思的内容是当下的。相应地，较弱的观念成为"过去"的观念，或进入了意识的背景之中。那个较强的观念犹如投入水中的石子，以一种激荡出波纹的效应带领"我们"进行反思和想象,波纹碰触到哪个,就反思到了哪个,波纹受到影响而变形时,想象中也就有了变形,新的石子落入水中时,波纹开始交错荡漾,犹如不同观念的反思和想象之间开始相互交替。我们既可通过内在的注意力强化某一个观念,让它成为"水中的石子",也可以驱动身体感官接受外在的刺激,形成新的具有一定强度的观念,然后,它又像投入水中的石子一样,触发了我们思想的又一个活动。

四 体验与纯粹自我的关系

胡塞尔总是试图对意识体验做出结构化的处理,或更确切地说,他努力对可被观念化的意识活动进行结构化的处理。这就使得原本只有粗略认知结构的意识体验获得了较为精细的认识。如我们可能会谈论回忆、想象、反思等,但没有对其进行更为细致的统一化分析,这在古代不同的哲学家那里也有不同的表达和理解,但胡塞尔试图在意识的同一平面内做出统一化的分析。通过前面的论述,我们看到了意识体验的一般化结构或规律性的东西,对这些东西的把握有助于我们推进对事物的认识,对纯粹自我(reine Ich)的意识考察恰恰也会有这样的作用。

胡塞尔认为,每一个体验都有一个纯粹自我,这在意识中是一种普遍的本质结构。这一必然关系的发现可以通过两个步骤获得。第一步是排除实体意义的我,第二步是发现纯粹主体的必然存在。[1]

第一步,实际观察中的"我"被自己领悟为一个人,它的含义是在反思中被规定的。也就是说,当我在观察外在事物时,一个观察行为的发出者在反思中被意识到了,我在意识中或者把这个行为的发出

---

[1] 参见胡塞尔《纯粹现象学通论》,2014年,第151页。

者视为一个具有观察功能的物质身体，或者用符号"我"指代它，或者进一步把它领会为具有感觉功能的人。换言之，通过对观察行为的反思，我就会意识到存在一个观察者，存在一个作为人的观察者，存在一个被标记为"我"的观察者。胡塞尔认为通过对这样的"我"予以进一步排除，就进入了对纯粹的行为体验的考察中。这样，就可以获得对意识体验的最根本的把握。为什么要排除它呢？因为这个"我"是不纯粹的，它还是普通的经验世界中的"我"，它的含义并没有获得根本的规定。换句话说，它的含义是模糊的，有歧义的。当"我"被作为观察行为的发出者时，"我"并不是通过自身直接确立起来的，而是通过观察对象确立起来的。但"我"被认为是通过自身确立起来的时，这样的"我"就是以不纯粹的认识确立起来的，它默认了自身存在的有效性。

第二步，在对纯粹体验行为的把握过程中，会发现种种不同的东西，当意识对这些不同的东西进行统一化处理时，会指向一个行为的发出者，但由于普通经验世界中的"我"已经被排除了，它不能再成为那样一种"我"，而只能是纯粹的自我（Ich）。这个纯粹的自我总是会出现，无法被消除，就像我们不能消除思维活动自身的存在一样。或许有人会问：这时候为什么只能把握为纯粹的自我而不是其他的东西呢？这个问题没有在胡塞尔的这部分论述中得到明显相关的回答。在此需要尝试分析和补充一下。在我看来，合理性无非这两点：一是纯粹的自我和普通经验世界中的"我"具有同样的结构性关系，即它们都被视为行为的发出者或接受者；二是意识在进行重新标记的时候，直接使用了这样一种结构，这个结构虽然原来是普通经验中的，但意识默认了它在纯粹经验中也可以使用，这是因为意识行为本身是被纯粹化了的，"行为"包含发出者这一结构，这在纯粹意识和普通经验意识中完全是一样的，所以它可以心安理得地使用这一工具，并进一步将纯粹意识中的行为发出者标记为纯粹的自我。如此一来，我们也就可以理解为什么胡塞尔又把这样的纯粹自我称为纯粹的"主体"，这是因为"主体"也是行为的发出者或接受者，与"我"在意识中具有相同的结构性关系。"我"作为行为的发出者和接受者，是极度抽象的不具有任何内容的东西，这一理解我们可以从胡塞尔的这一陈述中体会到："除了其'关系方式'或'行为方式'以外，自我（Ich）完全不具有本质成分，不具有可说明的内容，不可能从自在和自为方面加以描述：它是纯粹自我，仅仅如此。"[1]胡塞尔这里提到行为方式时，实质上表明的就是"我"（Ich）作为行为的发出者或接受者这一含义。补充说明的是，由于纯粹自我是还原之后在意识中进一步呈现的，它本身就不再具备内容性的东西，而只是具有自身，所以它也不会再成为我们研究的特殊客体。更确切地说，它没有必要再度成为研究的客体，它现在是一个被纯化（抽掉了事实性或经验性）的先验之物。

由此我们得以明白的是，为什么意识体验中存在这样一种普遍的一般结构，即每一体验都有一个纯粹自我与之存在必然关系。这是因为体验被理解为行为，行为在经验世界中本身就意味着发出行为的主体的存在，所以在对意识体验的理解中自然就出现了体验的发出者。也就是说，我们理解胡塞尔所说的这个本质关系的关键，在于对"行为"的本质理解。如果没有对"行为"在意识中的本质特征的理解，就无法理解纯粹自我的本质结构。胡塞尔的这一论述主要是陈述性的，我们甚至看不到一些关键的节点，需要补足相关要素才方便理解。

胡塞尔通过对体验与纯粹自我之间的关系的考察，获得的认识

---

[1] 胡塞尔：《纯粹现象学通论》，2014年，第152页。

是：体验本身与纯粹自我之间永远有区别；体验方式的纯主观因素，与从自我离开的体验内容之间永远有区别。由于这种区别的存在，胡塞尔认为在体验中应该区别"主体方向的一面"和"客体方向的一面"。它们意味着纯粹意识中的两种研究：一是朝向纯粹主体的研究，二是朝向为"主体"所构成的客体的研究。如果从胡塞尔的这一认识来看，这是一种起源于主客二分而又尝试在意识中重构其真实意义的认识论研究。

从胡塞尔对体验与纯粹自我的本质关系的考察中，我们还可以得到这些认识：纯粹主体就是意识行为本身，也就是"我思"（cogito）和纯粹自我；体验本身独立存在时就是体验本身，当进一步对其以行为关系理解时，就出现了纯粹自我，这时候体验本身也就被理解为体验行为。

接下来，我们需要思考的是：胡塞尔对体验与纯粹自我的本质关系的考察具有什么样的方法论意义？首先，从胡塞尔自己的论述中可以看到，这一考察重构了主体与客体这一理解关系，将主客二分变为朝向主体和朝向客体这样一种模式，这就意味着主客之间具有意识中的生成关系。其次，意识中的自我是一种行为关系的体现，绝非一个真正包含其他内容的存在，它是意识中存在的一种必然的构造，但它完全是在关系中呈现的，因此，它自身并不决定对事物的具体感知。认识到第二点，我们就可以看到其进一步的意义，从这种自我身上可以看到一种意识中最为统一的东西，因为自我在每一体验中都出现，也就意味着它有可能会将所有的体验统一起来，由此，我们可以理解人们为什么会追求统一性的认识，而且，它在逐步追求更大范围内的统一性的认识。纯粹自我由对某一体验的单一关系发展成为与每一体验的关系时，整个意识体验也就具有了统一性，这种统一性显然不是别的统一性，而只能是由"我"进一步生成的统一性。由"纯粹自我"在我们的认识中生成了双重的统一性，一个是整个物质世界的统一性，一个是意识体验世界自身的统一性。后者也是石里克想表达的认识。按照石里克的理解，"意识"这个词本身就表示的是具有统一性整体的心理过程。他说："'意识'这个词如同'灵魂'一词一样，是用来表示'内容'的总体或某个时刻结合成一个统一整体的心理过程的。我把所有一起存在、彼此相随的观念、感觉或行为理解为统属一起或一起形成一个单独整体的一个'我'。但是这个'我'，这个意识不是像休谟所设想的仅仅是许多单个观念的总和，仅仅是一堆知觉或知觉的结合。光是许多知觉在一起还不足以使这些知觉成为同一个意识的成分或状态。还必须加上某种更多的东西，这就是意识的统一性。"[1]基于意识的统一性，我们就可以理解人类所追求的知识都努力通向的是统一性。基于个体的意识通向对统一性的认识，那么个体之间的认识也就具有了统一的基础，由此，人类形成了语言共同体和科学共同体，即彼此之间在根本上意味着可以获得理解。

在我看来，"我"作为一种存在，在对它的总是可反复的确认过程中，我把自己领略为一个具有物质性的身躯的"我"。在普通经验中，这个"我"的确是含混的，但胡塞尔所把握到的纯粹自我也是含混不清、有点神秘的东西。那意识中体验到的纯粹自我究竟是什么呢？我认为它并非如胡塞尔所说的那样是没有任何内容的东西，我认为它就是不同的意识行为的确定性，因为当不同的意识行为得以重复并复现出相同的心理结果时，结果的确定性使人推想到它在源头上的确定性，这个被设定为在源头上存在的确定性就是纯粹自我。这时候，当我们认为意识总是努力获得认识上的统一性时，就可以将其理解为意识总是想以一个确定性替代其他（甚至所有）的确定性，当这

---

[1] 石里克：《普通认识论》，李步楼译，北京：商务印书馆，2010年，第155—156页。

个确定性可以用具体事物表达时，在我们的设想中就可以借这个具体事物把握其他事物。

五　意向性结构

胡塞尔关于意向性（Intentionalität）的思想论述主要受布伦塔诺的影响。布伦塔诺对意向性进行论述是为了论证描述心理学为什么可以作为一门科学而存在，而非只是单纯地表明意识具有这样的特征。如果一个认识是孤立的，那它就不具有理论性质。布伦塔诺的这一论证在其著作《经验立场的心理学》(*Psychologie vom Empirischen Standpunkte*)中。在当时，实验心理学作为一门新的科学正在兴起，而布伦塔诺主张可以有一门以纯粹描述心理现象为主的科学，且这门科学是实验科学的基础。作为一门新的基础科学，它应该有自己的研究对象，布伦塔诺发现，独立于物理现象的心理现象就是这门科学的专有的研究对象。为了证明心理现象是不同于物理现象且可以独立以描述方法进行研究的对象，布伦塔诺以繁多的论述从八个方面对心理现象和物理现象进行了区分，在这些区分中，他认为最能够体现物理现象与心理现象区别的是心理现象的"意向的内存在"这一特征。[1]布伦塔诺思辨而又周密的论述使之成为影响卓越的心理学家，也成为描述心理学的开创者。

布伦塔诺的这些思想在一定程度上影响了胡塞尔。按照胡塞尔著作的编者乌尔里希·梅勒（Ullrich Melle）和托马斯·芬格尔（Thomas Vongehr）的研究，胡塞尔的意识现象学源于对布伦塔诺的描述心理学思想的批判性借鉴，其中有三个方面对胡塞尔的研究非常

---

[1]　参见布伦塔诺《从经验立场出发的心理学》，郝亿春译，北京：商务印书馆，2017年，第116页。

重要：一是作为心理现象的定义属性的意向性理论；二是意向体验的分类，其中一类是表象和判断，另一类是非认知行为情感和意愿；三是与所有行为的表象基础的分类相关的论文。[1]但胡塞尔对这些思想并非全然继承，而是按照自己的理论需求进行了处理。意向性就是其首要的改造对象。

在《逻辑研究》中，胡塞尔在引用和论述布伦塔诺的意向性思想时，曾明确说过这样的话："然而，布伦塔诺对'心理现象'概念之构想的价值根本不取决于：他想用这个构想来达到什么样的目的。"[2]如果我们熟悉布伦塔诺的这部代表作的内容及其论证过程，那么就必然对胡塞尔这样的说法感到诧异。如果不顾及布伦塔诺意向性论证的目的，那么，关于意向性的论证就失去了原来的理论意义，而具有了本体论意义。这是因为作为科学的理论，不可能不涉及目的，只有本体论的论证才会这样去看待问题，总是试图获得事物的根本。实质上，胡塞尔思想中这样的潜在立场在其早期和中期著作中大量存在，我们经常会遇到诸如"绝对"这样的在神学著作中经常见到的具有本体论色彩的词语。而布伦塔诺的论证在于确定心理现象的存在，以此进一步确立描述心理学应作为一门科学而存在。既然胡塞尔不在布伦塔诺的原义上去理解其意向性论证，那么，胡塞尔后面的解释多半就属于借用了。

每一个意识都有一个对象，这是对意向性最为根本的表述，心理现象中意识朝向的是内在的表象，而物理现象的观察中意识朝向的是外在的对象，所以布伦塔诺认为意向的内存在是心理现象与物理现

---

[1] Edmund Husserl. *Studien zur Struktur des Bewusstseins: Teil I Verstand und Gegenstand Texte aus dem nachlass*(1909–1927). (Hua XLIII-1) Hrsg. von Ullrich Melle und Thomas Vongehr. Cham, Switzerland: Springer, 2020, S. LII.

[2] 胡塞尔：《逻辑研究》，倪梁康译，北京：商务印书馆，2015年，第710页。

象相比而言的根本特征。因此，布伦塔诺对意向性进行论述时的严格的论域是心理现象和物理现象，这两者是相对而言的，超出此界限就需要另外的论证，而不是说意向性是心理现象的绝对特征。胡塞尔之所以不顾布伦塔诺的论域和目的，与他为科学奠基的思想目标是相关的。为科学奠基的思想与本体论处理问题的方式是一样的，本体论的论证在本质上就是一种奠基思想，所以这使得胡塞尔以描述为主的现象学中总是带有本体论的成分。

但是，从胡塞尔想要将现象学建构为一门严格的科学这一立场来看，意向性特征又具有了在布伦塔诺的论证中所起到的同样的作用。首先在于现象学的科学领域的确立。意向性作为包含对象的意识，说明每一个意识都有一个可以观察和描述的对象，当其对象是内在的对象，例如纯粹的意识（如意识中存在的三角形）时，就可以通过对其反思或进行内在的直观而去考察它，这样，现象学由于具有了确定无疑的一类研究对象，即纯粹意识，就有理由成为一门科学而存在。对这些反思到的或直观到的心灵的纯粹现象的描述，就构成了这样一类研究得以展开的具体方式。从这点来看，现象学成为科学是有充分理由的。其次，意向性作为意识的根本特征是无所不在的，由此就可以将所有的意识体验都整合为一个整体，形成对意识流的整体认识，或形成对意识统一体的认识。[1]基于第一个方面的作用，我们就可以对每一个心理现象进行现象学的研究，基于第二个方面的作用，心理现象之间彼此关联为一个整体，我们可以逐次对其进行研究，以发现心理现象中的普遍结构。意识流本身就是胡塞尔所认为的意识的一种整体上的根本结构。在第一个作用方面，布伦塔诺的目的在于为实验科学的心理学进行奠基，而胡塞尔的思想则是一种认识论，目的在于为

---

[1] 参见胡塞尔《纯粹现象学通论》，2014年，第158页。

一切科学进行奠基。后者的目的显然是艰巨的。意向性的第二个方面作用在于它能够为整个认识的统一性作说明。在胡塞尔看来,"认知"一词本身体现出了一种统一性,在意识的内在分析中恰好可以发现这一统一性的存在。对此,我们可以在胡塞尔这样的表述中看到它们之间的关联:"'认知'一词连同其一切特殊形态最终都通向作为一切认知过程基础的心灵关联域之统一性。于是,认知理论如果不想借助一种偶然发生的心理学传统内未澄清的概念进行运作,也将溯源至一种描述的、分析的、作为基础的心理学。"[1]胡塞尔这里所说的作为基础的心理学,就是纯粹现象学,它所要完成的最终任务就是为科学进行奠基,在这个意义上,它也是一门认识论。

鉴于更多的读者可能不明白描述心理学的操作方法,我在这里尝试说明一下。我们通过内在的描述,可以得到某个心理印象的强度。例如,我们总是对喜欢的东西在心里面进行反复的重复,对不喜欢的东西则进行较少的重复,或拒绝重复,在无法确定更喜爱哪个的时候,我们可以通过其在意识中重复出现的次数或强度而进行选择。这样一来,基本的价值选择就可以通过内在的心理感知和描述而被较为合理地揭示出来。相应地,我们也可以通过别人对某个事物注视的时间长度来初步判定他对某个事物的喜爱和拒绝程度,从而给出一个较为公允的表达和描述。此外,对内在现象的次序感知也是建立外在的心理研究的重要根据。

现象学的描述离它对科学奠基的具体操作还较为遥远,我们难以有较为具体的例子来说明这一问题,它更多是一种远大的构想,操作起来尚且有很大难度,如胡塞尔常言的"面临许多困难",但我们在

---

[1] 胡塞尔:《现象学心理学》,李幼蒸译,北京:中国人民大学出版社,2015年,第10页。

现象学的考察中还是可以看到其在方法上的一些价值。如前面的论述中提到的时间意识分析，对于我们理解和建构新的标记系统具有启示意义。更为合适的或更好的标记系统是推进科学认知的前提之一。按照石里克的论述，描述和说明是形成认识的两个基本步骤。其中，第一个步骤是描述，它的作用是建立各种事实，用习惯上的符号表示每一个要素，而每一个要素需要一种原始的识别才能以符号进行表示。第二个步骤是说明，意味着用另外一些符号进行转化，因为从不相似中发现了相似，从不同中发现了不变量，所以需要转化表示，这样，规律性的东西就逐渐产生了。因此，定律在根本意义上是对事物的描述而不是规定。[1] 如果这样来看，现象学的描述工作恰好从事的就是最为基础的科学工作，因为对事物或事实的标记进一步影响着对事物的说明和规律性知识的形成。

从意向性在现象学中的第二个作用来看，如果意向性作为意识活动的普遍特征使得整个意识体验由于这种同质性存在而成为统一体，那么，它实则具有的是与纯粹自我相同的作用，即在每一体验中纯粹自我总是存在，这使得整个意识体验成为一个统一体或意识流。因此体验中就包含着双重的关系，一是朝向对象，一是朝向纯粹自我。在这个意义上，胡塞尔也把朝向纯粹自我的意识活动特性，即我思（cogito）的特性，称为意向性的普遍特性的一种特殊样态。[2]

就意识的意向性而言，每一意识都有一个对象，所以，理解意识就是去理解该意识的对象。作为心理现象而言，意识的对象是一种心理构造物，因此，我们对它的理解就是去反思它在心理中是怎样的，或者它是由哪些观念转化而来的；作为物理现象而言，理解由它所形

---

[1] 参见石里克《自然哲学》，2007年，第17—19页。
[2] 参见胡塞尔《纯粹现象学通论》，2014年，第160页。

成的意识或认识，就是返回到物理现象，重新去观察和理解它。由此而言，意向性在现象学的考察中就具有了方法论意义，因为结构和特性是形成方法的前提，按照这一结构，我们就可以寻找某一意识的对象，如"爱"有"爱的对象"，被称"心理行为"的东西，就是"心理行为"所标示的心理活动的全部过程，被称"形式"的东西，就是所有意识活动所能够运用的观念。

第四节 Noesis 与 Noema 结构

Noesis 与 Noema 结构是比意向性更为精细的意识结构理论。相对于 Noesis 与 Noema 结构而言，意向性结构较为简单，对其基本特征的理解和刻画自古以来就有很多，它虽然被用于现象学的分析中，但难以算作现象学工作的理论贡献。而 Noesis 与 Noema 结构完全可以称得上是现象学工作的理论贡献，是与前人思想相比最与众不同的一个分析模型。这与胡塞尔之前的意识结构分析有很大不同，它被胡塞尔视为一种更为根本的意识结构。在对这两个意识层级的结构的分析中，胡塞尔试图阐明意识中存在的双重结构，一个是意识行为层面的结构，一个是意识客体层面的结构，这两个结构相互平行，彼此之间存在着对应关系。这一平行结构可以算作对意识体验的不同方向的两种观察和理解。过去对这个问题的研究有很多。[1]学者们对这两个层级的结构的分析争议较多，对于 Noema 的争议更是难以形成一致的观点。以下通过对胡塞尔本人的论述的分析，尝试给出一些一般性的看法。

---

[1] Mano Daniel. "A Bibliography of the Noema." *The phenomenology of the Noema*. Editde by John J. Drummond and Lester Embree, Dordrecht: Springer, 1992, pp. 227–248.

一 Noesis 使意识得以成为意识

在意向性体验中，总是存在为意识所朝向的某物，但如果继续追问，就会有这样的问题：是什么东西促使这样一种意向性体验形成呢？或者说，当意识作为意识时，是什么东西使得意识成为意识呢？胡塞尔认为它就是 Noesis（感受）。它是一个希腊语源的词。胡塞尔认为使用"意识要素""意识"这些词已无法表达意识中存在的这个更为根本的东西，因为这些词已经具有的是人们所习惯的一些意义，因此无法表达自己发现的这个意识中的新的结构性存在，所以他选用了来自古希腊语 νόησις 的 Noesis 来标示它。对此，胡塞尔说："将素材塑造成意向性体验并带来意向性特性的那个东西，与赋予意识一词以特定意义的东西完全相同。根据这种意义，意识自身指向某个就是意识的东西。现在，由于意识要素、有意识觉察和所有类似形成的用词，以及意向要素的说法，由于各种明显出现的含混而变得毫无用处，我们引入术语'noetic Moment'（感受因素），或更简单地称为 Noesis。这些 Noesis 构成了最广泛意义上的精神（Nus）所特有的东西，精神根据其所有当前的生命形式，引导我们进入思维（cogitationes），然后回到一般的意向体验，从而涵盖了一切（且基本上只包含）规范理念的真正前提。同时并非不可取的是，精神一词让人想起它最重要的意义之一，即'意义'（Sinn），虽然在感受因素中实现的'意义给予'（Sinngebung）涵盖了很多东西，但只有涉及'意义给予'的简洁的意义（Sinn）概念才作为它的基础。"[1]

对于 Noesis 这个词，胡塞尔有很多补充说明，我们不能简单地

---

[1] Edmund Husserl. *Ideen zu einer reinen Phänomenologie und phänomenologischen Philosophie. Erstes Buch: Allgemeine Einführungin die reine Phänomenologie*. (Hua. III-1) Hrsg. Karl Schuhmann. Denn Hague: Martinus Nijhoff, 1976,S.194. 中译本见胡塞尔《纯粹现象学通论》，李幼蒸译，北京：中国人民大学出版社，2014年，第163页。

将其理解为意向行为或意向活动,它被胡塞尔明确地解释为一种意识功能,即使得原本的体验内容变成一种意向体验的功能。它将素材(Stoffe)或信息(Daten)转化为意向体验,即转化为意义或另外的意念,在新的意念中,旧有的意念或信息成为新意念的对象或产生新意念的直接因素。因此,我们可以将Noesis理解为一种意识活动,总是必然生成某种观念的意识活动。如果我们把意识抽象为一个实体物,那它就指这种实体物的某种功能或某种行为;如果我们不设定这样的实体物,则它就是一种活动,是对这样一类意识活动的概括。

按照胡塞尔的解释,Noesis使形成意识的素材得以成为意识,在这个意义上它就具有功能一样的特质。对此胡塞尔说:"然而一切问题中最重要的是功能的问题,或'意识对象构成'的问题。这些问题与诺耶思(Noesis)的这样一种方式有关,按此方式诺耶思在与(例如)自然有关的方面,通过使质料活跃化和使自身与多重统一连续体及综合体相结合,以此来产生对某事物的意识,即客体的客观统一性使它们能在复合体中一致地'呈现''显明'和'理性地'被规定。"[1]

由此而言,我们可以将Noesis理解为心灵或灵魂的一种认识上的根本功能。或者说,在胡塞尔的理解中它是一种比我们通常所理解的意识更为根本的"意识"。这种功能就是Noesis运用质料形成意识的功能或构造对象的功能,或形成客体的客观统一性的功能,有了这种客观的统一性,某物才被确立为客体,然后才能在意识中朝向它,产生关于它的意识。因此,按照胡塞尔的理解,Noesis是意识的这些功能的基础。

基于对Noesis的构造功能的理解,胡塞尔认为意识的本质就是

---

[1] 胡塞尔:《纯粹现象学通论》,2014年,第165页。

"意义"（Sinn），它是"精神""心灵""理性"的要素，它的真正意义是理性与非理性、合法性与非法性、现实与虚构、价值与非价值、行动与非行动等的来源，完全不同于感觉材料或质料。意识的素材或质料就是在Noesis的功能作用下形成了意识，并使之成为朝向某物的意识。在这个意义上所理解的意识，就是胡塞尔所说的Noesis，由此也就区别于前面我们在一般情况下对意识的笼统的理解，在那样的理解中，我们通常将意识理解为感觉活动或诸意识行为的总名称。在胡塞尔这样的理解中，意识具有两个含义，一是作为精神的根本含义，二是作为诸多意识的来源而具有的本体上的含义。

至此我们就可以获得的明确的理解是，意向性体验就是在Noesis的功能作用下形成的，因而意向性体验也就是具有Noesis性质的体验，因为它是被Noesis的功能规定的。至此，我们可以获得的意识体验的规定性方向就是：Noesis规定着意向性，意向性规定着意识中的形式，意识中的形式规定着事物的形式，它们整体上规定着认识的形成（如图表30）。

Noesis 规定着 意向性 规定着 意识形式 规定着 事物形式 规定着 认识

图表30　Noesis 的规定方向

Noesis在胡塞尔这里的论述中不仅意味着它是对意识的进一步的解释，还意味着它是对过去所使用的"体验本身""意义给予"的进一步的解释。由于Noesis的功能中可以构造出客体的客观统一性，这种客观统一性使某物得以成为意识中的某物并被意识进一步把握，但对于Noesis如何能够形成这种统一性的问题，胡塞尔给出的则是目的论的解释，即每一个意识中作为事物的统一体的意识体验都是被预先规定着的，换句话说，Noesis的功能本身就意味着它形成的对事物的综合意识，它本身就有对诸多单个的意识进行综合的功能，就有将不连续的意识体验联合起来的功能。简言之，事物以表象的方式在意识中存在时，它的表象是被Noesis构造起来的一个表象。基于此，从胡塞尔的论述中可以看出，事物作为同一性是Noesis构造起来的作为统一体的同一性，既然它是作为统一体的同一性，那么它就可以被构造为不同的统一体和具有不同构造的同一性，比如一支钢笔，作为钢笔的同一性和作为工具的同一性意味着其中包含了不同的被统一起来的构造要素。由此而言，"理性"和"非理性"也意味着的是不同的统一性的别称，"现实"与"假象"、"真的价值"与"虚假价值"也是如此。如果按照这样的分析来看，一切意识中的构造物都可以进行现象学的说明，如某类事物的领域、某类事物的范畴、从简单的直观到理论科学、各种基本种类的可能意识及其变体、一切普遍性层级和具体性层级等，简言之，现象学的分析就是要对所有的意识中的统一体进行考察。[1]

胡塞尔列举了一些Noesis因素，如纯粹自我的目光指向、对对象的进一步把握、解释、关联、合并、多重信念态度、猜测、评价等，虽然它们意味着指向实在的对象，但其自身也意味着与实在对象相比而言的自身的非实在性，这种相对的非实在性，或其本身，就属于诸多Noesis因素中的一部分。对此，胡塞尔说："由于其Noesis因素，每一个意向性体验都是Noesis的，它本质上是包含某种类似于'意义'的东西，且可能是多重意义的东西，由此，基于这种意义的给予并同样去实现进一步的成就，就成为'有意义的'。例如，这样的

---

[1] 参见胡塞尔《纯粹现象学通论》，2014年，第166页。

Noesis因素有：纯粹自我的目光，其朝向由意义给予而'意指的'对象、'内在于意义的'对象；对对象的进一步把握，当目光转向其他进入'意指'的对象时抓住它；同样的功能还有解释、关联、合并、多重信念态度、猜测、评价等。无论体验结构如何不同且其自身多么富于变化，所有这些都可以在相关体验中发现。无论这一系列的例示性因素如何指向体验的真实组成部分，它们仍然以意义名称指向非真实的部分。"[1]这是胡塞尔以更为具体的体验类型解释那个使意识体验得以成为意识的东西。这些指向关系可用下图表示（图表31）：

```
┌───────┐  ┌──────────┐  ┌──────┐  ┌──────┐
│       │  │纯粹自我的目光│  │      │  │      │
│       │  │进一步的把握行为│  │      │  │      │
│Noesis │→ │解释       │→ │意义  │→ │对象  │
│       │  │关联       │  │      │  │      │
│       │  │合并       │  │      │  │      │
│       │  │多重信念态度│  │      │  │      │
│       │  │猜测       │  │      │  │      │
│       │  │评价       │  │      │  │      │
│       │  │……        │  │      │  │      │
└───────┘  └──────────┘  └──────┘  └──────┘
```

图表31　胡塞尔：Noesis因素的生成关系

简言之，Noesis使意向体验得以形成。在另一种说法中，胡塞尔也把Noesis称为意向体验的固有成分。此外意向体验还包含着意向性的相关物，这是它的另一成分。后者即Noema（意念）。简言之，Noesis表示的是对观念的运用，因而它表示的也是一种意识功能，如果我们从"转化"的功能来看，Noesis就是意识的转化功能或特定的运用功能。它使现存的和旧有的东西产生了新的意义或意念。

---

[1]　Edmund Husserl. *Ideen zu einer reinen Phänomenologie und phänomenologischen Philosophie. Erstes Buch.* 1976,S.202f. 中译本见胡塞尔《纯粹现象学通论》，2014年，第170页。

二 Noesis层级与Noema层级的平行关系

Noema是Noesis作用于质料而形成的，胡塞尔的这个观点在学者们那里没有异议，异议在于Noema是不是实在的。之所以有异议，是因为人们对"实在"的含义理解不一样，并不是因为Noema是否具有实在性的问题。在胡塞尔的理解中，Noema的实在性其实是由Noesis规定的，而非直接等同于经验理解中的自然事物的那种实在性，按照Noesis的规定性层级来理解，自然事物在理解活动中的实在性实则也是由Noesis所规定的。寻找规定性的来源是我们理解胡塞尔思想的一个思路，也是我们以现象学的理念理解任何思想的思路，即某一意识中的东西总是由比其更为原初的东西所规定的，在理解活动中就是去探索某个东西是被谁规定的。

由Noesis这种功能所形成并成为意识中的体验物所在的整个领域，就是Noema，它表示的是意识所构成的东西，也是能被意识抓住和运作的观念物。例如，在知觉（Wahrnehmung）中，知觉的Noema就是知觉的意义或被知觉物本身，在记忆中就是被意识到的记忆物本身，在判断行为中就是被判断者本身，在喜爱中就是被喜爱物本身。相应地，也就存在着知觉行为的Noesis、记忆行为的Noesis、判断行为的Noesis、喜爱行为的Noesis等。这是两个不同的层级：Noesis层级与Noema层级。它们彼此之间存在的关系是流形（Mannigfaltigkeit）的对应关系，或者用更明确的汉语来解释就是延展性的关系。对此胡塞尔说："在任何情况下，真实的（reellen）、Noesis内容的延展性的信息（denmannigfaltigkeit Daten）都对应于可在相关'Noema内容'中的或简称为'Noema'中的以真正纯粹的直观指示的信息（Daten）的延展性。"[1]

简言之，Noesis层级是意识行为，Noema层级是意识客体。从Noesis延伸就会得到Noema，从Noema延伸就会得到对Noesis的认识。我们按这种区分来理解胡塞尔这方面的论述就可以大致获得清晰的理解。如果进一步分析"喜爱花园里的一棵苹果树"这个行为，那么，构成Noema的那些因素、性质和特性就是我们喜爱这棵苹果树的原因。相应地，对苹果树的喜爱过程中，Noema作为意义的存在区别于苹果树本身，并由于苹果树被视为是实在的，Noema也会被视为是实在的。[2] 通俗地说，实在的，就是能够被意识抓住的，或者说，在意识中而言，就是能够被思考或运用的。实质上，结合前两个层级在内，这里出现了第三个层级，那就是自然客体层级或对象层级（如图表32）。由于我们通常把研究对象称为客体，而对象还表示未被作为研究主题的对象，所以，我们也可以用对象层级来表示未被规定的自然客体层级。

我们以知觉行为和喜爱行为为例，来进一步说明Noesis与Noema这两个层级之间的具体关系。就知觉行为而言，它属于Noesis层级，它对一棵苹果树的感知形成的就是具体的知觉性的认识。但从Noesis方向来看，对苹果树的知觉结果是构造的结果，这个构造的结果就被理解为意识构成物，也就成为Noema层级的东西。在Noema层级中，存在的客体不会是作为自然客体的苹果树，而是不占据空间的意识客体的存在物，我们通常也将其称为对苹果树的感性认识。说法虽然不同，但在这个结构中是一回事情。根据胡塞尔的表述，苹果树作为构

---

[1] Edmund Husserl. *Ideen zu einer reinen Phänomenologie und phänomenologischen Philosophie. Erstes Buch*. 1976,S.203f. 中译本见胡塞尔《纯粹现象学通论》，2014年，第170页。

[2] 参见胡塞尔《纯粹现象学通论》，2014年，第170—173、178页。

造的意识客体在意识中的这样一种存在状态就是内存在。[1]

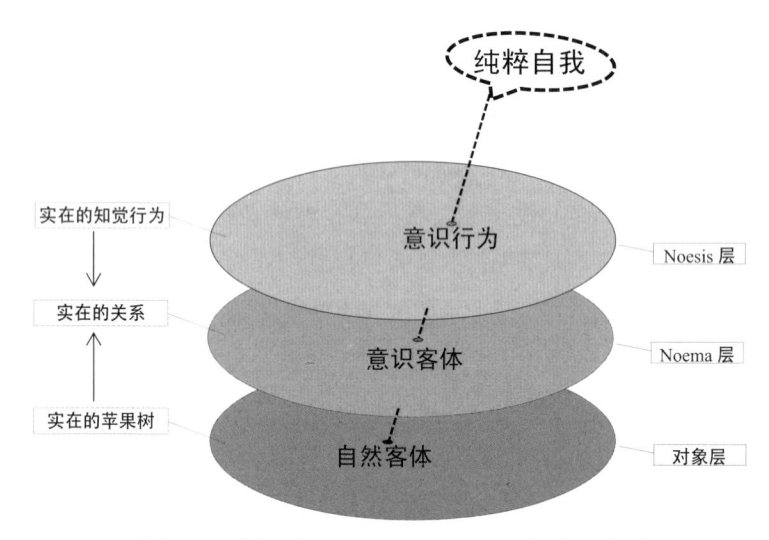

图表32　胡塞尔：Noesis与Noema的平行关系

"内存在"就是意识中的确立和延伸，这从Intentionalität（意向性）这个词的拉丁文词源intendo来看也是如此。intendo表示的是内心的起意或注意，还有指向、要求、转向等含义，它的形容词形式intentio还表示紧张、展开、致力等意思，可见它们都表示的是内心的确立、内心中的展开（如神经紧张、转向）、内心中的呈现等。与intendo相对立的extendo一词在拉丁文中表示的就是外在的伸展，extensio则表示有体积的。由此我们也可以获知，intendo和extendo在构词中分别用来表示内外不同的确立和展开。因此，我们从字面上理解，Intentionalität这个词表示的是意识中的存在、扩展等。

在此，我们像往常那样，认为这种"内存在"存在于知觉行为

---

[1]　参见胡塞尔《纯粹现象学通论》，2014年，第171页。

中，它所表明的实质上就是Noema层级的东西与其所对应的Noesis层级的东西之间有一种必然的关联，这种关联不是像果核包含在果实之中那样的包含式的关联。经过这里的考察我们可以获得的理解是，当过去我们认为知觉中包含着知觉的客体时，实质上，那个"知觉"已经是至少包含知觉行为、知觉表象、知觉的实在对象三者在内的一个概念，所以用"包含"一词是可以的。过去我们所说的这种"包含"表达的是一种含混的关系，它实质上是把属于不同层次的东西整合在了一起，因此，对它们之间的关系应该有更为细致准确的归类和区分。

如果我们在理解中将知觉行为替换为喜爱行为，则存在同样的关系："喜爱"就属于Noesis层级的意识行为，所喜爱的东西就是苹果树这个自然客体，在意识体验中出现的"喜爱"这个心理状态就是一种纯粹的客体，它属于Noema层级，它同时对应的是Noesis层级中的"喜爱"这个行为。当我们对眼前的一个事物产生好感以后，"喜爱"这种心理状态会保留下来并获得记忆。在这个意义上，不仅存在"喜爱"这一行为，而且存在着"喜爱"这种存留下来的心理状态。因此，我们在"喜爱体验"中，可以呈现的是对"喜爱"这种心理状态的体验，它属于Noema层级，对"喜爱"这个状态进一步直观，我们会看到"喜爱"这种心理行为的存在，这时候，作为心理行为的"喜爱"就成为Noesis层级的东西。[1]这一体验还进一步意味着：我们不仅可以从Noesis穿越到Noema层级，找到Noema层级的行为对应物，还可以从Noema层级穿越到Noesis层级，找到体验对应物的心理行为，意识中的这些体验都是双向进行的。

针对胡塞尔的这些理解，保罗·利科认为胡塞尔在这一时期进入

---

[1] 参见胡塞尔《纯粹现象学通论》，2014年，第171页。

了一种唯心主义。[1]这种理解有失偏颇。实质上，胡塞尔的做法是从不同方向看待意向性问题并寻求确定性的解释，而不是在解释中寻求实质的观念支撑或物质支撑。这些关系在他看来都是相互的，或转化出来的，由此而言，胡塞尔已经不在乎什么主义，而只在乎以何种方式更好地获得对意识活动过程的分析和描述。其次，就描述过程而言，其中必然存在着对已有词汇的诸多借用情形，不同的描述服务于不同的工作目标，对它的评价应该根据其解决问题的程度，而不是从这些词语所描述的心理对象的属性来判定它究竟属于哪一种主义。如果胡塞尔对Noesis的理解是一种唯心主义，那么数学分析中的很多内容也全都是唯心主义的。再者，我们在科学中所研究的意识本身就是一种物质性的表现，包括意识观念在内，它自身是有实在性的，而非抽象的精神性的东西。在认识论的历史上，已经有诸多的哲学家认为心灵是有实在性的。因此，我们可以说胡塞尔的Noesis理论不能解决问题，但将之归于唯心主义则是不必要的做法。

如果我们以意识中的这种平行结构去理解通常所说的"意义"一词，就可以清晰地知道它实质上包含着双重的含义：一个是作用于实际的客观事物的Noesis；一个是作为认识构造的意识客体，它对应着客观事物。歧义性由此得到消除。对此，胡塞尔认为现象学的这些分析有助于心理学家去严格区分Noema层级的意义和对象本身，前者是意识体验中的实在的东西。[2]一些学者认为胡塞尔的Noema就是"意义"，这种理解是不合适的。胡塞尔认为"意义"是一个含混的词，它在意识体验中已经不能清晰地指代想要表达的具体的东西，所以他以Noema取代"意义"（Sinn）。这个含混的"意义"有时候

---

[1] 参见胡塞尔《纯粹现象学通论》，2014年，第460页。
[2] 参见胡塞尔《纯粹现象学通论》，2014年，第173页。

指的是人们对事物的理解，有时候指的是事物本身。可以说，一切意识中的存在者都是Noema，甚至Noesis作为意识中的存在者也是一种Noema，每一个Noesis都对应着一个Noema，同样，Noema层级中的每一个东西都对应着Noesis层级中的东西。平行结构是对其最好的理解。

三　Noema的诸层级

Noema作为意识客体存在于所有的意向性体验中。由于意向性是意识体验的基本特征，我们称其存在于意识体验之中更为合适一些。由此，我们完全也可以将意向性客体简称为意识客体。在现象学的意向性意义上，这些表达是等同的。

从最为简单的方式来看，Noema处于Noesis与对象之间，每一个意识中的客体或在意识中成为客体的东西，都是一个Noema，对此，我们从意识行为出发，将其所对应的Noema列表如下（图表33）：

Noesis	意识行为	知觉行为	喜爱行为	记忆活动	判断行为	评价行为	决定行为	……
Noema	意识客体	知觉认识	喜爱状态等	记忆物	判断本身等	表象判断	评价设定等	……
对象	对象自身	现实对象	实在客体	实在客体	被判断者	被评价者	被意欲者本身	……

图表33　诸Noesis所对应的Noema

胡塞尔认为，对于喜爱、评价、愿望、决定等这些情绪领域和意志领域的意向性体验，都包含着Noesis层次和Noema层次。

但是，任何成为意识客体的东西都是一个Noema，所以当某个意识行为以其自身的呈现在意识中被确定后，它又重新成为一个Noema，对于这个Noema，可以通过与其他Noema的比较而获得对它的特征的认识，也可以通过与其对应的Noesis的作用而获得关于它的规定性的认识。例如，评价行为及其设定本身属于Noesis，但将其作为总是确定的意识客体时，它就成为决定行为所对应的Noema，这时候，我们可以从决定行为穿越到评价行为，再穿越到表象和判断，继续进行，则穿越到原来的被评价者，一直进行下去，就穿越到最终的对象层面。因此，Noema实则有较多的层级构成，而非只是单一的层级。在意识的流转中，它的层级是多重性的。

胡塞尔认为，Noema有多个层级构成，我们的目光穿过诸层级序列的Noema，指向每一层级的Noema，在每一层级都可以进行反思、回忆、期待、想象，并固定在最终层级上。以回忆一次画展经历为例，胡塞尔说："我们'在记忆中'走进德累斯顿画廊。然后我们可以再次在记忆中生存于对绘画的观察中，并置身于绘画世界中。之后，在第二层级的绘画意识中注意于被绘的画廊时，我们望着被绘的图像本身；或者我们按层级反思这些诺耶思。"[1] 胡塞尔这里指出的是Noema存在的层级，第一层级是再现的层级，第二层级是映像意识，当然还有最终的层级，从第一层级可以进入第二层级，从第二层级可以进入下一个层级，直至最终层级。（如图表34）

---

[1] 胡塞尔：《纯粹现象学通论》，2014年，第199页。

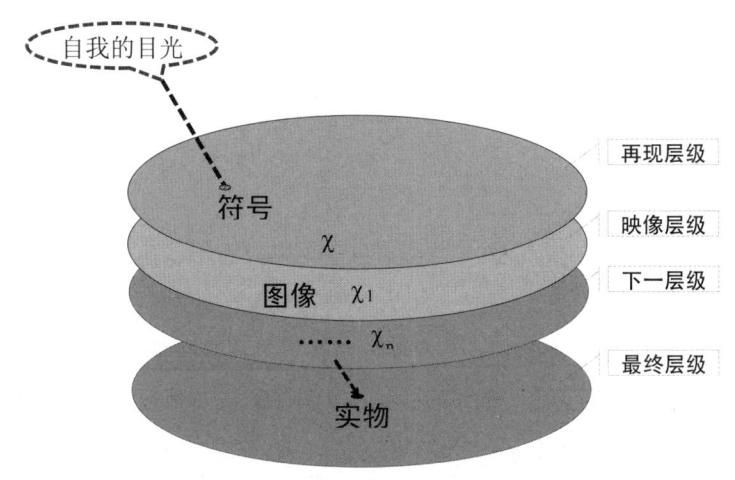

图表34　胡塞尔：Noema层级

由于Noema自身存在着诸多层级，当我们没有穿越到最终的对象层面时，就会将Noema所对应的对象称为被判断者、被评价者、被意欲者等，而非最终的实在的自然事物。对这些Noema继续穿越，最终才会落到实在的自然事物身上。自然事物以及那些没有被作为客体而存在的东西，都是作为一个待定的客体存在于Noema层级的，或作为一个未知的"X"存在于Noema层级。

此外，我们用汉语感受和意念或许也是理解Noesis和Noema的一种更好的方式。"感受"和"意念"这两个词在哲学中尚未被术语化。就"感受"而言，它会使我们想起"如何感受""感受到了什么""何种感受"等，恰好突出的是意识行为，当然，它有时也包含了感受到的东西，这是因为这时使用的是它的名词性含义。就"意念"而言，它就是心中存在的东西，是心里所把握到的东西，用它来指意识客体的内存在恰好是合适的。"意念"这个词在汉语中也被用来指心灵中的超越力量，这是在特定的文化语境中的含义，对于我们这里的表述不会有实质性的影响。不同层次的心理体验结果都可以成为意念性的存在，这恰好可以用来表达Noema的不同层次。但是，Noema所对应的最终的层级，并不是全然不在Noema中，而是一个单纯的有所标记的存在，它是需要进一步的体验活动予以确认的对象。因此，那些总是处于下一层级的对象，在上一个Noema层级中，都作为一个被单纯标记的东西而存在，是需要意识体验进一步去体验和确认的对象。

此外，当我们将Noema理解为实在的时，意识的这种实在相对于事物而言，其实是一种可能的实在。可能的实在表达的是进一步的认识上的关系，而不是已经确认的认识上的关系。意识的成就体现为对事物的表达，表达如果达到了预期的目标，那么，它就是实在的，如果没有达到预期的目标，它就是非实在的，这也就使得意识这个抽象的存在具有了实在性的味道。这是因为意识作为物质的构成，其实是特定物质的特定功能，如果说物质材料是一种不可否认的实在，那么，它的功能就是一种功能性实在。如果换用表达的实在性来理解，那就是它的功能是否表达了事物之间的关系，因此，物质绝对运动的实在性与特定运动的可能性的关系，也就相当于物质与意识之间的关系，他们都体现为实在与可能的实在之间的关系。我们按照亚里士多德的现实与潜能来理解，它恰好包含了这两种关系。但仅就Noema作为可被运用的意识中的东西而言时，它就是实在的，否则它既无法被思考，也无法被运用。

四 Noesis和Noema结构的理论价值

Noesis和Noema结构是胡塞尔在《纯粹现象学通论》中重点论述的意识结构，篇幅占据了正文的三分之一。发表这部作品的时候，胡塞尔已经54岁了，作为一个哲学家，这正是其自身思想较为成熟的年龄，这部作品作为其对现象学的一次系统性的建构尝试的一部分，无疑在其学术生命历程中是最为重要的。在其最重要的作品中以如此多的篇幅论述它，这足以说明他较为看重自己的这一思想发现。胡塞尔将此视为他的哲学分析的中心主题。这一点曾在许多研究中被肯定。如克尔斯滕（Frederick Kersten，1931-2012）认为，即使从胡塞尔后来的著作看，"这两个术语越来越少见，相关学说也没有再受到全面的批判性评价，但该学说的重要性仍然没有改变"。[1]

在《纯粹现象学通论》中，按照胡塞尔自己所表露的意思，他认为，自己对于Noesis和Noema的区分是对布伦塔诺心理现象和物理现象的区分的一种推进，在他看来，布伦塔诺的区分仍然是旧哲学传统的代表性做法。

从后一点来看，胡塞尔对待布伦塔诺这一思想的态度与之前是有变化的。如果我们结合海因里希·高姆博茨在致胡塞尔信（1905年）中的批评来看（见后文第七章末），胡塞尔显然是接受了高姆博茨的批评，赞同将心理现象与物理现象的区分视为洛克以来哲学传统中已有的思想，这与其在《逻辑研究》（1901年）中推崇布伦塔诺这一思想的态度是有所不同的。实质上，从哲学史来看，布伦塔诺的贡献不在于区分心理现象和物理现象，而是论证了心理现象的相对独立性，以及用描述的方法对这样的对象进行专门研究的可能性，这样就形成了专门的作为其他科学基础的经验心理学或描述心理学，例如，我们可以描述心理事物之间的关系、它们的重复过程、重复的次数，由此可以形成心理关系和强度等方面的认识。胡塞尔对布伦塔诺不满的地方有两点：一是感觉材料（素材）和物理现象（声音、颜色）是不

---

[1] Frederick Kersten. "Husserl's Doctrine of Noesis-Noema." *Phenomenology: Continuation and Criticism, Essays in Memory of Dorion Cairns*. Editde by J Frederick Kersten and Richard Zaner, The Hague: Martinus Nijhoff, 1992, p. 114.

同层次的东西,二是不应该将意向性和心理现象当作一回事情。相应地,胡塞尔认为,应该区分实际的心理与心理倾向(Psychologie Dispotionen),前者是心理学的研究对象,而后者不是它的研究对象,心理倾向仅仅是实际的心理或布伦塔诺所说的心理现象的标志,二者不是同一回事情。人们提到"心理事物"时总会想到心理学的研究对象,或精神、灵魂的实在特性,因此,"心理事物"这个词也无法很好地标示以Noesis所标示的东西。从胡塞尔的思想表述来看,他无疑想推进对心理现象的研究,想对其进行更为细致的考察和规定。[1]

胡塞尔说,Noesis和Noema中的诸意向关系是以层级方式互为根基的,或者说是以独特的方式彼此套接的。例如我们在记忆中反思时,对反思的反思可以继续无限进行下去,看到记号变化,就会引起我们想象的变化,在想象中,我们可以不断产生想象,在看到这些混合现象时,我们可以看到其再现的变化,在诸多再现的表象统一体中,我们可以发现记忆、期待、想象等诸多呈现。胡塞尔以记号和映象在意识中相互激发形成一连串的回忆为例,来表明Noesis和Noema之间存在的彼此套接的关系。胡塞尔说:"一个人名使我们在说出该名字时想起德累斯顿画廊以及我们最近一次的参观:我们穿过大厅并站在一幅苔尼尔思的画前,这幅画表现着一个绘画陈列馆。假如说,我们使后一幅画中的画廊里的图画再呈现出那幅绘画,后者又呈现着可识别的题词等等,那么我就可以估计与可把握的对象有关的哪些表象关联体和哪些表象间的中介物是现实地可产生的。"[2] 由此可以看出,胡塞尔所要表明的Noesis和Noema之间的关系,就是一种多重延伸的意识流动过程,在这个意识流动过程中,人们可以发现所有已

---

[1] 参见胡塞尔《纯粹现象学通论》,2014年,第164页。
[2] 胡塞尔:《纯粹现象学通论》,2014年,第198页。

经被发现的意识类型，包括"画中画"这样一种分形几何中所处理的结构。如果基于此，则Noesis和Noema理论几乎表明的就是我们意识的一般状态，且我们在对自己的意识状态的回思中几乎都可以发现这种状态。

Noesis和Noema的层级关系问题还有什么样的理论意义呢？这是值得思考的问题。

对此，研究者们没有表达明确的看法，有的只是说其重要，有的认为它是没有理论价值的。如胡塞尔研究者朱蒙特（John J. Drummond）认为，胡塞尔对Noema的分析几乎是不必要的，他呼吁人们不要再讨论Noema的问题。[1]实质上，当学者们都试图以本体化的潜在思路去思考Noema究竟是什么的时候，这种理解方式本身就无法获得清晰的理解。这是因为虽然胡塞尔在构建纯粹现象学的导论中以本体化的思路对这门科学的对象领域进行了界定，以使之有理由成为一门科学，这种做法无疑和布伦塔诺的方式是同样的，但是，胡塞尔本身的思考方式并不是本体化的，他追逐的是意识的流动和变化。胡塞尔在流动和变化中寻找所谓意识结构。这种结构也不可能像自然空间中的结构那样有明显的可参照的模型，它是没有参照模型的结构，它是随即在重复出现的或可被确定把握的意识表象中构建起来的结构，所以胡塞尔对于意识结构的构建活动几乎是没有尽头的，因为随时需要重构新的关系，或重构旧的关系。我们从胡塞尔错综纷繁的叙述中可以看到的是，他试图从两个层级来揭示和构建意识的基本结构，这两个层级随着其对意识流动的追逐过程而被确认为一个嵌套结构。由这些细致而基础的分析可以看出，胡塞尔对Noesis和Noema

---

[1] John J. Drummond. "An Abstract Consideration: De-Ontologizing the Noema." *The phenomenology of the Noema*. Editde by John J. Drummond and Lester Embree, Dordrecht: Springer, 1992, p. 89.

结构的分析，与其将现象学建立为一门科学、为科学进行奠基、对意识进行深入细致的分析的目的是一致的。他是从意识深处寻找认识基础并执着探索的先行者之一。

与朱蒙特不同的是，德雷弗斯（Hubert L. Dreyfus）很早（1982年）就认为被胡塞尔视为严格规则的Noema概念与人工智能的基本假设相似。这一假设即"由计算机程序制定的规则和表征奠定了认知过程"。[1]因为胡塞尔认为Noema可以形成一个复杂的形式结构，即使没有计算机为他的直觉提供一个模型，他也将Noema视为可能的综合过程的严格规则。[2]德雷弗斯的体会有一定的道理，的确指出了胡塞尔思想与人工智能建构的最为相关的方面。但在以数学模型为基础的机器智能的建构中，对于意识客体（Noema）的自身的综合方式，以何种统一的数学形式去标示是一个需要解决的难题。我认为，这个问题如果无法获得突破性进展，那么机器自身的认识建构就缺少有效的工具。这是因为计算机自身的结构方式与人类是不一样的，它是逻辑的运行，而人类的认识不仅是逻辑的运行，也是习惯的运行，这使得它有一种本能的发现方式，这种方式目前还难以被逻辑系统直接取代。人类的认知是历史的集成，它不单单是由个体的认识功能所决定的，还取决于认识中的交流、传承和塑造。因此，想要以机器自身的认知建构完全取代漫长的人类认知形成的历程，这是不容易的事情。它还需要克服一些困难，尤其是需要发明和设计一种全新的数学，以对表达物实施低功耗的、周全的、精密的表达和关系的主动建构。主动建构正是Noesis所涉及的问题，也是属于认识的动力学问

---

[1] Dieter Münch. "The Early Work of Husserl and Artificial Intelligence", *Journal of the British Society for Phenomenology*, (1990) 21:2, 107–120.

[2] Hubert L. Dreyfus, Harrison Hall(eds.). *Husserl, Intentionality, and Cognitive Science*. Loddon: Press, 1982, p.10.

题。但是，人类目前对认识的理解还处在静力学阶段，静力学阶段的工作如果没有接近完成，那么动力学的工作就无法有效展开。

关于Noesis和Noema的关系，胡塞尔还有一些细致的论述。由胡塞尔的表述来看，将意识体验从Noesis和Noema各自的方面来考察所获得的东西是不一样的，它们之间是对应的关系而非相同的关系。例如通过Noesis功能可以获得的是先验的构成，它是一种本质必然性，而在纯粹直观中获得的明证性的构成则属于Noema，先验的东西可以通过先验的还原回到纯粹意识中重新考察，但当对现实的东西进行还原时，却保留了现实中的Noema，也就是说，还原的是Noesis的东西；统一体属于Noema，由连续的意识客体构成，而流形则属于Noesis，由Noesis因素构成；信念方式属于Noesis，如估计、推测、询问或怀疑，对应的则是Noema中的存在样态，对应的分别是可能的、或然的、有疑问的或可疑的；在Noesis中的"否定"作为一种设定，对应的是Noema样态中的意识客体的消除；Noesis中的确定行为（"是"）对应的就是Noema中的"真的"（样态）。[1]（如图表35）这些论述可以表明Noema最终基于纯粹的直观获得确定性，它是一种意识样态，或者说是意识客体。相应地，Noesis则是意识行为，它加工质料，使其成为意识体验，这些体验物也成为Noema的组成部分，它在认识上形成的是先验的构成物，而Noema则是直观的构成物。由此，在Noema层级的分析中，我们不仅可以借助直观获得构成物，例如获得现实事物的表象，还可以通过Noema层级，去追溯其意识行为在此过程中可能会存在的作用关系。相应地，在Noesis的分析中，我们可以借助纯粹的规定性去加工质料，形成意识构成物。由此一来，对认识活动中的意识过程的认识，始终是一种双向的活动，或

---

[1] 参见胡塞尔《纯粹现象学通论》，2014年，第191、194、201、204、519页。

者说是在Noesis和Noema层级之间反复进行的活动。

Noesis	先验的构成	流形	估计	推测	询问	怀疑	否定	确定
Noema	明证性的构成	统一体	可能的	或然的	有疑问的	可疑的	消除	真的

图表35　Noesis与Noema的对应关系

胡塞尔的这些分析究竟如何发挥进一步的认识作用，我们通过其导论性论述还很难知晓。从其繁多的分析中足见其志向远大，意欲要解决长远的科学问题。对科学的奠基工作，无疑是艰难的，胡塞尔更像是这条道路上的先行的探险家。胡塞尔说："在我们的论述中现象学显示为一门开创中的科学。只有未来可以告诉人们，这里进行的分析会给我们带来多少确定的成果。当然，我们所做的很多描述本质上将可能以另一种方式进行。但有一件事是我们可能和必须追求的，即在每一阶段我们都忠实地去描述那些按我们的观点和经极严格的研究之后实际得到的东西。我们的途径就是一个穿过未知世界地域的求知探险家的旅程，并仔细地描述着在无人走过的地段上所呈现出来的东西，而这个探索旅程将永远不会是一条捷径。这样一个探险家可满怀这样的自信，即他在某一时刻、某一条件下说出了必须被说出的东西，而且因为他是对亲见事物的忠实描述从而将永远保持其价值——即使后来新的探索会要求运用各种改进的方法去进行新的描述。我们怀着同样的信念希望在以后的研究中做一名现象学诸形态的忠实描述者，进而在我们自己的描述中坚守内在自由的态度。"[1]

---

[1] 胡塞尔：《纯粹现象学通论》，2014年，第187—188页。

我们进一步努力来考察胡塞尔Noesis和Noema关系的理论意义，尽管这在诸多学者那里被认为是一个难题。所有的理论都是人所制造的。如特伦德伦堡所言："所有人类认识的驱动力始终是以仿造的思维来解开神圣创造的奇迹。"[1]理论不像自然事物的运行那样存在，尽管其在根源上也有自然运行，但由此形成的构造却是千差万别的，所以也就不存在对事物及运行方式的单一化描述。但我们如何理解这些纷繁多样的理论呢？也就是说如何获得其中描述的确定性的东西呢？只能从目的和效用两个方面入手：一是考察它的目的，然后基于其理论要素尝试重新进行建构，看能否得出相同的理解和描述，这时候，已有的思想是一个比照；二是看使用理论会有什么样的效果，即它是否能够解决一些问题，是否能够更好地解决问题。对待现象学也应如此。除了上述一些看法，我认为这一理论所标示的是心理行为与体验现象的分离，由此我们就可以将意识中的功能和被处理的对象进行分离。接下来如果要继续这一工作，就是要考虑如何在功能上优化认识能力的问题，但这只是一个方面。从胡塞尔的论述中还可以看到，认识也是在Noema层级获得展开的，这个层级的东西是可以相互联通的。如果说Noesis的作用是捕获新的东西或形成新的关系，那么，Noema的意义就在于以更多的直观获得意识表象，或意识构成物，以及透过这些构成物去认识相应的意识功能，通过进一步的反复考察以期捕获新的东西或形成新的关系。基于此，也可以验证胡塞尔的工作方式是否有助于推进我们的认识。

那些不理解胡塞尔工作目标的人，也就无法看清楚胡塞尔的这些分析所蕴含的价值。价值是在目标中体现的。从胡塞尔的思想中找到

---

[1] Friedrich Adolf Trendelenburg. *Logische Untersuchungen*. Erster Band (Zweite, ergänzte Auflage). Leipzig: S. Hirzel, 1862, S. 2.

一些有价值的思想点进行研究和运用，与搞清楚牛顿的万有引力定律并运用是不一样的。这是因为胡塞尔的诸多分析都是自我心理探索的描述，它具有的首要的思想价值是"思想人类学"意义上的，即以观念化的描述方式形成对心理活动的忠实记录。这使得它会成为此方面研究的历史资料。如果我们不比对思想的历史，我们难以确定哪些思想点是有价值的。思想的价值是在历史中体现的。这个进程也包含着将来的历史，即人们的理论需求。例如狄尔泰就基于历史的维度而尝试对认识论进行永久性的奠基。胡塞尔曾批评狄尔泰的这种做法，认为其最终会陷入相对主义和怀疑主义。胡塞尔的批评立即受到了狄尔泰的反驳，狄尔泰认为他误解了自己毕生的工作目标。按狄尔泰自己的说法，他一生都在致力于一门普遍有效的科学，致力于寻找一种普遍有效的认识论。[1]后来胡塞尔在谈到自己的纯粹现象学的科学意义时，仍然是从历史出发来进行确认的，这说明他吸收了狄尔泰的批评。因此，一种历史研究对研究胡塞尔思想来说是有益的。对于胡塞尔的Noesis和Noema结构，人们也将其与相关的思想进行过比较，有人认为这个思想是形而上学式的，有人认为它相当于弗雷格的意义理论，这都是一些个人的理解，带有各自所熟悉的固有思想色彩，彼此之间都相互争执不下。更为重要的事情是去尝试解决胡塞尔提出的理论问题。胡塞尔的目标是为科学进行奠基，这其实也是在寻找一种普遍有效的认识论。因此，Noesis和Noema结构的理论价值，取决于它是否能够解决这样的问题。如果不能解决这个问题，那接下来的任

---

[1] Edmund Husserl. *Briefwechsel*. Husserliana Dokumente: Band 3,Teil 6, *Philosophenbriefe*. Hrsg. von Karl Schuhmann. The Hague, Netherlands: Kluwer Academic Publishers. 1994, S. 43. 胡塞尔前期对一些著名哲学家的批评和见解被驳回了，如恩斯特·马赫、狄尔泰，他对布伦塔诺的理解也被哲学史家海因里希·高姆博茨认为是一种误解。这些哲学交往不能不使胡塞尔感到郁闷。从每一次批评之后的哲学论述来看，胡塞尔吸收了他们的一些观点和看法，或者说做出了很大的让步。

务应该是寻找新的解决方式，而非无视目标地陷入与方法无关的纠缠不清的批评中。

就对科学的奠基这一目标而言，其中的必要环节就是考虑命题在一种本质化的考察中是如何形成的问题。对此，胡塞尔通过Noesis和Noema的理论分析，充分给出了解释，命题就是Noema的意义加上Noesis行为设定特性所构成的统一体。[1]我们进一步来理解一下这个过程。过去我把认识视为"对象加形式的组合"，进一步我们也可以视为"质料加形式的组合"。但这两种理解都是有缺陷的。它们都是对认识形成过程的静态化的理解，并不包含形成认识的全部要素，实质上，它包含的仅仅是Noema中的东西。如果我们结合胡塞尔的Noesis和Noema的理论分析来看，这种认识是不周全的，认识的动力学要素没有被考虑进去，像Noesis那样的认识中的设定特性并没有被充分认识到，因此，在意识内部的考察中就不能构成对认识形成过程的较为完善的动态化理解。认识的动力学问题在历史上虽有涉及，但非常少见，胡塞尔关于Noesis和Noema的结构分析中恰好包含了对这个问题的一些理解，这是需要我们继续深入研究的问题。

胡塞尔关于命题的这个新的思考，我们对其进一步理解，就获得了这样的形式："已有的Noema+Noesis=新的Noema=新的命题"。这样就形成了一种普遍的形式理论，它意味着可以在意识中从两个方向上考察认识和构成认识，可以逐步回答理论性的构造的一切难题。我认为这是目前我们面对认识深处的奥秘时可以尝试采取的解决问题的思路。由此来看，《纯粹现象学通论》（通常也简称《观念I》）的确是胡塞尔最有价值的著作。

---

[1] 参见胡塞尔《纯粹现象学通论》，2014年，第257—258页。

第六章
范畴研究

从胡塞尔的Noema学说出发，我们将认识的形成过程理解为"已有的Noema+Noesis=新的Noema=新的命题"这样的形式，这个理解不仅考虑到了构成认识的静态要素，也考虑到了形成认识的动态要素。但这只是初步的理解和构想，尚需进一步研究才能发挥它的理论意义。在这里，按照较为简便的对认识的形成过程的理解，我们还是从静态的层面将认识理解为"对象+形式=认识"这样的形式，经过进一步的转化之后，对象转变为形式，形式转变为范畴，认识的形成过程就成为"范畴+范畴=认识"这样的形式。作为一种类型化的对象，或者说我们要认识的客体，它的概念就是范畴，只是范畴这个词在汉语中被用来指最为基本的哲学概念，在此，我们恢复一下它的用法，将其视为一类对象的总称。由于人类的认识寻求的是系统化的或规律性的认识，所以范畴作为一类对象的总称，意味着关于它的知识本身就是某类对象的知识，因而也就意味着某类事物的规律性。如"人有两只眼"既表示人类这种动物的一种基本特征，也表示关于人类这种动物的身体构造的一条规律。此外，我们用诸种不同的形式来界定或描述对象，如颜色、声音、形、状、量等，这些东西本质上都是对事物的规定性，无论其单独出现，还是重复组合出现，在认识中都意味着对事物的规定性，而规定性本身就是范畴。反过来说，范畴的意义就在于形成规定。或者说，基本的规定性就是范畴。进一步而言，我们基于各种规定性而形成认识。在形成更为复杂的认识的过程中，还出现了逻辑，因此在本章的范畴研究之后，第七章就是对胡塞尔逻辑学思想的一些研究。

第一节 范畴的含义及类型

一 范畴的含义

范畴这个术语在胡塞尔那里被理解为双重含义，一是指标志某个领域的范畴，如标志物质领域或自然世界的物质这个范畴；二是指某一领域内所有事物所具有的基本形式，如物质领域的事物具有的基本形式就是物质形式，它之中的一切都是有广延的，或有体积的，思维领域的事物具有的基本形式就是思维中的形式，它之中的一切都是没有广延的，所有的存在都是意念的存在。标志某个领域的范畴被胡塞尔称为"区域范畴"，标志事物的一般形式的范畴被称为"形式范畴"。[1]我在过去的理解中将认识理解为形式和对象的结合，或更确切地说是诸种形式和某一对象的结合，而胡塞尔进一步把它理解为句法对象和句法范畴的结合。而胡塞尔所说的句法范畴就是句法形式的范畴，这意味着他认为诸种形式作为一种研究对象，或作为几种研究对象，还应该有其更具一般性的本质。

---

[1] 参见胡塞尔《纯粹现象学通论》，李幼蒸译，北京：中国人民大学出版社，2014年，第21页。

Kategorie（category）这个词被翻译为范畴，中文的范畴这个词的含义与胡塞尔的理解有相同之处，但多了方法这个含义。范畴这个词从《尚书·周书·洪范》的论述来看，指基本方法及标准。在现代汉语中，范畴指最基本的概念，如物质就是标志客观实在的范畴。基于列宁对物质概念的基本解释，在马克思主义哲学中，物质就成为客观世界的一切事物及其样态的哲学范畴。综合来看，汉语中的范畴包含三个基本含义：方法、标准、某一领域。标准实质上就是形式上的标准物，是形成认识的参照。如果将汉语中范畴的含义和胡塞尔对范畴的理解结合起来，恰好也可以表达这样一个综合化的含义：我们在特定的领域内基于特定的形式标准和一定的方法实现特定的目标。这个目标既可以是认识目标，也可以是要解决的社会事务。因此，范畴被人们理解为工具也是可以的。对范畴的这种组合式理解在科学研究中是不可取的，它只是我在这里采用的一种理解方式而已。科学的概念要放在不同的系统中去理解，在其系统中都是单义的或同质的，否则就会破坏整个理论系统。理解方式与理论系统不完全一致。这种理解方式是为了理解那些歧义性而造设的权能方式。

胡塞尔所说的两种范畴意味着不同的研究方向。在第一个研究方向中所获得的就是事物的真理。在作为某一领域的标示的区域范畴中，通过研究所获得的是事物的实在的本质，或者说质料性的本质。人们通常所认为的具有真正意义的本质就是这个。由此，我们获得的是就某一领域的事物而言的真理。在第二个研究方向中所获得的是形式的真理。第一个本质经过还原之后，获得的是一些意识的形式，这些形式组合起来所形成的解释的有效性，针对的是某一领域的事物。在胡塞尔看来，这些形式也应该有其自身的本质，这即意味着对这些形式自身的本质的解释所针对的仅仅是形式自身而不是别的，这样一来，所形成的真理就是形式真理。

当我们基于这些思想来理解胡塞尔对科学的奠基任务时，如果说研究形式本质的科学对事物的本质性认识具有奠基作用，那么，形式自身的真理性就是事物真理的基础。这也即进一步意味着，对形式自身的纯粹研究的推进有助于科学的推进。这是因为在对形式的纯粹研究中，如果获得了更多的可能性的认识，如果这些认识中的可能性在自然世界中找到了对应的形式表现，那么，就意味着发现了新的认识，这就无形中推进了对世界的认识。

由诸多形式所构成的研究领域就是形式领域，因此，形式就是标志着形式领域的一切形式的总范畴。对它的研究在胡塞尔看来只能是直观的方式，研究的任务是考察其形式所蕴含的可能性。

二 逻辑范畴的基本类型

胡塞尔在关于范畴概念的论述中区分了逻辑范畴的类型。他认为逻辑范畴可以分类两类，一类是意义范畴，另一类是形式本体论范畴。意义范畴指的是命题形式的基本概念，形式本体论范畴分为句法范畴和基底范畴。[1]具体分类如图表36：

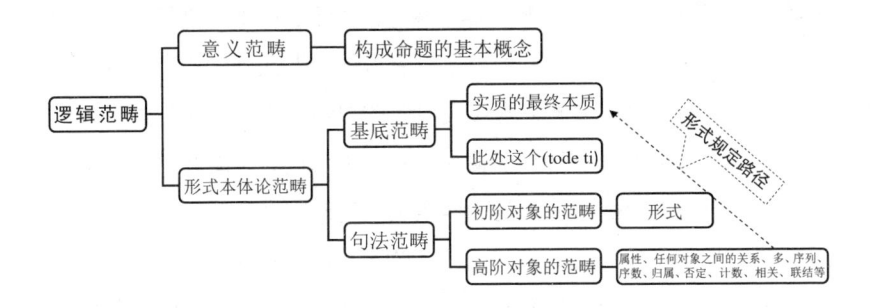

图表36　胡塞尔对逻辑范畴的分类

---

[1] 参见胡塞尔《纯粹现象学通论》，2014年，第23—28页。

从胡塞尔的相关论述来看，句法是理解认识形成的基础。句法就是将表达式作为对象来讨论其中的规则和规则所蕴含的东西。一个基本的句法结构由句法对象和句法形式两部分组成。在这个基本结构中，胡塞尔通过句法形式定义了句法对象，句法对象是通过句法形式从其他对象中导出的对象。相应地，每一处于关系中的对象都具有各种句法形式，因此，不同的句法形式也就意味着不同的句法对象的存在。在这个意义上，句法形式就可以引出相关的对象。例如，当序数词"第一"出现在句子中时，它意味着后面还存在其他排序，也意味着被描述者所处的次序位置。由胡塞尔的表述中所蕴含的这些思想来看，句法对象加上句法形式就构成了认识。

在胡塞尔的说法中，不同类型的句法形式就构成了不同的句法范畴，如事态、属性、关系、多、序列、序数、归属、否定、计数、相关、联结等，就是指代相应的句法形式的句法范畴。在这些范畴中，除事态外，其余的都属于高阶形式对象的范畴。可以看出，胡塞尔在这里将一些形式标记为高阶对象，意在表明这样一种研究的可行性和研究对象的实在性。在过去的语境中，人们所研究的对象物都是自然事物，或感官世界中可呈现的实在事物，虽然从原则上讲任何认识的东西都是作为对象存在的，但由于没有对纯粹形式予以研究的专门做法，也就没有将这类形式作为研究对象的习惯。而一旦这门学问可以存在，就理所当然可以将它们视为研究对象。这就是胡塞尔在这里把形式作为对象的原因。从传统的事实领域的研究来看，形式只是研究对象的工具。而某一类形式，也可以像某类自然对象那样用一个范畴概念来表示。从这两个方面而言，在事实领域或经验领域中，范畴表示某类对象范围及形式，在本质领域内，范畴表示某类形式对象及形式的"形式"。

胡塞尔认为，在本质领域内，形式对象有不同层级，因此其范畴也有不同层级，分别为高阶对象的范畴和初阶对象的范畴。在句法结构中，句法对象由句法形式所导出，这也就意味着句法形式是对句法对象的规定。胡塞尔将意识形式所规定的那些意识形式自身称为高阶对象。这里蕴含的基本的理解思路是：对象获得形式规定后在认识中被确立为某个对象或某种对象。因此，高阶对象的范畴导出的是高阶形式对象，高阶形式导出的是下一层级的句法对象。逐次递进，最终所导出的那个对象就不再导出更下一层级的对象，它就是最终基底的范畴，例如意识中呈现的事态。简言之，高阶的意识形式最终影响对初阶对象的规定，这是句法形式整体上的规定路径。因此，高阶意识形式的调整、改变、优化决定了对初阶对象的认识的调整、改变、优化。这样一来，现象学所初步揭示的就是认识在意识根源上是如何被推进的。

句法范畴的整体功能是规定性的，这是胡塞尔所指出的。又由于范畴和对象是相互指涉的，在形式领域内，范畴的规定性与对象二者是结合在一起而存在的，都不可能独立存在，句法范畴可以导出句法对象，所以，句法范畴整体上是功能性质的。因此，从古代汉语的范畴这个词的基本含义来理解，胡塞尔所说的范畴无疑也承担了认识中的工具作用。

可以说，胡塞尔以更为精密的结构重新理解了这样一个事实：形式的变化决定着认识的构成。通过对意识形式的对象化处理，现象学的本质研究获得了确定的研究对象，以此它就可以被确立为与传统研究一样的科学研究。这是我所理解的胡塞尔在这方面的工作思路。如果我们按照胡塞尔的思路继续前进，是否通过对形式的本质化研究就可以推进科学，这是需要验证的事情。至少胡塞尔本人沿着这条道路前进得并不顺利。

在我看来，胡塞尔所说的句法形式还应包含更多的意义。句法就是一种规则，规则蕴含的就是预期中的变化，因此，句法变换会带来新的预期。很多物理学或数学的认识发现，根本上都是已有的句法形式进行变换的结果，而不是总结经验之后才形成的。当这些变换后的形式适合于自然事物时，它就成为在一定前提下有效的认识，这也是所有的有效认识都必须具有其前提的原因。其实，在很多思考中，我们都会通过句法形式的变换获得一些新的构想，然后再考虑它的适合性问题，或者将已有的句式用于新的对象，看能否引出新的认识。

三 初始范畴

在胡塞尔的论述中，初始范畴（Urkategorie）指的是现象学的先验意识研究领域。这个领域在胡塞尔看来有不同寻常的意义。在认识领域中，他认为所有的存在领域都基于先验意识领域，即基于先验意识形式而形成认识。这也就意味着，已有的科学知识合法性必须要回到现象学的意识领域去重新审查。因此，就不能事先承认这些知识的有效性，只能将其作为一个尚待考察的东西放在那里，转而进入现象学意识领域中。在这种做法中，各种科学知识就作为一种加括号的对象，只是起到指示具体的要研究的领域和问题的作用，而不再发挥其他的作用，例如原本作为自然科学的思维问题的研究，现在就变为自然科学的意识的现象学，自然科学就变为自然本身的现象学，心理学和精神科学就变为关于人、人的个性、个人特征和意识流的现象学，即一切问题都要在意识根源中，即在初始的先验意识领域获得重新的考察。[1] 如此一来，现象学就成为一切科学的基础，它可以研究一切问题。

如果从这些论述来看现象学，现象学就不是一门专门的科学，而

---

[1] 参见胡塞尔《纯粹现象学通论》，2014年，第126页。

是一门伴随性的科学，它相当于初学者必须掌握的语音、语法、算术、几何、色彩、音程、运动等这样的知识。这就意味着它是基础的科学，或者说伴随每门具体科学而存在的科学，而不是一蹴而就的独立的科学，因为如果没有具体的科学，它就失去了服务的对象，而具体的科学反过来又要依赖它才能做得更好。我们可以将其视为所有科学的"语法学"或"数学"，它的规则决定着具体科学的规则和所要达到的精度。如果从形式本体论范畴来看，初始范畴作为先验意识领域，实则就是生成句法范畴和基底范畴的领域。

四 对本质领域范畴的本体论划分

此外，胡塞尔还尝试从本体论的思想理念出发对本质领域的范畴形式做区分。[1]见图表37：

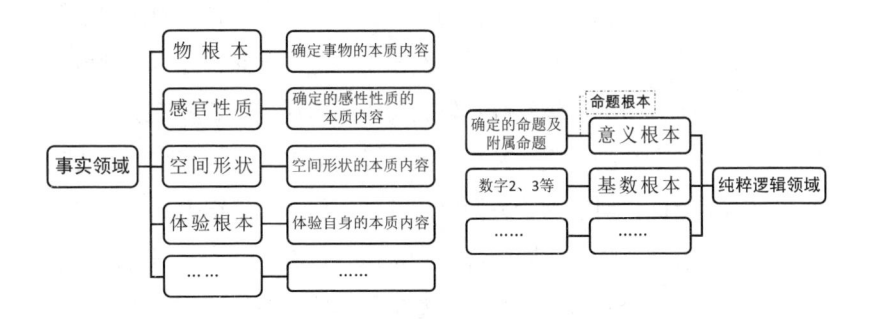

图表37　胡塞尔以本体论思路对本质领域范畴的双重划分

在这种划分中，本质分别按照事实领域和纯粹逻辑领域进行了划分，它们之间的差异在于对象的纯粹性不一样。

就事实领域而言，其中描述的事物都是经验对象，即我们感官呈

---

[1] 参见胡塞尔《纯粹现象学通论》，2014年，第25页。

现的事物，如通常所说的各种颜色，各种形状，被我们以感官方式确定的事物，以及我们身体的各种感受，如疼痛、疲劳等。基于这些感性的性质，通过对出现的事物之间的次序的不断感知，或者说现象之间的不断感知，人类将其重复发生的东西作为认识提取了出来，一代代传承，构成人类经验知识的大厦。但胡塞尔认为这类经验知识本身是不纯粹的。而他所说的不纯粹就是经验的，这两个表达在他的语言世界里是同义词。他认可和确信在人类的认知系统中还有一套不借助经验就能被确认的认识，与之相比，经验的认识就被称为不纯粹的认识，但这种认识中包含着纯粹的东西。对此，胡塞尔认为通过分析和考察其中的纯粹的东西就可以反过来助推认识的发展。这就意味着经验认识是需要优化和进一步加工的对象，而不是全然无效的。它有时候是不彻底的，存在这样那样的混乱，但仍具有经验意义上的有效性。这种认识一直也在探讨事物的根本性的东西，这种东西按照本体论的思维方式来说就是它的本质。按照本体论的思路，在事实领域中存在这样一个本质的层级系统，较高层级的本质包含着较低层级的本质，也存在一个总的本质，可是，由于经验繁多，这个最终的本质就是神秘而空泛的，但它却给人们以总的认识信念和思维方式。不同的本质层级，也就意味着不同的规律性认识，也就意味着不同的认识范围。但是，我们需要清楚的是，胡塞尔的本体论与传统的本体论是不一样的，他对本体论只是一种借用，按照他自己的说法，本体论的设定只是认识的一项预备性的工作，对于真正在意向性领域展开的 Noesis 和 Noema 这样的完整而具体的构造性分析而言，它只是具有引导作用。[1]

---

[1] 参见胡塞尔《笛卡尔式的沉思》，张廷国译，北京：中国城市出版社，2002年，第189页。

事实领域中的本质，实则是用来解释某一类经验现象的总称，它是一种预示或规律，如动物会动，水会流动。随着经验世界的变化和人们感受的变化，对事物的本质性解释也是不断变化和优化的。它在经验世界中仍然有效，所以它会被不断传承。失去效应后，人们就会寻找新的解释。在这些有效的认识中，设定人们的感官世界有一种根本的性质，设定存在着确定的空时形态，设定存在着事物本身、体验本身。这些东西是经验认识的根基。这些东西本身是变动的，或我们按照经验世界的认知无法全然确定的，但它们却在解释上构成了认识的根据。例如我们通过重新观察和体验去认识事物、理解过去的认识时，我们其实预设了体验活动自身中蕴含着体验的根本性，正是这种根本性决定了认识结果的有效性。

比对事实领域的本质层次，在纯粹逻辑领域也存在这样一种本质的层级。由于纯粹逻辑领域中探讨的是纯粹的意识形式，胡塞尔认为它也存在着两个层级的本质，最低层级的用来描述事物的具体的数或命题中的具体的形式等，较高层级的就是各种形式类型的本质，如整个基数范围的东西的本质。在纯粹逻辑这个领域内，胡塞尔认为它的本质是纯粹形式的本质。他所说的这种本质性认识，是依赖其形式自身建立起来的认识，不像在事实领域内那样需要在经验世界中验证其合法性或有效性。

整体来看，胡塞尔以种属关系这一本体论常用的思维方式尝试对现象学的本质研究领域进行建构，这就在术语和思想工作方法上使得现象学的这一工作有了形而上学的意义。由此，我们完全可以把三卷本的《纯粹现象学和现象学哲学的观念》称为"现象学本质学导论"。在我看来，这是胡塞尔屡遭他人误解后尝试对现象学的哲学实质进行刻画的一次努力。这种做法在科学的建构历程中究竟具有什么样的价值是仍需探讨的事情。这首先意味着这样一个问题：对纯粹形式的本质研究，或者确切地说对其规律的发现，究竟在哪些方面能够有助于科学的发展？例如，通过对算术的基本表现形式的研究，数学家发明了代数，这使得数学有了长足的进步，但这种发明难道真的是基于对数的纯粹形式的规律性研究吗，还是数学家本身就知道数学的这些基本的形式是可以发展的，而无须某种规律性学问的指引就能做到这一点？还有，即使我们知道了纯粹形式的变化规律、纯粹形式的生成规律，就能够通过对这些形式的改造形成更好的认识吗？比如，音阶中的音程关系在频率上的比例是固定的，如果我们改变了音程关系的比例，基于新比例的音程关系或律制而写作旋律，是不是就可以获得更优美的音乐旋律呢？当然，胡塞尔可能会认为这是一个实践问题，就像在他给马赫信中的回复一样。但是，如果缺乏了实践环节的诸多要素考虑，科学的思维和方法是很难发挥作用的。

然而，这些思想还是在一定程度上揭示了科学的发现过程的基本规律。科学的认识在源头上是一种发现，这是我所认同的基本看法，也是常见于前代大科学家们的著作中的基本观点。结合这一点来看，现象学的本质直观的方法所意味的价值恰好也在于帮助发现。对形式的本质研究，即直观研究，也无非试图通过观看的方式获得新的形式发现。基于这些新形式的发现，就有可能建立关于事物的更好的认识。当然，也有人认为对认识根基的这些研究有利于我们确定已有认识的合法性。这个问题不是我愿意多讨论的。在神圣王权、科学的宗教时代、习俗神圣逐次落幕之后，人们需要在信念和价值观上寻找新的根据，认识论研究或许有助于此，但在根本上它仍然处于被利用的而非实质主导的地位。对此，希望认识论研究不要发挥它有害的一面，我们也要想到：谁对世界认识得越清楚，它毁坏世界的能力就可能越大。

第二节　两个基本范畴

形成认识的基本范畴有很多，这里仅补论 Sein 和 Dasein 这两个范畴，其余的基本范畴研究可以参阅《现象学入门：胡塞尔的认识批判》第十五章第三节《对象的高阶构造》。范畴的发生就是观念的发生，在此也补论观念的自发性问题。

一　Sein、Dasein

存在（Sein）被胡塞尔用来表示意识现象的存在，无论这种意识现象是否具有知觉特征，它都被视为是存在的。如素朴的知觉或前现象体验，都是不具有知觉特征的单纯的存在。对此，胡塞尔说："如果我们将反思的解释行为与所谓素朴知觉相比较，那么，我们可能会认识到：素朴地知觉并反思和分析知觉意识（同时借助反复比较），我们就会发现反思和分析中与原初不一样的意识。素朴的知觉结束了，但它以刚才的形式停留在现象学意识的统一体中，通过对它的分析和阐释就可以转到新的反思意识中。显然，相比而言，前者实际上'以隐含的形式'拥有着分析出来的要素，并且，所有素朴的知觉以这些要素被'意识到'一个不具有知觉特征的存在（Sein），即不具有知觉客体被给予性特征的存在。每一个意识的此在（Dasein），每一个存在（Sein），在反思性的考察和分析中，在它刚刚发生之后，在给予性中被转化并以此被察觉，这就是我们称之为'单纯的'或前现象体验的存在。"[1] 这里，所谓前现象的存在，指还未被知觉清晰把

---

[1] Edmund Husserl.*Einleitung in die Logik und Erkenntnistheorie, Vorlesungen 1906/07*. (Hua XXIV), Hrsg. Ullrich Melle. The Hague, Netherlands: Martinus Nijhoff, 1985, S.244.

握的意识现象，在反思中可以领会到这种"现象"的存在。犹如前文在Noema研究中所说的只能被暂且标记为"X"的Noema。因此，存在（Sein）概念在胡塞尔这里等同于进入意识中，只要能够进入意识中，就意味着存在，哪怕是一丁点的意识，都是一种存在。这样的存在概念，完全就是认识中的存在。它并不只是意味着像自然客体那样存在。

按照胡塞尔进一步的表述，存在（Sein）就是亚里士多德所说的"作为真实的存在"（1027b19），相应地，此在（Dasein）就是客观时间中的存在者，它等同于狭义上的实存（Existenz）。对此，胡塞尔说："我们获得的普遍的存在概念，就是在亚里士多德的意义上的'作为真实的存在'（ὄν ὡς ἀληθής）。存在就是真实的存在。实际意义上的存在，在客观时间性中的存在者，就是此在（Dasein），即狭义上的实存（Existenz）。对于范畴对象，特别是事态而言，我们更倾向的说法是持存（Bestand）。"[1]

以上这些形成认识的范畴，我们更倾向于把它们称为形成认识的基本范畴。但如果我们以后面的精密范畴与其进行对比的话，它们也是形成认识的语文方面的范畴。语文范畴还有更多的类型，凡是与上述范畴类型相似的范畴，都属于语文范畴，很多概念在其首要的方面都是一种语文范畴。

二 观念的自发性

观念的自发性涉及的是对意识起源问题的探讨，它是胡塞尔对本质直观或本质的原初给予性的一种再解释。

---

[1] Edmund Husserl.*Einleitung in die Logik und Erkenntnistheorie, Vorlesungen 1906/07*. 1985, S.315.

在胡塞尔那里，"给予"首先意味着感知行为中意识的给予，即对内容的意识，在感知行为中，客观事物以表象的方式出现在意识中就是一种给予意识，所以，在感知意义上，给予是意识中的一种呈现。[1]其次，给予也意味着本质在意识中的最初的呈现，即形式自身的最初的呈现。按照胡塞尔自己的解释，本质在意识中的这种最初的呈现是自发的，与之相比，经验意识和感性给予活动都不是自发的。此外，本质在意识中最初的呈现所指的就是观念化的过程。简言之，胡塞尔所说的给予就是事物或观念在意识中的呈现。在胡塞尔现象学中，碰到"给予"及相关的表达时，我们将其理解为意识中的呈现就可以了，在理解"观念的给予"时，我们将其理解为"意识给我们提供了一个观念"就可以了，"给予""提供"这两个词可以替换使用，"呈现"这个词在大部分情况下都是可以替换"给予"这个词的。

基于胡塞尔的这些思想我们可以看出，胡塞尔所说的那些原初给予的概念都是在自发的观念活动中产生的，原初的意识都是自发的意识。

因为观念化也意味着观念的抽象过程，本质直观也是一种原初的给予行为，所以，观念抽象、本质的原初给予（本质最初的呈现）、观念化、本质直观这四者实则表达的是同一回事情。现象学始终承认一切认识都在直观中起源且最终受到直观的检验，因此，原初给予性直观是认识的合法源泉就被视为现象学的最为根本的原则，即一切原则的"原则"。[2]这也就意味着认识中观念的发生、检验、理解都要在直观中进行。

---

[1] Edmund Husserl. *Studien zur Struktur des Bewusstseins: Teil I Verstand und Gegenstand Texte aus dem nachlass*(1909–1927). (Hua XLIII-1) Hrsg. von Ullrich Melle und Thomas Vongehr. Cham, Switzerland: Springer, 2020, S. 3.

[2] 参见胡塞尔《纯粹现象学通论》，2014年，第41页。

在胡塞尔1910年的一份手稿中,给予行为被分为感官给予和综合给予。这个理解与上文所说的感知给予和观念给予不一样。对于这两种给予行为之间的对比,胡塞尔以论证而非单纯描述的方式给出了说明,他说:"现在有两种给予意识或两种给予行为。一个是给予中存在的纯粹的被动性。选择和理解的接受性仅仅是接受性,因为仅仅接受某些本身并不是从自发性中萌芽的东西。因此对比很明显:某种东西正在被抓住,在简洁的意义上,以这样一种方式,即自发的行为必须先于它,其准备和产生了抓住的内容。首要的事是必须建立判断综合,让抓取的目光转向事实,使之成为实际抓取的对象。"[1]这段话表明,综合行为其实是一种判断行为,因而综合是判断的开端,感官给予则是被动性的存在,又因为综合给予行为中存在非自发性的东西,所以综合给予行为基于感官给予,即非自发性基于自发性。通过对比后来出版的《纯粹现象学通论》中的相关论述,可以看出胡塞尔后来不再坚持对给予行为进行这样的区分,而更多认可的是感官给予和本质观念的给予这种区分。但对于自发性和非自发性这样的理解模式还在沿用。《纯粹现象学通论》作为胡塞尔亲自修订的出版物,应该能够代表他的主要观点。

基于这些论述,我们来简单比较一下他所说的观念的自发性和康德所说的概念的自发性之间的关系。康德在《纯粹理性批判》中认为我们的知识有两个来源,第一个是感受表象的能力,即对印象的接受性,第二个是通过这些表象来认识一个对象的能力,即概念的自发性,第一个来源使得对象被给予我们,第二个来源使得对象以表象关系被思维。[2]

---

[1] Edmund Husserl. *Studien zur Struktur des Bewusstseins: Teil I*. 2020, S. 57f.

[2] 参见康德《纯粹理性批判》,邓晓芒译,杨祖陶校,北京:人民出版社,2014年,第51页。

比较康德的说法，我们发现胡塞尔所说的观念的自发性与康德所理解的概念的自发性是一回事。这体现在两个方面。首先，胡塞尔所说的感性给予指的就是康德所说的印象的接受过程。其次，胡塞尔所说的形式范畴或高阶对象范畴（属性、否定、关系等）的给予过程，就是康德所说的概念的自发性。胡塞尔也明确地认为概念作为一种精神产物是自发产生的。[1] 因为用来认识事物的形式和形式范畴是相互关联的，区别在于形式范畴是某一类形式的总称，强调的是类，而形式概念多体现为对事物的抽象，所以概念的自发性也意味着形式范畴的自发性的存在。又因为形式范畴是某类形式的本质，所以当胡塞尔说这类本质的原初给予时，意味着的要么是形式范畴的自发性，要么是形式的自发性。

但是，胡塞尔和康德关于认识来源的思想所要解决的问题是不一样的。康德的任务在于论证知识在人的认识能力方面的起源，而胡塞尔则力图通过对内在的认识活动的反思或直观，形成对认识发生过程的描述。从认识能力来论证知识起源的做法，意味着要对未来的人类认知形成规定性认识，这是一种本体论的解释。迄今，所有的力学解释都是本体论解释的遗留。这是本体论的有益的思考方式在近现代以来的哲学与科学中留下的痕迹。很多人由于潜在地接受和习惯了力学式的解释，在哲学的自我探索和思考中都会自发地倒向形而上学。因此，康德的解释在整体上必然是形而上学的。如果要寻求彻底的认识，他最终必然追求的是带有永恒意味的那类解释，如意志自由、灵魂不朽等。从反思、直观和描述的方式来理解认识的起源，与用能力去论证的方式就不一样了。这是典型的经验科学或现代自然科学的工作方式。胡塞尔现象学的工作方式整体上就是这样的，他力图通过对

---

[1] 参见胡塞尔《纯粹现象学通论》，2014年，第40页。

认识的意识活动的描述来实现对认识的发生过程的认知。虽然胡塞尔在将自己的现象学作为哲学理念阐述时也使用了本体论的一些架构方式，表明要建立意识中的形式的本质学研究，但是他的主要工作方式与本体论的是不一样的，他只是想通过这种方式来表明现象学是一门科学，它拥有迄今为止被人们忽视的一类研究对象，由于存在这样一类值得研究的对象，这样一门科学的确立就是有必要的。但在其思想工作方式上，对内在经验的描述、反思，仍然属于经验科学的方式，所以胡塞尔更看重休谟以来的经验论传统，而忽略康德以来的理性传统。因此，胡塞尔一般不说本质观念的自发性，而是使用"给予"这个词来表达这样一个过程。在他的通常用法中，感性印象，意识中的形式、范畴、概念，都是被给予的。这就使得其学说在表面上远离了理性论证的痕迹。而实质上，胡塞尔在很多论述中都有思辨的成分，但不像他的老师布伦塔诺一样，完全用思辨的方式论证描述心理学的立场。这是因为在观察和描述进行之前，必然需要思辨的东西进行引导，否则，如果没有找到要解决的问题及其领域，观察肯定是盲目的。因此，胡塞尔的经验论立场，实质上表明的是我们解决问题的某个阶段必须要用经验观察和描述的方法，而不是说所有的阶段都只能用这一种方法。

如果只是把通过本质直观获得观念的过程解释为本质的原初给予（*本质最初的呈现*），并进一步把这种最初的本质观念的呈现视为一种自发的意识过程，那这种解释实质上并没有推进我们在这方面的认识。在我看来，观念的自发性意味着基于某种较为原始的生理活动或心理活动而形成的观念是可以重复生成的，这就使得某些观念的发生看起来带有了必然性，基于这种意识发生的必然性，认识中所需要的最初的确定性就形成了。在这样的意识活动层面，观念的自发性、观念的重复发生、观念的确定性三者是一回事情。对这些可以确定的观念的运用，形成的就是主动化的认识过程，这也就意味着在认识中非自发性的意识活动总是要基于自发性的意识活动。对此还需要思考的是，如何界定自发性的和非自发性的意识活动，或者说如何界定被动性的和主动性的意识发生活动。如果我们只是像往常那样进行解释，即非自发性依赖于自发性、自发性相对于非自发性、主动基于被动，那就等于是一种循环解释，仍然无助于推进我们对认识活动的认识。在我看来，自发性的认识活动出现在一个固定的范围内，涉及自发性观念产生的要素都是相对固定的和有限的，这是由人的感知范围和生理机能所决定的，要拓宽认识，就得超出这个范围，建立更为广泛的观念间的联系，因此，就需要把存留在记忆中的观念"主动"与其他的东西或观念联结起来，建立较为复杂的和涵盖更多要素的关系。这就是非自发性的认识与主动化的认识形成的过程。它们与非自发性的和被动性的认识的区别在于可存在的范围不一样，涉及的要素更多。

第三节　精密范畴

一　数量观念的心理发生

与莱布尼茨一样，胡塞尔认为，数量并不是来自对具体事物的直接抽象，而是来自意识内的观念，也就是说，数量是一种纯粹意义上的心理发生。胡塞尔说："每一个表象客体，无论是物理的还是心理的，抽象的还是具体的，无论是通过感觉还是想象获得的，都可以与任何一个或任何数量的其他对象结合起来，形成一个整体并相应地计算，例如：一棵确定的树、太阳、月亮、地球和火星，一种感觉、一个天使、月亮和意大利等。在这些例子中，我们总是可以谈论一个整体、一种多样性和一个确定的数。因此，个别内容的性质无关紧要。"[1]大致相同的表述也出现在该著作的其他部分。这说明这段论述中包含的思想是胡塞尔关于数量的心理发生方面的最为基本的认识。

胡塞尔在这里强调的立场是，数量观念的产生并不是来自对具体事物的直接抽象，它的任意性表明它是一种纯粹的心理能力作用下的产物。基于这个立场，他批评了穆勒的观点。在胡塞尔看来，穆勒将数量理解为物理属性是不合适的，如数量之间的关系，三分之二，就无法在物理属性上直接体现出来，这些数量关系都不是物理现象，而是心理现象。

将数量视为心理上的观念发生，这与亥姆霍兹在1887年的论文《从认识论看计数和测量》中的基本立场是一致的。但二者在进一步的看法上是不同的。亥姆霍兹认为计数行为基于我们保留顺序的心理能力，人通过记忆而保留顺序，基于这种能力，我们在内心中形成对意识顺序的感知，将这些意识顺序符号化之后，再经过不断地强化，我们便以此进行计数。（见前文第四章第五节）而胡塞尔认为对数量的感知首先来自感知事物时在心理中产生的多重性，基于多重性而进一步产生了数量观念。

如果单纯从对数量产生过程的内在反思来看，这两种认识都是合理的，但不同的是，胡塞尔认为数量观念或秩序观念起源于对外在事物的观察活动，例如看到一群人时，这群人是作为一个多重性的事物出现的，然后观察者会将其视为一个一个的人的组合，这样就形成了计数过程。如果从经验主义立场来看，计数能力肯定不是一种先天能力，因为先天能力能够运用的范围是有限的，而计数能力可以用于无

---

[1] Edmund Husserl.*Philosophie der Arithmetik: mit Ergänzenden Texten(1890–1901)*. (Hua XII) Hrsg. von Lothar Eley. Den Haag：Martinus Nijhoff,1970, S.16.

限的范围，所以，计数能力更多体现的是对先天能力的一种扩展性的运用。工具意味着被运用，方法意味着它适合，当一种事物可以被运用的时候，它就具有了工具的性质，所以，当亥姆霍兹将计数视为一种心理上保留顺序并强化这种顺序的能力时，就意味着人又具有了一种适合于认识活动的工具。认识的方法就是运用合适的认识工具进行认识的过程。

胡塞尔的《算术哲学》初版于1891年，但其中关于数量观念的心理起源的这部分内容是在1887年完成的，之后作为《算术哲学》的前四章内容出现。亥姆霍兹关于计数和测量的论文是在1887年发表的。这说明胡塞尔与亥姆霍兹关于数量的心理起源的思考在时代中是同步的。这也可以表明科学的历史发展将共同的问题在相仿的时间段内抛给了科学家们。可以说，胡塞尔是以另一种方式去尝试解决亥姆霍兹所说的计数能力的产生过程。但在《算术哲学》第一部分的最后论述中，胡塞尔引用了亥姆霍兹这篇论文中的一些论述，然后以推测性的语气指出亥姆霍兹混淆了数字与序数之间的关系，认为亥姆霍兹只是将数字简单地解释为纯粹的符号，而且反复说亥姆霍兹对数字的理解是一种唯名论。[1]但实质上，亥姆霍兹的观点中并不包含对胡塞尔这样的探索方式的拒绝。数字或计数行为在客观事物身上的起源问题并不是亥姆霍兹考虑的，他的理解实质不包含对这方面的必要解释，因为他所要解决的问题是计数如何成为一种认识能力并如何用于对事物的表达，而胡塞尔的认识中却蕴含着为算术奠定永久基础的建构目标。

我们知道，算术中的计数能力同时体现在基数和序数两个方面，

---

[1] Edmund Husserl.*Philosophie der Arithmetik: mit Ergänzenden Texten(1890–1901)*. 1970, S.174ff.

这样人们就可以使用计数能力形成对事物的数量秩序和次序的表达。对于这二者之间为什么具有现实性的实现关系，很少有人论述。我们可以见到的是物理学家保罗·赫茨在编辑和翻译亥姆霍兹《认识论文集》时加在评注中的看法，他认为数列和时间都是一维性的东西。（见前文第四章第五节）这无形中告诉我们，基于最为基本的一维性的一致性，算术世界具有表征自然世界的权能。由此我们可以将整个自然世界构造为一个数的世界，算术工具因而也就成为认识世界的最基本的工具。

对于算术的理解，胡塞尔也是基于数量自身之间的关系，而不是将其与经验世界的东西混合在一起。胡塞尔认为，算术应该被定义为数字关系的科学，计算活动意味着在给定的数字的基础上，根据已知的数字之间的确定的关系找到其他的数字。胡塞尔说："无论如何，它的基本任务是根据给定数字之间存在的某些已知关系，从给定的数字中找到其他数字。"[1]

但是，在《算术哲学》中，对于将计数过程（序数的形成）与时间顺序视为同一回事的这种观点，胡塞尔是持批评态度的。他的理由很简单，即认为我们的心理不可能在同一时刻只处理一个内容，否则，我们就不可能将不同的单个数量结合为一个整体而形成更大的数。此外，胡塞尔还认为，事物所呈现的量的多重性与时间的连续性是有区别的，它们不可能是同一回事情，虽然计数过程中存在的时间的连续性表征了计数中时间的共存，但如果从数量起源于事物的多重性这一看法而言，这种共存是一个难以理解的谜团。[2]实质上，在胡

---

[1] Edmund Husserl.*Philosophie der Arithmetik: mit Ergänzenden Texten(1890–1901)*.1970, S.256.

[2] Edmund Husserl.*Philosophie der Arithmetik: mit Ergänzenden Texten(1890–1901)*. 1970, S. 27ff.

塞尔的认识中，他主要是在强调"整体"感的获得是人们对单个事物形成关联意识的前提，而非强调人在单一时刻只能感受一种或多种事物的形象。至于非常细微的感知单元的划分，我们还是不清楚的，这需要用特定的实验装置进行测算后才能确定，基于对视觉感知的最小时间单位的确定，才能确定人在最小时间单位内究竟可以感知到哪些内容，或在最为简单的纯色感知过程中，究竟需要多长时间才能将目标物以观念的方式分辨出来。

因此，胡塞尔基于意识活动的内在反思对亥姆霍兹关于序数形成过程的观点的批评是缺乏真正根据的。这是因为意识在某一时刻的感知本身是一种复合性的感知结果的呈现，它是多次转化的结果，人反思这个呈现所得到的认识并不能如实反映序数这种意识活动的形成过程。就这点而论，保罗·赫茨对于时间和序数的一维性解释可能是更为合适的。胡塞尔拒绝时间与计数之间所存在的这种一致性，即后来保罗·赫兹设想的一维性，只能说明胡塞尔在自己的反思中看不到这种一致性的存在，而不能说明这种一致性是不存在的。如果没有特定的引导，我们的确无法在意识活动中直观到二者之间的一致性。而且，事物的多重性并不是同一时刻感知到的多重性，它很有可能是在意识自发的认识活动中综合出来的多重性，只是这种多重性由于牵扯的要素较多，牵扯的环节较多，可能无法在时间序列上被依次体会到，胡塞尔所体会到的只是序列性认识过程的某一个环节，而非全部的环节。因此，胡塞尔的拒绝意味着他没有看到这种情形，而不是时间性的东西在对多重性的感知中是不存在的。在胡塞尔后来的论述中，他仍然明确地认为数是一种非时间的存在。[1]可见在《算术哲学》

---

[1] 参见胡塞尔《纯粹现象学通论》，李幼蒸译，北京：中国人民大学出版社，2014年，第40页。

发表二十多年后，胡塞尔依旧坚持他对数观念曾有的基本看法。

按照胡塞尔的理解，如果作为心理产物的数量可以用来指涉任意的事物及事物的数量，那么，这样的数或数量就成为把握事物的范畴。又因为数量可以通过序数关系不断地构建起来，形成无穷的数列，所以，我们就拥有了基于事物的单个性而总是得以运用的一类形式。单个性也意味着同一性。因为数量可以无穷叠加，而单个的事物无穷多，所以，我们可以运用的这类形式也无穷多。因此可以确定无疑地获得的理解是：胡塞尔关于数的思考实则是对认识的工具范畴的思考。

胡塞尔认为数的概念产生于一种确定的"多"，是对综合行为进行反思的结果。[1]这种综合行为被胡塞尔视为二阶的心理行为，即基于原初的心理捕获物而进行的心理把握活动。[2]也可以说，综合后所获得的东西是意识提供的东西，这个行为也被称为意识的给予行为。这是胡塞尔最常用的思考方式：将心理中的意识的产物称为某种心理行为的产物，或者说心理行为是这种产物的直接因素。这种思考将人们对胡塞尔的理解导向了一种意识的实体学说，即潜在地认为某种意识行为具有这样那样的性质。而实质上，某种意识行为自身是以某些意识结果而表达的，是我们对意识结果的心理动因的表达，所以，它是一个待确定的对象，也是一个不清晰的对象。因此，对意识结果以心理行为予以解释的做法，在我看来不是一种好的做法，其所认为的各种心理行为之间的差异仍然是行为结果的差异，并没有对认识产生实质上的推进。

---

[1] 参见贝尔奈特、耿宁、马尔巴赫《胡塞尔思想概论》，李幼蒸译，北京：中国人民大学出版社，2011年，第14页。

[2] Edmund Husserl.*Philosophie der Arithmetik: mit Ergänzenden Texten(1890–1901)*.1970, S.196.

我们只能把胡塞尔对数观念的形成过程的心理行为方面的解释看作一种权能性的解释，其对数观念的具体产生过程的论述，也主要体现为个人经验的呈现，并不代表可予以一般化的数的观念的一种发生过程。实质上，人的数观念的形成过程是婴孩时期就有的事情，其具体的形成过程我们已无法再度直观了，按照某个哲学家的看法，我们无法设想一个小孩操控着一套术语向我们表达他心中的数观念是如何形成的这样一种场景的存在，所以，我们以成年人的眼光通过对内在心理活动的反思所确认的数观念的形成过程，已不是真正的形成过程，而是再度运用数观念对事物直接进行把握的过程。在这个过程中，人看到屋子里的很多人，究竟是先把握到一个人，还是多个人的整体，这是无法直接确定的。按照人眼通过光线和色彩的对比把握单个事物的物理过程来看，他首先把握到的既不是一个也不是多个，而只是光线，人的轮廓一开始也是不存在的，唯有在把握到事物的轮廓并确认轮廓后，这个事物才被作为一个个体确认了出来，在进一步的把握中，人可以把握到更多的个体，在一开始的把握过程中，确认的个体可以是作为一群人而存在的这样一个整体的"个体"（集合），也可以是单个的人，还可以是其中的某几个人组成的"个体"（集合）。由此而论，胡塞尔的描述仅仅体现了个人经验。在反复的把握之后，群体被视为个体的集合，这样，单个数量的相加与群体总数之间的关系就获得了等同。因此，数量究竟是基于单个的量而形成，还是基于多重的量而形成，这并不是最为重要的，重要的是人通过这种方式初步形成了一个数量系统，如由三个"1"组成"3"，然后，按照类似的方式就可以形成数量较大的系统，并形成系统内部的组合量之间的关系和排序。亥姆霍兹所考虑的是后面的排序问题以及人如何通过心理训练使之成为一种认识能力的问题。就这点而言，胡塞尔的思考涉及的问题在层次上比亥姆霍兹更为基础一点儿。

通过上述分析我们可以看出，对数的形成过程的分析，其实就是对人的认识能力的分析，或对人所拥有的这种认识工具（作为范畴工具的数）的分析。这样的分析不应被理解为对某种实体的分析，而应理解为对工具的分析。对工具的分析，在于从目的上去解释这样的工具能否有助于实现我们的认识目标，而不是形成对工具的性质或特征的认识。工具的"性质"首先在于能否被用于实现相应的目的。如果忽视了这一认识，就会导致不必要的认识混乱。

此外需要补充的是，对数观念的形成过程的权能性解释是一种力学解释的误用。这个问题我在以后的研究中再去讨论。对数的解释是为了回答精密认识是如何形成的问题，以及这种认识如何被进一步运用和发展的问题，而不是为了形成对心理能力的本体化解释。心理能力不是一种实体，而是一种权能，这个认识在很多研究中都被模糊化了。

在我看来，关于数量、序数、时间性、一维性、事物的多重性之间的关系的这些争论，将会导向这样的假设：数量、时间、空间、秩序之间是"四位一体"的关系。（如图表38）前三者都是对秩序的表达，秩序在以前三者的形式被表达时，我们会体会到秩序的存在。

数量	秩序
时间	空间

图表38　数量时间空间秩序"四位一体"

二　几何学的起源

通过对几何学的起源的论述，胡塞尔想阐明的观点是：科学的知识建立在自身认识的自明性（Evidenz/明证性）之上，而非蕴含在历史之中，因此人们需要回溯到意识的自明性中去考察科学知识的起源问题，以及由此才能看到的起源上所包含的诸多意义。与胡塞尔在思想早期对算术哲学的论述相比，与几何学相关的这些论述是在其生命的最后两年中完成的。我们可以把胡塞尔关于算术和几何的论述归类为对于精密范畴的论述。要形成精密的科学，就必然需要精密的范畴。这些范畴与前面所论述的认识的基本范畴是有所不同的。但是，胡塞尔对几何学在意识中的发生情形的论述，只有少量的内容，更多的是以此来阐明人类知识整体上得以发生、传承、理解的原委。胡塞尔对几何学起源的相关认识论问题的论述集中了胡塞尔的诸多主要思想，对它的研究以往有许多，例如法国著名哲学家德里达（Jacques Derrida，1930–2004）对此有过长篇论述，他试图以此为题阐明胡塞尔的整个思想谱系。但学者们扑朔迷离的研究，满篇或然性的表达和推测性的语气，无法使我们通过这些研究看明白胡塞尔究竟要解决什么问题，以及胡塞尔是如何解决这些问题的，虽没有讲一句错话，但也没有讲明任何重要的肯定性观点，为此，我尝试以自己的理解对胡塞尔的这些思想作梳理。在梳理胡塞尔对几何学的起源的理解之前，先尝试对胡塞尔论述的思路予以梳理。

胡塞尔认为，几何学是人类的一种精神成就，通过世代延续的科学共同体对继承下来的成就不断地进行综合，它不断获得壮大。这些精神成就在其根源上，都建立在意识中的认识的自明性之上，或者说建立在清晰明了的确定性之上。它首先获得的是简单的自明性，因此，它也是直观的产物。思考到这一步时，这种几何学的成就还只是一种主观的构成物，但作为一种普遍有效的知识，它是具有客观性的，那么，它的客观性是如何获得的呢？也即说，它如何从一种主观性的构成转化为一种客观性的知识？这个问题也即意味着，它作为一种观念上的成就,如何在别人那里获得理解并进一步传承下去?因为几何学的公理并不是像自然现实那样的存在,在具体的生活中我们找不到那些纯然无体积的点、线、面,以此构成的关系性的知识不是自然世界中实存的东西,所以它只能是抽象的存在,但在知识的传承中如何使得别人同样也理解这些抽象的存在呢?

基于此,胡塞尔认为,这种观念性的存在之所以能够获得他人的理解,是因为存在三个前提:[1]

一是几何学的语言本身就是对世界的相关事物的一种表达,因此借助语言和自己的认识能力,就可能获得对几何学知识的理解。按照胡塞尔自己的说法:"语言就其自身方面来说,是功能和被熟练的能力,它是与世界相关联的,即与可由语言按其存在和如此存在方式表达的对象之总体相关联的。"[2]因此,语言可以唤起人们所熟悉的意义,"被理解"就是它的功能的体现。

二是人具有相同的视野(Horizont),相同的视野是人们可以构造相同的观念的基础。Horizont这个词具有多重含义,在此我们也可以理解为"眼光""眼界"等。我们在日常汉语中也经常以这两个词来指人所具有的某种基本的观察能力、构想能力或判断能力,如"眼界相同""眼光一样"等说法,表达的就是这样的意思,如果我们剔除其判断和构想这层含义,而只是在单纯的观察意义上去使用它们,它们在这里就意味着我们在观察事物时会产生同样的心理状态。胡塞尔认为人的根本的视野是相同的,所以在对共同的事物进行观察时就可以获得相同的理解。

三是人类处在一个共同体中。胡塞尔认为,人与人之间具有直接

---

[1] 参见胡塞尔《欧洲科学的危机与超越论的现象学》,王炳文译,北京:商务印书馆,2009年,第447—454页。

[2] 胡塞尔:《欧洲科学的危机与超越论的现象学》,2009年,第452页。

的或间接的移情关系，这是一种相互关系。基于这种相互关系，人们彼此得以相互理解、相互交往，把其他人视为自己的同伴。在这个共同体中，语言共同体是首先被意识到的。胡塞尔认为，这种无须声音就可以表达和交流信息的东西，使人类共同体化的程度提高到了一个新的阶段。

基于人们在根本上的视野或眼光是相同的这一原因，人们会把周围世界都当作客观的存在来进行谈论，对其进行命名或语言表达。因为身处语言共同体中，所以人们本身就具有理解他人语言的能力。又因为语言表征着对世界的认识，所以借助语言就可以理解他人的认识。

几何学的知识在意识中被获得之后，它就从鲜活的自明性的知识转变为沉淀性的知识。这种沉淀性的知识可以再度被唤醒。当自己再度面对同样的情境时，沉淀下来的知识就会被重新激活。在已有的沉淀性知识的引导下，对事物重新获得的体验所形成的构造就可能与过去的认识获得一致，这时候过去的认识就有被人们重新理解的可能。由于移情作用的存在，人们借助语言也就可以在心灵中重复构成他人的认识。由于在他人之中获得了同样的构造，几何学知识就从原初的主观性状态转化为客观化状态。

简要来看，共同的语言连接着共同的事物，共同的视野在面对同一事物时，形成共同的构想，即观念性的认识，这就是几何学知识在人们之间得以理解并传承的根本原因。

胡塞尔认为，几何学的知识历史悠久，我们不可能回溯到久远的历史中去追问它的合法性根基。再者，认识论的阐明与精神科学的阐明是不一样的，后者如果用于几何学的阐明，就是一种根本上错误的做法。在胡塞尔看来，几何学最初的意义已经保留在了已有的几何学知识中，且这种知识在源头上是一种自明性的知识，因此在意识中就可以直接找到它们的发生状态或合法性根基,而无须回溯到没有尽头的历史中。[1]

从直观的层面而言,胡塞尔认为几何学源自观念的抽象。如前所述,几何学知识作为观念构成物具有自明性。这种自明性本身就是在本质直观中产生的。本质直观就是自明性。胡塞尔这方面的看法与其对一般认识观念的产生过程的看法没有区别,区别在于几何学的知识处理的是特定的样态。胡塞尔认为,几何学处理的这些样态是具有空时性的东西,涉及的是其中的可能形态、图形、运动状态、形状变化等,并将它们作为可测度的量进行处理。首先,从具有空时性的事物中抽取出来"面",然后抽取出来"棱",还有"线""角""点"。在"线"中,人们又偏爱"直线",在"面"中,人们又偏爱"平面"。对于抽取出来的这些形态,当人们从一种粗略的估计过渡到以等价单位进行数量上的计算时,就有了测量过程,由此,几何学就产生了。[2]几何学在其构词上指的就是测地术,所以测量的开始就意味着几何学的产生。按照胡塞尔的这些理解,我们在意识中重新抽象出这些东西后,就可以理解古代人的几何学知识了。

在我看来,测地术仅仅是古老的几何学形态,它是从几何学最初的使用功能而言的,不能完全代表几何学的实质。几何学中的"点""线""面"这些基本要素,是诸多视觉性知识的要素,而非只是几何学的基本构成要素,因为这些要素可以普遍存在,所以一切事物都可以被几何化。作为一种精密科学,几何学在根本上仍然是关于"量"的关系的学问,在欧式几何中其以图形的方式建立了对"量"的另一种表达。几何学所处理的是"连续的量",它本质上仍

---

[1] 参见胡塞尔《欧洲科学的危机与超越论的现象学》,2009年,第466页。
[2] 参见胡塞尔《欧洲科学的危机与超越论的现象学》,2009年,第473页。

然是一种数学。胡塞尔也认为几何学是一种空时形态的数学,是精密物理学的意义基础。[1]这种连续的"量"通过图形化的表达,在视觉中能够获得更好的记忆或理解。作为一种"量"的学问,所有的数量问题都可以被几何化,而所有的几何问题都是"数量化的",所以,当代数学形成之后,二者结合形成了解析几何。因此,几何学的本质不仅是一种抽象的观念性存在,而更应该是一种知识工具。作为一种知识,它肯定是观念化的,但观念化并不是几何学与其他数学相比而言的本质,而是所有知识的本质。如果这样来看,几何学的分析就具有了更为广阔的认识论意义。作为一种知识工具,几何学在实践中不断发展。胡塞尔说:"如果说,技术实践方面非常狭隘的经验上的任务设定,原来曾推动了纯粹几何学的任务设定,那么从那以后很长时间,几何学已经反过来作为'应用的'几何学变成了技术手段,变成了构想和实行以下任务的指导:通过向几何学的理想,即极限形态不断地提高与'接近',系统地构造用于客观规定诸形态的测量方法学。"[2]几何学作为工具性的知识,会随着认识目的的变化而不断革新,因此就会不断出现新的"几何学"。例如,波兰数学家曼德布罗特(Mandelbrot,1924—2010)所发明的分形几何可以用来处理不规则形状的问题或不同层次的复杂性问题。[3]还有如希尔伯特空间或无限维空间,可以用来处理更为复杂的函数问题和流体力学的问题。[4]但无论几何学如何变化,它始终处理的是可以连续的量。因此,对知识的根基的直观并不意味着必然会产生科学意义上的知识,更重要的

---

[1] 参见胡塞尔《欧洲科学的危机与超越论的现象学》,2009年,第37页。

[2] 胡塞尔:《欧洲科学的危机与超越论的现象学》,2009年,第42页。

[3] 参见曼德布罗特《大自然的分形几何学》,陈守吉、凌复华译,上海:上海远东出版社,1998年,第1页。

[4] 参见约翰·塔巴克《几何学:空间和形式的语言》,张红梅、刘献军译,胡作玄校,北京:商务印书馆,2009年,第194页。

事情还在于如何构造知识。在知识历程中，旧的合法性不意味着新的发现，因为"发现"是更为根本的事情，合法性只是为已有的"发现"做论证，它可以减少重复性的错误，减少不必要的探索和思考，节省精神力量的消耗，但无法对其形成替代。

几何学的基本要素作为一种观念化的东西，在胡塞尔看来具有无限的意义，可以形成一种更具普遍性的"形式的数学"，如解析几何，相对而言，古代几何学仅仅是这个历程中的一个开端和片段。胡塞尔说："关于一种类似的，但是更为一般的（作为自形式化的抽象商产生的）理念，即形式的数学的理念的构想，古代人也远未达到。只是在近代的初期，才开始真正去发现和征服数学的无限的地平线。于是形成了代数的、连续统数学的、解析几何学的早期阶段。由于这一代新的人类所特有的勇敢和创新精神，由此出发立即就预先推定一种有关在这种新的意义上合理的无所不包的科学的伟大理想，或更确切地说，这样一种理念，即由一般存在者构成的无限的全体本身就是一个合理的无所不包的统一体，它可以相应地由一种普遍的科学完整无遗地把握。"[1] 这段话包含的另一个重要意思是，胡塞尔认为几何学等这类科学的观念化的东西作为认识的基础，可以构成对人类一切领域的解释或理解。这种数学在胡塞尔看来是先天的，而古人对此的理解是封闭的，没有看到其无限展开的一面。

胡塞尔在生命最后两年对于几何学问题的看法，可以视为其科学知识整体建构思想中的代表性观点。这其中所蕴含的根本思想是：无论需要多少经验性的观察，科学知识作为不断寻求一种统一性的描述系统，在源头上需要借助那些普遍的观念，如点、线、面等，借助这些普遍的观念，进行纯粹连续的构造，才能够形成统一性的知识

---

[1] 胡塞尔:《欧洲科学的危机与超越论的现象学》，2009年，第35页。

系统。

　　几何学的这些基本观念，作为一种精密范畴，以语言符号和图形双重方式表征，是精密科学始终要依赖的东西。这些精密的范畴有着心理上的起源。但这并不意味着心理事物与物理事物是截然分开的。胡塞尔认为，在理性分析中分离出心理的东西会带来思考的困难，二者是一个统一体，因此也就不存在理性主义与经验主义之间的对立，这种对立化的思考在胡塞尔看来会将人们引向错误的方向。实质上，这些在心理上起源的东西是具有客观性的，由此，基于其所构造的知识才会具有客观性。从洛克的白板说也可以看出，心灵所获得的事物的印象本身就具有实在性，它是以确定的观念建构普遍科学的根据。因此，人们只有摒弃那些空洞的二元论解释，才能避免科学之间的分裂。[1] 由此而言，胡塞尔并不是一个唯心主义者，他是一个心灵实在论者，即心灵所形成的某些观念实则是一种生理物理的产物，基于某些现象它必然会形成某些观念，如我们都可以形成点、线、面这样的观念，基于这些纯粹的观念和相同的心灵构造能力，彼此的认识在人与人之间就可以获得理解。如果这样来看，胡塞尔对纯粹自我的考察，实则是对意识活动所构造的一种东西的描述，而非认为这种东西是认识的基础，因此我们不能以此就认为胡塞尔是一个唯心主义者。

　　科学的推进有赖于精密范畴，但语文类的范畴对于知识的生成和传播而言更为基本。历代的哲学家在使用概念时都要进行界定，在需要表达新的含义时尤其如此。语文类的范畴涉及较多，这些研究可以参见胡塞尔现象学几种常见的术语辞典。

---

[1] 参见胡塞尔《欧洲科学的危机与超越论的现象学》，2009年，第82—86页。

第七章
逻辑研究

　　逻辑研究是胡塞尔认识论研究自始至终的主题。胡塞尔最开始的哲学研究是寻找数学的哲学基础，或在数学中寻找和发现哲学层面的更为普遍的东西。数学是认识的核心要素，对它的哲学研究理所当然地碰触到的就是知识的核心问题，因此，对数学的哲学研究是一种认识论研究。接下来，《逻辑研究》的出版则意味着胡塞尔从逻辑方面寻求对知识的根本理解。根据胡塞尔在《逻辑研究》中的论述，他的这项研究所要解决的问题总的来说有四个：一是研究思维的心理联系如何转变为思维内容的逻辑上的统一性问题；二是对认识活动的主观性和认识内容的客观性之间的关系做出普遍的批判性反思；三是清晰地理解认识论的基本问题；四是在对逻辑科学的批判性理解上达到更为可靠的清晰的认识。[1]这四个问题实质上都是认识论问题。从《逻辑研究》这一著作的结构和内容来看，处理的全部都是认识论问题。可以说，胡塞尔的大部分著作都围绕这四个问题展开。以下主要基于胡塞尔晚期较为成熟的著作《形式逻辑和先验逻辑》论述他对逻辑的

---

[1] 参见胡塞尔《逻辑研究》，倪梁康译，北京：商务印书馆，2015年，第5页。

一些基本看法。

第一节　逻辑学的基本特征

《形式逻辑和先验逻辑》的研究思路更为明晰：从思想内容的研究进入对思维的研究。思想内容是以语言形式呈现的，所以，逻辑研究的两个部分就多出了一个预备性的部分，即语言部分。由此，逻辑学的研究首先要处理三个方面的内容：语言、思想、思想行为。[1]当然，胡塞尔的这种分析是按照形式本体论的方式进行的。简言之，就是分析具有决定关系的那些环节。

一　语言的三个特征

从胡塞尔后期对语言的研究我们可以看到其早期所从事的研究的一些思路和做法。根据胡塞尔的论述可以看出，语言在他的认识中有三个特性：[2]

一是语言具有精神世界和物理世界双重的客观性。作为客观意义上的声音和文字，语言具有客观性；作为心灵的构成物，它也具有客观性。

二是可以被重构。语言是心灵的构成物，所以，它可以重复被心灵生产出来。胡塞尔用版画的复制来比喻语言的重构特征，即使其复制了无数份，呈现的仍然是同样的内容。不仅如此，正是因为复制活动的存在，版画才被称为版画。也即说，版画自身的含义不仅包含了

---

[1] 参见胡塞尔《形式逻辑和先验逻辑》，李幼蒸译，北京：中国人民大学出版社，2012年，第15页。

[2] 参见胡塞尔《形式逻辑和先验逻辑》，2012年，第16页。

"母版",也包含了其被复制的可能。如果比照语言的话,语言的确也具有同样的特征,由此它可以在人与人之间进行传递、被复述和使用、获得理解等。

三是观念的统一体。复制意味着被复制的对象本身是作为一个统一体而存在的,因此,无论是字词,还是语句,作为语言,都是一个统一体。其客观性意义只能在心灵中被理解,所以,它主要是作为一种观念统一体而存在的。如果我们进一步进行解释,独立的字词作为观念统一体,说明其自身有着可以固定的结构。如果继续推进理解,那么,句子作为观念统一体,其自身也必须有可以固定的结构。

二 逻辑的三个特征

如果我们从胡塞尔关于语言的这三个特征的理解来看待逻辑,那么逻辑也就具备了三个基本的特征:

一是逻辑具有双重的客观性。逻辑作为一种规范体系,虽然它的构成部件都具有双重的客观性,但当我们用其来描述事物的规律时,并不是说由这些部件构成的东西都具有客观性,而只是说那些具有客观性的东西我们才可以称之为逻辑。随着构造的层次增多,构造越来越复杂,这时候,由部件所构造的东西在整体上的客观性程度是逐步降低的。由此,在越来越复杂的构造中,人们为了获得更高程度的客观性,必须得依赖于证明或推理,基于最简单的要素的客观性和最简单的关系的客观性以获得较为复杂的客观性。

二是逻辑可以被重构。证明过程的存在本身说明逻辑是可以被重构的,因为较为复杂的逻辑是由简单要素组成的,所以,作为主动化的构造物,它也应该像版画那样是可以被复制的,由此,某个逻辑所描述的规律,就具有了"母版"那样的特征,显得像是一种理念一样。

同样，推理过程也是一种重构。人们通常不会去区分证明和推理。因为这两者之间实质上是一回事情。人并不是按照已有的逻辑去相互叠加和组合以形成更为复杂的认识，而是事先形成了对事物的"有待确定的认识"，然后再去寻找逻辑化的推理，否则，与实在化的需求相关的逻辑推理就变成了棋类游戏。这是因为人类的知识要么直接地与生活需求相联系，要么与精神需求相联系，这两种需求有相互促进的作用，之所以说其相互促进，是因为心智在功能上表现为有自由联想的能力。精神方面的构造与棋类游戏虽然有本质上的相同，但功用上还是不一样的。在精神方面本着理论需求而形成的逻辑构想，如各种数学猜想和自然哲学的假设，它们可能是本着去发现和构造出更适用的表现形式而做出的，所以它们可能会具有理论意义。但棋类游戏的设计是为了纯粹的心智博弈需求而做出的，所以，它直接满足的是心理需求，而非理论需求。但是，如围棋游戏，它里面除了计算，还有模块化、趋势化的思想，当这些思想作为固定的结构呈现在心灵中时，又可以作为描述其他生活事务的形式，从而具有了理论意义。当这些理论化的东西逐渐被经验证明时，它们也就在具有相同的棋类经验的人之间逐渐流传（"复制"）开来。由此而言，推理过程和证明过程本质上是一样的，即都是一种逻辑上的重构过程。二者的差异在于人们在用法中各自添加的要素不同，在语境中的用法不同。

三是逻辑具有固定的结构。逻辑作为可以重构的东西，自然就具有固定的结构。或者说，当我们把某个东西视为"东西"（thing）而存在时，它本身就意味着具有一个整体性，既然具有整体性，也就同时意味着其有自身的结构。虽然人类的认识及一切生灵都可以视为由最微小的粒子构成的事物，但我们对于事物的认识却是从整体开始的，然后推想出其内部必然存在的结构。因此，认识中的一切事物都预先被视为一种结构性的存在。当事物被视为整体和被视为具有结构时，与此相关的语言作为物理上的客观事物也就必然具有固定的结构，人们可以研究其声音的物理位置、符号方面的区别性。同时，与此相关的语言作为精神上的客观事物也具有固定的结构，它被视为一个可以独立运用的个体，并被认为具有个体内部的结构性，进而，它的结构性和整体性也被用来标示和理解事物的结构性和整体性。

三 逻辑的双重含义

基于逻辑的这三个特征，我们可以看到逻辑的双重意义。第一重意义：如果我们延伸逻辑所存在的边界使其进入语言内部，则语言内部就出现了逻辑，就出现了规范，由此，语言内部的逻辑反过来又成为基于语言而形成的逻辑的基础或规范。第二重意义：如果我们将这些已经形成的逻辑伸向自然世界，它就成为用来描述事物状态、变化的工具，当这些逻辑上的描述在结果上与事物的状态和变化相吻合时，它们就变成了事物的规律。

基于这两重意义，我们进一步将逻辑学理解为研究规范的科学，理解为知识的工艺学。在第二重意义上，逻辑自身产生了被证明的需要，被推理的需要，被加工和组合的需要，这时候，逻辑学就成为一门工具学科。当认识的目的被不断提高、认识的精度被不断提高时，人们为了实现这些目标而被迫去发现新的逻辑工具，或改良已有的逻辑工具。这实质上就是逻辑学被推动的过程。但就此而言，它更多地体现为一种工艺上的进步。在第一重意义上，它是一种规范，也就是范畴，即最初的规定性。因此，逻辑学作为规范的科学和一门工艺学，是基于它的描述功能而实现的。但是，在《逻辑研究》中，胡塞尔不满足于将逻辑理解为工艺论的观点，他对这个由来已久的观点还持一些批评态度，他更是将逻辑学视为规范科学中的一种。[1]

如果我们要将这种功能性的东西视为某种认识能力的结果，那么，就进入了对心智功能的研究。对某种能力的研究是一种物理学的研究，也是一种形而上学的研究。相应地，对认识能力或心智功能的研究是一种心理学的研究。由此，人们就可以形成两个方面的研究，一个是关于直接的感知系统的研究，一个是基于感知之物而形成的思维能力的研究。但对于这两个方面的心理学研究，胡塞尔都是反对的。如果真如胡塞尔所说的那样，存在着一批以心理学的研究解决认识论问题的人，那么，胡塞尔的做法肯定是与其相反的。胡塞尔的研究首先是对心灵中的认识活动的反思和反思后的描述，然后基于这些反思和描述再来重新理解认识的形成过程，或试图开辟出可能存在的认识。在胡塞尔的做法中，研究的对象不再是感知能力和思维能力，而是转换为对意识体验的研究，基于此，胡塞尔试图避免的是认识的含混性，力图达到的是直观上的彻底的清晰性。

由此一来，认识论研究也就以逻辑研究为题展开了。胡塞尔对这些研究在不同时期有不同的称法。在《逻辑研究》时期（1900年）称之为"纯粹逻辑学研究"，研究的任务有三个：一是范畴研究，确定范畴及范畴的组合规律；二是基于这些范畴的规律和理论；三是研究可能存在的理论形式的理论或纯粹的流形论。[2]在其思想晚期的《形式逻辑和先验逻辑》（1929年）中，胡塞尔称之为"逻辑理性批判研究"。在其《经验与判断》（1938年）中又称之为"逻辑谱系学研究"。但这些研究整体上又被视为纯粹现象学研究，如他在《逻辑研究》中所说的那样。[3]之所以如此，是因为纯粹现象学研究包含着对

---

[1] 参见胡塞尔《逻辑研究》，2015年，第57页。
[2] 参见胡塞尔《逻辑研究》，倪梁康译，北京：商务印书馆，2015年，第243—247页。
[3] 参见胡塞尔《逻辑研究》，2015年，第306页。

逻辑研究的方法、理念、研究领域等方面的基本规定。胡塞尔自己筹划出版的重要著作以逻辑开始，最终又以逻辑结束，可见逻辑研究是胡塞尔心中最重要的问题。

　　胡塞尔将语言视为与思想相平行的领域，前者是话语表达的领域，后者是可能的意义领域或意指领域。它们二者基于意向性关系而处于统一体中。在这个统一体中，每一个断言既表现为话语，也有着其意义指向。如果考虑到每一个判断都是由判断行为做出的，那么，同一个话语就具有了三重性：一是话语，二是意义，三是思想行为。[1]但是，不可能像心理学那样将判断行为、想象行为等作为心理行为进行研究。这不是胡塞尔所坚持的研究方式。胡塞尔的做法是在意识体验中去考察意义如何产生的问题。这样一来，关于意义如何产生的问题的研究，就不能是对思想行为的心理学研究，而是要转换为对意识体验的现象学研究。作为对意识体验的研究，它的方式是直观的、反思的和描述的。简言之，以对意识体验的研究取代心理学的思想行为研究。接下来，意义的发生研究就成为在意识观察中去描述意识中的呈现、被给予、被意指等情形的研究。这样一来，逻辑学的研究就成为现象学研究。

第二节　逻辑学的性质

　　胡塞尔将逻辑学视为先天科学理论。在其形式特性上，它在纯粹理性中具有必然的先天性。逻辑学也具有双面向，即一是作为一般逻辑问题的科学，二是作为科学的科学。借此，胡塞尔通过对逻辑学问

---

　　[1] 参见胡塞尔《形式逻辑和先验逻辑》，2012年，第19页。

题的展开而形成的是对认识形成过程的彻底研究。

一 先天性

按照胡塞尔的分析思路,如果从语言的角度来理解科学思想,则所有的科学思想都由语言构成,相应地也就以逻辑构成。按照胡塞尔的具体解释:"科学思想与科学家的通常活动是判断的思想;不是一般的判断的思想,而是一种按一定方式形成、排列、连接并符合理性之目的观念的判断思想。"[1]由此,逻辑学就成为科学的基础,科学的核心工作就在于如何形成更好的判断。基于此,胡塞尔也把逻辑学称为先天科学理论。相应地,从语言层面去考虑,具有特定意义的科学语言就影响着科学的判断工作,或者说,科学的语言对科学有一种规范作用。

二 形式特性

在形式特性方面,胡塞尔认为,逻辑学的学科普遍性从根本上而言不仅是先天的普遍性或本质的普遍性,而且是形式的普遍性。逻辑学与形式概念紧密相联系,而且在普遍的和首要的哲学意义中,以及在所有学科中,逻辑学在根本上都是形式的。因此,逻辑学最鲜明的特性就是形式。又因为胡塞尔坚持认为一切认识都是纯粹理性(reiner Vernuft)的产物,所以,无论是以纯粹理性形成一般的纯粹形式,还是形成学科的形式,都意味逻辑学其实是纯粹理性客观化的结果。[2]根据胡塞尔对逻辑学的实质形成过程的这种理解,我们很容易看出,如果在对纯粹理性的考察中要进一步对逻辑学进行根本性的

---

[1] 胡塞尔:《形式逻辑和先验逻辑》,2012年,第21页。
[2] 参见胡塞尔《形式逻辑和先验逻辑》,2012年,第22—24页。

解释，以先验的构成物作为逻辑的基础的解释方式，必然是最终的出路。在胡塞尔的认识中，必然的先天性只是在纯粹理性中产生。换言之，胡塞尔考察纯粹理性的目的也就是要阐明逻辑的先天性构成。根据胡塞尔的理解，纯粹理性所形成的形式是先天的，且这种先天性是一种纯粹的先天性，相对应地，当我们听到一个具体的声音时，如果我们形成了一种"一般声音"的概念，那这个概念形式就是纯粹的，但对于在感官上将声音视为声音、将颜色视为颜色这样的认识，它虽然也先于其他经验事实而存在，但只具有偶然的先天性。

为什么纯粹理性所形成的先天性是必然的先天性，而普通的感觉经验所形成的先天性只是偶然的先天性呢？这就涉及对胡塞尔的主体性立场的理解，这个主体性立场不是与客体相对的主体性，而是一种纯粹的主观性。从这个立场中我们也可以看到现象学的整个立场。胡塞尔说："一般的主观性在根本上（个体的或交流的）只能在本质形式中是可思想的，我们通过进一步清晰地揭示我们自己具体的主观性，并通过在一般具体主观性的可能性中自由修改其现实性，将我们的目光引向可以看到的不变性，即必不可少的东西。通过这种自由修改，如果我们从一开始就坚持主观性应该始终是'理性的'，尤其是始终具有判断力和认知力，那么我们就会遇到具有约束力的本质结构，这些结构处于纯粹理性，尤其是纯粹判断理性的名称下。作为一个预设，它还包括与某些质料性存在恒定且本质上必要的关系，即作为判断必须预设的可能经验的统觉基础。"[1]换言之，纯粹的主观性即意识目光所看到的始终存在的不变者，即在自由变更中始终看到的不变者，作为不变者被看到后，同时还被"看到"了它的判断力、认知

---

[1] Edmund Husserl. *Formale und Transzendentale Logik, Versuch einer Kritik der logischen Vernunft.* (Hua XVII) Hrsg. Paul Janssen. Den Haag: Martinus Nijhoff, 1974, S. 33f. 中译本见胡塞尔《形式逻辑和先验逻辑》，2012年，第23—24页。

力，被看到了"理性"、具有约束力的规范性、统觉基础等。这些东西都可以称为纯粹理性。因此，纯粹理性就是纯粹的主观性，也即诸多规范的先天基础。这种先天的基础规范，也即在自由变更中的"不变者"，也是形成认识的最根本的东西。由此一来，逻辑学在根本上就成为纯粹理性的客观化产物。

但是，我们需要明白的是，逻辑中的普遍性是形式的普遍化运用，即观念的普遍化运用，这只是一种工具或手段，不能夸大其作用。

三 双面向

此外，逻辑学还具有双面向。这种双面向是指：它既是关于一般逻辑学问题的科学，也是由逻辑所形成的科学的科学。这也意味着对逻辑的研究要处理两个方面的问题：一是理性功能的活动性和养成性（可塑性），二是由这种功能所形成的可以持续存在的结果。前者是一个主观性问题，后者是一个客观性问题。后者涉及的就是具体的逻辑判断和由其所形成的认识，它们都基于理性的功能而形成，所以这些知识成就在本质上就是一种多重性的形式（mannigfaltigen Formen）。如果我们从流形这一理念来理解的话，这样的知识成就即由初始的功能性的东西逐渐累积和叠加而形成的结构性知识。由此也就意味着，知识及逻辑的形成过程就可以在对纯粹理性的意识考察中获得。逻辑学的主题（Thema）处理的就是判断和知识的多重性形式，这些多重性的形式是在意识的主题化的或目标化的方式中产生的。Thema（主题）这个词，如果我们细致理解的话，就是意义或形式的一种聚拢，如音乐旋律的主题、论文的主题、故事的主题等。它是意识所朝向并产生趋同的东西，然后被确立为一种持久的成果。由此，获得它们的方式也就成为获得类似成果的方式。人们在意识的纯粹理性这样一个领域中，可以通过这样的方式不断产生相关的概念、判断、推论、证明和定理，这些东西都满足于最基本的意识规范，所以，它们结合在一起就可以成为一种具有普遍性的理论，借此，所有的科学都呈现为一种系统性，经过科学共同体中科学家的不断扩充，就形成了多种多样的知识整体。这些成就在文献中就成为一种客观化的存在，因此就可以被重新理解和使用，因而也就具有了持久的意义。[1]这也是在表明外在的符号化的知识的客观性是如何形成的，即其是如何从内在的主观性逐级发展出来并被确立为一种客观性东西的。

认识的客观性产生于主体之中，这是胡塞尔的一个基本的看法，这也是将认识拉回到纯粹的主观意识中去探寻的理论根据。对于这个看法，胡塞尔是这样理解的：这些知识产物，或者说多重性的形式，作为一种有效的意识成就，当它们的有效性超出了产生它的主体及行为，它意味着的就是客观的有效性。它们本来都是意识理性中的东西，是理性功能的产物，基于这种功能，对某一个东西的认识以客观的姿态出现在了意识中。对此，胡塞尔说："它是这样一种功能，即在履职主体的主题化范围内，某种构型、某种判断的和认识的对象性东西，以成果姿态'客观地'出现了。"[2]简言之，客观性认识是认识过程中履职的主体所构造的东西。相应地，履职的主体功能所形成的构造者就具有了两个方面的客观性：一是相对于主体而言，它具有持久的有效性，这是第一个方面的客观性；二是相对于认知群体而言，这种客观性变成了"本来就是"的客观性。在这个意义上，一切逻辑现象都具有两个面向。关于逻辑的这些看法，也可以视为胡塞尔

---

[1] 参见胡塞尔《形式逻辑和先验逻辑》，2012年，第26—27页。

[2] Edmund Husserl. *Formale und Transzendentale Logik, Versuch einer Kritik der logischen Vernunft*. 1974, S. 38. 中译本见胡塞尔《形式逻辑和先验逻辑》，2012年，第27页。

对其思想前期所提出的"主体如何切中客体"这一问题的明确简练的回答。

由此，逻辑学的双面向意味着在这样四种类型中它是双面向的：一是一般逻辑学问题的科学和由逻辑所形成的科学的科学；二是理性功能的活动性、养成性与由这种功能所形成的可以持续存在的结果；三是逻辑的主观性方面和客观性方面；四是相对主体而言的持久有效性和相对群体而言的客观性。

在主客二分的思想模式中，胡塞尔的这种理解可能是关于逻辑形成过程的最根本的理解。他认为历史上关于逻辑的这些问题从来都没有获得理解：逻辑的根源是模糊的，没有理解逻辑的客观性在主观上的起源，没有真正理解这种客观性，甚至都没有以正确的方式提出这个问题。[1]如果超越主客二分的思想模式去寻找更为根本的解释模型的话，相比而言，可能只有莱布尼茨的单子论属于更为彻底的解释。

第三节 逻辑学的功能

胡塞尔还论述了逻辑学的规范性功能和实践性功能，其针对自身的功能就是规范性的，这些规范在赋予科学以形态时，执行的就是实践性功能，以及基于实践性功能的伦理功能。

一 规范功能

逻辑学具有规范功能，这从其语言层面的特质就可以认识到，如前面所说的，科学的语言对科学具有规范作用。如果说普通的科学处

---

[1] 参见胡塞尔《形式逻辑和先验逻辑》，李幼蒸译，北京：中国人民大学出版社，2012年，第28页。

理的是事实性的认识,那么逻辑学处理的就是规范问题,由此,它所具有的就是对事实科学的规范功能。按照胡塞尔在前面的论述,这些规范必然都是从纯粹理性中产生的,是纯粹理性中的原则,纯粹理性是认识规范的起点,所以纯粹理性自身又担任着知识审查者的角色。这种审查体现在三个方面:一是去衡量那些所谓科学在何种程度上符合真正科学的理念;二是衡量个别的那些发现在何种程度上符合知识的理念;三是衡量那些方法在何种程度上符合方法的理念。[1]

规范功能蕴含着逻辑的工艺论方面或对知识的工艺化处理的做法。基于规范这种含义,胡塞尔在其思想早期就工艺论层面来理解逻辑学的工作,或者说从逻辑学的规范层面发展出了工艺论。胡塞尔认为,知识学(Wissenschaftslehre)能够且只能够为我们提供的,就是各种特定的标准(Spezialkriterien),当这些规范成为一种目的时,实现这种目的的过程中便衍生出了工艺论。[2]胡塞尔所说的这些特定的标准,就是意识中用于认识的基本形式,这些基本形式既然延伸出了更为复杂的认识,那么,从源头上而言它自身就具有规范的作用,或成为一种标准。在这个时期他把逻辑学的研究任务视为更为根本的认识论研究任务,所以,它所说的规范科学和他所致力形成的逻辑学是一回事情。他将知识学理解为对如何形成知识的研究,在这个意义上,知识学是逻辑学的一种延伸。当知识学被他理解为承担各种优化知识和形成知识任务的方法论时,这样的知识学就成为工艺论,且使其包含在逻辑学中。因此,逻辑学会延伸出关于知识的工艺论。从这些意义上而言,胡塞尔在早期是以逻辑研究涵盖认识论研究的。

---

[1] Edmund Husserl. *Formale und Transzendentale Logik, Versuch einer Kritik der logischen Vernunft*. (Hua XVII) Hrsg. Paul Janssen. Den Haag: Martinus Nijhoff, 1974, S. 35. 中译本见胡塞尔:《形式逻辑和先验逻辑》,2012年,第24—25页。

[2] 胡塞尔:《逻辑研究》,倪梁康译,北京:商务印书馆,2015年,第35页。

二 实践功能

胡塞尔区分了理论活动和实践活动，前者是理性规范活动，而后者是服务于目的的活动。实践活动是为了实现特定的目的，如工程师解决工程问题的活动就体现为实践性的，即使在遇到科学问题时，他们也是按照技术化的方式解决的，在这个过程中，工程师们的态度是实践性的而非理论性的，即使解决方式看起来是理论性的，但仅仅具有理论的外表，而非真正的理论。当逻辑学服务于科学的建构时，它的理论性功能就转变为一种实践性功能，即在技术上如何去规范科学理论的问题。为什么理论活动会转变为实践活动，前面的这些理解都是从表面上进行的梳理。从实质来看，根据胡塞尔的观点，当理论活动超出自己的范围走向更为广阔的领域时，它就变成了实践活动。从胡塞尔的这个解释来看，理论活动自身并没有发生实质的变化，而是领域的改变致使理论活动的身份发生了改变。因此也就可以理解的是，这时候实践活动所遵循的规范实质上仍然是一种纯粹理性的规范。基于这些理解，胡塞尔认为，逻辑学本身不是规范科学，而是严格意义上的科学。[1]

这一理解与其在29年前所著的《逻辑研究》中的观点有所不同。在《逻辑研究》中，胡塞尔明确认为逻辑学是一门规范科学。这一理解也可以看作胡塞尔对其1911年在《哲学作为严格的科学》一文中开篇提出的问题的回答。

但这并不必然意味着胡塞尔前后之间的思想主旨是不一致的。胡塞尔在前后时期对逻辑学的理解的具体表述是有很多调整的，但根本思想仍然是一致的。如在晚期的逻辑学著作中不再谈论工艺论的问题，也不再明确强调逻辑学是规范科学。这是因为他的作品时常遭到

---

[1] 参见胡塞尔《形式逻辑和先验逻辑》，2012年，第25页。

人们误解。如胡塞尔自己在作品中经常流露出来的那样，他经常因遭到误解而痛苦。如胡塞尔将德语思想文化环境中的Wissenschaftslehre（知识学）理解为工艺论，必然无法获得人们的认同。这是因为胡塞尔的理解与历史语境是不符的。Wissenschaft是无所不包的科学，表示可以在大学里教授的一切知识以及在专门的科研院所中从事的研究，而胡塞尔所理解的含义仅仅是从波尔查诺的《知识学》（*Wissenschaftslehre*）中总结出来的。而波尔查诺只是处理了知识学中的一部分问题，他的学说并不能涵盖所有的知识学研究，如果胡塞尔只是在波尔查诺的意义上理解知识学，那必然遭到人们的质疑。由于受到人们的误解，他后来不断地改变自己的概念表述和思想架构。这使得他的思想从表述上来看前后之间有很多不一致的地方。但究其根源而论，胡塞尔所讨论的逻辑学问题始终都是认识论的问题。这个认识论问题集中于对认识中的规范（或范畴）的讨论，往前延伸，就是对意识活动中的这些形式的发生过程的研究。如果往前继续扩展，那就成为对执行认识的那些意识活动的运行方式的研究。往后延伸，就是从具体的规范出发如何架构形成逻辑并进一步形成知识的问题。因为胡塞尔的认识论主要讨论的是系统化的知识的建构问题，所以他入手的角度必然是逻辑学或规范，或者他会从形式科学入手来研究这些问题。胡塞尔早期对算术哲学的研究，就是从形式科学入手来研究认识论问题的例证。胡塞尔尽管在前后思想时期所选择的研究对象、建构方式、术语有所不一样，但所要解决的问题始终是一致的，即认识论问题。

胡塞尔对Wissenschaftslehre的误解，是认识论科学在其历史发展阶段中的一种必然现象。在认识论（epistemology）的形成过程中，哲学家对其有不同的用词，如Wissenschaftstheorie、Wissenschaftslehre、Theorie der Erkenntnis、Erkenntnistheorie、 noetics、gnoseologia、epistemology 等，各不相同。[1]这是因为哲学家们不约而同地认识到了同样的问题，但由于没有形成统一的理解，在用词上必然是不统一的。在这种情况下，胡塞尔也很难从波尔查诺的用词中把握到这门科学必然意味着的和将会意味到的内容。因为每个哲学家只能从他认为最合适的角度去探索认识论的问题，所以胡塞尔对认识论存在误解也就在所难免。对认识论的诸种误解在今天仍然无法消除，原因就在这里。在一门科学产生的时期存在误解和争论是很常见的事情。这门科学直到今天还没有建立起来。人们对其总名称的用词至今难以达成一致的意见，这就足以说明它还没有被建立为一门科学。这也说明它的建立过程还需要一些时日。胡塞尔对波尔查诺的用词 Wissenschaftstheorie 的误解，恰恰印证了认识论这门科学在逐渐确立的历史过程中的必然情形。胡塞尔自己命名的纯粹逻辑学、纯粹现象学、先验现象学等术语，探讨的无非都是认识论问题，他自己的用词的变化也是认识论发展历史的印证。误解本身意味着这门科学还缺乏统一性。同时，误解本身的广泛存在也说明这门科学的必要性。

三 伦理功能

胡塞尔对于逻辑学的实践性功能的理解还隐含着这样的立场：逻辑学的研究应该为科学所应该遵从的伦理原则做出努力。胡塞尔认为，科学活动作为一种实践活动就应该遵循实践理性，即伦理原则，虽然这个原则看起来与纯粹科学自身无关，但我们经过分析后仍然可以看出它们二者实际上是有必然联系的，这一点可以从科学共同体的存在中看出来。胡塞尔说："一切科学都须符合一种无限运作中的理

---

[1] Jan Woleński. "The History of Epistemology." *Handbook of Epistemology*. Edited by Ilkka Niiniluoto, Matti Sintonen and Jan Woleński, Dordrecht: Springer, 2004,p. 3.

论理性之兴趣的观念。然而此观念被设想为相关于一个在无限进行着研究工作的研究者社群，此群体相关于理论理性的活动和习惯之观念。我们在此只需提及研究者们的工作，他们在相互批评彼此的成果中互动合作，一些人的工作成为另一些人工作的基础，如此等等。但是与此观念相应，孤立个人的和集体的生活，（例如）是与这样的信念相互一致的：一切如此集体获得的理论成果和无限发展的科学本身，都具有超越理论的人类功能。正如在个别人的情况下，他的持久的科学使命，在永远只是短暂的使命实行活动中，总是与其他的理论外的目的（如作为家族父亲，作为市民，等等）相互一致，因此必须在一种普遍伦理生活的、最高的实践观念中找到其伦理的位置，此观念也相关于个人本身的生活以及开放的人类社群生活。"[1] 根据胡塞尔的论述我们可以看到，科学中存在一种无限的理论兴趣目标，科学家彼此不断协作，可以表明他们之间形成了一个具有共同目标和兴趣的理论社群，这就意味着在他们的追求和成果中，有一种超越人类的东西。这些东西凝结在具体的科学成果之上，并唤醒着一代代科学家接连努力。这些超越的东西中也包含着另外一种具有一致性的东西，即他们的使命和科学活动总是与世俗的生活目的相一致，因此，科学活动也应该考察自身的伦理属性。

胡塞尔对逻辑学的这些解释最终想阐明的是：科学是由逻辑构成的，而逻辑自身有其发生过程、规律性和可能性，因此对逻辑自身的发生、规律性和可能性的研究就可以支撑和促进科学的进步，且最终还要思考如何处理科学的伦理属性的问题。这思想与其在《哲学作为严格的科学》一文中所论述的哲学的双重目标是一致的：一是朝向最高的理论需求，二是使人的生活受纯粹理性规范的支配。这两个方

---

[1] 胡塞尔：《形式逻辑和先验逻辑》，2012年，第25—26页。

面，无论是其中的哪一个，都是在谈论认识或行为的"尺度"在意识中的起源问题。当然，行为层面还受到自然定律或生物定律的支配，但就认识层面的作用和影响而言，生物定律的支配在表达和理解方面仍然会受到意识规范的支配。对于逻辑学的这些功能的论述，也表明了其各个功能之间的决定关系，如图表39所示。在这个系统中，实践的含义就是"运用"。

规范功能 —决定→ 实践功能 —决定→ 科学功能 / 伦理功能

图表39　逻辑学的功能之间的决定关系

对逻辑的基本特征、性质和功能的理解，想表明的无非逻辑的构成要素和作用。它具有什么样的性质，就意味着它可能会具有什么样的作用或功能。由此，当我们把逻辑理解为构成科学的必要部件时，对逻辑的研究就会促进和优化科学的发展。但是，科学的历史进程不仅是逻辑化的工作，更重要的是一种不断发现的过程，作为一种发现知识的过程，经验素材的增加就显得尤为基础和重要，逻辑活动正是通过对这些素材的规范和加工而形成新的科学认识的，因此，逻辑只是形成科学知识的必要条件，而非充分条件。按照胡塞尔的思想意图，如果我们找到了最初的那些逻辑部件，经过变形之后，就可以获得诸多可能会具有的逻辑形式，由此就可能会获得更新的或更好的理解。但这是一个非常远大的思维工程。基本的逻辑形式经过简单叠加，经历数个层级的生成过程之后，就会形成非常庞大的模型，这些模型的确会增添更多理解事物和标记事物的工具，我们可以用其描述事物的形态和秩序，但是它也会面临一些新的困境和局限性，会生成新的问题，解决这些问题绝非易事，因为它是由知识自身的发展带来的。对这种情形的分析，若有精力，我在以后的研究中再去思考。

第四节　逻辑研究应具有的普遍性意义

科学是一种共同体，这是胡塞尔《形式逻辑和先验逻辑》这部著作中的基本思想之一，也是其在晚年著作《欧洲科学的危机与超越论的现象学》（1935—1937年）中所坚持的基本观点。科学不仅是科学共同体，也是语言共同体，也是思维共同体和科学思想的统一体。科学思想作为一种统一体，从客观方面而言，它是由其研究领域的统一性所决定的，从其主观领域而言，它是由其逻辑源头的统一性所决定的。胡塞尔对逻辑深层问题的研究所揭示的，实质上就是这些研究的普遍性意义。

一　思想的统一性的内在起源

胡塞尔认为，思想就是在意识中进行主题化的操作时所形成的具有一致性的东西。主题化的东西既是思想的内容，也是思想的目的，也是新思想的基础。基于此，如果认为存在"思想本身"的话，那么，它实质上就是意识中没有被清晰理解的意图（Intentionalität），或意识内在的延伸活动。[1]Intentionalität这个词及其在英语和拉丁语中的同形词，在哲学术语中通常被翻译为"意向性"，这个翻译更像是一种解释而非本义上的翻译。如果我们把Extentionalität翻译为"广延性"或"体积"，以表示自然事物在时空中的存在，那么，与其在词根上相同但意思相反的Intentionalität一词，恰好就是一种"内

---

[1] 参见胡塞尔《形式逻辑和先验逻辑》，2012年，第28页。

在的延伸"或"不考虑体积的存在"。意识活动总是对某物的意识，或者说意识活动总有所朝向，意识的"朝向性"或"意向性"只是对这种内存在的进一步认识。如果我们从"意图"（意识的图景）或"内在的存在"这层含义去理解，则更为合适一些。每个意图在运用中都体现了"期望"和"意向"。

在意识中被主题化的东西，也就是我们通常所说的"意义"。如果我们像理解一段音乐旋律那样去理解它，它就不只是单个的音符或小节，而是由音符、强弱、休止符、音程关系、速度、节拍、时值、音色、环境等一系列要素所综合反映出来的一个"意义"。它是一个"统一的"东西，这种统一不是一种简单的叠加，我们在观念研究的层面只能将其理解为意识自身形成的一种有机化的构成。观念研究所能达到的最终基础只能是一种"自发性"。诸个观念自发地转化为一个观念时，便获得了统一。

二 科学思想的统一性和科学研究的两个面向

基于对思想的主题化理解及进一步的"统一性"和"一致性"的理解，科学思想也就成为一种统一化的东西。科学思想的这种统一性或一致性被胡塞尔概括为两个方面：一个是理论目的的统一性，另一个是科学领域的统一性。后者之中同时也包含着理论目的的统一性。[1] 在这两个方面中，科学领域中的理论目的本来是关于其领域中的事物的，但是，如果对这种理论性的东西本身进行纯粹化的意识考察，即在主观领域中考察这些理论之物的构型以及其所使用的范畴等，就有可能反过来影响科学领域中的认识。因此，胡塞尔这样的认识就意味着主观性的考察对科学认识具有优化或促进作用，这在表面

---

[1] 参见胡塞尔《形式逻辑和先验逻辑》，2012年，第29页。

上就体现为方法被改造或理论被重新构造的过程,由此也意味着所要实现的理论目的和所要形成的理论形态是不一样的。

在胡塞尔这样的考察中,科学研究中认识论的意义在意识构造中就获得了较为彻底的阐明并被凸显了出来。

关于科学理论的主观层面的研究就是一种认识论研究,即对认识的认识。因此,与前面关于逻辑的双面向的论述相似,科学研究也因此具有双面向。由此一来,科学自身的研究同时也蕴含着与其紧密相关且对其有很大助益的认识论研究。由此我们也可以明白,在自然科学历史上产生划时代思想影响的科学家们为什么都会对认识论问题做出自己的思考,如伽利略、恩斯特·马赫等。这个认识可以用来回答读者对本书第一部分最后那段话可能会有的质疑:您可能没有大量阅读C.沃尔夫、克努岑等人的作品,在这种情况下,您如何料到他们的著作中有一些认识论思想?一言以蔽之,彻底的科学理论中认识论不会缺席。由这些科学发展的历史来看,在伟大科学变革的前夜,认识论率先登场。

三 实证科学的统一性

基于对科学的双重面向的理解,胡塞尔将实证科学理解为科学领域内的研究,即只是在非主观层面进行的研究。在这个非主观的领域中,面对经验对象时,首先是按照一定的思想获得关于这些对象的范畴,在这些范畴中,一部分表示的是所认知的对象,另一部分被用来描述这些对象的形式,基于此而形成范畴之间的关系性连接用于同类型的事物时,就具有了规律的意味。这些关系结合在一起,继续形成更高层级的关系,而且可以不断构造下去。这样的实证科学领域自身意味着一种统一性,所以,相应的理论也就始终按照统一性的要求进行构造。[1]

经验对象 → 范畴 → 连续的范畴系统+系统之间的联结 → 更高层级的知识 → 某一领域的科学理论 → ……

图表40　实证科学的理论形成过程

按照胡塞尔的理解，在这样的实证科学中，所研究的经验对象，就是自然客体，与之相对应的就是心灵客体，或者说人与动物的心理现象。对这两种对象的研究都排除了纯粹的主观性的东西，所以它们都属于客观科学或实证科学。由于排除了主观性的东西，客观事物仅仅被视为具有感官性质的东西，是一种自为的（an und für sich）存在，主观的东西不会对其产生影响，而至多只是形成感性层面的表达。如果考察到这一步，我们就会产生疑问：如胡塞尔所言，一切科学知识的规定性最终是来源于主观世界，那么，这种排除了主观世界的实证科学如何获得知识的有效性呢？对此，胡塞尔解释说，这些科学依靠一种"客观的规定性"而获得了知识的有效性。补充说明一下，它所使用的规定性就是纯粹严格的客观规定，如事物的连续性、因果关系、无矛盾性、事物的一致性、事物的整体性等诸多的规定性，在方法上，比如求同法、求异法、求同求异共存法、排中律、充足理由律等，这都是已被人们反复使用且在实践中获得了有效的认知结果的客观方法。简言之，在不考虑现象学的立场的情况下，实证科学按照客观规定而形成理论。[2]

按照胡塞尔后来的解释，自然世界作为生命世界的一个方面，本身就是已经被确认为有效的生命世界的一个方面，而生命世界作为一

---

[1] 参见胡塞尔《形式逻辑和先验逻辑》，2012年，第29页。
[2] 参见胡塞尔《形式逻辑和先验逻辑》，2012年，第30页。

个共同体，通过理论实践而成为科学的共同体，因此，生命世界自身中就包含着一种所有人共同的有效认识，借助这些东西，人们形成了共同的认识，以共同的方式对世界进行认识。[1]这些观点也可以从另一种角度解释实证科学的研究为什么能够形成对所有人而言都具有普遍性的认识（客观性的认识）。这些共同的东西，就是胡塞尔所说的先验现象学所要研究的东西。如果从逻辑上来表述，它就是先验逻辑。由此，胡塞尔认为通过对生活世界的回溯可以进入先验现象学的研究。整体来看，这条道路就是从客观科学进入生活世界，再进入先验现象学的道路。（如图表41）

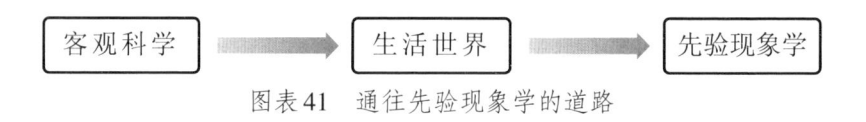

客观科学 ➡ 生活世界 ➡ 先验现象学

图表41　通往先验现象学的道路

但我们需要保持思想警觉的是，胡塞尔的这些理论与其之前的很多著作中的论述一样，都没有给出具体的可操作的例子，这就无法使读者真正体会到这些理论的可行性。因此，我们更应该将胡塞尔的这些理论视为一种构想，而不能视为具有实践性的理论。当胡塞尔认为哲学还不是科学、哲学还无法以科学的方式进行教授的时候，他自己在后来的著作中并没有去设法解决哲学的可教授性这一问题，也没有提供明确的范例。我们知道，科学知识在教授的过程中，最主要的是借助范例进行理论上的说明，其范例和其理论是嵌套在一起的。在没有提供相关的例子以对理论进行说明的情况下，现象学就成为斯图普夫所批评的那种没有现象的现象学。

---

[1] 参见胡塞尔《欧洲科学的危机与超越论的现象学》，王炳文译，北京：商务印书馆，2009年，第139—141页。

四 统一性作为现象学的主观科学的处理对象

近代发展起来的心理学作为这样一门实证科学，本质上是客观科学，处理的是心理现象。但胡塞尔认为，这种客观科学与对自然事物进行研究的那种客观科学是有区别的，因为心理学所处理的研究对象是在主观中形成的，这些对象在其实质上首先是一种主观构成的一致性经验。胡塞尔把这种心理学也称为历史心理学，意在区别于自己所主张的现象学心理学。作为实证科学的心理学或历史心理学，明确地说，就是恩斯特·马赫、斯图普夫、冯特等人所从事的心理学研究。在看到这种心理学的主观性源泉之后，胡塞尔认为，对主观性源泉的分析理应成为更为基础的科学，这门科学就是研究普遍的主观性的科学。因而，这种科学作为对认识必不可少的主观因素的研究，对所有科学就具有了普遍的意义。它所要处理的就是认识中存在的普遍性的问题。在处理方式上，它以"反思的方式"处理自己的主题，这有别于实证科学"直接地"处理主题的方式。

换句话说，胡塞尔是要以这种方式处理所有科学的统一性问题。胡塞尔认为，这种普遍性问题在以往的心理学中没有获得彻底的思考，但这并不是说这种问题在历史上是不存在的，我们可以从历史上存在的先验哲学、认识批判、认识论等诸多哲学研究中看到这个问题的存在。按照前面胡塞尔对科学思想的统一性的理解，科学思想的统一性是靠理论目的的统一性和科学领域的统一性实现的，但从胡塞尔对心理学的这些分析和立场来看，他是要从规范的统一性来理解和处理所有科学的统一性。这个问题在胡塞尔看来既是认识论的问题，也是需要通过对逻辑学的深入研究来解决的问题。对此，胡塞尔说："显然，古代和近代历史上形成的任何心理学都从未满足此普遍性要求，甚至没有任何心理学将此问题彻底认真地思考过。毋庸置疑，人类学和动物学,包括人与动物的心理学和心理物理学,都具有着正当意义。但是在何种程度上它们能够处理有关一切科学与一切'相对于我们的存在者'之间的普遍相关关系的任务呢?此一任务我们只能视之为近代以来的重要疑谜,这个时代具有特殊的和在永远更新的尝试中进行探索者:先验哲学、认知批评(Erkenntniskritiken)、认知理论、悟性理论(Verstandeslehren)和理性理论(Vernunftlehren),以及可能选择的任何其他名目。我们将必须根据我们对逻辑学观念的结构研究来更精确地思考此问题。"[1]

胡塞尔在这段时期以"反思的方式"来表达现象学意义上的主观科学的整体方法,这表明他在思想发展过程中还是吸收了哲学史家海因里希·高姆博茨的批评性意见。在1905年2月18日胡塞尔致高姆博茨的信中,胡塞尔表明自己的讲稿《现象学的观念》的认识论性质,明确了现象学的方法论和基本问题,这是相比《逻辑研究》而言对这些问题更为清晰的表述。[2]高姆博茨在1905年2月22日致胡塞尔的回信中说:"但是,在我看来,您更接近阿芬那留斯而不是布伦塔诺。您声称前者对后者的依赖对我来说根本没有意义。仅仅将经验划分为'内容'和'行为'在布伦塔诺那里也不是独创的,他的'心理'和'物理'现象恰好对应于洛克的'感觉'和'反思'思想。但

---

[1] 胡塞尔:《形式逻辑和先验逻辑》,2012年,第31页。

[2] Edmund Husserl. *Briefwechsel*. Husserliana Dokumente: Band 3,Teil 6, *Philosophenbriefe*. Hrsg. von Karl Schuhmann. The Hague, Netherlands: Kluwer Academic Publishers. 1994, S. 149. 海因里希·高姆博茨是哲学家和语文学家泰奥多·高姆博茨(Theodor Gomperz, 1832–1912)的儿子,1896年在恩斯特·马赫的指导下获得博士学位,1924年在维也纳担任正教授,擅长领域是古代哲学。著有《世界观理论》(*Weltanschauungslehre*)两卷(1905/1908)。在与胡塞尔的通信中,他认为他的这部著作中的第38节内容很好地论述了"感受"与"行为"的问题,并提示胡塞尔阅读这一部分的内容。胡塞尔在后来的信中也表示曾阅读这一步著作,并希望和高姆博茨碰面进行一些讨论。但胡塞尔在后来的长篇论文《哲学作为严格的科学》中,批评的正是高姆博茨的哲学立场,认为他最终走向的是人类主义和相对主义。

是，他相当认真地对待概念'精神'现象，将其视为实体灵魂的真实行为，而阿芬纳留斯则从实际情况把握'特征'，而且他强调所有非内在的（physical）现象的基本相似性，我认为这比您的《逻辑研究》中体现出来的东西更重要。"[1]高姆博茨的批评所指出的关键之处正是在于："反思"实质上是历史上就有的人们对心理行为的工作方式的表达。实质上，从对古代怀疑论的专门研究所提供的一些资料来看，卡尔尼亚德斯（Carneades，B214–B129）对于能被感知的印象和不能被感知的印象的区分，所表明的就是物理现象和心理现象，他认为前一类现象出现在知觉中，后一类现象出现在具有可信度的判断中。[2]可见，心理现象与物理现象的区分，或者说感觉与反思之间的区分，是古已有之的基本理解或人们稍加思考就能获得的认识。

由此我们可以理解，现象学的反思的工作方式，是其最为基本的工作方式。通过这种方式，意识中的诸种呈现才能够被固定下来并获得表达。借助于这些固定化的东西，才可以获得对意识的多种多样的活动的认识。如果说实证科学的论证是借助实验现象形成的论证，那么，在反思的方式中，现象学的论证是一种自我式的论证。因此，它就只能通过观念的"返复"来实现，而不会有其他的证明方式。

相应地，与心理学和实证科学一样，逻辑学也并没有真正处理主观领域的问题。按照胡塞尔的理解，传统的逻辑学主要处理的是已经形成的科学理论，这些科学理论实则是由理论行为所造成的，基于理论行为，理论在认识活动的重复中被识别，形成的这些理论就成为逻辑学研究的基础。由此，这种逻辑学研究以这些理论成果为对象，对

---

[1] Edmund Husserl. *Briefwechsel*. Husserliana Dokumente: Band 3,Teil 6, *Philosophenbriefe*. 1994, S. 150.

[2] 列奥·格罗尔克：《希腊怀疑论：古代思想中的反实在论倾向》，吴三喜译，北京：知识产权出版社，2023年，第152页。

组成它们的初步的或次级的形式要素进行描述，然后通过改变它们的组合形式而形成新的逻辑性认识。对此，胡塞尔说："在持续的重复性中一些构成性的形式变异方式、形式联结方式，作为开放的可能性被给与，按这些方式人们有可能从预先给与的形式不断产生新的形式：有如从较简单判断形式通过结合法构造出复杂判断形式，或从判断形式通过自由组合法形成推论形式。"[1] 由此，胡塞尔认为传统逻辑学在认识的拓展中所起到的作用是有限的，因为它们基于客观形成的理论而进行进一步的研究，也就为客观的理论形态所束缚。言下之意，进入现象学研究后，传统逻辑学的这些局限性才能被真正突破。这样，从传统的形式逻辑的研究就进入了纯粹现象学的研究。

---

[1] 胡塞尔：《形式逻辑和先验逻辑》，2012年，第33页。

第八章

科学分类与其他问题

胡塞尔对科学分类的思考虽然不多,也并不复杂,但就整个认识论历史中的相关论述而言,他的科学分类思想是独特的,如亚里士多德是从动力因和形式因进行划分的,康德的科学分类是出于理性原则和经验原则的差异,斯宾塞是出于实用原则,而胡塞尔是从规范的与被规范的角度来进行划分的。这些思想的历史梳理对于将来的知识分类研究是有益的工作。

第一节 本质科学与事实科学

在《纯粹现象学通论》中,胡塞尔为了论证现象学的科学归属问题,对本质科学和事实科学做了区分。胡塞尔的结论是:纯粹现象学是一门本质科学。

在胡塞尔所处的时代,科学通常被区分为实在科学(Realwissenschaften)和观念科学(Idealwissenschaften),或区分为经验科学和先天科学,这种区分意味着实在事物与观念事物之间的对立。但胡塞尔认为，这种区分不足以标示他所从事的作为科学而存在的现象学研究，因此他认为，应当以事实和本质的对立、实在和非实在的对立，取代实在与观念的对立。这一做法蕴含的意思是，经验科学是研究事实的科学，也是研究实在事物的科学，但相应于经验科学而言，本质就是关于实在事物的本质知识，在这门科学中，对本质的讨论并不构成一门关于本质的专门科学。

然而，一切经验科学的知识都必然涉及本质问题，因为在经验科学中本质实质上就是规律的另一种表达形式或解释，本质和对象组合在一起构成了对事物的基本解释，如果本质问题没有被讨论或澄清，那么，这种科学就只是具有经验的有效性，其在根基上是不牢固的。胡塞尔想做的事情就是将这种本质性的东西作为一种考察对象，考察它在意识中的发生和变化，以及它和认识对象结合起来形成知识的过程。这样一来，对这样的本质的科学研究就成为一门专门的本质科学。但这样的本质科学又不是过去的观念科学，过去的观念科学是理性主义的思想论说体系，它们从某一思维中获得的确定前提出发生成对某些现象或整个世界的解释，但胡塞尔在其思想中是排斥这样一种科学的，所以，将现象学对本质的科学研究置于观念科学之下是不合适的。因此，胡塞尔要对科学做新的区分。他先是以事实与本质、实在与非实在的对立取代了实在事物与观念事物的对立，继而将事实与本质的对立转化为实在与非实在的对立，这样一来，过去的经验科学研究的就是实在的事物，因而它也是实在的科学。

相应地，观念中的意识形式、观念中意识自身的诸多构造物，相对于实在事物而言，都是非实在的存在。但这种非实在的存在也有自身的本质，这种本质不是客观事物身上那样的用来概述事物特征或变化趋势的本质，而是意识总能够把握到的形式或形象。这样的形式或形象，在以往的先验哲学中就是指一些先验的观念，在几何学中就是指基本的范畴和形式，在现象学中，它就是本质科学的研究对象。在这个意义上的现象学就是本质科学。这样的本质，实质上是我们意识活动中"看到"的观念化的东西，因此，研究它的方法就是直观，对直观的结果的最基本的处理方式就是描述。这些观念化的东西，或观念上"看到"的形式，就是我们形成对事物的认识的基本要素，因为一切认识必然都要涉及这些要素，所以研究这些基本要素的科学也就成为一切科学的基础，因此它是一门具有普遍意义的科学。在这个意义上，胡塞尔所设想的这样一门现象学就成为所有科学的基础。相比较而言，事实科学不是普遍的科学，它们只是某一研究范围内的科学，如物质科学。这时候的物质是一个范畴，标志的是一个研究领域。这样的范畴不同于形式范畴，形式范畴是形成认识的基本部件。从这个意义上而言，本质科学是事实科学的基础。[1]

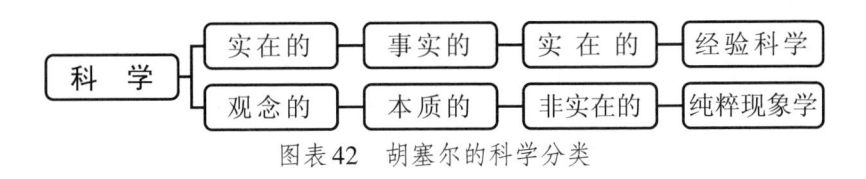

科学	实在的	事实的	实在的	经验科学
	观念的	本质的	非实在的	纯粹现象学

图表42　胡塞尔的科学分类

胡塞尔还认为，唯有基于现象学的研究才能搞清楚科学分类的问题。但我们需要知道的是，胡塞尔在上述分类中的科学的含义与其在《哲学作为严格的科学》一文中的含义是不一样的。上述的科学划分中，胡塞尔是以科学的研究对象进行划分的，研究实在对象的是实在的科学或经验科学，研究非实在对象的就是现象学，后者研究的对象就是观念或本质，或者用希腊语说就是 εἶδος（Eidos/本质），即事

---

[1] 参见胡塞尔《纯粹现象学通论》，李幼蒸译，北京：中国人民大学出版社，2014年，第4—21页；《现象学和科学基础》，李幼蒸译，北京：中国人民大学出版社，2013年，第1—29页。

物的相,或构成认识的相。这样的科学最终是要形成一套系统化的说法,或者说要形成一个理论体系。在《哲学作为严格的科学》一文中,胡塞尔说哲学还不是科学,因为它还不能进行教授。[1]当他这样说时,他所指的科学就不只是关于研究对象的系统化的学问,而是指"在母校穹顶下可以教授的一切学问"。这个意义上的科学比上述科学的含义范围要大很多,是在德国的大学建制中形成的科学的含义,泛指在大学里可以教授的一切学问,以及有别于手工业的、作坊中的学徒技艺。

根据科学所研究的对象的不同,将科学分为事实科学和本质科学,这是胡塞尔基于现象学立场对科学进行的分类。或更确切地说,胡塞尔为了在科学中给现象学安置一个合理的位置而对科学重新进行了更为完整的划分。这样的以研究对象为划分标准的做法中实质上蕴含着一种本体论的观念。这是因为凡是对对象进行层层解释的时候最终必然都导向本体论。本体就是根本的决定者。如果我们回顾现象学对科学进行奠基的目标理念,那么,现象学并未仅仅停留在心理活动的描述阶段,而是寻求对事物的最终解释,这种最终的解释必然都是与本体化的解释相类似的东西,或者说是执行相同功能的东西,这就必然意味着现象学是在以另一种方式取代本体论的研究。胡塞尔在对事实科学与本质科学进行区分之后,又进一步指出了本质科学是事实科学的基础,或者说非实在的科学是实在的科学的基础,这即意味着现象学是所有实在的科学基础,这样一来,包括经验科学在内,一切自然科学在根源上就需要一门现象学。

现象学之所以能够为科学进行奠基,不仅在于作为事实科学中的本质的东西是现象学考察的对象,通过这些考察我们可以获得具体的

---

[1] 胡塞尔:《哲学作为严格的科学》,倪梁康译,北京:商务印书馆,2007,第2页。

科学知识的构造和形成过程，获得对其认识的每一个构成要素的考察，而且在于通过对认识所使用的先天范畴的考察，可以获得对这些范畴的可能性的维度的认识。这是因为在胡塞尔看来，这些先天范畴规定着认识的先天结构，规定着认识的发展方向，而且，这些范畴也只能在现象学的直观中进行考察，重新获取。[1]对于这样的考察为什么规定着认识的先天结构和发展方向，胡塞尔没有进行举例。如果要尝试对其进行理解，我们只能从人类的整个认识历史进行考察。今日人类所使用的科学知识是一种系统化的知识，有别于零散认识。它的认识基础在于对事物分类。基于分类形成的就是概念，基于概念形成的就是规律性的认识。而实质上，事物究竟属于哪一类，这是主观把握的事情。虽然意识在自然状态下总是会将某些事物归为一个确定的类别，以获得对于事物的认识，但随着认识中事物的性征不断增加，这种归类方法就逐渐失去了效力，即它总会忽略个体，或难以涵盖对个体的精确的认识，甚至导致认识逐级复杂化。也就是说，当事物处于最为简单的结构时，这种知识一旦获得，就具有相对条件下的精确性或确定性，但随着事物结构的不断复杂化，这种系统化的知识就越来越走样。例如人类社会这种复杂的构造物，影响其变量的因素非常之多，所以很难产生对其规律的精确表述，只能在大的时间和空间尺度范围内、在较为原初的物质层级上形成一些基本的确定性认识。总之，系统化知识在面对越来越复杂的事物时，它的规律性就会变弱，或变得粗略，这是由这种知识本身的起源所决定的。胡塞尔的思想中是否蕴含着这样的思考我们不得而知，但认识的根源必然决定某种认识的限度，这是我们应该设定的观点，也是我们应该坚持的观点。这是因为，对于事物，只要谈论它的起源，就意味着在谈论它的一种根

---

[1] 参见胡塞尔《现象学和科学基础》，2013年，第18页。

本的规定性。

如果这样来思考胡塞尔所说的现象学的奠基任务，那就不只是能够为现今的一般科学进行奠基，考察现今各种知识的根源，促动其向更完善的方向发展，而且也能够为未来更先进的科学进行奠基。但胡塞尔没有明确表明这种科学的存在，可能是我多想了。

现象学能够研究已有的这些认识的本质。但在研究之先，不能承认它们，这样一来，就意味着对其认识进行悬搁，然后回到事情本身去看看究竟是怎么回事。这就是现象学的还原所意味的操作方法。胡塞尔起初也把这种还原称为现象学的认识论的还原，或简称为认识的还原。这样的现象学方法使胡塞尔确信他可以在现象学研究中走得很远，达到很多目标。胡塞尔在致海因里希·高姆博茨的信中说，自己找到了一种很好的方法，可以促使其达到一个又一个的工作目标。还原是为了进入本质领域中进行现象学研究，这也就意味着，现象学方法实质上也是实现现象学的奠基任务的方法。

胡塞尔没有表明上述我所希望的未来科学的存在，但他讲了另一种未来科学的存在，这就是普遍的感受学（Noetik）。

根据胡塞尔的简要论述，[1]我们可以看到，在对认识形成过程的考察中可以获得的认识是，科学家的认识是基于对象的本质和范畴的可能性预示而产生的。这也意味着，这些认识最终都是在这些范畴所形成的先天结构中产生的，当捕获的经验符合由范畴形成的先天结构时，科学的构想就得以在现实世界中真正成立，科学上的发现也就因此得以成立。这些先天的东西，不能在科学家具体的理论成果中获取，而只能在思维的直观中获取。这是因为理论成果并不直接包含产生成果的方法，它只是意味着有形成它的方法的存在，而且，又由于

---

[1] 参见胡塞尔《现象学和科学基础》，2013年，第17—18页。

这些本质和范畴都是靠直观的方式把握的，所以，我们只能重新以直观的方式把握这些本质和范畴。思维的直观意味着一种自发的可重复的呈现，往前推进，就属于新领域的问题了。

那么，接下来的问题是，以直观的方式把握这些本质和范畴究竟有没有确定可行的方法或规范呢？即是否存在这样一种专门的方法学？胡塞尔认为这个工作属于我们还不能掌握的普遍的感受学（Noetik）。胡塞尔认为这门学问位于一切对象范畴和构成性的直观之上，只有等待我们将关于直观的本质学说和关于特殊思想行为的本质学说这二者彻底贯通之后，我们才能够掌握这门学问。也就是说，对意识中的感受行为进行考察，既要考虑一般性的范畴的直观和意识的构造行为的直观，也要考虑与直观不同的其他的思想行为方式，只有对这两者都获得统一性的认识，才能掌握关于感受行为的认识。在获得对感受行为的一般性认识之前，对事物的认识要么通过对客体的直观获得，要么通过人的基本的统觉能力所获得的基本类型来实现。对这种直观方法的规定，以及对这种基本类型的规定，就是所谓科学的方法。胡塞尔这样的认识中隐含的意思是，感受学是一门基于现象学的充分考察才能建立起来的学问。

第二节　形式本体论

为了阐明现象学的本质科学研究具有更多的哲学意义，而不是仅仅停留在普通的认识研究层面，胡塞尔提出了他的形式本体论（formale Ontologie）概念。因为现象学的本质科学研究的是意识中的形式，而形式和对象结合就构成了认识，所以，如果在对自然对象的研究中存在探讨其本质的自然本体论，那么，在现象学的研究中，关于意识中的形式就存在一种形式本体论。[1]这两种本体论的区别在于，在前者中把握到的本质对应于自然事物，或具体而言对应的是某一范围内的事物，而后者把握到的本质仅对应于自身。对此，我们转换一下说法来理解。在前者中，我们所获得的事物的形相（Eidos）对应的只是自然事物，无论这种形相有多少，对应的都是自然事物，根据这种形相而形成的对事物的认识或解释，需要在经验中不断验证其合理性。而在后者中，我们所把握的形相仅是对于自身而言的，它的合理性只能通过自身的直观反复进行把握，而不是诉诸外在的经验事实，否则它就与前者无异。但它为什么只能以这样一种方式确立自身的地位呢？这是因为这样一门现象学的本质科学如果要作为事实科学的基础，就不能再反过来以事实科学的成果作为自己的基础。初步来看，这两种本体论的区别在于所要解释的对象不同，合理性的确立方式不同。现象学的本质科学或纯粹现象学是要为事实科学作基础，而后者是基于本质上的形相而建立起来的，所以，现象学的本质科学探讨的就是本质上的形相。这种形相，我们可以进一步理解为形式或形象，我们也可以将后两者视为一类，都用"形式"来表示。这种形式在认识中处于基础地位，所以它决定了认识的发展。这也就使得形式的捕获和变化在知识的发展过程中具有了关键作用。这就意味着，当科学朝越来越精确的方向发展时，其规则的精确性和度量的精确性都是基于形式的变革和改进而形成的结果。几何和算术的发展正是因为这方面的改进而大获成功。对于经验科学或事实科学的本质的进一步的纯粹化的讨论，就是对它的本质的东西更深层次的探讨，这种探讨形成的是对这些本质之物（形式）的合法性和可能性的研究，因此，

---

[1] 参见胡塞尔《纯粹现象学通论》，李幼蒸译，北京：中国人民大学出版社，2014年，第19—22页。

这种探讨就成为一种形式本体论研究。而一般科学的那种本体论或本质解释，就属于一般本体论，形式本体论由于是一般本体论的基础，包含了一般本体论的各种形式。（如图表43）

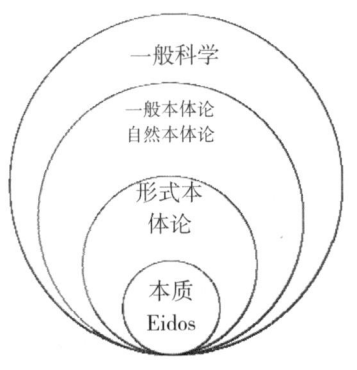

```
           一般科学
          一般本体论
          自然本体论
           形式本
            体论
            本质
            Eidos
```

图表43　形式本体论的奠基层次

需要说明的是，形式本体论中研究的对象也是一般本体论中会存在的事物的本质，即事物的 εἶδος（本质/eidŏs），而不存在专门的有别于此的研究对象，二者的区别在于其进一步获得的认识或加工的方向是不一样的，其认识结果的功用是不一样的。实质上，胡塞尔所说的对本质事物的纯粹研究，它对科学的实际意义就在于在认识过程中进行一种内在看法的自我调整或纠正。

胡塞尔关于形式本体论的论述还有着更丰富的内容，对此读者可以阅读国内现象学家张庆熊教授《"实质本体论"和"形式本体论"的宏大构想及其遗留问题——剖析胡塞尔在〈大观念〉中规划的"本质科学"》一文中精深细致的研究，这里我不再重复论述。

在关于科学的这些论述中，胡塞尔的思想工作方式都不是现象学的，而是思辨性的。他在以思辨的方式进行着现象学的工作。这种方式我们在布伦塔诺那里会看到。布伦塔诺关于经验立场的心理学的论述，完全就是以一种细致的思辨来讨论经验心理学的方法和原则。我们在《经验立场的心理学》中几乎看不到任何他所强调的经验心理学的描述方法的运用。在诸多时候，胡塞尔和他的老师布伦塔诺用他们所猛烈批评的或有些瞧不上的理性主义的工作方式做着描述心理学和现象学的工作。但就胡塞尔一生的论述方式而言，主要的论述方式仍然是陈述式的和描述式的。

现象学要实现对科学的奠基，这个任务究竟能否完成，这是一个值得思考的问题。在我看来，它所能够完成的是对已有的认识范畴进行充分把握和分析的工作。在此基础上或许能够构造一些新的范畴以用于对事物的认识，但科学的认识在根本上是一种发现过程。范畴的东西一方面会给我们启示，另一方面会规范表达和形成交流，但这些东西对于广阔的经验只有加工的优势，并没有发现的优势。知识的获得过程往往基于人类历史中的广泛经验，它基于新的对象的出现而不断形成，基于事物的变化而不断形成，然而，这是任何范畴的东西所不可替代和涵盖的。如果我们认为现象学可以提供一种科学的科学，以使得所有的科学问题都能够得以解决，这种理解也是不合适的。我们假定人的原初的直观能力是一样的，以及存在一些可以被塑造出来的基本的意识形式，但这种假定一旦失效，比如人类的感知功能存在缓慢的进化过程，意识构成的能力也会出现缓慢的变化，那么，现象学的奠基工作也就是相对有效的。这样的看法在胡塞尔的著作中也有表现。胡塞尔在后来的写作中，表明现象学的思考是动态的和生成式的，而不是本体论那样的静态的，这是因为意识要素始终是流动的，从这个意义上而言，胡塞尔又说本体论不是现象学。[1]因此，这也就

---

[1] 参见胡塞尔《现象学和科学基础》，李幼蒸译，北京：中国人民大学出版社，2013年，第104页。

意味着，现象学对科学的奠基工作不是一劳永逸的。但胡塞尔在这一思想时期的用法中所说的本体论的含义不完全是指传统的本体论，而是指形式的先天理论。这也就意味着这样的先天理论不是一劳永逸的。[1]此外，意识行为自身的分析存在一种困难，即我们所有的意识行为都是根据行为的结果来区分的，意识行为反而成为某些意识结果的一种前提上的解释，因此，对意识行为的认识，或者说对意识自身的方法的认识，也就在很大程度上受限于我们的经验感知范围，它只能根据经验感知中获得的东西完成认识的加工过程，而不能完全独立地造出什么有价值的新东西来。

第三节 其他问题

之前很多对胡塞尔的研究，特别包括我本人的研究在内，只考虑了胡塞尔对心理主义、历史主义的批判问题，而没有从胡塞尔所批判的对象的立场再去反过来审视胡塞尔的这些批评，这种做法对于全面把握胡塞尔的思想是有欠缺的。以下涉及的三个哲学家都是胡塞尔所批判的对象，通过对他们的思想或回应的审视，我们可以获得对胡塞尔思想更为深入的理解。除此之外，胡塞尔的老师斯图普夫的观点我们也需要重视，他对于胡塞尔现象学的批评和理解，有助于我们深入把握现象学、心理学及科学的本质问题。

一 胡塞尔在致马赫信中的后续解释

胡塞尔自己在《逻辑研究》中的认识论目标，是研究纯粹逻辑的

---

[1] 参见胡塞尔《纯粹现象学通论》，2014年，第23页脚注。

意识起源问题，以此为认识论和科学进行奠基。为了保证分析和认识的纯粹性，这种做法中不能掺杂已有的经验性认识，也就不能使用已有的心理学成就，因此，所有与之相悖的做法都应该受到批评。这就必然决定了科内利乌斯和阿芬那留斯（R. H. Avenarius，1843-1896）的做法在其未能充分理解的情况下都是应该受到批评的。在这个批评过程中，马赫的思想是这二人思想的共同的根据，所以在批评中波及了马赫。胡塞尔对心理主义的批判按照其个人思想发展的历程而言，是走向现象学的重要环节，但是就其实际的批评观点而言，他对恩斯特·马赫和阿芬那留斯的观点的理解并不见得就是合适的。马赫在《感觉的分析》第四版序言中并不认可胡塞尔的批评。

胡塞尔在1901年4月18日致马赫的信中说："我绝不想质疑科学的遗传心理学和生物学思考的合法性，我反对的是科学中纯逻辑的认识论的澄清从属于心理学起源和生物学适应的立场。我在与我们时代的怀疑论的'心理主义'做斗争，其就像穆勒所做的那样，模糊了思想关系与事实之间的基本界限。从属于'思维形式'的句子，即从属于思维的观念意义的这类东西，例如通常的句子意义、通常的三段论意义、是和否、如果和如此、一个、一些、全部、多少和具体有多少（数量）等的意义，不能理解为经验普遍性的表达，它们不属于人类思维的偶然的赋予和发展，而是属于一般思维的本质，因此，它们不能通过遗传心理学（想象、判断、识别）或思维经济学来解释。"[1]

胡塞尔在这里的回信中与其在《逻辑研究》中立场完全一致，但在信中没有完全挑明自己对马赫思想的批评，只是说他在批评科内利乌斯的时候不得不提及马赫，而实际上他不仅提及了，认为马赫的

---

[1] Edmund Husserl. *Briefwechsel*. Husserliana Dokumente: Band 3,Teil 6, *Philosophenbriefe*. Hrsg. von Karl Schuhmann. The Hague, Netherlands: Kluwer Academic Publishers. 1994, S. 255.

思维经济学或阿芬那留斯的费力最小原则无法为纯粹逻辑学和认识论服务，而且还认为这样的思想会滑向相对主义。按照胡塞尔在《逻辑研究》中的论述和他在去信中重申的观点，年轻的30岁的哲学家科内利乌斯（H. Cornelius）已经将马赫的这个观点作为心理学的基本规律。

对于这个批评或理解，马赫在同年6月23日的非常简短的回信中表示没有异议，他没有与胡塞尔进行讨论，只是说自己因健康问题没有精力再从事进一步的工作。与马赫在信中的态度不同，在阅读了胡塞尔的《逻辑研究》之后，西格瓦特则在1901年6月10日致胡塞尔的信中明确表示他与胡塞尔之间并没有根本的分歧。[1]

然而，在马赫1902年11月为《感觉的分析》第四版所写的序言中可以看到，马赫实质上不同意胡塞尔的观点，并重申了自己的认识论原则，他说："物理的东西和心理的东西如果不存在本质的差异，则可推测这两种东西的关系中也有人们在一切物理的东西中所探求的那种精确关系。我们希望，在心理学对感觉的分析所发现的一切细节上，能找到同样多的、对应的神经过程的细节。对于我的观点过分的赞赏和过分的责难，我都已经听到。根据以上所说，我希望过分赞赏我的人和过分责难我的人都应当对自己也有所节制。"[2] 序言中较为具体的时间落款无疑表明这代表马赫与胡塞尔交流后的真实观点。

二者在这里的分歧是：胡塞尔认为马赫的思想会滑向相对主义，将年轻人带向歧途，而马赫潜在的观点是，在这样的认识论思想的引导下，在神经过程中会发现更多的认识细节。在我看来，就自然科学

---

[1] Edmund Husserl. *Briefwechsel*. Husserliana Dokumente: Band 3,Teil 6, *Philosophenbriefe*. 1994, S. 398.

[2] 马赫：《感觉的分析》，洪谦、唐钺、梁志学译，北京：商务印书馆，2016年，第7—8页。

的研究而言，马赫的思想有具体的指导意义，更可能诱发新的发现。年轻的哲学家科内利乌斯把马赫的思维经济学原则视为理智的基本原则，胡塞尔认为这是不合适的，他只是将其视为一种极有价值的目的论观点。但问题的根本在于，这种目的论的观点只可能被证实，无法被证伪，因为"最小"不是一个确定的值，而是一个相对的值，所以它是发现新的神经过程的有益引导。

如果追溯胡塞尔曾经的现象学思想，我们可以看到，批判相对主义和追求清晰性是胡塞尔的态度和目标，这也是在以另外一种方式表明他要为科学奠基或为其寻找坚实基础的想法，在这个意义上而言，他是要批判马赫的思维经济学原则的，因为他认为它是不彻底的。但是，这种目标仍然是为了促进科学的发现而非只是给人们提供科学知识的信念，所以，他与马赫的根本目标是一致的。

两者的差别在于认识论的倾向不一样，一个是引导性的，一个是解释性的。马赫的思维经济学原则或最小费力原则虽为经验观察的总结，但同时作为假设，引领发现的意义大于解释说明的意义，所以，他的这一观点整体倾向是"引导"。而胡塞尔要为科学知识奠基，为逻辑学寻找更为纯粹的坚实的基础，所以他的理论倾向实则是寻找"更为基础的不掺杂经验的解释"，在基础的解释之后，进行的是重构或构建的工作。这两种倾向是不同的工作思路，但都有引导发现的功能，如果没有彼此认识到这一点，就会存在分歧。基于这点理由，可以想到，马赫再去反驳胡塞尔的批评是没有必要的。

马赫的立场是经验主义的，但他的方法和原则却不纯粹是经验的，反而是理性推导出来的且带有预设的性质，他认为借助精确的观察和周密彻底的思考能够获得对事物的进一步的确凿的认识。[1]因

---

[1] 参见马赫《科学与哲学讲演录》，李醒民译，北京：商务印书馆，2013年，第255页。

此，他的立场是经验和理性的结合。而胡塞尔虽然反对马赫的思维经济学，但他的立场是纯粹观察性的，他试图通过最为直观的方式看到认识的起源，从而解释作为整个话语体系的科学的基本构成，这恰恰是彻底的经验主义立场。设想一下，如果说摆脱所有的形而上学的和科学的预设，基于最纯粹的观察获得认识的起源和逻辑的起源，才是胡塞尔应该始终如一的做法，那么，胡塞尔的说法和做法恰好是矛盾的，因为胡塞尔的这一认识目标本身作为一种预设，恰好是在过去的思想矛盾中产生的，所以他无法摆脱这种预设，并且，在胡塞尔的《逻辑研究》中，像"陈述"这样的东西仍然是一种预设性的存在，而且，胡塞尔认为意识具有一个本质结构而不随它的对象而变化的思想立场，本身就是一种预设。既然存在这么多的预设，也就存在着相反的预设。如斯宾塞认为，人的意识或思想是不断进化的，因此社会也是不断进步的。我们不难想象，如果没有预设，胡塞尔的很多研究是无法开展下去的，因为所有的问题本身都是一种预设的存在。问题的解决方式应该是相互配合的，而不是单向度的，因为只要我们仍然不清楚事情本身究竟是怎么回事，那么解决它的方法就不能是确定的，而只能是尝试的。这样的矛盾立场在胡塞尔给马赫的去信中也可以间接看到："考虑到纯逻辑和实践逻辑、认识论和方法论的方法完全不相干涉，我现在可以说我们的研究相互之间根本没有冲突。"[1]这显然与其《逻辑研究》中的批评立场完全不一样。但在胡塞尔晚年公开出版的逻辑学著作中，胡塞尔却又认为纯粹逻辑具有规范性功能，其被应用于实践活动时，就具有了实践功能。（见前文第七章）这显然与他致马赫的信中的观点是完全不一致的。再说，认识论和方法论

---

[1] Edmund Husserl. *Briefwechsel*. Husserliana Dokumente: Band 3,Teil 6, *Philosophenbriefe*. 1994, S. 257.

的方法完全不相干这样的断语，完全是错误的。

综上可以看出，胡塞尔所批评的并不是通常的心理主义，即将认识的发生回溯到心理层面去解释的做法，他批评的也不是已有的心理学、物理学研究的原则，他批评的实则是将这些现成的结论作为基本的心理规律和逻辑的基础的做法，简言之，他想批评的是一些人对心理主义成果的误用，如他认为阿芬那留斯利用最小费力原则对统觉所做的分析就属于这种情形。这才是他真正批评的"心理主义"。但是，为了使对心理主义的批评更为彻底，胡塞尔在《逻辑研究》中其实是间接地批评了马赫的，这与他给马赫的信件中所写的并不完全一致。他将马赫的思维经济学原则仅仅视为目的论上的东西，这无形中弱化了其物理生理学方面的实际意义。而且，目的论又是与神学紧密相连的字眼，这无形中会削弱马赫思想在社会上的有益影响。

二　胡塞尔对阿芬那留斯的误解

胡塞尔认为，最小费力原则只是一种极有价值的目的论观点，它不是能够说明自身理论基础的合理性的精确规律，而是一种生物科学中有用的观点和普遍的进化论思想。[1] 如果我们进一步去深入理解最小费力原则，就会发现胡塞尔对阿芬那留斯的理解和批评失之偏颇。

首先，我们首先需要明白的是，每一个理论在其建构过程中都必然有它的目的，人根据自己潜在的理论目标对理论进行建构或改造以描述事物的发展变化，在这种情况下，理论目标对于理论的建构过程必然具有引导作用。

其次，形成现象的原因肯定不是只通过观察就能获得的，而是必然包含推理或假设，其假设了那些看不见的东西作为解释中的原因，

---

[1] 胡塞尔：《逻辑研究》，倪梁康译，北京：商务印书馆，2015年，第195页。

反过来，通过观察而获得的假设对新的观察活动又具有引导作用。假设不仅是对现象的解释，也是进一步要实现的具体的理论目的。最小费力原则作为一种假设，对物理学的研究具有理论上的引导作用，同时，它也是有待不断证实的事物的根本规律之一。这时候，不能因为它是根据有限的观察获得的就认为它是不彻底的，它的彻底性只是无法被彻底证实而已，但只要它的效用一直存在，它就可以被延续使用。一种被称为彻底性的东西实质上是无法被证明的，只能以自身设定自身的方式获得说明，这表明彻底性就是一种设定的东西，因为只有设定这种行为才以设定自身说明自身。既然彻底性是一种设定，那么，它可以随着认识的推进而不断进行重新设定。

再者，阿芬那留斯的学说并非只是具有目的论的意义，而是具有物理学的思想基础。如果用最小费力原则去描述物理现象，则越为普遍、越为稳固的规律往往越趋于简单，它所对应的事物结构也越为简单，而越为复杂的事物，它的规律性越为脆弱，最为稳固和普遍的规律所描述的事物必然要以最小的力运行，"力"使得事物的运行具有了规律性，在假设力是恒定的情况下，越为普遍的规律越是基于最小的力，因此，越是普遍的规律越是要遵从最小费力原则。反过来，基于最为普遍的原则所建立起来的规律也就越具有解释效力。从这个意义上而言，最为简单的认识往往最为可靠，基于它所建立起来的认识才具有更为广阔的解释效力。胡塞尔对于直观性认识的肯定，以及对于意识中最初形态的认识，无非还是在追求一种最为简单的认识，再基于这些最为简单的认识而构建起较为复杂的认识。由此而言，虽然胡塞尔批评了阿芬那留斯的观点，但他与阿芬那留斯有着共同的思想基础。

此外，从阿芬那留斯本人的观点来看，胡塞尔的理解也失之偏颇。按照阿芬那留斯的观点，在统觉过程中，最小费力原则是灵魂在理论活动中的权宜之计，意识以最小的努力进行运作，是灵魂节省能量的做法体现，例如，人们用一个词来表示更多的东西，也是节省能量的需要。阿芬那留斯将最小费力原则视为统觉理论的基础，涵盖所有理解活动和所有知性科学。[1] 从这些关键的观点来看，阿芬那留斯以联想、反思等行为对于灵魂的最小费力原则的论述只是一种说明，其根本的理论根据是物理学的，而非对思维经验的单纯归纳。如果不理解这一点，那么，阿芬那留斯的这一思想就会被简单地在目的论意义上去理解。因此，胡塞尔的批评是有失公允的。

胡塞尔在批评中将阿芬那留斯的观点视为进化论的观点，这种批评让人感到匪夷所思。即使可以忽略认识的发展历程中生物方面的进化，但在人类认识习惯的形成过程中，还是存在着一种逐步优化的过程，那些优化的认识及其模型通过种群的信息承载得以在其他人或下一代身上获得塑造，失去了这样的信息来源，人通过自身的思维器官无法构建较为复杂的科学化的认识。由此而言，普遍的进化论思想并非不适用于对知识发展过程的解释，种群中认识的优化和传承仍然是一种进化。

从胡塞尔的心理主义批评的意图来看，他要寻求的显然是对科学知识的绝对奠基，以此使其基础更为牢固、发展得更为长远，但这并不构成对最小费力原则予以批评的充分理由。胡塞尔所说的纯粹意识中的最基本的一些形式，恰好就是最简单的形式，而这些简单的形式以意识最为直观的方式可以把握和存在时，恰好符合的就是最小费力原则。因此，阿芬那留斯的观点恰好支撑了胡塞尔的理论工作方式的合法性。此外，阿芬那留斯关于意识存在物的说法与胡塞尔也是一致

---

[1] Richard Avenarius. *Philosophie als Denken der Welt gemäss dem Princip des kleinsten Kraftmasses, Prolegomena zu einer Kritik der reinen Erfahrung*. Zweite unveränderte Auflage. Berlin: J. Guttentag, Verlagsbuchhandlung, 1903, S.20; 26.

的。在《哲学以最小费力原则来思考世界：纯粹经验批判导论》中，阿芬那留斯说："从心理学的角度来看，已知事物之所以为人所知，仅仅是因为我们体验到其存在于我们的意识中。从这个意义上说，已知之物可能与它所来自的那里完全不同，它总是由经验给出，是我们在意识层面上或在意识内拥有的经验；客体被认为是体验和给予的，就是在意识中被发现的。"[1]阿芬那留斯的这部著作初版于1876年。由此而言，当胡塞尔在《逻辑研究》中说对象被给予我们时，他表达的正是阿芬那留斯早已表达过的观点。科学的认识来自两个方面，一个是物体总是反馈给我们的信息，另一个是我们自己的意识给予（提供）的东西。意识提供了外在物体所不能提供给我们的东西，在知识的发展过程中，它往往不总是顾及物体反馈给我们的信息，由此，它在获得建构后，就要求后天的经验服从于它的安排，也制造了很多错误，而后天的经验（物体反馈给我们的信息）则要求意识回答自己的诉求。[2]这是当时经验批判主义的代表人物、哲学家卡尔·格灵（Carl T. Göring，1841-1879）对阿芬那留斯哲学主张的总结。格灵的作品至今不衰，这些观点在科学界早已内化于心。胡塞尔在自己作品中谈论意识的给予性，这在当时不是新鲜的理解和说法。这个认识在他的老师斯图普夫那里有很多运用。

包括胡塞尔在内，后世学者对阿芬那留斯的批评有失公允，这使得阿芬那留斯的哲学思想在国内长期受到哲学界的忽视，人们几乎一看到这些批评，就认为阿芬那留斯的观点不具有什么价值。但实质

---

[1] Richard Avenarius. *Philosophie als Denken der Welt gemäss dem Princip des kleinsten Kraftmasses, Prolegomena zu einer Kritik der reinen Erfahrung*. Zweite unveränderte Auflage. 1903, S.35.

[2] Carl T. Göring. *Über die menschliche Freiheit und Zurechnungsfähigkeit: eine kritische Untersuchung*. Leipzig:Veit & Compagnie, 1876. Reprint, Berlin, Boston: De Gruyter, 2021, S.23f.

上并非如此，西方哲学批评中所批判的都是有影响力的思想，它们之间更多的分歧在于想法的差异而非观念的荒谬性，西方哲学家对"批判"这个词的理解与国人对"批判"一词的心理感受不同。在当今的化学和材料科学的基本思想中，使用的恰好是阿芬那留斯的思想，人们普遍认为，最稳固的结构耗能最少。除了上面引述的相关观点外，阿芬那留斯还有很多优秀的思考。如他所提出的物理生命与心理生命的平行论，对后世心理学有着很大影响。[1]他认为描述的尽头必然是假设。他将统觉分为时间学的（timematologische）统觉和人类形态的（anthropomorphistische）统觉。时间学的统觉又分为伦理统觉和审美统觉。人类形态的统觉分为三种：神话的（mythologischen）统觉，它主要通过人类整体的存在形式而理解实际给予我们的东西；拟人的（anthropopathischen）统觉，它通过感觉的形式来理解事物；还有直觉式的（intellektualformalen）统觉，它意味着的是知性的形式。[2]（如图表44）

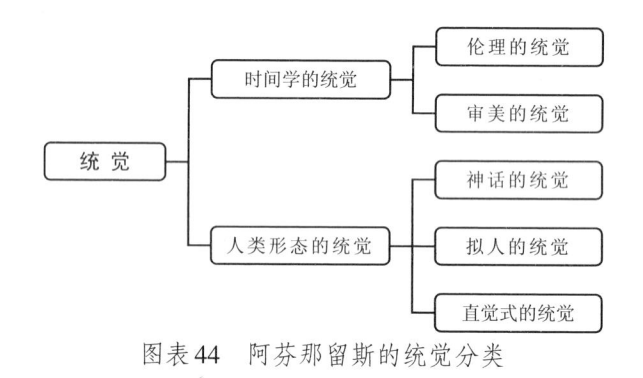

图表44 阿芬那留斯的统觉分类

---

[1] 参见波林《实验心理学史》，高觉敷译，北京：商务印书馆，1981年，第447页。

[2] Richard Avenarius. *Philosophie als Denken der Welt gemäss dem Princip des kleinsten Kraftmasses, Prolegomena zu einer Kritik der reinen Erfahrung.* Zweite unveränderte Auflage. 1903, S.37f.

这三种统觉分别对应于人类灵魂、人类感觉、人类的认知形式。神话统觉是由我们整个意志和行动的自我观念形成的，它是我们在天真的人类经验中发现的人类灵魂的观念，也是我们身体运动的原则。拟人统觉使我们获得了不太幼稚、更加坚定的体验，例如爱、恨、意志等，这些感觉会触发身体运动。[1]阿芬那留斯的这些思想对于我们理解人类知识的形成具有独特的启示意义。我们在庞加莱的著作中就可以看到他关于"拟人力学"（la mécanique anthropomorphique / 人类形态的力学）的讨论。

三 狄尔泰对历史主义批判的回应

在相较胡塞尔年长许多的学者中，狄尔泰是最为关心胡塞尔的学术思想的一位哲学家。他们之间有很多交往，当狄尔泰听说胡塞尔想离开哥廷根去别处任教时，他写信对其表达了真切的挽留之意。

狄尔泰在阅读了胡塞尔1911年发表在《逻各斯》杂志的论文《哲学作为严格的科学》之后，在给胡塞尔的信中强烈地表达了自己的不满。

首先，狄尔泰认为，将历史主义的归宿视为怀疑主义的批评性看法是不合适的，他认为自己一生最重要的工作目标就是形成一种普遍有效的认识论，以此为精神科学寻求基础，而并非持怀疑主义的认识论立场。狄尔泰说："我一生的大部分工作都致力于一门普遍有效的科学，它应该为精神学科提供坚实的基础和使之形成整体的内在联系。这是我在 Geisteswissenschaften（《精神科学导论：社会和历史研究的奠基尝试》）第一卷中提及的毕生工作的最初设想。一般来说，

---

[1] Carl T. Göring. *Über die menschliche Freiheit und Zurechnungsfähigkeit: eine kritische Untersuchung*.2021,S.24.

我们认可存在一种普遍的知识理论。我们进一步一致认为，只有通过阐明这种理论首先需要的名称的含义研究才能打开通向它的门径，这对整个哲学也是必要的。"[1]狄尔泰的这种立场与怀疑主义者否认普遍知识的可能性的立场是截然相反的，他的真正的工作目标与胡塞尔为科学进行奠基的哲学工作目标是一致的。因此，他不应该被称为怀疑主义者，而胡塞尔的理解使他感到非常惊讶。狄尔泰认为，胡塞尔对自己历史主义观点的不恰当理解，会使读者认为他的观点有意或无意地通向怀疑主义。

其次，狄尔泰认为，不能以严格科学的有效性立场剥夺历史决定的有效性。狄尔泰说："您认为（论文第324—325页），不仅世界观是历史决定的并且会发生变化，而且严格的科学也必须完全无视历史。如果取消了科学的历史条件的有效性，那么知识观念本身就会失去其有效性，连这个命题、这种无效的观念也不曾存在。"[2]换句话说，如果历史的有效性是不存在的，那么迄今的科学的有效性也就不存在了，因为现有的科学都是从历史中发展出来的，而非基于一种尚不可知的坚实基础而得以成立的。尽管可以假设这种神秘基础的存在，但无法利用这样的基础而进行科学知识的建构。人类知识是一种历史性的构成，是基于历史的发展而逐步建立起来的，这是狄尔泰思想中的基本立场。这也意味着对历史的阐明有助于发现科学中那些真正有效的东西。因此，全然抹杀历史性，并将其视为相对主义和怀疑主义，是不合适的做法。对科学知识的纯粹性的形式基础的研究，只是在研究科学知识得以形成的部分要素，单纯由这个要素并不能够促

---

[1] Edmund Husserl. *Briefwechsel*. Husserliana Dokumente: Band 3,Teil 6, *Philosophenbriefe*. 1994, S. 43.

[2] Edmund Husserl. *Briefwechsel*. Husserliana Dokumente: Band 3,Teil 6, *Philosophenbriefe*. 1994, S. 46.

成科学知识的发展，还应该考虑到知识得以发展变化的人文需求方面的要素，没有热情或情感的投入，没有对自身需求的考虑，没有对同胞需求的考虑，科学知识也不可能蓬勃发展起来，对这方面的要素的考察只能在历史中获得。在胡塞尔晚年的思想中也可以看到，他也认识到了对知识的历史的考察是有价值的工作。胡塞尔在晚年认为，在科学知识诞生之前的前科学的世界里，即生命世界或生活世界中，本身就存在着诸多有效的普遍的认识。[1]然而，如果对生命世界的这些认识的考察本身就意味着只能是一种历史的考察，且通过这种历史性的考察才能确认那些具有普遍性的认识，然后才能进一步在纯粹意识中寻找到这些认识的先验形式，即进入先验现象学或先验逻辑的领域去研究它们，那么，从这个意义上而言，胡塞尔的这一思路恰恰是狄尔泰的思路中所包含的认识论立场，即对认识的历史阐明是通向一种普遍性的认识论的途径。由此而言，无论从狄尔泰对胡塞尔的批评的回应来看，还是从胡塞尔晚年的思想转变来看，历史主义与严格科学的哲学理念并不冲突，历史考察反而是通向严格科学的哲学的前提之一。

胡塞尔在后来的信中回复了狄尔泰所批评的问题，但主要是以宗教的相对性去说明论文中所主张的观点。[2]从其回信中的相关内容可以看出，在其真实意图上，胡塞尔对历史主义的批判主要是针对宗教的世界观，而非狄尔泰这样的历史主义哲学家。基于胡塞尔的努力目标，现象学在最终的意识考察中获得的是一种源头上的东西，这种意识中存在的源头上的东西是超越一切历史认识的，由此，现象学的努

---

[1] 参见胡塞尔《欧洲科学的危机与超越论的现象学》，王炳文译，北京：商务印书馆，2009年，第138页。

[2] Edmund Husserl. *Briefwechsel*. Husserliana Dokumente: Band 3,Teil 6, *Philosophenbriefe*. 1994, S. 48f.

力方向就对精神科学具有了奠基性意义。但它只能穿越历史而无法略过历史的考察。相应地，基于彻底性的或清晰性的认识目标，对历史主义的拒绝也就意味着要拒绝宗教思想中存在的那些深邃的历史教义。因为现象学追求清晰，唯有科学才能决断，而深邃是混乱的标志。整体上，胡塞尔所拒绝的是含混性。

四 斯图普夫对胡塞尔现象学概念的批评

卡尔·斯图普夫（Carl Stumpf，1848–1936）是著名的心理学家，曾在布伦塔诺门下学习，也是胡塞尔曾经的老师之一，他在认识论方面也有许多著述。布伦塔诺曾写信给斯图普夫，介绍胡塞尔去他那里学习。胡塞尔参加了斯图普夫的心理学讲座，并在其指导下完成了教职资格论文。后来，胡塞尔将自己出版的著作《逻辑研究》题献给斯图普夫。

胡塞尔在1913年出版的《纯粹现象学通论》的注释中首次提到了斯图普夫1906年使用的现象学概念，但他认为斯图普夫的这个概念所表达的只是纯粹现象学的预备阶段。而后来在斯图普夫的批评中，胡塞尔用"现象学"这个概念取代布伦塔诺的发生心理学概念是一种没有必要的且会引起误解的创新，要避免发生心理学中的心理主义并不需要"现象学"这个名称，这个名称更适合于他自己的现象学研究。[1]斯图普夫所说的现象学研究是指对声音、颜色等感觉及意象的资料的研究。这种现象是他所区分的直接经验中的一种。他将直接经验分为现象（感觉及意象材料）、心理机能（知觉、组合、理会、欲望、意志等活动）、关系三类。[2]

---

[1] 参见施皮格伯格《现象学运动》，王炳文、张金言译，北京：商务印书馆，2011年，第108页。

[2] 参见波林《实验心理学史》，1981年，第413页。

斯图普夫认为："现象学本身就是一门与自然科学和人文科学并列的学科，它的前提是以这两个给出的定义为基础。它们的区别也只意味着任务的分离，而不是工作上的。现象学是存在的，但现象学家是不存在的。现象学问题的解决，在今后很长一段时间内，仍将是生理学家和实验心理学家的事，或者永远是生理学家的责任。"[1]

按照斯图普夫对现象的分类和对现象学的定义，现象学不应该包括心理机能和关系的研究，而这些都被包含在胡塞尔的现象学概念中。斯图普夫是胡塞尔的老师，胡塞尔的现象学概念也是在跟随斯图普夫学习之后才提出的，所以他们二者之间究竟谁先提出了现象学的概念就不好再讨论了。这就像闵可夫斯基（Hermann Minkowski, 1864—1909）的相对论思想的发表时间略晚于他的学生爱因斯坦一样，如果作者本人不去澄清这个问题，别人也不好猜度其中的原委。科学的巨人们肯定不会和学生争名，因为培养学生是他心中的使命，继承其思想的学生就是其精神生命的延续。

在斯图普夫的遗著《认识论》第一卷中（*Erkenntnislehre*, Bd. I, 1939），他对胡塞尔的纯粹现象学观念有很多批评。斯图普夫认为，胡塞尔的纯粹现象学是在寻找那些对哲学而言最为重要的客观公理，但很难评估这项工作的意义，因为胡塞尔关于心灵中的认知类型的例子全部都是缺失的，而且，对先天质料的认识是受限的，纯粹现象学本身包含着一种矛盾，是一种没有现象的现象学，所以，胡塞尔必然缺乏合适的例子来证明这门科学的基本原理。因此，纯粹现象学只能使人们得到它不是什么的概念，它没有对其所谓"先验纯化意识"进行任何正面的澄清。斯图普夫还质疑了对胡塞尔将心理学解释为一种

---

[1] Carl Stumpf. *Zur Einteilung der Wissenschaften*. Aus den Abhandlungen der Königl. Preuss. Akademie der Wissenschaften, vom Jahre 1906. Berlin: Verlag der Königl. Akademie der Wissenschaften. 1907, S. 32.

事实科学的观点。斯图普夫认为，自亚里士多德以来，规律不仅指以归纳得出的规律，也包括本质规律或通过对心理功能的观察和分析得出的结构性认识。由此可见，斯图普夫认为胡塞尔实则排除了心理学应有的另一种含义。斯图普夫认为，胡塞尔的纯粹现象学是自由发挥的隐喻式演讲，纯粹现象学的唯一出路就是描述心理学。此外，斯图普夫对胡塞尔反对实验方法的立场表示质疑，他认为像重力、音乐的感染力这些东西是无法以直观的方式进行研究的，感官知觉无法向我们展示力量和因果关系。因此，斯图普夫认为，胡塞尔的现象学不能被视为真正具有科学意义的工作。[1]

施皮格伯格在《现象学运动》中提到了这一遗著，但没有对其中的批评性观点予以介绍，只是认为二者的思想逐渐疏远，彼此存在误解。对其用心不再揣测。关于斯图普夫对胡塞尔的批评，还可见于丹尼斯·菲塞特（Denis Fisette）的辩护式研究。[2]

斯图普夫的批评有助于我们更好地理解现象学概念。在名称上，现象学概念的确有一些歧义性，且在一定意义上不能恰如其分地表达胡塞尔后来所从事的研究。如胡塞尔用本体论的模式去建构纯粹现象学的研究领域，认为通过对纯粹意识的分析可以获得更多关于认识的可能性建构，以此为更好地发展科学奠定基础，这种立场用"现象学"来标示显然不太合适。胡塞尔在1913年出版的著作中认为确真的认识建立在人的洞见或明证性上，而斯图普夫在1907年的著作中就认为，人们的信念要么建立在盲目的信仰之上，要么是通过推理间

---

[1] Robin D. Rollinger. *Husserl's position in the School of Brentano*. Dordrecht: Kluwer Academic Publishers, 1999, pp. 116–120.

[2] Denis Fisette. "A Phenomenology without Phenomena? Carl Stumpf's Critical Remarks on Husserl's Phenomenology." *Philosophy from an Empirical Standpoint: Essays on Carl Stumpf*. Edited by Denis Fisette and Riccardo Martinelli.Leiden. The Netherlands: Brill Rodopi, 2015,pp. 321–355.

接地建立起来的，不可能建立在直接的洞察力上，这个观点显然是对胡塞尔后来的观点的否定。[1]斯图普夫之所以持这样的观点，是因为他认为人的视觉条件能达到的认识是有限的，所以必须借助于推理才能形成认识。胡塞尔在1913年的著作中引用了斯图普夫的这部著作，但他并没有对斯图普夫的这个观点进行批判和澄清。

胡塞尔的立场是以直观的方式获得认识的最初的规范性的东西，以及由此发展出更为丰富和有益的规范性的东西。这些东西在传统的逻辑学研究中是根据客观规定倒推出来并加以改变和丰富的，因此它在可能性样式上是受限的。我们很难清晰地看到胡塞尔所给出的这些可能的规范形式究竟是什么，只能根据其努力的方向体会到这种规范的存在。但这个方向中存在很多困难，胡塞尔自己经常也这样认为。但这并不是说这种努力不值得肯定。除去这点不论，现象学在其基本的认识论立场方面仍然是有价值的。

一些人罔顾思想史资源，没有将胡塞尔的思想与历史思想、其他同时代的思想进行充分的比较，就认为现象学的很多见解是合适的，这种没有比较的"合适性"只是一种自我比较。比较、批判、构想是哲学研究的基本方式，没有比较，没有批评，没有构想，就谈不上是哲学研究。

胡塞尔认为现象学是一门科学，在这方面，胡塞尔仅仅有一种愿望，他自己也表明要为这样一门科学做一些准备工作，包括他后来写的著作也仅仅是导论性质的。再者，现象学作为一门科学，或作为一门新的科学，确立它为科学的合法性和必要性是通过与历史上已有的科学进行比较实现的，而不是自说自话地实现的。就像心理学的创始人冯特和斯图普夫那样，当其要将心理学作为一门新的科学予以确立

---

[1] Carl Stumpf.*Zur Einteilung der Wissenschaften*.1907,S.5.

的时候，他们是通过比对历史上的科学门类，对这门新的科学的合法性和必要性做出了论证。从胡塞尔本人的陈述和科学的历史来看，现象学还不是一门科学，它无法作为科学而被教授。目前所有关于现象学的工作，都属于讨论性质的。一些研究者置斯图普夫的批评于不顾，或有意淡化胡塞尔的这位老师的批评，这不利于我们周全地衡量现象学在科学史上的历史地位和价值。已有的现象学思想的价值，既不能被忽视，也不要被夸大。胡塞尔的思想目标，需要被重视。在斯图普夫的批评中，现象学唯一的出路是描述心理学，即将其作为对自己的心理活动的观念化的描述工作。这个理解是最为中肯的。这样一来，它就和逻辑学等其他科学门类有了本质性的区分，恰好也弥补了已有科学在心理描述方面的不足，在观念的纯粹化方面保持自己的学科优势，从而为已有的科学和未来的科学提供一些支撑或助力。

结　语

古代认识论中包含很多现象学要解决的问题，胡塞尔现象学是对历史遗留下来的认识论问题最为细致的一次努力。古代认识论问题在今天仍然没有得到彻底解决，这也使得古代著作一直存在着学术吸引力。前人有效的思想模型和方法有助于我们理解很多问题，但需要带着问题去理解历史思想。

一　胡塞尔的思想贡献

胡塞尔现象学与古希腊的、基督教神学的认识论思想一样，整体上都是观念化的。它作为认识论的一次艰苦努力，有着历史性意义。这不是说它在结果上像林德曼（Lindemann，1852–1939）解决圆周率问题那样，解决了历史上的问题。按照胡塞尔自己的说法，他的工作只是一个引导和开端。胡塞尔生前出版的著作都带有导引性质，这就更可以说明现象学还不是体系化的科学。胡塞尔作为现象学开创者的贡献是不可取代的。在历史上，除波尔查诺外，没有人像他那样对认识活动做了如此多的考察。在他细致的思考中有很多值得玩味的思想资源。

与历史思想相比，对于Noema理论的思考，是胡塞尔的一个创新点。但基于这种理论去构造细致的认识论学说还很难。此外，胡塞尔对范畴的研究是有益的尝试。胡塞尔对逻辑的先验理解，在于回答逻辑规范的起源问题，揭示这些规范的必然性和可能的规范，它们是要从意识发生的角度去建立的逻辑哲学，而非通常所说的逻辑学。这样的逻辑哲学，仍然是认识论范围内的问题，思考的是"尺度"或"规范"如何形成的问题。逻辑研究是胡塞尔思想的主线，也是最容易被视为学说的内容，它贯穿了胡塞尔思想发展的始终。

对意识的研究，即以反思和描述的方式对认识活动中的意识运行过程的描述，是胡塞尔所做工作中最多的，也是最值得研究的思想材料。对认识的意识发生过程的如此大规模的描述在人类历史上首次出现，后来的文献中也没有见到，所以胡塞尔的这项成就在认识论研究中具有不可替代的价值。在这些思想资料中，胡塞尔对颜色、声音、外物的感知活动的描述和分析做出了很多努力。如果我们从绘画的科学经验和实践体会、已有的音乐理论和音乐体验来看，这些分析不能算是一种科学成就，至多是对个人感官体验的一种记载，谈不上有特别新鲜的发现，相比而言，与这类艺术实践活动有长时间接触的人在这方面的体会更为细致，但如果没有胡塞尔的这些努力，我们大概也不会想到对感觉经验也能以这种方式进行研究，同时也难以彻底理解绘画中的视觉理论和音乐中的感知学说。这种工作方式作为一种引子，使那些艺术的实践理论和成就获得了更彻底的理解。以往的绘画理论比较简练，没有详细的理论说明，若不是经过世代的教学传承，学徒断难从文字说明体会到丰富的含义，但如果用胡塞尔的这种方式加以描述，人们通过文字就会较为容易地把握这些理论。如果在意识研究方面积累了丰富的现代科学知识或体验，就会在胡塞尔的分析中看到有价值的东西。就此而言，胡塞尔现象学是一座金矿。李云飞教授和我观点相似，他认为胡塞尔的探寻是哲学反思用之不竭的宝藏。[1]

我们查阅胡塞尔的著作去看他对意识内部活动的观察和思考时，也就是在其引导或陪伴下对意识活动进行自我观察。没有引导，进入陌生领域后，不知所向，倍感孤独，多会折返。思想先行者的这种作用是不可替代的。正因为他给人们提供了这样的精神财富，所以也就不能用一般科学理论的价值标准来评判他了。例如，我们基于成熟的科学标准会发现胡塞尔的某个分析是不完善的或错误的，但他是一个先行者，无论成败，都是无法取代的。我们要做的是重新对其问题进行思考，结合他的观察和自己的观察，解决重要的科学问题。

虽然人们通常以现象学还原来标示胡塞尔现象学的方法，但还原主要针对的是已有的认识成果，实质上，胡塞尔始终贯彻的是数学分析的思维方式，还有布伦塔诺倡导的描述心理学的方法。胡塞尔本身就是数学家魏尔施特拉斯的学生。魏尔施特拉斯是数学分析的奠基人，在思想理念上深深影响了胡塞尔。分析学的思想理念在胡塞尔的工作中体现得更为直接。在他的著作中，我们随处可见的是，他努力对概念进行最为严格的定义，以消除表达所可能带来的歧义性，引入古希腊语单词以表示自己的理解；他以最为直观的方式寻求对事物的彻底理解，建立术语与这些理解之间的严密对应关系；他寻求意识中可能会存在的功能关系或函数关系，从直觉出发寻求认识上的连续；他在对人们显得神秘而混沌的意识样态中努力寻找意识的秩序。这种工作完全体现了分析学的精神风貌。整体上而言，他进行的是一种关于一切认识之基础的纯粹数学研究。在数学家们那里，"纯粹数学"

---

[1] 参见李云飞《胡塞尔发生现象学引论》，北京：北京师范大学出版社，2019年，第284—285页。

是一切知识的心脏，学科本身的发展主要集中于此。[1]这个观点也是胡塞尔在著作中反复表露的观点。如果对数学分析工作有切实体会，他的这些作品就比较容易理解。他的著作受到数学家哥德尔（Kurt Gödel，1906–1978）的推崇，哥德尔还向其弟子推荐胡塞尔的作品。哥德尔不完备性定理的思想主张也恰恰与胡塞尔关于"虚构"的理解相通。胡塞尔在认识论领域的工作，完全可以看作数学家对新的数学领域的开拓性工作。近三百年以来，数学家们为了解决诸多问题，开辟了一个又一个科学领域，形成了数百个分支科学。从胡塞尔的努力方向看，他是从事开拓工作的数学家之一。胡塞尔的努力中有一些开创性的思想。但这些不一定是必然的真理。这对科学的探索者是有用的，对知识的学习者可能是有害的。探索和尝试在人类历史上具有不可消除的价值意义。此外，胡塞尔还推崇数学家波尔查诺的思想，后者在认识论方面与胡塞尔的努力方向是一致的。胡塞尔的整体研究方式是发生学的，尽管在他关于Noema理论的分析中也可以看到公理化的努力，但这并不算是一种真正的公理化的成就。他与数学家康托（Georg Cantor，1845–1918）、希尔伯特（David Hilbert，1862–1943）一直有密切交往，作为数学家，他也受到希尔伯特公理化的数学取向的影响。在胡塞尔的著作中所使用的很多被视为具有现象学色彩的术语，实则多见于其之前的特伦德伦堡、布伦塔诺、斯图普夫、阿芬那留斯等人的经典著作中。从胡塞尔的著作中可以明显地看出他受到这些哲学家的思想的影响。

胡塞尔的著作整体上的论述风格是陈述式的和描述式的，尽管也有一些思辨的地方，但占比较少。这种风格符合布伦塔诺所设想的描

---

[1] 参见R. L. 怀尔德《数学概念的演变》，谢明初、陈念、陈慕丹译，上海：华东师范大学出版社，2019年，第117—120页。

述心理学的工作方式，也符合胡塞尔本人的现象学精神。在这方面，他比他的老师布伦塔诺更忠实地执行了描述心理学的工作方式。这与他的老师截然不同。布伦塔诺是以完全思辨的方式来讲描述心理学的思想和立场，我们很少在其中找到对心理现象的单纯描述。由此可见，胡塞尔成了布伦塔诺所构想的描述心理学的工作方式的忠实的实践者。胡塞尔对心理现象的描述，揭示了很多我们不会在意的意识体验特征，这对于愿意深入钻研意识状态的人而言是很好的思想资源。在心理学史或认识论史上，很难或几乎不可能找到这样风格的著作。我们可以追随着胡塞尔的描述，在其引导下，再度去观察意识体验的诸种状态。如果没有这种引导，我们平常也不会以这种方式去探讨那些问题。完全可以说，胡塞尔践履了一条不同寻常的心理意识研究路径。这是难能可贵的。仅就这一点而言，他在人类思想史上具有长久的参照意义。这样一种贡献我们可以在神学思想史中发现，神学家个人的心理体验具有长久的参照意义。如奥古斯丁的《忏悔录》，讲述了自己在心灵世界中见证上帝的旅程。如果我们对这部作品有所了解，我们会感受到胡塞尔著作的奥古斯丁气质。

虽然胡塞尔的著作以描述为主，但理解它并不容易。在他的陈述中，很多并不是对意识样态的直接描述，而是事先思想的结果，由于陈述之间缺乏必要的推导过程，理解就显得不易。但这对于有相关思想经验的人而言不是什么难事。可是，这对于普通读者而言就比较困难了，因为你不知道他的目的是什么。胡塞尔的目的在于为科学奠基，将现象学建立为一门基础科学，或具有奠基性质的科学。但对于这样的学术目的，绝大多数人是难以理解的，因为这样一个目的的实现方式、具体过程都是不确定的，很多人也没有这样的理论需求，因此，绝大多数人阅读胡塞尔的感受要么是陷入不知所云中，要么纠缠于细节不能自拔。沉湎于细节，所获就得依赖于运气。显然，这不是首要选择的研究方式。著名心理学家麦独孤（William McDougall，1871-1938）认为，认识并不开始于细节。他说："心智的发展始于高度概括性的知识，然后逐步发展为对细节的认知。"[1] 借此可以获知，整体上把握胡塞尔的工作目标是理解他的思想的首要任务。

虽然胡塞尔的思想工作大致有一个目标或方向，但在具体工作中胡塞尔总是四处出击，他要解决的问题太多了，又没有人和他一起解决这些问题，按他自己的话说，他成为一个没有追随者的领路人。这主要是因为胡塞尔为科学进行奠基的这个目标太大了。很多人面对这个目标肯定是一头雾水，只有有勇气的哲学家才可能去尝试这样的课题。由于他四面出击，我们很难将其留下的很多思想整理为一个思想体系，但是，这并不意味着我们不能对其进行系统性研究。如果我们从认识论的立场来看，就需要选择其认识论方面的思考，研究其在认识论的主要问题方面都有哪些新的认识和发现。我主要从意识研究、范畴研究、逻辑研究三个方面去提取一些他的发现和思考。其中，意识的基本样态影响着认识的诸多可能性；范畴是构成认识的基本部件，它规定着知识基本形态；逻辑涉及的是较为复杂的认识样态。

从胡塞尔思想的整体倾向而言，它主要体现为一种决定论，即认为认识的最基本的规定性会决定后续的发展形态。但实质上，这种看法只有在类型化的意义上才是有效的。从类型化的角度来看，初始的状态肯定决定着事物将来的状态。但是，如果从事物自身的丰富多样性来看，则事物的变化并不是由最开始的一些要素所决定的。即使可以在形式上被决定，也无法在效用上被决定，如炙热的事物并不一定会灼伤人，也可以用来取暖，这是因为事物的性质或功能是在事物之

---

[1] 威廉·麦独孤：《心理学大纲》，查抒佚、蒋柯译，北京：商务印书馆，2020年，第467页。

间的关系中体现出来的。在我看来，最基本的认识形态对科学的决定作用是有限的。科学知识更多的是一种发现和塑造的过程，它从个体中被发现，而又在种群之间得以被塑造，由此代代传承，构成知识的大厦。世界在发现中被塑造，在事物的反馈机制中被塑造，而不是为其初始状态所全然决定的。即使我们在意识的根本形态中找到了那些被忽视的意识样式，这些东西也只是塑造知识的材料，并不对知识具有完全的规定性。

从胡塞尔的理论目标来看，他希望通向的是更为精密的认识，使更多的认识都逐渐精密化。但在我看来，精密化的知识也有其局限性。只要能够描述事物状态和变化的认识，就是对人类有用的认识。这些认识只要被塑造出来，就能够进行传播和推广，并为人类生活服务。尽管我们可以寻求更为纯粹的意识形式，以使我们的认识尽可能避免混乱的东西的干扰，但最为基本的意识形式却无法直接代表事物的状态和运动变化，除非将其规定为绝对的统一者。例如，我们无法仅通过意识中抽象出来的一个不具有空间和时间性的"点"来描述出事物的变化和状态，即使"点"的数量无限增加，以用来表示更为复杂的状态，但在事物越来越复杂之后，这种做法就无法进行下去了，这是因为它再前进几步，就超出了人类的计算能力。生命对事物的反馈机制才是构成认识的直接基础。纯粹的意识中的形式及其组合，只是为这些有效的认识提供数学上的精密的描述。数学在这种情况下担任的是优化知识的角色，而非使知识有效的角色。真理以描述和证明的方式被呈现出来，但描述和证明本身是人类掌握认识的工具，而非认识得以存在的基础。因此，对意识中基本形式或认识的基本要素的纯粹化工作，所优化的是把握认识的工具。

胡塞尔并非要为世界提供根本的说明。如他晚年认为的，世界是永远变化的，人们不可能获得一劳永逸的认识，而他要永远地认识下去。从这个意义上而言,他的思想虽有传统哲学和科学的一些要素,但最终不是形而上学式的。

二 胡塞尔现象学与《瑜伽师地论》互释的可能性

相较于欧洲历史中的认识论而言,胡塞尔对问题的考察丰富而细致,这是前无古人的工作。但是,从认识的意识发生过程及以观念研究的方式追求对意识的透彻理解这一认识论目标来看,胡塞尔的这些研究也不是人类历史上首次出现的,约在公元四世纪出现的古印度的《瑜伽师地论》(*Yogācārabhūmi śāstra*)中就有较为完备的思考。[1]

《瑜伽师地论》包含了对认识的发生过程、所依赖的各种要素、规范、方法、最终要达到的成就等问题的论述。相关内容主要包括:

基本的认识功能(五种感官功能/五识身);

意识、潜动的记忆(种子识)、基础记忆(阿赖耶识)、意识的流动性(等无间依)、转念(异熟所摄)等这些形成认识的基本要素,即汉译佛学术语所说的"所依";

心灵对客体的作用关系(所缘缘),客体对心灵的影响和限制(缘),意识中观念的流转(等无间缘);

认识的整体性及其所依赖的背景要素(助伴);

认识与基础记忆之间的流转(执受所依);

物质现象与非物质现象(色与非色);

意(心灵的综合认识结果)与识(五种感官认识)相互促进和转化的关系(无间过去识);

受情欲影响而形成的不符合真实情形的概念(乐着戏论);

---

[1] Dan Lusthaus. *Buddhist Phenomenology: A Philosophical Investigation of Yogacara Buddhism and the Ch'eng Wei-shih lun*. London: RoutledgeCurzon, 2002, pp. vi–vii.

心灵有不同的认识活动及规范（心有所法、心王）；

统觉（蕴）、直觉（七觉支、审谛耳）、时间意识的构造（如法建立三世）；

心灵的寻觅和精思（有寻有伺、无寻唯伺、无寻无伺）；

类别、状态、趋向、无趋向、混乱（界、相、如理、不如理、杂然）等的设定（施设）；

获得确定性认识（三摩呬多地）的四个阶段：先是安静地观察和筛选认识对象中的要素（静虑），其次是离开这些思想要素的困扰且寻求解释（解脱），接下来是以对等存在的意识存在物标记出初步的确定性（等持），最后是重复确定以获得最终的确定性认识（等至）；

意识的不确定状态（非三摩呬多地）；

基于根本性的设定而形成的诸多认识（有心地）；

消除所有根本性设定而形成的认识（无心地）；

获得认识的三种途径：一是学习（闻所成地），二是通过思维自身的观想而获得（思所成地），三是通过在圣贤处所长期居住的体验、因缘体验、瑜伽体验、追求果位而获得（修所成地）；

能够领悟到彻底性认识的三种更高等级的认知方式：一是听闻言教就可以解脱（声闻地），二是自己觉悟获得解脱（独觉地），三是最为宽广的解脱方式（菩萨地）；

终极性的认知与行为的合一（有余依地与无余依地）。

以上是《瑜伽师地论》十七地中所涉及的认识论的一些内容。过往人们多从修行的立意解读这些思想，修行是主线而认识论不是主线，这使得其科学方面的意义没有被充分揭示出来。

鲁斯陶斯（Dan Lusthaus）说，西方学界在二十世纪初才注意到这部文本。鲁斯陶斯本人的皇皇巨著《佛教现象学：瑜伽佛学和成唯识论的哲学研究》(*Buddhist Phenomenology: A Philosophical*

Investigation of Yogacara Buddhism and the Ch'eng Wei-shih lun，2002）在提及胡塞尔现象学时，也认为二者之间的思想具有很多相关性，包括最为重要的Noesis-Noema结构可以对应于瑜伽佛学中许多成对的术语，它们在思想的主要问题上是一样的，都以人类经验为什么开始和为什么结束、如何开始和如何结束为问题，都是在解决最为基本的人类困境和问题。[1]

《瑜伽师地论》与胡塞尔现象学之间的比较研究尚未见到。从鲁斯陶斯的著作来看，西方学界早已注意到了瑜伽思想与胡塞尔现象学之间的相通性。但是，《瑜伽师地论》中的思想与《成唯识论》中的思想是有很多不同的，前者的思想更为本原一些，逻辑性更强一些，而后者可以说是从前者提取出来的。因此，如果要研究胡塞尔现象学与唯识学之间的相通性，较好的比较对象应该是《瑜伽师地论》。

从《瑜伽师地论》的思想来看，二者所涉及的问题都非常宽广，在一些认识论问题上有助于相互理解，因此，从认识论方面去做这种研究有很大的可行性，有余力的同仁可以去尝试这方面的研究。

三　同一性的意识发生假设

在意识中，同一性是知识或科学的起源。这里对其根本问题做一些分析。

科学从虚假的假设开始，目标却在于追求真理，这看起来是一个悖论，而实际上并不是悖论。肉眼在不同的尺寸上看到的事物的运动

---

[1] 根据王海林的综述，这部著作在公元五世纪初叶就有了昙无谶（Dharma-rakṣa,385-433）的节译本，翻译时间为公元414—426年，还有求那跋摩（Guṇavarma,377-431）公元431年的节译本，真谛（Paramartha,499-569）于公元550—569年译出的多个节译本。公元648年，唐代佛学家玄奘译出了全本。这部书的梵文本原来只有残存的小部分，全本在1936年由印度学者罗睺罗（Bhante Walpola Rahula, 1907-1997）于西藏萨迦寺发现后带走，后录写回国。（参见《瑜伽师地论》，王海林释译，北京：东方出版社，2020年，第5—7页。）

和变化是不一样的，或者说，事物在不同的尺寸上表现的状态是不一样的，却可以得到相同的规律，这是为什么呢？这并不是因为尺寸不同的层级之间具有相同的规律，而是因为不同层级的运动状态在人体的反馈机制中恰好形成了相同的形式，反过来，由这些形式形成的规律在多个层级就具有了解释力或描述效力。但我们可以把这些形式作为普遍性的东西吗？不能，因为它只是在运用中适合而已。因为当我们承认世界是永远变化的时候，它就只可能存在形式上的相同，而并不具有实质上的相同。但这些形式从哪里获得，或人脑如何获得这些形式？这首先需要假设人脑的描述机制和思维机制，它是从简单机制叠加为复合机制的，然后，我们才能获得对这些形式的周全考察。而我们也已获知和相信，自然世界恰好也是从简单机制叠加为复合机制的。这两者的这种一致性，也就导致了它们各自在叠加到某个层级时，人脑所产生的叠加形式能够描述自然事物的状态或秩序。因此，我们在描述和观察的尽头仍然需要假设才能进一步理解事物运动、变化的原因。

观察和描述的尽头必然是假设。亥姆霍兹说："观察的普遍性并不一定意味着对原因的洞察，只有当我们能够清楚是什么力量在火灾中起作用，以及结果如何取决于它们时，才能获得这样的洞察力。"[1] 观察在认识过程中虽然是基础的方式，但能够获得的认识是有限的。如果没有假设，就没有东西引导我们进行洞察。马赫则明确地指出，假设的功能在于导致新的观察和实验。他说："假设的基本功能是，它导致新的观察和实验，这些观察和实验确认、反驳或修正我们的猜

---

[1] Hermann Von Helmholtz. "On Goethe's Scientific Researches (1853)." Hermann Von Helmholtz, *Science and Culture: Popular and Philosophical Essays*. Edited and with an Introduction by David Cahan, Chicago and London: The University of Chicago Press, 1995, p. 13.

测，从而扩大经验。"[1]基于这些基本的认识，对胡塞尔所说的"同一性"这个最基本的范畴，只是在意识发生层面进行描述，形成的肯定不是最终的解释。在此，我尝试以假设的方式进行一些思考，但愿这些思考有助于以观念化的方式研究认识论的其他问题。

胡塞尔认为，意识中的同一性是"被给予"的。如果按通俗的话说，"被给予"这个译名表达的意思就是自己呈现出来的。反思只能观察到它所观察的东西，所以，对同一性的这个解释并不是彻底的。直观无法替代假设，系统的知识不可能只是在直观的基础上建立起来，这是我们在刚才的论述中又重新建立起来的认识。因此，如果我们想要得到更为彻底的认识，那么，需要在直观的基础上对事物进行描述，在描述的基础上建立事物之间的关系。但是，在建立的这些关系中，哪些关系具备了规律性或体现了事物的秩序，这完全不是由直观所决定的。正如我们观测到太阳的运行就可以得出太阳绕着地球旋转的认识，但这条规律并不是由我们的观察和联想决定的，而是由事物相互运行的规律决定的。它是在一个较大的系统中被确立的关系，或者说是在同级别的整个事物群落中给出的运动轨迹。因为决定规律存在的东西处在我们的视野之外，所以在更广阔的星球群落中，太阳的运行轨迹无法通过直观获得，必然需要假设的参与。

如果这样来看待问题，同一性就不是意识中自发出现的，是"被给予的"或"自己呈现出来的"，而是按某种机制呈现出来的。

在第一种情况下，我们假设了同一性由相似的意识物而来。如果我们假设同一性的东西由相似的东西而来，那么，这实际上意味着不同的要素被人为去除了。如果我们承认世界是永远变化的，承认意识

---

[1] 马赫：《认识与谬误——探究心理学论纲》，李醒民译，北京：商务印书馆，2007年，第258页。

中永远不会存在两个同样的感知，那么，由不同的感知形成的同一性的东西，实则是去除不同的部分而形成的规范化的结果。我们认为对这个事物的两次感知是不一样的，但在我们去除了时间要素后，它就有可能是一样的。由此，同一性是去除不同要素后获得的东西，它在根本上而言是一种设定。这种设定意味着前后两个东西之间可以共用一个稳固的表达，且假设了二者连同其变化作为一个整体，与周围事物的关系仍然是不变的。既然它是设定的，那么，在对其普遍地运用中，同一性的东西就永远意味着有不同的设定存在。因此，认识在根源上永远有变革的可能。同一性在这里只是意味着诸多具有同样的意识情形的一种类型，或者说它就是这种同一类型的范畴，它自身仅仅是关于意识中的这种意识对象的知识，而并非关于自然事实的知识。因此，它本身是一种规范，或意味着某种规范的形成。因此，在基于具体的同一之物进行推演时，它（同一性）是一种规范，意味着设定的这个基础在同样的推演进程中必须是一致的，由此形成的事物之间的关系才会是确定的。

接下来，我们假设相反的意识物遇到一起时，也会产生同一性。当我们在意识中遇到相反的形式，如"上"与"下"、"前"与"后"时，我们仍然会在其身上看到同一性。只是这时的同一性成为另一种同一性，即在其用法上，都表示方位。因此，本来相反的东西，在用法上被统一为具有同一性的东西。它们之间恰好各自占据了同一维度的不同两极，因而在其本身的关系上也是有一致性的，因此也就在用法上获得统一。或者说，我们从"上"和"下"身上找到了一个更为根本的联系层面，将其统一为具有同一性的东西。这也就意味着，在另一个层面，要么是在用法上，要么是在根本的联系上，我们可以将不同的事物统一到一起。这实际上是将观念中的同一性移植到了外在的事物身上，产生了同一性的认识。在这个意义上，同一性意味着与某一事物保持同样的关系。

由第二个假设我们可以扩展出来的第三个假设是，世界的现象尽管彼此不同，但都可以被统一到世界之中，要么作为物质客体而存在，要么作为精神客体而存在，或作为纯粹的可被人的意识把握到的存在而存在，它们在意识中都具有根本的统一性。因此，即使我们面对的是两个不相干的东西，由于意识的统一性取向，它们都会被统一起来。尽管它们的性质是不一样的，但仍然可以被统一到世界之中。即使虚构的东西，无法在世界中存在的东西，如"世界的不存在"，也会被统一到认识的根源上的"存在"之中（可被想到就是意识中存在）。在这个过程中，心灵所具有的"无限的设定"将一切都视为存在的，即它们都是"认识的对象"，其中的所有层次都是心灵规定出来的，因此各个层次之间是可以自由切换的。之所以能够自由切换，是因为这是意识对它的形式予以运用的结果，而非事物本身有如此固定的层次。

经过这三重假设，同一性在意识中的获得方式就有三种：相似要素的事物去除多余要素后在同层级被视为具有同一性；相反要素切换到另一层级获得同一性；不相干要素作为认识对象获得同一性。在关于同一性的这三个假设中：第一种意味着的是个体的同一性；第二种意味的是关系的同一性，只要它们之间能够进行相互转化就可以视为是具有同一性的；第三种意味的是心灵向外投射的同一性，这是指所有的关于对象的认识在意识中都可以自由转化和转换。这三种同一性最终都可以归结为一种关系，即相互之间的"转化"关系。而这恰恰可以视为意识自身的"转化"功能的体现。从这一功能来看，科学或知识都是意识活动转化出来的结果。

在观察的边界之处，"观察"必然遇到困难，解决的方法就是进行设定。费希特在其著作《全部知识学的基础》中一开始就认为知识的最根本的设定是"A= A"。但"A为什么等于A"这个问题被费希特视为一种最根本的无可置疑的设定。就其证明而言，他使用的方式是反证法，认为如果不这样，就无法形成逻辑，因而就无法形成知识。这就犹如算术世界中人们无法证明"1+ 1 = 2"一样，如果不基于这一条，整个算术世界就无法建立起来。在算术世界内，人们永远也无法证明"1+ 1 = 2"，谁今后若宣布证明了这条定理，那一定是循环论证，或者是相互说明，它在结果上可以被说明，在源头上无法直接证明。同样，在前面关于"基础意识"的论述中，胡塞尔也将知觉的最初形成视为一种"设定"。源头是被领悟到的，或被推演出来的，是对现存事物的最终解释或规定。

在认识中进行设定之时，就是想象力再度出场之时。按照麦独孤的理解，心智的形成依次为辨别、统觉和联想三个过程，他所表述的正是我们这里的分析过程。[1]基于想象力，当我们说"同一性"是"被给予的""被动形成的""自发形成的""自己呈现出来的"时，它只是意味着我们在意识中反思时所遇到的边界，并非揭示了其在意识本身中是如何运行的。基于这些描述，我们需要进一步去探查意识本身是如何运行的。

波尔查诺认为同一性是同一个观念在意识中运用的结果，我认为这个说法只能解释相等情形的发生，并不能解释系统的同一性是如何建构起来的问题。我在这里尝试做了一些假设和思考，希望有助于人们思考这方面的问题。

在系统性的认识中，同一性意味着的只是逻辑的起点。这个起点是系统化知识的起点。因为系统化的知识寻求统一，所以它必然需要

---

[1] 参见威廉·麦独孤《心理学大纲》，查抒佚、蒋柯译，北京：商务印书馆，2020年，第467页。

在源头上确立一个稳固的东西。但逻辑并不是认识的全部，它只是系统化知识的要素。对逻辑的研究意味着最终要认识的是逻辑在意识起源中的规范方式，或对认识能有作用的规范方式，而非意味着能够获得对于整个世界的认识。这些规范方式无非两大类：对有序的规范和对无序的规范。无序的规范是自相矛盾的，是不存在的。有序的规范就是系统化知识的规范。这种规范可以分为两种，一种是量的规范，有连续的量和不连续的量；一种是对质的规范，有相同和不同两种规范，进一步可以分为包含、扩展、相似、不似四种规范。接下来就是最根本的规范，即关于秩序的规范。认为世界存在秩序，然后才可以进行规范。在秩序规范方面，它们就是生成、变异，或者说不变和变化的关系。秩序的规范所描述的东西就是规律。我们以图表45和46来表示规范的类型与生成关系。

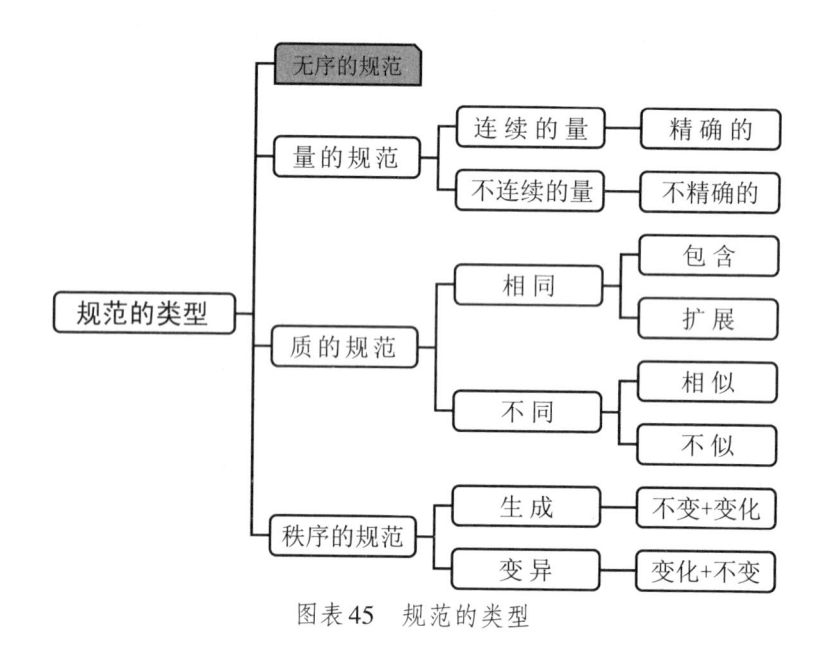

```
规范的类型 ┬─ 无序的规范
          │
          ├─ 量的规范 ┬─ 连续的量 ── 精确的
          │          └─ 不连续的量 ── 不精确的
          │
          ├─ 质的规范 ┬─ 相同 ┬─ 包含
          │          │      └─ 扩展
          │          └─ 不同 ┬─ 相似
          │                 └─ 不似
          │
          └─ 秩序的规范 ┬─ 生成 ── 不变+变化
                       └─ 变异 ── 变化+不变
```

图表45　规范的类型

```
┌──────────┐
│ 量的规范  │──┐
└──────────┘  │   ┌──────────┐
              ├──▶│ 秩序的规范 │
┌──────────┐  │   └──────────┘
│ 质的规范  │──┘
└──────────┘
```

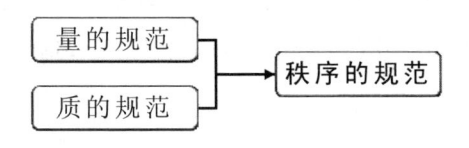

图表46　规范的生成关系

相应地，同一性也就存在这样基本的四种情形：无序的同一性、秩序的同一性、量的同一性、质的同一性。无序的同一性不再包含其他的同一性，其他的则相应地包含生成的同一性、变异的同一性、连续的同一性、不连续的同一性、相同的同一性和不相同的同一性六种基本的情况。（如图表47）

```
                    ┌─ 无序的同一性
                    │
                    │                  ┌─ 连续的同一性
                    ├─ 量的同一性 ─────┤
                    │                  └─ 不连续的同一性
   同一性的类型 ────┤
                    │                  ┌─ 相同的同一性
                    ├─ 质的同一性 ─────┤
                    │                  └─ 不同的同一性
                    │
                    │                  ┌─ 生成的同一性
                    └─ 秩序的同一性 ───┤
                                       └─ 变异的同一性
```

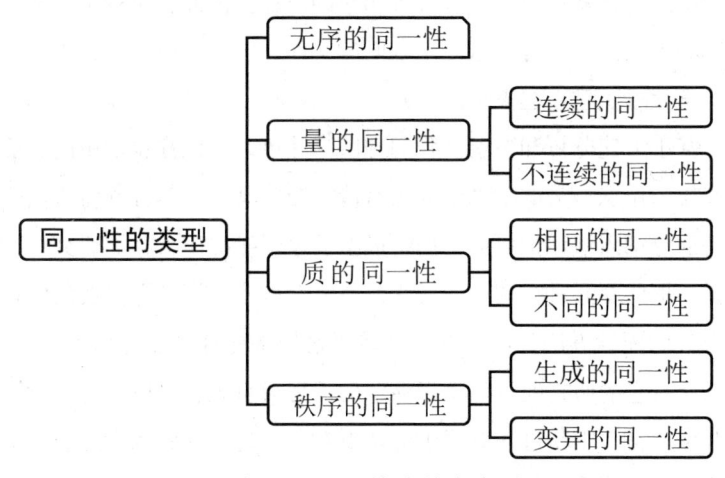

图表47　同一性的基本类型

由意识中生成的这些不同的规范，这里不再以假设的方式进行烦琐的说明，读者可以自行尝试进行推演。在此，如果我们以含混的方式来说明：它们都是在意识中自发形成的，是凭借着物质世界的应力而产生的，经过筛选而存留下来，它们逐渐丰富，变成人类知识的逻辑部分。解释到这一步时，这些说明对于大部分理解活动而言就已经够用了。

四 认识论科学与意识研究

认识论作为哲学研究或科学研究，最基本的工作是确立两个方面的东西，一个是研究的对象，另一个是研究的目标。研究目标我们可以从已有的一些典范科学中借用，当然也可以根据认识论研究的进展逐步修正或确认。就研究对象而言，可能存在着不同类型的研究对象，或在研究的推进中会发现新的更为切实的研究对象。研究方法是为了实现特定的目的而设计或发现出来的，针对不同的研究对象和相应的研究目标就需要设计或发现相应的方法。因此，也就不存在一劳永逸的方法。依次有了这三个方面的工作，一门可以相对独立的认识论科学就逐步建立起来了。

基于上述分析和考察，我们理所当然可以将以往哲学中的方法论研究作为认识行为的某种研究来对待，吸收其中的养分并将方法研究之一部分纳入认识论研究，如将成型的逻辑排除出去，而研究对构成逻辑的那些要素进行调配的行为，研究对构成认识的那些要素的调配行为或调配的方法、做法等。这些要素的调配都是在意识中进行的，所以，对它的研究通过对意识活动的反思或直观就可以进行。就认识的对象而言，它是进入意识中的认识对象，进入后就成为意识中被作为认识对象而存在的表象，于是，意识自身产生的方法或意识的某些行为与认识对象就处于同一个操作平台之上，然后通过对同一平台上的要素进行组合以形成认识，并通过特定的标记而形成立体的、结构性的及更为复杂多样的认识，通过对组合方式的认识，就可以将其转化在纸上进行更复杂的推演。传统的认识论问题在这个平面上转化为意识层面的认识论研究。这也就是现象学意义上的认识论。这样的意识层面的认识论研究也就与知识的形态学、知识的逻辑学、知识的形而上学这样的传统认识论有了根本性的区别。知识的形态学，就是提取知识的要素形成对知识的一般特征或规律的看法，如逻辑的特征、技术性知识的特征、科学知识的特征，以及各种不同的知识的特征和规律等。知识的逻辑学，从知识是由认识行为作用于认识对象而形成这一观点来理解，可以分为思维的逻辑和事物的逻辑，前者如同一、对立、统一、离散等，后者如因果、无序、相似、不似、位置、时间、包含、无关等。知识的形而上学，则是指研究知识的最终决定者或产生者。这三种认识论作为曾经的认识论研究是有价值的，但研究的方法和过程是混乱的，如把知识的形态学当作知识的逻辑、把思维的逻辑和事物的逻辑混为一谈、把认识过程与认识行为混为一谈等。

  我们可以将认识行为的研究，进一步推进到意识层面，将认识对象也纳入意识层面来处理，这样就可以在同一平面内以纯粹的、不掺杂经验的方式去解析认识论问题；认识过程或认识的形成过程，实则也是认识行为与认识对象的作用关系，也以这样的方式得以处理，将其分解为意识平面内的不同要素。这样，我们在将来就可以将认识论科学的主要部分转变为意识研究。对于知识的特征和规律的研究，即知识的形态学，则仍然可以保留下来，它实则是一种知识形态的历史记载，这样的史学性质的研究，是一门科学的基础工作。

  对于什么是第一哲学，在哲学史上有着激烈的争论。研究形而上学者将形而上学作为第一哲学，在这个立场中，以本体为研究对象的哲学是第一哲学，因为本体决定着其上的一切建构，因此，形而上学作为第一哲学旨在强调的是本体的基础地位。伦理学的研究者往往将伦理学作为第一哲学，就社会秩序作为人类知识最终的服务对象而言，伦理学当然是排在首位的，理应成为第一哲学，这是从学问的服务目标而言的。胡塞尔将认识论作为第一哲学,这是从工具的角度来看的,因为对认识自身的研究,对于优化已有的认识,确保和改进已有的各种认识,都是第一位的。胡塞尔所坚持的这种立场,也是逻辑哲学家蒙塔古(William Pepperell Montague,1873–1953)的立场。蒙塔古将哲学分为方法论、形而上学和价值论三类,作为方法论的部分,包含的就是逻辑和认识论。从这种划分来看,认识论承担的也是工具的作用。[1]无论是伦理学,还是形而上学,二者都是某种认识,作为某种认识,其自身的发生过程应该受到严密的审查,所以,对这些认识的认识,理应成为第一哲学。

五　认识论历史的主要问题

胡塞尔的现象学仍然是认识论历史的一部分,这是我们这项考察的认识结果之一。在前面的论述中,我们将认识论视为对认识活动的井井有条的研究工作,这是就研究对象和理论工作方式而言进行的界定。除此之外,它还应该有自己的专门的问题,这些问题我们通过历史的考察可以把握到。在我看来,认识论的历史虽然纷繁复杂,但其问题可以总结为六个,这六个问题按照可能性和规范性扩展为两组:可能性、确定性、彻底性;规范性、系统性、精确性。(如图表48)

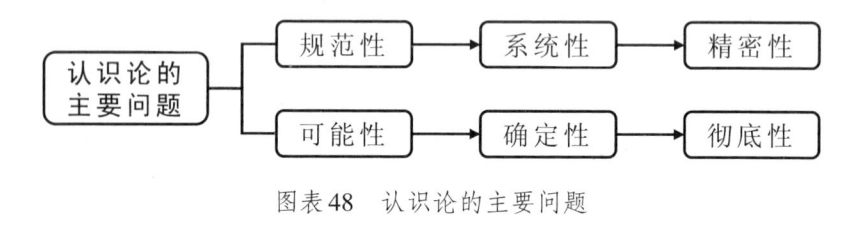

图表48　认识论的主要问题

---

[1] 参见蒙塔古《认识的途径》,吴士栋译,北京:商务印书馆,2018年,第1页。

认识的可能性是认识论的基本问题，基于这个问题形成的是认识的确定性问题，所以，当我们谈论确定性时已经蕴含了可能性的问题。这两个问题都是欧洲认识论历史中包含的主要问题。基于确定性问题的是认识的彻底性问题，即我们想要获得的是更为彻底的认识。因此，这三个问题本质上是一回事情。对可能性问题的解决主要是以规范的方式进行的，因此，可能性派生了规范性的问题，如标记、语词、逻辑、证明，以及认识的标准等问题，都属于规范性问题。认识获得了规范，也就意味着它会具有初步的系统性，认识系统本身就是一种扩展了的规范性。同时，确定性也是在系统中进一步获得规定的。最初的规范只具有设定上的确定性，而进一步的确定性只能在系统中去定位。基于对系统性认识的提升，认识所要求的就是精密性，这是现代自然科学努力和发展的方向。在这之中，六个问题是相互纠缠在一起的，很难割舍开来，但实质上的问题只有两个，一个是可能性问题，一个是规范性问题。这两个问题都是关于有效性的问题，因为在可能性的世界中，有效性意味着规范的有效。确定性与系统性之间也是相互影响和界定的，他们之间彼此参照，出现矛盾时就得寻求最初的设定或规范，看是否符合当初设定的规范和要求。彻底性作为确定性的进一步的形式，对于构建更好的系统具有必要的作用，认识进行得越为彻底，它所要构建的系统也就要更为严密。更为彻底的认识也意味着会在精密性方面有所要求。当系统越来越完善和强大时，也就意味着认识越来越精密，反之亦然。

　　综合理解，彻底性是更深层次的可能性，精密性意味着更深层次的规范性，确定性和系统性是它们的派生形态。可能性与规范性之间相互促进，但不可相互替代。科学知识作为系统化的知识，其系统化的开始在于所使用的规范的发生，所以，认识的发生问题实质上应包含在对可能性和规范性的研究中。

与之相关的，认识论中有没有目的论？肯定是有的。认识活动朝向一种目的化的建构，上述的认识论主题，也即它的目的。但它不是神学的目的论，而是理性的目的论，这种目的论不是给出世界的起源，而是试图去寻找最好的可能性和最好的规范。

认识论的问题具有广阔的意义，如伦理学也可以按照这六个问题展开，而物理学（自然科学）在历史上本身就是按照这种方式展开的。

参考文献

注引文献：

[1] Andrew C. Itter. *Esoteric Teaching in the Stromateis of Clement of Alexandria*. Leiden, Boston: Koninklijke Brill NV, 2009.

[2] Andrew Louth. *Maximus the Confessor*. London: Routledge, 1996.

[3] Athanasius. *Contra Gentes and De Incarnatione*. Edited and Translated by Robert W. Thomson, London: Oxford University Press, 1971.

[4] Bernard Bolzano. *Theory of Science, Vol. 1 &Vol. 3*. Translated by Paul Rusnock and Rolf George. New York: Oxford University Press, 2014.

[5] Carl Stumpf. *Zur Einteilung der Wissenschaften*. Aus den Abhandlungen der Königl. Preuss. Akademie der Wissenschaften, vom Jahre 1906. Berlin: Verlag der Königl. Akademie der Wissenschaften, 1907.

[6] Carl T. Göring. *Über die menschliche Freiheit und Zurechnungsfähigkeit: eine kritische Untersuchung*. Leipzig: Veit & Compagnie, 1876. Reprint, Berlin, Boston: De Gruyter, 2021.

[7] Cassiodorus Senator. *An introduction to divine and human readings*. Translation, Introduction and Notes by Leslie Webber. Jones, New York: Norton, 1969.

[8] Charles G. Herbermann (eds.). *The Catholic Encyclopedia: An International Work of Reference on the Constitution, Doctrine, Discipline, and History of the Catholic Church*. New York: Catholic Way Publishing, 2014.

[9] Christopher M. Bellitto (eds.). *A Companion to John Scottus Eriugena*. (Brill's Companions to the Christian Tradition, Vol. 86) Leiden/Boston: Koninklijke Brill NV, 2020. [Dermot Moran. "The Reception of Eriugena in Modernity: A Critical Appraisal of Eriugena's Dialectical Philosophy of Infinite Nature." Elena M. Lloyd-Sidle. "A Thematic Introduction to and Outline of the Periphyseon for the Alumnus." Giulio d'Onofrio. "The Speculative System of John Scottus Eriugena and the Tradition of Vera Philosophia." Michael Harrington. "Eriugena and the Neoplatonic Tradition."]

[10] Clement of Alexandria. *Clemens Alexandrinus*. Zweiter Band: *Stromata*, Buch I-VI. GCS. Hrsg. von Otto Stählin; Neu Hrsg. von Ludwig Früchtel;Auflage mit Nachträgen von Ursula Treu. Berlin: Akademie-Verlag, 1985.

[11] Clement of Alexandria. *Stromateis*. Books 1–3. Trans., John Ferguson.Washington, D.C.: The Catholic University of America Press. 2005.

[12] Dan Lusthaus. *Buddhist Phenomenology: A Philosophical Investigation of Yogacara Buddhism and the Ch'eng Wei-shih lun*. London: Routledge Curzon, 2002.

[13] Denis Fisette. "A Phenomenology without Phenomena? Carl Stumpf's Critical Remarks on Husserl's Phenomenology." *Philosophy from an Empirical Standpoint: Essays on Carl Stumpf*. Edited by Denis Fisette and Riccardo Martinelli. Leiden. The Netherlands: Brill Rodopi, 2015.

[14] Dieter Münch. "The Early Work of Husserl and Artificial Intelligence". *Journal of the British Society for Phenomenology*, (1990) 21:2, 107–120.

[15] Edmund Husserl. *Briefwechsel*. Husserliana Dokumente: Band 3,Teil 6, *Philosophenbriefe*. Hrsg. von Karl Schuhmann. The Hague, Netherlands: Kluwer Academic Publishers. 1994.

[16] Edmund Husserl. *Einleitung in die Logik und Erkenntnistheorie, Vorlesungen 1906/07* (Hua XXIV), Hrsg. Ullrich Melle. The Hague, Netherlands: Martinus Nijhoff, 1985.

[17] Edmund Husserl. *Formale und Transzendentale Logik, Versuch einer Kritik der logischen Vernunft*. (Hua XVII) Hrsg. Paul Janssen. Den Haag: Martinus Nijhoff, 1974.

[18] Edmund Husserl. *Ideen zu einer reinen Phänomenologie und phänomenologischen Philosophie. Erstes Buch: Allgemeine Einführungin die reine Phänomenologie*. (Hua. III-1) Hrsg. Karl Schuhmann. Denn Hague: Martinus Nijhoff, 1976.

[19] Edmund Husserl. *Philosophie der Arithmetik: Mit Ergänzenden Texten (1890–1901)*.(Hua XII) Hrsg. Lothar Eley, Den Haag: Martinus Nijhoff, 1970.

[20] Edmund Husserl. *Studien zur Struktur des Bewusstseins: Teil I Verstand und Gegenstand Texte aus dem nachlass* (1909–1927). (Hua XLIII-1) Hrsg. von Ullrich Melle und Thomas Vongehr. Cham, Switzerland: Springer, 2020.

[21] Eric Osborn. *Clement of Alexandria*. New York: Cambridge University Press, 2005.

[22] Frederick Kersten. "Husserl's Doctrine of Noesis-Noema." *Phenomenology: Continuation and Criticism, Essays in Memory of Dorion Cairns*. Edited by J Frederick

Kersten and Richard Zaner, The Hague: Martinus Nijhoff, 1992.

[23] Friedrich Adolf Trendelenburg. *Logische Untersuchungen*. Erster Band (Zweite, ergänzte Auflage). Leipzig: S. Hirzel, 1862.

[24] Gottfried W Leibniz. *Monadologie und andere metaphysische Schriften/Discours de métaphysique Monadologie Principes de la nature et de lagrâce fondés en raison* (Französisch-deutsch). Hrsg. von übersetzt, mit Einleitung, Anmerkungen und Registern versehen von Ulrich J. Schneider, Hamburg: Felix Meiner Verlag, 2002.

[25] Gregor Schiemann. *Hermann von Helmholtz's Mechanism: The Loss of Certainty, A Study on the Transition from Classical to Modern Philosophy of Nature*. Translated by Cynthia Klohr, Springer, 2009.

[26] Gregory of Nazianzus. "Orations 36." In Gregory of Nazianzus. *Select Orations*. (The Fathers of the Church, a new translation; 107) Trans. Martha Vinson, Washington, D.C.: The Catholic University of America Press, 2003.

[27] Hermann Von Helmholtz. "On Goethe's Scientific Researches (1853)."Hermann Von Helmholtz, *Science and Culture:Popular and Philosophical Essays*. Edited and with an Introduction by David Cahan. Chicago and London: The University of Chicago Press, 1995.

[28] Hermann Von Helmholtz. *Epistemological Writings*. The Paul Hertz and Moritz Schlick centenary edition of 1921, with notes and commentary by the editors, new translated by Malcolm F. Lowe, edited, with an Introduction and Bibliography, by Robert S. Cohen, Yehuda Elkana, Dordrecht-Holland/Boston: D. Reidel Publishing Company, 1977.

[29] Hubert L. Dreyfus, Harrison Hall (eds.). *Husserl, Intentionality, and Cognitive Science*. London: Press, 1982.

[30] Hugo de S. Victore. *The Didascalicon of Hugh of Saint Victor: A Medieval Guide to the Arts*. Translation, Introduction and Notes by Jerome Taylor, New York/London: Columbia University Press, 1961.

[31] Ivan Illich. *In the Vineyard of the Text: A Commentary to Hugh's Didascalicon*. Chicago and London: The University of Chicago Press, 1993.

[32] J. Warren Smith. *Christian Grace and Pagan Virtue: The Theological Foundation of Ambrose's Ethics*. New York: Oxford University Press, 2011.

[33] Jan Woleński. "The History of Epistemology."*Handbook of Epistemology*. Edited by Ilkka Niiniluoto, Matti Sintonen and Jan Woleński, Dordrecht: Kluwer Academic Publishers, 2004.

[34] Johannes Scotus Erivgena. *Periphyseon (Division of Nature)*. Translated by I.P. Sheldon-Williams, Revised by John J. O'Meara. Montréal: Bellarmin/Washington: Dumbarton Oaks, 1987.

[35] John J. Drummond, Lester Embree (eds.). *The phenomenology of the Noema*. Dordrecht: Springer, 1992. (John J. Drummond. "An Abstract Consideration: De-Ontologizing the Noema." Mano Daniel. "A Bibliography of the Noema.")

[36] Lactantius. *Divinarvm Institvtionvm Libri Septem. FASC. 2 Libri III et IV*. Edidervnt Eberhard Heck et Antonie Wlosok. Berlin: Walter de Gruyter, 2007.

[37] Marius Victorinus. *Theological Treatises on the Trinity*. (The Fathers of the Church, a new translation; 69) Trans. Mary T. Clark, Washington, D.C.: The Catholic University of America Press, 2001.

[38] Origenes.*De principiis/Vier Bücher von den Prinzipien*. Herausgegeben, übersetzt, mit kritischen und erläuternden Anmerkungen versehen von Herwig Görgemanns und Heinrich Karpp. Darmstadt: Wissensmaftlime Bumgesellsmaft, 1976.

[39] Paul Rorem. *Pseudo-Dionysius: A Commentary on the Texts and an Introduction to Their Influence*. New York: Oxford University Press, 1993.

[40] Paul Rusnock and Jan Šebestík. *Bernard Bolzano: His Life and Work*. New York: Oxford University Press, 2019.

[41] Philip Schaff. *ANF02. The Fathers of the Second CenturyHermas, Tatian, Athenagoras, Theophilus, and Clement of Alexandria (Entire)*.Grand Rapids, MI: Christian Classics Ethereal Library, 2004.

[42] Proclus. *On Providence*. Trans. Carlos Steel. London: Duckworth, 2007.

[43] Proclus. *The Elements of Theology: A Revised Text = Proklu Diadochu Stoicheiōsis Theologikē*. Translation, Introduction and Commentary by E. R. Dodds, 2. ed., repr. Oxford: Clarendon Press, 1963.

[44] Radek Chlup. *Proclus: An Introduction*. Cambridge University Press, 2012.

[45] Richard Avenarius. *Philosophie als Denken der Welt gemäss dem Princip des kleinsten Kraftmasses, Prolegomena zu einer Kritik der reinen Erfahrung*. Zweite unveränderte Auflage. Berlin: J. Guttentag, Verlagsbuchhandlung, 1903.

[46] Robin D. Rollinger. *Husserl's position in the School of Brentano*. Dordrecht: Kluwer Academic Publishers, 1999.

[47] St. Anselm. *Basic Writings*. Edited and translated by Thomas Williams,

Indianapolis/Cambridge: Hackett, 2007.

[48] St. Anselm. *The Major Works*. Edited with an Introduction and Notes by Brian Davies and Gillian Evans, Oxford University Press, 1998.

[49] St. Augustine. *The Trinity*. (The Fathers of the Church, a new translation; 45) Trans., Stephen McKenna. Washington, D.C.: The Catholic University of America Press, 2002.

[50] St. Bonaventura. *Breviloquium*. (Works of Saint Bonaventure, Vol. 9) Introduction, Translation and Notes by Dominic V. Monti, New York: Franciscan Institution/Saint Bonaventure University, 2005.

[51] St. Bonaventura. *Disputed Questions on the Knowledge of Christ*. (Works of Saint Bonaventure, Vol. 4) Introduction and Translation by Zachary Hayes, New York: Franciscan Institution/Saint Bonaventure University, 1992.

[52] Tertullian. *The Complete Works of Tertullian*. United Kingdom: Delphi Classics, 2018.

[53] Wilhelm Wundt. "Über die Einteilung der Wissenschaften". *Philosophische Studien*, Bd. 5, Leipzig 1889.

[54] William of Ockham. *Philosophical Writings*. Translated with an Introduction by Philotheus Boehner. New York: The Bobbs-Mereill Company, 1957.

[55]（伪）狄奥尼修斯:《神秘神学》，包利民译，北京：商务印书馆，2012年。

[56] R.L.怀尔德:《数学概念的演变》，谢明初、陈念、陈慕丹译，上海：华东师范大学出版社，2019年。

[57] 阿尔贝蒂:《论绘画》，胡珺、辛尘译，南京：江苏教育出版社，2012年。

[58] 阿尔弗雷德·许茨:《现象学哲学研究》，霍桂桓译，杭州：浙江大学出版社，2012年。

[59] 阿奎那:《反异教大全》第1、3卷，段德智译，北京：商务印书馆，2014年。

[60] 阿奎那:《神学大全》第1集第6卷，段德智译，北京：商务印书馆，2013年。

[61] 阿塔那修:《论道成肉身》，石敏敏译，北京：生活·读书·新知三联书店，2009年。

[62] 爱德华·策勒:《古希腊哲学史》第1—6卷，聂敏里、詹文杰、余友辉、吕纯山、曹青云、徐博超、石敏敏译，北京：人民出版社，2020年。

[63] 爱德华·策勒:《古希腊哲学史纲》，翁绍军译，济南：山东人民出版社，2007年。

[64]《爱比克泰德论说文集》，王文华译，北京：商务印书馆，2009年。

[65] 安波罗修：《论基督教的信仰》，杨凌峰译，罗宇芳校，北京：生活·读书·新知三联书店，2010年。

[66] 安东尼等：《沙漠教父言行录》，本尼迪克塔·沃德英译，陈廷忠中译，北京：生活·读书·新知三联书店，2012年。

[67]《安瑟伦著作选》，涂世华译，北京：宗教文化出版社，2006年。

[68]《信仰寻求理解：安瑟伦著作选》，溥林译，北京：中国人民大学出版社，2005年。

[69] 奥古斯丁：《忏悔录》，周士良译，北京：商务印书馆，2015年。

[70] 奥古斯丁：《论灵魂的伟大》，石敏敏、汪聂才译，北京：中国社会科学出版社，2019年。

[71] 奥古斯丁：《论三位一体》，周伟驰译，北京：商务印书馆，2018年。

[72] 奥古斯丁：《论信望爱手册》，许一新译，北京：生活·读书·新知三联书店，2009年。

[73] 奥古斯丁：《时间、恶与自由意志》，石敏敏译，北京：中国社会科学出版社，2020年。

[74]《论秩序：奥古斯丁早期作品选》，石敏敏译，北京：中国社会科学出版社，2017年。

[75] 奥卡姆：《逻辑大全》，王路译，北京：商务印书馆，2010年。

[76] 奥利金：《驳塞尔修斯》，石敏敏译，北京：三联书店，2013年。

[77] 奥利金：《论首要原理》，石敏敏译，香港：道风书社，2002年。

[78] 巴西尔：《创世六日》，石敏敏译，北京：生活·读书·新知三联书店，2010年。

[79]《柏拉图全集》上（增订版），王晓朝译，北京：人民出版社，2018年。

[80] 贝尔奈特、耿宁、马尔巴赫：《胡塞尔思想概论》，李幼蒸译，北京：中国人民大学出版社，2011年。

[81] 波爱修斯：《神学论文集哲学的慰藉》，荣震华译，北京：商务印书馆，2016年。

[82] 波林：《实验心理学史》，高觉敷译，北京：商务印书馆，1981年。

[83] 布伦塔诺：《从经验立场出发的心理学》，郝亿春译，北京：商务印书馆，2017年。

[84]《达·芬奇笔记》，H.安娜·苏编，刘勇译，长沙：湖南科学技术出版社，

2021年。

[85]《达·芬奇笔记》,里斯特编著,郑福洁译,北京:生活·读书·新知三联书店,2007年。

[86] 德尔图良:《护教篇》,涂世华译,北京:商务印书馆,2017年。

[87] 德尔图良:《论灵魂和身体的复活》,王晓朝译,香港:道风书社,2001年。

[88]《德尔图良著作三种》,刘英凯、刘路易译,上海:三联书店,2013年。

[89] 第欧根尼·拉尔修:《名哲言行录》,徐开来、溥林译,桂林:广西师范大学出版社,2010年。

[90] 董尚文:《阿奎那语言哲学研究》,北京:人民出版社,2015年。

[91] 段德智:《中世纪哲学研究》,北京:人民出版社,2014年。

[92] 费希特:《全部知识学的基础》,王玖兴译,北京:商务印书馆,2010年。

[93]《弗雷格论著选辑》,王路译,北京:商务印书馆,2006年。

[94] 冈察雷斯:《基督教思想史》第一卷,陈泽民、孙汉书等译,南京:译林出版社,2008年。

[95] 高木贞治:《数学杂谈》,高明芝译,北京:高等教育出版社,2018年。

[96] 胡龙彪:《拉丁教父波爱修斯》,北京:商务印书馆,2006年。

[97] 胡塞尔:《被动综合分析》,李云飞译,北京:商务印书馆,2017年。

[98] 胡塞尔:《纯粹现象学通论》,李幼蒸译,北京:中国人民大学出版社,2014年;《观念——纯粹现象学的一般性导论》,张再林译,北京:陕西人民出版社,1994年。

[99] 胡塞尔:《笛卡尔式的沉思》,张廷国译,北京:中国城市出版社,2002年;《笛卡尔式的沉思与巴黎演讲》,张宪译,北京:人民出版社,2008年。

[100] 胡塞尔:《第一哲学》上下卷,王炳文译,北京:商务印书馆,2006年。

[101] 胡塞尔:《关于时间意识的贝尔瑙手稿》,肖德生译,北京:商务印书馆,2016年;《贝尔瑙时间意识手稿》,李幼蒸译,北京:中国人民大学出版社,2019年。

[102] 胡塞尔:《逻辑研究》,倪梁康译,北京:商务印书馆,2015年;《第五、第六逻辑研究》,李幼蒸译,北京:中国人民大学出版社,2018年。

[103] 胡塞尔:《内时间意识现象学》,倪梁康译,北京:商务印书馆,2009年。

[104] 胡塞尔:《欧洲科学的危机与超越论的现象学》,王炳文译,北京:商务印书馆,2009年;《现象学与哲学的危机》,吕祥译,北京:国际文化出版公司,1988年;《欧洲科学危机和超验现象学》,张庆熊译,上海:上海译文出版社,1989年。

[105] 胡塞尔:《文章与讲演1911—1921》,倪梁康译,北京:人民出版社,

2009年。

[106] 胡塞尔:《现象学的构成研究》,李幼蒸译,北京:中国人民大学出版社,2013年。

[107] 胡塞尔:《现象学的观念》,倪梁康译,北京:商务印书馆,2017年。

[108] 胡塞尔:《现象学和科学基础》,李幼蒸译,北京:中国人民大学出版社,2013年。

[109] 胡塞尔:《现象学心理学》,李幼蒸译,北京:中国人民大学出版社,2015年;《现象学的心理学》,游淙淇译,北京:商务印书馆,2017年。

[110] 胡塞尔:《形式逻辑和先验逻辑》,李幼蒸译,北京:中国人民大学出版社,2012年。

[111] 胡塞尔:《哲学作为严格的科学》,倪梁康译,北京:商务印书馆,2007。

[112] 加里·威尔斯:《圣奥古斯丁》,刘靖译,北京:生活·读书·新知三联书店,2019年。

[113] 康德:《纯粹理性批判》,邓晓芒译,杨祖陶校,北京:人民出版社,2004年。

[114] 康德:《自然科学的形而上学基础》,邓晓芒译,上海:上海人民出版社,2003年。

[115] 克莱门:《劝勉希腊人》,王来法译,北京:三联书店,2002年。

[116] 拉克唐修:《神圣原理》,王晓朝译,香港:道风书社,2005年。

[117] 莱布尼茨:《人类理智新论》,陈修斋译,北京:商务印书馆,1982年。

[118] 莱布尼茨:《神义论》,朱雁冰译,北京:生活·读书·新知三联书店,2007年。

[119]《莱布尼茨后期形而上学文集》,段德智、陈修斋译,北京:商务印书馆,2019年。

[120]《莱布尼茨认识论文集》,段德智编译,北京:商务印书馆,2019年。

[121] 李东升:《亥姆霍兹科学哲学思想的历史考察》,北京:北京理工大学出版社,2011年。

[122] 李云飞:《胡塞尔发生现象学引论》,北京:北京师范大学出版社,2019年。

[123] 列奥·格罗尔克:《希腊怀疑论:古代思想中的反实在论倾向》,吴三喜译,北京:知识产权出版社,2023年。

[124] R.S.科恩等(编著):《马赫:物理学家和哲学家》,董光璧等译,北京:商务印书馆,2015年。

[125] 罗伯特·帕斯诺：《中世纪晚期的认知理论》，于宏波译，北京：北京大学出版社，2018年。

[126] 洛克：《人类理解论》，关文运译，北京：商务印书馆，2011年。

[127] 马可·奥勒留：《沉思录》，王焕生译，上海：三联书店，2010年。

[128] 马赫：《感觉的分析》，洪谦、唐钺、梁志学译，北京：商务印书馆，2016年。

[129] 马赫：《科学与哲学讲演录》，李醒民译，北京：商务印书馆，2013年。

[130] 马赫：《认识与谬误——探究心理学论纲》，李醒民译，北京：商务印书馆，2007年。

[131] 曼德布罗特：《大自然的分形几何学》，陈守吉、凌复华译，上海：上海远东出版社，1998年。

[132] 梅加强：《流形与几何初步》，北京：科学出版社，2013年。

[133] 蒙塔古：《认识的途径》，吴士栋译，北京：商务印书馆，2018年。

[134] 石里克：《普通认识论》，李步楼译，北京：商务印书馆，2010年。

[135] 石里克：《自然哲学》，陈维杭译，北京：商务印书馆，2007年。

[136] 纳西盎的格列高利：《神学讲演录》，石敏敏译，北京：生活·读书·新知三联书店，2009年。

[137] 尼撒的格列高利：《论灵魂和复活》，石敏敏译，北京：中国社会科学出版社，2017年。

[138] 尼撒的格列高利：《摩西的生平》，石敏敏译，北京：生活·读书·新知三联书店，2010年。

[139] 普卢克洛：《柏拉图的神学》，石敏敏译，北京：中国社会科学出版社，2018年。

[140] 溥林：《中世纪的信仰与理解：波纳文图拉神哲学导论》，香港：道风书社，2006年。

[141] 塞克斯都·恩披里柯：《反逻辑学家》，崔延强译注，北京：商务印书馆，2023年。

[142] 塞克斯都·恩披里柯：《皮浪学说概要》，崔延强译注，北京：商务印书馆，2019年。

[143] 施皮格伯格：《现象学运动》，王炳文、张金言译，北京：商务印书馆，2011年。

[144] 叔本华：《哲学和哲学史散论》，韦启昌译，上海：上海人民出版社，

2021年。

[145] 梯利:《西方哲学史》(增补修订版),伍德增补,葛力译,北京:商务印书馆,2013年。

[146] 汪子嵩、范明生、陈村富、姚介厚、章雪富:《希腊哲学史》第一、二、三卷,北京:人民出版社,2014年。

[147] 王荫庭:《普列汉诺夫哲学新论》,北京:商务印书馆,2021年。

[148] 王哲然:《文艺复兴透视法的起源》,北京:商务印书馆,2019年。

[149] 威廉·麦独孤:《心理学大纲》,查抒佚、蒋柯译,北京:商务印书馆,2020年。

[150] 亚里士多德:《灵魂论及其他》,吴寿彭译,北京:商务印书馆,2011年。

[151]《亚里士多德全集》中译本第1、2、7卷,苗力田主编,北京:中国人民大学出版社,2016年。

[152] 伊壁鸠鲁:《自然与快乐——伊壁鸠鲁的哲学》,包利民、刘学鹏、王玮玮译,北京:中国社会科学出版社,2018年。

[153] 约翰·塔巴克:《几何学:空间和形式的语言》,张红梅、刘献军译,胡作玄校,北京:商务印书馆,2009年。

[154] 詹文杰:《柏拉图知识论研究》,北京:北京大学出版社,2020年。

[155] 赵敦华:《基督教哲学1500年》,北京:人民出版社,2005年。

[156] 张庆熊:《"实质本体论"和"形式本体论"的宏大构想及其遗留问题——剖析胡塞尔在〈大观念〉中规划的"本质科学"》,《世界哲学》,2014年第1期。

[157]《瑜伽师地论》,玄奘译,王海林释译,北京:东方出版社,2020年。

[158]《中世纪的心灵之旅:波纳文图拉著作选》,溥林译,北京:华夏出版社,2003年。

其他参考文献:

[159] D.W.海姆伦:《西方认识论简史》,夏甄陶、崔建军、纪虎民译,北京:中国人民大学出版社,1987年。

[160] R.L.怀尔德:《作为文化体系的数学》,谢明初、陈慕丹译,上海:华东师范大学出版社,2019年。

[161] 段德智:《哲学的宗教维度》,北京:商务印书馆,2014年。

[162] 耿洪江:《西方认识论史稿》,贵阳:贵州人民出版社,1992年。

[163] 胡塞尔:《经验与判断》,邓晓芒、张廷国译,北京:生活·读书·新知三

联书店,1999;《经验与判断》,李幼蒸译,北京:中国人民大学出版社,2019年。

[164] 胡塞尔:《伦理学与价值论的基本问题》,艾四林、安仕侗译,北京:中国城市出版社,2002年。

[165] 胡塞尔:《生活世界现象学》,倪梁康、张廷国译,上海:上海译文出版社,2016年。

[166] 胡塞尔:《文章与书评(1890—1910)》,高松译,北京:商务印书馆,2018年。

[167] 李景源:《认识发生的哲学探讨》,北京:中国社会科学出版社,2016年。

[168] 摩西·门德尔松:《耶路撒冷:论宗教权利与犹太教》,刘新利译,济南:山东人民出版社,2007年。

[169] 莫里斯·克莱因:《古今数学思想》第一、四册,张理京、张锦炎、江泽涵、邓东皋、张恭庆等译,上海:上海科学技术出版社,2002年。

[170] 纳托尔普:《柏拉图的理念学说:理念论导论》,溥林译,北京:商务印书馆,2018年。

[171] 舍温·努兰:《达·芬奇》,谢晗曦译,北京:生活·读书·新知三联书店,2016年。

[172] 夏甄陶:《中国认识论思想史稿》(上下卷),北京:中国人民大学出版社,2011年。

[173] 张茂泽:《贺麟与胡塞尔现象学》,《西北大学学报(哲社版)》,1997年第4期,第37—41页。

[174] 张庆熊:《熊十力的新唯识论与胡塞尔的现象学》,上海:上海人民出版社,1995年。

[175] 章士嵘:《西方认识论史》,长春:吉林人民出版社,1983年。

[176] 朱德生、冒从虎、雷永生:《西方认识论史纲》,南京:江苏人民出版社,1983年。

[177] 朱德生、张尚荣:《认识论史话》,南京:江苏人民出版社,1982年。

主题索引

《困惑之书》，173，186，188

gnostics（认识论），76

logoi（普遍逻辑），142，143，146，147，148，149，180

Noema，60，406，448，453－472，480，484，559，562，568

Noesis，406，448－472，480，568

Noetics（意识学/感受学），60，61，149，519

A

埃多斯（Eidos），533，538

B

八阶七程，204，302

白板说，58，334，503

背景意识，406，410，411，412，419，420－423

悖论，11－13，159，160，229，276，288，289，415，568

被动性，275－278，292，302，423，486，489

被感知，164，379，529

被给予，357，486，488，510，549，570，573

被给予性，59，483

本能，50，95，434，466

本然神学，253，255

本体，15，47，128，132，175，206，273，274，278，298，345，416－418，445，451，465，480，487，488，496，534，538－541，577

本体论，188，206，278，282，292，374，416－418，444，445，475，479－481，487，488，534，537－539，540，541，556

本原，5，15，40，41，46，78，79，81，103，120，154，155，192，204，231，243，294，297，317，363，499，544，555，568

本质，4，5，16，27，35，38，82，88－90，92，93，106，107，111，115，116，119，126，130，132，136，143－145，153，157，161－163，171，180，184，189，192－196，203，207，208，210，212，213，225，227，235，243，263，273，274，282，333，336，341，344，349，351，359，360，365，371，373，377，408，409，411，413－415，417－419，423，424，427，428，430，434，438，440，441，445，450，452，467，468，471－475，477－482，484－488，500，501，507，511－513，527，531－534，536－539，541－543，545，558，579

本质分析，145

本质规律，130，277，556

本质科学，411，531－534，537，538

本质领域，476，479，536

本质心理学，417

本质直观，434，482，485，488，500

必然，8，9，12，16，17，20，25，30，35，38，44，46，51，79，80，82，91，95，97，99，106，107，115，116，119，121，126，129，139，141，145，147，150，154，155，162，163，166，168，173，174，183，184，199，201，202，203，206，211，220-223，225，227-229，254，258，261，263，267，268，271-273，275- 277，281，292-296，303，305，311，318，319，323，324，327，328，334，344，360，365，369，371，378，383，388，390，401，407，408，409，413，414，426，429，435，438，440，441，450，457，458，487，488，497，501，503，507，508，510，512，516，517-519，532-535，542，546，547，555，562，569，570，572，573

必然性，17，155，166，202，203，220-223，227，239，273，275，285，293，294，400，488，560

辩证法，23，26，36，61，76，91，100，190，235，240，244

标准论，51，57，68

表述活动，46

表象，26，37，38，45，50，54，55，57-59，63，64，67-70，89，116，120，131，164，165，179，195，196，201-203，225，260，285，286，317，325，333，341，343，351，352，355，364，371，379，386-388，390，418，419，444，452，457，460，464，465，467，469，485，486，489，576

表象行为，203，386

波函数，139

不可知论，72，96，97

不连续的量，574

不明晰的，413

不确定性，34，70，91，173，174，272

不确定性的减少，272

不完备性定理，562

不完全的表达，61，62

C

猜测，225，316，452，453

测量，144，182，237，238，343，366，380，389，407，437，490，491，500，501

差异，9，14，15，33，44，67，93，116，121，125，135，145，180，181，198，199，201，207，296，306，312-314，331，339，342，360，365，367，376，390，391，419，479，494，507，531，543，550

差异性，9，180，200，327，331，339，364

超本质，192，208，266

超验，164

彻底性，72，357，547，554，567，578，579

沉思，33，64，102，126，129，154，173，179-181，192，204，207，232-235，241，249，278，298，302，306，339，340，342，429，437，480

承受，46，47，92，257

持存，210，408，427，484

尺寸透视，312，313

尺度，11，20-23，68，114，140，144，155，156，186，188，190，191，193，231，295，312，333，431，521，560

抽象，9，27，51，88，147，157，158，203，216，228，236，251，254，270，275，278，279-281，295-297，350，374，415，440，450，458，485，487，489，490，498，500-502，565

抽象认识，296，297

初阶对象，477

触觉，74，89，119，120，159，177，179，196，227，259，260

触类旁通，243

创制科学，40-43

纯粹几何学，501

纯粹逻辑，479，481，541，545

纯粹逻辑学，509，519，543

纯粹数学，561

纯粹现象学，33，48，98，138，166，191，335，407，410，411，415-418，421，425，427-432，435，436，438，440，445-447，449，450，452，453，455-458，460，462，463-465，467，468，470，471，473，475，478，479，481，485-487，493，509，530，531，533，538，541，554，555，556

纯粹形式，476，481，482

纯粹意识，166，184，406，411，414，416，425，426，439，440，441，445，467，548，553，556

纯粹自我，407，408，429，438，440-442，447，452，453，503

纯形式，23，161，166，371，373，378，381

纯一型知识，143，156

纯正性，216-219，226-228

词项，283，284，286，287，289，293

词语，46，51-60，94，168，235，256，268，285，287，291，327，444，458

此在，50，126，152，184，276，315，371，424，427，473，483，484，499

次序，106，162，176，195，219，333，337，406，408，424，446，476，480，492

刺激，19，90，324，353，368，370，377，378，382-386，388，432，437，438

存有（being），117

存在，4-6，8-10，12，13，15，17，18，20-22，27，29-31，34，37，40，42，44-46，49，53，55，60，61，63，65，67，69-71，74，80-85，87，92，93，96-98，102-108，110-112，114，116-119，121，124，126-128，130，131，132，134，137-142，144-155，157，158，160-168，170-173，176，179-185，189-199，201-214，216-223，225，226，228-233，251，257-259，262-267，269，270，274-276，278，282-284，286，288-294，296，300，302，303，305-307，309-312，316-319，321，323，324，326-329，331，333，336，337，340，341，348，349，351，354-356，358-362，365-369，371-373，375，376，381，382，385-387，390，391，401，407，408，410-419，421-430，432，433，435，436，438-449，

452，454-462，464，467，469，473，476-481，483，484，486-489，492，493，495，496，498-501，503，505-509，512-515，519，520，522，523，527，532，536-541，543-545，547-550-557，559，561，565，567，569，570-572，574-576

存在论，11，31，104

存在物，20，83，107，116，143，145，165，410，417，455，548，567

存在者，20，86，105，162，165，180，183，258，263，267，328，340，426，427，459，484，502，528

错觉，98

D

代数，152，154，302，308，413，482，501，502

单纯的，9，44，71，94，118，164，165，257，278，279，301，342，379，386，424，429，432，462，483，498

单个事物，281，493

单子（monad），185

单子论，125，173，185，186，213，214，302，304，335-337，339，340-343，345，515

单子论的还原，335，344-346

当下，52，53，63，71，134，141，186-188，257，289，329，331，408，420，426，430，431，434-437

导向性，366

道德，25，26，56，99，100，101，118，127，176，234，235，238，242，244，248，249，251，298，329，373

道德哲学，100，101，252，254

德福一致，259

第一因，114，115，191，268

第一哲学，34，265，405，406，577，578

定点透视，311

定义，26，27，36，38，44，47，57，77，83，106，107，154，168，176，182，196，207，210，215，233，236，243，257，272，288，289，311，329，330，373，379，436，437，444，476，492，555，561

动机，25，34

动态，141，206，348，471，472，540

动物学，294，528

动作，47，124，130，325，379，381，384，519

独断论，65，68，69，71，72，327

短缺，46

对立，4，5，8，11，14，19，46，47，61，81，92，97，99，100，107，116，143，156，158，163，179，217，225，254，266，283，320，329，348，351，390，399，426，427，431，456，503，532，577

对象，6，23，35-38，45，49，55，56，58-60，65，68，75，76，82，89，98，102，104，106，111，115，130-132，135，142-147，152，154，160，161，181，184，194，202-205，209，212，213，225，246，249，250，254，269，273，276，279，280，284，286-289，292，295，299，339，348，351，352，353，355，360，361，364，368，371，

376, 379, 383, 385, 387–389, 391, 394, 411, 418, 421–423, 426, 427, 439, 443–445, 447, 448, 450, 452, 453, 455, 457–465, 469, 471–473, 476–480, 483, 484, 486, 488, 489, 494, 498, 506, 509, 524, 525, 527, 529, 532–534, 536–541, 545, 549, 568, 571, 572, 576, 577

对象化, 408, 477

多元, 15, 209

多重性, 153, 302, 460, 490, 492, 493, 496, 513, 514

E

恶, 4, 57, 86–88, 90, 95, 103, 109, 111, 113, 126, 127, 139, 140, 141, 161, 186, 187, 188, 211, 217, 222, 223, 228–230, 232, 258, 282, 347

恩典, 221, 249, 250

二律背反, 71

二式, 67

二元论, 15, 103, 104, 109, 503

F

发明, 36, 91, 239, 240, 248, 254, 292, 293, 304, 331, 348, 352, 359, 413, 418, 466, 482, 501

发生, 14, 19–22, 35, 44, 45, 54, 55, 63, 67, 68, 71, 75, 82, 85, 89, 90, 102, 104, 105, 109, 110, 117, 121, 124, 130–132, 147, 148, 156, 158, 159, 162, 175, 181, 186–189, 195, 196, 198, 200, 204, 210, 221, 222, 223, 259, 260, 263, 269–272, 274, 277–279, 284–286, 290, 293, 299, 305, 307, 310, 319, 322, 325, 335, 340, 344, 345, 353–361, 363, 368, 369, 372, 373, 375, 377, 378, 384, 387, 388, 389, 393–395, 400, 401, 408, 415, 422–425, 431, 434, 446, 480, 483, 487–490, 497, 500, 510, 517, 518, 520, 532, 546, 552, 554, 560, 566, 568, 570, 573, 578, 579

发生现象学, 561

发生学, 261, 562

反射, 313–319, 375, 419

反省, 324, 325

反思, 7, 97, 102, 135, 141, 148, 149, 153, 163, 211, 278, 289, 291, 319, 342, 343, 351, 352, 357, 361, 363, 408, 409, 425–434, 438, 439, 445, 447, 460, 464, 483, 484, 487, 488, 493–495, 504, 509, 527–529, 548, 560, 570, 573, 576

反思行为, 420, 425–427, 429–433

反思意识, 483

泛音, 299

范畴, 4, 5, 8, 11, 47–49, 62, 104, 119, 171, 203, 287–290, 293, 357, 406, 452, 472–479, 483–485, 487, 488, 491, 494, 496, 497, 501, 503, 508, 509, 518, 523–525, 533, 535–537, 540, 560, 564, 570, 571

范型 (Exemplar), 232, 234, 236, 255, 265

方法论, 26, 409, 410, 417, 430, 441, 448, 516, 528, 545, 576, 578

非存有（nonbeing），117

非理性，63，102，149，188，201，451，452

非意识，357

分类学，100，157，333，349

分析学，395，561

分形几何，465，501

讽刺，19，101

否定，9，10，12，18，19，22，46，62，69-72，97，156，161，171，176，182，192，193，208，214，229，266，267，305，382，467，468，476，487，557

否定神学，171

伏案之学，230，231，235，240，244

浮现，285，388，432-434

符号，23，51，64，124，125，140，145，197，212，283-286，290，291，292，293，301，333，347，351，352，360，389，390，392，413，439，447，490，491，503，508，514

复杂观念，322，329，356-358

复杂性，501

G

概率，370

概念的发生，353

概念判断，369，370

感官，7，14，23，38，39，52，54，64，67-69，82，88-90，93，94，102，103，119，120，126，128，133，134，142，174，176，177，179，183，196-198，204-207，209，218，227，256，280，295，298，299，319，320，324，326，331，369，376，377，379，381，387，438，476，479-481，486，512，525，556，560，566

感觉，6-10，14，20，31，44，45，51-55，57-59，69，75，82，83，92，119，120，126，129，133，134，139，158，164，167，168，178，179，183，184，186，189，192-198，200，204，207，209，213，214，217-219，224，225，228，229，232，236，255，256，260，263，270-275，277，278，285，298-300，312-314，319-322，324-326，329，331，351，354-356，360，376-381，383，385，386，388，390，393，396，397，418，420，439，442，451，463，489，512，528，529，542，543，550，551，554，560

感觉论，20，22，397

感觉印象，54，57，270

感觉中枢，378

感受，50，52，54，61，67，69，70，71，73-76，114，121，143，148-150，178，179，195，198，270，278，297，305，319，320，324，326，336-338，341，342，345，360，366，377，386-388，391，410，436，437，449，461，480，481，486，493，528，537，550，563

感受能力，270

感受学，536，537

感性，6，14，23，52，82，84，90，126，159，172，201，204，205，232，248，249，255，264，275，279，280，294，305，379，381，422，455，485，487，488，525

感知，7，23，36-38，48，52-55，63，

76, 102, 119, 126–128, 139, 159, 161, 162, 164, 165, 172, 178, 179, 183, 189, 190, 194, 196, 197, 199, 200, 205, 207, 209–212, 227, 270, 299, 300, 318, 325, 331, 363, 376, 377, 379, 385, 386, 388–390, 413, 421, 430, 431, 441, 446, 455, 480, 485, 486, 489, 490, 493, 509, 529, 540, 541, 560, 571

高阶对象, 476, 477, 487

给予, 530

给予性, 483–485, 549

工具, 4, 49, 76, 78, 95, 102, 141, 144, 154, 167, 169, 180, 193, 201, 223–225, 227, 228, 233, 234, 252, 254, 291, 292, 373, 414, 417, 418, 452, 466, 474, 476, 477, 491, 492, 494, 496, 501, 508, 513, 521, 565, 578

工具论, 47, 49

工艺论, 508, 516, 518

公共科学, 238

公理化, 144, 288, 562

公民学, 238

功能, 16, 21, 22, 28, 29, 35, 36, 47, 58, 72, 74, 92, 93, 95, 96, 109, 119–121, 127, 128, 131, 132, 135, 141, 155, 163, 177, 178, 206, 215, 227, 241, 270, 286, 290–292, 297, 300, 301, 312, 338, 341, 343, 365, 378, 393, 400, 418–420, 423, 434, 439, 450–454, 462, 466, 467, 469, 477, 498, 500, 507–509, 513–517, 519–521, 534, 540, 544, 545, 561, 564, 566, 569, 572

功用, 23, 100, 101, 173, 295, 507, 539

构造, 21, 44, 46, 51, 53, 68, 71, 89, 116, 129, 130, 131, 138, 152, 163–165, 198, 203, 230, 254, 259, 277, 311, 322, 339, 340, 351, 399, 400, 408, 409, 411, 422, 423, 436, 441, 447, 450–452, 455, 458, 469, 471, 472, 480, 483, 492, 499, 501–503, 506, 507, 514, 524, 530, 532, 535, 537, 540, 559, 567

估计, 270, 272, 273, 464, 467, 468, 500

观察力, 198

观念的发生, 59, 277, 368, 387, 485, 488

观念的起源, 324, 353

观念的强度, 364, 365, 366, 367, 369, 437

观念间的关系, 329, 330

观念论, 324

观念强度, 341, 366–368

管理学, 238

光学, 6, 260, 309, 315, 375, 411

光照论, 124, 125, 246, 250, 259, 260

广度, 146, 150

广延, 473, 522

规范功能, 515, 516

规范科学, 509, 516, 517

H

还原, 55, 64, 88–90, 106, 124, 151,

182, 189, 274, 296, 318, 337, 338, 344, 345, 407, 425, 426, 428, 430, 440, 467, 474, 536, 561

含混性, 119, 175, 274, 384, 509, 554

函数, 293, 501, 561

合法性, 69, 194, 198, 202, 213, 228, 250, 376, 395, 399, 400, 430, 431, 451, 478, 481, 482, 499, 500, 502, 538, 548, 557

后续的必然性（subsequent necessity）, 221-223

话语, 7, 25, 81, 147, 148, 236, 237, 252, 269, 416, 510, 545

怀疑论, 18, 65, 68-70, 72, 192, 202, 398, 399, 405, 529, 542

怀疑主义, 34, 65, 66, 68, 69, 71, 72, 213, 305, 431, 470, 551, 552

幻想, 63, 196, 270, 322

幻象, 63, 329

荒谬性, 550

回溯, 1, 30, 52, 54, 280, 285, 290, 293, 345, 426, 497, 499, 500, 526, 546

回忆, 25, 28, 29, 30, 79, 89, 132, 137, 141, 149, 194, 203, 225, 257, 390, 419, 426, 428-431, 433, 437, 438, 460, 464

绘画, 198, 260, 309, 310, 312, 313, 316, 401, 419, 460, 464, 560

或然性, 497

J

机械的, 234, 235

基底范畴, 475, 479

基督教哲学, 80, 81, 123, 161

基数, 389, 391, 481, 491

极端怀疑论, 97

集合, 149, 151, 153, 209, 351, 365, 367, 372, 373, 388, 418, 495

几何, 29, 143, 151, 152, 154, 158, 204, 205, 236, 238, 244, 375, 380, 417, 479, 497-502, 538

几何学, 29, 75, 76, 150-152, 154, 185, 205, 238, 311, 375, 379, 380, 413, 417, 496-503, 532

计数, 35, 380, 384, 388, 389, 391, 476, 490, 491, 492, 493

计数运算, 389

记号, 110, 111, 347, 348, 377, 464

记忆, 31, 32, 37, 57, 119, 120, 123, 129-134, 137, 138, 141, 196, 205, 209, 241, 257, 270, 271, 274, 298, 329, 338, 340-342, 370, 380, 384, 387, 389, 390, 411, 418, 419, 421, 427-429, 431, 433, 434, 437, 454, 457, 460, 464, 489, 490, 501, 566

技艺, 19, 23, 37, 68, 69, 73-75, 95, 97-99, 204, 205, 234, 240, 248, 252, 254, 534

家政学, 43

家政哲学, 245, 252, 253

假设, 8, 27, 44, 45, 68, 119, 120,

148, 154, 184, 268, 273, 283, 291, 292, 301, 387, 418, 466, 496, 507, 544, 546, 547, 550, 552, 568-573, 575

价值, 26, 71, 72, 82, 83, 87, 126, 140, 141, 146, 153, 168, 175, 226, 271, 282, 303, 305, 320, 332, 385, 398, 416, 420, 425, 431, 444, 446, 447, 451, 452, 462, 465, 468-471, 481, 482, 541, 544, 546, 549, 553, 557, 558, 560-562, 577

价值论, 578

简单观念, 322, 329, 353, 356-358

健康, 224, 226, 259, 260, 417, 543

教会四博士, 102

教育学, 297

接受性, 23, 486

解剖学, 310

解析几何, 501, 502

解证的（demonstrative）, 329, 331, 332

戒律, 241-243

经济学, 238, 346, 374, 400, 402

经验（ἐμπειρία）, 325, 326, 549

经验对象, 479, 524, 525

经验科学, 269, 394, 418, 487, 488, 531-534, 538

经验判断, 369, 370

经验心理学, 203, 382, 417, 463, 540

经验性的, 10, 106, 246, 326, 383, 436, 502

经验意识, 439, 485

经验主义, 213, 308, 332, 334, 335,

376, 379, 388, 393, 405, 490, 503, 544, 545

精密, 6, 12, 13, 33, 35, 48, 110, 117, 143-146, 152, 169, 214, 230, 305, 308, 374, 401, 409, 466, 477, 496, 497, 503, 565, 579

精密范畴, 484, 489, 497, 503

精密科学, 305, 374, 416, 425, 500, 503

精神, 5, 15, 40, 45, 46, 81, 85, 91, 96, 124, 127-129, 156, 188, 191, 202, 207, 208, 214, 215, 226, 249, 256, 257, 261, 262, 298, 303, 321, 332, 335, 338, 347, 374, 381, 395, 425, 449, 451, 458, 464, 497, 502, 505, 507, 508, 529, 551, 555, 561, 563

精神动力学, 261

精神分析, 395

精神科学, 478, 499, 551, 554

精神客体, 572

景深, 381, 411, 412

静态, 471, 472, 540

句法范畴, 289, 473, 476, 477, 479

句法形式, 473, 476-478

决定行为, 460

K

科学, 3, 6-8, 15, 21, 22, 24, 26, 32-47, 56, 58, 65, 72-76, 80, 82, 85, 90, 94, 95, 99, 100, 119, 121, 130, 144, 145, 147, 149, 151, 153, 154, 177, 181, 184, 194, 197, 202, 203, 208, 209, 211, 234-

236、238-240、245、246、251、252、254、257、260、261、265、272-276、294、299、300、302、304、305、309、310、316、320、321、325、333、334、343、346-350、352、357、373-376、382、384、392-396、398、400-402、406、414-419、425、436、443-447、458、463、465、466、468、470、471、474、475、477-479、481、482、487、488、491、492、496-498、500-504、508、510、511、513-529、531-542、544-568、572、576、577

科学分类，36、42、43、49、239、245、247、531、533、535、541、543、545、549、551、553、555、557

科学共同体，21、442、514、519

科学观察方法，36

科学知识，7、21、35、38-40、56、134、154、174、188、238、251、255、257、294、301、302、333、335、346-348、350、352、376、393、399、478、497、502、521、526、535、544、552、553、560、565、577、579

可能性，21、22、74、102、105、182、201、209、257、259、273、319、326、358、376、401、423、462、463、475、512、520、530、535、536、538、552、556、557、564、566、578-580

可行性，195、305、476、526、568

可知论，66、96

客观的，20、372、450、499、514、525、530

客观化，499、511、513

客观科学，525-527

客观时间，138、139、409、484

客观世界，166、167

客观性，22、304、497、503-506、513-515、526

客体，5、6、29、57、59、60、62、89、132、153、181、191、199、288、302、326、342、351、353、354、360-362、364-368、372、377、408、410、414、426、440、441、450、451、455、457、459、461、467、472、483、489、512、515、525、537、549、566

客体化，203、408

空间，12、23、71、146、150、151、160、182、184、205、210、228、229、295、301、312、321、371-373、377-380、393、455、465、496、501、535、565

空间意识，178、377

空气透视，315

空时，301、481、500、501

快乐，16、17、67、94-96、135、186-188、225、232、235、238、256、259、408

L

乐趣，99、101、136

类概念，289

类意识，450

理解活动，46、206、319、454、548、576

理论科学，234、452

理论需求，169、214、254、363、399、444、470、507、520、563

理念，22、27、30、33、34、86-88、

156, 200, 206, 220, 236, 251, 252, 257, 258, 260, 265, 394, 395, 449, 454, 479, 488, 502, 506, 510, 513, 516, 534, 553, 561

理性, 5-7, 14, 15, 27, 33, 38, 51, 57, 58, 63, 64, 73, 74, 84, 85, 90, 93, 96, 97, 99-103, 108, 113, 115, 118, 120, 134, 146-149, 158-161, 169, 172, 174, 175, 186, 188, 189, 191, 193-197, 200, 201, 203, 204, 207, 209, 211-219, 221, 224, 232, 234, 235, 248, 249, 251, 256, 257, 259, 262, 264-270, 272-274, 279-282, 294, 295, 298, 300, 308, 311, 319, 320, 323, 325, 331, 332, 334, 340, 341, 344, 347, 349, 358, 365, 400, 439, 450-452, 488, 503, 510-517, 519, 520, 528, 531, 538, 544-546, 580

理性批判, 326, 486, 509

理性主义, 85, 308, 349, 405, 503, 540

理由, 27-29, 66, 114, 172, 192, 202, 214, 251-254, 273, 342, 380, 445, 465, 492, 525, 544, 548

理智, 58, 75, 84, 92, 102, 108, 109, 112, 119-121, 177, 187, 204, 215, 267, 273-280, 319, 346-348, 420, 544

力学, 40, 121, 177, 260, 261, 302, 321, 346, 416, 466, 467, 471, 487, 501, 551

历史学, 157

历史主义, 304, 305, 541, 551-553

粒子, 139, 344, 415, 507

连续的量, 500, 501, 574

联想, 115, 277, 341, 343, 364, 383, 507, 548, 570, 573

联言, 62

量的规范, 574

裂解型知识, 143, 156

灵魂, 5, 6, 16, 17, 28-30, 36, 37, 45, 54, 57, 60-62, 79, 83, 84, 92, 93, 95, 102-104, 106, 108, 109, 110, 113, 115, 117-121, 124, 126-129, 132, 140-143, 149, 150, 168, 173, 176, 177, 194, 196, 197, 204-209, 224, 231, 233, 237, 243, 251, 256, 257, 263, 273-275, 298, 302, 321, 338, 341, 345, 399, 400, 442, 464, 529, 547, 548, 551

灵魂论, 102, 108, 298, 432

灵魂自然, 5, 49, 54, 176

灵觉者, 105, 106

灵智, 84, 85

领悟, 135, 148, 149, 172, 180, 200, 236, 256, 257, 300, 438, 567, 573

流派, 50, 90

流形 (manifold), 143, 150-154, 164, 183-185, 302, 304, 467, 468, 509, 513

流形 (πλη θος), 150

伦理功能, 515, 519

伦理学, 17, 26, 28, 38, 43, 49, 56, 100, 169, 175, 189, 202, 238, 245, 282, 283, 332, 333, 346, 347, 374, 399, 401, 577, 578, 580

论辩术, 16, 19, 27

逻各斯, 7, 57, 60, 62, 82, 104, 105, 183, 551

逻辑, 8, 21, 35, 38, 40, 47, 49, 58, 59, 61, 62, 64, 66, 68, 69, 75-77, 80, 100, 106, 112, 134, 141- 143, 146, 149, 161, 202, 228, 234, 235, 239, 244, 245, 251, 252, 254, 284, 286-290, 292, 293, 333, 334, 343, 346-348, 350, 352,381, 382, 389, 391-396, 405, 466, 473, 475, 481, 504-518, 520-522, 524, 526, 529, 530, 542-546, 560, 564, 568, 573, 574, 576-579

逻辑部件, 48, 521

逻辑范畴, 475

逻辑化, 118, 389, 507, 521

逻辑学, 36, 46, 47, 56, 63, 69, 100, 234, 235, 240, 251, 252, 254, 272, 283, 333, 346-348, 350, 352, 374, 391-396, 473, 508-511, 513-521, 527-530, 545, 557, 558, 560, 577

逻辑研究, 47, 144, 153, 184, 194, 286, 393, 394, 396, 406, 444, 463, 504, 505, 508-511, 515-517, 519, 522, 525, 528, 529, 541-543, 545, 546, 549, 554, 560, 564

律制, 482

M

美德, 27, 28, 94, 95, 101, 110, 111, 118, 121, 129, 209, 235, 238, 298, 373, 399

美学, 140, 374

描述心理学, 138, 304, 363, 382, 443, 444, 446, 463, 488, 540, 556, 558, 561, 563

名数（denominate number）, 349, 391

明证性, 71, 436, 467, 497, 556

命题, 11, 18, 19, 21-23, 47, 48, 62, 70, 91, 97, 256, 268, 274, 283, 284, 286, 288-290, 317, 332, 342, 346, 351, 369, 370, 380, 395, 471, 472, 475, 479, 481, 552

谬误, 62, 117, 126, 127, 141, 170, 195, 199, 294, 570

模型, 20, 51, 105, 109, 130, 147, 184, 233, 246, 251, 262, 288, 291, 295, 343, 355, 362, 383, 386, 400, 448, 465, 466, 515, 521, 548, 559

默想, 154, 180, 241, 426

目的论, 49, 278, 396, 544, 546-548, 580

目光, 407, 408, 412, 426, 427, 452, 453, 460, 486, 512

N

内感知, 48, 53, 194-196

内观, 194

内在, 19, 39, 43, 46, 48, 53, 61, 62, 67, 70, 119, 124, 132-134, 136, 139, 152, 155, 193, 194, 196, 201, 202, 204, 209, 218, 234, 249, 255, 256, 269, 273, 282, 284, 286, 325, 336, 341, 344, 351, 353, 355, 358, 359, 364, 365, 377, 378,

389, 408, 409, 422,426, 429, 430, 438, 444-446, 453, 468, 487, 514, 529, 539, 551

　　内在的存在, 523
　　内在的延伸, 522
　　内在的直观, 46-48, 189, 363, 364, 445
　　内在反思, 20, 490, 493
　　内在经验, 359, 430, 488
　　内在起源, 46, 522
　　内在意识, 48, 60, 422
　　内直观, 53, 359, 379
　　鸟笼说, 31, 32
　　努斯, 15, 38, 80, 92, 108

O

　　偶然性, 199-201
　　偶像, 79, 86- 88, 103, 111-115, 121, 258
　　偶性, 46, 47

P

　　判断, 14, 52, 54, 58, 59, 62, 66, 70, 72, 78, 89, 112, 113, 131, 160, 180, 196, 204, 211, 217, 239, 240, 244, 251, 256, 269, 273, 288, 289, 296, 303, 307, 320, 323, 341, 343, 351, 352, 366-370, 381, 420, 423, 444, 454, 460, 461, 486, 498, 509-514, 529, 530, 542
　　判断的发生, 368
　　判断的分类, 370
　　判断的强度, 59, 366, 367

　　判断力, 17, 512
　　批判, 69, 71, 87, 101, 113, 121, 175, 257, 264, 304, 308, 324, 332, 334, 344, 348, 382, 395, 398, 405, 443, 463, 504, 541, 544, 549, 550, 551, 553, 557
　　品质, 46
　　平行关系, 454, 456
　　评价, 23, 24, 332, 376, 452, 453, 458-461, 463
　　普遍科学, 335, 503
　　普遍性, 30, 31, 38, 45, 46, 71, 126, 142, 254, 256, 289, 292, 296-298, 407, 427, 452, 502, 511, 513, 514, 522, 527, 542, 553, 569

Q

　　七艺, 244, 252, 284
　　期望, 137, 138, 159, 182, 217, 377, 384, 523
　　奇异性（singularity）, 209
　　启蒙, 23, 204, 374
　　契合性, 262, 327, 328, 330
　　前景意识, 412, 419-422
　　潜能, 105, 106, 205, 462
　　强度, 19, 58, 59, 90, 139, 214, 285, 307, 341, 351, 358, 364-369, 383, 384, 436-438, 446, 463
　　强力, 238
　　强论证, 19
　　切换, 134, 265, 572
　　切中, 29, 46, 181, 199, 515
　　倾向, 15, 55, 66, 101, 102, 111-113,

115, 144, 147, 175, 180, 199, 225, 226, 396, 397, 464, 484, 529, 544, 564

清晰性, 119, 412, 509, 544, 554

情感, 17, 52, 77, 92, 165, 214, 256, 300, 363, 444, 553

情绪, 135, 136, 173, 186–188, 300, 459

情绪的类型, 186

区域范畴, 473, 474

权能, 185, 215–217, 227, 236, 268, 474, 492, 495, 496

诠释, 142, 405

确定性, 10, 27, 28, 30, 33–36, 57, 58, 62, 68, 72, 99, 100, 117, 133, 181, 246, 248, 250, 270–280, 281, 285, 288, 292, 295, 297, 300, 320, 322, 323, 327–330, 332, 334, 357, 359, 375, 392, 401, 418, 424, 431, 434, 442, 443, 458, 467, 469, 488, 497, 535, 567, 578, 579

确定性的增加, 272

R

热情, 173–175, 553

人类共同体, 499

人类学, 416, 470

人类主义, 394, 528

人性, 175, 190, 201, 204, 230, 249, 265, 289, 302

人性论, 335

认识的还原, 344–346

认识的可能性, 33, 273, 579

认识的起源, 322, 344, 401, 487, 545

认识动力学, 259

认识对象, 83, 106, 131, 143, 147, 152, 154, 179, 181, 189, 203, 246, 339, 383, 532, 567, 572, 576, 577

认识过程, 6, 20, 26, 35, 39, 40, 125, 143, 146, 176, 178, 181, 195, 196, 202, 255, 266, 273, 286, 291, 293, 297, 354, 383, 489, 493, 539, 569, 577

认识活动, 16, 17, 30, 36, 74, 79, 88, 104, 112, 131, 147, 149, 176–179, 184, 195, 196, 200, 227, 257, 260, 267, 276, 279–281, 291, 299, 322, 327, 328, 355, 359, 373, 381, 405, 417, 467, 487, 489, 491, 493, 504, 509, 529, 560, 567, 578, 580

认识论角度, 342

认识论科学, 33, 261, 262, 518, 576

认识论立场, 324, 325, 334, 553, 557

认识能力, 14, 38–40, 83–85, 96, 109, 118, 119, 126, 147–149, 158, 159, 164, 173, 177, 190, 195, 196, 199, 206, 207, 229, 257, 263, 265, 273, 274, 285, 292, 297, 298, 300, 326, 332, 355, 399, 400, 418, 421, 487, 491, 495, 496, 498, 509

认识批判, 181, 308, 332, 344, 406, 527

认识行为, 87, 103, 106, 118, 119, 203, 291, 292, 339, 342, 359, 383, 423, 576, 577

任意性，184，291，490

弱论证，19

S

三段论，36，245，295，542

三位一体，127-129，131，133-135，196，266，269，306，367

三远透视，153，312

散点透视，312

色彩透视，313，315，316

筛选，298，301，307，567，576

善，4，38，57，58，80，81，83，95，103，111-113，118，140，141，161，165，168-170，172，174，186-188，192，193，216，217，229，231-234，255，258，264，265，273，282，310，333，347，349，393，394，398，471，536，561，579

设定，10，15，29，46，92，93，121，132，147，156，161，164，179，225，229，264，273，274，278，288，303，336，382，390，410，418，421-423，442，450，460，471，480，481，501，535，547，567，571-573，579

社会科学，50，119，124，126，142，254

社会学，402

神经，14，32，121，299，375-381，384，385，402，456，543，544

神经动力学，261，395

神经特殊能说，377，378

神秘化，94，103，104，109，226，276，298，345

神秘神学，163-165，167-172，230，253

神学，3，6，31，41，76-78，80，85，91，101，102，104，107，110，112-117，123-125，132，135，141，142，146-149，155-161，163-165，167，168，170-174，189，192，194，198，201，206，211，213，214，228，230，231，233，236，239，241，246，248，255，257，259，260，262-265，269，274-279，281-285，293，297-302，304-308，320，321，323，332，346，349，374，399-402，420，421，444，546，559，563，580

神学解释，139，307

神哲学，73，75，77，79，81，83，85，87，91，93，95，97，99，103，105，107，111，113，115，117，119，163，171，246，250，255，258，259，262-264

审美，85，550

生成关系，163，191，441，453，574，575

生理开关（physiological switches），369

生理学，6，299，301，343，366，374，377，380，395，402，417，546，555

生命状态，110

圣经，75，80，91，104，111，112，127，269，306，400

诗篇，204，307，432，433

十式，67，68

时间，12，13，17，19，20，23，47，65，71，90，114，126，131，137-140，143，

155, 156, 160, 163, 181–183, 191–193, 195, 199, 210, 211, 221, 228, 229, 235, 237, 260, 281, 286, 293, 295, 299–303, 319, 321, 356, 360, 361, 364, 365, 371–374, 381, 384, 385, 388–390, 392, 393, 406–409, 421, 425, 428, 432, 433, 435–437, 484, 491–493, 496, 501, 535, 543, 550, 555, 560, 568, 571

时间性, 407, 435, 496, 565

时间意识, 137–140, 178, 301, 406–409, 428, 429, 433, 436, 447, 567

时延, 54

实存, 107, 117, 162, 293, 295, 484, 498

实际的事情, 408

实践, 25, 26, 35, 39–42, 64, 74, 85, 104, 189, 234, 235, 238, 244, 259, 275, 294, 309, 312, 321, 324, 332, 347, 349, 482, 501, 515, 517, 519, 520, 525, 526, 545, 560

实践功能, 517, 545

实践活动, 517, 519, 545, 560

实践科学, 41–43, 234, 245

实践智慧, 38, 40

实体, 37, 45, 48, 49, 75, 83, 93, 103, 104, 106, 107, 130, 132, 146, 152, 154, 162, 166, 176, 179, 183, 184, 194, 198–205, 209, 212, 213, 228, 233, 259, 273, 274, 282, 287, 290, 293, 322, 328, 336, 340, 342, 357, 366, 371, 372, 418, 426, 438, 450, 494, 496, 529, 562

实体化, 106, 142, 152, 179, 184, 198–202, 213, 340, 366

实验心理学, 7, 333, 343, 378, 381, 382, 384, 386, 388, 443, 550, 554, 555

实在, 15, 45, 58, 59, 81, 100, 101, 159, 166, 170, 191, 198, 232, 267, 268, 286, 289, 328, 329, 366, 387, 423, 452, 454–458, 461, 462, 464, 474, 476, 503, 507, 529, 531–534

实在性, 45, 51, 58, 59, 65, 267, 329, 452, 454, 458, 462, 476, 503

实证科学, 524–527, 529

世界观, 528, 553

事实科学, 392, 516, 531, 533, 534, 538, 556

事态, 423, 476, 477, 484

视像, 134

释经学, 78, 110

受造, 171, 200, 201, 203, 204, 207, 210, 307

属性, 28, 36, 41, 44–46, 48, 114, 115, 163, 168, 182, 199, 201, 258, 328, 331, 351, 362, 363, 364, 371–373, 381, 427, 430–432, 444, 458, 476, 487, 490, 520

数观念, 391, 494–496

数量, 11, 47, 68, 140, 146, 151, 152, 183, 198–201, 205, 209, 210, 254, 277, 299, 300, 341, 358, 388, 390, 391, 489–492, 494–496, 500, 501, 542, 565

数量观念, 489–491

数论, 389

数学, 3, 4, 10, 11, 13, 23, 41, 48,

98, 142-146, 148, 150, 152-154, 156-158, 183, 185, 236, 238, 240, 251, 253, 254, 261, 289, 301, 302, 304, 305, 309, 320, 321, 324, 329, 335, 346, 348-350, 362, 372-374, 376, 380, 390, 393, 395, 400-402, 417, 437, 466, 478, 479, 482, 501, 502, 504, 507, 561, 562, 565

数学分类, 237

数学分析, 33, 458, 561, 562

双面向, 510, 513, 515, 524

双重实体说, 334, 371

双重真理论, 263, 264

说法, 7, 9, 15, 18, 24, 46, 61, 65, 79, 112, 114, 116, 121, 124, 128, 143, 147, 151, 152, 163, 167, 169, 171, 194, 198, 199, 202, 212, 250, 274, 275, 278, 303, 327-330, 355, 357, 358, 365, 381, 382, 384, 425, 444, 449, 453, 455, 470, 476, 480, 484, 487, 498, 538, 545, 548, 549, 559, 573

私人的科学, 238

思辨科学, 40-43, 234

思维, 19, 36, 53, 60-63, 96, 108, 110, 113, 116, 119, 121, 128, 134, 141-143, 145, 155, 162, 179, 192, 198, 202, 210, 281, 285, 298, 299, 301, 341, 354, 355, 375, 391, 394, 416, 432, 439, 449, 473, 478, 480-482, 486, 504, 505, 521, 522, 532, 536, 537, 542, 545, 548, 561, 567, 569, 577

思维的对象, 60

思维经济学, 396, 542-544, 546

思维能力, 10, 60, 509

思维形式, 16, 542

思想的统一性, 522, 523, 527

素材, 58, 102, 135, 157, 177, 178, 278, 449-451, 463, 521

素朴的, 483

塑造, 21, 23, 77, 85, 158, 174, 192, 269, 274, 305, 365, 384, 449, 466, 540, 548, 565

算术, 75, 143, 153, 154, 236, 244, 252, 381, 388, 389, 391, 393, 394, 482, 491-493, 497, 518, 538, 573

损害, 46, 113

T

拓扑, 151, 184

贪欲, 87, 127

特殊性, 21, 71, 336, 337

体积, 146, 150, 310, 311, 314, 407, 419, 456, 473, 498, 522, 523

体系, 3, 25, 33, 36, 45, 58, 65, 81, 87, 121, 140, 142, 145, 230, 245, 323, 348, 350, 400, 506, 532, 534, 545, 559, 564

体验, 6, 90, 93, 103, 123, 136, 138, 141, 178, 256, 269, 319, 320, 379, 407-409, 411, 420-423, 426-430, 432, 433-442, 444, 447, 449-454, 457-459, 462, 467, 469, 481, 483, 499, 510, 549, 551, 560, 563, 567

天文学, 75, 112, 236, 238, 349

通感, 270, 271, 338

通晓（intelligentia），234, 236

同感，120

同一性，46, 71, 94, 195, 201, 202, 280, 327, 328, 331, 360, 362, 363, 429, 430, 452, 494, 568, 570, 571–573, 575

统觉，263, 278, 340–343, 385, 512, 513, 537, 546, 547, 550, 551, 573

统一性，5, 7, 9, 15, 21, 46, 55, 79, 95, 108, 116, 121, 122, 141, 144, 147, 151, 155, 156, 165, 172, 177, 183, 190, 191, 195, 200, 202, 206, 209, 223, 228, 271, 277, 279, 280, 339, 340, 395, 400, 431, 441, 442, 446, 450, 451, 502, 504, 519, 522–524, 527, 537, 572

投射说，142, 143, 148

透视法，309, 310, 312, 313, 316

图形，44, 140, 143, 204, 205, 232, 500, 501, 503

推测，18, 91, 99, 100, 173, 381, 467, 468, 497, 543

推理，30, 38, 39, 47, 51, 52, 55, 62, 68, 74, 76, 127, 143, 149, 157, 176, 202, 216, 218, 224, 225, 235, 258, 269, 280, 291, 293–295, 298, 320, 325, 328, 329, 342, 357, 381–387, 506–508, 546, 556, 557

推论，28, 62, 63, 98, 106, 110, 127, 141, 257, 346, 351, 352, 370, 514, 530

推演，18, 51, 102, 112, 165, 184, 190, 191, 264, 301, 325, 344, 347, 348, 571, 573, 575, 576

W

外感觉，193–197, 207, 270, 271, 273

外在，4, 7, 17, 19, 24, 48, 62, 69, 115, 131, 133, 139, 164, 166, 178, 193, 194, 196, 197, 199, 202–204, 211, 212, 218, 227, 248, 249, 282, 284–286, 329, 336, 341, 353, 355, 367, 368, 370, 373, 377, 378, 409, 411, 416, 419, 426, 438, 444, 446, 456, 490, 514, 538, 549, 571

外在反思，20

外在经验，48

外直观，53, 379

完满，46, 80, 101

万物回归，191, 203

万有引力，470

王权，482

位置，12, 13, 67, 68, 81, 109, 114, 166, 180, 181, 281, 295, 311, 337, 365, 371–373, 379, 415, 424, 476, 508, 520, 534, 577

谓词，47, 68, 70, 71, 228, 230, 287, 289

文化体系，144, 145

文理，400

我思，410, 411, 441, 447

无分性（partlessness），150

无前提的，144, 154

无神论，79, 115

无意识，375, 381–387

无知，82, 90, 96, 98, 126, 127, 131,

140, 171, 208, 257, 258, 374

五式, 67, 68

物理, 6, 32, 51, 55, 59, 71, 104, 116, 125, 151, 157, 158, 162, 166, 194, 203, 251, 254, 277, 283, 286, 301, 304–306, 309, 310, 316, 321, 332, 344–348, 354, 356, 357, 359, 366, 377, 382, 385, 390, 391, 395, 396, 412, 419, 422, 437, 443–445, 447, 448, 463, 489, 490, 495, 503, 505, 508, 528, 529, 543, 546, 547, 550

物理时间, 139, 407, 409

物理学, 3, 6, 7, 11, 12, 43, 49, 51, 53, 55, 116, 130, 139, 151, 157, 158, 236, 239, 240, 251, 254, 298, 301, 305, 306, 309, 332, 345–347, 349, 371, 374, 394–397, 401, 416, 417, 478, 492, 501, 509, 528, 546–548, 580

物体, 12–14, 53–55, 71, 95, 133, 134, 157–159, 196, 212, 288, 309, 310–321, 332, 364, 373, 376, 381, 386, 388, 410, 411, 418, 419, 433, 549

物质, 5, 40, 54, 58, 60, 62, 64, 75, 79–81, 107, 139, 157, 173, 186, 191, 204, 210, 213, 215, 232, 234, 256, 258, 275, 335, 338, 364, 366, 377, 439, 442, 458, 462, 473, 474, 533, 535, 566, 575

物质客体, 572

物质自然, 5, 15, 54

悟性, 61, 83, 84, 92, 93, 96, 108, 109, 528

X

习俗, 67–69, 117, 329, 482

喜爱行为, 454, 455, 457

系统化, 10, 344, 472, 518, 534, 535, 573, 574, 579

先入之见, 27

先天, 5, 30, 254, 324, 380, 381, 435, 490, 491, 51–513, 531, 535, 536, 541, 555

先天的, 423, 502, 511–513, 536

先天判断, 370

先行的必然性, 221

先行的必然性（antecedent necessity）, 221

先验, 31, 92, 94, 259, 277, 371, 380, 426, 440, 467, 478, 479, 512, 526–528, 532, 553, 560

先验纯化, 555

先验逻辑, 504, 505, 509–512, 514–517, 520, 522, 523, 525, 528, 530, 553

先验现象学, 519, 526, 553

显现, 67, 120, 263, 410, 421–423, 430

现实性, 161, 162, 183, 226, 492, 512

现象学方法, 415, 425, 536

现象学还原, 289, 344–346, 536

现象学时间, 406, 407

现象学心理学, 446, 527

现象学研究, 31, 88, 189, 344, 509, 510, 530, 532, 536, 554

现象学运动，554，556

相对论，555

相对主义，305，394，470，528，543，552

相论，30，31，205

相通的，128

想象，26，31，63，64，102，146，147，149，150，158，159，178，179，195—197，205，212，225，255，257，270—273，300，341，359，364，386，387，422，426，438，460，464，489，510，542，545，573

想象力，143，146，149，178，179，573

象征神学，253，255

心理发生，290，489，490

心理关系，463

心理规律，391，546

心理强度，90，98，214，285，307，419，432

心理倾向，306，464

心理事实，388，389

心理事物，463，464，503

心理行为，365，382，383，430，448，457，469，494，495，510，529

心理学，6，7，59，90，194，245，269，343，344，374，375，377，381，382，384，391—393，394—396，417，434，443，445，446，458，464，478，509，510，527—529，539—543，549，550，554，556，557，563，564，570，573

心理学解释，380，555

心理主义，391，393—396，541，542，546，548

心灵，15—17，23，26，37，52—54，57—59，62，63，66，69—72，92，95，96，104，105，108，110—112，115，119—121，125，127—132，135，136，141，159，164，165，167，168，173，175，176，178—180，182，189，193，195—198，203—205，207，224，225，229—234，236，243，244，248—252，255—257，261，262，264，268，269，271，278，284—286，289，291，298—300，306，307，325，351，353，356—358，364—366，368，377，378，382，384，401，445，446，450，451，458，461，499，503，505—507，509，525，555，563，566，567，572

心灵认识，120

心灵学，61

心灵演奏说，120，300

心灵之城，119，120，300

辛流形，150

信念，19—22，26，30，98，106，107，112，113，127，173，174，213，265，269，305，307，366，367，418，452，453，467，468，480，482，544，556

信息，29，35，119，120，124，133，206，211，212，245，272，285，295，319，355，356，412，450，454，455，499，548，549

信息学，272

信仰，3，67，73，76，77，80，87，90，91，100，102，111，112，171，173，181，189，211—213，229，230，246，249，250，255—259，262—266，268，269，277，282，

298, 305, 323, 325, 334, 373, 399, 400, 556

形而上学, 22, 33, 34, 40, 41, 44, 46-48, 141, 152, 153, 251, 253, 260, 283, 341-343, 349, 374, 380, 470, 481, 487, 509, 545, 566, 577, 578

形式, 4, 9, 21, 23, 30-32, 36, 38-40, 42-44, 47, 53, 57, 62, 64, 66, 74, 76, 77, 83, 88, 89, 91-93, 104, 105, 106, 108, 117, 129-131, 138, 140, 143, 144, 146, 147, 149, 150, 152-155, 158, 161, 162, 166, 176, 180, 186, 191, 192, 199-201, 207, 211-213, 231-233, 236, 251, 254, 260, 262, 271, 272, 278, 279, 282, 286, 289, 292-294, 301, 306, 336, 344, 351, 355, 358, 360, 362, 363, 370-373, 377-381, 386-388, 390, 407, 408, 409, 413, 414, 418, 423, 431, 434-436, 448, 449, 451, 466, 471-479, 481-483, 485, 487, 488, 494, 496, 501, 502, 507, 509, 510-514, 516, 518, 521, 524, 530-533, 537-541, 548, 550-553, 557, 564, 565, 569, 571, 572, 579

形式本体论, 475, 479, 505, 537-539

形式范畴, 487, 533

形式科学, 352, 518

形式理由, 251

形式逻辑, 61, 167, 290, 504, 505, 510-512, 514-517, 520, 522, 523, 525, 528, 530

形式美学, 261

形式真理, 474

形象, 25, 27, 86-89, 107, 108, 116, 126, 131-134, 171, 172, 186, 197, 198, 206-209, 212, 213, 234, 244, 255, 257, 272, 279, 284-286, 310, 317-319, 387, 433, 493, 532

修辞, 9, 11, 16, 18, 19, 23, 28, 49, 104, 113, 121, 163, 235, 244, 245, 251, 297, 305

修辞学, 16, 41, 43, 104, 235, 239, 240, 244, 251, 284

修道哲学, 245, 252, 253

修身学, 238

虚构, 132, 451, 562, 572

虚假, 46, 87, 97, 100, 116, 126, 170, 216, 319, 320, 370, 452, 568

虚设的, 418

序数, 391, 476, 491-494, 496

悬搁, 66, 72, 189, 536

悬搁判断, 66

选言, 62

学科, 97, 98, 145, 146, 230, 233, 236, 238, 240, 245, 252, 254, 301, 308, 346, 348, 394, 417, 508, 511, 551, 555, 562

学问, 204

循环解释, 489

循环论证, 68, 69, 161, 261, 436, 573

Y

严格的科学, 28, 169, 425, 445, 517,

520, 528, 533, 534, 551, 552

严密性，35, 146

研究对象，35, 38, 47, 48, 55, 56, 61, 151, 152, 288, 299, 333, 383, 393, 416, 443, 445, 455, 464, 473, 476, 477, 488, 518, 527, 533, 534, 539, 576–578

颜色，6, 14, 67, 125, 140, 218, 255, 259, 269, 278, 284, 306, 309, 310, 314, 315, 317, 320, 331, 355, 356, 360, 407, 419, 430, 463, 472, 480, 512, 554, 560

眼动现象，422

眼光，27, 159, 495, 498, 499

演绎，153

养成性，515

要素，8, 14, 19, 21, 35–37, 41, 44, 68, 74, 107, 112, 151, 156, 161, 162, 166, 173, 179, 181, 191, 202, 213, 230, 232, 240, 242, 244, 271, 276, 279, 281, 285, 286, 288, 295, 302, 350, 352, 358–360, 371, 374, 394, 396, 401, 409, 415, 422, 428, 429, 433, 434, 440, 447, 449, 451, 452, 469, 471, 472, 482, 483, 489, 493, 500, 502, 504, 506, 507, 521, 523, 530, 533, 535, 540, 552, 553, 564–567, 570–572, 574, 576, 577

一般观念，355, 356

一维性，301, 381, 390, 492, 493, 496

一致性，5, 21, 81, 91, 92, 94, 173, 181, 212, 266, 327, 408, 492, 493, 520, 522, 523, 525, 569, 571

医术，95, 231, 233

移动透视，311–313

移情，21, 499

艺术，3, 38, 41, 348, 560

异端，91, 111, 112, 258, 274

异类相知，13

抑郁症，136

意见，4, 8, 28, 30, 51, 54, 66, 68, 99, 126, 154, 214, 216, 218, 219, 240, 334, 519, 528

意念，322, 384, 450, 453, 461, 462, 473

意识，4, 7, 26, 30, 32, 36, 46, 48, 53, 55, 59–61, 70, 71, 85, 89, 92, 96, 103, 104, 106–109, 112, 116, 117, 124, 125, 127–130, 132, 133, 137–139, 152, 153, 162, 164, 166, 167, 169, 176–179, 181, 184, 185, 189, 195, 196, 198, 202–204, 225, 230, 255, 269, 270, 272, 273, 277, 278, 280, 281, 284, 285, 299, 300, 312, 316, 318, 319, 325, 326, 330, 339, 340–344, 351–353, 355–359, 361–363, 365, 368, 369, 371–373, 378, 379, 381–387, 389, 390, 395, 401, 405–460, 462–467, 469, 471, 474, 477–479, 481, 483–486, 488–490, 493, 494, 497, 499, 500, 510, 512–514, 516, 518, 521–524, 529, 532, 533, 535, 537, 538, 540–542, 545, 547–549, 553, 555, 560, 561, 563, 564–568, 570–577

意识功能，453, 469

意识活动，19, 116, 130–133, 148, 166, 181, 185, 189, 203, 255, 278, 284,

285, 299, 300, 325, 340, 363, 364, 367, 405, 411, 423, 432, 433, 438, 447, 448, 450, 458, 488, 489, 493, 503, 518, 523, 561, 572, 576

意识客体, 46, 408, 448, 455, 456, 458–461, 466, 467

意识流, 184, 269, 299, 364, 429, 445, 447, 464, 465, 478

意识体验, 88, 138, 269, 408–411, 420, 422, 428, 429, 431, 43–436, 438–442, 445, 447, 448, 452, 453, 457–459, 462, 467, 509, 510, 563

意识田野（Blickfeld）, 343

意识现象, 299, 413, 443, 483, 484

意识行为, 130, 365, 382, 384, 389, 410, 412, 418, 422, 425, 429, 435, 439, 441, 442, 448, 451, 455, 457, 459–461, 467, 494, 541

意识晕, 410–412, 419

意图, 35, 159, 195, 234, 521–523, 548, 553

意谓, 215, 216, 287

意向的, 443, 444

意向活动, 74, 450

意向相关项, 60

意向行为, 148, 450

意向性, 176, 408, 443–449, 451, 452, 458, 459, 464, 480, 510, 522, 523

意向性结构, 443, 448

意义范畴, 475

意义给予, 449, 451, 453

意愿, 129–132, 175, 176, 214, 217–228, 230, 270, 277, 300, 322, 325, 364–366, 368, 385, 444

意志, 96, 113, 126, 132, 133, 140, 141, 175, 176, 214, 221–223, 228, 275, 300, 338, 363, 373, 378, 388, 390, 551, 554

意志自由, 115, 176, 221, 223, 487

因果关系, 165–167, 287, 322, 525, 556

音程, 139, 479, 482, 523

音阶, 482

音乐, 6, 75, 76, 120, 158, 236, 240, 244, 252, 254, 374, 433, 434, 482, 513, 523, 556, 560

隐喻, 80, 81, 149, 556

印象, 17, 39, 52, 55, 57, 58, 64, 70, 117, 134, 177, 197, 198, 260, 270–273, 284, 285, 286, 291, 299, 323, 386, 390, 412, 427, 430, 433, 434, 436, 437, 446, 486–488, 503, 529

永恒, 8, 31, 65, 101, 103, 107, 108, 112, 134, 150, 155, 156, 160, 165, 182, 183, 185, 192, 209, 210, 250, 251, 255, 257, 261, 301, 306, 337, 338, 399, 487

永恒真理, 111, 259

游戏, 389, 507

有效性, 295, 301, 391, 395, 414, 415, 417, 439, 474, 478, 481, 514, 525, 532, 552, 579

愉悦, 95

瑜伽师地论, 566–568

宇宙, 7, 55, 58, 65, 79, 109, 114,

115, 183, 190, 210, 229, 237, 250, 407, 408

语文范畴, 484

语文学, 528

语言, 8, 9, 16, 17, 23, 28, 46, 50, 51, 60, 82, 87, 103, 106, 110, 111, 114, 125, 135, 146–148, 152, 153, 155, 163, 192, 235, 243, 248, 249, 251, 252, 269, 282, 286, 291, 301, 303, 306, 360, 390, 396, 401, 480, 498, 499, 501, 503, 505, 506, 508, 510, 511, 515

语言共同体, 303, 305, 442, 499, 522

语言学, 16, 51, 243

语言哲学, 50, 51, 163, 251, 253, 282

语义分析, 47

预测, 103

预期, 174, 186–188, 368, 373, 378, 379, 382, 385, 397, 426, 427, 430, 462, 478

寓言, 248, 249

元素, 46, 65, 158, 237, 321

愿望, 36, 114, 159, 176, 217, 224, 416, 430, 432, 459

运动, 11–13, 25, 41, 42, 44, 47, 53, 54, 67, 80, 105, 106, 108, 109, 120, 121, 127, 135, 139, 147, 155, 157, 175–177, 179–183, 196–198, 204, 206–210, 227, 237, 254, 260, 272, 277, 281, 283, 298, 306, 337, 338, 341, 344, 366, 379, 384, 417, 432, 433, 462, 479, 500, 551, 565–570

韵律, 16

Z

载体, 44, 46, 146, 147

造物主, 87, 96, 103, 158, 160, 161, 165, 167, 168, 182, 198, 201, 204, 207, 264, 307

占星术, 236

长度, 22, 48, 123, 150, 356, 436, 446

哲学史, 3–9, 11–20, 23, 24, 27, 28, 30–33, 35, 37, 38, 45, 47, 50, 52, 56, 58, 60, 62, 63, 65, 66, 68, 85, 95, 128, 193, 208, 214, 284, 322, 332, 358, 400, 463, 470, 528, 577

哲学智慧, 38

真理, 7, 8, 12, 14, 19, 26, 27, 30, 31, 38, 51, 57, 58, 64, 68, 69, 74–79, 81, 82, 87, 91, 94, 97, 98, 100, 110–112, 116, 117, 121, 124, 126, 127, 140, 141, 167, 169, 170–174, 177, 182, 199, 204, 211, 213–219, 223–235, 248–250, 259, 263–269, 282, 283, 293, 294, 296, 302, 329, 332, 335, 346, 351, 352, 376, 381, 399, 431, 474, 475, 562, 565, 568

真理性, 7, 10, 212–219, 250, 264, 266, 295, 351, 475

正确, 7, 26, 27, 30, 47, 57, 66, 88, 100, 115, 124, 129, 192, 201, 215–217, 219, 226, 228, 235, 241, 254, 255, 258, 264, 267, 268, 294, 305, 353, 361, 370,

392—394, 515

正义, 23, 27, 87, 219, 220, 224—227, 238, 282

正直, 112, 172, 224—226

政治学, 43, 238, 283, 308, 324, 350, 374, 400, 402

政治哲学, 245, 252

知觉, 38, 39, 54, 60, 82, 120, 183, 195, 299, 323, 324, 326, 335, 337, 338, 341, 342, 357, 369, 374, 376, 381—386, 388, 390, 410, 411, 418, 421—423, 427, 430, 432, 442, 454—457, 483, 529, 554, 556

知识学, 29, 303, 350, 352, 516, 518, 572

知行合一, 169

知性, 82, 106, 107, 208, 351, 392, 548, 550

直观, 19, 38, 46, 51, 53, 88, 89, 160, 165, 203, 213, 263, 296, 297, 304, 326, 357—364, 372, 377—380, 407, 410, 411, 415, 424—427, 431, 434, 436, 445, 452, 467, 469, 475, 482, 484, 485, 487, 493, 495, 497, 500, 501, 509, 510, 533, 535—538, 540, 545, 548, 556, 557, 561, 570, 576

直观方法, 537

直观性, 40, 48, 263, 380, 547

直觉, 39, 73—76, 82, 84, 93, 95, 108, 126, 130—132, 142, 146, 148—150, 154, 155, 159, 160, 173, 175, 177, 192, 193, 195, 196, 197, 200, 205, 207, 236,
251, 256, 257, 264, 265, 267—269, 273—275, 278—281, 285, 294, 295, 298, 300, 302, 329—342, 351, 353—357, 359—361, 368, 370, 379, 381, 385, 386, 388, 390, 420, 421, 466, 550, 561, 567

植物学, 294

至极心灵（apex mentis）, 300

至善, 118, 168, 169, 172, 231, 233, 256, 259, 399

质的规范, 574

质料, 44, 108, 113, 192, 251, 450, 451, 454, 467, 471, 474, 512, 555

治学, 240, 242, 243, 324, 402

治学要素, 243

秩序, 7, 9, 15, 28, 29, 31, 33, 79, 81, 82, 85, 95, 103, 106, 109, 113—115, 124—126, 139, 141, 142, 147, 148, 151, 152, 158, 163, 165, 167, 168, 174, 176, 180, 181, 197, 202, 211, 231, 255, 258, 275, 276, 280, 281, 287, 311, 347, 373, 399, 409, 435, 490, 492, 496, 521, 561, 569, 570, 574, 575, 577

秩序规范, 574

秩序推移（ordinatio）, 267

智慧, 23, 34, 38, 63, 64, 73, 76, 81—83, 90, 91, 93—100, 111—113, 115, 118, 121, 134, 135, 140, 150, 157, 165, 177, 192, 200, 201, 204, 207, 208, 210, 231—234, 241, 243, 251, 255, 257, 258, 264—266, 274, 294, 298, 302, 320, 374, 393, 399, 401

滞留, 299, 355, 408, 419

种子, 15, 251, 566

主词, 287, 288

主动, 71, 104, 148, 190, 196, 274-279, 281, 302, 342, 343, 355, 356, 359, 365, 368, 369, 385, 409, 466, 489, 506

主观科学, 527

主观性, 22, 166, 399, 499, 512-515, 523, 525, 527

主题化, 40, 53, 411, 412, 419, 513, 514, 522, 523

主体, 5, 6, 16, 29, 92, 191, 199, 246, 276, 292, 302, 342, 360, 376, 410, 419, 432, 433, 438, 440, 441, 512, 514, 515

主体性, 5, 228, 342, 512

注意力, 132-134, 137, 139, 356, 368, 369, 383, 384, 438

注意意识, 300

自发性, 206, 256, 423, 483, 484, 486-489, 523

自然对象, 146, 476, 537

自然规律, 374

自然科学, 6, 23, 44, 55, 56, 59, 71, 117, 132, 200, 245, 297, 308, 348, 366, 374, 396, 400, 405, 414, 478, 487, 543, 555, 579, 580

自然客体, 16, 20, 455-457, 484, 525

自然事物, 4, 5, 53, 115, 131, 132, 202, 236, 282, 371, 414, 417, 454, 461, 469, 478, 522, 527, 538, 569

自然哲学, 15, 16, 23, 36, 45, 49, 51, 53, 54, 96, 99-101, 109, 165, 211, 233, 251-254, 294, 298, 321, 347-349, 447, 507

自我（ich/ego）, 7, 10, 34, 92-94, 110, 116, 117, 120, 124, 128, 130, 133, 148, 174, 175, 181, 188, 197, 234, 238, 261, 277, 339-341, 379, 399, 407, 424, 429, 436, 439-442, 447, 470, 487, 529, 539, 551, 557, 561

自由修改, 512, 513

自由意志, 221

自在之物, 259

自足性, 15

宗教, 77, 85, 86, 101, 104, 112, 139, 156, 164, 169, 211, 282, 350, 482, 553, 554

综合判断, 5

最小费力原则, 544, 546-549

人名索引

A

阿贝拉尔（Pierre Abélard, 1079-1142），241

阿尔贝蒂（Leone Battista Alberti, 1404-1472），309

阿芬那留斯（Richard Heinrich Avenarius, 1843-1896），528, 542, 543, 546-550

阿奎那（St. Tomae de Aquino, 1225-1274），102, 161, 163, 167, 177, 194, 246, 263-282, 302, 306

阿里斯托芬（Aristophanes, B446-385），24

阿那克萨戈拉（Anaxagoras, B510-428），13-15

阿塔克塞西斯（Artaxerxes, B465-425），78

阿塔那修（Athanasius, 295-373），102-104, 107, 109, 121

阿维洛伊（Ibn Rushd, 1126-1198），264

埃克哈特（M. J. Eckhart, 1260-1327），164, 169

埃涅希德谟斯（Aenesidemus），70

艾宾浩斯（Hermann Ebbinghaus, 1850-1909），398

爱比克泰德（Epictetus, 55-135），56, 64

爱留根纳（Johannes Scotus Eriugena, 810-877），142, 189-208, 211, 213, 233, 257, 266, 270, 274, 298, 302, 307, 334, 371

爱因斯坦（Albert Einstein, 1879-1955），555

安波罗修（Sanctus Ambrosius, 340-397），123, 180, 181, 243

安瑟伦（Anselm, 1033-1109），211-230, 243, 262

安提丰（Antiphon, B426-373），23

奥古斯丁（Saint Augustine, 354-430），102, 123-141, 194, 198, 199, 210, 230, 262, 269, 270, 298, 300, 301, 306, 326, 356, 373, 418, 563

奥卡姆（Gulielmus Occamus, 1287-1347），283, 284, 286-297, 301

奥利金（Origen, 185-251），80-85, 93, 104, 108, 109, 307

B

巴门尼德（Parmenides of Elea, B515-450后），8-10, 31

巴西尔（Basilius Magnus, 330-381），110, 111, 112, 113, 121, 269, 305,

306

柏拉图（Plato, B427-347），4, 16, 19, 20, 22-25, 28-34, 36, 46, 66, 80, 87, 95, 104, 113, 114, 118, 142, 149, 154-156, 205, 206, 231, 233, 252, 257, 258, 301, 398

贝克莱（George Berkeley, 1685-1753），128, 335, 387, 397, 405

毕泰戈拉（Pythagoras, B580-490），4, 5, 8, 24, 231-233

波爱修（A. M. Severinus Boethius, 480-525），157-161, 230, 233, 234, 284, 300

波尔查诺（Bernard Bolzano, 1781-1848），3, 280, 301, 308, 330, 341, 349-354, 356-373, 400-402, 418, 428, 518, 519, 559, 562, 573

波林（Edwin G. Boring, 1886-1968），7, 343, 378, 381, 382, 384, 386, 388, 550, 554

波纳文图拉（St. Bonaventura, 1217-1274），44, 171, 230, 245, 246, 248-263, 270, 274, 300-302, 418

布鲁克（Johann Jakob Brucker, 1696-1770），24

布伦塔诺（Franz Clemens Brentano, 1838-1917），37, 38, 59, 90, 131, 136, 164, 193-195, 202, 203, 304, 308, 363, 364, 382, 387, 395, 398, 443-445, 463-465, 470, 488, 528, 539, 540, 554, 561-563

C

策勒（Eduard Gottlob Zeller, 1814-1908），4, 23-27, 32, 33, 35-37, 45, 52, 56, 58, 60, 62-66

陈村富，9, 16, 20

D

达尔文（Charles Robert Darwin, 1809-1882），398

大阿尔伯特（Albertus Magnus, 1200-1280），164

德尔图良（Tertullian, 155-240），86-93

德里达（Jacques Derrida, 1930-2004），497

德谟克利特（Demokritos, B460-375），7

狄奥尼修斯（Dionysius），142, 163-172, 189, 190, 306

狄尔泰（Wilhelm Dilthey, 1833-1911），304, 402, 470, 551, 552, 553

笛卡尔（René Descartes, 1596-1650），3, 33, 53, 258, 259, 278, 302, 339, 340, 342, 349, 374, 397, 400, 401, 405, 406, 411, 480

第欧根尼·拉尔修（Diogenēs Laertius），15, 19, 23, 49-54, 56, 57, 63-65, 67, 68, 70

蒂蒙（Timon of Philius, B.C.320-230），66, 70

段德智，161, 194, 263, 264, 270,

274, 276, 279, 280, 282, 337, 341–343, 349

F

范明生, 9

费希纳（Gustav Theodor Fechner, 1801–1887）, 398, 402

费希特（Johann Gottlieb Fichte, 1762–1814）, 572

冯特（Wilhelm Wundt, 1832–1920）, 269, 301, 308, 333, 343, 373, 381, 382, 393, 398, 402, 527, 557

弗兰西斯·培根（Francis Bacon, 1561–1626）, 333

弗雷格（Gottlob Frege, 1848–1925）, 391, 392, 393, 470

弗里曼（Kathleen Freeman, 1897–1959）, 18

弗洛伊德（Sigmund Freud, 1856–1939）, 261

傅乐安, 279, 280

G

伽利略（Galileo Galilei, 1564–1642）, 402, 524

冈察雷斯（Justo L. González）, 104, 110, 112

高尔吉亚（Gorgias, B483–375）, 16–19, 27

哥德尔（Kurt Gödel, 1906–1978）, 98, 562

歌德（Johann Wolfgang von Goethe, 1749–1832）, 6

格思里（William Keith Chambers Guthrie, 1906–1981）, 18

耿宁（Iso Kern）, 391, 494

H

海因里希·高姆博茨（Heinrich Gomperz, 1873–1942）, 304, 402, 463, 470, 528, 536

亥姆霍兹（Hermann von Helmholtz, 1821–1894）, 3, 6, 261, 301, 308, 330, 372, 374–393, 395, 396, 400–402, 418, 427, 490–493, 495, 569

汉密尔顿（Alexander Hamilton, 1755–1804）, 394

赫尔巴特（Johann Friedrich Herbart, 1776–1841）, 398, 402

赫拉克利特（Heraclitus, B544–483）, 6–8, 27

黑格尔（G. W. Friedrich Hegel, 1770–1831）, 24, 190, 297, 343, 405

呼伯特·德雷弗斯（Hubert L. Dreyfus）, 466

胡塞尔（Edmund Husserl, 1859–1938）, 1, 3, 5, 7, 8, 10, 21, 28–30, 33, 34, 36, 37, 40, 46–48, 55, 59–61, 66, 71, 72, 74, 75, 85, 88–90, 92, 94, 98, 101, 117, 119, 122, 125, 128, 130, 132–136, 138, 139, 141, 144, 145, 149, 152, 153, 164, 166, 167, 169, 176, 178, 179, 181, 184, 191, 194, 195, 198, 202, 203, 214, 245, 263, 272, 277, 278, 286, 289,

299、302-305、308、316、318、319、322、325、332、335、339、340、342、344、345、350、357、359、362、363、368、369、373、376、385、391-401、403、405-436、438-506、509-512、514-549、551-566、568、570、573、578

怀尔德（R. L. Wilder, 1896-1982），145、562

怀特海（Alfred North Whitehead, 1861-1947），393

K

卡尔·格灵（Carl Theodor Göring, 1841-1879），549

卡尔·斯图普夫（Carl Stumpf, 1848-1936），398、527、541、549、554-558、562

卡西奥多鲁（F. M. Aurelius Cassiodorus, 490-583），44、244-247、301

开普勒（Johannes Kepler, 1571-1630），305

康德（Immanuel Kant, 1724-1804），5、23、44、71、85、88、101、115、153、176、245、252、254、258、259、301、304、326、349、373、378、380、381、397、405、416、420、486-488、531

康托（Georg Cantor, 1845-1918），562

柯尼希贝格（Leo Konigsberger, 1837-1961），376

科内利乌斯（H. Cornelius），542、544

克尔斯滕（Frederick Kersten, 1931-2012），463

克莱门（Clemens Alexandrinus, 150-215），73-80、82-85、93、126、148、211、264、274、298、301、325、326

克律西珀斯（Chrysipppus），56、57、59、64

孔德（Auguste Comte, 1798-1857），261、397

孔狄亚克（Etienne Bonnot de Condillac, 1714-1780），398

L

拉克唐修（Lactantius, 250-325），94-102、118、128

莱布尼茨（Gottfried Wilhelm Leibniz, 1646-1716），5、53、125、173、185、186、213、214、259、263、264、278、301、302、304、308、333-349、371、373、385、401、418、489、515

李醒民，397、544、570

林德曼（Lindemann, 1852-1939），559

罗睺罗（Bhante Walpola Rahula, 1907-1997），568

罗素（Bertrand Russell, 1872-1970），138、139、393

洛采（Rudolf Hermann Lotze, 1817-1881），394、402

洛克（John Locke, 1632-1704），193、301、308、322-335、337、350、356、

358, 371, 401, 402, 405, 463, 503, 528

M

马赫（Ernst Mach, 1838-1916），24, 308, 374, 375, 396, 397, 401, 402, 470, 482, 524, 527, 528, 541-546, 569, 570

马克思（Karl Marx, 1818-1883），190, 261, 335, 373, 474

马克西姆（Maximus the Confessor, 580-662），142, 146, 164, 172-183, 186-190, 195, 210, 270, 298, 301, 302, 304, 306, 418

马里翁（J. L. Marion），164

麦独孤（William McDougall, 1871-1938），564, 573

曼德布罗特（Mandelbrot, 1924-2010），501

蒙塔古（William Pepperell Montague, 1873-1953），578

闵可夫斯基（Hermann Minkowski, 1864-1909），555

莫里茨·石里克（Moritz Schlick, 1882-1936），375, 396, 402, 442, 447

N

纳西盎的格列高利（Gregory of Nazianzus, 329-391），107, 110, 113, 114-116, 121

尼撒的格列高利（Gregory of Nyssa, 335-395），110, 117-121, 190, 418

牛顿（Isaac Newton, 1643-1727），6, 470

P

潘代努斯（Pantaenus），80

庞加莱（Jules Henri Poincaré, 1854-1912），288, 289, 551

皮浪（Pyrrho of Elis, B360-270），65-67, 69, 70-72

普利斯特利（Joseph Priestley, 1733-1804），6

普列汉诺夫（G. V. Plekhanov, 1856-1918），372

普卢克洛（Proclus, 412-485），61, 142-144, 146-156, 278, 302, 418

普鲁塔克（Plutarchus, 46-120），56

普罗迪柯（Prodicus），23

普罗泰戈拉（Protagoras, B490或480-B420或410），16, 19, 20, 22-24

普罗提诺（Plotinus, 205-270），14

S

塞奥弗拉斯特（Theophrastos, B370-285），14

塞克斯都·恩披里柯（Sextus Empiricus, 2-3世纪），16, 20, 52, 65, 68-71

塞涅卡（Seneca, B4-65），19, 56

色诺芬（Xenophon, B440-355），24, 25, 27

圣维克多的雨果（Hugo de S. Victore, 1096-1141），230, 237, 239, 242, 265, 301

施莱尔马赫（Friedrich Schleiermacher, 1768-1834），24，402

施皮格伯格（H. Spiegelberg, 1904-1990），554

斯宾塞（Herbert Spencer, 1820-1903），308，398，531，545

苏格拉底（Socrates, B470-399），22-29，32，33，36，46，124，154，231，286，296，398

索尔兹伯里的约翰（John of Salisbury,1115-1180），241

T

特伦德伦堡（Friedrich Adolf Trendelenburg, 1802-1872），348，402，469，562

梯利（Frank Thilly, 1865-1934），332

托勒密（Claudius Ptolemaeus, 90-168），305

W

瓦罗（Varro, B116-B27），231

汪子嵩，5-9，11-15，17-20，23，24，27，28，30-32，37，38，47，50，52，65，66，68

维克多里（Marius Victorinus, 300-363），44，102，104，106-109

维特根斯坦（Ludwig Wittgenstein, 1889-1951），396

魏尔施特拉斯（K. Weierstraß, 1815-1897），33，350，561

文德尔班（Wilhelm Windelband, 1848-1915），100，235

伍尔夫（Adeline Virginia Woolf, 1882-1941），299

X

西格瓦特（Christoph Sigwart, 1830-1904），394，543

希庇亚（Hippias），23

希尔伯特（David Hilbert, 1862-1943），501，562

希罗多德（Herodotus, B484~425），50-54

香农（C. E. Shannon, 1916-2001），272

辛普里丘（Simplicius, 490~560），142

休谟（David Hume, 1711-1776），55，167，198，329，330，334，335，356，397，400，405，442，488

Y

亚里士多德（Aristotélēs, B384-322），3，4，9，11，12，14，19，20，22，24，25，27，34，35，36，37，38，39，40，41，42，43，44，45，46，47，48，79，91，104，106，113，142，154，155，252，257，258，260，265，269，276，301，306，334，401，432，484，556

伊壁鸠鲁（Epicurus, 341-270B.C.），49-55，66，235

约翰·朱蒙特（John J.

Drummond),465,466

Z

章雪富,9,50,142

芝诺(Zeno of Citium, B333-264),56

芝诺(Zeno of Elea, B490~425),10-13,56

后 记

> 谦虚的心,好学的心,安静的生命,
> 静静地凝眸,贫穷,异乡,
> 此为诸君,打开学问的秘境。
>
> ——John of Salisbury, 1115–1180, *Policraticus*

这是圣维克多的雨果在《教者通识:论伏案之学》中引用的诗句,意在以诗辅释治学的态度。该书是中世纪名著,记述了很多治学心得。读有深触。

本书第一部分是西方认识论史,第二部分是胡塞尔的认识论思想,合起来仍然是西方认识论史。对认识论史的整体把握有助于理解胡塞尔现象学,也有助于深入理解认识论。

基于对历史的把握,从思想点的贡献而言,我认为胡塞尔的贡献主要体现在意识的一般结构和范畴研究这两块。对于胡塞尔的伦理学和逻辑学研究,有学者已给出了评价,但人们尚需结合伦理和逻辑的历史来衡量。仅从胡塞尔的论述来看,他的分析有助于我们深入理解人类社会的运行方式。此外,胡塞尔还有思想影响方面的贡献,主要是他对意识运行的深入细致的直观描述和分析。就科学门类的贡献而言,胡塞尔想创立一门研究纯粹意识的科学。但在这方面他仅仅是设想和努力,只是具有了他所说的对象领域,在方法上只是尝试,理论目标也缺少具体的可例示的形态，如他所意识到的，还存在很大的困难。有志者可以继承他的科学情怀，去做相似的工作。

这项研究是批评式的，其中有很多我的观点，都以"在我看来"或"我认为"等字眼明确给出，但都算不上新理解，都是人类经验历史中水到渠成的想法。人类科学始终是历史性的构成，是相互吸收、塑造、切磋、验证的产物。这些个人之见读者需斟酌对待。哲学问题的论述需要发表自己的看法，以往的哲学家都是这样做的。哲学观点首先都是主观的，其客观性是在后续中被确认的。没有主观性，也就不能形成认识的客观性，狄慈根就是这样认为的。以往的哲学观点各不相同，都是个人理解的集合，因此我们在书写哲学史的时候不能略去陈述的主语，免使初学者认为这是公允的看法。

历史研究是新思想的助伴。科学家或许由于自身已具备了卓越的洞察力而无须回顾历史，但对其思想的研究则需要回顾历史，不然无法判定其贡献，也难以全面理解它。事实上，很多大科学家的著作中都有对历史的回顾，足见历史研究不可缺少。对学问的定位我们可以归结为四类：一是在历史的纵向比较中进行定位；二是依据现实世界进行定位，看其是否较好地描述了事物的状态和变化；三是从效用上进行定位，看其是否有益于人们的生活需求；四是其中是否蕴含着崇高的情怀。就一种新思想而言，它首先需要在历史中去定位。没有之前的历史，我们也无法确定后来事物在历史中的位置。要研究现象学认识论，不能只看到现象学家著作中的认识论思想，还要放眼整个哲学思想史，检视其中的观点在前人那里的理解。基于前人的思想史，才能知道它的主题是否新颖，它的方法是否更为严密，它研究的对象是否更为真切，它的概念系统是否更少歧义，它的表述是否更为精确。哲学担当着思想创新的重任，因此，新鲜的错误远胜于平庸的见解。新鲜的错误能够激发人们的思考，而平庸的见解只会稀释已有思想的养分。

　　胡塞尔重视哲学史，如古希腊哲学、近代哲学，但我们很少看到他对中古后期和中世纪一些思想家的引述。不仅在胡塞尔的著作中如此，除奥古斯丁、阿奎那、奥卡姆等这些知名思想家外，这两个历史时期的认识论思想研究在国内都相对较少。熊林二十年前的博士论文曾研究波纳文图拉神哲学思想，其中有一部分是认识论思想。段德智在其《中世纪哲学研究》中指出黑格尔所说的"七里长靴"对人们是一种误导，但重点只是论述了阿奎那和中世纪阿拉伯哲学思想。赵敦华教授在《基督教哲学1500年》中梳理了上启查士丁（Justin, 100—165）下至新经院哲学的很多思想。这两项研究中有关于认识论问题的论述。目前，国内的研究重心仍然在几个知名人物身上，向纵深拓展不够。国外有不少中世纪哲学思想史的论述，但认识论的专门梳理的历史跨度不够。本书尝试做了一些工作。阿奎那之后，以哲学家身份出现的大人物非常之多，不一而足，幸好国内外有不少研究，很多虽非专门的认识论研究，但仍可一窥玄妙。

　　写作和研究过程中的感受和收获远远超出了正文，想要把它们全部记下来几乎是不可能的。意识流转，纷繁错乱，写作的第一句就要真诚，否则自己的心也是乱的。读者会因摸不准理解的基准而无法持续阅读。不真诚的、讨好的写作，没有几人愿读，包括他自己。自己不愿读，就不会有读者。在相关著作的漫长阅读中，我感受到的不只是思想，还有写作中的真诚，字里行间是前人的心血。在很长一段时间里，我徘徊在中世纪的书丛中，不知何时才是尽头。幸好这些年来国内学者石敏敏等人翻译了很多著作，使读速快了一点儿。阅读过程粗粝，远未到我的理想层次。最失落的是有些文集中恰好少了所需内容。这是因为编纂工作被某种原因中断了。这使人感受到知识虽多由个人贡献，但传播和推进是人类集体协作的事情。如胡塞尔所言，人类是一个科学共同体。

胡塞尔说，哲学文献无限膨胀，有多少哲学家就有多少哲学。文献的膨胀给哲学史研究带来了挑战。但在新途径形成之前，不能完全抛弃旧做法，当前还需吸收历史的滋养。哲学研究应该像地质学那样工作，要先形成整体上的理解，然后基于整体的理解进行细节上的勘察。认识论研究也应如此。哲学史写作最好有要解决的问题，要么像文德尔班，要么像高姆博茨和波林那样，不然就成了汇纂。

率更晚作九成宫，庾信文章老更成。个人的思想成于时代，但放在历史之中才能衡量。我在阅读波林所写的《实验心理学史》时，又重新体会了"人书俱老"的含义所在。波林见证了实验心理学的产生和发展，作为大心理学家的他经过漫长时间所撰写的这部著作，囊括了实验心理学史上自笛卡尔以来的核心观点，对信息全面而精准的筛选在别处是很难见到的，在其之后，我尚没有见到如此优秀的科学史著作。我在能力和才学上都无法与其相比。亲爱的读者若想了解笛卡尔以来认知科学（心理学或认识论）思想的历史，可以先读波林的著作；如果想了解笛卡尔之前的这些思想史，或对胡塞尔的认识论思想有些微兴趣，可以晒睨本书的章节。本书在我看来有所价值，但毕竟火候不到。对历史思想我虽有领悟，但对自己所述多无法满意，写作的乏力和时间的匮乏，使我很难在目前将它处理为一部令人满意的作品，潦以出版，万望读者息怒。它的贡献点在于两个方面：一是梳理了认识论的思想史，有不少哲学家的认识论思想在中文世界第一次（或较为丰富地）呈现，如克莱门、维克多里、马克西姆、爱留根纳、圣维克多的雨果、波尔查诺、亥姆霍兹等；二是尝试从意识研究、范畴研究和逻辑研究三个方面整体把握胡塞尔的认识论思想。本书篇幅不小，但多不完美，涵盖内容也有限。若想真切理解认识论的历史，仅靠此肯定不够，还需自行阅读相关原文。对从事相关思想工作的人而言，我的书仅仅是他的"同伴"。

　　本书并非西方认识论史的第一次梳理。本书完成之际，我找到了前代学者朱德生、章士嵘、冒从虎、雷永生、张尚荣、耿洪江在三十年前梳理认识论史的一些著作，本书与之所选素材多不一样，很多是前人未涉及的。读者应综合参照，互取有无。在中国认识论史的梳理方面，夏甄陶做了很多工作，著有两卷本的《中国认识论思想史稿》。有很多研究明明在讨论认识论问题，却不知道自己在讨论认识论问题，还有一些明明想获得认识论的解释，却不知道自己需要的是认识论的解释。可见人们对认识论多没有清晰的理解。认识论史是认识论科学的基础，是当前心理学及各种智能研究的思想源泉，也是我们理解诸种社会关系由来的途径之一。

　　诗评家赵东教授阅读了初稿，他认为本书缺失了诗性的认识论。这是我未曾重视的内容。对于他给我讲的但丁的认识论思想，我此前几乎没有考虑到。如果基于诗性进行推演，则会有诗性的认识论与数性的认识论之分。从诗性的认识论中，演化出的是神性的认识论和伦理的认识论；数性的认识论演化出的则是形而上学的认识论和精密科学的认识。这些类型的认识论思想在历史上都可以找到。这样就形成了一种完备的理解认识论历史的方式。遗憾的是我没有足够的精力去处理诗性的认识论方面的研究，读者可以阅读锡德尼、但丁、维柯、鲍姆嘉通等人的著作以形成这方面的理解。

　　本书稿完成后，我对认识论史的研究告一段落，我对认识活动的很多思考和理解，在述评古人思想的过程中一并给出了，我的有些思考在行文中可能没有做出明显的标示，但在文意上大致是可以看出的。我所理解的认识论的全部秘密也就这么多了。本想整理我的这些理解，写作一部更具彻底性的认识论史，以讲明人类知识发生、演变、分化的思维机制，但我却总是提不起兴致来，理论探索的完成意味着理论兴趣的消失，这或许是理论研究的宿命。这些年来，对漫漫25个世纪的思想著作的阅读已使我心生厌倦，很难再像少年时代那样对诸多精妙的思考还有浓烈的兴趣，写作的欲望逐年消退，动手写一部系统性思想认识的念头很难确立起来。如果人们只是喜爱知识探索的结果，而没有经历认识的淬炼过程，那就不可能真正理解理论创设的初心，因而也就不可能理性地运用它的成果，在人类自身理性没有成熟的世纪，运用已有的理论产生了很多背善的创造，那些严重的后果是有目共睹的。即使我没有再去系统地陈述我在这方面的想法，读者还是有渠道获得这些认识的，如通过阅读相关文本完全可以生成比我高明的认识，且会获得比我更纯粹的精神淬炼。

感谢暨南大学马克思主义学院王晓兵博士阅读了初稿，校对了一些错误，提出了一些问题，使得文本有了一些改进。也曾将书稿给一些研究者传阅，大家给了很多意见，在此深表谢意。感谢学校和学院对研究工作的大力支持。

2023年9月
于楚庭